제2개정판

사회체육개론

* 본 저서는 1997년도 서울대학교 사범대학 교육연구재단 저술 번역 연구비 지원으로 간행됨.

제2개정판

사회체육개론

임 번 장

서울대학교출판문화원

An Introduction to Sport For All

Burn-Jang Lim

Seoul National University Press

제2개정판을 내면서

'88서울올림픽 이후 경제발전과 삶의 질 향상, 생활기회의 확대, 사회구조의 다원화와 대중사회화, 그리고 2002 월드컵축구대회 개최 이후의 국제화, 남북체육 교류를 통한 화해무드, 이와 더불어 우리 사회를 풍미한 웰빙 붐은 일반대중의 체육에 대한 관심과 욕구를 한층 증대시켜 한국체육의 질적 · 양적 향상을 위한 토대를 마련하는 계기가 되었다. 이와 함께 한국의 체육정책 또한 우수선수 육성 중심의 엘리트체육에서 전환하여 모든 국민의 능동적이고 자발적인 체육 참여를 보장하는 국민체육, 즉 사회체육의 진흥에 역점을 두고 있다.

이와 같은 사회변화를 반영하듯 대학사회에서도 기존의 체육 계열학과로부터 사회체육학과가 새로운 전공영역으로 분리 · 독립함으로써 체육학의 또 다른 학문적 지평을 여는 계기가 마련되었다. 특히 근래에 이르러 체육 계열학과들은 앞다투어 전통적인 체육학과의 명칭을 사용하는 대신 사회체육, 생활체육 및 여가 · 레크리에이션 등 사회체육 유사 명칭으로 전환하는 경향이 보편화되어 가고 있다. 그럼에도 불구하고, 사회체육에 대한 학문적 연구는 사회체육 현장의 열기에 비하여 아직 부진한 상태를 면치 못하고 있다.

사회체육의 학문적 발전을 위하여 출간된 그간의 여러 사회체육 참고도서와 함께 사회체육 전공학도들이 위와 같은 노력을 기울이는 데 조그마한 보탬이 되고자 부족하나마 이 책을 펴낸 바 있으나, 그간 사회발전과 더불어 각종 사회지표가 새로워지고 조직 기구가 개편되어 이를 보완하여 개정판을 출간하게 되었다. 나아가 15장 4부로 구성되어 있는 이 책의 체제에서 각 부의 지식체계를 개략적으로 먼저 이해한 후, 각 장의 내용으로 진입할 수 있도록 4개 부의 첫머리에 간략한 개요를 새롭게 추가 수록하였다.

이 책을 개정하는 데 자료의 수집, 정리 및 교정을 위하여 애써 준 서울대학교 대학원 체육교육과 스포츠사회학 전공 박사과정 출신 졸업생들에게 진심으로 감사의 뜻을 전한다. 끝으로 이 책을 펴낼 수 있도록 지원해 준 서울대학교 당국과 개정판을 출간하는 데 애써 주신 출판부 여러분께 감사드린다.

2008년 새해 서래마을에서

머리말

그동안 우리나라의 체육은 업적주의와 경기력 향상을 목적으로 한 엘리트스포츠 중시 풍토로 말미암아 스포츠 참가의 기회와 여건이 모든 사람에게 균등하게 배분되지 못하였다. 뿐만 아니라, 과다한 노동시간과 경제적 빈곤으로 인해 대다수 국민은 스포츠 참가 기회를 상대적으로 박탈당해 왔다. 더욱이 체육공간의 부족과 상업주의에 의한 프로스포츠의 등장으로 일부 선수나 부유층에 한하여 체육을 향유할 기회가 주어져 왔을 뿐, 대부분의 국민은 관람스포츠에 만족하는 불균형적 스포츠 구조를 이루어 왔던 것이 과거의 현실이었다.

'88서울올림픽 이후 경제발전과 삶의 질 향상, 생활기회의 확대, 사회구조의 다원화와 대중사회화 그리고 국제화 및 정보화는 일반대중의 체육에 대한 관심과 욕구를 한층 증대시켜 한국 체육의 질적 · 양적 향상을 위한 토대를 마련하는 계기가 되었다. 이와 함께 한국의 체육정책 또한 우수선수 육성 중심의 엘리트체육에서 전환하여 모든 국민의 능동적이고 자발적인 체육 참여를 보장하는 사회체육의 진흥에 역점을 두고 있다.

근래 이와 같은 사회변화를 반영하듯 대학사회에서도 기존의 체육 계열학과로부터 사회체육학과가 새로운 전공영역으로 분리 · 독립함으로써 체육학의 또 다른 학문적 지평을 여는 계기가 마련되었다. 그럼에도 불구하고, 사회체육에 대한 학문적 연구는 사회체육 현장의 열기에 비하여 부진한 상태를 면치 못하고 있다.

그 이유는 사회체육에 대한 연구가 새로운 학문으로 자리매김하기 위해서는 독자적인 연구과제와 방법이 정립되어야 하는데 아직 이에 미치지 못하고 있기 때문이다. 더욱이 이는 사회체육, 생활체육, 평생체육, 여가 · 레크리에이션 같은 전문 용어상의 혼란이나 유사개념 간의 불명확성 등 연구의 기초가 되는 개념 정의나 이론의 제시가 미흡할 뿐만 아니라, 사회체육 연구의 정당성과 연구방법 같은 학문적 적법성에 대한 명확한 해답을 제시하지 못하고 있는 현실을 반영하는 증거이기도 하다.

즉, 현재로서는 순수한 사회체육 영역의 독자적인 연구과제에 대한 연구결과의 집적이 충분히 확보되어 있지 못하다는 것이다. 한 걸음 더 나아가 지식의 체계화는 더욱더 틀이 잡혀 있지 않기 때문에 학문적 정당성 확보를 지체시키고 있다. 따라서 사회체육 연구가 하나의 전문영역으로 인정받기 위해서는 사회체육 연구의 정당한 이유와 유용한 연구방법을 제시하고 사회체육의 제 현상을 설명하는 데 필요한 유용한 정의, 개념 그리고 사회체육의 본질적 정체를 밝히는 이론이 정립되어야 할 것이다.

사회체육의 학문적 발전을 위하여 출간된 그간의 여러 사회체육 참고도서와 함께 사회체육 전공학도들이 위와 같은 노력을 기울이는 데 조그마한 보탬이 되고자 부족하나마 이 책을 펴내는 바이다. 늘 감사하는 마음과 존경의 뜻을 간직하고 오늘에 이르기까지 오직 외길로 정진할 수 있도록 등불이 되어 주신 한국 체육학의 대부 고 이병위 은사님께 이 책을 바친다. 아울러 사회체육의 학문적 기틀을 세우기 위해 모든 열정을 바쳐 오다 끝내 그 결실을 다 맺지 못하고 급자기 타계하신 고 한양순 선생님 영전에 이 책을 바친다.

『사회체육개론』이 출간된 지 4년의 세월이 흘렀다. 2000년도에 초판이 발간된 이후 본 교재는 사회체육 계열학과 전공학도들로 하여금 사회체육을 보다 폭넓게 이해하는 데 많은 도움을 주었을 뿐만 아니라, 사회체육 현장 지도자들에게도 사회체육 관련 지식을 제공하는 데 첨병의 역할을 하였다. 초판 발간 이후 급격한 사회변화와 함께 사회체육 부문 역시 많은 변화를 겪고 있다. 즉, 본 교재에는 다양한 사회체육 관련 지표가 수록되어 있는데, 해마다 이러한 지표가 비교적 큰 폭으로 변화하고 있다. 이 같은 새로운 정보의 범람은 원본의 개정을 불가피하게 만들었다.

끝으로 초판부터 개정판이 나오기까지 자료의 수집, 정리 및 교정을 위하여 애써 준 서울대학교 스포츠사회학 및 사회체육 전공 석·박사과정 재학생과 졸업생 여러분께 진심으로 감사의 뜻을 전하며, 이들의 도움 없이는 이 책을 출간할 수 없었을 것이란 사실을 밝혀 두고자 한다. 특별히 박진경, 정영린, 채관석, 이성철, 이홍구, 채재성, 김홍설, 한태룡, 서희진, 권순용, 김민철, 권민혁, 고은하, 남선민, 김경식 선생님과 위종진, 황선환, 임승엽, 한승백, 황미경, 양미선 선생에게 진심으로 감사드리며, 이 책을 펴낼 수 있도록 지원해 준 서울대학교 당국과 출판부에 감사드린다.

2004년 새해 관악에서

차례

제Ⅱ부 사회체육의 영역

제Ⅲ부 사회체육의 구성요소

제Ⅳ부 사회체육의 전망

제 I 부

사회체육의 이해

경제성장에 의한 물질적 풍요는 여가시간의 증대와 삶의 질 향상을 이룩하여 일반대중의 체육에 대한 욕구를 분출시키는 요인으로 작용하였으며, 이는 체육 참가의 형태를 변모시켜 사회체육이 새로운 유형의 대중체육활동으로 확산 · 정착하는 데 기여하였다. 그러나 이와 같은 사회체육의 대중화와 함께 촉발된 문제는 사회체육과 유사한 용어들이 잘못 쓰이는 경우가 허다하여 사회체육의 학문적 영역에서조차 자칫 혼란을 초래할 가능성이 높다는 점이다. 이렇게 사회체육과 구분하기 어려운 다양한 유사개념들은 각기 독특한 방식으로 사회체육의 여러 현상을 기술 · 설명하고 있으므로, 사회체육의 학문적 영역에서는 사회체육의 개념 정립 및 합의 도출을 위한 공동의 노력이 요구된다.

사회체육은 사회성원인 일반국민이 여가시간을 활용하여 자발적으로 체육활동에 참가하는 행위로서, 국민의 삶의 질 향상과 복지증진에 기여하는 대표적 여가활동이라 할 수 있다. 이러한 사회체육이 범국민적 사회운동으로 확산되기 위해서는 일반대중에게 보다 명료한 사회체육의 의의 및 가치, 기능 그리고 역할 등 사회체육의 본질을 폭넓게 이해할 수 있도록 용어의 개념 및 정의를 명백하게 밝혀 주어야 할 뿐만 아니라, 체육의 생활화라는 사회적 풍토를 조성해 나가도록 힘써야 할 것이다.

그동안 우리나라의 체육은 승리주의와 국위선양을 위한 경기력 향상에 입각한 엘리트 위주의 스포츠 풍토로 말미암아 스포츠 참가 기회와 시설 및 프로그램의 혜택이 일반대중을 포함하여 저개발 지역이나 빈곤층, 노인층, 여성 및 장애자와 같은 사회적 소외집단에 이르기까지 모든 사람에게 균등하게 배분되지 못하고 있는 실정이다. 앞으로 우리나라의 체육이 보다 발전된 모습의 복지사회 체육이념을 구현하기 위해서는 특정 계층 및 선수 중심의 엘리트스포츠와 관람스포츠 위주의 풍토에서 탈피하여, 평생체육의 차원에서 국민의 건강유지와 체력증진은 물론, 사회적 · 정서적 안정 유지와 삶의 질 향상을 위한 범국민적 사회체육 운동으로 필히 전환되어야 한다.

제1부에서는 사회체육의 개념 및 그 전개양상을 살펴봄으로써 사회체육의 본질에 대한 이해를 증진시키는 데 초점을 두고자 한다.

제1장 |

사회체육의 본질

사회는 계속 변화를 거듭하고 있다. 체육 역시 사회변화에 영향을 받아 끊임없이 변모하고 있어 현대 사회에 와서는 과거 일부 사회집단이 독점해 오던 엘리트체육 중심에서 탈피하여 모든 사회 구성원이 즐길 수 있는 대중체육의 형태로 자리잡아 가고 있다.

이처럼 체육이 현대인의 일상 생활영역의 일부분으로 정착하게 된 사회적 여건은 산업화의 진전에 따라 산업사회가 성립되면서부터 인간의 육체적 활동이 감소하고 여가시간이 증가하였기 때문이다. 이에 따라 운동이나 스포츠에 대한 인간의 위락활동 욕구가 분출되어 체육이 현대인의 삶과 밀접한 관계를 맺기에 이르렀는데, 이것이 곧 사회체육으로 발전하기에 이른 것이다. 다시 말해서 사회체육은 원초적으로 산업사회의 일반대중이 사회발전에 따른 생활기회의 확대, 경제발전에 의한 생활의 질적 향상, 그리고 복리 증진에 의한 생활조건의 개선 등 인류 복지의 한 형태로 출발한, 문화적으로 용인된 신체적 여가활동이다.

따라서 사회체육은 정통성 있는 엘리트체육이나 학교체육과 비교할 경우 개념, 특징, 대상, 영역, 목적, 의의 및 기능 등 여러 측면에서 크게 차이 나는 새로운 형태의 체육 영역이다. 더구나 사회체육은 정치, 경제, 사회, 교육, 문화와 같은 여러 사회제도와 결합하여 사회 발전을 촉진시키는 긍정적 · 능동적 역할을 수행한다는 점에서 세계 여러 나라에서 이미 오래전부터 국가의 주요 복지정책 가운데 하나로 추진해 오고 있다.

이 장에서는 사회체육의 본질을 이해하기 위하여 사회체육이 태동하게 된 배경으로서 현대 산업사회의 특성과 사회체육의 관계성을 알아보고 이와 관련하여 사회체육의 개념, 필요성, 목적 및 기능을 살펴본 다음 사회체육이 나아가야 할 방향과 앞으로의 성공 가능성을 위한 사회의 최적 조건을 살펴보고자 한다.

1. 현대사회와 사회체육

현대사회는 자동화, 정보화, 여가 시대 등으로 규정되고 있으며 과학기술의 발달에 의하여 급격히 변화하는 사회라는 것이 가장 큰 특징이라 할 수 있다. 현대 과학기술의 발달은 인간 생활에 편리함과 풍요로움을 제공하는 반면, 급속한 사회질서의 변화를 일으켜 여러 사회병리적 현상인 운동부족, 인간 소외, 환경오염, 생활공간의 협소, 성인병 증가, 퇴폐 향락풍조 만연 등을 초래하고 있다. 특히 산업화의 급속한 진전에 따른 노동구조의 변화로 인하여 산업시대가 열리면서부터 인간의 육체활동이 감소하고 여가시간이 증가함에 따라 운동이나 스포츠에 대한 인간의 활동 욕구가 증폭되어 체육이 현대인의 삶과 밀접한 관계를 맺기에 이르렀다.

1) 경제발전과 생활의 질

경제발전은 궁극적으로 보다 나은 생활환경을 조성하고 인간의 행복과 복리를 증진시키는 근간이 된다. 특히 경제발전은 노동시간의 단축을 통하여 현실생활에 구체화된다. 즉, 동일한 수량의 재화와 용역을 생산하는 데 필요한 노동시간이 단축되었을 때 경제발전의 가능성이 배태된다. 단축된 노동시간은 두 가지 용도로 활용되는데, 하나는 물질적 행복의 증진을 위하여 보다 많은 재화와 용역을 생산하는 데 투입되고, 다른 하나는 정서적 행복의 증진을 위해 그 시간을 본연의 인간성 실현에 투입하는 것이다. 이와 같은 관점에서 볼 때, 경제발전에 따른 국민 소득수준 및 여가의 증대는 일반대중으로 하여금 양적 팽창의 삶이 아니라 질적 향상의 삶을 구가하고 충족시킬 수 있는 사회복지 정책의 필요성에 대한 요구를 수반한다(임종철, 1988).

결국, 사회체육은 건전한 체육활동을 통한 모든 국민의 정신적 · 신체적 건강의 추구를 기본 이념으로 한다는 점에서, 경제발전에 의하여 증대된 국민의 삶의 가치 구현에 대한 욕구를 충족시켜 주는 기본 조건이 될 뿐만 아니라, 이를 통하여 보다 풍요로운 삶을 향유할 수 있는 바탕을 마련해 주고 있다.

2) 사회발전과 생활의 기회

사회발전은 모든 국민이 보다 다양한 삶의 기회를 제공받고 삶의 가치를 구현할 수 있는 바탕이 된다. 특히 사회발전에 따라 개인이 기대할 수 있는 수명이나 삶의 본질과 관련된 신체적 · 정신적 건강 향상, 배우자의 선택, 교육 및 취업의 기회, 사회 · 지리적 이동기회에 관한 비율과 빈도가 높아지는데, 이는 일반국민의 다양한 욕구를 충족시켜야 하는 사회정책의 필요성을 낳고 있다. 나아가 특정 개인의 생활양식인 취미, 언어습관 및 복식, 거주형태 및 유형, 여가활동 형태의 선호도 및 빈도, 친교 및 사교관계의 형태, 향유할 수 있는 문화품목, 직업의 종류 등이 개인의 기호, 취미, 가치에 따라 차이를 나타내게 된다. 따라서 생활 기회 및 양식을 확대시키기 위한 사회정책은 보다 많은 사람들이 진정한 의미에서 사회적 권리를 향유할 수 있도록 계획되고 추진되어야 한다. 이러한 관점에서 볼 때, 사회체육은 사회발전에 의하여 향상된 국민의 생활기회 및 생활양식을 효과적으로 충족시켜 줄 수 있는 사회정책적 배려의 대상이 된다(김경동, 1988).

3) 복리증진과 생활의 조건

급격한 산업화에 따른 고도 경제성장 및 국민소득의 증대, 여가 참여기회의 확대 등은 일반국민의 복리증진 및 생활조건의 개선에 대한 요구를 수반한다. 복리증진에 따른 생활조건의 향상에 있어서 가장 기본이 되는 요소는 국민 건강의 유지 · 증진이다. 일반적으로 일상생활에 있어서 기본적인 생존조건은 의 · 식 · 주인데, 현대사회에 있어서는 이와 같은 기본 생존에 필요한 최소한의 필수 생활조건은 어느 정도 충족이 보장되는 수준에 도달해 있기 때문에 의 · 식 · 주 다음으로는 건강 및 위생에 대한 욕구가 인간의 가장 절실한 바람이 된다. 뿐만 아니라, 건강한 국민은 사회발전의 원동력이 되며, 건강 수준은 한 나라의 사회발전 정도와 복리의 수준을 가늠해 주는 대표적인 지표라 할 수 있다(김경동, 1988).

사회체육은 활발한 신체활동을 통하여 국민의 신체적 건강뿐만 아니라, 정신적 건강의 유지 및 증진, 그리고 나아가 원만한 사회성을 함양하는 데 근본 목적이 있다는 점에서 경제발전이나 사회발전에 의하여 분출되는 국민의 생활조건 및 복리증진에 대한 요구에 우선적으로 기여하는 사회영역이다.

4) 산업화와 사회체육

산업화는 경제적 생산을 위하여 비생물적 동력자원을 광범위하게 이용하게 되는 사회 및 기술

발달의 단계를 의미한다. 즉, 산업화는 특정한 기술 변동을 비롯하여 그에 수반된다고 가정되는 산업 구조, 직업 구조, 생태적 유형, 사회조직 등의 변화는 물론, 가치 지향, 행동 유형, 규범 체계 및 폭넓은 문화적 유형의 변화 등이 모두 포함되는 사회과정이다.

산업화로 인한 공업화 과정과 생산활동 및 관련 분야의 구조적 분화는 새로운 사회통합 유형을 형성하고 있으며, 이러한 과정에서 다음과 같은 새로운 사회적 특징들이 산업화 사회에서 지배적으로 표출되고 있다.

산업사회는 집중화, 거대화, 표준화, 집권화 등으로 특징지어진다. 산업사회는 구조적으로 대량생산과 대량소비의 체계가 지배적인 사회라는 점에서 인구 및 자본 그리고 권력이 집중되는 경향을 나타낸다. 또한 산업사회는 사회조직의 거대화를 수반한다. 기업이 거대화하며, 학교, 교회, 정부 기관, 단체 등 모든 사회조직이 대규모화한다. 도시는 거대도시, 초거대도시 등으로 대형화되며, 경제 규모를 극대화하기 위한 거대화 과정은 모든 조직에서 발생한다. 그러나 이와 같은 사회조직의 대형화는 원초적인 유대를 상실하는 대신 공식적이고 기능적인 상호 의존성을 증대시킴으로써 형식적 · 비인격적 · 비정의적 인간관계를 발달시키는 원인이 되고 있다.

이처럼 집중화되고 거대화되는 사회조직에 있어서는 표준화가 요구된다. 상품의 표준화, 부품의 표준화가 이루어지는 것은 물론, 노동의 공정과 작업 시간, 그리고 생활양식의 표준화가 진행된다. 교육의 내용과 방법 또한 표준화되며, 가치관과 퍼스낼리티도 표준화된다. 대중매체의 발달과 보급에 의한 문화의 대중화는 전반적인 문화 양식의 표준화를 더욱 강화하고 있다.

산업사회에서는 집권화의 경향도 불가피하다. 거대화되고 표준화되며, 집중화된 사회조직은 중앙에 의하여 합리적으로 통제되고 관리되어져야 하므로, 권력의 중심이 강화되는 것은 산업사회에서 볼 수 있는 기본 현상이라 할 수 있다. 특히 테크놀로지의 발달은 중앙에 의한 관리 능력을 더욱 강화함으로써 권력에 의한 대중 통제가 가능하게 된다.

이와 같은 산업사회의 집중화, 표준화, 대형화, 집권화 등의 현상은 인간이 만들어 낸 피조물이며, 능률의 극대화를 통한 풍요한 사회의 달성을 위해 인간이 선택하고 창조한 사회조직의 한 형태이다. 그러나 이러한 사회조직 속의 인간은 자신도 모르는 사이에 사회조직에 의해 지배를 받으며, 인간으로서의 본질을 상실하는 현상, 즉 인간소외를 경험하게 된다. 다시 말해, 산업사회는 물질적 풍요를 약속하지만 그것이 지니고 있는 기계문명의 위세로 인하여 정신적 풍요를 누리려는 인간의 생활을 위협한다(Eitzen & Sage, 1978).

기계의 발달에 의한 노동력의 집약은 인간에게 여가시간의 증대를 가져왔으며 대량생산체제에 의한 자본의 축적은 물질적 풍요를 가져와 생활수준의 향상을 이룩하였다. 이렇게 여가시간이 증가하고 생활수준이 향상됨으로써 일반대중은 여가시간을 활용하고 삶의 질 향상 욕구를 충족하기 위하여 위락활동을 요구하게 되었다. 따라서 위락의 한 형태로서 사회체육이 새로운 사회생활의 영역으로 등장하여 급성장하기 시작하였다.

사회체육의 발전은 산업화의 진전과 그 맥을 같이한다. 특히, 현대사회에 있어서 사회체육은 고도 산업사회의 각종 공해 환경 아래서 생활하고 있는 현대인의 각종 스트레스를 지속적인 신체활동을 통하여 해소할 수 있는 기회를 제공함으로써 심신의 건강을 도모하고, 삶에 대한 의욕을 고무시켜 삶의 질을 제고한다. 사회체육은 전 국민에게 균등한 체육 참여의 기회를 보장하고 복지화된 체육 환경을 제공함으로써 산업사회의 진전 과정에서 나타나는 각종 사회 병리적 현상을 치유할 수 있는, 문화적으로 용인된 신체적 여가활동 영역으로 부상하고 있다.

5) 도시화와 사회체육

산업화와 함께 도시화는 후기 산업사회의 진전과 더불어 수반되는 필연적인 사회과정이다. 인구의 증가 및 산업화의 진전에서 필연적으로 도시화가 진행되며 이러한 도시화는 성장기의 청소년뿐만 아니라, 전체 국민의 생활양식에 많은 영향을 미친다.

인구학적 측면에서 볼 때, 도시화는 농촌 지역으로부터 도시 지역으로의 인구 전입이 증대됨을 의미하며, 이는 도시 지역의 공업 발달 및 경제적 기회의 확장과 더불어 농업의 기계화와 밀접히 관련되어 있다. 또한 도시화의 개념에는 단순한 도시 인구의 급격한 증가뿐만 아니라, 도시 형태, 가치관, 문화 유형 등과 같은 도시 생활양식의 전파에 영향을 미치는 도시성(urbanism), 즉 도시적 고유 특성이 포함되어 있다.

도시화는 상공업의 발달, 문화와 교육 기회의 확대와 같은 긍정적인 결과를 가져오는 반면, 자연환경의 오염, 주택난, 교통문제, 개인주의, 범죄 증가, 도시 빈민층 형성, 퇴폐 향락풍조 만연 등 여러 가지 사회문제를 야기시킨다.

즉, 도시사회에서는 도시 문화가 우세를 보이게 되며, 대중매체를 통한 동질적인 생활문화의 확산이 이루어진다. 그러나 한편으로는 이질적인 인간이 혼합되고, 전통적 구속력이 약화됨에 따라, 가족 간의 유대나 역할이 감소하고, 정서와 감정 그리고 인격적인 유대에 기초한 일차적 인간관계에서 벗어나 이용가치적, 이해타산적, 비인격적 인간관계로 냉정화됨으로써 치열한 생존경쟁에서 벌어지는 비인간적 제도가 발생한다.

인구의 도시 집중과 생활양식의 변화는 체육 인구의 증대를 수반하기 때문에 사회체육의 발전에 크나큰 영향을 미친다. 체육 인구의 급격한 증가는 사회체육활동의 다양화 및 질적 향상에 대한 요구를 분출시켜 레저스포츠의 수요를 급증하게 하는 원천이 된다. 특히 신체활동의 절대 부족에 따른 건강의 위협에 대처할 뿐만 아니라, 생산적이고 건전한 여가 선용의 대안으로서 레저스포츠의 수요가 현저하게 늘어남에 따라 이윤 추구의 대상이 되어 레저스포츠 산업이 발달하게 되며, 이에 수반한 상업체육이 등장하여 시설이 질적 · 양적으로 보완 · 확충됨으로써, 결과적으로 사회체육이 활성화되는 원동력이 된다(Eitzen & Sage, 1978).

한편, 사회체육은 도시화 사회에 살고 있는 현대인에게 보다 다양한 생활기회 및 양식을 제공하기 때문에 삶의 가치를 구현할 수 있는 수단이 된다. 사회체육은 협소하고 오염된 도시환경에서 살고 있는 일반대중에게 신체활동의 욕구를 충족시켜 줄 뿐만 아니라, 도시 사회의 다양한 압력과 통제에서 벗어나 자연과 접촉할 수 있는 기회를 부여함으로써 일반대중의 복리증진에 대한 요구에 효과적으로 부응하는 역할을 지닌다.

2. 사회체육의 개념

체육은 개인의 인격 형성과 더불어 보다 나은 삶을 영위할 수 있는 근원적 잠재력을 배양한다. 그리고 정치, 경제, 사회, 교육, 문화 등의 여러 사회제도와 결합하여 사회발전을 촉진시키는 긍정적 · 능동적 기능을 발휘한다는 점에서 서구의 선진 여러 나라에서는 이미 오래전부터 사회체육을 국가의 주요 복지정책 가운데 하나로 추진해 오고 있다. 각국은 나름대로의 환경과 사회 여건에 따라 사회정책적 차원에서 사회체육의 목표를 설정하고 체육 · 스포츠에 관한 법규나 제도의 정비, 행정 및 재정 지원 등을 통하여 사회체육의 진흥을 도모하고 있는 것이 세계적인 추세이다.

1) 사회체육의 역사

오늘날 하나의 사회운동으로서 추진되고 있는 사회체육의 모체는 유럽평의회(The Council of Europe)의 스포츠관계 장관회의에서 공식적으로 처음 사용하기 시작하여 전 세계적으로 널리 알려져 확산되어 나가고 있는 'Sport for All' 운동이다. 이 운동은 19세기의 독일, 스웨덴, 덴마크, 노르웨이 등의 체조 보급운동과도 비슷한 성격을 지니고 있는데, 현재는 그 물결이 전 세계적으로 파급되어 독일의 Trim 130, 노르웨이의 Trimming, 호주의 Life Be in It, 캐나다의 ParticipACTION, 체코슬로바키아의 Spartakiad, 소련의 1+2운동 등 나라마다 서로 다른 명칭과 내용을 지닌 사회체육 운동으로 장려되고 있다.

우리나라에 있어서 근대적인 사회체육의 효시는 1920년에 조선체육회가 설립되면서부터라고 할 수 있으나 일제 치하에서는 그 활동이 활발히 이루어지지 않았다. 해방 후에는 대한체육회로 명칭이 변경되었으나, 주로 엘리트체육 중심으로 활동이 이루어져 왔을 뿐 사회체육에는 배려를 하지 못하였다. 한편 YMCA는 창설 당시부터 오늘에 이르기까지 국민체육 보급 차원에서 지속적으로 사회체육 운동을 전개해 옴으로써 사회체육 진흥에 크게 기여해 왔으며, 1960년대 초반 한국레크리에이션협회가 창설되면서부터 사회체육에 대한 이해가 본격적으로 이루어지기 시작하였다. 1962년 정부에서 국민의 체육활동에 관심을 가지고 국민체육진흥법을 제정하여 사회체육을 장려하였으나 이 법은 내용이 빈약하고 벌칙 조항과 강제성을 띠지 못하였기 때문에 형식적으로 존재하였을 뿐 구체화되어 시행되지는 못하였다.

결국 우리나라에서 사회체육 운동이 하나의 사회운동으로서 본격적인 활기를 띠기 시작한 것은 제5공화국이 출범하고 난 이후부터라고 할 수 있다. 특히 1981년 서독의 바덴바덴에서 우리나라 서울에서 올림픽 개최가 확정된 직후 체육부가 창설되고, 1962년 제정되어 1982년 1월 31일 전면 개정된 국민체육진흥법이 법률 제3612호로 공포됨에 따라 우리나라는 비로소 법률상 선진 사회체육의 기틀을 마련하였다. 그러나 이 시기에도 사회체육이 우리 사회에 완전히 정착하게 된 것은 아니었다. 이는 '86아시안게임과 '88서울올림픽대회를 대비한 엘리트 위주의 체육정책으로 말미암아 사회체육이 상대적으로 등한시되었기 때문이다. 그런 가운데에서도 사회체육은 꾸준한 발전을 계속하여 1985년에는 민간사회체육단체인 한국사회체육진흥회와 한국사회체육센터가 설립되어 사회체육의 활성화에 기여하였다. 특히, '88서울올림픽 이후에는 국민의 스포츠에 대한 관심과 참가가 증대됨에 따라 체육부를 비롯한 각종 체육 관련 공공단체 및 민간단체에서 국민체육활동 참가를 적극적으로 장려하고 여건 조성에 노력을 기울여 왔다. 최근에는 1990년대 초 체육부에서 전 국민을 대상으로 한 사회체육 진흥계획인 '호돌이 계획'을 발표함으로써 사회체육 발전에 일대 전기를 꾀하였으나 내 · 외적인 이유로 인해 제대로 시행되지 못하였다. 그러던 중 1989년 4월 서울올림픽기념 국민체육진흥공단, 그리고 1991년 1월 사단법인 국민생활체육협의회가 발족되어 사회체육진흥 사업을 전개함으로써 우리나라 사회체육 발전에 박차를 가하고 있다.

한편, 1993년에 집권한 문민정부, 1998년에 집권한 국민의 정부 그리고 2003년에 집권한 참여정부는 체육에 대한 관심이 낮고 이해가 부족하여 문민정부하에서는 체육전담기구인 체육부를 축소하여 체육청소년부, 문화체육부로 개칭하였으며, 국민의 정부에 들어와서는 문화관광부로 개편되어 명칭마저 정부 조직에서 대표성을 상실당하는 위기를 맞고 있다. 그러나 지방자치제의 시행으로 고조된 국민의 체육 참가 요구에 대한 정책 반영은 지방자치단체의 체육에 대한 관심을 유도하고 증대시켜 지역사회를 기반으로 하는 지역사회체육의 싹이 돋아나고 있어 사회체육 발전의 희망이 엿보이고 있다.

2) 사회체육의 정의

사회체육이란 용어의 개념을 논의하는 데 있어서는 우선적으로 체육의 개념에 대한 논의가 선행되어야 한다. 체육은 광의의 체육과 협의의 체육으로 나누어 생각할 수 있다. 광의의 체육은 신체활동을 매개로 한 인간의 모든 행위를 뜻한다. 협의의 개념은 체육 교육에 한정하여 사용되는 경우로서 직접 또는 간접적 신체활동을 매개로 하여 교육의 일반 목표를 성취하는 교육의 일개 분야로 정의할 수 있다.

일반적으로, 체육의 영역은 두 가지 하위 영역으로 구성되는데, 하나는 수직적 영역이며, 다른 하나는 수평적 영역이다. 수직적 영역은 체육의 대상을 기준으로 하여 참가자의 생애 주기에 따른 인간의 성장과 발달 단계를 기준으로 해서 체육의 영역을 구분하는 것을 의미한다. 예컨대 체육 영역을 유아체육, 아동체육, 청소년체육, 성인체육, 장년체육, 노인체육으로 구분하는 것은 체육을 수직적인 차원에서 분류한 것이다.

수평적 영역은 주로 체육을 실천하는 공간이나 참가 대상을 혼합하여 분류의 기준으로 설정한 것이다. 수평적 체육의 영역은 가정체육, 학교체육, 사회체육의 세 가지 부문으로 구성된다. 가정체육은 주부체육, 모자체육 등이 있고, 학교체육은 정과체육, 과외자율체육 등을 포함하며, 사회체육에는 지역사회체육, 직장체육, 상업체육 등이 있다. 체육의 영역을 가정체육, 학교체육, 사회체육으로 분류하였으나 가정체육은 현재까지 활발히 실천되고 있지 않기 때문에 체육의 영역에 포함시키지 않거나 또는 광의의 의미에서 명목상 사회체육에 포함시키기도 한다.

이와 같은 관점에서 볼 때, 사회체육은 학교체육과 대비(對比)되는 개념이라 할 수 있다. 학교체육은 첫째, 교육법에 근거를 두며, 둘째, 특정 사회의 국민이 합의한 교육의 내용인 교육과정을 활동내용으로 삼고 있으며, 셋째, 반드시 자격 있는 교사가 지도를 담당하며, 넷째, 일정한 연령층에 도달해 있는 피교육자를 대상으로 하며, 다섯째, 주로 학교의 시설이나 공간을 이용하여 이루어지는 체육활동을 의미한다.

결국, 사회체육이란 학교교육법에 근거하여 학교의 교육과정으로 이루어지는 학교체육을 제외한 체육 영역으로서 주로 성인이 주체가 되고, 개인 및 가정사정 등으로 학교에 다니지 못하고 취업해 있는 소수의 근로청소년을 중심으로 하여 조직적 혹은 비조직적으로 이루어지는 체육활동을 의미한다. 다시 말해서, 사회체육은 사회성원인 일반국민이 일상생활 가운데 각자의 직무에 종사하지 않는 여가시간에 각 개인의 자발적인 참가의지에 의하여 창출되는 운동 수요를 충족시키기 위한 사회적 노력의 총체를 의미한다. 따라서 사회체육은 학교체육과 달리 사회 구성원의 다양한 개인적 욕구를 충족시킴으로써 풍요로운 삶을 영위하기 위한 수단으로서의 역할을 지니며, 그 형태는 개별적 참가도 있으나 대부분 조직이나 시설을 중심으로 하여 활동이 전개된다. 보이스카웃, YMCA, 청소년연맹 등과 같은 사회단체나 조직에서 고유 목적활동과 함께 체육활동을 부수적으로 전개하는 경우가 조직 중심의 체육활동에 속하는 대표적인 예라 할 수 있다. 근래에는 각종 동호인 단체나 조직을 중심으로 스포츠활동이 전개되고 있는데, 이는 조직 중심의 가장 이상적인 사회체육의 유형이다. 또한 시설이 설치되어 있으면 사람들이 스스로 모여 체육활동을 전개하게 된다. 한강고수부지 체육시설이나 동네체육공원 그리고 테니스장, 골프(연습)장 등이 좋은 예인데, 이는 시설을 중심으로 이루어지는 체육활동의 좋은 보기이다. 이렇게 소수의 일부 근로청소년과 대부분의 성인이 주체가 되어 사회조직인 단체 또는 체육시설을 중심으로 이루어지는 체육활동을 사회체육이라 한다.

사회체육과 학교체육을 비교해 보면, 학교체육은 취학기간 동안에 이루어지는 한시적인 체육활동임에 비하여, 사회체육은 일생 동안 이루어지는 평생 체육활동이다. 또한 학교체육은 학생이 대상이지만, 사회체육은 일반대중이 대상이 된다. 그리고 학교체육은 주로 청소년층을 중심으로 참가자가 구성되어 있는 반면, 사회체육은 성인층을 중심으로 참가자가 구성되어 있다. 또한 학교체육은 의무적이지만, 사회체육은 개인의 자유의지에 의한 자율적 행위이므로 자유로운 개인선택에 의하여 참가가 이루어진다. 따라서 학교체육은 필수적인 반면, 사회체육은 선택적이다. 나아가 학교체육은 강제적인 반면, 사회체육은 자발적인 활동이다. 또한 학교체육은 교육활동이므로 계획적으로 이루어지지만, 사회체육은 위락활동이므로 비계획적이고 불확정적이어서 변화가 많은 활동이다. 이에 더하여 학교체육은 의도적인 반면에 사회체육은 비의도적이다. 따라서 학교체육은 전체적으로 평가할 때 조직적 또는 형식적인 체육활동이라 할 수 있으며, 사회체육은 학교체육에 비하여 상대적으로 비조직적 또는 비형식적인 체육활동이라 할 수 있다.

한편, 사회체육에 대한 개념 및 용어의 정확성을 진단하기 위해서는 외국의 경우를 살펴보는 것이 이해에 도움을 줄 수 있다. 먼저 사회체육이란 용어를 쓰는 나라는 일본이다. 그러므로 사회체육이란 말을 사용하는 것은 우리가 일본 문화권의 영향을 받았기 때문인 것으로 추정된다. 일본에서 사회체육이란 말을 공식적으로 쓰기 시작한 것은 1951년부터이다. 우리나라는 1960년대 후반부터 사용하기 시작하였다. 서구에서는 주로 레크리에이션, 특히 커뮤니티 레크리에이션(community recreation)이란 용어를 사회체육의 개념으로 널리 사용하고 있는데, 근래에는 레저란 용어를 이에 첨가하여 레저 · 레크리에이션(leisure and recreation), 또는 레저스포츠(leisure sports)라는 말로도 쓰이고 있다.

그동안 행정부나 체육현장에서 흔히 쓰이고 있는 용어로서 'Sport for All'을 들 수가 있는데, 이는 스포츠 또는 체육활동을 일부 부유층이나 상류사회의 특권층 그리고 선수층만이 아닌 전 사회의 모든 성원이 스포츠에 참가하도록 촉구하자는 사회체육 진흥 캠페인을 개념화한 용어로서 최근 국내 · 외에서 널리 통용되고 있다. 학계에서는 한때 Mass Sport란 용어를 쓰기도 하였는데, 그 이유는 Mass Sport는 Elite Sport에 대비되는 용어로서 강인한 체력과 고도의 기능수준을 보유한 선수가 참가하는 수준 높은 전문 스포츠가 아니라 일반대중이 즐겨서 실행하는 낮은 수준의 비전문적인 위락활동이라는 의미를 담고 있기 때문이다. 스포츠과학, 특히 스포츠사회학 분야에서는 Mass Sport란 용어를 주로 사용해 왔다. 몬트리올올림픽 스포츠과학 학술회의에서 주제의 하나로 Mass Sport 분과를 설정하였으며, '88서울올림픽 스포츠과학 학술회의에서도 사회체육 분야를 Mass Sport란 용어를 사용하여 주제의 한 분야로 선정하였다. 이러한 Mass Sport란 용어는 사회주의 국가에서 사용되던 용어를 학계에서 받아들여 사용하였던 것으로 여겨진다. 그러나 최근에 와서는 Mass Sport 대신 'Sport for All'이라는 용어가 사회체육을 지칭하는 용어로 대체되어 정착해 있다.

결국, 사회체육이란 체육의 영역을 분류할 때 사용하는 용어로서 학문적인 차원에서는 사회체육이란 용어를 사용하고 있는 반면, 실제 체육현장이나 행정 당국에서는 생활체육 또는 'Sport for All'이란 용어를 사용하고 있다. 그리고 국제적으로는 'Sport for All'이라는 용어를 사용하고 있는 것이 현실적인 추세이다(임번장, 1991a).

3) 사회체육의 특징

사회체육이란 개인적 생활영역 안에서 각자의 취미와 여건 및 환경에 따라 여가시간을 이용한 자발적인 참가를 통하여 개인의 일상생활을 풍요롭게 가꾸는 신체활동을 의미하는 것으로서 다음과 같은 네 가지 특징을 지닌다(임번장, 1991a).

① 사회 구성원의 건강 및 후생복지 향상이라는 목적을 체육, 스포츠, 레크리에이션을 통해 성취하는 일반대중의 체육활동이다.
② 자유시간의 창조적인 선용 방법으로서 널리 활용되는 여가활동이다. 스포츠 활동을 통한 창조적인 여가활동은 궁극적으로 명랑한 사회를 건설하고 건강한 국민을 만들어 국력을 신장시킨다.
③ 단순한 여가선용이라기보다는 한층 적극적인 의미를 지닌 범국민적 사회운동으로서 각종의 스포츠를 사회에 널리 보급하여 건전한 사회기풍을 조성한다.
④ 사회체육은 창조적인 여가활동으로서 그 자체가 즐거움으로 행하여지며 건강하고 행복한 삶을 영위하는 복지사회 건설의 기본 바탕을 이루는 사회교육적 활동이다.

4) 사회체육의 범주 · 대상 및 영역

사회체육은 광의의 체육 개념과 거의 유사하게 쓰이는 매우 포괄적인 용어로서 범주와 대상 및 영역이 매우 광범위하고 애매모호할 뿐만 아니라, 여러 가지 의미가 혼재되어 있어서 단순치 않은 개념이나 대체로 다음과 같은 범주, 대상 및 영역을 지니는 체육의 하위 영역이다.

(1) 범주

사회체육의 범위는 경기스포츠에서부터 대중스포츠에 이르기까지 다양한 형태의 신체활동이 존재하는데, 유럽의 Sport for All 헌장(The Council of Europe, 1980)이 제시한 다음의 네 가지 활동 범주 내에서 이루어지는 다소 활발한 신체활동으로 규정할 수 있다.

① 상대방의 도전에 대한 대응 및 규칙의 수용을 특성으로 하는 경쟁적 신체운동 경기 또는

스포츠 활동(축구, 농구, 배구, 야구, 핸드볼 같은 각종 구기운동이나 게이트볼 등)

② 참가자가 다소 특수한 지형 · 지물인 개활지, 임야, 산악, 수상 또는 창공의 돌파를 추구하는 야외활동(오리엔티어링, 캠핑, 등산, 빙벽타기, 요트, 수상스키, 제트스키, 워터슬레이, 래프팅, 윈드서핑, 행글라이딩, 패러글라이딩, 스카이다이빙, 열기구, 경비행기, 산악자전거, 킥보드, 인라인 스케이트, 스케이트보드 등)

③ 인간의 내면이나 유형화된(형식적) 신체적 움직임의 감성적 만족에 대응하는 것에 관심을 갖는 심미적 움직임 활동인 리듬운동(피겨스케이팅, 리듬체조, 에어로빅스, 댄스스포츠, 민속춤, 레크리에이션적 수영 등)

④ 건강운동을 통한 신체활동 능력의 향상이나 총체적 건강을 증진하는 장기 효과를 추구하기 위하여 행하는 건강운동 혹은 움직임 운동과 같은 체력단련운동(보디빌딩, 조깅, 보건체조 등)

(2) 대상

사회체육은 사회 구성원 전체를 대상으로 하여 이루어지는 체육활동으로서 구체적인 참가자는 다음과 같다.

① 지역사회 자생 동호인 체육 단체 및 조직 가입자

② 스포츠 종목별 동호인 단체 및 조직 가입자

③ 직장 동호인 체육 단체 및 조직 회원

④ 상업체육 회원 및 등록자

⑤ 공공체육 시설 및 민간단체 체육시설 이용자

(3) 영역

사회체육의 영역은 크게 활동의 대상, 전개 장소, 제공 기관 등의 기준에 따라 다음의 세 가지 유형으로 구분할 수 있다(임번장 · 김의수 · 신인식, 1990).

① 대상별 영역: 사회체육활동에 참가하는 사람의 생애 주기에 따른 연령 단계나 성별 및 신체 상태에 의하여 구분되는 영역

- 유아체육
- 아동체육
- 청소년체육
- 성인체육
- 장년체육
- 노인체육
- 여성체육
- 장애인체육
- 모자체육
- 주부체육

② 전개 공간별 영역: 사회체육활동이 전개되는 소속기관이나 집단에 의하여 구분되는 영역

- 가정체육
- 지역사회체육
- 직장체육
- 학원체육(학교 동아리 및 과외 자율체육)

③ 제공 기관별 영역: 사회체육활동을 제공하는 기관이나 단체에 의하여 구분되는 영역

- 공공체육
- 민간단체체육
- 상업체육

이상과 같은 사회체육의 대상과 영역의 관계를 도식화하면 〈그림 1-1〉과 같다.

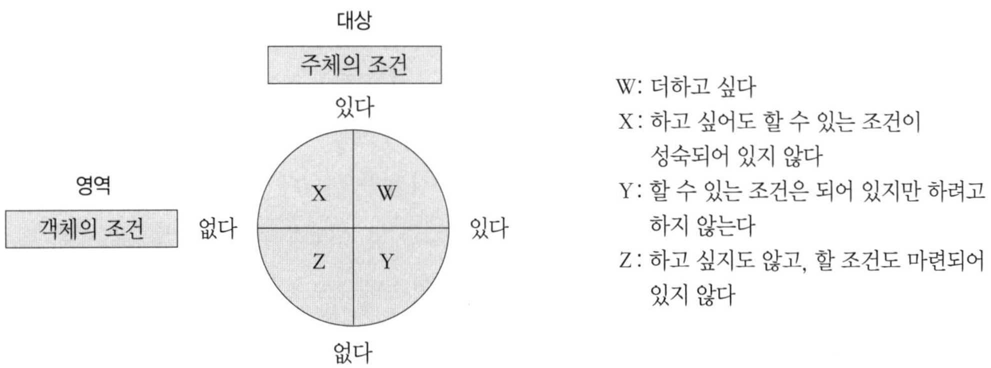

그림 1-1. 사회체육의 대상과 영역의 관계(임번장 · 김의수 · 신인식, 1990)

3. 사회체육의 필요성 및 목적

경제성장에 의한 물질적 풍요는 여가시간의 증대와 삶의 질 향상을 이룩하여 일반대중의 체육에 대한 욕구 분출을 촉진하였고, 이는 체육 참가의 형태를 변모시켜 사회체육이 새로운 유형의 체육활동으로 확산 · 정착하기에 이르렀다. 한편, 이러한 변화는 체육을 실행하는 가치나 의의 및 목적에 있어서도 변화를 초래하여 전통적인 체육과는 그 모습을 크게 달리하고 있다.

1) 사회체육의 필요성

현대사회에 있어서 체육 및 신체활동은 단순히 건강유지 및 체력단련의 차원을 넘어 신체활동적 레크리에이션 영역으로서 위락적 · 사회적 기능을 수행하고 있다. 특히 경제발전계획 추진에 따른 급속한 산업화 및 고도의 경제성장은 과학기술의 발달과 노동시간의 단축과 함께 생활수준의 향상, 여가시간의 증대 등을 수반함으로써, 결과적으로 스포츠의 대중화 및 보편화 현상을 촉진시키는 요인으로 작용해 왔다. 이는 체육 및 스포츠 활동이 과거의 수단적 신체활동이라는 체력육성 차원의 근시안적 인식에서 탈피하여 체육 및 스포츠 활동을 통한 보다 나은 삶의 영위라는 삶의 질적 향상을 목표로 한 합목적적 신체활동으로 변화한 것임을 의미한다. 이와 같은 일반대중의 체육 및 스포츠 활동에 대한 인식 개혁 및 참가 욕구의 증대는 사회체육이라는 범국민적 운동으로 확산되어 가고 있으며, 이는 체육 및 스포츠가 현대사회의 대중문화 및 대중여가에서 주도적 위치를 차지하고 있는 사회제도의 일부분으로 발전해 가고 있음을 나타낸다.

그러나 이와 같은 스포츠에 대한 일반대중의 이해와 관심 증대에도 불구하고, 우리나라의 체육은 승리주의와 국위선양을 위한 경기력 향상에 입각한 엘리트 위주의 스포츠 풍토로 말미암아 스포츠 참가 기회와 시설, 프로그램의 혜택이 일반대중을 포함하여 저개발 지역이나 빈곤층, 노인층, 여성 및 장애자와 같은 사회적 소외집단에 이르기까지 모든 사람에게 균등하게 배분이 이루어지지 못하고 있는 실정이다. 뿐만 아니라, 과다한 노동시간 및 경제적 여유의 부족으로 인한 스포츠 참가 기회의 상대적 박탈, 아마추어리즘의 퇴조와 상업주의 스포츠의 대두 등에 따른 관람스포츠의 양적 팽창, 근린 체육시설 및 광역 체육시설 미비에 따른 스포츠 활동 공간의 부족 등과 같은 구조적 모순으로 인해 선수나 특정 계층에 속하는 일부 사람만이 직접 참가가 자유롭게 이루어지고 있을 뿐, 대부분의 일반국민은 관람스포츠를 즐기는 불균형적인 스포츠 참가 구조를 이루어 온 것이 현실이다.

따라서 앞으로 우리나라의 체육이 보다 발전된 모습의 복지사회 체육 이념을 구현하기 위해서는 특정 계층 및 선수 중심의 엘리트스포츠와 관람스포츠 위주의 풍토에서 탈피하여, 평생체육의 차원에서 국민의 건강유지와 체력증진은 물론 사회적 · 정서적으로 안정을 유지하고 삶의 질을 제고시켜 나아갈 수 있는 범국민운동으로의 전환이 필연적으로 요청된다. 다시 말해 국민의 체육활동 향유 권리를 평생토록 보장하고, 나아가 체육의 가치를 전사회적으로 내면화하며 극대화시키고자 하는 체육복지의 요청은 관람스포츠 및 엘리트체육 중심의 왜곡된 스포츠문화로부터 대중 및 직접 참여 스포츠로의 변화를 촉구하고 있다(임번장, 1987).

2) 사회체육의 목적

사회체육은 대부분 활동 그 자체에 즐거움과 의의를 부여하며 자발적으로 참여하는 활동이기 때문에 학교체육과 같이 명확한 목표나 목적이 설정되어 있지 않은 것이 특징이나 개인, 집단 및 국가사회의 측면에서 볼 때, 다음과 같은 목적을 지닌다(임번장, 1986).

① 기분전환과 즐거움을 충족함으로써 보람된 일상생활을 누린다.
② 여러 가지 운동을 합리적으로 실천하여 체력을 증진시키며 이를 통하여 건강을 유지하고 증진한다.
③ 운동기능의 향상을 도모하여 건전한 여가생활을 누릴 수 있는 잠재능력을 계발한다.
④ 타인과 더불어 함께 살아가는 대인관계의 원리를 터득하고 사물을 상대적 관계 속에서 파악하는 객관적 사회생활 능력을 기른다.
⑤ 자율적으로 스포츠 활동에 참가하여 공명정대한 정신과 협동심, 준법정신, 책임감 등 민주적 생활태도를 기른다.
⑥ 자연과 접촉하여 올바른 우주관 및 인생관을 확립한다.

3) 사회체육의 가치

산업화에 따른 여가시간의 증대 및 일과 여가에 대한 현대인의 자유분방한 가치관은 사회체육의 진흥 및 활성화를 가져왔고 이에 따라 일반대중은 사회체육 프로그램에 자발적으로 참가하여 사회의 생산적인 성원 그리고 의미 있는 인간존재로서의 가치를 제고시키고자 한다. 사회체육의 가치는 개인이 육체적인 건강만을 획득하는 데 그치지 않고 정신적 · 사회적으로 풍요한 삶을 누릴 수 있는 기회와 바탕을 제공하는 데 있다. 사회체육의 가치는 여러 측면에서 유용한데, 다음의 네 가지 측면에서 더욱 두드러진다.

(1) 문화인류학적 가치

놀이는 인류학적인 범주에 속하는 활동으로서 이를 도외시하고 인간 존재를 생각하는 것은 불가능하다. 인간은 원시시대부터 현대사회에 이르기까지 놀이라는 요소를 삶의 기본영역 속에 갖추고 행하여 왔다. 따라서 놀이의 요소를 필수적으로 포함하는 사회체육은 인간의 놀이적 속성을 파악하는 데 있어 매우 중요한 영역이 된다. 즉, 사회체육에 참가하는 현대인의 놀이하는 모습 속에서 인간의 본질적인 특성과 문화적인 현상을 파악할 수 있는 것이다(Kendall & Alyce, 1989).

또한 사회체육은 역사적 전통으로 전해 내려오는 특정 사회 소속인들만이 지니는 민속놀이를 재발견하게 하고 그 놀이에 참가하는 집단에게 소속감과 연대의식을 강화시켜 준다. 탈춤이나 민속놀이 등의 사회체육 프로그램은 개인주의가 팽배한 현대인에게 공동체의식을 심어 주고 자신의 뿌리를 찾게 해 준다. 특히 스포츠 활동이 대부분 서구문화에 종속되어 행해져 온 제3세계의 개발도상국가에 있어서 민속놀이나 민속경기의 개발 · 보급은 문화인류학적인 가치가 매우 크다고 할 수 있다.

결국 사회체육은 현대사회를 살아가는 인간에게 보편적인 인간 존재의 의미를 경험하게 하고 자기 문화의 뿌리를 발견할 수 있도록 계도하는 가치를 제공한다.

(2) 생리학적 가치

앉아서 일하는 문화가 지배적인 현대사회에서 인간은 필연적으로 운동부족(증)을 수반하게 되고 각종 산업공해로 인한 열악한 생활환경은 현대인을 나약하고 병들게 하고 있다. 사회체육은 운동부족의 현대 도시 산업사회 속에서 살아가는 인간에게 생존에 필요한 적정량의 신체활동 무대를 제공함으로써 극단의 열악한 생활환경 아래서도 견딜 수 있는 튼튼한 체력을 육성하는 데 기여한다. 인간의 육체는 사용하지 않으면 기능이 약화되므로 적당한 신체활동을 계속해 나가는 사회체육활동은 건강한 신체를 유지 · 증진시키는 데 필수적인 기회를 제공한다. 구체적으로 예를 들면, 가정주부의 경우 일반적으로 하루에 걷는 거리가 집안 일을 합쳐서 대략 4km 내외가 되며 외출해서 걷는다 해도 6km를 넘지 않는다. 하루 6km 정도 이상을 빠른 걸음으로 걷지 않으면 부신피질 호르몬의 분비가 부족해져서 적정량의 자극이 되지 않기 때문에 운동량이 부족하게 된다(신영식, 1988). 이와 같은 운동부족을 해결하기 위해서는 의도적으로 신체운동을 통해서 건강을 위한 최소한의 생리적 자극을 제공하여야 하는데, 사회체육은 현대인의 이러한 운동부족을 보충해 준다.

최근에는 사회체육활동을 통한 운동이 질병 치료의 보조 방법으로 널리 이용되고 있다. 운동이 질병을 직접 치료하기보다는 예방적 개념에서 위험인자를 억제하고 질병에 대한 저항력을 강화시키는 것이다. 병원이나 지역사회 의료기관에서 심장병이나 고혈압, 당뇨병 등 성인병 예방과 치료를 위해 여러 가지 사회체육 프로그램을 마련하여 제공하는 것도 이 때문이다(진영수, 1989).

(3) 심리학적 가치

미국의 과학 아카데미는 현대생활에서 모든 질병의 70~80%가 스트레스에 의해 발생한다고 보고하고 있다(신영식, 1988). 문명의 발달과 과학기술의 발전으로 현대인은 편리한 생활을 영위하게 되었으나, 이와 동시에 복잡한 과학기술문명사회에서 소외되고 공해 등의 불안정한 생활환경 속에 놓이게 되어 운동부족, 불균형한 영양공급, 불규칙한 노동, 과로, 휴식 부족, 고도의 긴장 등 온갖 스트레스를 받으며 살아가게 되었다. 문명의 진보에 따라서 이제까지의 세균 등에 의한 전염성 질환은 점차 사라지고 스트레스와 관련 깊은 동맥경화, 당뇨, 암 같은 만성질환적 질병이 증가하고 있는 것이 현대사회의 특징으로 나타나고 있다. 이와 같이 현대인의 건강을 위협하는 스트레스를 관리하고 정신적으로 정상적인 생활을 유지하는 데 있어 사회체육은 최고의 가치를 발휘한다. 사회체육을 통한 신체활동의 경험은 현대생활이 가져다 주는 각종 스트레스로부터 해방되어 건강한 삶을 영위하도록 촉진한다. 거대화되어 가는 사회조직 속에서 개인은 무력감을 느끼며 나약해지기 쉬운데, 사회체육은 그러한 개인에게 성취동기를 부여하며 의욕적 · 실천적인 인간을 형성하는 데 도움을 준다. 사회체육활동의 장에서 얻어진 성취동기는 인간에게 직업이나 노동과 같은 일의 세계에서 개인적 혹은 집단적으로 공유하는 사회문제를 해결하도록 촉구하는 적극적인 태도를 육성한다(Cox, 1985).

또한 사회체육은 평소 일상생활 속에서 발견하기 어려운 성격(personality)의 한 측면을 훈련할 수 있는 기회를 제공한다. 스포츠 활동을 통해서 자신의 성격이 표현되고 확인되며 동호인들과 부담 없이 친교할 수 있는 기회가 마련되기 때문에 바람직한 개성이 연마 · 형성되는 것이다. 특히 퇴직 후의 노년층에게 사회체육은 지속적으로 자신을 표현할 수 있는 기회를 마련해 주며 불안과 고독에서 벗어날 수 있는 정서적 안정의 가치를 부여한다.

(4) 사회학적 가치

사회체육은 집단 속에서 타인과 더불어 상호작용하며 살아갈 수밖에 없는 인간의 기본적 욕구를 원만하게 표현할 수 있는 다양한 기회를 제공한다. 스포츠는 구성과 내용이 현실사회의 실제 상황과 비슷하게 설정되어 있으며, 사회와 밀접한 관계를 맺으며 전개되고 있어서 사회 성원은 사회체육활동을 통해서 상호간 사회관계를 유지하며 사회성을 기르게 된다. 기계적이고 관료적인 현대 대중사회의 특성에 의하여 소외당하고 있는 개인에게 사회체육활동은 고독과 불안을 해소하는 적절한 대안이 되고 있다. 더욱이 무분별한 서구문화의 유입에 의해 건전한 공동체의식이 소멸되어 가고 있는 현대사회에 있어 사회체육활동은 공동체적 전통문화의 뿌리를 찾게 해 주는 역할을 한다.

사회체육은 산업화로 인한 여가시간의 증대 속에서 건전 놀이문화, 다시 말하여 생산적인 여가선용의 문화공간을 제공한다. 퇴폐 향락적인 소비문화를 통해 각종 사회범죄가 증가하고 있는 현대사회에서 사회체육은 건전한 여가선용의 장을 마련해 주고 있다. 즉, 건전하고 즐거운 체육활동에 참가함으로써 심신의 피로를 풀고, 맑게 닦아 일상생활에 새로운 활력을 불러일으켜 건전한 생활태도를 갖춘 사회 시민으로 행동하도록 돕는다. 그러므로 사회체육활동은 가정, 학교, 직장 구조에서 발생하는 각종 욕구불만의 해소는 물론, 여러 가지 사회병리현상을 예방하고 건전사회기풍을 조성하는 가치를 지닌다.

4) 사회체육의 의의

현대사회에서 사회체육이 지니는 효용성은 크게 개인적 측면과 사회적 측면에서 다음과 같은 네 가지 의의를 지닌다.

(1) 여가선용

사회체육은 개인의 자발적인 참가를 전제로 하여 이루어지는 체육활동으로서 증대된 여가생활을 바르게 영위하기 위하여 제공되는 신체활동 프로그램이다(Beverly & Matthew, 1978). 현대사회는 제도적으로 사회생활의 공적 영역과 사적 영역이 엄격히 분리된 사회이다. 사회체육은 사적 영역이 확대된 현대인에게 개인의 선호 활동을 자유의지로 선택하여 참가하게 함으로써 삶의 기회를 확대하도록 제공되는 프로그램이다. 외부적인 강제에 의해서 이루어지는 노동과 달리 참가자의 자발성에 기초하여 이루어지는 신체적 여가활동인 것이다. 사회체육은 개인의 자발적인 참가에 의해서 인간 본연의 놀이에 대한 기본욕구를 충족시키는 만족감을 얻게 한다. 이와 같이 사회체육은 참가자로 하여금 여가활동을 통하여 건강한 신체를 소유하고, 삶을 즐기며, 일상생활에 지속적인 삶의 의미를 부여하여 삶의 질을 제고시키는 중요한 사회활동의 하나로 간주된다.

(2) 국민복지 구현

사회체육은 모든 사람을 위한 평등사상에 기초한 국민복지 영역이다. 성, 연령, 계층, 사회 · 경제적 지위 등에 차별 없이 모든 사람의 건강 증진과 체력 향상을 위하여 스포츠를 국민 모두에게 보급하는 인간주의 운동이 사회체육이며, 이러한 사상에 입각하여 1970년대에 들어 유럽에서는 'Sport for All' 이라는 사회체육 운동이 등장하였다. 건강한 삶을 위한 운동문화는 빈부나 성에 따른 차별 없이 사회성원 모두에게 참여의 기회가 균등하게 주어져야 한다는 이념 아래 'Sport for All' 운동은 우리나라뿐만 아니라, 전 세계에 걸쳐 확산되어 가고 있다. 다시 말해서, 사회체육 운동은 사회성원 모두가 함께 인간의 건강과 삶의 질적 향상을 추구하는 인간주의 운동인 것이다. 즉, 사회체육은 학교체육 및 전문체육(엘리트체육) 중심에서 체육의 실수요자인 대중 중심의 체육으로 이행되고 있는 세계적 추세에 부응함으로써 체육의 평등화에 이바지한다.

그리하여 사회체육은 세대간 격차를 해소시켜 줄 뿐만 아니라, 동세대 안에서의 간격을 좁혀주는 접목의 역할을 담당한다. 사회체육은 체육 및 스포츠라는 테두리 내에서의 상호 신체 접촉을 매개로 하여 이루어지기 때문에 서로 다른 가치관과 의식을 지니고 있는 개인간이나 세대간을 가장 효과적으로 연결하여 주는 사회적 연결 고리일 뿐만 아니라, 격렬한 신체적 접촉과 경기규칙의 준수, 그리고 상대방의 인격 존중을 통하여 대인관계의 지식과 방법을 배우고 사물을 상대적 관계성 속에서 객관적으로 파악할 수 있도록 돕는다.

(3) 사회결속력 강화

사회체육은 분열과 투쟁의 현실세계를 살아가는 사람들에게 화해와 공동체의식의 비일상적 세계에 대한 경험을 제공한다. 모두를 위한 스포츠의 목적 달성을 위해서 분열과 투쟁의 현실세계를 탈출하여 한순간이나마 비일상적인 일체감과 화해를 맛보는 스포츠 활동을 경험하게 하는 것이다. 비일상적인 스포츠 세계에서의 경험은 현실 사회생활을 통합해 내는 문화적인 힘이 될 수 있다. 따라서 사회체육의 통합적 의의는 Sport for All의 기본 이념이며 나아가서는 실제사회의 정치, 경제, 외교의 제 문제를 해결하는 촉매제가 될 수 있는 보편적인 인간주의 운동이다. 사회체육은 사회의 모든 계층에게 신체활동을 충만하게 즐길 수 있는 기회를 제공함으로써, 사회적 불평등을 해소하는 데 기여할 뿐만 아니라, 상이한 계층 간의 상호작용을 증진시켜 사회적 갈등 해소에 도움을 준다. 특히, 동 · 서 화해의 국제질서 속에서 그리고 남북 통일이 당위적인 과제가 되고 있는 근래의 한반도 정치 · 경제 상황에서 사회체육의 통합적 의의는 매우 크다고 할 수 있다.

(4) 삶의 질 향상

사회체육은 궁극적으로 인간 삶의 질적 향상을 통한 행복 추구를 지향한다. 사회체육활동에 참가하는 개인은 마음껏 자유를 누리고 기쁨을 만끽한다. 비정한 사회현실과 각종 사회문제의 어려움에 직면해 있는 실존적 인간에게 사회체육활동에의 참가는 개인에게 희망을 잃지 않게 하며 나아가서는 어려움을 극복해 나가는 도전적이면서도 적극적인 성취동기를 갖게 한다. 사회체육은 행복을 추구하는 인간의 기본욕구가 표현되는 만족의 경험을 제공하고 생에 대한 긍정적 태도를 갖게 함으로써 일상적인 삶을 건강하고 건전하게 살아가도록 동기를 부여한다.

4. 사회체육의 기능

사회체육이 사회에서 존재하는 정당성은 그것이 사회를 구성하는 개인, 집단 그리고 전체사회를 위하여 바람직한 역할을 지니고 있기 때문이다. 이는 사회체육의 구체적인 활동 내용인 스포츠가 지닌 다양한 기능에서 찾아볼 수 있는데, 여기서는 사회제도의 일부분으로서 스포츠가 고도 산업사회에서 지니는 개인에 대한 기능, 집단에 대한 기능 및 전체사회에 대한 기능에 대하여 간략하게 살펴봄으로써 사회체육이 지니는 기능을 가늠하고자 한다.

1) 건강의 유지 및 증진

문명이 발달함에 따라 생활 편의시설이 구비되어 인간의 필수적 신체활동이 극소화되어 가고 있는 도시화된 고도 산업화사회에 살고 있는 현대인은 운동부족을 일으키기 쉽다. 운동을 적게 하면 심장병, 당뇨병, 요통, 신경과민, 비만, 정신신경증(노이로제) 등 만성질환을 유발하게 된다.

반면, 운동을 규칙적으로 실행하게 되면 혈압이 낮아지고 콜레스테롤 같은 혈액 내 지방 성분이 저하되기 때문에 동맥경화증을 막아 준다. 또한 체중이 늘어나거나 지방질이 축적되는 비만을 막아 주며 심장질환 등 성인병을 예방할 수 있다. 따라서 운동을 규칙적으로 이행하는 사람은 신체활동을 하지 않는 사람에 비하여 건강을 보다 효과적으로 유지할 수 있다. 이에 더하여 체육활동은 강인한 체력을 육성함으로써 각종 질병에 대한 저항력을 길러 건강한 생활을 영위할 수 있도록 돕는다(William, 1976).

2) 건전 여가활동의 영위

고도 산업사회의 기계화와 자동화에 수반하여 인간 노동력의 필요성이 감소되는 반면 점차 여가시간은 증대되어 가고 있다. 현재 우리나라의 근로자는 주당 44~50시간 이상의 장시간 노동에 종사하고 있으며, 앞으로는 이를 40시간으로 단축하려 노력하고 있다. 2000년대 말에 이르면 평균 노동시간이 주당 40시간으로 일반화될 전망이다. 따라서 정부는 앞으로 주 5일 근무제 시행을 2010년까지 사회 전 부문에 걸쳐 시행하려 하고 있다. 이렇게 되면 현재에 비하여 상대적으로 한층 더 많은 자유시간을 소유하게 되므로 이러한 여가시간에 대한 대처가 개인적으로나 사회적으로 매우 중요한 의미를 지니게 될 것이다. 결국, 개인적으로는 매일매일 단조로운 작업에서 오는 무미건조한 기계의 감시자로서의 중압감으로부터 벗어나 하루의 피로를 풀고 내일의 생활설계를 위한 밑거름이 될 생동감이나 행복감을 맛볼 수 있는 대상을 여가시간에 추구할 필요에 직면하게 된다.

여기서 여가란 일로부터 해방된 일하지 않는 시간이라는 종래의 전통적 관념으로부터 벗어나서 오히려 인간이 그의 생존을 걸고 주체적으로 대처해야만 할 중요한 시간으로 부각되어 가고 있다. 여가 쟁취의 시대에 있어서는 일반대중에게 여가활동이 희소한 가치를 지녔으나, 여가과잉 시대를 맞이하게 되면 결과적으로 여가시간을 가치 있는 활동에 소비하지 않으면 안 될 본가(本暇)의 출현이 예상된다(임번장, 1982b).

이와 같이 사회적으로 허용된 대중의 비일상적 활동의 추구에 있어서, 스포츠는 경기자나 관람자 모두에게 신바람 나고 즐거움을 안겨 줌과 동시에 사회적으로 규제되고 통제되는 건전 여가활동 가운데 하나이다. 대중의 정서적 자극인 비일상화의 욕구가 무제한적으로 개방되고 통제되지 않은 형태로 충족될 때 그것은 퇴폐 향락적인 대중 행락으로 전락하고 만다. 스포츠는 퇴폐 향락적인 대중 행락과는 전혀 다른 형태로서 문화적으로 용인되고 사회정책적으로 장려되는 기본적인 건전 여가활동이다. 그러므로 스포츠를 활동의 주 내용으로 삼고 있는 사회체육은 고달픈 삶을 살아가는 고독한 고도 산업사회의 생활인에게 기분전환과 삶의 즐거움을 가져다 주는 신선한 자극제로서의 기능을 발휘하게 될 것이다.

3) 사회 정서적 안정

도시화되고 산업화되어 극심한 경쟁과 복잡 다양화될 미래사회는 다각적인 압력과 통제에 의하여 고도로 기계화되고 문명화되며 특성화된다. 따라서 사회의 성원은 일상생활 속에서 끊임없이 높은 강도의 정서적 긴장과 압박을 받게 된다. 이렇게 되면 개인은 사회성원의 일원으로서 자신과 사회의 존속을 위하여 주위 환경에 잘 적응하여 생존을 지속할 수 있는 사회 정서적 균형을 유지하여 안정을 취할 필요가 있다. 이것은 긴장 및 갈등의 해소와 유대감 및 우애감의 형성을 통하여 이루어진다.

(1) 긴장 및 갈등의 해소

긴장과 갈등의 처리는 사회체육의 정화기능과 관련이 있다. 스포츠 활동은 일반적으로 긴장, 공격성 및 좌절과 같은 파괴 본능을 안전하면서도 효과적으로 방출하게 한다. 만일 긴장이나 갈등의 감정을 무해한 방향으로 분출시키지 않는다면 자신이나 타인에게 정서적 · 심리적, 나아가서는 신체적 가해를 일으킬 잠재적 가능성을 지니고 있는데, 스포츠는 바로 이와 같은 극단적 감정인 노여움, 미움, 슬픔 등과 같은 정서적 앙금을 발산시키는 기회를 제공한다(Leonard, 1988). 즉, 스포츠 경기에서 배태되고 표출되는 격렬한 감정은 종교적 열망이나 의식(儀式)에서 느끼는 신비한 감정과 마찬가지로 강한 정화효과를 가져온다. 나아가 스포츠에 직접 참가하지 않는 관중에게도 그들이 관람하고 있는 스포츠에서 나타나는 공격성과 정서의 대상동화(代償同化)를 매개로 하여 감정의 정화작용을 일으킨다. 스포츠는 경기자나 관람자 모두에게 공격적 충동을 무해하게 방출하여 해소시키는 계기를 마련해 준다.

(2) 유대감 및 우애감 생성

스포츠는 강한 연대의식, 우애, 소속감, 친밀감 및 친교의 감정을 유발시키는 잠재력을 지니고 있다. 그리하여 상당히 강한 정의적 유대(情意的 紐帶)가 흔히 스포츠 참가집단에 형성된다. 스포츠 단체, 후원회, 팬, 응원단 그리고 심지어는 관람자와 같은 비경기자에게서도 이와 유사한 우애와 연대의식이 형성된다(Brockmann, 1969). 그리고 스포츠 본래의 고유활동과는 무관하지만 사교활동, 연회, 여흥 등과 같은 스포츠의 부수적 활동에서도 친밀한 유대감정을 한층 더 제고시키는 환경을 마련해 준다.

고도 산업사회에서 흔히 나타나는 사람들 사이에 존재하는 고립은 각 개인이 상호간에 지니는 사회적 거리인데, 스포츠는 위와 같은 우애감을 형성하고 연대의식을 조성함으로써, 이러한 사회적 거리의 간격을 없애 주는 촉매로 작용한다(Bouet, 1969). 스포츠에 참가하는 같은 편 사이는 물론, 상대방과도 부단한 상호작용을 통하여 사회적 거리를 없애기란 매우 수월한 일이다. 마찬가지로 일반적으로 대상경험(代償經驗)을 하고 있어 스포츠에 직접 참가하지 않는 관람자까지도 상호간에 비교적 고립현상이 적은 편이다.

4) 체제의 유지

사회체육은 사회성원에게 그가 소속한 사회의 기본적인 주요 가치관과 규범을 학습하게 하여 내면화시킨다. 즉, 사회체육은 사회 구성원에게 현실에 적합한 사고, 감정 및 행동양식을 익혀 사회성원으로서 차질 없이 살아 나아가도록 구속한다. 결국, 사회체육은 사회 구성원에게 그 사회의 생활원리와 조화를 이루어 행동하며 살아가도록 사회화시킨다. 그리하여 사회체육은 승리를 추구하는 경쟁적 경기활동을 통하여 고도 산업사회의 생산성 유지를 위하여 필요 불가결한 요소인 성취동기의 수준을 제고시키도록 조장한다(Coakley, 1986).

특히, 청소년들에게 경쟁적 게임이나 스포츠를 부과함으로써, 경쟁을 생활원리의 바탕으로 삼고 있는 고도 성취 지향의 후기 산업사회에서 성인 역할을 원활하게 수행할 수 있는 자질을 육성하며 인생의 경쟁적 본질에 대한 준비를 기할 수 있도록 키워 준다. 뿐만 아니라, 성인의 성공적인 사회생활을 위하여 필수 행동인 규칙을 지키며 생활해 나아가는 인생역정의 훈련을 제공한다

(Robert & Sutton-Smith, 1969).

사회체육은 이렇게 성취지향 사회의 이념을 학습하는 데 있어 중요한 역할을 담당하며 업적 사회에 내재해 있는 경쟁적 · 업적 지향적 행동을 학습시키고 합법적인 수단을 통하여 목표를 성취시키는 합리적 가치를 내면화시킴으로써 사회체제의 유지와 존속에 기여한다.

5) 국민화합의 창출

앞으로의 사회는 자유주의 체제를 유지하고 민주화를 실현해 나감에 따라 사회 구성원인 국민의 집단의식은 점차 약화되어 갈 것이다. 더욱이 도시화와 핵가족화가 진행될수록 개인주의적 성향은 더욱 심화될 것으로 전망된다.

스포츠는 각기 다른 개성과 이해를 지닌 이질적인 개인 유기체를 공동체로 융화하여 화합시키는 기능을 지니고 있다. 우선 스포츠 참가자가 한 팀의 구성원이 되거나 클럽의 성원이 되도록 접목시키는 것은 스포츠 활동에는 참가자 개인을 그가 소속된 팀이나 클럽으로 융화시키기에 충분한 상호 인간관계의 결속이 내재되어 있기 때문이다(Stevenson & Nixon, 1987).

공동체 의식은 팀이나 클럽 같은 소규모 형태뿐만 아니라, 학교, 시, 도, 나아가서는 국가와 같은 대규모 형태로 나타나기도 한다. 그리하여 학교나 시, 도 또는 국가를 대표하는 경기자는 그가 대표하는 공동체와 동일화가 이루어지며 경기자가 속한 공동체는 경기자와 동일화가 이루어진다. 따라서 이렇게 이루어지는 동일화는 더 큰 규모의 공동체를 포함하는 융화의 확산을 가져옴으로써, 애교심, 애향심, 그리고 애국심을 고취시킨다(임번장, 1989b).

이와 같이 사회체육은 사회경제적 지위, 출신 성분, 성, 교육의 정도 및 종교가 서로 상이한 이질적인 개인들로 구성된 사회를 한마음 한뜻으로 결속시켜 사회적 에너지를 분출하는 기능을 지니고 있다.

5. 사회체육의 전망

사회체육에 대한 일반대중의 욕구는 지속적으로 증대될 전망이어서 앞으로의 체육영역 가운데 가장 본질적이며 발전 가능성이 높은 부문으로 예상되고 있다. 미래사회에 있어서 사회체육이 체육의 중심 영역이 되어 건전 사회기풍 조성에 이바지하기 위해서는 사회체육의 세계적 전개 동향을 추정하고, 바람직한 사회체육의 발전 방향을 탐색하며, 성공 가능성이 높은 최적의 사회적 조건을 설정하는 작업이 선행되어야 한다.

1) 사회체육의 동향

(1) 대중화

현대는 동력기계와 전문화된 분업을 도입한 대규모 공장에서 상품의 대량생산이 이루어지는 고도 산업사회로의 진입이 그 특징이다. 산업화는 점증적으로 삶의 수준 향상과 여가시간의 증대를 가져와 다양한 형태의 레크리에이션 및 스포츠가 일반대중에게 보급되었다. 다시 말해서 고도의 경제성장으로 인하여 여가를 즐기려는 사람의 수가 계속적으로 증가 추세에 있다. 특히 스포츠에 참가하여 건강한 몸과 안정된 마음을 찾으려는 사람이 더욱 급증하고 있다. 그리하여 과거 부유한 상류계층이나 일부 선수층의 독점물이던 스포츠가 중산층 내지는 임금노동자 계층에까지 확산되었다. 이는 대중복지를 지향하는 사회정책의 산물로서 체육시설의 대량 설치와 더불어 그 경향성이 더욱 심화되어 가고 있다.

이와 같이 현대의 사회체육은 스포츠 인구구조에 있어서 사회 구성원 대다수가 자발적인 스포츠 참가를 통하여 스포츠 인구의 저변확대, 즉 스포츠 참가자의 양적 증대와 계층적 확대가 동시에 이루어질 뿐만 아니라, 체육의 수단인 시설의 균등화도 함께 이루어 나가고 있다.

(2) 생활화

경제성장에 따른 국민소득 수준의 향상과 더불어 여가시간의 증대는 사회체육에 대한 일반대중의 관심과 참가를 촉진시키는 중요한 사회조건이 되고 있다. 일반적으로 고도 산업사회는 주휴 2일제나 유급휴가에 의한 실질 노동시간의 단축, 고학력화에 의한 취업시간의 단축, 정년제도의 변화로 인하여 자유시간이 증대하는 경향성이 짙어 가고 있다. 특히 산업화의 진전에 따른 과학기술 및 기계문명의 발달은 산업공정의 기계화 및 조업시간의 단축을 부가적으로 수반함으로써 일반국민에게 보다 풍부한 여가시간을 제공해 주기 때문에 문화생활 및 취미생활에 대한 요구와 수요가 크게 증가하고 있다.

따라서 오늘날의 사회체육은 인간이 삶을 풍요롭고, 보람되게 영위하기 위한 생활의 기술 또는 수단이라 할 수 있다. 즉, 사회체육은 사회생활의 압박에서 벗어나 삶의 질을 높이는 수단이 되어 사회성원의 일상생활 가운데 접목되어 정착해 가는 경향성을 띠고 있다. 이는 관람 위주의 간접체육 형태에서 벗어나 참가하여 즐기고, 건강을 증진하며, 인간성을 회복하는 직접 체육형태로 활성화될 뿐만 아니라, 일상생활 가운데 체육활동을 내면화하는 것이다. 이것이 바로 엘리트체육으로부터 사회체육으로의 전환을 가져온 사회적 동력이다.

(3) 평생화

체육은 신체적으로 체력이나 발육 · 발달이 왕성한 청소년 시기에 활발히 전개된다. 따라서 전통적 체육활동은 장년기나 노년층보다는 주로 청소년층에서 보편적으로 행하여지는 것이 특징이다. 그러므로 과거의 체육은 인간의 생애주기 가운데 주로 청소년 시기에 초점이 맞추어진 학교체육에 관심이 집중되었다. 그러나 오늘날에 와서는 건강을 유지하고, 체력을 증진하며 여가를 보람되게 영위하기 위하여 체육활동을 청소년기에 국한하지 않고 성인기를 거쳐 노인기에 이르기까지 평생 동안 지속적으로 이어가고 있다. 따라서 사회체육은 인간의 전 생애 주기를 통한 지속적인 체육활동의 기회를 제공해 주는 경향성을 띠고 있다.

(4) 상업화

산업화 이후 많은 인구가 농 · 어촌으로부터 도시로 이동하게 되어 일정한 공간에 다수의 인구가 집중적으로 거주하게 되었다. 이러한 도시 지역에서는 교통시설의 편의, 부유 및 여가계층의 출현, 그리고 조직화의 용이한 환경으로 인하여 스포츠 활동이 급속히 촉진되었다. 따라서 도시의 밀집된 인구로부터 창출되는 스포츠 수요는 스포츠 공급을 촉진하게 되어 상업스포츠가 출현하여 발달하게 되었다. 이러한 스포츠의 상업화는 스포츠인구의 상당부분을 흡수하고 있으며 공공체육 투자의 한계 상황을 고려할 때, 현대사회의 체육은 더욱더 상업화 경향을 띠어 갈 것으로 전망된다.

(5) 제도화

오늘날의 사회체육은 스포츠조직의 규모가 증대하고 복합성이 증가함으로써 이를 사회정책적으로 대처하여야 할 중차대한 사회적 과제이다. 과거의 임시방편적이고 소비적이며 소극적인 오락 형태에서 벗어나 창의적인 새로운 형태로서의 여가활동에 대한 사회적 관심과 계발이 요청되고 있다. 이를 위해서는 국민의 여가 과잉층과 부족층, 성 · 연령 · 학력 · 직종에 따른 여가시간과 기호도, 여가시설의 확충과 교통수단의 합리적 통제 등 여러 측면을 고려한 여가정책이 중요한 국가 정책적 배려하에서 수립되어져야 할 것이다.

이렇게 국가 차원의 체육서비스 혹은 체육복지정책의 필요성은 바로 개인이나 가족에 의하여 제공될 수 없는 다양한 사회적 서비스의 제공에 있는 것이다. 체육은 시설 설치와 유지 및 관리 그리고 그의 운영에 대규모 투자를 요하는 부문이므로 개인이나 가족집단에 의해 제공될 수 없는 공익사업적 특성을 지니고 있어 국가나 사회가 이에 대한 서비스를 책임져야 한다는 배경에서 출발한 것이 오늘날 복지국가의 체육행정이다.

그리하여 사회체육을 관리하고 운영하며 나아가 통제하기 위해서는 그 절차가 조직화되고, 체계화되며, 안정화되지 않으면 안 된다. 조직화는 체육활동에서의 지위, 역할 및 역할관계의 규정을 의미하고, 체계화는 역할 담당자에 의하여 수행되는 과업과 의무의 구체적 특성을 가리키며, 안정화는 세대를 초월하여 존재하는 과정의 경향성을 의미한다. 사회제도로서의 사회체육은 사회성원이 공통적으로 수용하는 본원적 가치를 구현하는 사회관계 또는 지위와 역할이 명확히 설정된 소사회 체계로 실행된다.

2) 바람직한 사회체육의 방향

현대사회의 특징은 문화적으로 인간 본연의 욕구를 추구하는 놀이인간의 탄생에 의한 여가의 시대라 할 수 있다. 지금까지의 놀이인간(Homo Ludens)의 개념은 사회의 물질적 진보에 의해 타의적 · 수동적으로 파생되어 나온 꼭두각시와 같은 존재에 지나지 않았기 때문에 어디까지나 무기력하고 무감동한 고뇌에 찬 유사 놀이인간에 불과하였으나, 놀이인간의 본질을 재조명함으로써, 놀이의 심리적 구조를 인간 본연의 심리적 구조로서 재인식하고 그 인식의 토대 위에 새로운 인간적 삶의 길을 발견하도록 노력하여야 할 것이다(Huizinga, 1949).

이러한 측면에서 사회체육은 현대 산업사회에서 놀이인간이 추구하는 삶의 궁극적 대안을 제공해 주는 건설적인 위락활동이 될 수 있는 무한한 가능성을 지니고 있다. 만일 우리가 이러한 노력을 기울이지 않는다면 결국 물질적 진보에 의해 놀이인간이 지배당하며, 놀이의 심리적 구조는 이윤 추구를 목적으로 삼는 3차산업인 레저산업의 시장으로 전락하여 놀이 자체가 생업이 되는 목적과 수단이 전도된 비인간적인 현실세계의 세속적 시장논리에 압도되어 수동적이고 감각적인 허망한 놀이에 빠져 버리고 말 것이다. 결국 놀이라고 불리면서도 놀이의 본질로부터 유리된 왜곡된 형태의 허구를 추구하는 소외된 존재가 바로 현대의 놀이인간인 것이다.

따라서 놀이 본연의 자세를 견지하도록 촉구하고, 자아실현에 근거한 새로운 인간주의적 가치관을 주체적으로 확립하여야 하는데, 그렇게 하기 위해서는 놀이 그 자체를 새로운 하나의 현실로서 인식하는 시대나 사회가 출현하지 않고서는 불가능한 일이다. 그리하여, 진정한 놀이인간으로서의 삶은 결코 헛된 본능적 충동을 추구하는 찰나적 위락이나 비윤리적 인간관계로 왜곡 · 확산됨이 없이, 오히려 고고한 경지에서 자아의 존재 의의를 탐색하는 관조의 과정이 되어야 할 것이다. 여가시간의 증대와 함께, 사회체육은 단지 일하고 남는 시간의 기분전환을 위한 위락거리가 아닌 인간의 존재의의와 직결된 궁극적 이상으로서 의식적 · 계획적으로 접근하지 않으면 안 될 것이다.

바야흐로 현대의 사회체육은 진정한 인간생존의 존위를 염두에 두고 추구되어야 할 것이다. 그리하여 사회체육의 내용으로서는 인간 소외를 극복하고 인간의 자연성을 되찾으며, 나아가 현재 및 장래의 보다 나은 바람직한 사회생활을 영위하기 위해서 각종 스포츠를 각 연령층에서 생활 가운데 적극적으로 수용하여야 할 것이다. 정부도 사회체육을 보급 및 확산시키기 위해서는 국민을 위한 체육시설의 확충과 프로그램의 개발 및 지도자의 양성을 꾀하여 스포츠의 대중화에 한층 노력을 기울여야 할 것이다. 체육을 새로운 놀이의 관점에서 조명하는 현대적 의의를 모든 사람이 인식하고 각종 스포츠를 사회체육의 입장에서 각 연령층에 부응하여 각기 자유의지로 구체화하여 실천해 나아가는 것이 놀이인간으로서의 진정한 존재 의의인 것이다.

3) 사회체육 성공의 최적 조건

사회체육은 특정 사회의 구조적 조건 및 가치 지향과 관련하여 다음과 같은 최적 조건이 구비되면 성공 가능성이 높아진다(Eitzen, 1990). 사회체육 진흥의 첫걸음은 사회 구조적으로 선진화되고 평등주의적 가치를 지향하는 성숙된 사회를 이룩하는 데 있다.

(1) 사회 구조적 조건

① 경제 형태에 있어서 사회주의나 복지 지향 경제체제일수록 사회체육이 성공할 가능성은

더욱 크다.

② 사회조직의 여러 분야(가족, 학교, 교회, 지역사회, 그리고 전체사회)에서 사회 참여가 보다 적극적일수록 사회체육이 성공할 가능성은 더욱 크다.

③ 정부 역할에 있어서 (ㄱ) 정부가 보다 민주적 성향일수록 사회체육이 성공할 가능성은 더욱 크다. (ㄴ) 정부재정이 보다 윤택할수록 사회체육이 성공할 가능성은 더욱 크다.

④ 사회적 불평등 정도에 있어서 (ㄱ) 한 사회에서 부유층과 빈곤층 사이의 사회 · 경제적 격차가 적을수록 사회체육 운동이 성공할 가능성은 더욱 크다. (ㄴ) 사회적 불평등에 있어서 남 · 여 사이의 사회 · 경제적 격차가 적을수록 사회체육이 성공할 가능성은 더욱 크다. (ㄷ) 다수와 소수집단 사이의 사회 · 경제적 격차가 적을수록 사회체육이 성공할 가능성은 더욱 크다. (ㄹ) 인종, 종교, 지역, 연령 혹은 그 외의 사회적 특성에 기초한 사회 집단 사이에 사회적 분열이 보다 적을수록 사회체육이 성공할 가능성은 더욱 크다.

(2) 가치 지향

① 사회에서 집단의 성공이 개인의 성공보다 더욱 높게 평가될수록 사회체육이 성공할 가능성은 더욱 크다.

② 사회에서 경쟁이 낮게 평가될수록 사회체육이 성공할 가능성은 더욱 크다.

③ 사회에서 여가활동이 보다 높게 평가될수록 사회체육이 성공할 가능성은 더욱 크다.

| 요약 |

경제성장으로 인한 물질적 풍요는 여가 증대와 삶의 질 향상을 가져와 일반대중의 체육에 대한 욕구 분출을 촉진하였고, 이는 체육 참가의 형태를 변모시켜 사회체육이 새로운 유형의 체육활동으로 확산 · 정착하기에 이르렀다. 한편, 이러한 변화는 체육을 실행하는 가치나 의의 및 목적에 있어서도 변화를 초래하여 전통적인 체육과는 그 모습을 크게 달리하고 있다. 이러한 사회체육은 사회성원인 일반국민이 일상생활 가운데 각자의 직무에 종사하지 않는 여가시간에 각 개인의 자발적인 참가의지에 의하여 창출되는 운동 수요를 충족시키기 위한 사회적 노력의 총체를 의미한다.

사회체육을 현대인의 중요한 생활영역의 일부분으로 정착케 한 사회적 환경과 여건으로는 경제발전에 따른 생활의 질적 향상, 사회발전에 따른 생활기회의 확대, 그리고 복리증진에 따른 생활조건의 개선 등이다. 사회체육은 경제발전에 의하여 증대된 국민의 삶의 가치 구현에 대한 욕구를 충족시켜 주는 기본 조건이 될 뿐만 아니라, 이를 통하여 보다 풍요로운 삶을 향유할 수 있는 바탕을 마련해 주고 있다. 따라서 사회체육은 사회발전에 의하여 향상된 국민의 생활기회 및 생활양식을 효과적으로 충족시켜 줄 수 있는 사회 정책적 배려의 대상이 된다. 한편 사회체육은 국민의 신체적 건강뿐만 아니라, 정신적 건강의 유지 및 증진, 나아가 원만한 사회성을 함양하는 데 근본 목적이 있다는 점에서 국민의 생활조건 및 복리증진에 대한 요구에 우선적으로 기여하는 사회영역이다. 사회체육은 도시화 사회에 살고 있는 현대인에게 보다 다양한 생활기회 및 양식을 제공하기 때문에 삶의 가치를 구현할 수 있는 바람직한 수단이 되기도 한다.

현대사회에서 사회체육이 지니는 의의는 여가선용, 국민복지 구현, 사회결속력 강화, 삶의 질 향상에 기여하는 것이며 사회제도의 일부분으로서 사회체육이 고도 산업사회에서 지니는 기능은 건강의 유지 및 증진, 건전 여가활동의 영위, 체제의 유지, 사회 정서적 안정, 국민화합의 창출 등이다.

사회체육은 세계적 추세가 대중화, 생활화, 평생화, 상업화, 제도화의 경향성을 띠면서 전개되고, 사회체육의 바람직한 방향은 놀이의 본질을 추구하는 것이며, 사회적 조건이 구조적으로 선진화되고 평등주의적 가치를 지향하는 성숙된 사회에서 성공 가능성이 높다.

| 주요 개념 |

가치 지향	건강 유지	건전 여가활동
경쟁적 본질	국민 화합	국민복지 구현
국민생활체육협의회	국민체육진흥공단	긴장 및 갈등 해소
놀이인간	대상 경험	대상 동화
대중화	도시화	문화인류학적 가치
사회 구조적 조건	사회 정서적 안정	사회결속력 강화
사회학적 가치	산업화	삶의 질 향상
상업화	생리학적 가치	생활기회

생활양식	생활의 질	생활조건
생활화	성취지향 사회	수직적 영역
수평적 영역	심리학적 가치	업적 지향적 행동
여가선용	유대감 및 우애감 생성	정화작용
제도화	체제의 유지	평생화
한국사회체육센터	한국사회체육진흥회	

| 연구 문제 |

1. 현대사회의 특징과 사회체육의 관계에 대하여 살펴보자.
2. 사회체육의 역사를 알아보고 그 특징과 정의에 대하여 알아보자.
3. 사회체육의 필요성, 목적 및 의의에 대하여 생각해 보자.
4. 사회체육의 기능에 대하여 논의해 보자.
5. 현대사회에 있어서 사회체육의 세계적 동향에 대하여 토의해 보자.
6. 바람직한 사회체육의 방향에 대하여 논의해 보자.
7. 사회체육이 성공하기 위한 특정 사회의 최적 조건에 대하여 토의해 보자.

참고문헌

김경동(1988). 「사회 발전과 체육」. 서울대학교 사범대학 체육연구소. 『올림픽 이후의 한국 체육』. 서울: 프레스센터.

신영식(1988). 「현대생활에 있어서의 스트레스 관리」. 『숙대 논문집』 제28집.

임번장(1982b). 「평생체육의 의의」. 『방송통신대학보』 4월 12일자. 제330호 4면.

______(1986). 「학교체육과 사회체육」. 『사회체육 소식』 창간호. 한국사회체육진흥회.

______(1987). 「'88 이후 한국 체육의 발전 방향」. 한국체육학회. 『제5회 국민체육진흥세미나 자료집』.

______(1989b). 「2000년대 체육의 역할」. 『한국체육의 오늘과 내일-문화체육부 신설안에 대한 토론-』 (pp.11-18).

______(1991a). 「사회체육론」. 한국체육과학연구원 생활체육 지도자연수원(편). 『2급사회(생활)체육지도자연수교재』.

임번장 · 김의수 · 신인식(1990). 『체육과학개론』. 한국방송통신대학.

임종철(1988). 「경제 발전과 체육」. 서울대학교 사범대학 체육연구소. 『올림픽 이후의 한국 체육』. 서울: 프레스센터.

진영수(1989). 「운동과 건강 및 질병」. 한국운동과학회. 『제1회 한국운동과학회 세미나 자료집』.

Beverly, L. S., & Matthew, C. R. (1978). *Physical education: An overview.* Reading, MA: Addison-Wesley.

Bouet, M. (1969). Integrational functions of sport in the light of research based on questionnaires. *International Review of Sport Sociology,* 4.

Brockmann, D. (1969). Sport as an integrating factor in the countryside. *International Review of Sport Sociology,* 4.

Coakley, J. J. (1986). *Sport in society: Issues and controversies.* St. Louis, MO: Times Mirror/Mosby College Publishing.

Cox, R. H. (1985). *Sport psychology.* Dubuque, IA: Wm. C. Brown.

Eitzen, D. S. (1990). Social structure, value orientations and Sport for All. P. Oja & R. Telama(eds.). *Sport for All: Proceedings of the World Congress on Sport for All* (pp. 390-406), Tampere, Finland: Elsevier Science Publishers.

Eitzen, D. S., & Sage, G. H. (1978). *Sociology of American sport.* Dubuque, IA: Wm. C. Brown.

Huizinga, J. (1949). *Homo ludens: A study of the play elements in culture.* London: Loutledge and Kegan Paul.

Kendall, B., & Alyce, T. C. (1989). *The anthropology of sport.* MA: Bergin & Garvey.

Leonard, W. M. (1988). *A sociological perspective of sport* (3rd ed.). Minneapolis, MN: Burgess.

Robert, J. M., & Sutton-Smith, B. (1969). Child trainning and game involvement. *Sport, culture, and society*. New York: Macmillan.

Stevenson, C. L., & Nixon, J. E. (1987). A conceptual scheme of the social functions of sport. In A. Yiannakis, T. McIntyre, M. Melnick, & D. P. Hart(eds.). *Sport sociology: Contemporary themes* (2nd ed.)(pp. 19-20). Dubuque, IA: Kendal/Hunt.

The Council of Europe (1980). *European Sport for All Charter*. Strasbourg.

William, F. S. (1976). *The lifetime sport-oriented physical education program*. Englewood Cliffs, NJ: Prentice-Hall.

제2장 |

사회체육의 유사개념

경제성장이 급속히 이루어지고 생활여건이 향상됨에 따라, 생활의 여유를 보람되게 영위하기 위한 수단으로 체육에 대한 관심과 참가가 두드러지게 증가해 가고 있다. 이러한 새로운 흐름과 관련하여 대중매체인 TV, 라디오를 비롯한 신문, 잡지 등을 매개로 정보가 교환·유통되고 있으나, 통용되는 정보의 내용 가운데에는 사회체육과 관련된 유사 용어들이 잘못 쓰이거나 혼용되는 경우가 많아서 자칫 혼란이나 의문이 제기되는 경우가 흔하다. 용어의 혼동은 비단 대중매체와 같은 일상적 분야에 국한되는 것이 아니라, 전문 연구영역에서까지 나타나는 현상으로서 명확한 개념의 정립 없이 새로운 용어가 무비판적으로 쓰이고 있는 데 기인한다.

이렇게 사회체육의 개념과 구분하기 어려운 많은 유사개념이 현실적으로 존재하고 있고, 이러한 개념들은 각기 독특한 방식으로 사회체육의 여러 현상을 기술·설명하고 있으므로 학계의 공동 노력에 의한 합의 도출이 이루어져야 할 것이다.

사회체육과 비슷한 의미를 지니고 있는 유사 용어로는 스포츠, 여가, 레저스포츠, 레크리에이션, 생활체육, 평생체육, Sport for All 등이 있으며, 이질적 개념을 지닌 용어로는 학교체육 및 엘리트체육 등이 있다. 이렇게 광범위하면서도 산만한 사회체육 관련 유사개념 및 대립개념의 불명확성은 사회체육의 완벽한 이해를 저해하기 때문에 이에 대한 체계적인 개념 정립이 요망된다.

이 장에서는 사회체육과 그 유사개념의 관계에 대한 보다 본질적인 이해를 도모하기 위하여 현재 사용되고 있는 다양한 개념을 취합하고 분석하여 개념간의 혼동이나 사용상의 오류를 방지하고자 한다. 이를 위하여 사회체육의 여러 유사개념과 이질적 개념, 그리고 유사 학문영역으로서 스포츠사회학과의 관계에 대하여 알아보기로 한다.

1. 여가와 사회체육

여가는 심리상태가 강제로부터 벗어나 자유롭고, 활동유형이 일이나 노동이 아닌 비일상적 위락활동에 참가하며 시간 개념이 생업이나 생리를 위한 시간을 제외한 자유시간의 의미를 지니고 있다. 사회체육은 이와 같은 여가의 특성을 공통적으로 소유하고 있어 전형적인 여가활동의 한 영역으로 간주된다.

1) 여가(레저)의 개념

여가라는 용어는 그 말이 지니는 의미와 조건 그리고 기능을 모두 포괄하는 복합적인 개념으로서 시대와 학자, 그리고 학문 분야에 따라 다양한 의미로 사용되어져 왔다. 기존의 여가 개념에 대한 견해를 살펴보면 다음과 같다.

첫째, 심리상태로서의 여가이다. 이는 고전적 해석으로부터 유래한 견해로서 여가는 그 존재 자체가 강제로부터의 자유인 동시에 인간 존재의 핵심이 되며 자신이 원하고 선택한 일을 실행함으로써 얻게 되는 쾌적한 마음의 상태를 일컫는다(Neulinger, 1974).

둘째, 활동유형으로서의 여가이다. 이는 여가를 직업으로서의 강제적인 일(work) 또는 노동이나 가정 및 사회생활과 같은 일상사로부터 벗어나 순수한 개인의 자유의지에 의하여 휴식, 기분전환, 사회참여, 창의력의 연마 등을 임의로 선택하여 실행하는 활동의 형태로 보는 것이다(Dumazedier, 1974).

셋째, 자유시간으로서의 여가이다. 이는 인류사회가 근대 산업사회로 이행되면서 기술 문명의 발달로 인해 노동시간이 단축되어 상대적으로 일에서부터 벗어난 여가시간, 즉 자유시간이 증가하면서 일과 여가의 명확한 분리가 가능해짐으로써 대두된 개념으로 현재 가장 보편적으로 수용되고 있는 여가의 개념이다. 이 경우, 자유시간이란 생활비를 조달하기 위해 생업에 종사하는 노동시간과 생물체로서 생존에 필요한 생리적 욕구를 충족시키는 생리를 위한 시간을 제외한 개인의 자유의지에 따라 임의로 쓰이는 잔여시간을 의미한다.

넷째, 총체론적 해석으로서의 여가이다. 이는 가장 진보적인 개념으로서 여가는 생활양식으로서뿐만 아니라, 개인적 · 사회적 열망을 포괄하는 다양한 사회관계의 복합체라 할 수 있으며 단순히 활동이나 시간이라기보다 이에 대한 태도까지를 포함하는 개념이다(Kaplan, 1972). 다시 말해

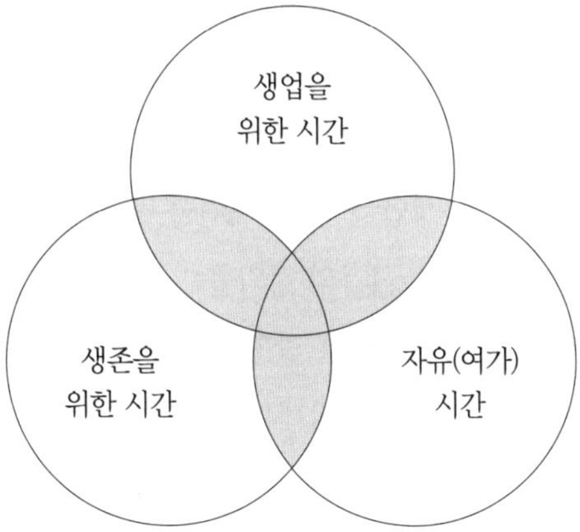

그림 2-1. 시간활용의 3형태(Ibrahim, 1975: 43)

서, 여가란 다양한 형태의 인간 활동(일, 놀이, 교육, 문화, 종교 활동 등) 가운데 어느 것으로부터도 발생이 가능하다는 사실을 기본 가정으로 하고 있다. 따라서 여가란 일상생활 속에서 나타날 수 있는 일종의 심리적 상태 중의 하나로서 이러한 상태는 각 개인이 주어진 환경과 최적의 상호작용을 통하여 이에서 즐거움 또는 충만감을 느낄 때 발생될 수 있다는 것이다(Csikszentmihalyi, 1975).

여가 개념에 관한 구체적인 정의로서 대표적인 몇몇 학자의 견해를 살펴보면 다음과 같다.

Kaplan(1960)은 여가에 대하여 고전적인 정의를 내리고 있는데, 다음과 같은 필수요건을 갖춘 활동이라 하였다.

① 경제활동으로서의 노동에 대한 반대 개념
② 쾌감의 기대와 회상
③ 최소의 비자발성, 그리고 사회적 역할 및 의무로부터의 해방
④ 자유에 대한 심리적 인지
⑤ 문화적 가치와의 밀접한 연계
⑥ 비핵심적이고 무의미한 것에서부터 핵심적이고 의미 있는 활동에 이르기까지 전 영역을 포용
⑦ 반드시 필수적인 것은 아니나 대개 놀이 요소에 의하여 특징지어지는 활동

Dumazedier(1967: 16)는 여가란 노동이나 가정 및 사회적 의무로부터 벗어난 인간활동의 한 형태로서 휴식, 기분전환 또는 인격개선(지식이나 자발적 사회참여의 확충을 위한 창조적 잠재능력의 자유로운 실천)에 이용된다고 하였다. Brigtbill(1960)은 여가란 작업활동에 대(對)하는 개념으로서의 한 총괄적인 자유시간인데 생존과 생업을 위한 시간을 초월한 시간이라 하였다. Neulinger (1981)는 다양한 여러 정의를 고찰한 다음, 여가의 정의를 "자유; 구체적으로 인지된 자유"로 규정하였다. 그에 의하면 여가는 자신이 행하고 있는 활동에 대하여 느끼는 개인적 감정이 자신의 의지에 따른 선택과 바람(願望·所望)의 상태를 나타내는 것을 의미한다. 그의 정의는 충분한 내면적 만족을 충족시킬 수만 있다면 여가는 자신이 종사하는 일(노동 또는 직업)과도 중첩될 수 있다는 사실을 의미하고 있다.

한편, Kelly(1982)는 또 다른 정의를 피력하고 있다. 즉, 여가를 시간, 활동, 경험 및 의미의 입장에서 고찰하고, "근본적으로 활동 그 자체를 목적으로 하여 선택된 활동"으로 정의하였는데, 자유 및 내면적 만족의 차원이 정의의 핵심 요인으로 간주되고 있음을 알 수 있다.

2) 여가와 사회체육의 관계

근대 산업의 기계화에 수반하여 인간 노동력의 필요성이 감소되고 이의 결과로 여가시간이 증대되었다. 그리하여 현대 산업사회에서는 여가시간 활용에 관한 대처가 개인적으로나 사회적으로 매우 중요한 의미를 지니게 되었다. 결국, 개인적으로는 일상의 단조로운 작업 조건에 따른 무미건조한 기계의 조종자나 감시자로서 받게 되는 중압감으로부터 벗어나 하루의 피로를 풀고 내일의 생활을 준비하기 위한 밑거름이 될 기쁨이나 행복감을 맛볼 수 있는 대상을 여가시간에서 찾아야 할 필요성이 대두되었다. 사회적으로는 반사회적 행동의 발생을 예방하고, 삶을 풍요롭게 가꿀 뿐만 아니라, 그 위에 생활인으로서 교양을 쌓아 나가는 건실한 방향으로 우리의 일상생활을 영위해 나가지 않으면 안 될 당위성에 직면해 있다.

복잡다단하고 사회병리적 현상이 심화되어 가고 있는 도시화된 고도 산업사회에서 살아가고 있는 현대인에게는 건전한 여가활동의 필요성이 절실히 요구되고 있다. 아울러 현대 산업사회의 특징인 자동화, 도시화, 관료화 현상 등으로 인해 심화되어 가고 있는 인간 소외를 극복하기 위한 자연상태로의 복귀도 여가시간을 활용하는 과정에서 적극적으로 추구될 때 비로소 인간성 회복이 가능해진다고 할 수 있다.

이러한 측면에서 여가란 단순히 노동이나 일로부터 해방된, 따라서 일하지 않는 시간이라는 종래의 상대적 해석으로부터 탈피하여 오늘날에는 오히려 인간이 그 생존을 걸고 주체적으로 대처하여야만 할 절대적 시간으로 부상되었다. 그리하여 여가(餘暇) 대신 본가(本暇)라는 말을 사용할 것이 제안되고 있다(장진호, 1979). 여가활동을 죄악시하던 시대에서 벗어나 이를 인간 생존에서 빼놓을 수 없는 필수 활동으로 인식하는 시대가 도래한 것이다. 과거에는 장시간의 힘든 노동으로부터 해방되어 여유 있게 휴식을 취하기 위한 시간이 여가시간이었다. 그러나 21세기는 여가가 아닌 오히려 일상생활 속에서 떼어놓을 수 없는, 그리하여 적극적으로 활용을 모색해야 하는 본가의 시대로 접어든 것이다. 여가 부족으로 인해 이를 쟁취하기 위한 여가 투쟁의 시대에서 벗어나, 여가를 처치 곤란해 하는 잉여의 시대를 맞이하여 위락이 과잉상태화됨에 따라 여가활동은 생산성 향상이나 기분전환 및 여가선용이라는 경제적 · 도덕적 효용가치와는 무관한 것이 되었다. 근래에 이르기까지 위락활동은 근로자 등 일반대중에게는 희소가치를 지녀 왔으나, 이제는 자기 목적화된 위락의 규범이 문제가 되며 활동의 윤리가 논란이 되고 있는 것이 여가 문제의 본질이다. 이와 함께 여가시간이야말로 인간성 회복을 위하여 진지하게 대처해 나아가지 않으면 안 될 귀중한 시간이며, 이러한 점에서 여가를 본가라는 말로 바꾸지 않으면 안 된다는 주장이 제기되기에 이른 것이다.

증대하는 여가시간의 활용방안은 각 개인의 성격이나 흥미에 따라 다양하겠으나 사회체육의 입장에서 살펴보면 다음과 같다.

우선 자동화의 진행과 더불어 생산노동에 있어서 신체의 의미는 점차 보잘것없는 것이 되어 가고 있다. 반대로 향후 더욱더 인간에게 절실히 요구되는 복잡해지고 고도로 높아져 가는 수준의 정신활동을 제고하기 위해서는 신체의 건강이 이를 뒷받침하여야 가능하다. 이러한 측면에서 앞으로 우리의 신체적 가치는 한층 더 높아져 갈 것으로 전망된다. 이에 더하여 건강증진을 위한 체력육성은 단지 청소년기에 스포츠와 친숙해 두는 소극적 대처방안만으로는 충분한 성과를 기대할 수 없으며, 급변하는 현대사회에 보다 잘 적응해 나가기 위해서는 이를 평생의 실천 과제로 삼을 필요가 있다. 오늘날에 이르러 국민체육, 생활체육 또는 사회체육의 진흥을 부르짖는 목소리가 높아져 가고 있는데, 이러한 요구가 대두된 것도 실은 위와 같은 사실과 무관하지 않은 것이다(임번장, 1982b).

이제 여가의 문제는 사회체육과의 관련에서 사람들이 그 활용방법에 지대한 관심을 나타내는 중심 영역이 되어 가고 있다. 근래 Huizinga(1949)의 Homo Ludens(놀이인간)나 Caillois(1955)의

Man, Play, and Games(인간, 놀이 및 게임) 등이 체육계에서 주목받아 놀이의 본질적 연구를 추구하는 동향이 나타나고 있다. 여가와 사회체육이 밀접한 관련을 맺고 생활화되지 않으면 안 되는 현실적 요구로 미루어 보아 놀이를 인간의 본원적 생존의 한 형태로 인식하고 이를 인간 주체성과 연계하여 파악하려는 새로운 인간상의 확립이 사회체육의 입장에서 필요하다.

여가의 본질이 구속성을 배제한 자유와 즐거움을 추구하는 인간의 본원적 특성이라 한다면, 사회체육 역시 본질적으로 활동 그 자체에 목적을 두고 있어 여가와 동일한 속성을 지니고 있기 때문에 사회체육은 여가활동의 범주에 포함된다. 또한 Kelly(1972)가 주장하는 바와 같이 체육활동의 속성인 신체성, 경쟁성, 규칙성, 제도화, 자발성 가운데 사회체육 참가의 경우, 자발성의 기여도가 매우 높기 때문에 전형적인 여가활동으로 간주된다. 활동의 내용에 의하거나 행위자의 활동 유형에 의하거나 여가활동에 있어서 사회체육은 필수적인 구성요소이며 여가의 본질이 구체적으로 반영된 하위 영역이라 할 수 있다.

2. 레크리에이션과 사회체육

레크리에이션은 개인이 여가시간에 건설적인 활동 내용을 선택하여 교육적 배려하에 자발적으로 참가하는 활동으로서 신체적 · 지적 · 정서적 · 사회적 활동영역으로 구성된다. 사회체육은 레크리에이션의 여러 영역 가운데 신체활동을 위주로 하는 영역이다.

1) 레크리에이션의 개념

레크리에이션이란 용어는 1911년 Gulick이 미국 Play Ground협회의 명칭에 Recreation이라는 명칭을 추가하여 현재 미국 레크리에이션협회의 전신인 Play Ground · Recreation협회를 결성하면서부터 공식적으로 사용되기 시작하였다(Bucher, Shivers & Bucher, 1984). 어원적으로 레크리에이션이라는 말은 라틴어의 recretio로부터 유래한 것으로서 재창조 또는 재충전을 의미한다.

레크리에이션에 대한 정의는 시대가 변함에 따라 접근하는 학자들의 관점에 있어서 많은 변화를 나타내고 있다. 초기 레크리에이션에 대한 개념은 레크리에이션을 통하여 노동에서 오는 피로,

긴장, 구속으로부터 벗어남으로써 다음에 종사하는 노동을 보다 효율적으로 수행하기 위한 재충전의 기회로 인식하였다(Hutchinson, 1951). 즉, 레크리에이션을 노동을 위한 일종의 수단으로 생각하고 레크리에이션을 통하여 신체적 · 정신적으로 재충전함으로써 노동력을 제고하여 생산성 향상을 목적으로 하였다. 이러한 관점을 지닌 대표적인 학자는 De Grazia로서 레크리에이션을 "노동으로부터 인간을 휴식케 하는 활동으로서 노동을 위하여 인간을 재충전하게 하고 기분전환을 제공한다"(Kraus, 1978)라고 하였다.

그러나 이러한 관점은 사회가 점차 발전하고 여가시간이 증가함에 따라 적합성에 대한 문제가 제기되기에 이르렀다. 다시 말해서, 현대사회는 여가시간의 증대, 생활의 질 향상 등으로 인해 노동에 대한 욕구가 점차 감소하므로 노동력 제고를 위한 레크리에이션이라기보다는 레크리에이션 그 자체에 정신적 · 신체적으로 몰입하기를 원하기 때문에 레크리에이션을 단순히 노동을 위한 신체적 · 정신적 재충전으로 제한하기에는 너무나 소극적인 해석이 되고 있다. 또한 현대사회에 있어서 레크리에이션은 남녀노소 구별 없이 대중적인 참가를 특징으로 하기 때문에 단순히 노동자를 위한 휴양의 의미로 제한하는 것은 시대적으로 부적합하다 하겠다.

그러므로 레크리에이션을 단지 노동생산성 제고를 위한 목적적 수단으로 보지 않고 인간의 의미 있는 삶을 영위하기 위한 필요성에 의해서 행하여지는 인간성 회복을 위한 활동으로 간주함으로써 외면적인 측면보다는 내면적인 동기를 지닌 활동으로 파악하려는 시도가 대두되기 시작하였다. Neumeyer와 Neumeyer(1958)는 레크리에이션이란 여가시간에 개인적 또는 집단적으로 이루어지는 자유롭고 즐거운 활동으로서 활동 그 자체에 직접적인 동기가 내재하여 있는 것이라고 주장하였으며, Butler(1967)는 레크리에이션이란 행하는 자체 이외에는 어떠한 보상도 바라지 않으며 외부의 강제에 의해서가 아니라 내면적인 요구에 의해서 자발적으로 이루어지는 활동이라 하였다. 이와 같이 레크리에이션을 내적 동기에 의한 활동으로 인식하여 자발적이며 즐거움을 추구하는 목적적 활동으로 인식하였다.

근래에는 레크리에이션을 활동적 측면뿐만 아니라, 경험적 측면에서 해석하려는 시도가 대두되었다. Kraus(1978)는 레크리에이션이 여가를 활용하는 과정에서 자발적으로 선택된 활동 또는 경험으로 구성되어 있다고 주장하면서, 만족감, 즐거움, 창조적 풍족감과 같이 활동에 의해서 얻어지는 경험적 측면과 심리적 상태를 강조하였다. 즉, 레크리에이션은 신체적 · 정신적 · 사회적으로 자발적 참가를 필수로 하는 폭넓은 실천적 활동으로서 개인적인 만족을 성취하는 데 목적이 있다는 것이다. 이러한 레크리에이션 활동에 대한 견해는 심리적인 상태에 크게 비중을 두고 무엇을 하느냐보다는 어떻게 느끼고 활동을 하느냐가 중요한 것이다. 또한 레크리에이션 참가의 근본적 동기는 개인적 즐거움을 추구하여 이를 충족하는 것이지만 다른 한편으로 개인의 지적 · 신체적 · 사회적 발달과 같은 긍정적인 경험을 제공하기도 한다.

결론적으로 레크리에이션 활동은 여가를 향유하는 과정에서 개인의 자발적인 내적 동기에 의해 이루어지는 광범위한 활동으로서 풍요로운 삶을 영위하기 위한 신체적 · 정신적 · 사회적인 발달의 경험을 제공하는 활동이다. 다시 말하여, 레크리에이션은 일(노동에 종사)하지 않는 시간인 여가시간(자유시간)에 개인에 의하여 영위되는 여가활동이다. 이 경우 활동은 건전한 내용의 선택과 교육적 배려하에서 이루어져야 한다(Bucher, 1975).

2) 레크리에이션과 사회체육의 관계

최근 여가시간의 증대로 레크리에이션에 대한 관심이 고조되면서 레크리에이션은 개인적 성장, 주요 사회제도 및 지역사회와의 연결고리 역할을 담당하고 있다. 이러한 레크리에이션을 기본적인 인간욕구의 충족, 건강증진, 긴장해소, 풍요로운 삶의 확충, 건전한 시민정신과 민주사회 발달이라는 가치를 지니면서 개인의 자발적 참여를 통해 이루어지는 활동이라고 간주한다면, 사회체육과 매우 유사한 개념이라고 할 수 있다.

사회체육이 일반대중을 대상으로 각 개인의 자발적인 참가의지에 의하여 창출되는 운동수요의 총체를 의미하며(임번장, 1991a), 다양한 개인적 욕구충족과 더불어 사회발전의 가치를 추구하는 신체활동으로 간주될 때, 레크리에이션과 많은 공통점을 지니고 있다. 또한 레크리에이션과 사회체육은 여가시간에 이루어지고 자발적으로 행하여진다는 점에서 그 맥락을 같이한다고 할 수 있다.

그러나 레크리에이션과 사회체육의 관계는 수평적 관계보다는 수직적 관계에 놓여 있다고 할 수 있다. 왜냐하면 활동영역에 있어 레크리에이션이 참가자의 성별, 연령, 종교, 인종, 직업, 교육 및 경제적 여유에 따라 도피적 활동, 감상적 활동, 사교적 활동으로 구성되고, 전개되는 내용에 따라 지적 · 사회적 · 예술적 · 신체적 활동으로 구성되며, 활동자의 참여 정도에 따라 소극적 · 적극적 활동으로 분류(임번장, 1991a)되는 반면, 활발한 신체 운동을 위주로 하는 사회체육은 위의 레크리에이션 분류 중 주로 신체적 활동에 해당되는 단일 영역으로서 이는 사회체육이 레크리에이션 영역 가운데 일부분만을 차지하고 있음을 시사하고 있다.

즉, 참가 내용면에서 볼 때, 레크리에이션은 신체적 · 정신적 · 지적 활동을 모두 포함하는 종합 영역의 활동인 반면, 사회체육은 체육이라는 신체의 움직임을 위주로 하는 활발한 대근(大筋)활동으로 제한되기 때문에 레크리에이션 가운데 신체활동 범주에 속하는 활동만을 선택적으로 일컫는 용어라 할 수 있다. 그리고 참가의 대상이라는 측면에서 볼 때, 레크리에이션은 그 대상이 어린이에서부터 노인에 이르기까지 전 연령층을 대상으로 하여 남녀의 구분 없이 이루어지지만, 사회체육은 주 대상이 일반 성인층이므로 연령대에 있어서도 사회체육은 레크리에이션의 일개 하위 영역이라 할 수 있다. 그러나 이러한 연령층에 의한 참가대상의 차이는 점차 사라져 가고 있다.

이와 같이 레크리에이션과 사회체육은 자발적 참여에 의한 욕구충족, 긴장해소, 사회발전이라는 공통의 목표를 지니고 행하여지나, 사회체육은 신체활동을 위주로 하는 레크리에이션의 한 영역으로서 우리 주변에서 가장 널리 행하여지고 있는 레크리에이션 활동이라고 할 수 있다.

3. 레저스포츠와 사회체육

레저스포츠는 레저(여가)와 스포츠의 합성어로서 여가시간에 이루어지는 스포츠활동을 의미한다. 전통적인 스포츠와는 달리 비경쟁적이고 개인종목 위주이며 높은 기능수준이 요구되지 않는 자연친화적 특성을 지니는 새로운 형태의 스포츠이다. 사회체육과 레저스포츠는 매우 유사한 속성을 지니고 있으므로 레저스포츠는 사회체육 프로그램으로서 최적의 활동내용을 제공하고 있으며 대부분의 사회체육활동은 레저스포츠 종목으로 구성되어 있다.

1) 레저스포츠의 개념

레저스포츠는 레저, 즉 여가와 스포츠의 합성어로서 여가에 행하는 스포츠라는 의미이다. 다시 말해서, 여가활동에는 다양한 유형의 활동 영역이 존재하는데, 레저스포츠는 그중에서 스포츠 형태의 활동 유형을 의미하며 아울러 이러한 형태의 활동에 참가하는 행동양식의 총체를 말한다. 그러나 레저스포츠는 일반적인 스포츠나 운동경기와는 그 성격이 판이하게 다르다. 스포츠나 운동경기는 신체발현을 필수적으로 포함함과 동시에 역할과 지위가 권위적 공식서열화되고 공식적 발전과정의 역사와 기록 및 전통의 인정, 나아가 활동에 참가하기 위한 훈련이나 준비를 필수적으로 포함하는 활동이다. 이와 같은 특성은 스포츠 및 운동경기를 이러한 속성을 소유하지 못한 그 밖의 다른 게임 종류(카드게임, 전자게임)와 구별짓는다(임번장, 1998c).

레저스포츠는 위의 네 가지 특성 중 신체발현을 제외한 여타의 특성이 요구되거나 수반되지 않는 활동이므로 일반적인 스포츠 및 운동경기와 구별된다. 마찬가지로 경쟁을 필수적으로 포함하지 않고, 한층 개인 지향적이며 개인의 바람(願望)이나 의지에 따라 시작과 종결이 이루어지고, 한층 자발적이며, 규칙에 의한 강제가 최소이고, 일상적인 놀이 요소를 대부분 내포하는 활동이므로 엄밀한 의미의 스포츠 및 운동경기와 구분된다.

따라서 레저스포츠는 일의 속박으로부터 벗어나 자유로워야 하고, 추구하는 활동은 자발적으로 선택한 내용이어야 하며, 활동에의 참가는 즐거움을 수반하여야 할 뿐만 아니라, 문화적으로 승인된 활동이어야 한다.

예를 들어, 스포츠의 일반적인 사례는 야구, 핸드볼, 축구, 미식축구, 농구, 레슬링, 육상경기, 배드민턴, 탁구, 테니스, 권투, 경영(競泳), 다이빙 등과 일종의 경쟁 및 공식적 혹은 유사한 구조를 갖춘 상황하에서 행하여지는 그 밖의 다양한 신체활동이 있다.

이와 같은 스포츠활동이 극히 비공식적 · 비경쟁적으로 여가시간에 이루어질 경우, 이러한 활동의 범주를 레저스포츠라 부른다. 대체로 비경쟁적인 스포츠활동으로서 레저스포츠 활동의 일반적인 사례는 캠핑, 낚시, 사냥, 등산, 오리엔티어링, 하이킹, 자전거타기, 롤러블레이드, 골프, 보트(조정, 카누)타기, 스키, 스노보드, 수상스키, 스카이다이빙, 승마, 세일링, 서핑, 윈드서핑, 스킨다이빙, 스쿠버다이빙, 래프팅, 아이스스케이팅 등이 있다(임번장, 1992a).

2) 레저스포츠와 사회체육의 관계

레저스포츠는 인간의 신체활동이 전개되는 시간 범주에 초점을 둔 분류 기준에 의거하여 구분한 스포츠의 한 유형으로서 그 활동이 여가시간 또는 자유시간에 이루어지는 특성을 지니고 있다. 즉, 레저스포츠는 자유시간으로서의 여가시간에 국한하여 활동이 전개된다는 것이다. 이와 같은 여가는 인류사회가 근대 산업사회로 이행되면서 기술 문명의 발달로 인해 노동시간이 단축되어 상대적으로 일로부터 벗어난 시간인 자유시간이 증가하면서 일과 여가의 분리가 가능해짐으로써 대두된 개념으로 현재 가장 보편적으로 수용되고 있는 여가의 개념이다. 이 경우 자유시간이란 생업이나 기타의 생존에 필요한 시간을 제외한 개인의 자유의지에 따라 임의로 쓰이는 잔여 시간을 의미한다.

따라서 레저스포츠는 활동의 심리상태가 속박으로부터의 자유를 향유함과 동시에 자신이 원하여 선택한 활동에 몰두함으로써 얻게 되는 쾌적한 마음의 상태를 지니는 스포츠활동을 일컫는다(Neulinger, 1974).

그리고 레저스포츠는 활동 유형이 강제적인 일(work)이나 가족 및 사회로부터 벗어나 개인의 선택적 자유의지에 의해 휴식, 기분전환, 사회참여, 인격함양 등에 소비하는 활동 형태를 띠고 있는, 즐거움을 수반하는 비형식적 스포츠를 가리킨다(Dumazedier, 1974). 그리하여 레저스포츠의 활동내용은 엘리트스포츠의 선수 수준이 아닌 일반대중이 참가하는 아마추어 수준의 스포츠 및 체육활동으로서 주로 개인 종목이나 자연친화적 스포츠활동을 주 내용으로 포함한다.

이는 사회체육이 지니는 특성과 거의 동일한 속성을 지니고 있기 때문에 레저스포츠는 사회체육의 활동 프로그램으로서 최적의 내용을 제공하고 있다. 따라서 대부분의 사회체육활동은 레저스포츠로 구성되어진다고 할 수 있다.

4. 평생체육과 사회체육

평생체육은 신체활동이 왕성한 청소년 시기뿐만 아니라, 성인기 및 노년기에 이르러서도 중단 없이 지속적으로 참가가 이루어지는 체육으로서 학교체육과 사회체육을 포괄하는 광의의 개념이다. 사회체육은 학교체육을 기반으로 하여 일반대중의 체육활동 참가를 촉구함으로써 평생체육을 구현한다.

1) 평생체육의 개념

평생체육의 개념은 1965년 미국체육학회(AAHPERD: American Alliance for Health, Physical Education, Recreation and Dance)에 의해서 처음 사용되기 시작하였다(William, 1976: 2). 평생체육은 도시화, 산업화로 인하여 인간의 여가시간이 증가함에 따라 만연하고 있는 범죄, 도박, 약물복용과 같은 부정적 · 퇴폐 향락적인 사회병리 현상을 예방하고 인간의 건전한 삶을 지속적으로 추구하기 위해 청소년기에 이를 준비하는 여가 교육의 한 형태로 대두되었다. 즉, 평생체육은 청소년기에 있어서 스포츠의 가치를 체험시키고, 이를 토대로 각 생애 주기별 연령 단계에 적합한 스포츠에 지속적으로 참가하여 즐김으로써 개인의 건강증진, 스트레스 해소, 건전한 여가생활의 영위뿐만 아니라, 사회발전의 원동력을 제공하려는 목적으로 전개되었다.

초기의 평생체육은 청소년에게 학교의 체육교육을 통하여 평생 동안 체육활동에 참여할 수 있도록 체육의 필요성, 흥미 등과 같은 신체활동의 요구에 대한 기초 철학을 제공함과 동시에 기초 운동기능 학습을 목적으로 하여 태동하였으나 최근에는 사회체육의 측면에서 청소년기뿐만 아니라, 인생의 각 발달단계에 따른 적절한 체육 프로그램의 제공 및 교육, 그리고 실행에 이르기까지 전 생애에 걸친 학습 및 참가에 주안점을 두고 있다.

이러한 평생체육은 사회체육과 유사한 개념으로서 활동자가 전 생애를 통하여 참가하는 신체활동, 즉 평생을 통하여 지속적으로 이루어지는 체육활동을 의미한다. 평생체육은 생리적으로 체력이 증진되고 발육 · 발달이 왕성한 시기인 청소년기뿐만 아니라, 학교 체육교육에서 학습한 내용을 토대로 성인기를 포함하여 노인기에 이르기까지 전 생애 주기에 걸쳐 활발하게 체육활동에 참여한다는 점에서 사회체육과 유사한 의미를 지니고 있다(임번장, 1982a).

또한 평생체육은 개인적으로 전 생애에 걸쳐 중단 없이 참가하는 스포츠의 형태를 의미하며, 사회적으로는 사람들이 일생 동안의 생애 각 국면 또는 생활 각 분야에서 필요로 할 때 언제, 어디서나 실행할 수 있는 다양한 스포츠 프로그램의 제공, 그리고 이를 위한 체육환경을 정비하는 노력이라고 할 수 있다(윤인호, 1989).

결국 평생체육은 고도의 운동기능을 습득한 참가자를 주 대상으로 하는 엘리트체육이 아니라, 모든 참가자를 위한 대중체육에 중점을 두고 조직적인 체육활동보다는 일차적으로 신체활동에 대한 건전한 실천습관을 형성하고 생애 각 단계에 적합한 유형이나 강도의 신체활동을 통해 건강증진, 자기만족, 사회적응 등을 실현하는 체육이라 할 수 있다.

2) 평생체육과 사회체육의 관계

평생체육이 사회 구성원의 자발적인 참가 의지에 의해서 전 생애에 걸쳐 참가하는 체육활동이라고 할 때 사회체육과 매우 유사한 개념이라 할 수 있다. 평생체육이 전 생애 주기에 걸쳐서 이루어지는 일생을 통한 최장기적인 체육활동임에 비하여, 현실적으로 사회체육은 주로 근로청소년이나 성인기의 참가자를 대상으로 해서 이루어지는 체육활동이라 한다면, 평생체육이 사회체육에 비해 상대적으로 광범위한 개념이라고 할 수 있다.

그러나 이와 같은 연령층에 의한 참가 대상 및 시기의 차별성은 점차 사라져 가고 있어 평생체육과 사회체육은 동일한 의미를 지니는 개념으로 변화해 가고 있다.

또한 평생체육이 개인에 중점을 두고 한 개인이 일생 동안 체육활동에 참가하는 과정에 중점을 두는 반면, 사회체육은 성, 연령, 지역, 직장, 동호인 조직 등 사회집단이 중심이 되기 때문에 사회적인 측면이 강한 체육활동을 의미한다는 점에서 두 개념 사이에는 특성상의 차이가 존재하고 있다. 이는 평생체육과 사회체육이 개인의 건강 증진, 스트레스 해소, 사회 적응 등과 같은 공통의 목표를 지향하고 있으나, 평생체육이 인간의 발달단계에 적합한 체육활동의 참가를 강조하는 개인지향적 체육인 반면, 사회체육은 사회 구성원 집단의 공동체적 체육활동 참가를 유도한다는 점에서 차이가 있다.

그러나 오늘날 평생교육의 측면에서 평생체육이 의미하는 개념은 학교체육에서 전개되는 체육의 교육적 의미와 생의 각 단계에서 적절한 체육활동을 통한 삶의 질 향상이라는 사회체육적인 개념을 포괄적으로 지향하는 사회적 추세에 비추어 보아 평생체육은 교육적 · 사회적 의미를 모두 포함하는 광의적인 개념이라고 할 수 있다. 즉, 평생체육은 그 시작이 청소년기의 학생들에게 체육 관련 교육을 통하여 전 생애에 걸쳐 체육에 대한 건전한 태도 및 습관을 형성하여 지속적으로 체육활동에 참가하도록 촉구하는 체육이라고 할 경우, 학교체육과 사회체육을 모두 포함하는 보다 광의의 개념이다.

결국, 평생체육은 인간의 삶의 질 향상이라는 측면에서 지속적인 신체활동을 위한 교육 및 전 생애에 걸친 참가 형태를 취한다는 점에서 학교체육과 사회체육을 매개로 하여 이루어지는 체육활동이다. 따라서 학교체육은 평생체육의 활성화를 위한 기반이 되며, 사회체육은 학교체육과의 연계성을 지니며 체육활동 참가를 유도하여 실천함으로써 평생체육이라는 궁극적 목표를 달성하는 수단적인 특성을 지닌다(임번장, 1982b).

5. 생활체육과 사회체육

생활체육은 일반대중이 체육활동을 일상생활의 일과로 실행하는 의미를 지닌 새로운 체육의 개념을 나타내는 한국 고유의 신용어로서 행정기관이나 사회체육 현장에서는 사회체육이란 용어를 대체하여 생활체육이란 용어를 주로 사용하고 있다.

1) 생활체육의 개념

생활체육이란 용어는 1984년을 기점으로 하여 대두된 국민체육의 새로운 개념으로서 기본적으로 사회체육과 동일한 개념이다. 생활체육은 1984년을 전후로 체육행정 주무부처인 당시 체육부에서 국민체육 진흥을 위한 정책시행의 추진 내용을 개념화한 신용어이다. 그러므로 생활체육이란 정부가 국민체육에 대한 정책을 입안하여 이를 현장에서 수행하는 내용을 개념화한 용어라는 점에서 방법론적 측면의 성격을 띠고 있다. 이와 함께 1989년에는 '88서울올림픽 이후의 한국체육 진흥정책의 일환으로 추진된 '호돌이 계획' 을 수립하면서부터 생활체육이란 용어가 사회체육이란 용어를 공식적으로 대체하여 사용되기 시작하였다.

생활체육은 체육을 일상생활의 일과로 실천함으로써 생활화하는 체육활동으로 규정할 수 있다. 과거의 체육은 시간적 · 심리적 · 경제적 여유가 있을 경우에 한하여 참가하는 선택적 · 불확정적인 활동이었으나, 앞으로의 체육은 일상생활 가운데 규칙적으로 실천하는 정규 생활의 일부분을 구성하는 의미를 지니는 것이다. 또한 체육을 하나의 생활기술로서 간주하고 있음을 시사하고 있다. 생활기술이란 삶을 유지해 나아가는 데 도움이 되는 인간의 필수 기능이다. 즉, 체육을 익혀서 일상생활 가운데 실천하는 것도 생활의 한 필수 요소라는 것이다. 다시 말해서, 우리가 문자를 모르거나 자동차 운전을 못하면 불편하듯이 일상생활 가운데 체육을 실천하지 않으면 건강의 유지, 스트레스의 해소, 원만한 인간관계를 이루며 사회생활을 영위해 나가는 데 불편을 겪는다는 것이다.

따라서 생활체육이란 말은 미래지향적인 의미를 내포하고 있다. 다시 말해, 미래에 있어서 경제성장으로 인한 고소득, 정보화 사회가 도래하면 국민의 복지에 모든 사회적 노력이 집중될 것이며, 이에 따라 국민 복지증진의 일환으로서 체육의 보급 및 활성화 시책을 전개해 나아가야 하겠다는 사회정책적 의지를 내포하고 있는 것이다.

그러므로 앞 장에서도 언급했듯이 이 용어는 다음과 같은 세 가지 측면의 목적을 내포하고 있다.

① 생활의 조건을 충족시켜 주는 목적이다. 생활체육은 의식주를 해결한 다음 이어서 요구되는 건강, 여가선용 등 일상생활의 복지적 환경, 생활의 구성 요소적 조건을 충족시키는 데

관심을 집중한다.

② 생활의 기회를 확대하는 목적이다. 다시 말해서, 삶을 영위함에 있어서 일상생활 가운데 경험의 폭이 개인에 따라 각기 다른데, 체육을 통하여 다른 사람이나 자신이 이전에 경험하지 못한 미지의 세계를 경험할 수 있는 기회가 제공되고, 이를 통하여 일상생활의 활동 반경이 확대된다.

③ 생활의 질을 향상시키는 목적이다. 인간은 생리적 · 심리적 · 사회적 욕구 등을 지니고 있는데, 이러한 여러 욕구를 체육활동을 통하여 충족시킴으로써 삶의 수준을 높인다.

결국, 생활체육은 체육 실천을 위한 슬로건으로서 생활 속에서 일상적으로 체육을 즐기거나, 정책 수립 차원에서 체육진흥의 목표를 설정하거나, 또는 구체적인 체육 실천의 방안을 가리키는 체육의 목적적인 용어라 할 수 있다. 이러한 의미에서 생활체육이란 용어는 미래지향적이며, 주체적 의식을 지닌 새로운 개념이란 긍정적인 측면을 지니고 있다.

생활체육은 개인이 전 생애를 통하여 능동적으로 지속적인 체육활동 참가 기회를 향유함으로써 신체적 · 정서적 · 사회적으로 조화로운 발달을 꾀하고, 급격한 현대사회의 변동에 슬기롭게 대처하며, 창조적인 개척정신과 성향을 학습할 뿐만 아니라, 다른 사람과 더불어 살아나가는 공동체 의식의 함양을 통하여 복지를 증진시켜 나가는 복지사회의 체육을 의미한다.

그러므로 생활체육은 인간의 삶의 질적 향상이라는 이념 추구를 위하여 유아체육에서부터 시작하여 아동체육, 청소년체육, 성인 전기체육, 성인 후기체육, 노인체육을 수직적으로 통합한 체육 영역과 가정, 학교, 직장, 지역사회에서 이루어지는 체육활동을 수평적으로 통합한 체육 영역을 총칭하는 광의의 체육 개념이며, 개인의 잠재적 신체활동 욕구의 최대한 보장과 체육을 통한 복지사회의 이념 구현을 목적으로 한다.

결국, 생활체육이란 개인적 생활 영역 안에서 각자의 취미와 여건 및 환경에 따라 여가시간을 이용한 자발적인 참가를 통하여 개인의 일상생활을 풍요롭고 보람되게 가꾸는 신체활동을 의미한다(임번장, 1991a).

2) 생활체육과 사회체육의 관계

사회체육이란 체육을 활동의 주체나 전개 장소를 기준으로 하여 체육의 영역을 분류할 때 가정체육, 학교체육에 대비(對比)하여 사용하는 용어이고, 생활체육은 체육 실천의 슬로건으로서 생활 속에서 체육을 즐기거나, 생활 가운데 정규적으로 체육활동을 실천하여야겠다는 정책 추진의 차원에서 새로운 국민체육의 개념으로 쓰이는 체육의 목적적인 용어라 할 수 있다.

과거에는 사회체육이란 용어가 일반대중의 일상적 체육 참가를 일컫는 대표성을 지니고 사용되어 왔으나, 급변하는 현대사회에는 체육의 전개 양상 역시 변화하므로 시대가 변화함에 따라 이에 부응하는 적절한 용어를 새롭게 만들어 사용하는 것이 통례이다. 이와 같은 의미에서 사회체육이라는 말 대신 행정부나 사회체육 현장에서 생활체육이라는 신용어를 사용하고 있는 현실은 미래지향적이고, 주체의식을 지니며 시대발전에 부합되는 용어를 창안하여 사용한다는 바람직한 측면의 평가가 담겨져 있다.

현재 학문적인 차원에서는 사회체육이란 용어를 학계에서 과거의 용어를 답습하여 사용하고 있는 반면, 실제 사회체육 현장에서는 생활체육이란 용어를 사용하고 있는데, 앞으로 일정 시점에 가서는 어느 한 용어가 자연히 소멸되어 하나로 통일될 것으로 전망된다.

6. 학교체육과 사회체육

체육은 활발한 신체활동을 매개로 하여 이루어지는 인간의 모든 행위를 가리킨다. 이러한 체육은 크게 학교체육과 사회체육의 두 영역으로 구성되며 대근활동을 통하여 신체적 · 정신적 건강을 증진함과 동시에 인격과 집단의식을 육성할 뿐만 아니라, 한 걸음 더 나아가 국민정신과 사회 결속, 애국심 및 국가에 대한 충성심을 고양한다.

여기서는 학교체육과 사회체육의 개념, 목표, 영역을 알아보고 그 사이의 관계를 간단히 알아보기로 한다.

1) 학교체육의 개념

학교체육이란 사회체육에 대(對)하는 개념이다. 사회체육이 일정한 조직(YMCA, 보이스카웃, 동호인클럽)이나 시설(한강고수부지 또는 근린체육공원, 스포츠센터, 학교운동장)을 중심으로 하여 주로 근로청소년 또는 성인에 의하여 이루어지는 체육활동임에 반하여, 학교체육은 특정 사회의 성원인 한 국가의 국민이 합의한 교육과정(체육교육과정)을 주로 학교의 시설을 이용해서 자격 있는 지도자인 교사가 일정 연령층에 도달해 있는 피교육자를 대상으로 하여 의도적 · 계획적 · 합리적으로 실행되는 체육활동을 가리킨다(임번장, 1986).

다시 말해서, 학교라는 교육기관의 책임하에 이루어지는 체육활동을 학교체육이라 한다. 특히 학교체육은 생활인으로서 부족한 측면을 수정, 보완하여 보다 완전한 인간을 육성하기 위한 수단으로서 신체활동을 동원하는 것이다. 즉, 체육의 교육적 활동이 지향하는 중심적인 목적은 훌륭한 인간을 만드는 것이고, 신체활동은 다만 교육의 목적인 훌륭한 인간을 육성하기 위한 수단으로 활용된다는 뜻이다.

이와 같이 학교체육은 신체활동을 통하여 올바른 인간을 기르는 교육활동이라 할 수 있는데, 현대 산업사회에 있어서 신체활동에 대한 필요와 욕구를 충족시키기 위한 준비 과정으로서의 학교체육은 다음과 같은 구체적 목표를 세우고 이를 통한 인간 형성에 이바지하고 있다(강신복, 1996).

① 여러 가지 운동을 합리적으로 실천하여 체력과 운동기능을 향상시킨다.
② 스포츠 관련 기초 이론과 보건 및 안전에 관한 지식을 익혀 운동수행과 현실생활에 적용할 수 있는 태도를 기른다.
③ 자율적으로 운동경기에 참가하여 공명정대한 정신과 협동심, 준법정신 및 책임감 등 민주적 생활태도를 기른다.
④ 평생토록 운동을 생활화할 수 있는 바탕을 마련함으로써 여가를 선용하고 정서를 함양한다.

따라서 이와 같은 교육목표를 성취하기 위하여 학교체육의 형태는 크게 다음과 같은 네 가지 영역으로 조직된다.

① 정규 교과의 일부로 이루어지는 체육수업으로서의 교과활동
② 학생의 선택에 의하여 제공되는 특별활동으로서의 과외자율체육활동
③ 운동기능이 우수한 학생이 중심이 되는 운동부의 대교 경기활동으로서의 운동경기활동
④ 정상적인 체육활동에 참가할 수 없는 학생들의 개별적 요구를 충족시키기 위하여 마련된 활동으로서의 특수체육활동

2) 학교체육과 사회체육의 관계

학교체육은 활발한 신체활동을 수단으로 하여 교육의 일반 목표를 성취하는 교육활동이다. 따라서 학교체육은 어디까지나 교육 목적의 성취가 일차적인 목적이기 때문에 형식적이고 의도적이며 조직적인 강제성을 특성으로 지니고 있다.

사회체육은 학교교육법에 의거하여 학교의 교육과정으로 행하여지는 학교체육을 제외한 주로 성인 또는 근로청소년을 중심으로 해서 조직적 또는 비조직적으로 이루어지는 체육활동을 의미한다. 다시 말하여 사회성원이 각자의 업무에 종사하지 않는 여가시간에 개인의 자발적인 참가에 의해서 창출되는 운동수요의 충족을 위한 사회적 노력의 총체를 뜻한다. 그렇기 때문에 사회체육은 학교체육과 달리 사회 구성원의 다양한 개인적 욕구를 충족시켜 풍요한 삶을 영위하기 위한 수단으로서 체육활동을 전개하는 것이다.

이에 더하여 사회체육은 활동 그 자체가 즐거워서 자발적으로 참가하는 경우가 대부분이기 때문에 학교체육과 같이 명확한 목표가 설정되어 있지 않는 것이 특색이나, 다소 의도적 · 계획적으로 행하여지는 경우도 완전히 배제할 수는 없다.

결국 학교체육과 사회체육은 다 함께 특정 사회의 체육을 구성하는 중심 영역을 이루고 있으므로 이를 상대적 · 대립적인 체육현상으로 이해하기보다는 상호 보완적 관계를 유지하고 있는 균형

표 2-1. 학교체육과 사회체육의 특성 비교

학교체육	사회체육
결과 중심	과정 중심
계획적 활동	편의적 활동
강제적 참가	자발적 참가
의무적 이행	선택적 이행
수단적 활동	표현적 활동
타율적 활동	자율적 활동
의도적 활동	비의도적 활동
형식적 활동	비형식적 활동
조직적 활동	비조직적 활동
의지적 활동	자연발생적 활동
폐쇄적 활동	개방적 활동

적 · 연속적인 체육현상으로 이해할 필요가 있다. 따라서 학교체육은 사회체육의 활성화를 위한 기본 바탕의 구축을 지향하는 전위적 체육인 반면, 사회체육은 학교체육의 중단 없는 평생화를 추구하는 후속적 체육활동을 지향함으로써 학교체육과 사회체육은 공존과 발전을 함께 이루는 것이다. 학교체육과 사회체육의 상호 관계를 비교하여 대비해 보면 〈표 2-1〉과 같다.

7. Sport for All과 사회체육

Sport for All은 성 · 연령 · 출신계층 · 사회경제적 지위에 관계 없이 모든 사람이 누구나 자신의 자유의지로 스포츠에 참가할 기회와 권리를 보장해 주는 새로운 체육의 개념으로서 사회운동의 성격을 지닌 사회체육과 동의어로 쓰이는 세계 공용어이다.

1) Sport for All의 개념

Sport for All이라는 용어가 처음으로 사용되기 시작한 것은 유럽평의회(The Council of Europe)가 1962년 유럽 문화협력위원회(The Council for Cultural Cooperation)를 설립하고 그 하위조직으로 사회교육 및 문화발전위원회를 설치한 후, 이 기구가 Sport for All이란 표어를 채택하면서부터이다(McIntosh, 1987). 즉, 1966년 6월 6~10일에 걸쳐 개최된 제10차 회의에서 스포츠 관련 모든 제도는 성, 연령, 직업, 지위 등에 차별 없이 모든 인간에게 평등하게 제공되어야 하며, 스포츠의 의미를 보다 폭넓게 이해시키고 인간의 전 생애를 통해 스포츠에 참가할 수 있는 기회와 권리를 보장해 주는 책무를 이행하여야 한다는 기본원칙의 선언 아래, 1975년 3월 유럽스포츠관계장관회의에서 Sport for All 헌장을 제정 · 공포하면서부터 전 세계로 전파되기 시작하였다(Jackson, 1978).

Sport for All은 만인의 그리고 모두의 신체활동이라는 일관된 사회운동으로서 다른 사회운동과 마찬가지로 다양한 여러 필수적인 가치를 포함하고 있으며, 목적하는 이상은 문화 및 사회의 기본 가치 형성에 두고 있다(Seppanen, 1990). 또한 Sport for All은 모든 사람에게 평등한 스포츠 참가의 기회를 보장하며 노인이나 장애인에게까지도 참가 기회를 제공할 수 있는 방안을 모색함과 더불어 스포츠를 통한 사회 구성원 간의 새로운 의사소통의 통로로 작용하는 만남의 매체이다(Doll-

Tepper, 1990). 즉, Sport for All은 사회 구성원이면 누구나 다 스포츠에 참가할 수 있어야 하며, 스포츠 참가를 통해 건강증진, 긴장 및 갈등 해소, 사회성 함양 등을 목적으로 하는 일종의 스포츠를 매개로 한 건강사회 실현을 지향하는 사회운동이라 할 수 있다.

이와 같은 Sport for All의 구체적인 특성을 살펴보면 다음과 같다(McIntosh & Chalton, 1985: 13).

① 스포츠활동은 인간에게 신체적 · 정신적 · 사회적으로 매우 유익한 활동이므로 모든 사회 구성원에게 스포츠 프로그램이 부담 없이 제공되어야 한다.

② 성, 연령, 능력, 인종, 계층, 직업 등에 관계 없이 평등한 참가기회가 보장되어야 한다.

③ 다수의 참가가 소수의 우수성보다 우선되어야 한다. 소수의 엘리트체육보다는 다수가 참가하고 참가 그 자체를 목적으로 하는 대중적인 체육활동을 지향하여야 한다.

④ 정부는 많은 사람들의 신체활동 욕구를 충족시킬 수 있도록 스포츠와 레크리에이션 관련 시설, 장비, 지도자를 제공하는 역할을 수행하여야 한다. 즉, Sport for All이 사회운동이기는 하지만 정부의 정책적 배려가 함께 제공되어야 한다.

오늘날 Sport for All은 범세계적인 사회운동으로 전개되면서 각 나라의 사회 · 문화적 배경에 따라 조금씩 상이한 형태로 추진되고 있는데, 세계 여러 나라에서 추진되고 있는 Sport for All 운동의 명칭을 살펴보면 다음과 같다(Weyer, 1986).

- 미 국 : Physical Fitness Movement
- 구 소 련 : The Further Development of Mass Sport
  1+2 Movement
- 구 서 독 : Trim 130
- 캐 나 다 : ParticipACTION
- 체 코 : Spartakiad
- 호 주 : Life Be In It
- 노르웨이 : Trimming
- 일 본 : 체력육성운동(體力育成運動)
- 중 국 : 군중체육(群衆體育), 전민건신운동(全民健新運動)

• 한　　국 : 생활체육운동

2) Sport for All 헌장

1975년 벨기에의 브뤼셀에서 개최된 유럽스포츠관계장관회의에서는 Sport for All 운동의 원칙을 제정하여 'Sport for All 헌장'이란 이름으로 공표하였는데, 그 내용은 다음과 같다(The Council of Europe, 1975).

[제1장]
모든 인간은 스포츠에 참가할 권리를 지닌다.

[제2장]
스포츠는 인간 발달에 있어 중요한 요소로 장려되어야 하며 공공기금으로부터 적절한 보조가 제공되어야 한다.

[제3장]
스포츠는 사회 · 문화 발전 측면에서 지역사회 · 국가사회 차원의 교육, 건강, 공공 서비스, 도시계획, 문화 및 환경 보존, 예술, 여가 서비스와 같은 타 분야의 정책결정이나 기획 등과 긴밀히 연계되어 전개되어야 한다.

[제4장]
정부는 공공기관과 자생조직 간의 유기적이고도 지속적인 협력관계를 구축하여야 하며, 'Sport for All' 운동의 발전과 결속을 위한 범국가적 기구의 설치를 장려하여야 한다.

[제5장]
정치적 · 상업적 · 재정적 착취, 그리고 정당치 못한 약물사용 등을 포함한 부정적 · 퇴행적 관행으로부터 스포츠와 스포츠 관련자를 보호할 방안이 강구되어야 한다.

[제6장]
스포츠 참가의 범위는 시설의 정도, 다양성, 접근 용이성과 같은 여러 요인에 의해 좌우되므로 시설에 대한 총체적 기획은 공공사업으로 받아들여져야 하며, 지역적 · 국가적 요구가 반영되어야 한다. 또한 기존 시설과 새로운 시설 모두를 충분히 활용할 수 있도록 유기적인 협조체제가 이루어져야 한다. 아울러 관계법령에 의하여 일반시민이 여가활동을 위한 목적으

로 자유롭게 이용할 수 있도록 보장되어야 한다.

[제7장]

스포츠 발전을 위한 모든 프로그램에 있어서 행정가, 경영자, 지도자 및 코칭 스태프에 유자격자를 배치하여야 한다.

우리 나라의 Sport for All 운동은 1960년대 초반 레크리에이션협회의 창립, YMCA 체육부활동으로서 신체적성 운동, 1970년 국민체육진흥회의 발족 및 1980년대 여가 및 레크리에이션협회의 창립 등을 계기로 활발히 전개되기 시작하였다. 본격적인 Sport for All 운동은 1985년 한국사회체육진흥회가 설립되고 서울올림픽 개최를 계기로 각 지역사회에 체육공원이 조성된 위에 지역별 공공체육센터가 국민체육진흥공단 지원으로 건립되고 한국사회체육센터, 부산사회체육센터와 같은 지역사회 체육운동본부가 조직되고 각 대학에 사회체육학과가 설치되면서부터 자리를 잡아가기 시작하였다. 또한 1989년 국민체육진흥공단이 설립되고 1991년 국민생활체육협의회가 발족되면서 본격적으로 Sport for All 운동이 뿌리를 내려가고 있다.

3) Sport for All과 사회체육의 관계

Sport for All은 모든 사회 구성원의 자발적인 신체활동 참여를 유도하고 있다는 측면에서 사회체육과 동일한 성격과 의미를 지니고 있다. 사회체육이 신체적 · 정신적 · 사회적 가치에 중요성을 두고 인간의 신체활동을 통한 건전 여가활동 추구를 목적으로 하는 체육이므로 이는 Sport for All이 추구하는 의미와 동일한 맥락으로 보아도 무방할 것이다. 그러나 Sport for All이 일종의 사회운동적인 성격을 띠고 있었던 사실을 고려한다면, Sport for All은 사회체육 활성화를 위한 하나의 수단 및 슬로건으로서의 역할을 지닌다고 할 수 있다.

현재 일본, 중국 등 한자문화권 사회에서는 Sport for All이라는 용어를 사회체육으로 번역하여 사용하고 있으며, 우리나라에서도 사회체육 또는 생활체육이라고 번역하여 사용하고 있는데, 이는 Sport for All이 지니는 본래의 사회운동적 성향이 진행과정에서 추상명사화하여 하나의 새로운 체육 영역을 지칭하는 전문용어로 정착된 결과이다.

따라서 Sport for All은 사회체육과 동의어이며 생활체육과도 동의어로 쓰이는 국제적인 공용어이다.

8. 사회체육과 스포츠사회학

스포츠사회학과 사회체육의 개념을 차별화하는 데 있어서는 무엇보다도 학문성이 주요 기준이 될 것이다. 다시 말해서 스포츠사회학은 스포츠과학의 하위 학문 분야 또는 학문 영역을 일컫는 용어이고 사회체육은 체육의 실제 현상을 가리키는 용어이다. 즉, 스포츠사회학은 체육 스포츠의 여러 현상 가운데 사회학적 연구의 대상인 사회현상을 선별하여 사회학의 이론이나 사회학적 연구방법을 적용하여 분석 이해하는 사회학 또는 스포츠과학의 일개 하위 분과과학 또는 학제적 학문이다. 이에 반하여 사회체육은 스포츠사회학의 연구대상이 되는 체육 스포츠 현상 그 자체를 의미하는 용어이다. 따라서 사회체육은 스포츠사회학의 주된 연구대상으로 선정될 수 있는 개연성을 지닌다고 할 수 있다.

한편 이와 같은 체육 스포츠의 일개 현상으로서의 사회체육 현상을 연구 대상으로 하여 성립되는 학문의 영역을 사회체육론(학)이라 할 수 있다. 이렇게 될 때 스포츠사회학과 사회체육론(학)은 다함께 체육학이나 스포츠과학을 구성하는 하위 분과과학이 된다. 이 경우 스포츠사회학은 주로 전문체육, 즉 엘리트스포츠(elite sport)나 프로스포츠(professional sport)를 주 연구대상으로 삼아 분석하는 반면, 사회체육학은 자생 동호인 체육활동인 일반 대중체육이나 레저스포츠(leisure sport)를 주 연구대상으로 하는 차별성을 갖는다.

뿐만 아니라, 스포츠사회학은 사회체육이라는 스포츠 및 체육 현상에 대하여 사회학적 연구 영역에 국한하여 접근하는 체육학 또는 스포츠과학의 일개 하위 분과영역에 불과하나, 사회체육론(학)은 스포츠사회학 이 외에도 사회체육이라는 체육의 현상을 대상으로 하여 체육철학, 체육사학, 체육심리학, 체육행정학, 체육경영학, 체육교육학, 운동생리학, 생체역학 등의 다양한 학문적 측면에서 접근하는 체육학이나 스포츠과학 내에서 형성되는 또 하나의 하위 종합 분과 과학적 성격을 지닌다(임번장, 1994b).

| 요약 |

이 장에서는 사회체육과 그 유사개념 간의 이해를 돕기 위하여 사회체육의 개념을 바탕으로 하여 주요 유사개념으로 사용되거나 인정되고 있는 여가, 레크리에이션, 레저스포츠, 생활체육, 평생체육, Sport for All의 개념 그리고 대립되는 의미로서 학교체육의 개념에 대하여 살펴보았다.

여가는 일상사에서 벗어나 쾌적한 마음 상태에서 원하는 활동을 행하는 자유시간을 의미한다. 즉, 생활양식으로서뿐만 아니라, 개인적 · 사회적 열망을 포괄하는 다양한 관계의 복합체라 할 수 있으며 단순히 활동이나 시간이라기보다 이에 대한 태도까지를 포함한다. 레크리에이션은 노동에 종사하지 않는 시간에 개인이 건전한 내용과 교육적 배려 속에서 영위하는 여가활동이다. 즉, 사회체육은 신체활동을 위주로 하는 레크리에이션의 한 영역이다. 레저스포츠는 여가와 스포츠의 합성어이며 여가에 행하는 스포츠라는 의미로 여가활동의 다양한 활동유형 중 스포츠형태의 활동유형을 의미하며 대부분의 사회체육활동은 레저스포츠로 구성된다. 평생체육은 활동자가 전 생애를 통하여 지속적으로 이루어지는 체육활동으로 사회체육이 집단적인 측면이 강한 반면 평생체육은 개인이 중심이 되는 경향이 강하다. 생활체육은 정부가 국민체육진흥을 위한 정책시행의 추진내용을 개념화한 신용어이다. 그러나 기본적으로는 사회체육과 동일한 개념이며 학문적인 차원에서는 사회체육, 현장에서는 생활체육이란 용어가 사용되고 있다. 학교체육은 사회체육에 대비되는 개념으로서 신체활동을 통하여 올바른 인간을 육성하는 교육활동이다. 또한 사회체육과 함께 특정 사회의 체육을 구성하는 중심 영역이므로 대립적인 개념이 아닌 상호보완적 관계로 이해하여야 한다. Sport for All은 사회운동의 성격을 지니고 있으며 사회체육 활성화를 위한 하나의 수단 및 슬로건으로서의 역할을 지니고 있다. 따라서 사회체육, 생활체육과 동의어로 쓰이는 국제공용어이다. 마지막으로 사회체육과 스포츠사회학은 그 개념이 학문성을 기준으로 차별화되며 사회체육이 체육의 실제 현상을 가리키는 용어임에 반해, 스포츠사회학은 스포츠과학의 하위분과영역 또는 사회학과 스포츠과학의 학제적 학문의 성격 또는 스포츠현상을 대상으로 사회학적 접근에 의해 연구하는 학문적 성격을 지닌다.

| 주요 개념 |

기분전환	내적 동기	레저스포츠
본가	사회병리 현상	사회운동
사회체육론	생활체육	수직적 관계
수평적 관계	여가	운동수요의 총체
유럽스포츠관계장관회의	자유시간	전 생애주기
평생체육	평생화	학교체육

Homo Ludens(놀이인간)　　　Sport for All

| 연구 문제 |

1. 여가의 개념을 알아보고 사회체육과의 관련성에 대하여 살펴보자.
2. 레크리에이션의 개념을 알아보고 사회체육과의 관련성에 대하여 살펴보자.
3. 레저스포츠의 개념을 알아보고 사회체육과의 관련성에 대하여 살펴보자.
4. 평생체육의 개념을 알아보고 사회체육과의 관련성에 대하여 살펴보자.
5. 생활체육의 개념을 알아보고 사회체육과의 관련성에 대하여 살펴보자.
6. 학교체육의 개념을 알아보고 사회체육과의 관련성을 살펴보며 두 개념의 특성을 비교해 보자.
7. Sport for All의 개념 및 현장에 대하여 알아보고 사회체육과의 관련성을 살펴보자.
8. 사회체육과 스포츠사회학의 관련성에 대하여 알아보자.

참고문헌

강신복(1996). 『체육교육과정』. 서울: 보경문화사.

윤인호(1989). 『장수를 위한 평생체육』. 서울: 교학연구사.

임번장(1982a). 「체육진흥과 평생체육」. 한국체육학회. 『국민체육진흥세미나 자료집』 (pp. 7-8).

______(1982b). 「평생체육의 의의」. 『방송통신대학보』 제330호.

______(1986). 「학교체육과 사회체육」. 『사회체육 소식』 창간호.

______(1991a). 「사회체육론」. 한국체육과학 연구원 생활체육지도자연수원(편). 『2급 사회(생활)체육지도자연수교재』.

______(1992a). 「사회체육과 레저스포츠」. 『YMCA 체육논단』. 미간행 인쇄물.

______(1994b). 「스포츠사회학과 사회체육의 관계」. 한국스포츠사회학회(편). 『한국스포츠사회학회 1993년도 세미나자료집』(pp. 427-434).

______(1998c). 『스포츠사회학개론』. 서울: 동화문화사.

장진호(1979). 『사회교육의 방향』. 서울: 정익사.

Brigtbill, C. (1960). *The challenge of leisure.* Englewood Cliffs, NJ: Prentice-Hall.

Bucher, C. A. (1975). *Foundations of physical education.* St. Louis, MO: C. V. Mosby.

Bucher, C. A., Shivers, J. S., & Bucher, R. D. (1984). *Recreation for today' s society* (2nd ed.). Englewood Cliffs, NJ: Prentice-Hall.

Butler, G. D. (1967). *Introduction to community recreation*. New York: McGraw-Hill Book.

Caillois, R. (1955). *Man, play, and games* (M. Barash, Trans.). New York: The Free Press.

Csikszentmihalyi, M. (1975). *Beyond boredom and anxiety.* San Francisco, CA: Jossy-Bass.

Doll-Tepper, G. (1990). Sport in rehabilitation and recreation. P. Oja & R. Telama(eds.). *Sport for All: Proceedings of the World Congress on Sport for All* (pp. 661-667), Tampere, Finland: Elsevier Science Publishers.

Dumazedier, J. (1967). *Toward a society for leisure* (S. MaClure, Trans.). New York: The Free Press.

____________ (1974). *Sociology of leisure.* Amsterdam: Elsevier Scientific Publishing.

Huizinga, J. (1949). *Homo ludens: A study of the play elements in culture.* London: Loutledge & Kegan Paul.

Hutchinson, J. (1951). *Principles of recreation.* New York: Ronald Press.

Ibrahim, H. (1975). *Sport and society: An introduction to sociology of sport.* Long Beach, CA: Hwong

Publishing.

Jackson, J. J. (1978). *Sport for All.* in B. Lowe, D. B. Kanin, & A. Strenk(eds.). *Sport and international relations.* Champaign, IL: Stripes.

Kaplan, M. (1960). *Leisure in America.* New York: John Wiley & Sons.

_________ (1972). *Implication for gerontology from a general theory of leisure.* Paper presented at the Third International Course: Leisure and the Third Age, Dubrovnik, Yugoslavia, May.

Kelly, J. R. (1972). Work and leisure: A simplified paradigm. *Journal of Leisure Research,* 4(1): 56-65.

_________ (1982). *Leisure.* Englewood Cliffs, NJ.: Prentice-Hall.

Kraus, R. (1978). *Recreation and leisure in modern society*(2nd ed.). Santa Monica, CA: Goodyear.

McIntosh, P. (1987). *Sport in society.* London: West London Press.

McIntosh, P., & Charlton, V. (1985). *The impact of Sport for All policy 1966-1984 and a way forward.* London: West London Institute of Higher Education, The Sports Council.

Neulinger, J. (1981). *The psychology of leisure*(2nd ed.). Springfield, IL: Charles Thomas.

Neumeyer, M. H., & Neumeyer, E. S. (1958). *Leisure and recreation.* New York: The Ronald Press.

Seppanen, P. (1990). Values in Sport for All. P. Oja & R. Telama(eds.). *Sport for All: Proceedings of the World Congress on Sport for All*(pp. 21-32), Tampere, Finland: Elsevier Science Publishers.

The Council of Europe (1975). *European Sport for All Charter.* Strasbourg.

Weyer, W. (1986). The role of sport for the quality of life in our changing societies. Paper presented at the *International Congress: Fundamentals of Sport for All,* Germany.

William, F. S. (1976). *The lifetime sport-oriented physical education program.* Englewood Cliffs, NJ: Prentice-Hall.

제3장 |

사회체육 참가요인

경제성장과 더불어 삶의 질이 향상되면서 국민의 여가활동 욕구와 체육활동 참가기회가 증대되어 사회체육 참가자의 저변이 확대되어 가고 있다. 이를 기반으로 하여 사회체육을 한층 효율적으로 진흥시키기 위해서는 사회체육의 참가요인을 명확히 규명하여 사회체육 현장에 적용함으로써 전 국민의 사회체육 참가가 원활히 이루어질 수 있도록 배려하여야 한다.

오늘날 사회가 복잡화 · 다원화되면서 사회체육활동의 참가유형, 참가양식, 참가동기는 다양한 양태를 보이고 있다. 이에 따라 사회체육 참가에 영향을 미치는 개인적 · 사회적 요인도 복잡한 양상을 띠게 된다. 일반적으로 사람들이 사회체육에 참가하고 활동을 지속하게 되는 요인에는 생리적 요인, 사회심리적 요인, 사회경제적 요인, 인구통계학적 요인, 사회환경적 요인이 있다.

현대사회에 있어서 성원의 안전과 건강을 저해하는 요인이 증가됨에 따라 건강을 유지 · 증진시키기 위하여 의도적 · 계획적인 신체 단련을 필요로 하는데, 이는 많은 사람들이 사회체육활동에 참가하도록 유인하는 일차적 · 직접적인 동기가 되며 이를 사회체육 참가의 생리적 요인이라고 한다.

한편 사회체육의 참가나 여가경험에 관한 요인 연구는 객관적 측면과 주관적 측면에서의 접근이 가능한데, 개인의 사회경제적 · 인구통계학적 특성에 따른 사회체육활동이나 여가경험의 강도, 빈도, 수준의 차이는 객관적 변인인 반면, 사회환경적 요인은 사회체육활동 참가나 여가 참가에 영향을 미치는 주관적인 요인이다.

이 장에서는 개인의 사회체육 참가에 영향을 미치는 요인을 생리적 요인, 사회심리적 요인, 사회경제적 요인, 사회환경적 요인으로 나누어 살펴보고 이들 요인이 사회체육 참가에 미치는 영향을 구체적으로 살펴보고자 한다.

1. 생리적 요인

오늘날 현대인의 건강을 위협하는 요인은 점차 다양해지고 있으며 그 폐해 또한 심각해져 가고 있다. 현대인은 도시인구의 과밀화, 공업 발전에 수반한 공해, 의약품의 오남용, 신종 질병의 발생, 해마다 증가하는 각종 안전사고 등에 의해 건강을 해칠 뿐만 아니라, 생존마저 위협받고 있다. 따라서 현대 산업사회의 구성원은 건강을 유지 · 증진시키기 위하여 의도적 · 계획적인 신체 단련을 필요로 하는데, 이는 많은 사람들이 사회체육활동에 참가하게 하는 직접적인 동기가 된다.

1) 건강관리

건강에 대한 정의는 학자마다 이견이 있으나, "건강이란 단순히 신체의 질병이나 손상이 없는 상태뿐만 아니라, 신체적 · 정신적 · 사회적으로 완전한 상태"라고 규정한 WHO(세계보건기구)의 정의를 대체적으로 받아들이고 있다. 건강은 개인적 · 신체적 영역에서만 언급되는 요인이기보다는 사회적 · 정신적 영역을 포함한 광의의 개념으로 파악되어야 함을 강조하고 있다.

현대사회에서는 자동화, 기계화로 인한 운동부족으로부터 촉발되는 각종 성인병 등 인간의 건강을 위협하는 심각한 사회적 · 환경적 요인과 더불어 복잡한 인간관계나 과중한 업무에서 비롯되는 과다한 스트레스로 인한 정신적 건강 저해 요인이 증가함에 따라 종합적인 건강관리의 필요성이 강조되고 있다.

국민생활체육활동 참여실태조사(김기형 외, 2003)에 따르면 건강과 체력을 유지하는 데 가장 필요한 요소에 대하여 질문한 결과 '규칙적인 운동'으로 답변한 사람이 전체의 59.9%, 체육활동 참가 목적에 대한 질문에 '건강의 유지 및 증진'이라고 답변한 비율이 55.3%로 각 항목에서 1위를 차지하고 있다. 이는 우리나라 대다수 국민이 건강관리를 위한 사회체육의 필요성과 사회체육이 지니는 건강 관리의 측면이 사회체육 참가요인에 가장 중요한 역할을 하고 있다고 공감하고 있음을 나타내고 있다.

(1) 성인병 예방

일반적으로 성인병은 고혈압, 심장병, 동맥경화, 뇌졸중, 당뇨병 등 운동부족으로 인한 만성적 퇴행성 질환을 통칭하는 용어이다. 대부분의 성인병은 각 개인의 생활양식과 밀접한 관계가 있으며, 성인뿐만 아니라 성장 발육단계에 있는 청소년 등 남녀노소를 가리지 않는 '현대병'이 되고 있다. 최근 교육부 자료에 의하면 우리나라 청소년은 과거에 비해 체격은 커졌으나 체력이 많이 약화되었으며, 운동부족으로 인한 비만 등 각종 성인병 증상을 지니고 있는 청소년이 증가하고 있는 것으로 나타났다(임번장, 2004).

성인병의 3대 위험인자로는 고혈압, 흡연, 혈중 콜레스테롤 과다를 들 수 있으며, 그 이외의 위험인자로는 비만, 정신적 스트레스, 운동부족, 과다한 염분섭취, 불균형적인 식생활, 대기오염, 수질오염 및 불량식품에 의한 체내의 불순물 축적, 과음을 들 수 있다. 이처럼 무수히 많은 성인병 위험인자는 서로 상호작용하여 성인병을 일으키게 한다. 따라서, 성인병을 예방하기 위해서는 생활습관 개선과 질병이 발생하는 환경의 제거가 필수적이다. 한편, 65세 미만의 경우, 성인병으로 인해 사망할 가능성이 있는 사람 중 약 85% 정도는 건전한 생활습관과 적절한 운동을 지속적으로 실행한다면 성인병을 예방할 수 있다(김의수 외, 1995). 지속적으로 스포츠에 참가한 여성은 그렇지 않은 여성보다 근력과 지구력이 강하고 높은 밀도의 근육구성과 신체적 방어체계를 지니고 있다(Wyrick, 1974). 즉, 규칙적인 운동을 하는 사람들은 그렇지 못한 사람에 비해 상대적으로 성인병에 걸릴 위험성이 적다는 것이다. 그러므로 규칙적인 운동은 체중 조절과 고혈압을 예방할 수 있으며 당대사 이상을 조절하는 등 긍정적인 효과를 가져온다. 이 같은 성인병 예방의 필요성은 개인을 사회체육에 참가하도록 유인하는 요건이 된다.

(2) 노화방지

일반적으로 노화는 신체가 항상성과 적응력을 점차 상실해 가면서 일어나는 현상을 의미한다. 모든 신체 장기는 노화함에 따라 그 구조가 변하고 기능이 퇴화한다. 장기의 구조와 기능의 변화는 체내 항상성 조절기제에 관여하는 여러 가지 생리적인 변화를 초래하고 그 결과 여러 가지 질병을 유발하며, 이러한 질병의 종류와 정도에 따라 수명이 결정된다. 노화는 여러 가지 다양한 인자가 복합적으로 관여하는 매우 복잡한 과정이다. 이는 유전, 환경, 영양, 심리상태, 운동 정도 등에 의해 영향을 받으며 이 가운데 운동과 영양은 중요한 인자로 간주된다. 노인을 위한 운동종목으로 걷기운동, 유연체조와 스트레칭, 게이트볼, 사이클, 수영, 골프 등과 같이 최소중량부하운동(最小重量負荷運動)인 유산소성 운동이 이상적이다.

노인의 규칙적인 사회체육활동 참가는 노화의 진행을 지체시키고 심폐기능과 근력의 약화를 방지하는데, 이는 노년층이 사회체육 프로그램에 참가하는 동기로 작용한다.

2) 체력 유지

적절한 신체활동은 충분한 수면과 휴식 그리고 적절한 영양섭취와 더불어 건강을 유지하고 증진시키는 필수 요소이다. 특히 현대인에게는 운동의 필요성이 절실히 요청되는데, 그 이유는 육체적 활동에 의존했던 과거와는 달리 현대사회는 교통기관의 발달, 기계의 발명, 도시화, 전문화, 세분화, 전자화 등으로 인해 육체적 활동 기회가 감소되었기 때문이다.

신체는 활동하지 않으면 퇴화한다. 건강 유지를 위한 최소한의 신체활동을 실행하지 않으면 근육의 힘과 신축성이 저하되고 심폐기능이 약화되어 각종 질병에 감염되기 쉽다. 따라서 현대인에게 사회체육을 통한 적절한 신체활동은 건강의 유지 · 증진을 위한 필수 요소이다.

Hobart(1975)는 캐나다 주민을 대상으로 한 연구결과에서 체력증진 욕구가 강하면, 사회체육 및 레크리에이션 활동에 활발히 참가하는 것으로 나타나 이들 변인 간에 상관관계가 있음을 보고하고 있다. 국민생활체육활동 참여실태조사(김기형 외, 2003)에 따르면 운동을 통해 얻을 수 있는 가장 중요한 효과를 질문한 결과 '건강 및 체력증진' 으로 답변한 사람이 전체의 69.5%로 1위를 차지하고 있다. 이는 개인의 사회체육 참가 결정에 체력 유지 요인이 큰 영향을 미치고 있음을 반영하고 있는 것이다.

(1) 심폐 지구력 향상

심폐 지구력은 대근운동을 포함한 신체활동을 꾸준히 지속할 수 있는 능력으로서 일반적으로 호흡 · 순환기능에 의한 산소의 섭취, 운반 및 이용능력을 의미한다. 심폐 지구력은 일상생활에서 건강을 영위하는 데 가장 중요한 체력요소이다(국민생활체육협의회, 1991).

심폐계는 인체의 순환계와 호흡계를 말하는데, 이들 기관은 대기 중의 산소를 활동근까지 전달하는 중요한 역할을 하고 있다. 오래달리기나 수영 등 장시간 유산소운동을 하게 되면, 심장의 좌심실 비대현상이 일어나는데, 병적으로 나타나는 비대현상과 달리 심장의 수축력이 높아진다. 훈련의 결과로 심장이 비대하게 되면 심장에 분포한 모세혈관의 수, 혈류량 그리고 산소의 양이 많아짐으로써 심장의 기능이 향상된다. 또한 지속적인 운동은 기도의 저항을 감소시키는 동시에 폐포의 탄력성을 증가시켜 연령 증가에 따라 나타날 수 있는 폐질환의 예방과 치료에 효과적이다.

(2) 근력 향상

근력은 근육이나 근조직이 단 한번에 발휘할 수 있는 최대의 힘을 뜻하며, 근수축에 동원되는 근섬유의 굵기에 의하여 결정된다. 근수축에 동원되는 근섬유가 굵을수록 근력이 강하다.

일반적으로 근력은 20대를 전후해서 최상의 수준에 도달한 후, 30대를 지나면서 급속히 하락한다. 운동을 지속하면 근력의 저하를 예방할 수 있을 뿐만 아니라, 노화 과정에서 쇠퇴 속도를 감소시키고 오랫동안 높은 근력 수준을 유지하도록 돕는다.

성인에게 있어서 근력과 근지구력이 중요한 이유는 다음과 같다(국민생활체육협의회, 1991).

① 근력과 근지구력이 발달되면 일상생활의 업무를 능률적으로 수행할 수 있게 된다.
② 복부와 몸통 부위의 근력을 향상시키는 적절한 운동을 통하여 성인 남자에게 많이 나타나는 요통의 예방 및 치료가 가능하다.
③ 근력 및 근지구력이 발달되면 상해의 위험이 감소된다.

(3) 체형 유지

비만은 체내에 축적된 지방량이 정상수치보다 많은 상태를 의미한다. 인체의 지방량은 남자의 경우 약 15% 전후, 여자는 약 25% 전후 정도가 정상수치인데, 만약 이보다 많은 양의 지방이 체내에 축적되어 있는 경우, 그 정도에 따라 '과체중(overweight)' 또는 '비만(obesity)' 으로 규정한다. 비만은 고혈압, 동맥경화, 당뇨병, 퇴행성 관절질환 등 성인병 유발의 대표적인 위험인자 가운데 하나이며, 비만인의 경우 정상체중인에 비해 사망률 또한 높다(김의수 외, 1995).

비만의 예방 및 치료는 식이요법, 행동수정요법, 운동요법 등을 결합하여 실행함으로써 효과를 얻을 수 있는데, 이 중 운동요법의 효과가 가장 이상적이다. 그 이유는 운동으로 신체 활동량을 증가시킴으로써, 소비 칼로리를 높이고, 혈중지질, 혈압, 기분, 태도 등에 좋은 영향을 주기 때문이다.

높은 강도의 운동 시 체내에 저장된 당원질인 글리코겐이 주로 이용되고 체지방은 적게 이용되기 때문에 낮은 강도의 운동일수록 체지방을 에너지로 더욱 많이 소모한다. 사회체육활동 대부분이 고도의 체력 수준이나 기술을 요하는 운동이라기보다는 평이한 수준의 운동강도에서 즐겁게 행하는 운동으로 구성되기 때문에 사회체육의 참가는 비만을 예방하는 최적의 활동이 된다.

한편, 국민생활체육활동 참여실태조사(김기형 외, 2003)에 따르면 건강과 체력을 유지하는 데 가장 필요한 사항을 질문한 결과 '체중조절' 로 답변한 사람 중 남성이 11.0%인 반면에 여성은 28.2%로 여성의 응답이 압도적으로 높은 수치를 기록하였다. 이는 체중조절이 남성보다 여성에게 더욱 호소력을 지니는 참가요인임을 시사하고 있다.

3) 체형과 운동

체형(somatotype)이란 개인의 형태학적 구조를 결정하는 기본 성분의 분류 유형으로서 개인의 신체적 특성을 말한다(정성태 · 전태원, 1994).

(1) 체형의 구분과 특징

대체로 체형은 내배엽, 중배엽, 외배엽의 세 가지 형으로 구분한다. 체형에 따른 신체적 특징은 〈표 3-1〉과 같다.

(2) 운동선수의 평균체형 분포

체형은 스포츠에서 운동수행의 성공과 밀접히 연관되어 있다. 특정 종목에서 좋은 성적을 거두는 선수를 관찰해 보면 종목에 따라 거의 유사한 체형을 지니고 있음을 알 수 있다. 개인의 신체적인 특성에 따라 적합한 운동종목이 있으므로 사회체육 참가자는 자신의 체형에 적합한 운동을 선택하는 것이 성공가능성을 높여 준다.

참고로 운동선수의 평균체형 분포는 〈그림 3-1〉, 〈그림 3-2〉와 같은데 어느 정도 사회체육 참가자에게도 적용되어질 수 있다.

표 3-1. 체형의 구분과 특징

체 형	특 징
내배엽형 (Endomorphy)	복부가 발달하고 어깨가 넓으며, 목이 짧다. 신체가 전반적으로 외형이 부드럽고 근육이 발달되어 있지 못하다.
중배엽형 (Mesomorphy)	강하고, 울퉁불퉁하며, 근육이 잘 발달되어 있다.
외배엽형 (Ectomorphy)	사지가 비교적 길며 몸통이 짧다. 가늘고 섬세한 몸매를 지니고 있다. 뼈가 가늘며, 근육이 발달되어 있지 못하다.

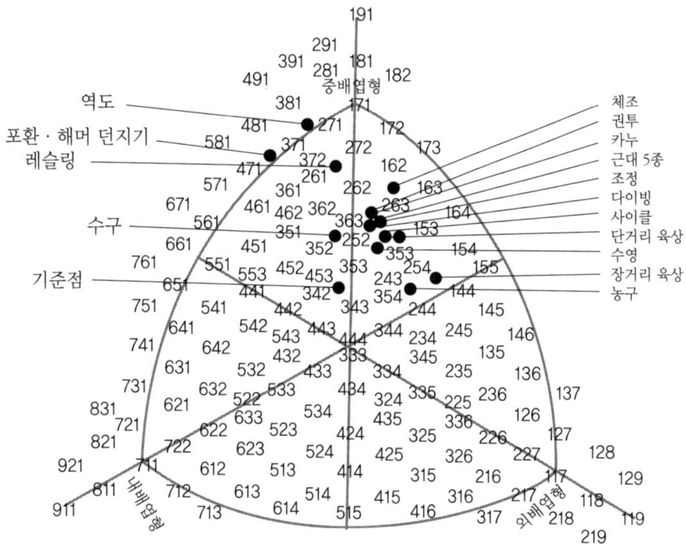

그림 3-1. 남자 운동선수의 평균체형 분포(Fox, Bowers & Foss, 1989)

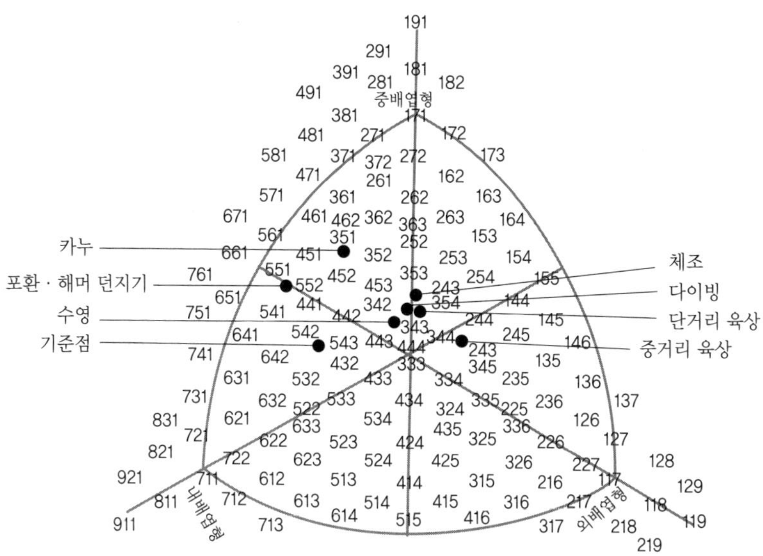

그림 3-2. 여자 운동선수의 평균체형 분포(Fox, Bowers & Foss, 1989)

2. 사회심리적 요인

인간은 사회적 동물이라는 말이 의미하듯이 개인의 생활은 사회를 배경으로 한 대인관계를 통하여 이루어진다. 사회체육활동 역시 대인관계를 통한 집단적 상황에서 효과가 증대된다. 이러한 관점에서 개인의 사회체육활동 참가는 개인과 집단의 사회심리적 요인에 의하여 영향을 받는다. 사회심리적 요인으로는 참가자 개인의 성격 · 동기 · 태도, 개인의 주관적 경험인지 등이 있다.

1) 성격

성격(personality)이란 일반적으로 특정 개인의 독특(uniqueness)하고 일관성(consistency) 있는 행동을 의미한다. 광의의 관점에서 성격은 인간 행동의 저변에 내재해 있는 생물적 · 심리적 · 사회적 요인의 조직체이며 심리학적 용어인 개성이나 철학적 용어인 인격 등의 개념을 모두 포함하는 보다 광의의 인간 행동체계로 정의된다(Allport, 1937).

성격 특성에 따른 스포츠 및 사회체육 참가에 대한 연구를 살펴보면 다음과 같은 성격을 지닌 사람들에게서 스포츠 및 사회체육활동 참가율이 높은 사실을 알 수 있다(Smith & Theberge, 1987).

① 외향적 성격을 지닌 사람: 단체 스포츠에 참가하는 비율이 높다.
② 자의식, 자아 유능감 및 자아 존중감이 강하고 자기조절 능력이 강한 사람: 야외 레크리에이션, 광의의 여가활동에 참가하는 비율이 높다.
③ 감정조절과 균형유지를 포함한 심리적 안정감이 뛰어난 사람
④ 내적 조절, 성취감, 결단력, 자신이 속해 있는 환경에 대한 지배를 비롯하여 성취욕구가 강하고 효율성을 강조하는 성격을 지닌 사람
⑤ 새로운 경험에 대한 욕구, 새로운 사람에 대한 관심, 모험심 자극에 대하여 강한 호기심을 지닌 사람

여가활동 및 놀이의 심리적 관계를 다룬 이론에 따르면, 인간은 심리적 욕구에 의하여 놀이에 참가하며 이와 같은 개인의 심리적 참가 욕구는 본질적으로 성격으로부터 출발한다고 설명하고 있다. 즉, 사회체육과 같은 집단활동을 선택하게 될 때, 개인의 성격이 활동의 종류나 장소, 시간

및 동반자 결정에 있어 중요한 역할을 담당한다.

한편, 성격은 고정불변의 것이라기보다는 다양한 사회생활 과정을 통하여 형성되고 변화된다. Iso-Ahola(1980)는 여가활동 참가와 성격에 관한 여러 연구 결과를 종합적으로 분석하면서 새로운 여가 기능을 배우게 되면 자신감이 향상되며, 자아정체성을 확립하는 기반으로 작용하는데 이런 자신감은 이후 또 다른 여가활동 참가를 결정하는 데 있어 중요한 역할을 하게 된다고 주장하고 있다.

이상과 같이 개인의 성격적 특성은 여가나 사회체육활동의 참가 정도와 참가율에 영향을 미친다. 또한 사회체육 참가는 사회에 대한 개인의 심리적 적응이라는 측면에서 중요한 의미를 지니고 있으며, 성공적인 사회체육 참가 경험은 차후 활동의 재참가 결정요인이나 활동을 즐기고자 하는 동기요인으로 작용하여 개인의 성격과 다시 연관을 맺게 된다.

2) 동기

동일한 상황에서 인간의 행동은 선택의 방향이나 강도 및 지속성이 매우 다양하게 나타난다. 따라서 이러한 인간 행동을 예측하기 위해서는 개인의 동기(motive)를 파악해야 한다. 구체적으로 왜 사람들이 신체활동이나 스포츠에 참가하는가 또는 왜 특정인은 운동 참가에서 중도 탈락하는가 등의 문제는 일차적으로 개인의 동기와 관련되어 있다. 학자마다 다소의 차이는 있으나 동기는 일반적으로 인간의 행동을 발현시키고 활성화시키며, 행동을 지속시키거나 제지시키는 심리적 요인을 말한다.

인간의 스포츠 참가 동기를 조사한 연구들은 일반적으로 아마추어의 경우 내적 요인이 동기에 지배적인 역할을 한다고 주장한다. 예를 들어 Wankel과 Thompson(1977)은 청소년에 있어서 스포츠 참가나 내적 즐거움에 영향을 미치는 가장 중요한 요인은 운동기능 향상이나 개인적 성취감 및 활동으로부터 기인되는 흥분과 같은 내적 요소이며, 보상이나 사회적 승인과 같은 외적 요인은 별로 중요하게 고려되지 않는다고 보고하고 있다. 또한 Alderman과 Wood(1976)는 스포츠활동에 참가하는 아동의 일차적 동기요인은 유능감이나 도전 및 친화에 대한 욕구임을 규명하였으며, 아동의 스포츠 참가 목적이나 만족 역시 성인과 마찬가지로 내적인 동기에 있음을 제시하였다. 현대 스포츠는 승리를 지나치게 강조하고 있으며, 사회적 승인이나 금전적 보상과 같은 외적 동기 요인을 중요시하고 있다. 그러나 이러한 상황에서도 개인이 갖는 만족감, 자긍심은 운동수행의 구심점이 되며, 특히 사회체육활동 참가의 중심적 동인이 된다.

내적 동기가 스포츠활동 참가 · 지속에 있어서 가장 중요한 요소이기 때문에, 개인이 사회체육활동에 적극적으로 참가하거나 지속하려면, 일정량의 내적 동기 수준이 유지되도록 배려하여야 한다. 이러한 사실은 몇몇 학자의 연구에 의해 지지되는데, Dishman, Ickes와 Morgan(1980)은 지속적 스포츠 참가에 관한 연구에서 외적 강화에 못 이겨 스포츠활동에 참가하는 사람과 동기유발 수준이 낮은 사람이 스포츠 프로그램에서 중도 탈락한다고 보고하였으며, Oldridge(1979)는 사람이 운동으로부터 중도 탈락하는 이유는 동기부족과 같은 심리적 이유에 기인한다는 연구 결과를 제시하고 있다.

한편, Maslow는 대부분의 인간은 특정 행동을 취하거나 또는 이를 억제하는 내재적인 힘을 통해 생리적 안전, 소속, 애정, 존경 및 자아실현의 욕구를 충족한다고 하였다. 욕구는 대체로 지속적이며 어떤 상황에서의 행동은 여러 욕구가 서로 종합적으로 상호작용한 결과로 나타나는데, 인간행동의 선택과 그 행동이 유지되는 정도는 인간행동을 촉발 또는 지속시키는 욕구의 정도에 따라 결정된다고 주장하였다. 따라서 개인의 욕구는 사회체육 참가에 영향을 미치는 주요 동기 요인으로 작용한다.

3) 태도

태도란 자세 혹은 몸가짐을 의미하는 용어로서 Spencer(1896)에 의해 심리학 분야에 도입된 이래 다양한 의미로 사용되어져 왔다. Allport(1937)는 태도란 후천적으로 형성된 일정한 대상이나 상황에 대한 마음가짐이며 일정 방식으로 반응하려는 행동양식이라고 주장하였다. 그리고 인지적 · 형태주의적 측면에서 Krech와 Crutchfield(1948)는 태도란 개인이 접촉하고 있는 세계의 어느 측면에 대한 동기적 · 정서적 지각 및 인지적 심리작용의 지속적인 준비상태라고 주장하였다.

오늘날 태도는 대상에 대한 마음가짐으로서 경험에 의하여 형성되며 개인의 사고와 행동을 결정하는 경향성으로 정의되고 있다. 개인의 행동에 대하여 지시적 · 역동적인 영향을 미치는 태도는 감정, 인지, 행동의 세 가지 요소로 구성되고 직접적으로 관찰할 수는 없으나 언어적 표현이나 외현적 행동을 통하여 간접적으로 추정할 수 있는 가설적 구성개념이다.

태도의 기능에 대하여는 정신분석학적인 관점, 대상적 상호작용론적 관점, 그리고 인지론적 관점에서 강조하는 측면이 각기 다르나, 일반적으로 태도는 다음과 같은 중요한 기능을 지닌다

(Katz, 1960; McGuire, 1969).

① 환경에 순응하고 생활변화에 대처하는 적응기능
② 특정한 태도를 갖고 자신이나 사회현실을 바라볼 때 느끼게 되는 심리적 고통으로부터 자신을 방어하는 자기방어기능
③ 내면화된 가치나 이상적 자아를 적극적으로 표출하려는 가치 표현기능
④ 지식이나 사물을 평가하는 탐구기능

일반적으로 성인을 대상으로 한 연구 결과는 사회체육에 대한 긍정적인 태도가 사회체육 참가에 긍정적인 영향을 미친다고 보고하고 있다. 예를 들어 Sonstroem(1978)은 사회체육활동에 대한 일반적 태도가 지속적 운동 참가를 예견할 수 있는 중요한 요인이라고 제시하고 있으며, 또한 Kenyon(1968)은 호의적인 운동 태도와 지속적 운동 참가의 관계에 대한 연구에서 운동을 통한 만족은 지속적 운동 참가에 영향을 미친다고 지적하고 있다. 아울러 Robinson(1977)은 도시 거주자를 대상으로 한 연구에서 게임이나 스포츠에 대한 높은 만족이 스포츠 관람, 능동적인 스포츠활동, 사냥 및 낚시는 물론, 카드놀이 및 여타의 게임과 유의한 상관관계가 있으며, 스포츠에 대한 놀이 지향적 태도는 비공식적 참가 및 비조직적 참가와 관련이 있는 반면, 조직적 참가는 흔히 승리를 강조하는 성향을 유도한다고 보고하고 있다.

사회체육활동 참가와 관련된 또 다른 측면에서의 접근은 운동이 건강에 미치는 영향에 대하여 특정 개인이 지니고 있는 신념과 운동 프로그램에 대한 실제 참가의 관계를 규명하는 것이다. Dishman(1982)은 건강에 대한 신념이 운동프로그램 참가자를 예측하여 주지는 않지만 건강에 대한 신념은 운동프로그램에 지속적으로 참가하고 있는 사람이 수행한 운동의 양과 긍정적으로 관련되어 있다고 주장하고 있다. 즉, 운동과 건강의 밀접한 관계를 믿는 개인과 그러한 관계를 강하게 부인하는 개인 간에는 사회체육 참가에 있어서 차이가 있다는 것이다.

4) 주관적 경험

사회체육활동의 경험은 양적 · 질적 차원을 반영하는 척도를 사용하여 측정될 수 있다. 사회체육 참가 경험은 개인에 따라 다양하고, 주관적 · 일시적 · 의식적인 인지(perception)에 따라 크게

영향을 받는다. 대다수 개인은 이러한 사회체육활동의 경험을 주관적으로 정의하는데, 예를 들어 일부의 사람은 사회체육활동 경험을 일상생활의 모든 측면으로부터 멀어지는 것으로 인지하는 반면, 다른 일부의 사람은 사회체육활동 참가 경험을 경쟁에서 승리하거나 혹은 특정 상황에서 새로운 기능을 습득하는 최상의 경험으로 인지한다.

개인의 여가나 사회체육에 대한 경험은 개인적 특성, 활동상황, 활동시간과 같은 일반적 결정요인이 개재된다. 개인에 있어서 사회체육 참가 경험의 특징 중 가장 중요한 것은 참가자 스스로가 느끼는 '인지된 자유' 이다. 자발적으로 여가나 사회체육에 참가할 때, 개인이 느끼는 자유는 강렬한 반면, 타인의 강요와 같은 외부적 요인에 의하여 타율적으로 사회체육에 참가하게 될 때는 자유를 거의 인지하지 못하는 것으로 여겨진다.

사회체육활동이나 여가에 대한 개인의 주관적 정의는 과거의 경험이나 사회적 영향에 따라 달라진다. 주관적 정의란 개인적이고 상황적이며 시간적인 조건에 따라 참가활동에 대한 의미가 개인마다 달라진다는 뜻이다. 그러나 사회체육 참가 경험은 주관적인 측면뿐만 아니라, 대다수 참가자가 공통적으로 인식하는 객관적인 차원도 함께 존재한다.

사회체육 참가에 있어서 주관적 경험의 구성 요인은 인지된 자유뿐만 아니라, 적성에 대한 적합성, 목표에 대한 지향성 등이 있다. 이 같은 주관적 구성요인은 상호 연관성을 지니고 있는데, 특히 인지된 자유는 이 외의 다른 주관적인 경험의 구성요인에 직접적인 영향을 미친다. 그러므로 개인이 스스로 활동의 참가 여부를 결정하지 못한 경우에는 그 활동이 여가나 사회체육활동으로 인식되지 않는다. 따라서 개인이 여가나 사회체육 참가 이전에 선택의 자유를 갖게 되면 나머지 요인은 활동에 대한 인식을 높여 주게 된다. 이처럼 인지된 자유는 여가나 사회체육활동의 인식에 있어서, 활동이나 참가 여부를 결정해 주는 중요한 요인이다.

이와 같이 인지된 자유는 개인의 사회체육 참가에 상당히 중요한 의미를 갖는다. 따라서 자유의 박탈은 소위 심리적 저항이라 할 수 있는 긴장상태를 조성하여 개인으로 하여금 박탈당한 자유를 회복하기 위하여 노력하거나 박탈된 상태에 대하여 심리적인 저항을 촉발시키는 요인으로 작용한다. 대체로 자유의 위협에 대한 개인의 반응은 다음과 같다.

① 강요된 현실에 대하여는 실망하고 박탈된 자유에 대하여는 강한 매력을 느낀다.

② 박탈된 자유(또는 선택권)를 되찾으려는 행동을 시도한다.

③ 박탈된 자유를 되찾을 수 있을 것이라고 생각되는 관련 활동에 참가함으로써 상실을 보상한다.

④ 적대적이고 공격적인 성향과 행동을 나타낸다.

인지된 자유는 사회체육 참가를 즐거운 활동으로 경험하게 하는 핵심적 요소이기 때문에 사회체육활동을 조직, 운영하는 책임을 진 사람은 참가자의 자유를 증대시키기 위한 노력을 기울여야 한다. 인지된 자유의 정도를 높일 수 있는 방안은 다음과 같다.

① 활동에 있어서 선택의 폭이 커지면 참가자는 보다 자유롭게 활동을 선택할 가능성이 높아진다. 그러나 지나치게 많은 선택의 폭이 주어지면 참가자에게 혼란을 초래할 가능성이 높기 때문에 적절한 양의 선택 사항을 제공하여야 한다.
② 선택 가능한 대안이 각기 독립적으로 제공될 경우보다는 일관성 있게 결합되어 제공될 경우에 인지된 자유가 증대된다.
③ 부정적인 대안보다 긍정적인 대안 중에서 선택을 결정할 경우 활동에 대한 자유는 증대된다. 그러므로 개인의 적성을 고양시켜 주는 대안 중에서 선택을 결정하도록 기회를 제공하면 자유가 증대된다.
④ 활동에 소요되는 비용은 참가자가 느끼는 자유와 반비례한다. 참가비용이 증가함에 따라 참가자가 느끼는 자유의 양은 감소한다.

3. 사회경제적 요인

개인은 정치, 경제, 교육, 종교 등 사회 체계 및 제도와 끊임없이 영향을 주고받으며, 사회적으로 자신의 역할 및 행동의 범주, 가치관 등을 확립해 나간다. 사회계층, 교육수준, 소득수준과 같은 사회경제적 요인은 특정 사회에서 희소가치를 불평등하게 배분하는 기제인데, 동일한 범주에 속해 있는 사람은 서로 유사한 가치지향 및 사회적 성향을 공유하는 특성을 보인다. 사회체육활동도 이 과정에서 예외가 아니기 때문에 참가자의 활동 종목이나 프로그램 선택, 참가 집단 내에서의 사회적 · 심리적 상호과정, 참가의 지속 여부 등은 사회계층, 교육수준, 소득수준 등과 같은 사회경제적 요인과 밀접한 관계를 지닌다.

1) 사회계층

사회성원은 사회집단에서 각기 일정한 지위를 점유하고 이에 부수된 역할을 수행하며 살아간다. 사회성원의 여러 지위와 역할은 사회의 특정 가치기준에 따라 각각 상이하게 평가되고 이에 의하여 위계적 서열구조를 형성한다. 즉, 전체사회는 사회성원이 향유하는 가치의 다과나 대소의 서열에 따라서 몇 개의 층으로 범주화하거나 혹은 구획화할 수 있는데, 이를 사회계층이라고 한다(임번장, 1994a).

일반적으로 사람은 자신의 사회적 배경, 혈통, 성, 연령에 의하여 상이하게 평가되고 불평등한 대우를 받는다. 사회적으로 우수한 사람일수록 수입, 재산, 권력에서 보다 높은 지위를 차지하고, 희소가치가 있는 물질적 · 정신적 혜택을 누릴 수 있다. 아울러 사회계층은 교육과 직업에 대한 접근 및 결혼 상대자의 선택과 같은 비교적 중요한 문제에서부터 사회체육활동과 같은 신체적 · 정신적 건강과 관련된 삶의 기회에 이르는 일상사에 이르기까지 직 · 간접적으로 많은 영향을 미친다.

일반적으로 스포츠활동 참가는 사회계층과 밀접한 관련이 있다. 미국에 있어서 상위계층 사람들에게서 매우 높은 스포츠활동 참가율이나 스포츠경기 관람률을 보이고 있다. 건강을 위한 신체단련도 평균 이상의 수입, 교육수준, 직업적 지위를 지닌 사람이 주로 실행하는 것으로 나타났다. 하류계층의 사람은 육체노동에 많이 종사함에도 불구하고, 고소득자에 비하여 사회체육활동참가율이 저조하였다. 또한 점심식사 시간이나 퇴근 후, 주말 혹은 휴가 시에도 조직적인 스포츠 참가를 거의 하지 않는 것으로 나타났다. 이러한 행동유형은 개인의 생애주기 전반에 걸쳐 나타나는 현상으로 보고되고 있다(Coakley, 1998).

McIntosh(1979)는 계층에 따른 스포츠 참가 정도에 관한 연구결과에서 중산층 이상의 학생들이 대교 경기에 보다 많이 참가하는 경향이 있는 것으로 보고하고 있다. 예외적으로 하류계층의 청소년이 학교에서 축구경기에 참가하는 경우가 있으나, 사회경제적 계층이 낮은 청소년은 교내 스포츠 프로그램에 더 적게 참가하는 경향이 있다.

우리나라에서도 사회체육 참가에 있어서 계층별로 많은 차이를 보이고 있는데 〈표 3-2〉를 살펴보면, 상류계층에 속하는 사람(31.0%)이 중류계층(21.5%)이나 하류계층에 속하는 사람(19.1%)보다 사회체육 참가율이 높게 나타나고 있다(구창모, 1985).

선호하는 스포츠 종목에서도 사회계층에 따라 많은 차이를 보이고 있다. 상류계층은 아이스하

표 3-2. 사회계층에 따른 스포츠 선호도

참가스포츠	사회계층			계
	상류층	중류층	하류층	
관 람	69.0	78.5	80.9	75.9
참 여	31.0	21.5	19.1	24.1
계	100 (n=301)	100 (n=300)	100 (n=263)	100 (n=864)

출처: 구창모(1985). 「사회계층에 따른 스포츠 선호도에 관한 연구」. 석사학위 논문. 서울대학교.

키 · 골프 · 테니스, 중류계층은 풋볼 · 야구 · 볼링 · 사냥, 하류계층은 격투기 스포츠, 즉 권투나 레슬링과 같은 종목을 선호하고 있음이 Stone(1957)에 의해 보고되었다. 그러나 이러한 선호현상은 시간이 경과함에 따라 변화해서, 10년 후 야구는 비록 모든 계층이 선호했지만 특히 하류계층에서 더 많이 선호하는 것으로 보고되었다(Stone, 1957). 우리나라의 경우 상류계층은 테니스 · 골프 · 수영 같은 경제적 여유를 필요로 하는 개인 스포츠에 높은 참가율을 보이고 있는 반면, 하류계층은 축구 · 야구 · 복싱 · 씨름 등과 같이 단체 스포츠 및 투기 스포츠의 참가율이 높은 것으로 나타났다(구창모, 1985).

2) 교육수준

교육수준과 여가 또는 사회체육 참가 간의 관계를 주제로 한 연구는 비교적 꾸준히 수행되어 왔다. Mueller와 Gurin(1962)은 야외 여가활동 참가유형에 관한 연구와 야외 여가활동 재원에 관한 연구에서 직업이 상이하여도 교육수준이 유사하면 여가나 사회체육 참가율이 비슷하다고 보고하고 있다.

Neulinger(1974)는 개인의 교육수준이 직업이나 여가활동의 특성을 결정한다고 하였다. 산업사회에서 교육정도는 지위나 역할을 결정하는 주 요인이 되며 이러한 교육적 배경은 개인의 여가유형을 좌우한다. 따라서 교육수준이 높은 사람은 여가나 사회체육활동에 참가할 잠재성을 보다 많이 지니고 있다.

Wippler(1968)는 여가행동과 관련된 사회경제적 지위 변인을 분석한 결과 교육수준이 여가행동에 가장 중요한 결정요인이라는 사실을 발견하였다.

위의 내용을 종합해 보면, 교육은 개인의 여가행동이나 사회체육 참가에 영향을 미치는 매우 중요한 요인이라 할 수 있다.

3) 소득수준

소득수준은 사회체육 참가를 결정하는 데 있어 매우 중요한 변인이다. 그러나 소득은 일반적으로 여가 참가를 저해하는 중요한 속박 요인이거나 여가활동 선택에 있어 충분조건이라기보다는 필요조건으로 인식되고 있다.

현대 자본주의 사회에서 여가나 스포츠 참가 비용은 사용자 부담이 원칙이기 때문에 경비는 참가에 중요한 영향을 미친다. 이와 같이 사회체육 참가에 있어 참가자에게 경제적인 부담을 주는 참가비용은 여가에 대한 태도나 사회체육활동 참가율에 영향을 미치는 요인으로 작용하기 때문에 일반적으로 고소득층은 저소득층에 비하여 상대적으로 여가 및 사회체육활동 참가 비율이 높다.

4. 인구통계학적 요인

인구통계학적 요인은 개인의 사회적 지위나 역할에 대한 범주를 의미하는데 이를 사회인구학적 요인 혹은 사회적 배경요인이라고 한다. 이 요인은 사회에서 개인에게 주어진 역할과 연계된 일련의 규범적 기대라는 의미에서 사회체육 참가를 결정하는 매우 중요한 요인으로 평가된다. 앞에서 논의한 생리적 요인 및 사회심리적 요인과 사회경제적 요인 및 인구통계학적 요인의 차이는 전자가 개인적인 차원에서의 참가요인이라면, 후자는 사회적 차원에서 참가에 영향을 미치는 요인이라는 점이다.

1) 성

여가나 사회체육활동 참가와 관련하여 성(gender)은 남성과 여성의 참가행동 유형을 변별해 주는 주요 요인이다. 연령과 마찬가지로 성적 동질성도 하나의 생물학적 구성요소이기는 하나 사회 내에서 성의 실체는 생물학적 존재보다는 오히려 사회적 구성 요소로서의 의미를 갖게 된다. 즉, 하나의 사회집단 내에서 모든 구성원은 일정한 성적 동질성을 갖는다.

대부분의 사회에서 남녀간의 성역할에는 매우 상이한 차이가 나타난다. 일반적으로 남성은 높은 지위를 추구하며 일에 있어서 보다 많은 보수를 지급받는 직업을 선호하는 데 비하여 여성은 보다 가정 중심적이다. 이는 남녀 양성이 선호하는 직업 유형의 차이를 설명하는 근거가 되며, 결과적으로 자신에게 주어진 자유재량시간을 활용함에 있어서도 상이한 면모를 보여 준다. 따라서 남성과 여성의 사회적 역할 차이는 여가의 의미나 기능 및 사회체육의 참가유형에도 영향을 미친다.

Smith와 Theberge(1987)는 과거 20년간 수행된 다양한 캐나다의 전국 표본 연구조사를 개관하면서 성별에 따른 여가와 스포츠활동 참가에 대한 연구에서 일관되게 다음과 같은 결론이 도출되고 있는 사실을 보고하였다. 첫째, 남성의 사회체육 참가는 시간과 비율에서 여성보다 높으며, 특히 상대적으로 체력을 많이 요하는 종목에서 남녀 차이가 크게 나타난다. 둘째, 여성은 남성보다 덜 활동적이고 덜 경쟁적이며 위험부담이 적은 레크리에이션적 활동에 주로 참가하고 있다.

문화관광부에서 여가활동유형을 조사한 결과, 운동 및 체육활동으로 여가시간을 활용하고 있는 비율이 남성 24.2%, 여성 14.3%로 사회체육활동에 있어서 남성이 여성에 비하여 월등한 참가비율을 나타냈다. 반면, 음악 및 영화감상은 남성 9.9%, 여성 11.8%, TV 시청은 남성 18.6%, 여성 20.7%로 각각 나타났다(김기형 외, 2003). 이는 아직까지 여성의 여가시간 활용이 남성에 비해 비활동적인 성향을 보이고 있음을 간접적으로 나타내는 결과이다.

한편, 성을 단일 변인으로 파악하지 않고, 성과 생활주기나 사회계층을 연관지어 사회체육 참가를 분석한 연구도 있다. Angrist(1967)는 취업 여성의 여가 참가 유무와 여가활동 참가 형태가 결혼여부나 자녀의 연령 등과 같은 사회 관계로부터 영향을 받으며, 개인적 요소보다 생애 주기(life cycle)와 관련된 역할에 의하여 영향을 받는다고 보고하고 있다. 이러한 관점에서 Weyle-Willett(1977)은 취업주부와 전업주부 사이에 여가나 사회체육활동에 대한 인식이 서로 상이하다고 지적하고 있다. 직업을 가진 주부는 전업주부보다 자유시간을 더욱 많이 원하고 있으나 여가활동보다 업무와 관련된 활동에서 더 많은 만족감을 느끼고 있다고 보고하고 있다.

2) 연령

연령은 두 가지 측면에서 여가행동이나 스포츠 참가에 영향을 미치는 결정요인으로 작용한다. 첫째, 연대기적 연령으로서 개인이 현재까지 살아온 물리적인 시간을 기준으로 한 나이이다. 이는 개인의 신체적 · 정신적 상태나 발달에 중요한 영향을 미친다. 둘째, 사회적 연령으로서 음주 허용

연령이나 운전면허 소지 가능 연령과 같이 사회가 개인의 나이에 사회활동과 관련된 의미를 부여한 연령을 의미한다.

연령과 사회체육활동의 관련에 대한 연구에서는 일반적으로 사회적 연령보다는 연대기적 연령에 기초하여 연구를 진행하기 때문에 연령의 사회적 · 문화적 · 개인사적인 측면이 간과되기 쉽다. 이는 특히 노인층을 대상으로 사회체육과 연령의 관계를 연구할 때 고려해야 할 사항이다. 일 예로, 노인층이 사회체육활동에 참가하지 않는 이유는 체력저하와 같은 연대기적 연령에 기인한 요인뿐만 아니라, 사회체육을 노년층이 즐기기에는 적합하지 않은 여가활동이라고 규정한 사회적 연령으로부터 파생되는 문제 때문일 수 있다. 그러므로 연령을 기준으로 한 연구는 사회적인 변인이나 개인의 성격에 기초한 변인을 함께 고려하여야 한다(Smith & Therberge, 1987).

일반적으로 사춘기까지는 연령이 증가할수록 스포츠나 여가활동에 소요되는 시간이 증대되고 이후로는 감소된다고 한다. 미국의 성인을 대상으로 연구한 Robinson(1977)은 스포츠 참가에 있어 20세 이후에 큰 폭의 감소를 나타내며 이후 50세까지 점진적인 감소추세를 보인다고 보고하고 있다(Smith & Theberge, 1987). 이는 다른 국가를 대상으로 한 연구에서도 비슷한 결과를 보여 주고 있다. 즉, 폴란드(Wohl, 1969), 영국과 캐나다(Hall, 1973), 프랑스(Dumazedier, 1973), 체코슬로바키아(Lopata, 1968), 덴마크(Riiskjar, 1984), 네덜란드(Rijsdorp, 1960) 등 국가의 연구에서도 스포츠나 야외 레크리에이션의 참가는 젊은층에서 가장 활발히 나타나며 연령이 증가함에 따라 감소한다는 결과를 보고하고 있다.

한편, 연령은 각 사회의 문화에 따라 다른 의미로 받아들여진다. 연대기적 연령과 달리 사회적 연령은 각 사회의 특정 유형에 따라 변한다. 평균연령이 40세 이하이던 중세시대에 있어서 35세의 의미와 현재 북미나 유럽에 있어서 35세의 의미는 사회적으로 많은 차이가 있는 것이다. 따라서 사회적 연령은 개개의 사회발달 단계에 부합되어 나타나며 이러한 사회적 연령은 연대기적 연령과 더불어 사회체육의 참가나 유형에 큰 영향을 미친다.

3) 출생서열

출생서열은 1960년대 후반부터 위험스포츠에 참가하는 사람의 특성을 구별하는 과정에서 시작된 연구주제이다. 동일한 형제에 대한 부모의 양육태도의 차이로 인한 장자, 차자의 사회적 · 심리학적 특성을 전제로 하여 신체에 대한 위험도가 높은 스포츠에 대한 참가정도를 규명한 것이다(임번장, 1994a). Nisbett(1968)은 대학선수와 프로야구 풋볼 선수를 대상으로 한 연구에서 장남은 차남보다 신체적 접촉 또는 부상의 위험이 잠재되어 있는 스포츠에 참가하기를 꺼려하고 있다는 사실을 발견하였다. Gould와 Landers(1972)는 장남은 위험스포츠에 참가하는 것을 선호하지 않으며 실제로 적게 참가하고 있다고 보고하였다. Landers(1979)는 스포츠활동과 출생서열에 관한 문헌을 개괄하면서 일반적으로 위험성을 내재하고 있거나 두려움을 자아내는 활동이 아니라면 장남은 대개 차남보다 성취수준이 높다고 하였다. 그는 이런 사실을 "양육과정에서 장남에 대한 모친의 과보호 때문"이라고 주장하였다.

한편 Landers(1972)는 여성의 출생서열과 스포츠 참가에 있어, 오빠가 있는 여학생은 그렇지 않은 여학생보다 남성적인 성격 특성을 지니며 소위 남성취향 스포츠(예를 들어 육상과 같은 종목)에 많이 참가하고 있다는 결과를 제시하면서, 이를 모형효과(modeling effect) 때문에 일어난 현상으로 해석하고 있다. 즉, 오빠는 여동생에게 중요타자(significant others)로 간주되며 사회화 과정에서 자신이 추구하여야 할 모델로 작용한다.

이와 같이 가족 구조 내에서의 형제 자매 관계는 스포츠 사회화에 주요한 영향을 미치며 이 같은 경향성은 여자에 비하여 남자가 더욱 두드러지게 나타난다.

5. 사회환경적 요인

최근 사회체육의 대중화 및 보편화 현상이 가속화됨에 따라 아동과 청소년, 성인 및 노인에 이르기까지 전 생애에 걸쳐 여가나 사회체육활동 참가에 대한 관심이 고조되고 있으며, 이에 대한 체계적인 학문적 접근이 사회환경적 영역에서 활발히 진행되고 있다. 일반적으로 여가나 사회체육활동 참가는 사회성원 모두가 다함께 경험하는 것이 아니라, 개인의 사회심리적 특성에 따라 특수한 상황에서 선별적으로 이루어지는 복잡한 사회학습과정이다. 따라서 이에는 다양한 변인이 존재하며 이러한 변인은 사회체육 프로그램의 참가나 선택에 직 · 간접으로 영향을 미친다.

1) 인적 요인

사회체육 참가는 지리적 조건, 사회생태적 조건, 인구, 정치, 경제, 과학기술, 교육, 문화 등 무수한 사회적 변인에 의해 영향을 받는다. 그러나 일정 형태의 사회체육 프로그램에 대한 참가는 무엇보다도 개인의 의사결정에 달려 있다고 볼 수 있다. 개인의 의사결정이란 특정 운동형태에 대한 개인의 선호 및 선택으로서 다양한 국면에서 타인의 영향을 받게 된다. 사회화 과정 속에서 개인은 자신만의 독특한 경험을 축적하고 그러한 경험은 개인의 적성에 영향을 미치게 된다. 그리고 이와 같은 적성은 특정 개인의 사회체육 참가에 결정적인 영향력을 행사한다.

스포츠 사회화의 전 과정, 특히 스포츠 참가와 역할학습 과정에서 개인에게 가장 큰 영향력을 행사하는 요인은 중요타자(significant others) 혹은 준거집단(reference group)이다. 이를 사회화 주관자라 하는데 이들의 태도, 가치관 및 행동은 피사회화자의 사회체육 참가에 큰 영향을 미친다. 이러한 사회화 주관자로는 가족, 동료, 지도자가 있다.

(1) 가족

개인의 사회화는 출생 이후부터 지속적으로 이루어지는데, 가족은 최초의 사회화가 이루어지는 곳이며, 일생을 통하여 가장 중요한 사회화 주관자로 기능한다(Leonard, 1980). 사회제도로서의 가족은 여러 가지 측면에서 사회체육활동 참가와 밀접하게 관련을 맺고 있으며 참가의 지속성을 결정하는 요인으로 작용한다. 가족 구성원 중 부모와 형제, 자매의 영향은 다음과 같다.

① 부모: 사회체육활동에 대한 부모의 영향력은 부모가 역할모형으로서 사회체육활동에 참가하거나 관심과 격려를 수반할 때 발생한다. McPherson(1972)은 대학생의 스포츠 참가요인에 관한 연구에서 스포츠에 대한 최초의 관심은 가족으로부터 영향을 받으며, 그중 부모의 격려가 가장 큰 영향을 미친다고 보고하고 있다. 아울러 Pudelkiewicz(1970) 역시 스포츠에 대한 부모의 긍정적인 평가가 자녀의 스포츠에 대한 관심을 유발한다고 지적한 바 있다. 또한 Snyder와 Spreitzer(1974)는 스포츠에 대한 부모의 관심이나 배우자의 관심은 스포츠 참가와 긍정적인 관계가 있음을 발견하였다. 또한 Kenyon과 Grogg(1970)가 Wisconsin 대학 운동선수를 대상으로 한 스포츠 참가의 배경 요인에 관한 연구 결과에 의하면, 부모, 형제, 친구, 코치 등 여러 사회화 주관자 중에서 부모의 영향이 가장 컸던 것으로 보고하고 있다(임번장, 1994a). 이와 같이 부모의 스포츠에 대한 관심과 격려는 자녀의 스포츠 참가에 큰 영향을 미치며, 특히 가족 구성원 중 부친은 가장 중요한 사회화 주관자로 작용한다.

② 형제 · 자매: 부모의 사회체육활동 참가, 지지 및 격려가 자녀의 사회체육 참가에 의미 있는 영향을 미치고 있듯이 형제자매 간의 영향력도 참가의 주요 요인으로 간주되고 있다. 예를 들어 스포츠에 참가하고 있는 형이나 누이는 동생에 대한 역할모형으로 작용될 수 있다. 형제자매 관계가 스포츠 참가에 영향을 미치는 주된 이유는 이들간의 연령차가 적어 유년기로부터 놀이 상대로서 주변에서 긴밀한 관계를 유지하며 상호 작용하기 때문에 사회화 과정에서 부모와는 별개의 영향력을 행사한다. 아울러 형제자매가 스포츠 참가에 미치는 영향에 대한 대부분의 관심은 주로 형제자매의 수와 출생서열에 집중된다. 동일한 형제에 대한 부모의 양육태도의 차이로 인해 장남이 차남에 비하여 잠재적인 부하 정도와 심리적 의존도가 높은 스포츠에 참가하는 비율이 낮다는 것이다. 이와 같이 가족구조 내에서의 형제자매 관계는 사회체육 참가에 중요한 영향을 미치며 이는 주로 남자의 경우에 국한된다는 것이 일반적이다.

한편, Martin과 Dubbert(1982)는 가정이나 사회로부터의 사회체육 참가에 대한 지지나 강화는 참가를 증진시키는 데 있어서 일관성 있는 관계가 있음을 제시하였다. 예를 들면 배우자가 참가자의 운동습관을 긍정적으로 지지하는 피험자는 운동에 대하여 중립적이거나 부정적인 배우자를 둔 피험자에 비하여 사회체육활동에 대한 참가와 지속률이 2배 정도 높은 것으로 나타났다. 아울러 지지와 비지지의 구체적인 의미가 항상 명백하지는 않지만 대체로 적극적인 지지자일수록 배우자의 사회체육 참가를 권장하며 참가자의 운동수행에 대하여 긍정적 피드백을 제공할 뿐만 아니라, 운동 목표에 대하여 적극적으로 지원한다는 사실이 밝혀져 있다.

이상의 내용을 종합해 볼 때 사회화 주관기관인 가족 중에서 부모, 형제자매, 배우자는 사회체육활동 참가를 결정하는 중요한 인적 요인임을 알 수 있다.

(2) 동료집단

동료집단은 동년배로서 공통의 관심을 지니고 있는 친우 집단을 뜻한다. 대부분 운동기능 학습이나 운동 능력의 평가 기회는 어린 시절 친구 사이에서 일어난다. 이러한 친구의 영향은 사회체육활동 참가라는 사회화 경험을 갖게 한다.

동료집단이 사회화 과정에서 미치는 영향력에 대하여 Loy와 McPherson 그리고 Kenyon(1978)은 다음과 같이 요약 설명하고 있다. "동료집단은 취학 전 아동에 있어 빈번히 사회화 주관자가 되며 가족 또는 학교에서 학습한 가치 또는 행동양식, 기능, 관념 등을 강화하거나 거부한다. 아동기 동료집단은 평등 관계, 혈연 관계에 대한 경험을 제공하며, 어린이가 부모나 다른 권위적인 인물(authority figures)로부터 독립할 수 있도록 도와 주고 핵가족 내에서는 경험할 수 없는 태도, 가치의 경험을 접할 수 있게 한다(임번장, 1994a). 어린 시절 아동은 동료와의 상호작용을 통하여 사회성과 자신감을 형성하며 이러한 동료와의 상호작용은 생애주기에 있어서 후기의 발달단계인 청년기와 성인기까지 지속적인 영향을 미친다. 사회화 주관자인 가족의 영향은 사춘기에 이르면 동료집단에 흡수되고 차츰 성장해 감에 따라 그 영향력이 감소되며 동료집단이 전 생애주기를 통하여 중요 사회화 주관자가 된다.

한편, 동료집단과 사회체육활동 참가의 관계에 대한 경험적 연구는 그리 많지 않은데 Greendorfer(1978)는 여성의 경우 가족이 유년기의 중요한 사회화의 주관자이나 성장해 감에 따라 그 영향이 차츰 감소된다고 보고하고 있다. 또한 여성동료가 생애의 전 단계를 통하여 중요 사회화 주관자로 작용한다고 한다. Gettman, Pollock과 Ward(1983) 및 Wankel과 Thompson(1977)은 동료들로부터 비교적 많은 정신적 격려 및 지원을 받은 개인은 그러한 지원을 받지 못한 개인에 비하여 사회체육 프로그램에서 중도 탈락(drop-out)하는 비율이 낮다는 사실을 제시하여 동료집단이 특정 개인의 지속적 운동 참가에 영향을 미치는 사회적 변인임을 입증하였다.

(3) 지도자

조직체의 활동, 유지, 발전에 있어 가장 중요한 역할 담당자는 지도자이다. 지도자는 사회체육 참가를 효율적으로 관리하고 시설의 활용가치를 극대화시키며 운동 프로그램의 효율적 운영 등의 역할을 수행함으로써 사회체육 참가에 중요한 요인으로 작용한다.

Kenyon과 McPherson(1978)은 캐나다의 헬스클럽 회원을 대상으로 한 건강 및 생활양식에 관한 연구에서 지도자가 헬스클럽 회원의 지속적인 참가에 영향을 미치는 주 요인이며 사회체육 프로그램 실행의 성공적 완수를 위한 핵심 주체라고 보고하고 있다. 따라서 사회체육 참가자 측면에서 지도자에 대한 만족도가 운동 참가를 증진시키는 데 중요한 요인으로 작용하고 있음을 알 수 있다.

사회화 주관자인 지도자는 지도자로서의 자질과 품격을 갖추어야 한다. 하나의 인격체를 지도하는 사회체육 지도자는 참가자와의 원만한 대인관계 능력을 지녀야 하며 그 다음으로 운동기능과 지도기법을 구비해야 한다. 이와 같이 지도자는 지도자로서의 자질을 우선적으로 갖추어야 하는데, 이는 결국 특정 개인의 사회체육 참가에 영향을 미치는 주 요인으로 작용한다.

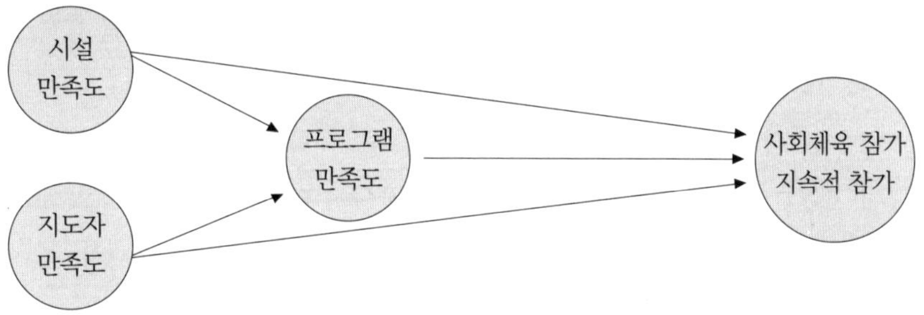

그림 3-3. 사회체육 참가에 영향을 미치는 환경 변인(Yamaguchi, 1988)

2) 물리적 요인

사회체육활동 참가의 또 다른 요인은 프로그램이나 시설 같은 물리적 환경 요인이다. 이러한 환경적 요인이 사회체육활동 참가나 지속적 참가에 영향을 미치는 과정 경로를 간단히 도식화하면 〈그림 3-3〉과 같다.

신체활동은 단기간 내에 효과를 얻을 수 없다. 지속적이고 규칙적인 활동을 통해서만 생리적 · 신체기능적 · 정신적 · 사회적 발달과 증진을 가져올 수 있다. 그러나 운동은 심리적 · 생리적 한계를 극복하여야만 하는 것이기 때문에 대부분의 사람들은 매우 고통스러워하며 쉽게 싫증을 느끼게 된다. 또한 참가 동기와 관련하여 소기의 효과가 즉시 나타나지 않기 때문에 개개인의 의지만으로는 지속적으로 신체단련을 실행하기란 매우 힘들다. 이러한 관점에서 프로그램의 내용과 형태는 사회체육활동 참가자들에게 중요한 의미를 갖는다. 아울러 사회체육시설이나 장소의 근접성 및 편이성 등도 활동 참가에 결정적인 요인으로 작용한다.

(1) 시설

사회체육시설이란 단지 운동을 성립시키는 물리적인 공간만을 의미하는 것이 아니라, 사회체육활동 프로그램의 목적이나 목표의 성취를 위해 활동의 능률과 효과를 최대로 높이고 보다 쾌적하며 안전하게 운동이 실행될 수 있도록 설치 · 관리되는 물리적 환경을 말한다.

국민생활체육활동참여실태조사(김기형 외, 2003: 299)에 따르면, 사회체육 참가를 위한 개선방안을 묻는 질문에 체육시설 확충 · 개방이라고 응답한 비율이 59.6%로 나타났다. 이는 전체 응답

항목 6개 중 1위인데, 현재 일반인들이 사회체육활동에 참가하는 데 있어 시설 관련 문제를 가장 심각하게 받아들이고 있다는 사실을 나타내 주고 있다.

대부분의 사회체육활동 참가에 관한 연구는 일반적으로 체육시설이 주거지역에 인접해 설치되어 있을 때 효과적으로 사회체육 참가를 위한 활성화 방안이 될 수 있다는 사실을 제시하고 있다. 많은 선행연구의 결과(Andrew et al., 1981; Hanson, 1977)에 따르면 사회체육시설, 즉 운동 장소의 근접성과 편이성은 활동에 참가하려는 개인의 동기를 유발하는 유인체로 작용하며 참가자의 활동 지속성에도 영향을 미치는 중요 변인임을 지적하고 있다. 이는 사회체육시설에 대한 접근이 용이하지 못할 경우 결과적으로 지속적인 참가가 저하될 수 있음을 시사해 주고 있다.

사회체육시설의 편이성과 관련하여 주차시설이나 샤워시설 및 음식점과 같은 부대시설 그리고 편의시설 또한 사회체육활동에 대한 초기 및 지속적 참가 결정에 영향을 미치는 중요한 요인으로 지적되고 있다. 규모가 작고 이웃과 독립되어 있거나 근무지역 내에 소재한 시설일수록 운동 참가자의 편이성이 한층 높기 때문에 사회체육활동 참가율 및 운동 지속성을 증가시킬 수 있다.

(2) 프로그램

프로그램이란 조직이나 단체의 효율적 운영에 기초가 되는 일련의 기본 운영계획을 말하며, 기획과 평가 및 수행의 내용을 포함한다. 사회체육활동 참가에 관한 연구는 프로그램에 대한 만족의 정도가 활동 참가에 중요한 영향을 미치는 요인임을 지적하고 있다. 예를 들어, Yamaguchi (1988)는 사회체육 클럽 참가 지속성에 관한 연구에서 프로그램 만족도는 참가자의 사회체육 클럽 재가입 의사 결정에 가장 큰 영향력을 미치는 요인임을 제시하였다.

일반적으로 스포츠활동은 개인의 생활영역 안에서 각자의 욕구와 취미, 흥미에 따라 행하여지는 자발적인 신체활동이므로 사회체육 프로그램은 성, 연령, 계층, 지역에 따라 개인의 욕구를 충족시킬 수 있는 내용으로 개별화되어야 한다. 이렇게 구성된 사회체육 프로그램은 개인의 특성에 따른 신체활동의 목적, 흥미, 수준에 의해 지속적이고 자발적인 참가를 유도한다. 이러한 관점에서 사회체육 프로그램을 참가자 위주로 계획하여 실행한다면 특정 개인의 지속적인 운동 참가를 제고시키고 중도 탈락을 최소화하는 데 기여할 것이다.

이와 같이 사회체육 프로그램에 대한 참가자 개인의 만족도는 개인이 관련 활동을 계속할 것인지 그만둘 것인지를 결정하는 중요한 변인임에 틀림이 없다.

| 요약 |

도시화, 환경파괴, 약물의 오남용, 좌업생활 등 현대인의 건강을 위협하는 요인이 다양해지고, 그 정도가 심화됨에 따라 건강생활에 대한 욕구가 증대되고 있다. 운동부족으로 인한 성인병의 예방, 비만예방, 노화방지, 체력유지에 대한 필요성은 사회체육 참가에 직접적인 영향을 미치고 있다.

사회체육활동의 지속적 참가는 참가자에게 자신감을 경험하게 하고 성격 형성에 직접적인 영향을 미친다. 동기는 인간의 행동을 발현, 지속시켜 나가는 내부적인 힘으로서, 사회체육활동 참가와 지속에 중요한 요소로 작용한다. 태도는 외부환경과 지속적인 상호작용을 통하여 후천적으로 형성된 특정 대상이나 상황에 대한 마음가짐으로, 호의적인 운동태도는 지속적 사회체육 참가와 긍정적인 관계를 맺고 있다. 사회체육 참가에 영향을 미치는 주관적인 경험 요소는 '인지된 자유' 인데, 이는 사회체육 참가를 즐거운 활동으로 경험하도록 촉진하는 핵심 요소로 작용한다.

사회계층은 교육과 직업, 결혼상대자의 선택과 같은 구체적인 삶의 국면과 밀접한 관계를 지니고 있으며, 사회체육 참가에서도 많은 편차를 나타내고 있다. 교육은 사회 내에서 지위나 역할을 결정하는 요소로서 개인으로 하여금 자신의 삶이나 여가 유형을 결정짓는 데 중요한 영향을 미친다. 사회체육 참가의 비용은 사용자 부담이기 때문에 참가에 중요한 요인으로 작용한다.

사회체육 참가에 영향을 미치는 인구통계학적 요인은 성, 연령, 출생서열 등이다. 사회체육 참가는 사춘기까지는 연령이 높아갈수록 증가하며 사춘기 이후부터는 감소한다. 성은 연령과 같이 생물학적 구성요소이기도 하지만 사회 · 문화적 요소로서 성역할과 관련하여 사회체육 참가에 영향을 미친다. 출생서열상 장자(長子)는 차자 이하(次子以下)보다 대부분의 사회체육활동에서 동기 수준은 높지만 위험한 활동에 덜 참가한다.

사회체육 참가에 영향을 미치는 사회환경적 변인은 중요타자 혹은 준거집단을 형성하는 인적 요인과 프로그램, 시설과 같은 물적 요인으로 구성된다. 가족, 동료집단, 지도자와 같은 사회화 주관자나 시설의 편이성과 근접성, 프로그램의 만족도는 개인의 사회체육 참가와 활동의 지속에 많은 영향을 미친다.

| 주요 개념 |

가족	건강관리	교육수준
근력 향상	내배엽	노화방지
동기	동료집단	물리적 요인
사회경제적 요인	사회계층	사회심리적 요인
사회환경적 요인	생리적 요인	성
성격	성인병 예방	소득수준
시설	심폐지구력 향상	연령
외배엽	인구통계학적 요인	인적 요인
주관적 경험	중배엽	지도자
체력유지	체형유지	출생서열
태도	프로그램	

| 연구 문제 |

1. 성인병을 일으키는 생활습관과 그 예방책에 대하여 알아보자.
2. 성격의 정의를 알아보고 스포츠 및 사회체육활동에 영향을 미치는 개인의 성격적 특성에 대하여 알아보자.
3. 사회체육활동 운영 시 참가자의 인지된 자유를 확대시키는 방안에 대하여 알아보자.
4. 사회계층이 사회체육 참가에 미치는 영향에 대하여 설명하고 그 원인에 대하여 알아보자.
5. 성별에 따른 사회체육 참가 유형에 대하여 살펴보자.
6. 가족 구성원이 사회체육 참가에 미치는 영향을 부모, 형제 · 자매로 구분하여 알아보자.

참고문헌

구창모(1985). 「사회계층에 따른 스포츠 선호도에 관한 연구」. 석사학위논문. 서울대학교 대학원.

국민생활체육협의회(1991). 『건강한 삶, 즐거운 인생: 국민체력향상프로그램 성인 편』. 서울: 태창문화사.

김기형 외(2003). 『국민생활체육활동 참여실태조사』. 문화관광부.

김의수 외(1995). 『운동과 성인병』. 서울: 태근문화사.

임번장(1994a). 『스포츠사회학개론』. 서울: 동화문화사.

______(2004). 「청소년 체력저하 현상과 국가 체육정책 과제」. 『"학교체육 정상화와 체육발전을 위한" 정책간담회』. 국회문화정책포럼 주제강연(pp. 4-13).

정성태 · 전태원(1994). 『운동생리학 실험』. 서울: 태근문화사.

Alderman, R. B., & Wood, N. L. (1976). An analysis of incentive motivation in young Canadian athletes. *Canadian Journal of Applied Sport Sciences,* 1: 169-176.

Allport, G. W. (1937). *Personality - A psychological interpretation*. NY: Holt and Company.

Andrew, G. M., et al. (1981). Reason for dropout from exercise program in post-coronary patients. *Medicine and Science in Sports and Exercise,* 13: 164-168.

Angrist, S. S. (1967). Role constellations as a variable in women' s leisure activities. *Social Force,* 45(3): 423-431.

Coakley, J. J. (1998). *Sport in society: Issues and controversies* (6th ed.). New York: McGraw-Hill.

Dishman, R. K. (1982) Psychobiologic predicters of exercise behavior In J. G. Partington, T. Orlick, & J. H. Salmela (eds.). *Sport in perspective.* Ottawa: Coaching Association of Canada.

Dishman, R. K., lckes, W., & Morgan, W. P. (1980). Self-motivation and adherence to habitual physical activity. *Journal of Applied Social Psychology,* 10: 115-132.

Dumazedier, J. (1973). Report to a symposium on sport and age. In O. Grupe, D. Kurz, & J. M. Teipel(eds.). *Sport in the modern world-change and problems* (pp. 198-199). New York: Springer-Verlag.

Fox, E. L., Bowers. R. W., & Foss. M. L. (1989). *The physiological basis of physical education and ahtletics* (p. 561). New York: Wm. C. Brown.

Gettman, L. R., Pollock, M. L., & Ward, A. (1983). Adherence to unsupervised exercise. *Physician Sports Medicine,* 11(10): 56-66.

Gould, D. R., & Landers, D. M. (1972). *Dangerous sport participation: A replication of Nisbett' s birth order findings*. Unpublished paper presented at the North American Society for Psychology in Sports and Physical Activity, Houston, TX.

Greendorfer, S. (1978). Socialization into sport. In C. A. Oglesby(ed.). *Women and sport: From myth to reality*(pp. 115-140). Philadelphia, PA: Lea & Febiger.

Hall, M. A. (1973). *Women and physical recreation: A causal analysis*. Paper presented at the Women and Sport Symposium, University of Birmingham, Birmingham, England.

Hanson, M. G. (1977). Coronary heart disease, exercise and motivation in middle aged male. Doctoral dissertation, University of Wisconsin, WI.

Hobart, C. W. (1975) Active sports participation among the young, the middleaged and the elderly. *International Review of Sport Sociology*, 10(3-4): 27-44.

Iso-Ahola, S. (1980). *The social psychology of leisure and recreation*. Dubuque, IA: Wm. C. Brown.

Katz, D. (1960). The functional approach to the study of attitude. *Public Opinion Quarterly*, 24: 163-204.

Kenyon, G. S. (1968). A conceptual model for characterizing physical activity. *The Research Quarterly*, 39(1): 96-105.

Kenyon, G. S., & Grogg, T. M. (1970). *Contemporary psychology of sport*. Proceedings of the second International congress of Sport Psychology, Chicago, IL: The Athletic Institute.

Kenyon, G. S., & McPherson, B. D. (1978). The sport role socialization process in four industrialized countries. In F. Landry and W. Orban (ed.). *Sociology of sport*. Miami, FL: Symposium Specialists.

Krech, D., & Crutchfield, R. S. (1948). *Theory and problems of social psychology*. New York: McGraw Hill.

Landers, D. M. (1972). The effects of ordinal position and sibling' s sex on male sport participation. In A. Taylor & M. Howell(eds.). *Training: Scientific basis and application*(pp. 235-241). Springfield, IL: Charles C. Thomas.

__________ (1979). Birth order in the family and sport participation. In M. Krotee(ed.). *Dimensions of sport sociology*(pp. 140-167). West Point, NY: Leisure Press.

Leonard, W. M. (1980). *A sociological perspective of sport*. Minneapolis, MN: Burgess.

Lopata, L. (1968). The structure of time and the share of physical education in the case of industrial workers and cooperative farmers in the C.S.S.R. *International Review of Sport Sociology*, 3: 17-37.

Loy, J. W., McPherson, B. D., & Kenyon, G. S. (1978). Sport and social system. Reading, MA: Addison-

Wesley.

Martin, J. E., & Dubbert, P. M. (1982). Exercise applications and promotion in behavioral medicine: Current status and future direction. *Journal of Consulting and Clinical Psychology,* 50: 1004-1017.

McGuire, W. J. (1969). The nature of attitudes and attitudes change. In G. Lindsey and E. Aronson(eds.). *The Handbook of Social Research Journal,* 8: 435-445.

McIntosh, P. (1979). *Fair play: Ethics in sport and physical education.* London: Heinemann.

McPherson, B. D. (1972). Socialization into the role of sport consumer: The construction and testing of a theory and causal model. Doctoral dissertation, University of Wisconsin, WI.

Mueller, E., & Gurin, G. (1962). *Participation in Outdoor Recreation: Factors Affecting Demand among American Adults,* ORRRC Study Rep. 20, Washington.

Neulinger, J. (1981). *The psychology of leisure.* Springfield(2nd ed.), IL: Charles C. Thomas.

Nisbett, R. E. (1968). Birth order and participation in dangerous sports. *Journal of Personality and Social Psychology,* 8(4): 351-353.

Oldridge, N. B. (1979). Compliance of post-myocardinal infraction patients to exercise programs. *Medicine and Science in Sport and Exercise,* 11(4): 373-375.

Pudelkiewicz, E. (1970). Sociological problems of sports in housing estates. *International Review of Sport Sociology,* 5: 73-103.

Riiskjar, S. (1984). *Participation in different forms of sport among the adult population: Toward new participation structures in sport.* Paper presented at the Olympic Scientific Congress, Eugene, OR.

Rijsdorp, K. (1960). *Sports als john-menseliijke activiteit [Sport as activity of youth].* Groningen, Netherlands: Wolters.

Robinson, J. P. (1977). *How Americans use time: A social-psychological analysis of everyday behavior.* New York: Praeger.

Smith, D. H., & Theberge, N. (1987). *Why people recreate: An overview of research* (pp. 25-54). Champaign, IL: Life Enhancement Publications.

Snyder, E. E., & Spreitzer, E. A. (1974). Orientations toward work and leisure as predictors of sport involvement. *Research Quarterly,* 45(4): 398-406.

Sonstroem, R. J. (1978). Physical education and attraction scale: Rationale and research. *Medicine and Science in Sport and Exercise,* 10: 97-102.

Spencer, H. (1896). *The principles of sociology.* London: Appleton.

Stone, G. P. (1957). *Some meanings of American sport.* Proceedings of the 60th annual meeting of the College Physical Education Association(pp. 5-16). Columbus, OH.

Wankel, L. M., & Thompson, C. E. (1977). Motivating people to physically active: Self-persuasion versus balanced decision making. *Journal of Applied Social Psychology,* 7: 332-340.

Weyle-Willett (1977). Juits en Alsace: culture, social histoire / F. Raphae & R. Weyle: Pro de Bernard Blumen Kranz: Postface de Jacques Schwartz.

Wippler, R. (1968). *Social determinaten het vrijetijdsgedrag[Social determinants of leisure behavior].* Groningen, Netherlands: Van Gorcum.

Wohl, A. (1969). Engagement in sports activity on the part of workers of large industrial establishments in People' s Poland. *International Review of Sport Sociology,* 4: 83-127.

Wyrick, W. (1974) Biophysical Perspective. In E. Gerber, J. Felshin, P. Berlin, & W. Wyrick(eds.). *The American Woman in Sport* (pp. 401-529). Reading, MA: Addison-Wesley.

Yamaguchi, Y. (1988). A Study of adherence to a fitness club: A user's perspective. *Seoul Olympic Scientific Congress Proceedings* Vol. 1.

제4장 |

노동과 사회체육

노동은 가족, 경제, 교육, 여가 등의 일상생활 영역과 밀접한 관계를 맺고 있다. 특히 현대사회에서는 노동시간과 비노동시간의 구분이 뚜렷해짐에 따라 노동의 효율성 향상을 위한 수단으로 여가의 중요성이 부각되면서 노동과 여가의 관계가 주목받고 있다.

한편 전문화 · 분업화에 따라 현대인의 신체활동 기회가 감소되면서, 건전 여가 활용과 신체활동 부족을 동시에 해결할 수 있는 사회체육에 대한 관심과 참가가 높아지게 되었다. 따라서 노동과 여가로서의 사회체육은 다양한 형태로 상호 관계를 형성하고 개인적 · 사회적 차원에서의 의미와 역할이 확대되면서 현대인의 삶에 주요 영역이자 관심의 대상으로 대두되고 있다. 즉, 스포츠 및 신체활동은 근로자의 복지 향상 및 기업의 노동생산성 제고를 위한 효과적 수단으로 제공되고 있다.

결국 현대인은 노동을 통하여 생존과 생계 그리고 생활을 영위하며 인간 존재의 가치 및 삶의 의미를 추구하는 한편, 노동 이외의 여가 시간에 적극적이고 자발적 여가활동인 사회체육활동에 참가함으로써 잠재적 능력을 발현하여 자신의 개인적 · 사회적 욕구를 충족하고자 한다. 따라서 노동과 사회체육은 상호 밀접한 관계를 맺으면서 개인적 욕구와 사회적 가치를 실현하는 사회 기제로 작용한다.

이 장에서는 먼저 노동의 개념을 살펴보고 노동과 사회체육의 관계를 고찰한 후, 노동이 사회체육에 미치는 영향과 사회체육이 노동에 미치는 영향을 알아봄으로써 노동과 사회체육의 관계를 보다 구체적으로 살펴보고자 한다.

1. 노동의 개념

노동은 일반적으로 목적의식을 지닌 능동적 인간 행위로 규정되어 왔으며, 자본 가치를 지닌 재화 및 용역의 생산 수단으로 여겨져 왔다. 특히 현대 산업사회에 있어서 노동은 재화와 용역을 생산하기 위한 인간의 유목적적 활동으로 이해되고 있다.

1) 노동의 정의

인간은 사회관계와 사회과정에서 자신의 생존과 생계 그리고 생활 편의를 위한 개인적 욕구 충족 및 사회적 가치 실현을 위한 공동체의 요구에 의해 노동에 종사한다(Kelly, 1982: 113). Webster 사전에 의하면 노동은 인간이 특정 목적을 성취하기 위하여 힘이나 기술을 쏟는 행위, 장애를 극복하거나 물질 또는 특정 결과를 얻기 위한 지속적인 육체적 · 정신적 노력, 인간의 생계에 대하여 수단을 제공하는 일, 자연 현상을 극복하는 데 소비되는 에너지, 도덕적 · 종교적 완성을 위한 행동으로 정의된다.

Argyle(1972)에 의하면 노동은 자연발생적인 사회현상이며 일상생활을 영위하는 데 있어 필수적으로 요구되는 활동일 뿐만 아니라, 인간이 사회적 존재로서 사회의 유지 발전을 위하여 수행하는 봉사활동이라 하였다. Kelly(1982)는 노동은 사회체계의 질서 유지를 위한 일상적 활동이자, 일정 수준의 생활 유지와 생존을 위하여 필연적으로 수반되는 활동으로 규정하였다. 이와 같은 노동의 필연성은 노동에 대한 인식, 노동생산성, 노동에 대한 본능적 욕구, 노동의 유목적성 등과 관련이 있으며, 노동은 인간의 개인적 · 사회적 욕구 충족에 목적을 둔 목적 지향적 활동으로서 생산과 재생산은 물론 자아창조와 자아실현을 구체화하는 인간의 모든 행위로 규정되기도 한다(Rigauer, 1981). 한편 Nash(1970)는 노동은 인간의 필연적 욕구의 하나로 창조적이고 진취적이며 의미 있는 활동이어야 한다고 하였다.

결국 현대사회에서 노동이란 사회 · 경제적 구조 내에서 개인의 생계 유지를 위한 보수 대가의 측면과 사회적 가치를 실현하기 위한 인류에 대한 기여 측면에서 개인이 행하는 창조적 생산활동이라 할 수 있다.

2) 노동의 의미

고도 산업사회에 살고 있는 현대인은 인간의 본능적 활동 욕구의 충족과 사회변화에 대한 적극적인 순응이라는 측면에서 노동에 의미를 부여하고 이의 실현을 통하여 노동의 가치를 확대 · 재생산하고 있다.

현대 산업사회의 분업체계에서 노동은 다양한 직업 및 직종으로 세분화되어 근로자는 자신에게 적합한 직업이나 직종을 선택하여 노동에 종사한다. 인간은 이러한 노동을 통하여 욕구 충족의 개인적 가치를 실현함과 동시에 타인과 사회에 대한 공헌을 통하여 사회적 가치를 구현한다. 따라서 노동은 직업을 통하여 그 의미와 목적이 구체적으로 표출되기 때문에 노동의 이해는 직업을 통하여 이루어져야 한다(박동준, 1991).

직업은 생활을 유지하고 생계 소비자원의 획득 및 생활의 활력을 제공하며 문화생활 소비자원을 확보하기 위한 소득의 원천으로서 인간의 삶과 생활에 보람을 가져다 주는 노동의 실재적 모습이다. 따라서 직업을 통한 소득의 과다가 노동의 가치와 목적을 결정하는 경우가 많다. 예컨대, 노동의 고통에서 벗어나기 위한 끊임없는 과학기술의 개발과 이를 실생활에 적용하기 위한 노력은 노동의 목적을 달성하기 위한 과정의 변화일 뿐, 목적 그 자체의 변화를 의미하는 것은 아니라고 보는 것이다. 이는 노동의 목적이 소득이나 소득 수준의 향상에 있으며, 현대사회에서 노동의 의미와 목적을 평가하는 기준으로 인정되고 있음을 단적으로 보여 준다.

그러나 노동의 목적을 소득 획득의 수단으로 한정시킨다면 노동을 통한 수입이라는 목적은 실현되더라도 노동의 본질적인 의미를 구현하지 못할 뿐만 아니라, 오히려 노동 그 자체가 고통이 되어 인간을 속박하는 필요악이 될 수 있다. 따라서 인간은 시대적 변천에 따라 과학기술과 정보의 힘을 합리적으로 활용하기 위한 방법을 꾸준히 강구하여 왔다.

한편, 인간은 일상의 많은 시간을 근로현장인 직장에서 소비하고 직장에서의 노동을 통하여 사회 관계를 형성하고 발전시켜 나간다. 직업과 관련된 사회활동은 직장생활에 소비된 시간만큼이나 사회 관계에 있어서도 상당한 비중을 차지하며, 특히 직장생활이 왕성한 시기에는 직무의욕과 직무만족이 생활만족이나 삶의 질을 결정하는 주요한 요인으로 작용하기도 한다.

또한 인간은 직업에 종사하며 노동하는 과정에서 성취감이나 만족감, 나아가 행복감을 갖는다. 근로자가 자신의 능력에 적합하고 자신이 원하는 직업을 선택하여 자신의 잠재능력을 발현하는 노동환경에서 자기 실현과 행복감을 성취할 수 있다는 점에서 노동은 행복의 원천이다.

결국 노동은 직업을 통하여 소득을 획득 · 확대하고 사회 관계를 형성 · 유지하며 사회적 소속감 · 안정감 · 인정을 성취할 뿐만 아니라, 생활 만족을 추구함으로써 개인의 발전과 사회의 진보에 공헌하는 것을 목적으로 한다. 이 각각의 목적이 균형적으로 조화를 이루고 구체화될 때 목적 달성의 가능성 또한 높아진다. 따라서 다양한 가치와 욕구가 상충되는 현대사회에서 가치 배분의 불공정과 욕구 충족 기회의 제한 등으로 인하여 노동의 가치가 왜곡되거나 노동의 목적이 편향될 가능성마저 존재하기도 하나, 노동 본래의 의미와 목적은 주체적 가치 실현과 인격 도야 그리고 행복감 성취에 있다 하겠다.

이러한 맥락에서, 노동은 물질적 재생산 과정이자 가치창출의 능동적 행위이다. 노동은 단순히 재화를 획득하기 위하여 최소의 노력으로 최대의 효과를 얻기 위한 인적 자본일 뿐만 아니라, 개인의 행복은 물론 사회 공동의 번영과 복지를 위하여 특정 가치를 창출하는 부가적 의의를 지닌다.

2. 노동과 사회체육의 관계

사회체육은 하나의 사회현상으로서 사회체계 및 문화의 산물이다. 여가로서의 사회체육은 사회 구조 및 사회 풍토와 연계되어 있기 때문에 사회현상과 분리되거나 이차적 사회현상으로 간주될 수 없다(Kelly, 1992). 현대 자본주의의 산업사회에 있어서 인간은 노동을 통하여 개인적 · 사회적 가치를 실현하는 존재이므로, 사회체육은 노동과 밀접하고 유기적인 관계를 형성하며 존속 · 발전하고 있다.

1) 노동과 사회체육의 공통 특성

현대 산업사회에서 노동의 가치를 제고시키는 노동의 5대 특성은 성취성, 기술성, 훈련성, 상품성, 관료화인데 이러한 특성은 스포츠와 사회체육의 장에서도 함께 발견된다(김범식, 1989).

① 성취성: 노동에서의 성공 여부는 과업달성 능력에 있으며 과업달성은 인간행위의 물질적 · 정신적 성취를 바탕으로 한다. 스포츠나 사회체육 역시 인간 행위의 성취를 기본으로 하며, 노동에서의 성취가 근로자의 기술을 매개로 하여 달성되는 것과 마찬가지로 사회체

육에서의 성취는 참가자의 다양한 운동기능을 매개로 하여 성취된다.

② 기술성: 스포츠는 자본주의 시장경제와 관련을 맺는 가운데 경쟁성이 강화되면서 과학기술의 원용을 요구한다. 고도의 과학기술을 이용하여 생산성을 향상시키는 데 노동이 직접적으로 동원되므로, 노동에서의 기술성은 스포츠와 사회체육 발전에 결정적으로 기여하며 노동과 스포츠는 기술성에 있어서 동등한 가치를 지닌다.

③ 훈련성: 스포츠 및 사회체육의 초기 단계는 노동에 있어서 생산의 수공업적 단계와 유사하다. 스포츠의 트레이닝에 있어서 분업, 반복, 부하의 원칙이 적용되는 것과 마찬가지로 노동의 숙련을 위해서도 분업화되고 반복적인 훈련의 부하가 요구된다.

④ 상품성: 노동의 가치는 상품 교환가치의 기초인 본원적 구매 화폐(original purchase money)로 인식되며 상품의 가치는 사회적으로 평균 노동량에 따라 결정되는데, 이를 노동가치라 한다. 스포츠도 노동과 마찬가지로 스포츠나 사회체육 소비자의 수요에 따라 일정한 상품가치를 지님으로써 사회적으로 그 가치를 인정받게 된다.

⑤ 관료화: 산업사회의 공식적 구조 내에서 노동은 관료제의 특징을 지니게 되는데 조직적 · 구조적으로 수행되는 스포츠 또한 관료화 과정을 거친다. 관료화는 규정과 절차에 의한 업무집행, 위계적 조직과 그에 따른 권위체계, 비정서적 대인관계 등의 특징을 지닌다. 특히 노동의 관료화는 오직 생산성 향상만을 위하여 조직적 · 구조적으로 이루어지고 있으며 스포츠나 사회체육도 관료화에 따라 각 참가자의 역할이나 기능 수행 과정이 더욱 가속화되어 고도의 능률을 추구하게 된다.

2) 노동과 사회체육의 관계 이론

노동과 사회체육의 관계성에 있어서 과거에는 사회체육 같은 여가활동이 노동에 방해가 된다는 견해도 있었으나 오늘날에 와서는 많은 학자들이 사회체육 같은 여가활동이 노동에 긍정적으로 기여하고 있다는 이론을 다수 제기하고 있다.

(1) Wilensky의 이론

가. 확산(spillover) 이론

여가는 노동에 대한 경험과 태도 및 의식의 연장선에서 이해되어야 한다는 Wilensky(1960)의 주장은 노동이 여가로 확산되어 가고 있음을 의미한다. 여가가 단순히 노동에서 벗어난 자유시간의 활동을 의미하는 것이 아니라, 인간이 노동을 통하여 자기를 표현하고 욕구를 충족시키려는 것처럼 여가로서의 사회체육도 이와 동일한 기능을 지니는 주요 활동으로 변모되고 있다는 것이다.

실제로 현대 산업사회에서 인식되어지는 노동이란 단순히 육체적 노동을 의미하는 것이 아니라, 자기 능력을 계발하고 발전시켜 자기만족과 자기존경에 의한 이성적 인간을 육성하는 의미로 해석된다(Murphy, 1981). 즉, 노동이란 자유시간의 활동과 반대되는 개념이지만 그 과정에 있어서는 사회체육과 같은 여가활동과 결코 분리될 수 없으며, 따라서 노동과 자유시간 및 여가로서의 사회체육활동은 단지 각기 상이한 두 개의 다른 측면을 지니는 데 불과하다는 것이다(De Grazia, 1962).

결국 인간은 노동을 통하여 얻은 지식과 경험을 바탕으로 자기계발과 만족감을 얻으며, 나아가 여가로서의 사회체육을 통해서 이러한 지식이나 경험을 더욱 발전시켜 단순한 휴식의 의미가 아닌 자기발전의 기회를 삼을 수 있는 확대 재생산의 차원으로 재창조한다는 것이다.

나. 보상(compensatory) 이론

보상이론은 확산이론과는 달리 여가로서의 사회체육이 노동의 과정에서 느끼는 불만족을 대리 보상한다는 논리에 근거한다. Wilensky(1960)에 의하면 반복적 단순작업을 수행하는 근로자는 사회체육활동 과정에서 노동 이외에 자기만족을 위한 활동을 추구할 뿐만 아니라, 노동을 통하여 발생한 정신적 압박감과 스트레스를 해소하기 위하여 사회체육에 참가한다는 것이다. 이는 현대인이 노동에 종사하는 것을 자신의 개성 발휘나 창조활동이 아닌 생계유지를 위한 필수적 의무과정으로 인식하고 있으며, 가능한 한 노동에서 해방되기를 갈구하는 욕구의 한 단면을 보여 주는 것이다. 여기서 노동과 사회체육은 상반된 의미를 지니는데, 사회체육은 노동 과정에서 발생한 부정적인 스트레스를 해소하는 보상적 의미를 지니며 또한 노동을 위한 재충전의 기능을 담당한다는 것이다.

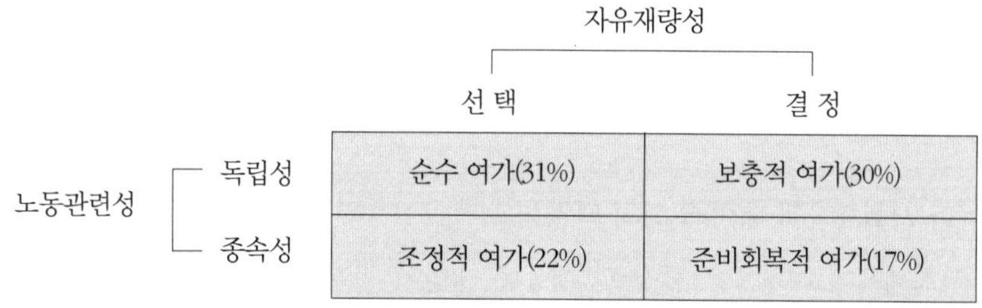

그림 4-1. Kelly의 여가 모형(Kelly, 1972: 50)

(2) Kelly의 이론

여가의 참가 여부가 전적으로 개인의 자발성에 근거한다면 여가의 참가 형태는 자유선택적 속성을 지닌다. 이러한 관점에서 여가로서의 사회체육은 선택의 자유가 필수 요소인 활동이다(김광득, 1990). 이와 관련하여 Kelly(1972)는 여가의 자유선택성을 두 가지 차원인 자유재량성(freedom discretion)과 노동관련성(work-relation) 간의 함수관계에 따라 네 가지 형태로 제시하고 있는데, 사회체육도 이와 동일한 맥락에서 파악될 수 있다(그림 4-1 참조). 다시 말해서 여가로서의 사회체육도 같은 맥락에서 동일한 함수관계가 성립한다고 추정할 수 있다.

행위자가 노동과의 독립적 관계에서 자유롭게 선택하여 행한 순수 여가는 지역사회체육 참가나 상업체육 참가 등과 같은 활동으로서 31%, 자유선택은 아니지만 노동과는 독립되어 보충적으로 행한 여가는 직장등산대회 참가, 직장연수프로그램 중 체육활동 프로그램 참가, 또는 직장체육대회 참가 등과 같은 활동으로서 30%, 행위자가 노동과 관련지어 자유롭게 선택하여 행한 조정적 여가는 직장 내 각종 자생 동호인체육활동으로서 22%, 선택의 자유는 없으나 노동과 관련을 맺고 행한 준비 · 회복적 여가는 생활체조나 근로자체조 등과 같은 활동으로서 17%를 각기 차지하고 있음을 알 수 있다.

결국 여가로서의 사회체육은 노동과 상호의존적 관계에 있으며 노동과 관련하여 참가자의 자유선택적 재량권이 다양하게 작용한다는 사실을 알 수 있다.

3) 노동과 사회체육의 관계 설정 시 고려사항

노동과 사회체육의 관계 이론 및 설명에서 제시된 내용은 현실적인 적용이나 보편적 이해에 있어서 다소의 한계와 문제점을 지니고 있다. 이 같은 논거는 노동과 사회체육의 관계를 설정하는 데 있어서 제기되는 문제점에 대한 보다 구체적인 설명을 필요로 한다.

(1) 노동과 사회체육에 대한 의미의 다양성

노동과 사회체육에 대한 의사결정 및 행동은 개인이 인지하는 의미, 수용, 상징성, 자아정체, 가치성향 등에 의하여 이루어진다(Kelly & Godbey, 1992). 사회체육활동의 참가는 이에 수반되는 비용, 매체, 즐거움, 활동 종목에 따라 결정된다는 것이다. 지금까지의 연구결과에 의하면 일반적으로 성인은 사회체육을 비롯한 여가활동에 보다 많은 비용을 지출하려는 반면, 성인 이외의 계층은 재화를 실생활 위주로 소비하려는 경향이 있다(Kelly & Godbey, 1992). 다시 말해서, 동등한 수준의 경제적 여건이 모든 여가 및 사회체육 참가자에게 동일한 의미를 부여하지 않으며, 노동 및 사회체육에 대한 경제적 의미가 동등한 수준이더라도 참가자의 성, 연령, 인성 등에 따라 상이한 의미를 부여한다는 것이다.

따라서 사회경제적인 측면에서 강제성과 생산성에 기초한 노동과 달리 여가로서의 사회체육은 자발적 의지와 자율성에서 비롯되기 때문에 사회체육활동의 주체인 개인이 인지하는 사회체육 환경의 의미는 매우 다양해진다. 결국 노동과 사회체육의 관계 설정은 개인이 인지하는 사회체육 관련 환경 변인인 사회경제적 지위와 인구통계학적 요인에 따라 상이해진다.

(2) 사회체육 활용 시간의 상대성

일반적으로 노동시간은 일정한 시간대에서 규칙적으로 이루어지지만 사회체육활동은 고정된 시간대 내에서 정규적으로 이루어지기란 불가능하다. 개인이 일상의 경제적 노동활동 시간 이외에 가지는 여가로서의 사회체육활동 시간은 불규칙적인 순환 과정을 거치면서 불특정한 시간대에 주어진다(Kelly & Godbey, 1992). 그러므로, 노동시간에 종속되어 불규칙적으로 결정되는 사회체육활동 시간이 어떻게 사람들에게 영위되며 활용되는가를 파악하여야 한다. 특히 경제적 재화의 운용에 있어 시간이 중요한 관건인 현대사회에서 사회체육활동 시간의 순환적 배분은 노동과 관련지어 생각할 때 매우 중요한 의미를 지닌다.

따라서 자유시간이 여가의 기본적 요건이자 기초 자원이라는 관점에서 노동시간과 노동 이외의 사회체육활동 시간은 밀접한 관계를 지니고 있기는 하나, 노동시간에 따라 사회체육활동 시간의 실제적 운용이 가능하다는 종속적 관점에서 볼 때 단순하게 시간의 길이로 노동과 사회체육활동을 이해하려는 시도는 노동과 사회체육의 관계를 왜곡할 수 있다.

이상과 같이 노동과 사회체육의 관계에 있어서 제기되는 다변인적 영향을 보다 구체적으로 알아보기 위해서는 다음과 같은 사실에 기초하여 사회체육과의 관계 모형을 설정하여야 한다(Kelly & Godbey, 1992).

① 노동과 사회체육에 관련된 가족, 지위, 연령, 직업경력, 직책, 인성 등 다양한 변인을 종합적으로 분석하여야 한다.
② 여가로서의 사회체육은 직무 혹은 직무 이외의 역할과 분리되어 있지 않으며 접근이 용이하고 보편적 활동이라는 사실을 주목하여야 한다.
③ 전생애를 통해서 역할군(role set)을 구성하는 여러 역할의 변화(예: 부모 · 자식, 부하 · 상사, 선수 · 코치 등)는 부정기적으로 발생하며 역할간의 유기적 관계망 또한 많은 변화를 겪게 된다. 또한 생애주기와 개인이 처한 상황에 따라 발달 과업이 상이하기 때문에 노동과 사회체육의 일관된 관계를 추론하기는 그리 용이하지 않다.
④ 노동이 사회체육에 혹은 사회체육이 노동에 일방적인 영향을 미칠 것이라는 가설은 연구결과의 타당성 측면에서 논리적 한계를 지니므로 성립될 수 없다.
⑤ 노동과 사회체육의 관계에 있어서 종속변인으로 간주될 수 있는 변인에 대한 이론적 · 경험적 탐색이 더욱 요구된다. 특히 종속변인의 영역은 활동 자체보다는 활동의 유형, 그리고 상황이 발생하는 장소보다는 사회 및 인간관계망에 초점이 맞추어져야 한다.

결론적으로 노동과 사회체육의 관련성은 노동의 가치에 대한 사회적 합의가 확고하고 여가의 전형적인 활동 형태로서 사회체육활동이 인정받고 있는 현실에서 필연적이라고 할 수 있다. 즉, 노동이 인간생활에서 차지하는 의미론적 비중과 사회체육이 실제 생활에서 기능하는 위락적 역할을 고려할 때, 양자는 상호 밀접한 관련성을 맺고 있음은 의심할 나위가 없다. 그러나 이 두 변인을 구조적 측면이나 내용적 측면에서 설명하거나 혹은 분절론이나 총체론적 관점에서 접근하기보다는 다양한 상황적 요인과 사회심리적 요인 그리고 개인적 특성 등을 고려하여 접근하여야 한다는 점에 유의하여야 한다.

3. 노동이 사회체육에 미치는 영향

현대사회에 있어서 사회체육이 일상생활의 여러 측면과 분리해서 논의될 수 없음은 이미 지적한 바 있다. 그러나 사회체육이 아무리 중요하다 하여도 현대인은 노동에 종사해야만 하는 당위성을 지니고 있으므로 노동은 여러 가지 측면에서 사회체육에 영향을 미친다.

1) 노동시간과 사회체육

노동자의 사회체육활동 욕구 증대는 노동시간 및 노동일수 단축에 의해 영향을 받는다. 노동시간 단축으로 보다 많은 자유시간을 확보한 노동자들은 이를 여가 욕구를 충족시킬 수 있는 수단 가운데 하나인 사회체육활동에 소비하고 이를 통해 활력을 되찾음으로써 높은 직무 만족도를 보이고 있다. 노동시간의 감소와 마찬가지로 노동일수의 단축은 특정 개인의 사회체육 만족도를 월등히 향상시켰으며 새로운 근무시간 유형의 도입으로 직무만족도 또한 향상되고 있다.

이와 같이, 사회체육활동에 대한 만족은 노동시간과 노동일수 단축을 매개로 하여 향상되며, 내적으로 동기유발된 사회체육 행동에 의해 좌우된다(Iso-Ahola, 1980). 단축된 노동시간과 노동일수가 특정 개인의 사회체육 행동에 대한 내적 동기를 증가시킨다면 결과적으로 새로운 근무유형이 사회체육에 대한 욕구 만족을 증가시키는 경향이 있고, 그 결과 개인의 업무에 대한 새로운 느낌과 흥미 그리고 선호도를 제고시킴으로써 직무만족과 노동생산성을 향상시킨다.

예를 들어 많은 사람들이 새 근무 유형(주 4일-40시간, 1일 10시간)이 전통적인 근무 유형(주 5일-40시간, 1일 8시간)보다 효과적이라 생각하는 견해를 검증하기 위하여, Ivancevich와 Lyon(1977)은 주 4일-40시간 근로자와 주 5일-40시간 근로자의 직무만족도 및 업무수행도의 비교를 위한 현장 연구를 실시하였다. 결과적으로 새로운 근무 유형인 주 4일/40시간 근무 유형이 전통적인 근무 유형인 주 5일/40시간 근무 유형보다 높은 직무만족도를 나타냈다. 이는 노동시간의 감소와 마찬가지로 단축된 노동일수로 더 많은 자유 재량을 확보한 근로자는 이를 여가 욕구를 충족시킬 수 있는 수단으로 사회체육에 소비하여 직무에서 높은 만족도를 보일 수 있다는 것이다.

결국 직장인이 단축된 근무일에 따라 자신의 여가를 보내는 방법을 올바르게 학습할 경우, 근로시간의 연장에도 불구하고 직무만족과 업무수행능력의 향상은 물론 사회체육활동을 통한 여가 만족 또한 향상된다. 이는 사회체육활동에의 참가동기 유발에 있어서 내적으로 동기유발된 능동적 여가 행동이 여가 만족의 주요 근원이라는 축적된 선행연구결과들에 의하여 입증된다. 따라서 직무만족 및 업무수행에 있어서 중요한 것은 단축된 근로시간이 아닌 새로운 근로 유형에 대한 심리학적 효과 및 내적으로 동기유발된 사회체육 참여를 촉진시키는 요인이다.

2) 근로소득과 사회체육

노동의 물질적 측면에 대한 만족인 보수는 삶의 질과 관련이 있다. 실제로 이러한 인과관계는 증명되고 있으며(Hulin, 1969; Iris & Barrett, 1972), 이와 같은 노동 결과에 따른 수입과 생활만족의 관계에 대하여는 다음과 같은 가설이 제시되고 있다(Diener, 1984).

① 수입은 극도의 빈곤상태에서는 생활만족에 영향을 미치지만 일단 기본적인 욕구가 충족되면 그 영향력은 더 이상 효과가 없게 된다.
② 수입과 공변량 관계에 있는 권력이나 사회적 지위와 같은 요인들은 생활만족에 유의한 영향을 미친다.
③ 생활만족에 대한 수입의 영향은 직접적이지만 사회적 불평등 및 상대적 빈곤과 같은 사회적인 비교에 의존한다.

따라서 Renwick와 Lawler(1978)가 언급한 바와 같이 보수급여가 직무만족에 도달할 수 있는 역치 수준 이하에 머물러 있으면 수입을 늘리기 위해 노동에 대한 흥미가 생활에서 중요한 부분을 차지하지만, 보수급여가 이러한 역치 수준 이상이 되면 근로자의 흥미는 수입 자체와 직접 관계가 있는 노동보다는 그 이외의 여가활동으로서 사회체육과 같이 삶의 질을 향상시킬 수 있는 영역으로 관심이 바뀌게 된다. 즉, 근로소득이 높아지면 노동 이외의 사회체육과 같은 여가활동에 활발하게 참가하게 된다는 것이다.

3) 동료 근로자와 사회체육

Parker(1971)와 Wilensky(1960)에 의하면 노동이 사회체육에 미치는 영향은 세 가지 주요 가설(확산, 보상, 독립)로 설명될 수 있다. 이 가설은 Iso-Ahola(1980)의 노동이 사회체육 참가에 미치는 영향에 관한 연구를 통해 검증되었다. 노동이 사회체육 참가에 영향을 미치는 데 있어서 주요 변인으로는 일일 노동 성취도와 동료 근로자의 사회체육 관심도를 들 수 있다(Iso-Ahola, 1980).

첫 번째 변인과 관련하여 특정 직업에 있어서 직무만족도는 매일의 노동성취도와 함수관계를 가지고 이에 따라 변화한다. 예를 들어 어떤 회사원이 일일 최고의 판매량을 기록하였다면 성공적인 업무수행에 따른 즐거운 기분이 사회체육활동으로 전이되는 경향성이 있다. 그러므로 성공적인 일일 노동성취감에 수반되는 제반 요인들이 특정 개인의 사회체육 행동과 만족에 긍정적인 영향을 미친다고 하겠다.

두 번째 변인인 동료 근로자의 사회체육 관심도는 동료 근로자가 사회체육 참가에 매우 강력한 영향을 미치는 잠재적 효력을 지니고 있다는 점에서 큰 영향력을 지니는데, 이에는 긍정적 측면과 부정적 측면이 있다.

대부분의 근로자들은 자신의 사회체육 경험에 대하여 동료들과 대화를 나눔으로써 개인의 사회체육 선호와 참가에 영향을 미친다. 뿐만 아니라, 근로자 간의 유사한 사회체육 참가유형은 또 다른 동료 근로자의 사회체육 참가에 의도적이든 비의도적이든 실제로 영향을 미친다(Iso-Ahola, 1980). 즉, 동료 근로자 간의 사회체육 관심도에 있어서 그 유사성이 증가되면 동일한 노동환경에서 근무하는 근로자 간의 응집성이 제고되어 직무만족, 업무수행, 생산성이 향상되는데, 그 이유는 응집성이 생산성과 정적인 상관관계를 갖기 때문이다(Bakeman & Helmreich, 1975). 그러나 동료 근로자의 상이한 사회체육 관심은 근로자 간의 친목도모, 협응성, 응집성, 직무만족도를 저하시킨다(Argyle, 1972).

위와 같은 긍정적 · 부정적 측면 이외에 또 다른 부정적 측면의 영향도 상존하고 있다. 특정 직업이나 업무에는 근로자로 하여금 직업이나 업무에 적절하다고 여겨지는 여가활동으로서의 사회체육에 강제적으로 참여하도록 하는 사회적 압력이 존재한다. 일부 근로자들은 자신의 가치나 의도와 관계없이 업무가 지니는 사회적 지위나 규범 그리고 다른 근로자들이 주로 참가하는 사회체육 종목에 호응하여 특정 종목의 사회체육에 참가하여야 하는 사회적 압력을 받는다(Iso-Ahola, 1980).

따라서 특정 직업에서 특정 동료와 함께 직무를 수행해야 하는 한계를 지닌 근로자는 자신의 선호 의지와는 관계없이 타 근로자들과 똑같은 행동을 취해야 하며 이를 이행하지 않게 되면 동료와의 의사소통과 상호작용이 원활하게 이루어지지 않기 때문에 부정적인 노동환경이 조성될 가능성이 높다(Iso-Ahola, 1980).

결론적으로 노동과 관련하여 일일 노동성취도와 동료 근로자의 사회체육 관심은 개인의 사회체육 참가에 직 · 간접적 그리고 긍정적 · 부정적으로 영향을 끼치고 있음이 분명하다.

한편 동일한 업무에 종사하는 두 사람 중 한 사람은 가족생활을 행복하게 영위하는 반면, 다른 한 사람은 가족관계가 원만하지 못하다면 전자는 후자보다 업무에 대한 만족도와 생산성이 높을 것이다. 이는 직무만족과 노동생산성을 제고시키려면 대인관계를 개선시키려는 노력이 요구됨을 의미한다. 그런데 동료 근로자와의 대인관계는 의사소통을 수단으로 하여 업무 내적인 측면보다는 업무 외적인 측면, 특히 사회체육과 같은 여가활동의 경험과 사회체육 참가에 따른 응집성을 공유함으로써 형성되어진다(Iso-Ahola, 1980). Schrank(1978)는 근로자 간의 사회화에 대한 기본적 욕구가 고려되고 의사소통의 기회가 충분히 제공되면 대인행동 및 상호관계가 개선되어 결과적으로 업무경험이 사회화되고 공유됨으로써 직무만족과 노동생산성이 향상된다고 보고하고 있다. 이와 같은 근로자 간의 의사소통은 주로 업무 외적 상황, 특히 자유시간의 활동인 사회체육 참가에 의해 이루어진다.

따라서 사회체육에 대한 관심의 공유는 대인관계의 개선을 가져오며 이것이 근로자 간의 응집성을 제고하여 직무만족과 노동생산성에 긍정적 영향을 미친다고 할 수 있다(Argyle, 1972; Bakeman & Helmreich, 1975). 이와 같은 결과에 주목한 기업들은 사회체육 경험을 공유할 수 있는 기회와 공간 그리고 시간을 제공할 뿐만 아니라, 근로자 간의 대화를 적극 유도하여 생산성을 향상시키려 한다.

4) 고용주와 사회체육

최근 각 기업체에서는 종업원의 여가활동이 개인과 기업의 발전에 긍정적으로 기여한다는 사실에 주목하고 종업원을 위한 여가 프로그램의 하나로서 체육활동 서비스를 제공하는 고용주나 기업체가 점차 증가하고 있다(임번장, 1985b). 회사 자체 내에서 근로자를 위한 여가 서비스를 제공함은 물론, 근로자를 위한 여가 서비스를 계획하고, 조직하며, 관리하는 전문 레크리에이션 지도자를 고용하거나 담당부서를 설치하는 회사가 늘어 가고 있는 추세이다. 예컨대 IBM 사와 같은 선도적 기업은 종업원을 위하여 사내에 조깅 트랙, 테니스장, 레크리에이션 공간, 골프장 및 숙박 시설까지 설치 · 운영하고 있다(Mayer & Ruby, 1997).

고용주가 제공하는 사회체육활동은 주요 업무 외의 복지 서비스로서 매우 중요한 의미를 지니고 있는데, 그 이유는 사회체육활동 서비스가 근로자의 직무만족 및 업무수행에 긍정적으로 기여하기 때문이다.

고용주와 근로자가 이러한 서비스와 혜택을 수용하는 시각은 다소 상이하다. 기업주의 입장에서는 단지 생산성 향상을 위하여 사회체육활동을 제공하는 반면, 근로자의 입장에서는 회사의 서비스와 혜택을 자신들의 노동조건 개선, 복리후생 증진, 여가기회 제공 등 중요한 의미로 받아들인다는 것이다. 즉, 근로자는 회사가 그들을 단지 일하는 기계가 아닌 총체적 인간으로 대우한다는 인식을 갖게 된다. 따라서 근로자는 기업주를 신뢰하고 애사심을 발휘하면서 자신의 직무를 보다 충실히 수행해 나가는 동기를 부여받는다.

4. 사회체육이 노동에 미치는 영향

사회체육을 통하여 얻는 만족감은 직장에서의 직무만족도에 많은 영향을 미치고, 적절한 사회체육활동은 근로자의 신체적 · 정신적 건강을 유지 · 증진케 하여 생산성을 높이며 명랑한 직장분위기와 인간관계를 조성할 수 있다. 즉, 현대사회에서 사회체육활동이 노동에 미치는 효과는 지속적으로 증가하고 있다.

1) 사회체육과 노사관계

현대 산업사회에서 기계의 자동화와 경영의 합리화는 생산성 향상에 크게 기여한 반면, 인간소외와 운동부족 현상을 초래함으로써 근로자의 신체적 · 정신적 · 사회적 건강에 위협을 주고 있으며 이를 극복할 업무 및 인간관계 관리가 요청되고 있다.

따라서 규모가 큰 직장일수록 근로자의 복지후생시설을 설치하여 사회체육을 장려함으로써 근로자의 직무의욕 향상과 건전 여가생활 영위를 적극 유도하고 있다. 특히 구성원 간의 연대감 조성, 삶의 질적 향상 도모, 밝고 명랑한 직장 분위기 조성 등과 같은 스포츠의 순기능적 측면은 노동현장에서 사회체육의 효용과 가치를 높여 주고 있다.

기업은 사회체육을 노동이나 업무 외적 측면이 아닌 노동에 있어서 빼놓을 수 없는 하나의 중요한 업무 요인으로 인식하여 근로자에게 광범위하고 다양한 사회체육 서비스와 혜택을 제공함으로써 근로자의 사회체육에 대한 욕구와 관심을 만족시켜 줌은 물론, 직무만족 및 생산성 향상을 위한 수단으로 사회체육 환경과 활동을 활용하기에 이르렀다. 일부 사람들은 기업의 이러한 경영방침이 근로자의 사회체육에 대한 관심을 이용하여 노동력을 착취하는 행위라고 비난하기도 하지만, 이는 근로자의 삶의 질이 이러한 합리적 경영의 추진을 통해 제고되어 왔다는 사실을 간과한 편견이다(Iso-Ahola, 1980).

한편 사용주와 근로자의 양자적 측면에서 사회체육은 중요한 가치를 지니는데 그 효용성은 근로자의 능률향상, 노사관계의 개선, 긴장 갈등의 정서순화, 근로자와 경영자의 사기앙양, 직원의 고용 및 모집에 매력을 주는 유인 조건의 제공, 근로자의 안정과 동기부여 증진, 지역사회와의 유대관계 및 협조풍토 조성, 결근의 감소, 안전사고의 감소 및 예방 등의 결과를 가져오기도 한다(임번장, 1985b).

근로자에게 있어서 여가 및 사회체육의 가치와 그 활용의 중요성이 강조되기 시작한 것은 고도 경제정책에 수반한 기술혁신이나 경영합리화의 진전, 도시인구의 집중 등 여러 사회적 여건과 관련이 깊다. 특히 경제발전 계획에 따른 급속한 산업화 및 고도의 경제성장은 노동시간의 단축과 함께 생활수준의 향상, 여가의 증대 등을 수반함으로써 근로자는 대중적이고 보편적인 일상활동으로서 여가와 사회체육을 향유하게 되었다.

사회체육은 근로자에게 복잡한 업무와 일상의 테두리 속에서 스스로 탈출하여 주체적 존재의 의미를 맛볼 수 있는 기회를 제공해 주고, 한층 더 즐겁고 의욕적으로 직무를 수행할 수 있는 동기를 부여한다. 특히 사회체육은 근로자 개인의 이익뿐만 아니라, 기업의 생산성 제고와 이윤창출, 노사관계 개선 · 발전의 매개체 역할을 담당한다.

2) 사회체육과 직무의욕

인류 역사를 통하여 건강의 욕구는 지속적이고 강렬한 인간의 주요 관심사가 되어 왔으며 체력은 동서고금을 막론하고 개인적 · 사회적 측면에서 중요한 요인으로 간주되어 왔다. 체력은 피로를 느끼지 않고 정력적으로 일상의 업무를 수행하기 위한 필요충분조건이며, 예측하지 못한 긴급한 위기상황에 대처하며 사회체육을 포함한 여가활동을 즐길 수 있는 유기체의 능력이라고 할 수 있다. 나아가 체력은 정상적인 정신상태를 유지하고, 신체적 활동능력을 발현, 지속, 조정하며 장기간 작업을 능률적으로 수행할 수 있는 신체적 적응상태라 할 수 있다. 따라서 체력은 효율적으로 직무를 수행할 수 있는 능력의 차이를 가늠할 수 있는 지표이며, 직무수행에 있어서 신체적 ·

정신적 · 사회적 · 환경적 · 도덕적 적응력을 수반한다고 할 수 있다.

현대사회는 과학기술의 급속한 발달과 가치관의 변화로 인하여 새로운 지식, 규범 및 기술의 습득과정에서 파생되는 근로자의 몰개성화와 인간소외 현상이 점차 가중되고 있다. 이러한 현대사회의 비인간적 성향에 대하여 현대인은 바람직하고 가치 있는 삶을 영위하기 위한 여러 가지 대처 방안을 모색하고 있다. 그 가운데에서도 체육활동이 인간 존재의 의미를 일깨워 주고, 신체적 · 정신적 스트레스를 해소시켜 주며 소속감을 앙양시키고 체력증진에 이바지한다는 사실은 널리 알려져 있다. 대부분의 사람은 체력이 스포츠, 군사훈련, 육체노동과 같은 신체적 움직임에 한하여 가치가 있다고 생각하는 경향이 있으나 높은 신체의 활력은 신체적 측면뿐만 아니라, 정신적 건강에도 유익하여 모든 사람이 장시간 피로를 느끼지 않고 일할 수 있는 바탕이 된다. 체력은 사회의 모든 분야에서 요구되는 생활의 필요조건이다. 신체적으로 피로한 근로자는 능률이 저하되며 기업가의 판단 역시 활력이 부족할 때에는 예리하지 못할 것이다.

이상에서 보는 바와 같이 체력이 왕성한 사람은 높은 성취동기를 가지고 모든 일에 열심히 종사할 수 있다. 그러나 직무의욕은 체력 이외의 다양한 요인에 의해서도 영향을 받는데, 직무의욕에 영향을 미치는 여러 요인으로는 ① 적절하고 공정한 보수, ② 안전하고 건강한 작업환경, ③ 능력의 활용 및 개발 기회의 제공, ④ 지속적인 성장과 안정성의 유지, ⑤ 노동조직체 내의 사회적 통합, ⑥ 직장 내에서의 헌정주의, ⑦ 일과 총체적 생활공간의 균형 있는 역할분화, ⑧ 직장과 일반사회의 유관성을 들 수 있다. 그러나 직무의욕의 향상은 이러한 제도적 장치로서만 해결될 수 있는 문제가 아니며, 고용주는 다양한 측면에서 근로자가 절실하게 해결해 주기를 바라는 문제들을 파악하여 사전에 해결하려는 노력을 기울여야 한다.

그러나 많은 사람들은 몸과 정신을 분리시키는 이원론적 입장에서 정신적 측면만을 강조하여 직무의욕을 고취시키려 하기 때문에 정신 훈련으로 노동의 효과를 극대화시키려고 애쓴다. 이러한 관점은 신체의 중요성을 간과하는 사고에서 야기된 오류이다. 강건한 신체와 왕성한 체력은 매사에 자신감을 갖게 하며 직무의욕에 직접적인 영향을 미친다. 이와 같이 직무의욕을 증진시키기 위해서는 필연적으로 강인한 체력이 요구되며 이는 사회체육 참가를 통해 유지 · 관리될 수 있는 것이다.

3) 사회체육과 직무만족

여가로서의 사회체육에 대한 만족은 직무만족과 긍정적 상관을 가지며(Krech & Crutchfield,

1948), 근로자 개인의 사회생활, 특히 사회체육에 대한 적응이 전체적 직무만족에 긍정적인 영향을 미친다. 또한 사회체육은 직무만족과 관련하여 노동시간, 근무유형, 동료 근로자와의 대인관계 등에 영향을 미친다(Iso-Ahola, 1980).

직무만족에 영향을 미치는 변인으로는 개인차(인성, 성, 연령, 과업지향), 노동의 내적 본질(다양성, 자율성, 기능 및 능력의 이용), 노동시간, 유인조건(봉급 및 특별 상여금, 직업적 위광, 승진, 안전), 노동집단(응집성, 인기도, 집단 규모, 상호작용 기회), 노동관리(사적 관계에서의 상급자의 온정, 의사결정 참여), 기업(규모, 유형) 등이 있다(Argyle, 1972; Locke, 1976). 그러나 직무만족을 결정하는 요인이 단지 위와 같은 업무 내에서만 존재하는 것이 아니고 업무 이외의 여가활동 관련 요인 또한 기여도가 크다는 사실을 간과해서는 안 된다. 즉, 업무란 환경적 공백상태에서는 존재하지 않기 때문에 직무만족이 생활의 다른 영역, 특히 사회체육과 같은 여가활동과 분리될 수 없는 것이다.

다른 요인이 동등한 수준에서, 만족스러운 사회체육 환경을 향유하는 경우가 낙후된 사회체육 환경을 향유하는 경우에 비하여 보다 높은 직무만족을 유도해 낸다(Iso-Ahola, 1980). 다시 말하면 사회체육 환경이 노동에 대한 유인책으로 작용할 수 있으며, 사회체육활동이 근로자가 기대하는 삶의 한 부분을 구성함으로써 힘겨운 업무일지라도 지속적으로 수행하도록 독려한다는 것이다. 그리하여 기업과 공공단체는 지역사회와 기업 내에 근로자를 위한 공공 서비스의 일환으로 사회체육 서비스에 관심을 기울이고 있는데, 이는 사회체육 서비스가 열악한 지역사회 환경에서 근무하는 근로자의 직무만족도가 낮다는 Hulin(1969)의 연구 결과에 기초하여 볼 때 바람직한 사회적 노력으로 평가된다. 결국 노동력과 생산성 증대의 안정성을 확고히 유지하려면 기업 그리고 기업이 소재한 지역사회 내에서의 사회체육 서비스를 확대하고 지속적으로 유지 · 강화시켜 나아갈 필요가 있다.

이와 관련하여 다수의 연구들이 각 직장에서 사회체육 참가 집단이 비참가 집단에 비하여 노동효율성과 직무만족도가 높다는 사실을 보고하고 있다(Daniel, 1971; Morgan, 1974; Kando, 1980; Iso-Ahola, 1980; 한성일, 1983; 이호대, 1986; 임번장 외, 1993a).

Kando(1980)는 좌업활동에 종사하는 근로자는 스포츠, 무용 또는 기타 여러 신체활동에 참가할 경우 직무에서 오는 불만을 보상한다고 하였으며, Iso-Ahola(1983)는 스포츠나 여가활동 참가에 따라 직무 수행력 및 만족도가 향상된다고 하였다. 또한 한성일(1983)은 신체적 레크리에이션 활동을 통하여 근로자의 작업능률이 향상되고 사기가 진작된다고 하였으며, 이호대(1986)는 운동 참가 빈도가 높고 지속기간이 긴 집단일수록 직무만족을 한층 더 많이 느낀다고 하였다.

한편, 김범식(1989)은 사회체육 참가가 직무만족에 미치는 영향에 관한 연구에서 인간관계, 개인적 성취, 합리적 인사관리, 근로자의 복지, 직장 소속감 등 총 26개 변인이 직무만족도를 구성한다고 주장하면서 다음과 같은 결론을 제시하였다.

① 스포츠 · 여가활동 참가집단이 비참가집단에 비하여 직무만족도에서 높은 경향을 보이고 있는데, 이는 사회체육 경험이 직무만족 향상에 중요한 요인임을 의미한다.
② 스포츠 · 여가활동뿐만 아니라 성, 연령, 거주지, 직위, 봉급 등의 변인이 부분적으로 직무만족도에 독립적인 영향을 미친다.
③ 스포츠 · 여가활동 참가가 성, 연령, 거주지, 직위, 봉급 등의 변인에 비하여 직무만족도에 보다 큰 영향력을 미친다.

임번장 외(1993a)는 생산직 및 사무직 근로자를 대상으로 사회체육활동과 직무만족의 인과적 관계를 규명하기 위하여 현장실험 연구를 실행하였다. 직장인 105명을 대상으로 3개월간에 걸쳐 일주일에 2회씩 주기적으로 에어로빅스 프로그램을 시행한 다음, 직장체육 선호도, 직장체육 몰입도, 직장체육 참가 빈도, 신체적 스트레스, 직무스트레스, 직무만족 등의 요인을 중심으로 인과관계를 설정하고 이를 검증하였다.

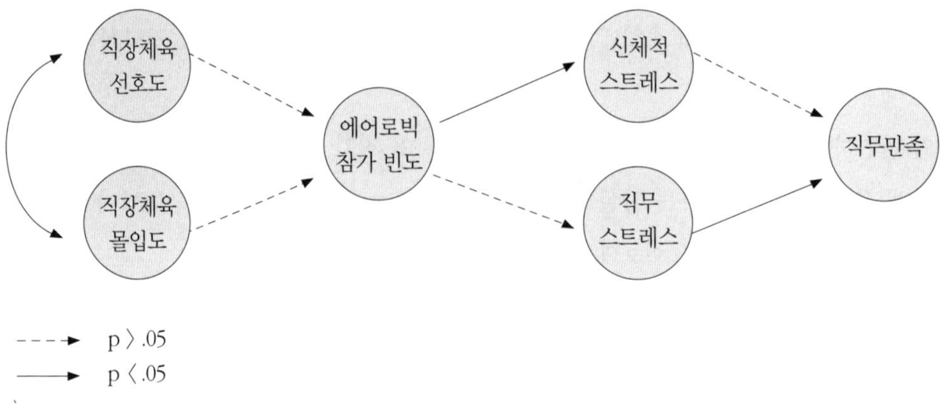

그림 4-2. 직장체육활동과 직무만족의 인과모형에 대한 경로 분석적 연구(임번장 외, 1993a)

그 결과 〈그림 4-2〉에서 보는 바와 같이 에어로빅스 참가는 신체적 스트레스와 직무스트레스의 감소에 인과적 · 비인과적 영향을 미침으로써 직무만족 향상에 기여한다는 결과를 제시하였다.

특히 이 연구에서는 에어로빅스 참가 직장인과 비참가 직장인의 신체적 스트레스, 직무스트레스 및 직무만족도를 비교한 결과 다음과 같은 사실을 발견하였다.

① 직장체육활동이 신체적 스트레스를 감소시킨다.
② 직장체육활동은 역할 모호, 경력 개발, 고객 관계 요인에 관한 직무스트레스를 감소시킨다.
③ 직장체육활동은 구체적 직무만족, 내적 작업동기, 직무몰입, 자기평가 성과와 같은 직무만족도를 향상시킨다.

임번장 외(1993a)는 이와 같은 연구결과와 관련하여 정기적 직장체육활동은 생산직 근로자에게 폐쇄된 작업 공간에서 벗어나 자유로운 신체활동을 경험할 수 있는 기회를 제공할 뿐만 아니라, 신체의 가동성을 제고시키고 기분전환 및 체력을 증진하는 촉매제로 작용함으로써 결과적으로 피로도와 같은 신체적 스트레스를 경감시키는 데 긍정적으로 기여한다고 주장하고 있다. 특히 지속적인 직장체육활동이 생산직 근로자로 하여금 체력을 증진하고 정서적 긴장 · 갈등을 해소하는 데 기여함으로써 열악한 작업 환경 및 과도한 업무에서 발생하는 직무스트레스와 같은 정신적인 스트레스를 경감시키는 데 긍정적인 영향을 미친다고 강조하고 있다. 이와 같이 사회체육활동의 경험이 직무만족에 미치는 영향은 확고하며 이러한 직무만족을 통하여 노동생산성이 향상된다고 추정할 수 있다.

한편 직무만족은 모든 인간의 권리이자 목적인 행복의 추구, 즉 삶의 질을 향상시키는 데 기여하기도 한다(Iso-Ahola, 1980). 즉, 사회체육 참가를 통하여 직무만족이 향상됨으로써 결과적으로 행복의 추구를 실현할 수 있다는 것이다.

행복의 추구를 위한 첫 번째 단계가 기본적 욕구(생리적 욕구, 안전의 욕구 및 재정적 욕구)를 만족시키는 것이라는 데에는 일반적으로 동의한다. 그러나 이러한 하위욕구나 물질적 욕구에 부가하여 인간은 자존심, 사회관계 및 자아실현과 같은 보다 고차원적인 욕구를 지니고 있다(Maslow, 1943). 이는 경제적 만족이나 기타 기본적 욕구의 만족은 행복 추구의 한 단면에 불과하다는 사실을 의미한다. 왜냐하면 행복의 추구란 경제적 · 물질적 그리고 다른 기본적 욕구만족에 의하여 충족되지 않기 때문이다.

한편 근로자가 자신의 직무에서 만족을 느끼는 조건은 보상의 개념으로 설명될 수 있는데, 내적 보상이 부여되지 않는 노동에 종사하는 근로자는 직무의 외적 측면을 강조하거나 직무의 내적 측면의 가치를 부정함으로써 내적 보상의 박탈감을 보상받으려 한다(Iso-Ahola, 1980).

Renwick와 Lawler(1978)에 의하면 근로자는 다음과 같은 여섯 가지 직무 특성에 따라 순차적으로 직무에서의 만족감을 느낀다고 한다.

① 자신에게 유익한 일을 할 수 있는 기회
② 가치 있는 무엇인가를 달성할 수 있는 기회
③ 새로운 것을 배울 수 있는 기회
④ 자신의 기능과 능력을 계발할 수 있는 기회
⑤ 직무에 대한 재량권
⑥ 자신이 최선을 다해 일할 수 있는 기회

Iris와 Barrett(1972)는 자신의 직무를 중요하게 인식하는 근로자일수록 노동행위, 가정생활, 여가에 대하여 보다 큰 만족감을 느낀다고 보고하고 있다.

이상과 같이 직무만족은 노동에서의 금전적 · 물질적 보상과 직무에 대한 흥미도 그리고 노동 이외의 여가나 사회체육활동 등을 통하여 유지 · 보상되고, 내적으로 동기유발된 직무에 의해 그 수준이 결정되며, 이것이 곧 삶의 질을 향상시키고 행복을 추구하려는 생활만족에 영향을 미친다고 할 수 있다(임번장 외, 1993a).

지금까지의 관련 연구결과를 종합하면 노동이 내재적으로 동기유발될 수 있다면 노동은 개인의 삶에 의미 있는 활동이 되며 사회체육활동과 같은 여가활동도 이와 동일한 결과를 보임으로써 내재적으로 동기화된 노동과 사회체육은 생활만족과 행복의 주요 근원이 된다는 점을 강조하고 있다.

따라서 지금까지의 관련 연구결과에 의하면 여가의 전형적인 활동 유형인 사회체육활동이 직무만족에 영향을 미치고 있음이 경험적으로 입증되었다. 특히, 직무만족은 직무에 대한 내적 동기유발과 외적 보상에 의하여 결정되는데, 능동적인 여가나 사회체육활동 참가를 통하여 보다 공고히 다져진다고 할 수 있다.

4) 사회체육과 생산성 향상

인간사회는 다양한 사회관계와 사회과정을 겪으면서 끊임없는 변화와 질서의 재편을 요구하고 있다. 특히 현대사회는 사회복지의 정착과 사회병리 현상의 해결을 모색하려는 노력을 통하여 새로운 사회질서를 구축하고 있는데, 이는 현대사회의 실질적 지배 사조인 자본주의와 민주주의에 기초한다. 노동력의 상품화를 원칙으로 하는 자본주의 경제체제하의 산업화 과정은 풍요로움의 원동력으로서 생산성 향상을 강화하고 생산성 제고를 위한 과학기술의 개발 및 확대 그리고 완전고용과 지속적인 경기 호황을 조정 · 유도하려는 국가의 계획적 기능 강화를 요구함으로써 생산성 향상은 현대사회에 있어서 생활 및 생존의 중심적 기축원리로 간주된다. 결국 현대사회를 지탱하는 자본주의와 민주주의는 생산성을 기초로 문제의 제기와 해결을 모색하고 있으며 이러한 현상은 생산성의 핵심 주체인 개별 기업을 중심으로 더욱 확대되어 가고 있다.

따라서 현대사회의 주요 생활영역으로 정착되어 가고 있는 사회체육과 핵심적인 생활철학인 생산성 향상은 사회구조 및 사회발전의 맥락에서 의미 있는 연관성을 지니고 있다고 하겠다. 사회체육과 생산성 향상의 관련성은 최근의 직장체육활동의 효과에 대한 연구 결과와 직장인의 체육활동을 통한 생활만족의 추구 그리고 국민체육진흥법에 규정된 직장체육의 활성화 시행규칙 등을 통하여 입증되고 있다.

이미 지적한 바와 같이 사회체육의 기능 및 역할은 생산성 향상에 영향을 미치는 직무의욕과 직무만족 그리고 생활만족과 상호 역동적인 관련을 맺고 있음을 알 수 있다. 즉, 사회체육과 생산성의 관련성은 크게 세 가지 측면에서 살펴볼 수 있다.

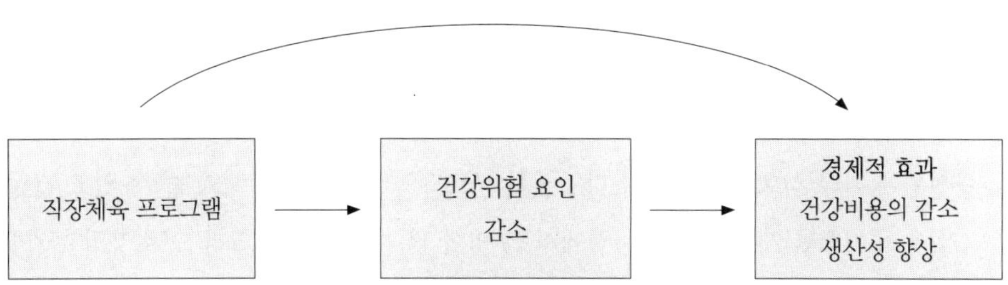

출처: 체육과학연구원(2005). 『직장체육 현황 및 경제적 효과 분석』.

그림 4-3. 직장체육의 경제적 효과 모형

① 사회체육은 일차적으로 건강과 체력의 관리 및 유지를 향상시켜 직무의욕을 제고하고 여가 활용 기회의 제공, 적극적인 생활태도의 함양, 노동에서의 긴장 및 갈등의 순화, 근로자 간의 인간적 유대 강화 등을 도모함으로써 생산성 향상에 긍정적 영향을 미친다.

② 사회체육은 직무만족감을 고양시키는 데 중요한 역할을 수행하여 직무에서의 성취감 및 보상욕구를 충족시킴으로써 근로자의 노동생산성을 향상시킨다.

③ ①과 ②에서 논의된 사회체육의 직무에 대한 영향력을 바탕으로 사회체육은 모든 생활영역, 특히 근로 현장에서의 생활만족에 총체적으로 영향을 미침으로써 생산성 향상에 기여하게 된다.

생산성이란 산출물을 생산요소(노동, 자본, 토지, 조직)의 하나로 나누어 얻어진 몫이다. 따라서, 생산성은 생산요소와 이에 의하여 만들어지는 생산물과의 상대적인 비율로서 산출(output)/투입(input)의 등식으로 나타낼 수 있다. 일반적으로 생산성이라 함은 노동생산성을 의미하는데, 노동생산성의 향상은 기업가에게 이윤증대의 효과를 가져다 주기 때문에 노동조건과 기업복지를 증대시킴으로써 노동자의 사기를 제고시켜 결과적으로 더 큰 노동생산성을 창출할 수 있게 상승시켜 준다(임번장, 1993a).

노동생산성에 영향을 미치는 요인에는 여러 가지가 있는데, 체육활동의 경우도 현대 산업사회에서 생산성 향상과 밀접한 관계를 지니면서 매우 큰 역할을 담당한다. 왜냐하면, 사회체육은 여러 가지 측면에서 근로자의 사기를 진작시켜 줄 뿐만 아니라, 생산성을 유지하고 향상시키는 중요한 요소로 평가받고 있기 때문이다.

이러한 측면에서 생산성 향상에 대한 사회체육의 역할을 다음과 같이 제시할 수 있다(임번장 · 이성철, 1993).

① 산업화의 진전으로 대량생산이 가능해진 현대사회에서 여가시간이 증가하고 소비 수준이 향상됨에 따라 사회체육은 보다 다양해진 근로자의 요구를 충족시켜 줄 수 있고 건전한 여가활용의 기회를 제공해 준다는 점에서 그 역할 및 가치가 매우 크다. 근로자의 여가활동은 기계화와 자동화의 피해로부터 건강을 지키고 노동에서 오는 긴장, 피로, 고립감, 단조로움으로부터 벗어나 자기계발 및 자아실현을 구현할 수 있는 기회를 제공함으로써 보다 능동적이고 생산적인 사회성원으로 참여하는 계기를 마련해 주는 재창조적 활동이다. 따라서

여가시간의 건전한 활용은 사회발전의 잠재 가능성을 결정하기 때문에 사회체육을 통한 여가활용은 노동의 재생산뿐만 아니라, 사회질서와 구조를 유지하는 데에도 중요한 역할을 담당한다.

② 기계화와 자동화는 신체활동 기회를 제한하여 건강과 체력의 감소를 가져 왔다. 신체적으로 건강하지 못한 노동자는 자신에게 주어진 과업을 제대로 수행할 수 없을 뿐만 아니라, 항상 소극적인 태도로 노동에 종사하게 된다. 사회체육은 노동자들에게 신체활동의 기회를 제공하여 건강 및 체력 증진을 도모함과 아울러 질병으로 인한 결근과 휴직률을 감소시켜 보다 적극적인 직장생활을 영위할 수 있도록 유도함으로써 생산성 향상에 크게 기여한다.

③ 노동형태의 분업화와 전문화로 인하여 작업이 단순화됨에 따라 현대인은 정신적 스트레스와 긴장에 시달릴 뿐만 아니라, 노동에 있어서 인간소외 현상을 경험하게 되었다. 근로자의 정신적 피로와 긴장 및 고립감은 생산성 저하의 주된 요인으로 작용하기 때문에 노동으로 인한 정신적 갈등을 순화할 수 있는 기회가 제공되어야 한다. 사회체육활동은 격렬한 대근활동 · 적대감 · 공격성의 발산 등을 통하여 인간의 본원적 욕구인 활동욕구 및 근원적 성향을 해소할 수 있는 기회를 제공하고 생산활동으로부터 오는 심리적 긴장과 갈등을 정화시키는 데 긍정적인 영향을 미침으로써 근로자에게 심리적 안정과 내적 성취동기를 부여하며, 그 결과 의욕적으로 직무를 수행케 하여 생산성을 향상시킨다.

④ 현대 산업사회의 합리성과 전문성에 대한 지나친 강조로 인하여 현대인은 정서적 기아에 시달리고 있으며 보다 인간적인 상호 관계의 구축을 갈망하고 있다. 또한 직장의 규모가 비대해지고 직종이 분업화됨에 따라 동일한 직장 내에서 근무함에도 불구하고 심각한 노동 소외현상을 겪게 되어 인간관계의 개선이 요구되기에 이르렀다. 사회체육은 현대사회의 특징인 자기중심적이고 이해타산적인 속박에서 벗어날 수 있는 기회를 제공하여 주며, 사회체육 참가를 통하여 자연스러운 상호 인간관계를 창출해 냄으로써 노동자 간의 인간적 유대를 강화시켜 줄 뿐만 아니라, 노동에 있어서 화합된 단결을 유도하여 생산성 향상에 긍정적인 영향을 미친다.

결론적으로 사회체육은 노동시간 단축과 관련한 여가시간의 활용, 운동부족으로 인한 체력의 저하, 인간 소외 및 노동 소외의 현상, 그리고 인간관계 개선 등의 측면에서 긍정적인 영향을 미침으로써 노동에의 집중력을 강화시켜 결과적으로 생산성을 향상시킨다고 할 수 있다. 그러나 사회체육은 보다 윤택한 삶의 질을 추구하기 위한 노력의 과정이라고 볼 수 있기 때문에 기업은 단지 생산성 향상에만 집착할 것이 아니라, 기업복지 및 사회윤리의 차원에서 근로자로 하여금 사회체육활동에 자율적이고 적극적으로 참여할 수 있도록 다양한 대책을 강구하여야 할 것이다.

한편 생산성 향상을 위한 사회체육 활성화의 사례를 알아봄으로써 사회체육과 생산성 향상의 관계를 보다 구체적으로 살펴볼 수 있다(임번장, 1993a).

현대사회가 복잡한 고도 산업사회의 시대로 접어들면서 신체 및 정신 건강에 대한 근로자의 관심 소홀, 노사간 갈등의 첨예화, 빈번한 결근, 직장 동료 간의 불신감 팽배, 업무로 인한 스트레스의 가중, 근무 태만, 무기력, 부정적인 사고와 같은 다양한 병리적 현상이 초래되고 있을 뿐만 아니라, 이로 인하여 생산성이 감소함으로써 노사는 물론 국민경제에 미치는 불이익이 확산되어 가고 있는 실정이다. 이에 따라 국영기업체나 민간기업체에서는 근로자의 건강 및 체력 수준의 향상, 직무에 대한 긍정적인 태도, 증진된 행복감, 건전한 자아정체감 등의 개선에 필요한 다양한 직장체육 프로그램의 중요성이 점차 높게 인식되고 있다. 미국의 경우 많은 기업이 생산성에 상당한 영향을 미치는 근로자 건강 유지비용의 과다 지출과 퇴행성 질환으로 인한 근로자 사망률의 증가 등에 대한 대안을 마련하기 위하여 다양한 체력육성 프로그램을 개발하여 시행하고 있다. 기업의 경제적 측면에서 근로자의 퇴행성 질환, 고혈압, 요통, 비만, 심장질환 등으로 인하여 기업체가 부담하여야 할 각종 건강 관련 부문에 대한 지출이 해마다 증가하고 있다. 더욱이 조기 퇴직, 조기 사망, 조퇴 및 결근, 퇴직 사원 충원 등으로 인한 추가 부담 비용은 연간 수익에 막대한 손실을 가져오고 있으며 산정하기 어려운 잠재적 손실까지 감안한다면 근로자의 건강 수준을 향상시키기 위한 운동 프로그램의 시행인 직장체육 활성화는 기업의 생산성 향상에 중대한 영향을 미치는 요인이라는 점은 재론의 여지가 없는 당위성을 지닌다(임번장, 1993a).

한편 직무에서의 만성적인 피로와 무기력은 산업재해의 위험을 가중하여 사회적 문제를 야기할 뿐만 아니라, 작업 능률과 생산성을 현저히 저하시키는 요인으로 작용한다. 직장체육의 활성화는 이 같은 산업재해의 발생을 예방하고 근로자의 직무의욕을 고취시켜 근로자 개개인은 물론 기업 전체의 생산성을 향상시키는 기능을 발휘한다.

그리고 직장체육의 활성화는 근로자로 하여금 건전한 생활양식에 적응할 수 있는 생활의 기초를 제공하여 건전한 사고와 적극적인 행동을 촉발하고 능동적인 근로행위를 진작시켜 생활만족과 생산성 향상을 가져오게 한다. 마지막으로 직장체육의 활성화를 통하여 사회체육 프로그램을 평생의 과업으로 인식하도록 함으로써 평생체육의 기틀을 마련하여 궁극적으로 사회 전반의 사회적 생산성을 기대할 수 있게 된다.

따라서 산업현장 및 직장에서의 사회체육 활성화는 건강한 노동자원 확보의 측면뿐만 아니라, 능동적이고 적극적인 직무의욕과 직무태도를 앙양시킬 수 있는 노동 재생산 과정에 기여함으로써 노동생산성의 증대는 물론 궁극적으로 복지사회의 이념 달성을 위한 사회적 생산성을 제고시키는 데 크게 공헌한다고 할 수 있다.

| 요약 |

노동은 인간의 생태적 · 본능적 활동임과 동시에 일반적으로 목적의식을 지닌 능동적 행위로 규정되어 왔으며, 현대사회에 이르러서는 자본 가치를 지닌 재화와 용역의 생산을 위한 수단으로 여겨지고 있다. 노동을 통해 현대인은 자아의 실현과 사회적 인정을 획득하고 나아가 노동과정을 통하여 직무와 생활 만족감을 성취한다.

노동과 사회체육은 노동시간의 감소, 소비욕구의 증가 그리고 여가활용 기회의 확대 등으로 인해 상호간 밀접한 관계를 형성해 왔다. 사회체육을 통하여 노동에서 오는 불만족을 보상할 뿐만 아니라, 노동의 여러 가치를 더욱 확대 · 재생산하기도 한다. 또한 노동과 사회체육의 상호 관련성은 시대적 특성에 따라 노동보다는 사회체육 중심의 정신적 · 신체적 욕구 충족에 큰 비중을 두는 경향성을 띠고 있다. 노동현장에서 사회체육활동의 기회를 제공하는 기반으로는 근로시간, 동료 근로자, 고용주 등의 요인이 있으며, 이들 요인은 사회체육활동에 긍정적 또는 부정적 영향을 미치고 있다.

사회체육은 일차적으로 건강과 체력을 유지 · 증진시킴으로써 직무의욕을 제고시킨다. 또한 여가활용 기회 제공, 적극적인 생활태도 함양, 노동에서의 긴장 및 갈등 순화, 근로자 간의 인간적 유대 강화 등을 도모하여 생산성을 향상시키는 기능을 발휘한다. 뿐만 아니라, 사회체육은 직무만족감을 높여 근로자의 생활만족에 기여하기도 한다. 한편 사회체육 참가를 통하여 얻어지는 이와 같은 노동성취도와 만족감은 다시 특정 개인의 사회체육활동에 영향을 미친다는 점에서 노동과 사회체육은 상호 유기적 관계를 형성하고 있다. 따라서 노동과 사회체육은 개인의 욕구와 사회적 가치에 따라 다양한 형태와 의미를 지니면서 상호간에 밀접한 영향을 미친다고 하겠다.

| 주요 개념 |

고용주	관료화	근로소득
기술성	노동	노동생산성
노동성취도	노동시간	노사관계
동료 근로자	보상이론	상품성
성취성	역할군	응집성
자유선택적 속성	자유재량성	직무만족
직무의욕	직장체육	확산 이론
훈련성		

| 연구 문제 |

1. 노동과 그 유사개념의 예를 들고 각 개념에 대하여 알아보자.
2. 현대 산업사회에서 노동의 특성에 대하여 알아보자.
3. 현대사회에서 노동 윤리를 고양하기 위한 노동의 의미를 알아보자.
4. 노동과 사회체육과의 관계를 이해하는 데 수반되는 세 가지 이론적 접근에 대하여 알아보자.
5. 노동이 사회체육에 미치는 영향에 대하여 알아보자.
6. 사회체육이 노동에 미치는 영향을 생산성 측면에서 살펴보자.
7. 직무만족과 사회체육과의 상호관계를 내적 측면과 외적 측면으로 나누어 살펴보자.

참고문헌

김광득(1990). 『현대여가론』. 서울: 백산출판사.

김범식(1989). 「스포츠의 직접 참여가 직장인의 직무만족에 미치는 효과」. 『한국체육학회지』 28(1): 103-127.

박동준(1991). 『현대 한국사회의 윤리적 쟁점』. 서울: 한국정신문화연구원.

이호대(1986). 「운동 참여에 따른 직무만족도의 관계 연구」. 석사학위논문. 서울대학교 대학원.

임번장(1985b). 「직장인의 여가와 사회교육」. 한국지역사회후원회. 『제3차 사회교육 심포지엄: 여가와 사회교육』(pp. 40-45).

______(1993a). 「생활체육의 활성화와 생산성 향상」. 한국체육학회. 『제31회 체육주간기념 제12회 국민체육진흥세미나 자료집』(pp. 33-48).

임번장 · 이성철(1993). 「근로자의 여가만족 및 직무만족과 생활만족의 관계」. 『서울대학교 체육연구소 논집』 14(1): 25-34.

임번장 외(1993a). 「직장체육활동 효과에 관한 연구」. 『한국스포츠사회학회지』 1: 27-49.

체육과학연구원(2005). 『직장체육의 현황 및 효과 분석』.

한성일(1983). 「직장체육이 작업 능률에 미치는 실험적 연구」. 『한성일 교수 정년퇴임 기념논문집』.

Argyle, M. (1972). *The social psychology of work*. Baltimore: Pengnim Books.

Bakeman, R., & Helmreich, R. (1975). Cohesiveness and performance: Covariation and causality in an undersea environment. *Journal of Experimental Social Psychology*. 11(5): 478-489.

Daniel, J. V. (1971). *Faculty job satisfaction in physical education and athletics*. Doctoral dissertation, Univ of Illinois, Urbana Champaign, IL.

De Grazia, S. (1962). *Of time, work and leisure*. New York: Twenties Century Fund.

Diener, E. (1984). Subjective well-being. *Psychological Bulletin*, 95(5): 542-575.

Hulin, C. L. (1969). Sources of variation in job and life satisfaction: The role of community and job-related variables. *Journal of Applied Psychology*, 53: 279-291.

Iris, B., & Barrett, G. V. (1972). Some relations between job and life satisfaction and job performances. *Journal of Applied Psychology*, 56: 301-304.

Iso-Ahola, S. E. (1980). *The social psychology of leisure and recreation*. Dubuque, IA: Wm. C. Brown.

____________ (1983). Towards a social psychology of recreational travel. *Leisure Studies*, 2: 45-56.

Ivancevich, J. M., & Lyon, H. L. (1977). The shortened workweek: A field experiment, *Journal of*

Applied Psychology, 62: 34-37.

Kando, T. M. (1980). *Leisure and popular culture in transition.* St. Louis, MO: C. V. Mosby.

Kelly, J. R. (1972). Work and leisure: A simplified paradigm. *Journal of Leisure Research,* 4(1): 56-65.

_________ (1982). *Leisure.* Englewood Cliffs, NJ: Prentice Hall.

_________ (1992). Leisure. In E. Borgotta (ed.). *The Encyclopedia of Sociology* (pp. 1099-1107). New York: Macmillan.

Kelly, J. R., & Godbey, G. (1992). *The sociology of leisure.* Venture Publishing.

Krech, D., & Grutchfield, R. S. (1948). *Theory and problems of social psychology.* New York: McGraw-Hill.

Locke, E. A. (1976). The nature and causes of job satisfaction. In M. D. Dunnette(ed.). *Handbook of industrial and organizational psychology.* Chicago, IL: Rand McNally College Publishing.

Maslow, A. H. (1943). A theory of human motivation. *Psychological Review,* 50: 370-396.

Mayer, A., & Ruby, M. (1977). One firm's family. *Newsweek,* 21: 82-84.

Morgan, T. D. (1974). *An investigation of the factors influencing job satisfaction-dissatisfaction of physical education and athletic personnel in selected small liberal arts college.* Doctoral dissertation, University of Illinois at Urbana Champaign, IL.

Murphy, J. F. (1981). *Concepts of leisure* (2nd ed.). Englewood Cliffs, Nj: Prentice-Hall.

Nash, J. B. (1970). *Philosophy of recreation and leisure.* Dubuque, IA: Wm. C. Brown.

Parker, S. R. (1971). *The future of work and leisure.* NY: Praeser.

Renwick, P. A., & Lawler, E. E. (1978). What you really want from your job. *Psychology Today,* 11(May): 53-65, 118.

Rigauer, B. (1981). *Sport and Work,* Trans. by Allen Guttmann. New York: Columbia University Press.

Schrank, R. (1978). How to relieve worker boredom. *Psychology Today,* 12(July): 79-80.

Wilensky, H. (1960). Work, careers and social integration. *International Social Science Journal,* 4: 21.

제II부
사회체육의 영역

사회체육은 신체적 건강뿐만 아니라, 정신적 건강의 유지 및 증진, 나아가 원만한 사회성 함양에 근본 목적을 두고 있다는 점에서 지역사회 주민과 함께 직장인이나 일반대중의 생활조건 및 복리증진에 우선적으로 기여하는 사회 부문이라 할 수 있다. 오늘날 사회체육 참가에 대한 수요가 급증하면서 사회체육활동은 다양한 영역에 걸쳐 전개되는 양상을 보이고 있는데, 이는 결과적으로 사회체육의 영역을 확대시켜 줌과 동시에 사회체육을 전문화 · 세분화시키는 요인으로 작용하고 있다.

사회체육의 영역은 전개공간이나 제공기관에 따라 지역사회체육, 직장체육, 상업체육으로 나눌 수 있다. 사회체육의 영역은 서로 이질적인 활동을 내용으로 삼아 전개되는 단절된 양태가 아니라, 상호 밀접한 관련을 맺으면서 전개 · 발전하는 속성을 지니고 있다. 따라서 사회체육이 이상적인 모습으로 발전하기 위해서는 지역사회체육, 직장체육, 상업체육 등의 사회체육 하위영역이 서로 밀접한 연계성을 지니면서 균등하게 성장 · 발전되어야 한다. 이를 위하여 사회체육의 학문적 영역에서는 사회체육의 총체적 발전 모형을 구축 · 제시할 필요가 있다.

사회체육의 제반 영역이 발전하려면 사회체육의 각 부문에 있어서 경계의 확대와 동시에 전문화 · 세분화 과정을 필요로 한다. 사회체육의 영역에 있어서 경계의 확대는 기존의 하위영역 이외에 새로운 영역을 개척 · 확장시키는 양적 발전과정을 의미하며, 전문화 · 세분화는 각 하위영역의 내실 있는 발전을 위한 법, 제도, 사회환경과 함께 사회체육 참가 여건을 개선시키는 질적 향상의 과정을 뜻한다.

이 같은 사회체육 각 영역의 발전은 사회체육의 실수요자인 참가자와 공급자인 지도자 및 경영자, 그리고 정부에 대하여 커다란 유 · 무형의 파급 효과를 가져다 줄 것으로 보여진다. 즉, 사회체육 참가자는 운동 참가 여건이 크게 개선되어 보다 많은 참가기회를 획득하게 되고, 사회체육 지도자와 경영자는 사회적 위상 및 직업 전문성 제고와 함께 이윤추구의 극대화 기회를 포착하게 된다. 또한 정부는 사회체육의 활성화를 실현함으로써 국민복지 증진을 위한 정책 완수의 결정적 계기를 마련할 수 있을 것이다.

제2부에서는 사회체육의 영역을 지역사회체육, 직장체육, 상업체육으로 구분하여 이들의 개념, 역할 및 전개양상과 발전방안 등에 대하여 고찰하고자 한다.

제5장 • 지역사회체육

제6장 • 직장체육

제7장 • 상업체육

제5장 |

지역사회체육

지역사회란 지역성과 공동성을 기본 요소로 하며 주민의 대부분이 일상생활의 주요 부분을 영위하는 지리적 생활공간이다. 이러한 지역사회는 고도의 산업화와 도시화의 급격한 사회변동 속에서 개인 및 사회의 가치관, 윤리관 그리고 행위규범에서 혼란을 경험하고 있다. 현대사회의 다양한 개인적 · 사회적 문제를 해결하고 이상적인 지역사회의 발전을 이룩하기 위해서는 주민의 건강증진, 인성개발, 도덕성 함양, 사고예방의 측면과 지역사회의 연대감 조성 등의 기능을 수행할 수 있는 지역사회 체육활동을 활성화시켜야 한다. 지역주민의 자발적인 참여를 전제로 한 체육활동을 통하여 체력 및 건강 증진뿐만 아니라, 건전한 여가문화 창달, 그리고 지역사회의 총체적인 복지증진에 기여하는 효과적인 수단으로서 지역사회 체육활동을 적극적으로 전개해야 할 필요가 있으며, 이는 주로 지방자치단체를 포함한 공공기관이 담당하게 된다.

한편, 지역사회체육은 지역주민을 대상으로 하여 체육활동이 이루어지기 때문에 사회적 측면에서 그 의의가 매우 크다. 다시 말하여, 지금까지 대부분의 체육활동이 학교 및 직장을 중심으로 전개되는 경향이 강했기 때문에 일반주민의 생활 가운데에서 체육이 차지하는 비중은 현실적으로 미약한 실정이다. 그러나 지방자치제 실시에 따른 지방화시대를 맞이하면서 지역주민의 공동체의식 및 연대감 형성에 대한 지역사회의 관심이 고조됨에 따라 이를 도모할 수 있는 지역사회체육에 대한 사회적 요구가 날로 증대되어 가고 있다.

이 장에서는 지역사회체육의 역할 강화와 지역주민의 평생체육 확립을 위한 기본방향 제시 차원에서 지역사회체육의 정의 및 필요성 등에 대하여 개관하고 지역사회 발전에 기여할 수 있는 사회체육의 역할에 대하여 고찰하고자 한다. 아울러 지역사회체육의 현황 및 문제점을 알아보고, 균형적인 체육발전을 도모하기 위하여 농촌과 도시체육의 지역적 특성 및 과제에 대해서 논의하고자 한다. 또한 지방자치제도의 개념과 의의를 알아보고 지역사회체육과의 관계를 모색하며, 마지막으로 지역사회체육 참여 활성화 방안에 대하여 살펴보고자 한다.

1. 지역사회체육의 이해

지역사회체육은 직장체육, 상업체육과 더불어 사회체육의 범주를 구성하는 일 영역이다. 지역사회체육은 사회체육의 타 영역에 비하여 공공성이 두드러진 영역으로서 사회체육활동의 주체인 주민을 비롯하여 환경으로서의 시설, 내용인 프로그램 그리고 활동의 매개체로서 동호인 조직 등이 존치해 있어 사회체육의 근간을 이루는 대표성을 지닌 개념이다.

1) 지역사회의 개념

지역사회(community)는 '지역공동체' 라고도 하는데, 이는 '인구' 나 '생태학' 등의 용어와 같이 생물학적 개념에서 유래한 것으로서, 본래의 의미는 생물의 어떤 종(species)이 일정 지역 또는 공간적으로 집중 분포되어 한데 모여 생활하는 모습을 일컫는다(최창호, 1989). 따라서 지역사회란 지역성과 공동성이 기본요소가 되며, 일반적으로 주민의 대부분이 일상생활의 주요 부분을 영위하는 지리적 생활공간이라고 할 수 있다.

인간의 경우 다른 많은 종류의 생물과는 달리, 일정한 지역이나 공간적 테두리 속에서 단순한 생물적 삶을 살아가는 것이 아니라, 사회적 상호작용의 맥락 속에서 인간관계를 맺으면서 삶을 영위해 나간다. 동물의 경우에도 사회적 공동생활을 영위하는 경우가 있으나, 인간에게서만 특유한 것은 동일한 공통의 문화를 소유하고, 공동생활체에 대한 소속감 또는 정체감 같은 주관적인 사회의식을 공유한다는 점이다.

이와 같은 점에서 볼 때, 지역사회의 광의적 의미는 일정한 지역적 테두리 내에 함께 모여 사회조직을 형성하고 문화를 공유하며 상호 일체감(the sense of identity)을 지니는 삶의 터전이라고 해석할 수 있다(윤이중, 1994: 29). 즉, 지역사회는 성원이 한정된 지리적 영역 내에서 함께 거주하고, 다양한 사회 · 경제 · 정치적 배경을 소유하고 있으며, 개인이나 가정을 중심으로 특수한 활동이나 생산 등의 교환을 매개로 하여 결합된다.

지역사회는 단일한 속성만이 아닌 복합적 요소를 지니는 생활공간으로서, 일반적으로 ① 사람, ② 지리적 공간, ③ 사회적 상호작용, ④ 공동체적 유대의식과 같은 네 가지 요소를 포함하여 정의되고 있으며, 한 장소에 주거를 정하여 삶의 터전을 이루는 정주(settlement, 定住)의 단위를 기초로 정의되기도 한다. 따라서 지역사회는 일정한 지리적 공간에서 상호 의존적 기능의 수행과 관련된 상호작용을 통하여 서로간에 공동의 연대의식을 발전시켜 나아가는 정주생활의 단위라고 볼 수 있다. 결국 지역사회란 일정한 지리적 영역 안에서 공동의 유대를 지니고 사회적 상호작용을 전개하는 인간집단으로 정의할 수 있다.

2) 지역사회체육의 정의

지방자치제 시행과 함께 지방정부의 기능이 강화되면서 지역주민의 지역사회에 대한 관심이 더욱 증대됨에 따라 중앙정부와 지방자치단체는 주민의 사회적 욕구를 충족시킬 수 있는 방편으로서 쾌적한 생활환경 조성, 여가시설 확충, 다양한 여가 프로그램 제공 등을 지속적으로 추진하고 있다. 특히, 대표적 여가활동인 사회체육은 지역주민의 삶의 질을 제고하는 데 있어서 필요충분 조건을 고루 갖춘 활동으로 그 가치를 크게 인정받고 있다.

이와 함께 지역사회는 사회체육시설 및 공간, 프로그램, 지도자 및 행정 서비스를 제공함으로써 지역주민을 위한 사회체육서비스를 점차 확대해 나가고 있는데, 이러한 지역사회체육활동 전개의 주요한 목적은 정부의 지원 · 관리를 통하여 모든 지역주민에게 사회체육활동에 적합한 환경을 제공하는 데 있다(Neumeyer & Neumeyer, 1958). 이러한 측면에서 볼 때, 지역사회체육은 가정체육, 학교체육, 직장체육과 함께 체육활동이 이루어지는 장소 및 위치에 기초한 공간적 체육요소인 지역사회와 활동의 주체에 기초한 인적 체육요소인 지역주민의 복합 개념으로 규정할 수 있으며, 이를 운영 · 관리하는 주체는 주로 지방자치단체를 포함한 공공기관이 된다.

따라서 지역사회체육은 성, 연령, 교육수준, 사회경제적 지위, 출신성분, 종교 및 거주환경이 상이한 주민의 자발적 참여를 통하여 주민 개개인 간의 유대를 가장 효과적으로 연결하여 주는 매개체 역할을 발휘하며 사회적 연대의식을 창출하는 공동체 활동으로서, 지역사회 내에서 지방자치단체 및 공공단체 주관하에 이루어지는 공공적 성격의 체육으로 정의할 수 있다.

3) 지역사회체육의 기능 및 특성

지역사회체육은 지역 주민의 자발적인 참여를 전제로 한 체육활동을 통하여 건강한 지역사회 주민의 육성, 건전한 여가문화의 창달, 그리고 지역사회의 총체적인 복지증진에 기여하는 효과적인 수단이 된다는 점에서 지역사회 발전의 중요한 지표가 되며 다음과 같은 여러 기능과 역할을 지니고 있다.

① 건강증진: 지역사회체육은 지역주민에게 다양한 신체활동 프로그램을 제공함으로써 건강의 유지 및 증진을 도모한다. 지역사회체육은 참가자로 하여금 건강 및 체력증진, 자아실현, 그리고 삶의 조건 및 기회 확대 등의 가치를 부여함으로써 지역주민의 건강 및 복지를 증진시키는 사회활동의 하나로 평가받고 있다(임번장, 1995c: 18). 특히 사회체육활동은 기쁨과 행복을 경험할 수 있는 내재적 동기를 기본 전제로 하고 있으며, 활동 그 자체가 인간으로 하여금 자유 향유, 자기 계발 및 창의적인 능력 발현을 두루 경험할 수 있도록 구성되어 있기 때문에(이종영, 1992: 5) 오늘날 웰빙(Well-being) 시대에 있어서 삶의 질 향상에 기여하는 바가 매우 큰 활동으로 간주되고 있다.

② 위락 제공: 여가시간에 행할 수 있는 마땅한 오락거리가 없는 지역주민에게 사회체육활동을 통하여 즐겁게 여가를 선용할 수 있는 기회를 제공한다(Kraus, 1978).

③ 사회선도: 지역사회체육은 복잡한 사회생활에서 기인하는 공격성, 적대감, 긴장감 등을 해소시키고 반사회적 행동요소를 건설적 · 긍정적 방향으로 전환시킴으로써 밝고 건전한 사회분위기를 조성한다(Kraus, 1978). 즉, 지역사회체육활동은 여가시간을 건설적 · 교육적으로 선용할 수 있는 기회와 무대를 제공함으로써 각종 사회병리 현상을 예방 · 치료하고 건전한 사회풍토를 조성하는 데 기여한다(임번장, 1995c).

④ 사회교육: 지역사회체육은 지역사회 청소년 및 성인에게 다양한 학습 기회를 제공하여 지역주민의 교육욕구를 충족시켜 줄 뿐만 아니라, 건전 지역문화 창달, 지역복지의 증진 및 지역사회 발전의 촉매 역할을 담당한다(Kraus, 1978).

⑤ 지역사회 통합: 지역사회체육은 이질적인 개인 유기체를 공동체로 융화 · 화합시키는 역할을 발휘한다. 즉, 성, 교육의 정도, 사회경제적 지위, 출신 성분 및 종교가 서로 상이한 이질적인 개인들로 구성된 사회를 하나로 결속시켜 사회적 연대의식을 창출하는 기능을 발휘한다. 특히 지역사회체육은 체육활동을 통한 상호 교류 및 친선의 장을 제공함으로써 지역주민 간의 우호관계 및 일체감 형성에 크게 기여한다(Bucher, Shivers, & Bucher, 1984). 지역사회 내의 각종 생활체육 동호인 단체 및 조직은 이와 같은 역할을 담당하는 대표적인 주관자로 평가받고 있다.

⑥ 지역사회 개발: 지역사회체육은 시설을 확충하고 환경을 개선하는 사업을 추진하는 과정

에서 지역사회의 개발을 촉진시키는 효과를 가져온다. 즉, 지역주민의 생활체육 진흥 및 각종 경기대회 개최를 위해서 중앙정부나 지방자치단체는 체육시설 설치, 환경정비 및 개선, 낙후지역 개발, 도시공간 정비 등의 각종 사업을 추진함으로써 사회환경 전반에 걸쳐 획기적인 개발 및 발전효과를 유발한다(임번장, 1995c: 21). 특히, 지역사회체육을 매개로 하여 설립 · 구성된 지역단위의 체육관련 기관 및 단체 그리고 생활체육 동호인 조직은 지역사회의 공공문제 및 봉사활동에 능동적으로 참여함으로써 해당 지역사회의 발전에 직 · 간접적으로 기여한다.

한편, 지역사회체육은 다른 체육 영역과 비교하여 다음과 같은 두드러진 특성을 지니고 있다(Butler, 1959).

① 민간단체 주관의 영리를 목적으로 하는 상업체육보다 저렴한 비용으로 지역주민에게 제공되는 체육서비스다.
② 빈곤계층 등 소외집단을 포함한 모든 지역주민에게 건전한 사회체육 참여 기회를 제공하는 공공체육서비스의 성격을 지닌다.
③ 지역사회 체육정책을 담당하는 기관인 지방정부가 주로 사회체육에 요구되는 충분한 공간, 시설, 재원 및 기타 행정지원 서비스를 확보 · 제공할 수 있기 때문에 지방정부의 역할이 중요하다.

4) 지역사회체육의 필요성

현대사회는 인간소외의 시대로 지칭되고 있다. 즉, 기계문명이나 교통수단, 편의기구의 보급 및 발달로 인한 신체활동의 부족, 노동의 분업화 · 자동화로 인한 자아실현 기회의 상실, 고독한 군중으로서 느끼는 소외감 등이 사회 전반에 걸쳐 팽배해 가고 있다. 뿐만 아니라, 개인주의, 집단이기주의 등으로 인한 청소년 비행, 약물 남용, 범죄, 자살과 같은 사회병리현상이 중요한 사회문제로 대두되고 있다.

이와 관련하여, Butler(1959: 14-20)는 사회변화를 가져오는 요인인 대도시의 발달, 가정환경의 변화, 전문화 및 자동화, 인구 증가, 경제성장, 기술 발달 등이 지역사회체육의 발전을 가져온다고 지적하였다.

이러한 사회적 상황을 배경으로 하여 전개되는 지역사회체육은 다음과 같은 측면에서 필요성이 제기되고 있다(Kraus, 1978: 329-330).

① 모든 연령층 및 사회 · 경제적 계층의 지역주민을 위하여 즐겁고 유익한 사회체육 참여 기회를 제공함으로써 삶의 질을 향상시킨다.
② 지역주민으로 하여금 다양한 사회체육활동을 경험케 함으로써 신체적 · 정서적 · 사회적 성장 및 발달을 도모한다.
③ 지역사회의 물리적 환경을 개선하고 공원, 녹지 공간 등을 보존케 함으로써 지역사회를 보다 살기 좋은 자연친화 공간으로 조성한다.
④ 지역사회 청소년들에게 바람직하고 건전한 사회체육 프로그램을 제공함으로써 비행, 약물 남용, 알코올 중독 등과 같은 반사회적 또는 파괴적 여가활용을 최소화하거나 방지한다.
⑤ 정신지체자나 신체장애인 등 지역사회 소외계층에게 양질의 사회체육 프로그램을 공급하거나 접근을 허용함으로써 이들의 활동 욕구를 충족시킨다.
⑥ 특정 지역의 각종 사업이나 프로그램의 자원봉사 서비스에 참가할 수 있는 기회를 제공하여 지역주민의 긍지, 사기 및 지역 연대감을 조성하여 지역사회 공동체 의식을 고양한다.
⑦ 사회적 배경, 생활환경 등이 서로 다른 지역주민 간의 인간관계를 개선하며, 상이하고 다양한 생활양식을 포용할 뿐만 아니라, 인간의 존엄성을 중시하는 가치관을 배양한다.
⑧ 체육 산업의 성장과 지역사회 체육 관련 소비 촉진, 스포츠 행사 개최 및 쾌적하고 안전한 지역환경을 조성함으로써 거주지 개발을 촉진시켜 지역사회의 경제적 부가가치를 높여준다.
⑨ 지역사회에서 행해지는 야외 체육활동 가운데 특히 위험성이 높은 수상 및 고속주행 종목(자전거 · 인라인스케이트 등)의 활동을 통제 · 규제하고 안전수칙을 제정 · 교육함으로써 지역사회의 안전의식을 높인다.
⑩ 체육 관련 환경보호활동을 전개함으로써 지역사회 환경보호에 대한 관심을 유도한다.

이와 같이 지역사회체육은 광범위하고 다양한 목적을 지닌 활동으로서 지역사회와 주민의 복지증진을 위해 제공되는 총체적 서비스이며, 도시화, 인구 증대, 경제성장, 기술 발달 등과 같은 현대사회의 변화 요인에 의하여 발생하는 지역주민의 신체적 · 정서적 · 사회적 욕구를 충족시키는 데 가장 적합한 활동으로서 그 필요성이 점차 높아져 가고 있다.

2. 지역사회 발전과 사회체육

지역사회의 존재는 주민의 생활기회 확대, 생활양식의 다양화 및 삶의 질 향상을 전제로 하여 성립하는데 사회체육은 지역사회를 구성하는 개인, 집단 그리고 전체 지역사회를 위해 위와 같은 역할을 발휘하여 지역사회를 발전시키는 기능이 있기 때문에 지역사회 주민으로부터 필요성을 인정받고 있다.

1) 지역사회 발전의 의미 및 기본 요건

지역사회 발전의 정의는 학자와 현장 실무자 간에 약간의 견해 차이가 있으나 대체로 그 의미는 일정 지역 내 주민이 생활 개선과 향상을 위하여 집단적 또는 개별적 계획을 수립하고 이를 실천 · 수행하는 사회발전의 일환이라 할 수 있다. 또한 지역사회 발전과 유사한 개념으로서 UN이 규정한 지역사회 개발은 지역사회의 경제적 · 사회적 · 문화적 제조건을 개선하고 지역사회를 국가 생활에 통합하여 지역사회가 국가 발전에 기여할 수 있도록 촉진한다는 목적하에 주민 자신의 노력이 정부 당국의 노력과 결부되는 과정을 의미한다(신윤표, 1992: 26).

이상과 같은 개념을 토대로 하여 지역사회 발전 또는 개발의 기본 요건을 살펴보면 다음과 같다. 첫째, 일정 지역 내에 소단위 사회의 지역주민이 그들의 공통욕구를 해결하기 위한 자주적 노력이 선행되어야 한다. 둘째, 지역주민이 인적 · 물적 제자원을 공동으로 투자하여 협동과 창의성에 의해 효율적으로 활용함으로써 복지사회운동을 전개하여야 한다. 셋째, 주민의 자체 재정능력으로 해결하지 못하는 사업에 한하여 최소한의 외부 기술 및 행 · 재정적 지원을 받아 지역공동체 사업의 목표와 생활향상 목표를 달성하려는 사회개선의 노력이 요구된다(신윤표, 1992: 28).

따라서 지역사회 발전은 위의 세 가지 기본 요건을 구비하여 일정 지역단위에서 지역주민의 공동 노력으로 지역사회의 인적 · 물적 자원을 개발, 활용함으로써 주민 개개인 또는 전 구성원이 복된 삶을 영위하고, 그들의 경제적 · 사회적 · 문화적 활동의 공동체적 기본 단위가 될 수 있도록 해당 지역사회를 변화시켜 가는 과정이라 할 수 있다.

2) 지역사회 발전과 사회체육의 관계

지역사회 발전의 틀은 지역사회가 보유하고 있는 자원을 보다 생산적으로 개발하고 활용하여 지역주민에게 보다 행복한 삶을 제공함으로써 이루어질 수 있다. 따라서 지역사회 발전의 목표는 제한된 자원을 바탕으로 조직적인 발전체계를 구축하여 개인 및 사회 관계에서 개개인의 잠재능력을 계발함은 물론 지역사회와의 원만한 조화를 통하여 삶의 질을 제고하는 데 있다.

한편, 지역사회에서 행하여지고 있는 사회체육은 지역주민의 자발적인 참여를 통하여 건강한 사회성원 육성, 건전한 여가문화 창달, 그리고 지역사회의 총체적 복지증진에 기여하는 효과적인 수단이 된다(임번장, 1987)는 점에서 지역사회 발전의 의미와 공통적 특성을 지니고 있을 뿐만 아니라, 그 발전과 개발을 가늠하는 중요한 요건이 된다.

앞서 언급한 지역사회 발전의 개념에서 그 구성요인은 일정한 지역, 자주정신, 참여의식, 주민복지 등이다(임주현, 1987). 사회체육 역시 일정한 지역이나 직장을 기초로 하여 자발적인 참여를 통해 주민의 신체적 · 정신적 · 사회적 복지를 추구하는 신체활동이기 때문에 지역사회 발전과 사회체육의 개념을 구성하는 기본 요소로서 지역, 자주, 참여, 복지 등이 상호 유사한 공통 개념으로 발견된다.

이와 같이 지역사회 발전과 사회체육은 상호 유사한 개념을 공유하는 밀접한 관계로서 몇 가지 공통적 기능을 지닌다. 그 주요 기능은 첫째, 지역주민의 민주주의 교육실천 및 평등화 실현, 둘째, 지역주민의 자치의식 및 능력 제고, 셋째, 지역주민의 복지증진 추구, 넷째, 지역사회 공동체의식 제고, 다섯째, 지역사회 개발 촉진, 여섯째, 건전 사회기풍 조성 등이다.

이상과 같이 지역사회 발전과 사회체육의 관계를 규명하기 위하여 이들의 개념과 공통적인 기능을 살펴본 결과, 지역사회 발전과 사회체육은 상호 의존적 · 보완적 관계에 놓여 있음을 알 수 있다.

3) 지역사회 발전과 사회체육의 역할

사회체육은 지역사회를 구성하는 개인, 집단 그리고 전체 사회를 위하여 바람직한 역할을 수행하고 있기 때문에 지역사회 주민으로부터 필요성을 인정받고 있다. 여기서는 지역사회 발전에 있어서 사회체육의 역할을 지역사회 발전과 사회체육의 공통적 기능을 중심으로 살펴보고자 한다.

(1) 민주주의 교육 실천 및 평등화 실현

1975년 EC가 채택한 'Sport for All'의 의미는 민주주의 기본개념인 자유 · 평등의 원리와 많은 부분이 일치되는데, 이는 사회체육이 민주주의 교육 실천 및 평등화 실현에 기여할 수 있음을 상징적으로 시사하고 있다.

사회체육의 주요 영역인 스포츠활동은 누구나 자발적인 참여를 통하여 규칙 준수, 질서의식, 공정성, 협동심 등과 같은 민주시민으로서 갖추어야 할 태도와 자질을 함양하는 교육의 장이자 훈련의 장으로서의 사회교육적 기능을 갖는다(Kraus, 1978). 따라서 사회체육은 지역주민의 민주주의 의식을 함양하고 이를 생활화시키는 역할을 담당한다고 할 수 있다.

사회체육이나 Sport for All은 '평등'을 기본 이념으로 하는 체육의 형태로서 누구나 참가하여 신체적 · 정신적 · 사회적 욕구를 충족시킬 수 있는 국민체육권의 보장 제도라 할 수 있다. 때문에 사회체육은 사회적 · 경제적 평등을 실현하는 하나의 사회계층적 평등화 무대로서 중요한 의미를 지닌다. 이는 사회체육시설을 대폭 확충하여 지역주민 모두에게 저렴한 비용으로 제공한다면 그만큼 주민의 생활수준이 평등화되는 결과를 가져오기 때문이다(홍상우, 1983: 4).

결국 사회체육은 평등주의적 가치를 반영하여 종교, 출신 계층, 교육 수준, 사회적 지위, 경제적 부(富) 등의 사회 · 경제적 배경과는 상관없이 모든 사람에게 균등한 체육활동 참가기회를 제공하고 그 활동을 보장하여 상이한 계층 간의 사회적 상호작용을 증진시킴으로써 사회적 평등을 구현하는 데 기여한다.

(2) 지역주민의 자치의식 및 능력 제고

자치의식이란 개인이나 집단이 자신의 문제를 스스로 해결하려는 의식을 의미한다. 지역사회 발전은 주민의 자치의식이 형성된 기반 위에서 비로소 성취될 수 있는데, 최근 지역사회 주민의 지방자치에 대한 의식수준이 점차 높아져 가고 있는 추세이며, 그 성향과 특성에 있어서도 선진사회 유형에 근접해 가고 있는 것으로 나타나고 있다. 중앙집권하에서의 지방정부는 자활능력과 정체성 등 모든 것을 중앙에 의지하려 하기 때문에 주민의 자치의식을 기대하기란 쉽지 않다. 그러나 현재의 지방자치 시대는 지역문제를 지역주민 스스로가 해결할 수 있는 자치의식이나 능력이 지역사회 발전에 주요 관건이 된다(임번장, 1995d).

사회체육은 학교체육과 달리 지역주민의 자발적인 참가의사를 전제로 활동 욕구나 자아실현 욕구를 충족시키는 체육활동이다. 따라서 사회체육은 지역사회 문제에 대한 관심 및 해결에 요구되는 지역주민의 능동적 참여의식과 자치의식을 제고시키고, 나아가 지역주민 간 화합과 단결을 도모하여 주민 집단의 사회 · 정치적 지위를 향상시키는 데 크게 기여할(윤이중, 1992: 79) 뿐만 아니라, 지역주민의 자치능력을 향상시키는 데 일조한다.

(3) 지역사회 주민의 복지증진 추구

최근 지역사회 발전의 추진 방향은 종래의 물질적인 가치 추구 및 생활의 양적 확대를 지양하고 정신적 가치의 강조, 협동체제 구축, 소득의 다변화, 주민의 건강증진 등을 포함한 삶의 질적 향상 및 복지증진을 중시하는 경향성을 보이고 있다(정세욱, 1984). 실제로 경제 및 사회발전에 힘입어 지역주민의 생활수준과 의식수준이 향상됨에 따라 삶의 질 향상을 위한 요구가 증대하고 있으며, 지역주민의 복지가 지역사회 발전의 핵심 과제로 대두되고 있다.

사회체육은 건전한 체육활동을 통한 모든 지역주민의 정신적 · 신체적 건강 추구를 기본이념으로 하는 점에서 주민의 삶의 질 향상 욕구를 충족시키는 기본조건이 될 뿐만 아니라, 이를 통하여 보다 풍요로운 삶을 향유할 수 있는 바탕을 마련하여 준다(Weiskopf, 1982: 23).

또한 사회체육은 지역주민의 생활조건 및 복리증진에 대한 요구에 효과적으로 부응하는 역할을 담당한다. 복리증진과 생활조건의 가장 기본이 되는 요소는 일반국민의 건강 유지 및 증진이다(임번장, 1989a). 특히 건강에 대한 욕구는 인간의 가장 기본적인 욕구인데, 건강한 주민은 지역사회 발전의 원동력이 되며, 이들의 건강 수준은 특정 지역사회의 발전 정도를 가늠하여 주는 대표적인 지표라 할 수 있다.

(4) 지역사회의 공동체의식 제고

지역사회의 자율권 강화와 민주화는 사회 구성원을 개별화시키며 국가 및 지역사회에 대한 개인의 연대의식 및 집단의식을 약화시키는 부작용을 초래할 수 있다.

이러한 시점에서 사회체육은 상이한 개성과 이해를 지닌 이질적인 개인 유기체를 공동체로 융화 · 화합시키는 기능을 발휘할 수 있다. 우선 사회체육 참가자가 자생동호인 단체나 조직의 구성원이 되거나 클럽 성원이 되도록 하는 것은 사회체육활동에는 참가자 개인을 동호인 단체나 클럽으로 융화시키기에 충분한 인간관계의 결속을 유도하는 요인이 내재되어 있기 때문이다. 따라서 사회체육은 사회경제적 지위, 출신 성분, 성, 교육 수준, 종교 등이 서로 상이한 사회적 배경을 지닌 이질적인 개인들로 구성된 사회를 결속시켜 사회적 연대의식을 창출하는 기능을 담당할 수 있다(임번장, 1995d).

또한 사회체육은 사람들이 사회에서 함께 어울려 생활하며 상호간에 의지하는 감정적 유대를 조성한다. 즉, 사회성원인 개인이 건설적인 양식으로 함께 공존하는 데 필수 요소인 우호적 인간관계를 창출하고 강화시킴으로써 원만한 사회생활을 영위할 수 있는 기회를 제공한다(Bucher, Shivers, & Bucher, 1984: 128). 특히 사회체육은 체육 및 스포츠의 테두리 내에서 상호 신체적 접촉을 강조하기 때문에 서로 다른 가치관과 의식을 지니고 있는 개인이나 세대 간을 가장 효과적으로 연결하여 주는 사회적 연결고리일 뿐만 아니라, 격렬한 신체 접촉과 경기규칙의 준수, 그리고 상대방 인격의 존중을 통하여 대인관계의 지식과 방법을 배우고, 사물을 상대적 관계성 속에서 파악할 수 있는 기회를 제공한다(임번장, 1995d).

(5) 지역사회 개발 촉진

지역사회 개발은 지역사회의 양적 성장과 질적 변화를 포괄하는 가치지향적 창조 과정으로서 물리적 복리증진과 사회정의 구현을 의미하는데, 이러한 물리적 복리증진과 사회정의 구현은 지역사회 발전의 핵심과제가 된다(김경동 · 안청시, 1985). 그중 생활환경 개선 및 정비의 물리적 복리증진은 체육의 지역사회 개발 촉진 기능에 포함될 수 있는 대상이 된다. 즉, 지역단위의 체육활동 관행은 시설의 확충 및 활동의 확산을 통한 지역사회 개발을 촉진하는 기능을 지니는 것이다(임번장, 1995d: 8). 사회체육의 진흥 및 각종 경기대회 개최를 위해서 중앙정부나 지방자치단체는 체육시설 설치, 환경정비 및 개선, 낙후지역 개발, 도시공간 정비 등의 종합사업을 추진함으로써 사회환경 전반에 걸쳐 획기적인 개발 효과를 가져오게 한다.

최근 매년 개최되는 서울국제마라톤대회, 동아국제마라톤대회(경주), 춘천국제마라톤대회, 생활체육 국제친선마라톤대회(부천) 등과 같이 지역단위로 행해지는 국제적 규모의 마라톤대회는 국내 · 외 마라톤선수뿐만 아니라, 생활체육동호인이 대거 참가하고 있어 개최도시의 지역경제 활성화에 많은 기여를 할 것으로 예상된다. 미국의 경우를 살펴보면, 2003년 보스톤마라톤은 공식참가자가 2만 223명, 뉴욕마라톤은 3만 4,729명에 이르러 지역경제 활성화에 이들 대회가 크게 기여하고 있다고 알려져 있다.

한편 해양도시의 경우, 스노클링, 스쿠버다이빙 등 해양 레크리에이션 개발 및 해양스포츠시설을 갖추어 생활체육동호인을 불러모음으로써 지역경제를 활성화할 수 있으며, 내륙지역은 스키 등 동계스포츠 및 레저스포츠 시설을 갖추어 스포츠관광객을 모을 수 있다(김재철, 1999: 76-79). 특히, 최근 스포츠의 메카로 급부상하고 있는 제주도는 새로운 관광수요를 창출하고 지역경제를 활성화하기 위하여 스포츠 및 생활체육 관련 각종 국제대회를 유치하고 있다. 구체적으로는 2007년 세계청소년월드컵축구대회 9경기 개최, 72개국이 참가한 세계보디빌딩대회, 32개국 1,300여 명의 선수 등 5,000여 명이 참가한 제주국제아이언맨대회 등 33개의 국제대회를 유치하였고, 89개에 이르는 각종 전국 스포츠대회를 개최하였다. 또한 전지훈련 캠프로 각광을 받으면서 32개 종목 3,334팀, 6만 3,500여 명이 제주를 찾았다. 2007년 제주도가 유치한 스포츠관광객 수는 35만 명이었으며 3,990억 원의 직접소득을 기록하였다. 2008년에도 120개 국내외 스포츠대회와 전지훈련 유치 등을 통해 스포츠관광객 115만 명과 7,500억 원의 직접소득을 예상하고 있다(제주도정뉴스(2008. 1. 28) [인터넷자료](http://www.jeju.go.kr), 제주투데이(2008. 1. 3) (http://jejutoday.com/news)).

(6) 건전 사회기풍 조성

최근에 이르러 지역주민의 생활양식이 일 중심에서 여가 중심으로 변모함으로써 여가의 활용수단에 대한 필요성이 점차 증대되고 있다. 현대사회에서의 여가란 일로부터 해방된 일하지 않는 시간이라는 종래의 소극적 해석에서 탈피하여 오히려 인간이 그 생존을 위하여 적극적으로 대처하여야 할 실존적인 시간으로 부각되고 있다. 과거에는 의 · 식 · 주가 생활의 주된 관심사였으나 앞으로는 여가의 활용이 인간생활의 기본문제로 제기될 것이다. 이렇게 되면 여가시간의 활용 및 대처가 개인적으로나 사회적으로 매우 중요한 의미를 지니게 될 것이다. 결국 개인적으로는 단조로운 일상생활로부터 벗어나 하루의 피로를 해소하고 내일의 생활설계를 위한 창조적 효용 시간의 개념으로서 여가활용을 추구할 것이다(임번장, 1995d).

대중의 비일상적 욕구가 통제되지 않은 형태로 충족될 때, 그것은 퇴폐 향락적인 대중행락으로 전락하게 되며, 이는 지역사회의 사회풍토 및 생산성을 저해하는 결과를 초래하여, 결국 지역사회의 발전을 저해하는 요인으로 작용할 것이다. 이와 같이 사회적으로 허용된 대중의 비일상적 활동의 추구에 있어서 사회체육은 참가자나 관람자 모두에게 유쾌한 즐거움을 가져다 주는 사회적으로 통제된 주요 여가활동이며, 퇴폐 향락적인 대중행락과는 전혀 다른 건전 여가활동 형태로서 문화적으로 용인된 활동이다(임번장, 1995d).

따라서 사회체육은 지역사회 주민에게 기분전환과 삶의 즐거움을 가져다 주는 신선한 자극제로서의 역할을 담당하게 될 것이며, 지역주민의 자유시간을 건설적 · 교육적으로 선용하는 기회를 제공함으로써 건전한 사회기풍을 조성하는 데 기여할 것이다.

3. 농촌생활과 사회체육

농촌은 사회 구성원의 강한 유대감 및 연대의식, 공통적 관심사 및 직업, 상호 빈번한 접촉 등을 특징으로 하는 지역사회이다. 근래 들어 산업화, 도시화, 교통 · 통신의 발달과 같은 사회변화 요인의 영향으로 농촌주민도 이전보다 많은 여가시간을 향유하게 되었으나, 도시인이 향유하고 있는 수준의 사회체육 자원은 거의 전무한 실정이다. 따라서 농촌지역에도 균등한 생활기회 배분과 삶의 질 제고를 위한 농촌주민의 체육에 대한 관심과 지원이 요청된다.

1) 농촌생활의 이해

농촌이란 도시의 속성을 전제로 하는 상대적 개념으로서 직업적 관점에서 볼 때 일반적으로 농경, 축산업, 양봉업, 과수생산, 임업에 종사하는 사람들이 다수 생활하는 지역사회이다. 농촌은 다음과 같은 여러 측면에서 도시와 구별된다(김현조 · 김석훈, 1991).

① 직업에서는 농민층을 주체로 한다.
② 환경 면에서는 인공적 환경보다 자연환경이 우위를 차지한다.
③ 지역사회의 크기는 동일조건에서 도시보다 작다.
④ 도시에 비해 인구밀도가 낮다.
⑤ 인구의 특성은 사회심리적으로 동질이며 주로 집성촌을 이룬다.
⑥ 사회적 분화와 구성원 계층은 비교적 단순하다.
⑦ 이동성 측면에서는 지역적 · 직업적 및 사회적 이동이 적다.
⑧ 상호작용 형태는 접촉범위가 좁고 일차적인 개인 관계가 많다는 측면에서 도시와 구별된다.

자본주의가 발달하면서 농업의 자본주의화, 기계화 등으로 인해 도시와 농촌의 생활 양식의 격차가 점차 줄어들고는 있으나 아직까지 농촌사회는 다음과 같은 일반적 특징을 지니고 있다(오명근 · 이종수, 1992).

① 봉쇄성: 농촌은 특정 집단이나 외부 사회 간에 물적 · 인적 이동과 접촉이 적다.
② 동질성: 농촌은 주민 구성에 있어 높은 동질성을 보인다.
③ 안정성: 전통적으로 농촌은 친족 중심의 폐쇄성과 자급자족에 의한 생활의 필요가 자체적으로 충족됨으로써 안정성이 확보된다.
④ 비이동성: 농촌사회는 농업을 중심으로 하기 때문에 지역적 이동이 제한된다. 특히 강한 친족 및 가족주의는 혼인에 의한 지역 이동 이외의 의미 있는 이동을 억제시킨다.
⑤ 유대감: 농촌사회는 지역주민에게 강한 유대감을 부여한다.
⑥ 협업: 농촌의 협업은 형식적으로는 금전적 형태를 띠고 있으나, 실제적으로는 두레, 품앗이, 계 등과 같은 공동체적 생산활동을 통하여 이루어진다.

한편, 전체 인구의 꾸준한 증가에 비해 농촌인구는 총인구 대비 1985년 34.6%, 1990년 25.6%, 1995년 21.5%, 2000년 20.0%, 2005년 18.1%로 계속 감소되고 있는데(표 5-1 참조), 특히 구조적으로 농촌인구는 도시에 비하여 경제활동력이 왕성한 젊은 연령층의 인구가 적으며, 전체 농가인구 중 60세 이상의 노령인구 비율이 1975년의 8.8%에서 1985년에는 13.8%, 1995년에는 25.8%, 2005년에는 39.5%에 이르고 있다. 농가인구는 1995년 485만 1,000명에서 2000년 403만 1,000명으로 5년 사이에 16.9%, 2000년에서 2005년 사이에는 341만 5,000명으로 14.9%가 감소하였다(표 5-2 참조). 이러한 농촌인구의 감소는 노동력의 고령화와 여성 노동력의 참가 확대를 가져왔으며, 이와 함께 농업관련 기계 기술의 혁신과 도입을 촉진시켰다(오명근 외, 1992).

농촌은 역사적으로 영세한 가족경영적 농업을 기반으로 성립되어 경제적 기초가 매우 취약하기 때문에 농가는 독립된 주체로서 존립될 수 없고, 서로 긴밀한 인간관계의 결속에 의해 생활을 유지해 가고 있다.

생활단위로서의 가정은 세습적이고 가부장권이 강한 가족관계로 구성되고 지역적으로는 공동체적인 촌락의 연대가 중시된다. 농민의 생활태도도 습관을 중시하고 권위에 복종하는 특성이 있으며 습관에의 동조가 전통주의적 · 보수주의적 성격을 형성한다(송해균, 1984). 이러한 측면에서 김경동

표 5-1. 농촌인구 추이

(단위: 천 명, %)

구분 \ 연도	1985(A)	1990(B)	1995(C)	2000(D)	2005(E)	B/A	C/B	D/C	E/D
① 총인구	40,808	42,869	45,093	47,008	48,294	△ 7.3	△ 2.8	△ 6.0	△ 2.7
② 농촌인구	14,006	11,102	9,572	9,381	8,764	▽20.7	▽13.8	▽ 6.6	▽ 2.0
③ 농가인구	8,521	6,661	4,851	4,031	3,433	▽21.8	▽27.2	▽16.9	▽14.8
④ 농림업인구	3,554	3,100	2,289	2,162	1,749	▽11.3	▽23.1	▽ 9.1	▽19.9
②/①	34.6	25.6	21.5	20.0	18.1	–	–	–	–
③/①	21.1	15.3	10.9	8.6	7.11	–	–	–	–
④/①	8.8	7.3	5.4	4.6	3.6	–	–	–	–

주: 1. 농가인구 감소율: (1991/1990) 8.9% → (1996/1995) 3.3%, 2. 농림업 인구는 15세 이상 종사자 인구임.
출처: 농림부(2007) 인터넷 통계 자료실(http://www.maf.go.kr).

표 5-2. 전체 농가인구 및 60세 이상 농가인구

(단위: 천 명)

연도	농가인구			60세 이상			65세 이상
	총인구	남	여	총인구	남	여	
1975	13,244	6,654	6,590	1,164	505	659	738
1985	8,521	4,246	4,275	1,177	525	652	–
1995	4,851	2,373	2,478	1,255	570	685	785
2000	4,031	1,971	2,060	1,333	603	730	876
2005	3,415	1,654	1,761	1,351	618	733	1,000

출처: 농업기본통계(통계청), 농림어업총조사(통계청), 농림업주요통계(농림부, 2007).

은 우리나라 농촌의 가치지향을 다음의 여섯 가지로 제시하였다(홍동식 · 강대기 · 정지웅, 1982).

① 전통주의: 과거의 생활양식에 집착하고 비합리적 사고가 특징적이다.
② 권위주의: 남녀관계, 부모자녀관계, 장유노소관계에서 민주적이기보다는 권위주의적이다.
③ 가족주의: 혈연 중심적이며 개인보다 가족중심적이다.
④ 교육의 중시: 경제적 능력이 허용하는 한 자녀를 교육시키려는 경향이 강하다.
⑤ 경제적 부: 부가 존중되고 있으나 획득 방법에는 합리성이 결여되어 있다.
⑥ 안정: 정치, 경제, 사회 전반에 걸쳐 안정을 동경하는 경향이 강하다.

이상과 같은 특성을 지니고 있는 농촌사회는 교통 · 통신의 발달과 농업 기술의 발달에 힘입어 관습과 생활양식의 변화를 겪고 있으나, 여전히 성과 연령에 의한 분업이 주종을 이루며, 가족관계가 경험의 중심을 이루는 전통적인 삶의 특성이 상당 부분 유지되고 있다(현승일, 1992).

2) 농촌체육의 필요성

근대화에 따른 산업구조의 변화와 해방 전후 농업정책의 부재로 인해 우리나라의 농업은 영세화의 취약성에서 크게 벗어나지 못하고 있으며, 농촌사회도 산업경제의 도시집중에 따라 이농현상, 고령화, 문화지체 등 도시와의 심한 경제적 · 문화적 이질현상을 나타내고 있다. 특히 도시문화의 비생산적 소비문화와 물질문화가 농촌에 유입됨에 따라 도덕적 가치의 타락과 경제적 · 인간적 소외 등이 심각한 사회문제로 대두되고 있다. 이와 같은 농촌사회의 한계와 문제점을 극복하고 지역사회의 균형적 발전을 도모하기 위해서 정치 · 경제 · 사회 · 문화적 노력이 기울여지고 있으나 그 실효성은 미진한 실정이다.

따라서 농촌사회의 복지화를 위한 노력은 사회 각층에서 집약적으로 이루어져야 하며, 이러한 점에서 작업 능률을 향상시키고 삶의 질을 제고시키는 사회체육은 오늘날의 농촌사회에 시사하는 바가 크다고 하겠다.

사회체육은 농업생산성 향상이나 농업의 경제적 구조개선에 직접적인 영향을 미치지는 못하지만 건전한 신체활동을 통하여 농촌인의 정서 함양과 인간성 회복, 도시문화에 대한 상대적 열등감 극복, 농촌문화의 정체성 회복과 문화지체의 최소화를 도모하는 데 기여할 수 있다.

이러한 관점에서 농촌체육이 필요한 이유를 개인적 · 사회적 측면에서 살펴보면 다음과 같다.

(1) 개인적 측면

① 긴장 완화: 현대인은 사회전반의 관습, 제도와 사고방식, 행동욕구 간에 항상 갈등과 부조화를 겪는다. 더욱이, 농촌의 급속한 도시화 추세와 전통적 생활양식 간의 갈등이 더욱 심화되고 있기 때문에 농촌체육활동은 이러한 갈등과정에서 유발되는 긴장감을 완화시켜 주는 기능을 담당한다.

② 기분 전환: 농촌사회는 위락시설이 미흡할 뿐만 아니라, 틀에 박힌 단조로운 생활을 영위

하는 생활 특성을 지니고 있다. 따라서 사회체육 관련 행사는 농촌인에게 새로운 상황과 관심거리를 제공하여 농촌생활에 새로운 활력소를 제공한다.

③ 낙천적 태도 및 성격 형성: 사회체육활동은 적극적이고 낙천적인 태도 및 성격 형성에 이바지한다. 우리의 농촌현실은 아직 기계화 부진 및 노동력 부족으로 인해 마을 간 또는 이웃 간의 협동작업은 불가피한 상황이다. 따라서 농촌체육활동은 공동작업에 필요한 농촌인의 협동심 및 이타심 제고에 긍정적인 역할을 할 수 있다.

(2) 사회적 측면

① 사회학습 및 정보교환 기회 제공: 사회체육활동은 농촌인에게 활발한 대인접촉을 통하여 날로 변모되는 사회의 새로운 상황과 환경에 적응하는 방법을 터득하게 해 주며, 농사 및 기타 생활 관련 정보를 자연스러운 만남을 통하여 상호 교환할 수 있는 대화의 장을 마련해 준다.

② 사회통합: 사회체육활동은 공동가치를 부여하기 때문에 농촌사회 고유의 연대감을 제고시켜 농촌지역사회를 통합하고 상호 일체감과 소속감을 유지 · 증진시킨다.

결국, 농촌체육은 우선적으로 고령화 추세에 있는 농촌인의 건강 유지 및 증진과 유대감 및 연대의식 강화 그리고 삶의 질 제고에 있어서 유용한 활동일 뿐만 아니라, 농촌으로 재유입되는 젊은층의 농촌생활 적응 및 만족도를 제고시킴으로써 바람직한 농촌인구 구조를 유지하는 데 필수적인 활동이라 하겠다.

3) 농촌체육의 과제

현대 농촌은 산업화, 도시화 등으로 인하여 점차 본래의 모습을 상실해 가고 있다. 특히 농촌생활 개선 및 생활기회 확대는 농촌인으로 하여금 여가 선용에 대한 관심을 증대시키고 있다. 그러나 농촌사회는 평일과 휴일의 노동시간의 차이가 거의 없으며, 여가시간도 대부분 야간에 집중되어 있는 특성 때문에 일상생활에서 조직적인 사회체육 참가가 현실적으로 어려운 실정이다.

또한 도시지역에 비해 상대적으로 부족한 사회체육 공간 및 시설, 프로그램, 지도자를 비롯하여 지방자치단체의 사회체육에 대한 관심과 행 · 재정적 지원의 부족은 사회체육이 활성화되지 못하는 원인이 되고 있다.

뿐만 아니라, 농촌주민의 생활욕구와 일치하지 않는 체육활동이나 운동의 생활화를 추진하는 사회체육활동의 전개는 현실적으로 불가능한 일이다. 일본의 경우 1955~1960년대 농촌체육 장애요인은 ① 농업소득이 낮고 경제적 안정성이 결여되어 있으며, ② 노동시간과 자유시간의 구별이 불분명하고 노동시간이 길며, ③ 노동에서 생기는 육체적 피로가 매우 크다(金崎良三, 1984: 184-196)는 사실을 지적하였는데, 우리나라 농촌체육의 현실 또한 이러한 어려움에 처해 있는 상태라고 볼 수 있다.

따라서 농촌체육이 정상적으로 추진되기 위해서는 우선적으로 농촌의 소득수준 향상, 충분한 여가시간의 확보, 농업노동의 기계화를 통한 노동효율성의 제고가 이루어져야 가능할 것이다.

이상의 논의를 토대로 농촌체육 진흥을 위해서 지역사회가 해결해야 할 과제는 다음과 같다.

① 도시에 비해 상대적으로 부족한 근린 사회체육시설을 확충함으로써 사회체육 참가를 적극 유도한다.

② 농촌생활에 적합한 프로그램을 개발 · 보급한다. 특히 대규모 광역시설의 이용이 어렵기 때문에 가능한 한 간편한 시설 및 용구를 사용하면서 누구나 손쉽게 실행할 수 있는 다양한 프로그램을 제공한다.

③ 지역단위, 마을대항 체육대회 등을 확대 · 개최함으로써 애향심을 고취시킨다.

④ 농업노동의 특성으로 인해 체격과 체력발달이 편향된 농촌인으로 하여금 규칙적인 체육활동을 통하여 균형 잡힌 체격과 체력을 유지케 하여 건강한 생활을 영위토록 한다.

⑤ 대부분의 여가시간이 농한기에 집중되는 농촌사회의 특성에 비추어 볼 때, 장기간의 여가선용 수단으로서 사회체육을 적극 권장 · 보급한다.

농업노동의 기계화에도 불구하고 농촌은 육체노동에 의존하는 비중이 여전히 높기 때문에 도시인에 비하여 농촌인의 사회체육활동 참가는 어려운 실정에 있다. 특히 우리나라의 농촌인구 구조상 젊은층의 유출에 의한 농촌인구 감소는 사회체육이 확산되지 못하는 가장 큰 요인으로 작용하고 있을 뿐만 아니라, 농촌인구의 고령화는 농촌의 보수적 생활성향을 존속시켜 사회체육활동의 걸림돌로 작용하고 있다.

따라서 농촌주민의 삶의 질 제고를 위해서는 농촌 여건에 적합한 사회체육의 환경 조성이 필요하다.

4. 도시생활과 사회체육

현대 도시생활은 도시인에게 각종 스트레스를 유발시킬 뿐만 아니라, 사회 구성원의 이질성 및 개인주의 성향을 강화시키고 인간소외 현상을 급증시키고 있다. 사회체육은 도시에 내재해 있는 이러한 개인적 · 사회적 제 문제를 원만하게 해결하는 데 긍정적으로 기여한다.

1) 도시생활의 이해

도시는 시, 도회지, 도읍 등의 개념과 동일하거나 유사하며 인구학적으로 일정한 인구규모 내지 인구밀도를 초과한 지역으로 규정된다(권용우 외, 1998: 3). 도시지역사회는 직업적 · 사회경제적 측면을 막론하고 모든 생활국면에서 농촌지역사회보다 훨씬 더 계층화되어 있어서 계층 간 빈부의 격차가 크다. 도시는 인구의 이질성, 사회제도의 집중, 상호의존적인 조직과 기관, 그리고 고도의 사회분화 등으로 인하여 이동의 기회가 한층 많다. 따라서 농촌지역에 비하여 도시지역에서 높은 사회적 · 직업적 이동을 하게 된다(왕인근, 1987).

한편, 도시공동체의 환경적 특징은 다음과 같다(Reissman, 1964).

① 거대성: 도시환경의 첫 번째 특징은 많은 인구가 한 곳에 모여 산다는 것이다. 여기에는 인구가 농업에 종사하지 않는 인구임이 전제된다.
② 밀집성: 도시지역에서는 사람들이 밀집해 산다. 이러한 밀집은 주거뿐만 아니라, 직장 · 위락시설 · 교통체계도 해당된다.
③ 이질성: 도시는 상업과 문화의 중심지로서 가치관 · 기술 · 교육 및 직업수준 · 연령과 성의 구성에 이르기까지 이질적인 인구집단으로 구성되어 있다.

이러한 도시의 특성을 Butler(1976)는 인구학적 · 사회문화적 측면에서 지역단위별로 비교 · 제시하고 있다(표 5-3 참조).

한편, 도시환경은 많은 사람의 생각과 행동을 지배하는 절대적 조건을 지닌다. 도시생활은 편리하며, 취업 기회를 많이 제공할 뿐만 아니라, 도시의 사회환경에는 정신적인 자유가 있으며, 농촌에 비해 탁월한 문화환경이 조성되어 있는 긍정적인 측면을 지니고 있다. 반면, 도시생활은 인

표 5-3. 지역단위별 특성 비교

특 성	지 역 단 위		
	촌락	중소도시	대도시
인구학적 특성			
인구규모	작다(만 명 미만)	중간(만~5만)	크다(5만 이상)
인구밀도	낮다	중간	높다
사회문화적 특성			
인구의 이질성	낮다	중간	높다
조직 및 서비스 이용	한정적	중간	광범위
분업 정도	낮다	중간	높다
익명성	낮다	가변적	높다
사회관계	일차적	이차적	이차적
지위서열 평가	낮다	중간	높다

출처: Butler, E. W. (1976). *Urban sociology: A systematic approach.* NY: The Murray. p.266.

간관계의 약화와 이차적 인간관계의 중복, 사회관계로부터의 소외, 전통적 이웃관계의 약화, 경쟁에 따른 좌절감, 전통적 도덕률의 약화, 여성 역할의 증대, 세대 간의 의견대립, 개인주의의 보편화, 가족관계 및 이성관계의 변화와 같은 부정적인 측면을 지니고 있다(강대기, 1991).

한편, 박봉규(1986)는 우리나라의 도시는 토지 · 주택문제, 부동산 가격의 고수준과 과밀의 가속화 문제, 교통문제, 노동력 문제, 노인문제, 각종 병리현상 등 다양하고도 복잡한 문제들로 뒤엉켜 있다고 지적하였다. 따라서 도시인은 생활 속에서 각종 정신적 · 신체적 스트레스를 항상 받을 수밖에 없으며 앞으로도 이러한 도시생활의 양상은 더욱 심화될 것으로 예견된다.

2) 도시체육의 필요성

현대 산업사회가 요구하는 인력수요와 경제적 차등을 평준화하려는 사회적 성향 그리고 산업과 생활 관련 과학기술의 발달에 따라 도시화(urbanization) 현상은 더욱 가속화되고 있다. 〈표 5-4〉에서 보는 바와 같이, 우리나라의 도시화율은 1985년 74.3%에서 1990년 81.9%, 1995년에는 85.5%, 2000년 88.3%, 2004년 89.9%에 이르고 있으며 2010년경에는 90% 이상의 수준에 이르게 될 것으로 전망된다(건설교통부, 2005).

이와 같은 도시화의 진행은 광범위한 사회구조의 변화를 초래하여 특수성, 귀속성, 집단주의, 위

표 5-4. 도시화의 진전

(단위: 천 명, %)

구분 \ 연도	1985	1988	1990	1995	2000	2004
전국 인구	40,467	42,053	43,390	45,982	47,964	48,795
도시 인구	30,086	32,963	35,558	39,334	42,375	43,852
도시화율	74.3	78.4	81.9	85.5	88.3	89.9

출처: 건설교통부(2005). 『건설교통통계연보』.

계주의, 정의주의(情誼主義)를 특징으로 하는 전통적 가족제도를 와해시키고 평등주의 및 개인주의 사상을 바탕으로 하는 부부 중심의 핵가족화를 촉진시켜 왔다. 또한 식생활 개선과 의료기술의 발달 등은 인간의 평균 수명을 연장시켜 노령인구를 증가시키는 요인으로 작용하고 있다. 이러한 인구의 증가는 실업률 증대, 인구의 도시집중, 에너지원의 감소, 공해, 교통난 등을 포함하여 자연환경 파괴라는 사회문제로까지 그 영향의 범위가 확대되어 가고 있다. 한편, 인구의 증가 및 인구의 도시집중은 농촌사회에서 우리가 누릴 수 있었던 인간 상호간의 공동사회적 친교활동을 제한하고 있으며, 인간의 자기표현, 자기해방 그리고 자기만족을 위한 여가시간을 사회체육활동과 같은 인위적이고 의도적인 별도의 활동을 통하여 찾도록 촉구하고 있다(이종각, 1987). 이러한 측면에서 도시화는 사회체육활동이 활성화되는 데 필요한 적정 여건을 제공하고 있다(Shivers, 1981).

한편, 도시의 성장은 거리를 혼잡하게 만들고 안전한 놀이공간 확보를 어렵게 만들고 있다. 유휴지나 전통적 여가공간은 다른 용도로 사용되고 있으며, 주변 하천과 호수는 오염되고, 숲은 점차 사라져 가고 있다. 그리고 도시생활의 복잡성은 지역주민 간의 인정과 긴밀한 유대를 약화시켰으며 생활은 보다 인위적이고 계층화되었다. 이에 따라 도시인은 주로 사회체육 프로그램을 제공하는 특정 단체에 의존하거나(Butler, 1959), 공공단체에서 제공하는 활동에 참가함으로써 도시생활로부터 일시적 해방감과 재충전의 기회를 추구하고 있다.

또한 도시생활은 인간에게 과도한 신체적 · 정서적 · 사회적 스트레스를 끊임없이 유발시키고 있다. 따라서 이러한 스트레스를 해소하기 위해서는 적절한 대응기제를 개발하는 것이 필요하다. 이러한 측면에서 볼 때, 사회체육활동은 인간에게 증대되는 스트레스에 대한 긍정적이고도 적극적인 대응(Positive Adaptation) 능력을 키워 준다고 할 수 있다. 따라서 도시체육은 도시생활로부터 받게 되는 각종 스트레스를 해소하고 이질화된 주민 간의 인간관계 개선을 위한 필수적 활동이라 할 수 있다.

3) 도시체육의 과제

현대도시의 발달은 실업자 증가, 주택문제, 환경문제, 교통문제, 계층 간 갈등 등과 같은 자본주의 모순으로부터 기인하는 많은 문제점을 동시다발적으로 유발시키고 있다(윤근섭 · 김영기, 1993). 이러한 도시의 발달은 자연히 사회체육이 활성화될 수 있는 여건을 마련해 주었으며, 사회체육은 주민생활의 질 제고에 있어서 매우 큰 비중을 차지하게 되었다. 이는 사회체육활동이 지역주민의 건강 및 복지 증진, 지역환경 개선, 지역사회교육 활성화 등을 도모하는 중요한 역할을 지니기 때문이다.

최근 도시지역의 상업체육시설이 급증하는 추세에 있다. 이러한 상업체육시설은 지역주민의 체육활동 참가를 유도 · 확산시키는 긍정적 역할을 지니기도 하지만, 계층화가 뚜렷한 도시지역에서 이 같은 상업체육시설을 자유롭게 이용할 수 있는 고객은 제한적일 수밖에 없다. 따라서 도시빈민층, 노인, 장애인과 같은 체육활동 소외계층을 위한 공공사회체육 서비스 제공이 필연적으로 요청되고 있다.

한편, 체육활동인구의 급속한 증가에 따라 도시인의 사회체육에 대한 관심과 욕구가 증대되고 있는데, 지역사회는 이러한 지역주민의 욕구에 적절히 부응하지 못하고 있다. 이러한 도시체육의 활성화를 위한 과제는 다음과 같다.

① 각박한 도시생활로부터 생성되는 각종 스트레스를 해소시킬 수 있는 기회를 제공한다.

② 좌업활동을 중심으로 하는 도시 직장인에게 신체활동 기회를 제공하여 건강을 유지 및 증진시킬 수 있는 장을 제공한다.

③ 도시 청소년 및 성인에게 사회체육활동에 적극적으로 참여케 함으로써 청소년 비행, 약물남용, 범죄, 자살 등과 같은 사회병리적 현상을 감소시켜 건전한 도시생활을 영위토록 한다.

④ 생활환경, 사회문화적 배경이 다른 이질적인 성원으로 구성된 도시인구를 지역사회동호인활동을 통하여 상호 접촉케 유도함으로써 지역 연대감 및 지역공동체 의식을 강화한다.

⑤ 상이한 사회경제적 배경으로 형성된 도시계층 간의 이질감을 사회체육을 통하여 상호 이해 및 화합토록 매개함으로써 밝고 명랑한 지역사회 풍토를 조성한다.

⑥ 도시는 대부분 아파트, 연립주택과 같은 밀집된 공동 주거 형태를 띠고 있지만 이웃간 왕

래와 지역주민 간 교류가 드물다. 따라서 이들을 지역사회체육활동의 장으로 적극 유도하여 이웃사촌으로서의 유대를 강화한다.

5. 지방자치와 지역사회체육

지역사회 발전은 지역 특성을 최대한 고려하여 추진하는 것이 바람직하며 지방자치제의 시행을 계기로 한층 가속화될 전망이다. 지역사회체육은 지방자치의 전형으로서 지역사회발전의 촉매역할로 작용한다. 이 절에서는 지방자치와 사회체육의 관계를 살펴보기로 한다.

1) 지방자치의 개념

지방자치는 각 나라의 사회 · 정치제도의 특성 및 역사적 발전과정에 따라 차이가 크므로 이를 한마디로 정의하기는 어렵다. 그러나 일반적으로 지방자치란 일정한 지역을 기초로 한 지방자치단체가 구성원인 지역주민의 자유의사에 따라 지방자치단체 자신의 권한과 책임하에 지역의 공공사무를 자치적으로 처리하는 정치제도를 의미한다(현외성 외, 1995: 384).

표 5-5. 주민자치와 단체자치 비교

구분 / 내용	주민자치	단체자치
자치의 의미	정치적 의미	법률적 의미
중시하는 권리	주민의 권리(주민참여)	자치단체의 권능(자치권)
자치의 중점	지방정부와 주민 간의 관계	중앙과 지방자치단체 간의 관계
권한부여 방식	개별적 수권방식	포괄적 수권방식
통제 방식	입법통제, 사법통제	행정통제
중앙정부와 지방정부의 관계	기능적 협력관계	권력적 감독관계
지방정부의 형태	기관통합형	기관독립형
지방정부의 성격	단일적 성격	이중적 성격
사무의 구분(국가-지방사무)	구분하지 않음	엄격히 구분함
발달한 국가	영국, 미국	프랑스, 독일

출처: 지방자치실무연구소(1995). 『한국의 지방자치』.

이러한 지방자치제는 두 가지의 중요한 사상적 기초 위에서 성립되는데, 첫째는 지방자치단체에 법인격을 부여함으로써 통치능력을 취득케 한다는 지방분권사상이며, 둘째는 지역주민이 스스로의 책임하에서 지역 현안을 처리한다는 민주주의 사상에 입각하고 있다. 다시 말해서 지방자치제는 중앙과 지방의 관계에서는 지방분권 사상, 지방자치단체와 주민의 관계에서는 민주주의 사상이 뒷받침하고 있음을 알 수 있다.

한편, 지방자치란 지역주민이 지역사회의 제반 문제를 결정함으로써 정치 · 사회적으로 자주적 주체가 되는 자율의 정치를 제도화하는 것으로 볼 수 있다. 즉, 지역주민 스스로가 대표자를 통해 지방행정을 다스리는 '주민자치' 적 기능과 일정 지역을 기초로 지역단체가 국가와 별개의 법적 지위 및 권한을 갖고 상대적 독립성을 발휘하는 '단체자치' 적 기능이 통합되어 지방자치로 구현된다(숭실대학교 기독교사회연구소, 1995: 186). 따라서 지방자치의 본질은 '주민자치' 이며, '단체자치' 의 수단을 통해 '주민자치' 라는 지방자치의 본질적 정신이 실현되는 것이다(표 5-5 참조).

결국, 지방자치란 일정한 지역공동체 주민이 자치단체에 참여하여 지역의 업무를 주민 책임하에 스스로 또는 대표자를 통하여 처리하는 정치분권화 제도를 의미한다.

2) 지방자치의 가치

민주주의의 대전제가 되는 지방자치의 가치는 지역주민에 의한 자치행정의 시행으로 구현될 수 있다. 주민의사가 절대적으로 반영되는 지방자치제의 시행은 민주주의의 초석을 다지고 지방행정의 생태적 · 기능적 특성을 살릴 수 있으며, 지방 특유의 문화발전 및 지역주민의 복지증진을 추구하는 행정을 추진할 수 있기 때문에 보다 합리적이고 능률적인 책임행정을 구현할 수 있다(김동훈, 1986: 35).

따라서 지방자치의 가치는 크게 민주정치 발전, 행정의 효율적 추진, 지역개발 및 주민복지 증진 등의 세 가지 측면에서 살펴볼 수 있다.

첫째, 민주정치 발전의 가치이다. 지방자치가 민주주의를 부단히 육성하고 발전시키려는 민주적 통치방식이기 때문에 지방자치제를 시행함으로써 지역의 민주화를 통해서 국정의 민주화를 실현할 수 있다. 또한 지방자치는 지방분권을 기초해서 성립되므로 권력분립의 원리와 함께 국민의 자유를 보장하고 참여를 실현시키려는 권력분산의 요구를 충족시켜 주며 독재정치의 방어기능을 수행한다(정세욱, 1984: 83). 따라서 지방자치는 민주정치를 위한 훈련장으로서 주민이 직접 정치에 참여하는 기회를 확대하고 주민 의사를 충분히 반영하는 정치를 가능케 하여 참다운 민주정치 발전에 기여할 수 있는 것이다.

둘째, 행정효율화의 가치이다. 지방자치는 민주주의의 원리로서뿐만 아니라, 행정효율성의 원리로서도 소중한 가치를 지닌다. 중앙정부에서는 지역 실정에 맞는 행정을 적극적이고 능동적으로 추진할 수 없으나, 지방자치는 지방정부의 책임행정을 제도적으로 보장함으로써 지역특성에 부응하는 발전을 가져올 수 있다. 따라서 지방자치는 지방의 실정에 적합한 행정을 능률적이고 합리적으로 추진할 수 있는 바탕을 제공한다. 특히 지방자치의 시행은 중앙과 지방의 행정사무를 적절하게 분담함으로써 행정능률을 향상시킬 수 있다(이기옥, 1983: 180).

셋째, 지역발전과 주민복지 증진의 가치이다. 지역사회 개발이란 다름 아닌 인간 자신의 능력을 계발하여 인간생활의 터전인 지역사회를 보다 풍요로운 생활의 장으로 조성하는 것이다. 지역발전이 추구하는 목표는 이상적인 지역사회를 건설하는 것이며 이는 결국 지역사회 복지의 이념에도 부합된다(최일섭, 1985: 25). 더욱이 지방화 시대의 등장은 국가 전역의 균일화된 발전 및 지역주민의 복지향상과 더불어 궁극적으로는 민주발전의 기초를 다질 수 있다는 희망을 제시해 주고 있다(현외성 외, 1995: 276). 실제로 행정에서 우선적으로 고려되어야 할 업무는 지역주민의 복지이다. 지방자치제의 시행으로 지역사회복지 기능의 비중과 중요성이 한층 증대되고 있는 사실은 지방자치가 주민복지 증진을 목표로 삼고 있음을 시사한다. 이와 같이 지방자치는 균형적인 지역발전을 도모함과 동시에 해당 지역주민의 복지증진에 가치를 두고 있다.

3) 지방자치와 사회체육의 관계

일반적으로 지방자치란 일정한 지역을 기초로 하는 단체가 해당 지역 내의 업무를 자체 재원을 가지고 당해 지역주민의 의사와 책임하에 독자적으로 처리하는 과정을 의미한다. 이러한 지방자치는 일정 지역 안에서 천연자원을 효율적으로 활용하고 모든 사회적 생산기반을 정비함으로써 삶의 질을 향상시키는 과정이라고 볼 수 있으며, 지역적 현안문제를 해결해야 하는 당위성을 지닌다. 이는 지역주민에 대한 양적 발전과 아울러 질적 성숙에 이르기까지 삶의 모든 측면을 추구하는 정치제도이다(곽효문, 1995: 277).

이러한 지방자치는 첫째, 과거와 같이 지방선거를 통한 정치적 욕구충족에 그치지 않고, 보다 적극적으로 주민의 복지증진과 삶의 질을 향상시키는 실질적인 행정기능을 수행하는 데 역점을 두어야 하고, 둘째, 종래와 같이 주민의 의 · 식 · 주 해결에 그치지 않고 주민의 생활과 관련된 전 부문에 걸쳐 지도행정을 전개해 나가야 하며, 셋째, 안정 위주의 행정보다는 개발 위주의 적극적인 행정기능을 수행해야 하는(정세욱, 1984: 89) 현대적 경향성을 띠고 있다.

한편, 지역단위 사회체육이란 사회 구성원이 여가시간에 개인의 자발적 참가에 의해 창출되는 신체활동 수요의 충족을 위한 지역사회 내에서의 제반 노력으로 정의할 수 있으며, 이는 지리적 · 자원적 배경의 물리적 공간영역과 공동연대 및 소속감을 지닌 지역주민, 그리고 지역사회의 사회적 상호작용을 유지하는 사회조직의 세 요소로 구성된다. 즉, 일정 영역의 지리적 환경 내에서 지역적 소속감을 지닌 주민에 의해서 지역사회의 복지와 발전 그리고 개인적 삶의 질 향상을 위해 이루어지는 체육활동이라고 할 수 있다. 지역사회체육은 지역사회의 유형과 특징을 반영하고 있기 때문에 체육실천에 있어서 각 지역에 따라 차이가 있다. 따라서 지역사회체육은 지역사회의 특성을 반영함은 물론, 주민 개개인의 여건과 요구에 부응하여 이루어지는 체육활동이라는 점에서 지역주민의 생활과 밀접한 관계를 지니고 있다.

지역사회체육은 지방화 시대를 지향하는 현대사회에서 정체적 의미보다는 발전적 의미로 접근하는 것이 타당하다. 즉, 지역사회체육은 지역주민의 단순한 여가선용이나 레크리에이션의 차원을 넘어 자발적이고 적극적인 사회체육 참가를 통한 참여의식 제고, 지역주민 간의 공동체의식 형성, 주민복지 향상, 그리고 지역발전 및 개발에 기여함으로써 지역사회 목표 달성을 위한 원동력이 되어야 함을 의미한다.

이상과 같이 지방자치가 추구하고자 하는 일반적 가치 요소와 사회체육이 지니는 본질적 특성을 종합 비교하여 보면 지방자치와 사회체육이 추구하고 실현하고자 하는 공통적 가치를 발견할 수 있는데, 그 요소는 자유, 평등, 민주주의, 공동체의식, 지역사회 개발 및 발전, 삶의 질 향상 및 주민복지 증진 등이다.

4) 지방자치제와 사회체육 진흥

민주적 절차에 의한 의사결정을 기반으로 하는 지방자치제의 시행이 사회체육 부문에 요구하는 바는 이 제도를 최선의 것으로 수용하여 적극적으로 활용 · 발전시킴으로써 바람직한 방향으로 사회체육을 진흥시키는 것이다. 지방자치제 시행은 각 지역사회의 독립성과 자율성을 최대한으로 보장함으로써 효과적인 지역발전을 유도할 수 있는 계기를 마련하여 주고 있다. 따라서 사회체육도 이와 같은 새로운 사회구도에 적응하여 보다 발전된 기틀을 확립하는 것을 전제로 한다(임번장, 1995c).

지방자치제가 추구하는 일반적 가치 및 목표는 무엇보다도 주민의 복리증진 및 지역사회발전에 있다는 사실을 유념할 때, 사회체육 부문에서도 지방자치제의 특성과 장점을 최대한 활용하여 주민복지 증진 및 지역사회 발전을 추구하기 위한 노력이 경주되어야 할 것이다.

앞서 살펴본 바와 같이 지방자치란 일정 지역의 주민들이 해당 지역 내의 공공사업을 자발적인 참여와 책임하에 처리하는 제도를 말한다. 이러한 지방자치의 시행은 종전의 중앙집권적 정치 · 행정제도와 비교하여 사회체육 부문에 여러 가지 변화를 요구하고 있다. 특히 우리나라의 경우 지방자치제가 경제성장, 도시화, 세계화, 정보화의 주요한 사회변동 요인과 더불어 발전해 나가는 과정에 있으므로 지방자치제의 시행으로 인한 사회체육 부문의 변화는 보다 근본적이고 다양한 면모를 보일 것으로 예상된다. 왜냐하면, 정치 · 행정의 권한 행사 방법 및 수단이 달라지면 사회체육의 정책 및 진흥에 동원되는 수단과 방법, 그리고 과정 및 절차에 있어서도 변화가 야기되기 때문이다.

이와 같은 관점에서 지방자치제 시행이 사회체육에 미치는 주요 변화의 내용을 중심으로 사회체육의 진흥 방향을 제시하면 다음과 같다(임번장, 1995c).

첫째, 사회체육 행정의 민주화이다. 지방자치제도는 기본적으로 정부와 주민 간의 관계 변화를 초래한다. 정부와 주민 간의 관계는 종전의 수직적인 관계로부터 상호협력적이고 수평적인 관계로 변모하게 된다. 이러한 관계 변화는 중앙정부로부터의 자율성 및 독립성 확보, 지방의회 활동 및 자치단체장 선거 등으로 인한 지방자치단체의 책임행정 강화, 주민의 공공부문 참여에 대한 제도적 장치 마련, 행정조직 개편에 의해서 나타난다(숭실대학교 기독교사회연구소, 1995: 50). 정부와 주민 간의 상호 협력적 · 수평적 관계 형성은 지금까지의 중앙정부에 의한 관치적 사회체육 행정 추진 방법 및 과정에서 탈피하여 보다 적극적이고 고도화될 주민의 사회체육 서비스 요구에 보다 능동적으로 대처할 수 있는 지방자치단체의 민주적 행정능력을 요구한다. 이는 과거 '88서울올림픽경기 개최 · 운영 시 표출되었던 중앙정부 주도의 행정관행이나 체육부의 체육관리지침에 의거한 획일적인 지방체육 정책추진과 같은 경직된 행정관리 체계에서 벗어나 이제는 주민의 요구와 필요에 부응할 수 있는 지방정부의 민주적이고 책임 있는 행정집행에 의한 사회체육 정책이 추진되어야 함을 의미한다. 따라서 지방자치제하에서 사회체육을 보다 효율적으로 진흥시키기 위해서는 일차적으로 지방자치단체의 소신 있는 책임행정 및 행정의 민주화가 선행되어야 한다. 이는 곧 지역주민의 사회체육 관련 요구사항을 행정에 적극 반영하고 보다 양적 · 질적으로 개선된 사회체육 서비스를 제공하기 위한 노력으로서 지방정부와 주민의 상호 이해와 협력을 증진시키는 결과를 가져온다.

둘째, 민간부문 사회체육 서비스 기능의 활성화이다. 지방자치제하에서는 사회체육 관련 공공서비스의 공급이 지역주민에 근접해 있고 주민의 욕구 및 필요에 대하여 보다 정확한 정보를 소유하는 자치단체와 민간부문이 중심이 되어 수행하게 될 것이다. 따라서 중앙집권적 체제에 비해 지방자치제도는 사회체육을 진흥시키는 수단과 방법 및 절차에 있어서 새로운 접근을 요구한다. 즉, 지방자치제는 사회체육 정책에 대한 중앙정부 기능의 상당부분을 지방자치단체에게 이양시키고 민 · 관의 협력체제하에서 사회체육 서비스가 공급될 수 있는 기회를 확대시켜 준다. 이는 사회체육에 대한 민간부문의 기능 및 영역이 증대하고 주민의 사회체육 참가 가능성이 높아질 수 있음을 의미함과 동시에, 사회체육에 관심 있는 주민 또는 민간단체로 하여금 지역사회의 환경 및 여건에 적합한 사회체육 전개유형을 모색 · 선택하도록 촉구하는 의미를 지닌다. 또한 이 제도는 사회체육 공공서비스 공급체계에 있어서 민간기업, 비영리단체, 그리고 주민 등의 직 · 간접적 역할이 증대될 수 있고, 사회체육 진흥이 민간부문의 책임 및 역할에 의해 상당한 영향을 받을 수 있음을 시사한다. 즉, 민간기업에 의한 상업체육시설의 건립 및 확충이나 직장체육의 활성화는 해당 지역사회의 사회체육 진흥의 촉진요인으로 작용할 수 있다.

그러므로 지방자치제하의 사회체육 진흥은 지방정부의 지속적인 행 · 재정적 노력 및 지원을 전제로 하여 지역사회의 민간기업, 교육기관, 사회체육단체, 문화 및 종교단체, 기타 사회봉사단체 그리고 지역주민 등 민간부문의 직 · 간접적인 참여를 확대시켜 이들의 사회체육 서비스 기능을 활성화하는 방향으로 추진되어야 한다.

셋째, 주민의 사회체육 의사결정 참여의 제도화이다. 지방자치제도하에서는 공공부문에 대하여 주민이 직 · 간접으로 참여할 수 있는 제도적 · 비제도적 창구가 확대되기 때문에 종전의 권위주의적 중앙집권체제하에서 정책결정 및 집행과정에 반영되기 어려웠던 주민의 요구나 의사가 보다 용이하게 수용되고 있다. 종전의 관료주의적 행정은 정보의 공개 및 주민참여에 많은 제약을 초래하였다. 이제 지방자치제가 시행됨에 따라 정부와 주민 간의 제도적 의사전달 통로가 중앙집권체제에 비해 다양하게 확장된다는 사실은 사회체육과 관련되는 각종 문제와 갈등, 그리고 요구사항에 대하여 정부와 주민 간의 공개된 정보교환과 대화통로를 기반으로 해결방안을 모색할 수 있게 해 준다. 이러한 과정에서 특히 지방자치단체로 하여금 지역주민에게 가능한 모든 사회체육 행정정보를 공개할 수 있는 환경을 조성하는 것은 매우 중요하다. 이는 주민의 자발적이고 능동적인 사회체육 관련 의사결정에의 참여를 제도화하는 지름길이 될 수 있다. 주민의 사회체육 행정참여의 제도화를 위해서는 모든 사회체육 관련 행정사무의 계획, 결정, 집행 등을 공식적 행정체계를 통해서 주민에게 공개하여 정부와 주민이 서로 신뢰하고 협조하는 사회체육 풍토가 정착되어야 한다. 이러한 사회체육 참여의 제도화는 사회체육 행정에 대한 주민의 의존심을 자주 및 자율의식으로, 일시적인 관심에서 지속적인 관심으로, 수동적인 참여에서 능동적인 참여로 각각 전환시키는 원동력이 된다. 따라서 지방정부의 사회체육 관련 정보를 공개화하는 기본적인 자세를 견지하면서 주민의 사회체육 의사결정에의 참여를 제도화하는 방향으로 사회체육을 진흥시켜 나가야 한다.

넷째, 사회체육 프로그램 운영의 지역특성화이다. 지방자치제는 사회체육 내용에 부분적인 변화를 초래하면서 궁극적으로는 지역특성에 부합하는 사회체육 프로그램 운영을 요구하고 있다. 특히 이러한 변화는 지방자치의 시행과 더불어 우리 사회가 경험하는 경제성장, 도시화의 진전, 국제화, 정보화 등에 의해서 복합적으로 발생한다. 지방자치로 인한 정치권한의 분권화, 지방화, 정보화는 지금까지의 사회체육에 대한 주민의 기본적 수요는 물론 사회체육 참가에 대한 기회균등, 소득증가에 따르는 건강 증진 및 여가 활용, 주민 생활기회 확대, 그리고 각종 사회체육 관련 정보 이용 등을 강조하는 방향으로 사회체육을 유도할 것이다. 따라서 사회체육 프로그램의 다양화를 모색하고 지역특성에 적합한 내용을 중심으로 한 프로그램 운영의 지역화를 강구함으로써 사회체육 진흥을 가속화하여야 한다.

다섯째, 사회체육 재정의 자립화이다. 지방자치제도가 본격적으로 발전하는 과정에서 사회체육의 모습은 다양성을 띠게 되는 동시에 새로운 발전양상을 보이게 될 것이다. 지방자치제하에서 각종 사회체육 단체들은 비조직적 · 개인적 차원에서 체육활동에 참가하는 지역주민을 대리 대표하여 다양한 측면에서 사회체육을 조직화 · 활성화하려는 노력을 시도하게 될 것이다. 이러한 과정에서 사회체육과 관련된 활동은 복잡다기한 형태로 표출될 것이다. 즉, 사회체육 동호인 조직활동, 매스컴을 통한 사회체육 홍보활동, 지역단위 사회체육주민협의회 구성, 사회체육 전문가 초청회 및 간담회 개최, 사회체육 세미나 및 심포지엄 개최, 각종 체육대회 행사 개최, 그리고 기타 사회봉사활동 등이 지방자치단체의 지원 및 협력하에 지역사회 체육단체 및 기관을 중심으로 활발하게 전개될 것이다. 이러한 과정에서는 다양한 사회체육단체나 이익집단이 출현하게 되고, 이들은 활동의 유형, 목적, 접근방법 및 경로, 재원확보 과정에 있어서 서로 다른 양상을 보이게 될 것이다. 이와 같이 다원화된 주민의 사회체육 수요에 효과적으로 대응하기 위해서는 시설의 확충 · 활용 및 관리, 프로그램의 개발 및 운영, 전문인력의 확보 및 활용, 각종 단체 및 기관의 조직활동 등에 필요한 물적 자원인 재정을 확보하는 일이 무엇보다도 시급한 과제가 될 것이다.

따라서 지역사회의 다양한 사회체육 수요 급증에 대응함은 물론 자치단체의 자주적인 사회체육 행정운영을 보장하기 위해서는 한정된 중앙정부의 국고보조금 및 지원금 의존에서 탈피하여 민간기업 참여 유도, 수익성 사회체육 사업의 개발 및 추진, 국민체육진흥기금의 지역세수화 등과 같은 독자적인 사회체육 재정확보 방안을 강구해야 한다.

6. 지역사회체육 참여 활성화

지방자치제 시행에 의한 지역사회체육의 활성화를 달성하기 위해서는 우선적으로 주민의 체육 참여가 이루어져야 한다. 사회체육 참여가 이루어져 지역사회체육 인구의 저변이 확대되려면 해당 지역사회의 체육환경이 최적의 상태로 확보되어야 하는데, 이는 사회체육시설, 프로그램, 지도자, 조직, 행 · 재정 및 홍보 부문의 구비조건에 의하여 결정된다.

1) 지역사회체육 참여 활성화의 전제

지역사회체육이 추구하고자 하는 가치 및 목표를 구현하기 위해서는 기본적으로 지역사회체육 참여의 활성화 및 진흥이 전제되어야 한다. 그리고 지역사회체육 참여의 활성화는 이에 필요한 실천적 노력과 구체적 방안을 통하여 실현될 수 있다. 여기서 지역사회체육 참여 활성화를 위한 노력 및 방안은 기본적으로 지역사회체육 참여의 범위를 어떻게 규정하느냐에 따라 매우 다양하게 구안될 수 있다(임번장, 1997b).

학문적인 관점에서 볼 때, 지역사회체육 참여란 크게 주민 참여, 행정 참여, 기관 및 조직 참여, 언론 참여 등을 포괄하는 광의의 개념으로 규정할 수 있다. 그러므로 지역사회체육 참여 활성화를 위한 방안에는 이들 참여 요소에 따른 개별 방안이 모두 반영되어야 한다(임번장, 1997b).

그러나 여기서는 지역사회체육 참여의 범위 중 가장 핵심적 부분이 되며, 일반적으로 지역사회체육 참여에 있어서 협의의 개념으로 간주되고 있는 지역주민의 체육활동 참가를 지역사회체육 참여로 전제하고 그에 따른 활성화 방안을 제시하고자 한다. 물론 지역주민의 체육참여 활성화를 위해서는 앞서 언급한 행정, 단체 및 조직, 그리고 언론 등의 참여가 직 · 간접적으로 수반되기 마련이다.

2) 지역사회체육 참여 활성화 방안

(1) 지역사회체육시설 확충 및 효율적 활용

지역사회체육의 활성화를 도모하기 위해서는 기본적으로 지역주민이나 체육활동 참가자 대다수의 요구에 부응하는 시설 환경을 조성하는 노력이 선행되어야 한다. 따라서 국가나 지방자치단체는 먼저 지역 간 균형적인 체육환경 조성을 위하여 행정구역 단위별로 중 · 장기 확충 계획 및 목표를 설정하여 운동장, 체육관, 수영장 등 공공부문의 기본체육시설 확충사업을 적극 추진해 나가야 한다. 특히 지역사회체육시설 확충에 있어서는 대규모 경기장시설 건설을 지양하고 주민체육센터나 동네체육시설, 수영장 등과 같은 근린체육시설 확충에 노력해야 한다. 그리고 장기적으로는 자연환경을 이용한 광역체육시설 확충계획을 수립하여 적극 추진하여야 할 것이다(임번장, 1997b).

또한, 국민체육진흥법에 의한 직장체육시설 설치의무를 준수토록 법시행을 강력히 추진해 나가고, 직장체육시설의 필요성에 대한 홍보활동을 강화하여 경영주의 자발적인 관심 및 투자를 유도해 나가야 한다. 민간체육시설 설치에도 융자 및 세제혜택 등과 같은 간접적인 재정지원을 확대하고, 설립절차를 간소화하여 민간자본의 참여를 적극 유도하여야 한다. 지역사회체육 시설확충에 민간자본이 보다 많이 투자될 수 있는 여건을 조성하기 위해서는 재정경제원이나 환경부 등 관계기관과의 협의를 통하여 시설기준 완화, 세제개선 및 혜택, 여신금지 완화 등의 법적 장치 및 행정 협조 등의 제도적 장치를 시급히 마련하여야 할 것이다. 그리고 국민체육진흥법 제16조 3항에 따르면 "문화관광부 장관이 체육시설의 설치를 위하여 필요하다고 인정하는 경우에 국민체육진흥공단으로부터 그 자금을 융자받을 수 있다"고 규정하고 있으므로 직장체육시설이나 민간체육시설 설립 시 국민체육진흥기금 융자를 이용한 시설의 확충도 고려할 필요가 있다(임번장, 1997b).

앞으로 지역사회체육시설 설치 및 확충에 있어서 고려해야 할 기본적인 과제는 부지확보이다. 이를 위해서는 지역사회 내의 국 · 공유지, 도시의 유휴공간, 공원 및 하천 부지뿐만 아니라, 지역 인근의 강, 바다, 산과 들, 호수 같은 자연환경을 지역주민의 체육활동 공간으로 적극 활용하는 방안을 모색하여야 한다. 물론 이 방안은 체육시설 설치와 관련된 법규의 개정 및 보완 또는 현행 관련 법규의 적극적 시행이 전제되어야 한다.

한편, 장기적인 계획하에 지역사회체육시설을 점진적으로 확충해 나가는 가운데 단기적으로는 지역사회 내의 기존 체육시설을 효과적으로 활용하는 방안을 강구하여야 한다. 막대한 예산을 투입하여 설치한 체육시설에 대한 활용도를 제고하기 위해서는 먼저 현행의 경직된 관리 · 운영 제도를 개선해 나가야 한다. 지방자치단체는 공공체육시설 유지 및 관리를 위해 관리인력을 보강하고 전문적인 상주 시설관리자를 배치하여야 한다. 장기적으로는 민간 사회체육단체 등을 통한 위탁관리제도를 도입 · 확대하는 방안을 검토할 수 있다. 이를 위한 구체적인 방안으로서 체육동호인 조직 활용을 들 수 있다. 체육동호인 조직에 사용할인 혜택 및 특혜를 제공하고 관리를 위탁한다면 시설 보호뿐만 아니라, 사용하는 시설에 대한 애착심을 유발하는 부수 효과도 거둘 수 있을 것이다. 마지막으로 지역사회 내 학교 당국은 지역주민에게 학교체육시설을 일정한 이용규칙에 따라 자유롭게 활용할 수 있도록 적극 개방하여야 한다. 학교체육시설 개방은 학교의 교육 및 연구 업무에 지장을 주지 않는 시간대인 조기 및 심야, 주말, 그리고 방학기간 등 유휴 시간대를 이용하는 방안을 고려할 수 있다(임번장, 1997b).

(2) 지역사회체육 프로그램 개발 및 운영

지역사회체육 프로그램은 지역주민의 효과적이고 합리적인 체육활동 참가를 보장하기 위한 구체적 수단이며, 지역사회체육활동 참가 확대를 위한 필수적인 요소이다. 따라서 지역주민을 위한 체육 프로그램 개발 및 운영 사업을 지역사회체육 참여 활성화를 위한 추진방안으로 적극 전개해 나가야 할 것이다.

이를 위해서는 지역사회의 특성이나 성별, 연령, 체력수준, 개인의 능력, 기타 여건을 세심하게 고려한 다양한 형태의 프로그램을 개발하여 지역주민이 언제, 어디서나 상황에 적합한 프로그램을 선택하여 적극적으로 지역사회체육에 참가할 수 있는 기회를 제공해야 할 것이다. 특히 지역사회체육 프로그램 개발은 다양성과 적합성에 초점을 두어야 한다. 즉, 지역사회체육 프로그램은 참가 대상별, 활동 장소별, 활동 목적별로 특성화된 다양성을 추구해야 하며, 프로그램의 안전성, 효과성, 흥미성 등의 기본 요건을 필히 고려해야 할 것이다(임번장, 1997b).

지역사회체육 프로그램 운영에 있어서는 현행 생활체육교실, 생활체육 순회지도 및 상담실, 지역주민 초청 체육세미나, 어린이 체능교실, 생활체육 광장의 개설 및 운영을 보다 확대하고, 노인,

장애인, 저소득층 같은 체육 소외집단을 위한 특별 프로그램의 개발 · 운영도 병행해 나가야 할 것이다. 또한 가족단위 체육활동이 증가하고 있는 추세에 부응하여 현재 동 · 하계 방학기간을 이용하여 수련장, 캠프장 등에서 실행하고 있는 가족 캠프를 지속적으로 확대해 나가고, 자치단체별로 참신한 가족단위 프로그램을 개발하여 시범 운영할 필요가 있다. 특히 지역사회체육 프로그램 운영에 있어서 학교체육시설을 이용한 프로그램 개설 · 운영을 적극 검토할 필요가 있다. 이는 지역주민 체육활동의 상당 부분이 학교체육시설을 이용하여 이루어지므로 매우 효과적인 방안이 될 수 있기 때문이다.

장기적으로 지방자치단체에서 체육 프로그램과 관련하여 중점적으로 추진할 과제로는 지역주민을 위한 건강 및 체력센터 운영을 들 수 있다. 복잡한 현대사회를 살아가는 현대인은 체력 및 건강 약화, 스트레스, 노이로제, 정신질환, 비만 등을 예방하고 치료하기 위한 방편으로 자기관리적 건강요법이나 체력단련법을 필요로 하고 있다. 그러나 대부분의 지역주민은 자신의 건강 및 체력을 진단하고 증진하고 싶은 욕구가 있어도 현실적인 여건 때문에 이를 실현하지 못하는 경우가 대부분이다. 따라서 지방자치단체는 대학의 의학 및 체육연구소와 연계하여 지역주민이 저렴하고 손쉽게 이용할 수 있는 건강 및 체력센터 운영을 적극 추진해 나가야 할 것이다(임번장, 1997b).

마지막으로 지역사회체육 프로그램 개발 및 보급과 관련하여 지방자치단체는 실무 부서간 프로그램 상호교환 및 협조체제를 구축해 나가고, 지역사회 내의 학교 및 민간체육단체 또는 전문가 등과 상호 연계체제를 구축하는 방안을 강구하여야 할 것이다. 특히 자치단체는 체육 프로그램과 관련된 각종 정보를 체계적으로 수집 · 정리하여 주민에게 제공할 수 있는 '체육프로그램전산뱅크제' 를 도입하여 지역 내 대학의 체육 계열학과나 체육연구소 또는 지역사회 체육단체와 공동 운영할 필요가 있다.

(3) 지역사회체육 지도자 양성 및 배치

지역사회체육 지도자는 전문적인 체육지도를 통하여 체육활동 참가자에게 체육활동의 동기를 부여하고 활동의 효과성 및 합리성을 제고할 뿐만 아니라, 지역사회체육 시설의 활용도를 극대화하는 데 중요한 역할을 담당한다. 따라서 지방자치단체는 지역주민의 사회체육을 현장에서 전문적으로 운영 · 지도할 수 있는 유능한 지역사회체육 지도자의 양성 및 배치를 적극 추진해 나가야 한다.

지역사회체육 지도자 양성의 양적 확대를 도모하기 위해서는 현재 전국적으로 운영되고 있는

21개 연수원을 시 · 도의 광역단위별로 확대하고, 지역사회체육 지도자 수급 계획을 위한 장 · 단기적인 종합 연구가 지속적으로 이루어져야 할 것이다. 특히 사회체육 지도자 양성 확대에 있어서 고려해야 할 점은 2급 생활체육 지도자 양성 확대이다. 2002년 9월 말 현재까지 배출된 생활체육 지도자 6만 7,203명 중 6만 2,823명이 3급 지도자이며, 이들 대부분이 민간체육시설업에서 활동하고 있어 지역사회의 공공사회체육 현장에서는 활용하기 어려운 실정이다. 따라서 현재의 생활체육 지도자 연수를 2급 위주로 전환시켜 지역사회체육 지도자로 활용하는 방안을 추진하여야 한다(체육과학연구원, 2003).

정부가 각급 연수원을 통하여 배출한 생활체육 지도자는 주민의 체육활동 현장에 적정 규모 이상 배치되어야 한다. 지방자치단체는 각종 체육시설 및 장소에 체육 지도자 파견 및 배치를 적극 권장하여 지역주민의 체계적이고 합리적인 체육활동 참가기회를 제공하여야 할 것이다. 또한 직장체육 진흥을 위해서도 자치단체 등 관계기관은 사업체의 크기에 관계없이 1명만을 신고하게 되어 있는 현행법을 개정하여 직장의 규모와 직장체육활동 수요에 걸맞는 복수의 사회체육 지도자가 배치될 수 있도록 유도함과 동시에 체육 지도자 배치를 위한 행정지도를 강력히 전개해 나가야 한다.

아울러 지역사회체육 지도자 양성 및 배치를 지속적으로 추진하는 가운데 지역단위별로 생활체육 지도 가용인력을 최대한 활용하고, 이들 인적자원을 효율적으로 관리해 나가는 구체적 방안을 모색하여야 한다. 즉, 체육 선진국에 이미 정착되어 있는 지역사회체육 자원봉사단을 조직 · 운영하고 체육지도자공동운영제를 확대 · 실시할 필요가 있다. 자원봉사단 운영을 위해서는 지역 내 체육교사, 우수선수, 체육전공 학생 등을 지도자로 적극 활용하는 방안을 검토할 수 있다. 특히 자치단체는 대학 당국과 협의하여 체육과 재학생들에게 실습을 겸한 자원봉사 요원으로 참여할 수 있는 기회를 제공하고, 지역주민 체육활동 지도 및 행사, 구민체육대회 심판, 운영, 기타 봉사활동에 필요한 지도자 파견 및 출장을 적극 권장하도록 한다. 지방자치단체가 이와 같은 역할을 효과적으로 담당하기 위해서는 일차적으로 지역 내 대학과 상호 연계하여 수요와 공급을 잘 파악해야 할 것이다(임번장, 1997b).

한편, 지역사회체육 지도자는 운동기능뿐만 아니라, 시설 관리 및 운영, 재정과 행정, 프로그램 계획과 평가, 연구조사, 인사관리 등 제반 사항에도 능통해야 하므로 전문적인 지식과 자질을 필요로 한다. 따라서 생활체육 지도자의 자질 향상과 전문적인 지도능력 제고를 위한 구체적인 실천 방안을 모색해야 할 것이다. 예를 들면 현행 연수 및 자격제도 개선 · 강화, 시보지도자제 도입, 재교육 과정 운영 등의 방안을 들 수 있다.

(4) 지역사회체육 동호인 조직 지원 및 육성

지역사회체육 동호인 조직은 스포츠 애호가들에 의해 결성된 자발적 체육집단으로서, 특정 스포츠에 취미와 관심을 갖는 성원들이 공동의 관심이나 목표를 추구하기 위해 조직된 순수 자생 체육단체다.

지역사회체육 동호인 조직 활성화는 사회체육 참여 및 활동 주체를 개인에서 집단적 · 조직적 수준으로 승격 · 발전시킴으로써 정책 추진의 효율성을 제고시킴은 물론, 집단적 체육활동 참가 기반 조성을 통한 참여 기회의 확대를 유도하려는 목적을 지닌다(임번장, 1991b). 따라서 지역사회 주민의 체육활동을 활성화시키기 위해서는 각종 사회체육 동호인 조직의 결성을 적극적으로 유도 · 지원하여야 할 것이다.

먼저 지역 내 다양한 사회체육 동호인 조직의 활동내용 및 규모를 조사하여 실적에 따라 예산을 지원하는 평가 및 지원 제도의 도입이 필요하다. 동호인 조직에 대해서는 지역별로 등록제를 실시하여 동호인 조직을 관리할 수 있는 행정적인 체제를 갖추고 동호인 조직활동의 극대화를 위해 각종 특혜를 부여함으로써 효율적인 동호인 조직활동을 유도하여야 한다. 이를 위해서는 우선 정부 및 지방자치단체의 체육부문 예산 중 지역사회 동호인 조직의 활동비 지원을 위한 재원을 확보하여 동호인 조직의 활성화 정도에 따라 차등 지원하는 방안을 강구할 필요가 있다. 그리고 각 시 · 군 · 구 단위별로 우수 체육 동호인 조직을 선정하여 재정적 지원을 하거나 공공 및 학교체육시설 책임자로 하여금 해당 시설에 등록된 동호인 조직이 우선적으로 활용할 수 있도록 개방을 배려하며, 국내 유수의 스포츠용품 생산업체에 협조를 요청하여 등록된 동호인 조직에 대해서는 체육용기구 구입 시 할인혜택을 부여하는 방안을 검토할 수 있다. 또한 등록된 동호인 조직의 지도자에 대해서는 지도자 강습회나 연수회에 참가할 기회를 우선적으로 부여하도록 한다(임번장, 1997b).

대부분의 동호인 조직활동은 지역 내 일부 팀을 중심으로 특정 지역 내에서 이루어져 왔으나 앞으로는 동호인 조직 간의 교류경기 연계 체제를 강구함으로써 타 조직과의 유대 구축 및 지역사회 주민 간의 연대의식을 제고시킬 수 있도록 확대하여야 한다. 이를 위해서는 행정적 지원 체계를 중심으로 시 · 군 · 구별 동호인 체육대회를 개최하거나 종목별 전국 동호인 경기대회 개최, 업종별 직장체육 전국대회 개최 등과 같은 동호인 체육대회를 정례화하는 방안을 강구하여야 한다(임번장, 1997b).

(5) 지역사회체육 행 · 재정 지원 강화

지역사회체육을 위한 행 · 재정적 지원 강화는 기본적으로 복지체육환경 조성 및 지역주민의 체육활동 참가기회 확대를 목표로 한다. 따라서 지역사회체육과 관련된 시설 확충 및 개선, 프로그램 개발 및 보급, 지도자 양성 및 배치, 동호인 조직의 활성화 및 육성, 홍보활동 전개 등에 필수적인 행 · 재정적 지원을 보다 강화해 나가야 할 것이다.

최근 체육활동의 활성화와 다변화로 체육행정에 대한 요구는 점차 전문화, 다양화되고 있으며 지방자치단체의 역할이 증대해 가고 있다. 아울러 민간부문에 의한 체육서비스가 확대되어 감으로써 민간체육시설에 대한 행정지원과 규제조치의 개선에 대한 필요성도 함께 증대하고 있다. 따라서 지역주민은 보다 적극적이고 효율적인 지역사회체육 행정이 이루어질 것을 기대하고 있다(임번장, 1997b).

이를 위해서는 먼저 지금까지의 중앙정부 주도의 행정 관행이나 문화관광부의 지방체육관리지침에 의거한 획일적인 지방체육 정책추진과 같은 경직된 행정관리 체계에서 벗어나 이제는 주민의 요구와 필요에 부응할 수 있는 지방정부의 민주적이고 책임 있는 행정집행에 의한 사회체육 정책이 추진되어야 한다. 따라서 지방자치제하에서 사회체육을 보다 효율적으로 활성화시키기 위해서는 일차적으로 지방자치단체의 소신 있는 책임행정 및 행정의 민주화가 선행되어야 할 것이다(임번장, 1995c: 23).

아울러 문화관광부를 비롯한 시 · 도 사회체육 행정요원의 증원 및 전문성 제고가 필연적으로 요청된다. 특히 지역사회체육 행정가의 전문성을 고양하기 위해서는 체육교사 경험이 있거나 체육 및 사회체육 행정 경험이 있는 사람을 대상으로 하여 대학이나 대학원에 체육행정 · 정책전공 학위과정을 개설, 또는 사회체육 행정 연수원과 같은 양성기관을 통하여 소정의 교육과정을 이수하게 한 후, 지역사회체육 행정가로 임용될 수 있는 제도적 장치를 마련하도록 한다. 또한, 현재 지역사회체육을 담당하고 있는 행정요원의 사회체육에 대한 전문적인 자질을 향상시킬 수 있도록 직전교육 및 현직교육을 의무적으로 실시할 수 있는 방안이 강구되어야 한다. 행정 요원의 해외 연수 기회를 확대하여 해외의 지역사회체육 연구 및 개발 기관, 그리고 사회체육 행정 부처 등에서 지역사회체육 업무에 대한 최신 지식 및 정보를 습득할 수 있는 해외 연수 기회를 제공하여야 할 것이다(임번장, 1997b).

지방자치단체는 체육관련 기관 및 단체와의 유대관계뿐만 아니라, 공공 조직체와 민간 조직체 간의 연계체계를 주도적으로 구축해 나가야 할 것이다. 이는 궁극적으로 지역사회체육 행정의 효율성 및 경제성을 제고하는 합리적인 방안이 될 것이다.

한편, 국민생활의 안정과 체육의 중요성에 대한 인식 증대로 체육활동에 대한 지역주민의 참가 폭이 급격히 확대되는 추세에 따라 체육시설 확충 · 활용 및 관리, 프로그램 개발 및 운영, 전문인력 확보 및 활용, 각종 단체 및 기관의 조직활동에 대한 재정 수요가 증대될 것이다. 따라서 적정 규모의 체육재정을 안정적으로 확보하기 위한 방안은 지역사회체육 참여 활성화를 위하여 중점적으로 강구되어야 할 기본과제이다(임번장, 1997b).

각 지방자치단체의 체육투자는 일차적으로 해당 지역주민의 건강 및 복지 증진과 직결된다는 점을 고려할 때, 지역사회체육 활성화에 소요되는 경비는 지방자치단체가 자체적인 계획을 수립하여 적정 수준까지 확보해야 할 것이다. 일례로 대구광역시의 경우 1995년부터 5년 동안 380억 원을 목표로 하는 대구광역시 체육진흥기금 조성 계획이 1995년 12월 시의회의 심의 의결을 거쳐 확정된 바 있는데(문화체육부, 1996c), 이와 같은 독자적인 체육재정 확보 방안이 각 지방자치단체에서도 강구되어야 할 것이다.

지방자치단체 재정자립도가 낮은 현시점에서 체육부문에 대한 재정을 효율적으로 확보하기 위해서는 중앙정부에 의한 국고나 지방비 외에 민간자본의 유치를 적극 유도해 나가야 할 것이다. 물론 체육시설 설치 등 체육활동을 위한 투자는 많은 자본이 소요되는 데 비하여 단기적인 수익을 기대하기 어려우므로 체육에 대한 민간투자를 확충하는 데에는 한계가 있을 수 있다. 민간의 체육투자를 적극 유치하기 위해서는 여러 가지 유인책을 강구할 필요가 있다. 예를 들면, 체육시설을 설치하고자 하는 토지에 대해서는 법적 규제를 완화하고 대출 지원을 확대하며, 적정 요건 및 기준을 충족시키는 사설 체육시설에 대해서는 세제 혜택을 확대하는 방안을 병행 추진한다면 민간투자도 상당 규모로 확충될 수 있을 것이다(임번장, 1997b).

(6) 지역사회체육 홍보활동 강화

지역사회체육 참여 활성화는 일차적으로 체육의 가치 및 필요성을 인식하고, 이를 일상생활 속에서 실천하고자 하는 지역주민의 선진화된 의식 여하에 달려 있다. 따라서 지역주민의 체육에 대한 부정적 개념 및 이해부족을 해소하고 올바른 가치관을 형성할 수 있도록 적극적이고 조직적인 계도 · 홍보활동을 전개해야 한다. 이는 결국 사회체육 참여 동기를 유발하고 참여 기회를 확대함으로써 지역사회체육 참여 활성화에 크게 기여할 것이다(임번장, 1997b).

홍보는 홍보하고자 하는 내용을 대상자에게 주의 집중을 통하여 흥미를 유도하고 동기를 유발시켜 기억케 함으로써 궁극적으로 실행하도록 촉구하는 데 목적이 있다. 따라서 지금까지의 단편적인 홍보활동에서 탈피하여 합리적이고 효율적인 홍보체제를 확립하고, 다양한 매체 및 방법을 활용함으로써 지역사회체육 홍보를 보다 강화해 나가야 할 것이다.

이를 위해서는 먼저 TV, 라디오, 신문, 잡지 등과 같은 대중매체를 적극 활용함은 물론 인터넷, 포스터, 게시판, 안내책자 및 유인물, 그리고 사회체육 관련단체 및 동호인 조직 또는 각 지역의 의료기관 등과 같은 다양한 매체를 활용하는 방안을 병행하여야 할 것이다. 또한 인근 병 · 의원의 의사 및 현지 대학교수를 초빙하여 건강과 사회체육의 중요성에 대하여 토의하는 대화의 장과 지역 저명인사의 초청 강연회 개최를 통한 사회체육의 간접 홍보방법의 활용도 바람직하다.

지역사회체육 홍보내용도 고도화, 다양화, 전문화되어 가는 지역주민의 체육활동에 대한 욕구를 수렴하여 반영할 수 있도록 다원화되어야 한다. 단순히 사회체육 관련 행사 개최를 알리는 기초 단계에서 탈피하여, 사회체육의 필요성 및 목적은 물론, 체육시설 개방 이용안내, 체육대회 및 강연회 개최, 동호인 조직가입 및 활동, 사회체육활동 및 프로그램, 건강소식 같은 복합적인 내용을 홍보할 필요가 있다(임번장, 1997b).

홍보기능은 고도의 전문성이 요구되므로 지역사회체육 홍보활동을 위한 최소한의 전문인력 또는 전담요원의 확보가 필요하다. 사회체육 홍보분야에 있어 전문인력을 확보하기 위한 방안으로는 기존의 생활체육지도사와 지도자에 대한 교육훈련, 홍보 또는 커뮤니케이션 분야에 종사하는 고급 인력의 임시채용, 홍보 전문기관에의 자문의뢰 및 위탁 등을 들 수 있다(임번장 외, 1993a).

지역사회체육에 관한 홍보활동의 전반적인 계획 수립 및 시행을 담당하는 홍보 전담기구의 설치는 홍보활동 강화를 위하여 가장 바람직한 일이지만 현실여건을 감안할 때 기존의 홍보체계를 정비 · 강화하는 방안이 더욱 효과적이라 할 수 있다. 특히 지역사회체육 홍보는 지방정부 및 관련부서 자체의 홍보활동만으로는 그 역량이 부족하므로, 지역사회 언론기관 및 종교단체 그리고 민간체육단체 등과의 협조체제를 구축하여 추진하는 것이 바람직하다.

| 요약 |

지역사회체육은 지역주민의 '삶의 보람', '건강', '쾌적감', '공동체의식'과 같은 사회적 기능을 포괄하는 활동으로서 지역주민 간의 상호 유대 강화와 지역사회활동의 공간을 조성하며, 지역사회체육시설을 정비하고 그 이용이 효율성을 극대화할 수 있는 기회를 제공하며 궁극적으로 인간 복리증진과 인간성 회복을 위한 계기를 마련해 준다. 또한 지역사회체육은 지역주민의 자발적인 참여를 통하여 건강한 사회성원 육성, 건전한 여가문화 창달, 그리고 지역사회의 총체적 복리증진에 기여하는 효과적인 수단이 된다.

지역사회 발전과 사회체육의 공통적 기능은 민주주의 교육 실천 및 평등화 실현, 지역주민의 자치의식 및 능력제고, 지역사회 주민의 복지증진 추구, 지역사회의 공동체의식 제고, 지역사회 개발 촉진, 그리고 건전사회 기풍 조성에 기여하는 것이다.

농촌체육은 개인적 측면에서 긴장 완화, 기분 전환, 낙천적 태도 및 성격 형성의 기회를 제공하고 사회적 측면에서 사회학습 및 정보교환의 기회를 제공하며, 농촌 고유의 지역연대감 증대를 통한 일체감과 소속감을 갖게 하여 사회통합에 기여한다. 도시체육은 도시생활로부터 발생하는 각종 스트레스 해소, 도시인의 건강 유지 및 증진, 사회병리현상 완화, 이질적 사회 구성원 간의 통합 및 계층 간 이해 증진을 도모하는 데 기여한다.

사회체육은 지방자치구현의 실천적 수단으로서 그 의의가 매우 크다. 지방자치제하의 사회체육의 진흥방향은 사회체육 행정의 민주화, 민간부문의 사회체육 서비스 기능의 활성화, 주민의 사회체육 의사결정 참여의 제도화, 사회체육 프로그램 운영의 지역특성화, 그리고 사회체육 재정확보의 자립화를 꾀하는 것이다.

지역사회체육 참여 활성화를 위해서는 지역사회체육시설 확충 및 효율적 운영, 지역사회체육 프로그램 개발 및 운영, 지역사회체육 지도자 양성 및 배치, 지역사회체육 동호인 조직 지원 및 육성, 지역사회체육 행 · 재정 지원 강화, 지역사회체육 홍보활동 강화 등이 추진되어야 한다.

| 주요 개념 |

거대성	공공체육	농업노동
단체자치	도시화	동질성
밀집성	봉쇄성	사회교육
사회봉사	사회선도	상호일체감
이질성	자발적 참여	정의주의
정주	좌업활동	주민자치
지방자치단체	지방자치제	지역공동체

지역사회	지역사회개발	지역사회체육
지역사회체육동호회	지역사회체육홍보	지역사회통합
체육지도자공동운영제	체육프로그램 전산뱅크제	총체적 복지증진

| 연구 문제 |

1. 지역사회 및 지역사회체육에 대한 개념에 대하여 살펴보자.
2. 지역사회체육의 필요성에 대하여 알아보자.
3. 지역사회 발전과 사회체육의 관계에 대하여 살펴보자.
4. 지역사회 발전을 위한 대학의 역할에 대하여 살펴보자.
5. 농촌체육의 필요성과 그 과제에 대하여 알아보자.
6. 도시체육의 필요성과 그 과제에 대하여 알아보자.
7. 사회체육이 농촌 및 도시생활에 기여하는 바에 대하여 살펴보자.
8. 지방자치와 사회체육의 공통적 가치에 대하여 살펴보자.
9. 지방자치제 시행과 사회체육의 진흥 방향에 관하여 알아보자.
10. 지역사회체육 참여를 활성화하는 방안에 대하여 알아보자.

참고문헌

강대기(1991). 『현대도시론』. 서울: 민음사.

건설교통부(2005). 『건설교통통계연보』.

곽효문(1995). 『복지정책론』. 서울: 제일법규.

권용우 외(1998). 『도시의 이해』. 서울: 박영사.

김경동 · 안청시(1985). 『한국의 지방자치와 지역사회 발전』. 서울: 서울대학교출판부.

김동훈(1986). 「지방자치와 주민참여의 활성화 방안」. 한국지방행정연구원. 『지방자치의 발전전략 세미나 자료집』.

김재철(1999). 「매력 있는 대한민국: 제도가 편하고 국토는 아름답고 인간은 자유로운 곳」. 『월간조선 1999년 11월호 별책 단행본』. 서울: 조선일보사.

김현조 · 김석훈(1991). 『도시사회학』. 서울: 경진사.

농림부(2007). 농림업주요통계.

______(2007). 인터넷 자료실(http://www.maf.go.kr/html/pds/pds01_02.htm).

문화체육부(1996c). 『체육진흥정책평가회 자료』.

박봉규(1986). 『환경과 인간』. 서울: 이화여자대학교출판부.

송해균(1984). 『농촌생활 개선지도론』. 서울: 서울대학교출판부.

숭실대학교 기독교사회연구소(1995). 『사회발전을 위한 지방자치』. 서울: 도서출판 한울.

신윤표(1992). 『지역사회개발학』. 서울: 법지사.

오명근 · 이종수(1992). 『사회학』. 서울: 민영사.

왕인근(1987). 『농촌사회학개론』. 서울: 박영사.

윤근섭 · 김영기(1993). 『현대 사회학의 이해』. 서울: 형설출판사.

윤이중(1992). 「지역사회 개발과 연계한 사회체육의 활성화 방안」. 『한국체육학회지 』31(1).

______(1994). 「지역사회복지와 생활체육」. 한국스포츠사회학회. 『1994 생활체육 학술세미나 자료집』(pp. 27-40).

이기옥(1983). 「한국행정 효율화 방안 탐색: 지방자치시행 전략을 중심으로」. 한양대학교 사회과학대학. 『사회과학논총』 제2집.

이종각(1987). 『현대사회와 레크리에이션』. 서울: 보경문화사.

이종영(1992). 「스포츠와 삶의 질」. 한국스포츠사회학회. 『1992 한국스포츠사회학회 학술세미나 자료집』.

임번장(1987). 「'88 이후 한국체육의 발전방향」. 한국체육학회. 『제5회 국민체육진흥세미나 자료집』.

______(1989a). 「2000년대를 향한 국민생활체육진흥전략: 시설 및 재정 부문」. 한국체육학회. 『2000년대를 향한 국민생활체육진흥 전략 심포지엄』.

______(1991b). 「지역사회체육 진흥을 위한 투자전략」. 한국체육학회. 『제10회 국민체육진흥세미나』.

______(1995c). 「지방자치와 생활체육 진흥」. 국민생활체육협의회. 『1995 생활체육발전에 관한 세미나 자료집』(pp. 5-29).

______(1995d). 「지역사회발전을 위한 사회체육의 역할」. 경희대학교 체육연구소. 『제1회 경희대학교 사회체육연구소 학술세미나 자료집』(pp. 27-38).

______(1997b). 「지역사회체육 참여 활성화 방안」. 인천대학교 스포츠과학연구소. 『제2회 인천광역시 생활체육 진흥세미나: 지역생활체육 참여활성화 방안』(pp. 1-24).

임번장 외(1993a). 『생활체육 홍보 전략수립 및 모형개발』. 문화체육부.

임주현(1987). 「지방자치 실시를 전제로 한 사회체육 활성화 방안」. 한국사회체육진흥회. 『1987 사회체육 학술세미나 자료집』(pp. 74-92).

정세욱(1984). 『지방행정학』. 서울: 법문사.

제주도정뉴스(2008. 1. 28) [인터넷자료] (http://www.jeju.go.kr).

제주투데이(2008. 1. 3) [인터넷자료] (http://www.jejutoday.com/news).

조선일보. 2001. 12. 19. 2면.

지방자치실무연구소(1995). 『한국의 지방자치』. 서울: 의암출판사.

체육과학연구원(2003). 『한국의 체육지표』.

최일섭(1985). 『지역사회복지론』. 서울: 서울대학교출판부.

최창호(1989). 『지역사회개발 행정론』. 서울: 삼영사.

통계청(1999). 『농업기본통계조사』.

현승일(1992). 『사회학』. 서울: 박영사.

현외성 외(1995). 『사회복지학의 이해』. 서울: 유풍출판사.

홍동식 · 강대기 · 정지웅(1982). 『농촌사회학』. 서울: 법문사.

홍상우(1983). 「우리 나라 사회복지 수준의 실태와 그 개선 방향」. 『고려대학교 교육대학원 논문집』.

金崎良三(1984). 農村の生活とスポーツ. 粂野 豊編. 現代社會とスポーツ(pp. 184-196). 不昧堂出版.

Bucher, C. A., Shivers, J. S., & Bucher, R. D. (1984). *Recreation for today's society.* Englewood Cliffs, NJ: Prentice-Hall.

Butler, E. W. (1976). *Urban sociology: A systematic approach.* New York: The Murray.

Butler, G. D. (1959). *Introduction to community recreation.* New York: McGraw-Hill.

Kraus, R. (1978). *Recreation and leisure in modern society*(2nd ed.). Santa Monica. CA: Goodyear.

Neumeyer, M. H., & Neumeyer, E. S. (1958). *Leisure and recreation.* New York: The Ronald Press.

Reissman, L. (1964). *The urban process: Cities in industrial societies*. New York: Free Press.

Shivers, J. S. (1981). *Leisure and recreation concepts: A critical analysis.* Boston, MA: Allyn and Bacon.

Weiskopf, D. C. (1982). *Recreation and leisure: Improving the quality of life*(2nd ed.). Boston, MA: Allyn and Bacon.

제6장 | 직장체육

직장은 삶의 터전인 동시에 개인의 포부와 이상을 실현하고, 인간관계나 친교는 물론 삶의 목표를 구현하는 생활현장의 일 영역이다. 현대인은 대부분의 주요 시간대를 직장에서 보내기 때문에 직장이 가정보다 더욱 의미 있는 생활공간이 되기도 한다. 이와 같이 직장은 구성원에게 긍정적인 측면을 제공하기도 하지만 부정적인 측면도 함께 지니고 있다. 즉, 과중한 업무, 동료 직장인과의 경쟁 심화, 상사와의 불화 및 갈등 증대 등은 직장인이 호소하는 여러 가지 부정적 측면의 일부분이다.

직장인은 복잡한 업무와 일상의 생활환경에서 탈피하여 진정한 자기 삶의 가치 및 존재 의미를 확인하려는 욕구를 지니고 있다. 따라서 과중한 직장생활의 업무나 책임으로부터 벗어날 수 있는 새로운 활동 영역이 필요하다. 이와 같은 측면에서 직장인에게는 스트레스를 해소하고 직무만족을 높이며 자아실현의 기회를 제공해 주는 건전한 사회체육활동이 중요한 의미를 지닌다. 이는 직장인 개인의 자기발전뿐만 아니라, 직장 전체의 이익성취에도 주요한 요인이 된다.

직장체육은 직장이란 생활공간에서 직장인이 자발적으로 참가하여 이루어지는 사회체육활동으로서, 건강 및 체력의 유지 · 증진, 삶의 질 향상, 노사관계의 개선, 노동생산성 향상에 기여한다. 따라서 직장체육은 직장인이 풍요롭고 윤택하게 생활하며 건강하고 인간답게 삶을 영위하려는 목적을 지니고 실천되며 근로환경의 개선, 종업원의 사기진작 등 기업복지 실현 방안의 일환으로 추진되고 있다.

이 장에서는 먼저 거시적 차원에서 직장구조에 영향을 미치고 있는 한국산업구조에 대하여 개괄하고, 직장의 개념, 직장체육의 의의 및 필요성에 대하여 고찰하고자 한다. 그리고 직장체육이 노사화합 및 기업 경쟁력 제고에 기여하는 바를 살펴보고, 직장체육의 현황 및 문제점을 파악함으로써 직장체육 활성화를 도모할 수 있는 방안을 구체적으로 제시하고자 한다.

1. 한국산업구조의 이해

우리나라 산업은 과거 농림수산업, 광공업, 제조업 등 노동집약적 공업 중심 구조에서 중화학공업 특히 전자산업 중심의 기술집약형 산업구조를 특징으로 하는 선진공업국형으로 전환되고 있다. 이러한 산업구조의 변화는 직장구조를 좌업노동 중심으로 변형시켜 직장인의 신체활동을 감소시키는 등 직장생활에 직 · 간접적인 영향을 미치고 있다.

1) 한국산업구조의 특성

산업구조는 산업별로 본 한 나라의 생산력 구조(한국은행, 1971), 또는 여러 산업 간의 구조(inter-industrial structure), 즉 산업 상호 간의 구성비율 관계(김대환, 1998)로 정의된다. 이러한 산업구조는 일반적으로 경제구조보다는 하위개념, 공업구조보다는 상위개념으로 이해되고 있다. 다시 말하여, 산업구조는 경제구조로부터 무역구조 등을 제외한 것이며, 또 제조업 내부의 업종별 구성을 표시하는 공업구조만을 의미하는 것이 아닌 그 중간 개념으로 볼 수 있다.

우리나라 경제는 선진국이 100여 년에 걸쳐 이룩한 국민총생산 규모를 불과 한 세대 안에 달성하여 압축성장의 표본이 되고 있으며 1980년대 들어 신흥공업국의 선두에 서게 되었다. 성장률면에서 지난 30여 년 동안 연평균 10%씩 성장함으로써 대만과 전후의 일본을 제외하고는 세계에서 유례를 찾을 수 없는 고도성장을 달성하였다. 이러한 고도성장은 자본, 노동 등 생산요소의 적극적 동원과 인적자본의 증가를 바탕으로 한 생산성 향상에 힘입은 바 크다. 또한 1960년대 초반부터 추진된 수출주도형 대외지향적 개발전략이 주효했다고 할 수 있는데, 수출은 가격경쟁력을 바탕으로 연평균 25%씩 성장하면서 비약적인 경제발전을 선도하였다.

한국의 이러한 빠른 성장은 'Korean Model'로 명명되면서 거시경제의 안정, 민간기업의 성장, 경쟁 허용, 높은 교육투자, 수출산업에 대한 성공적인 보조, 정부의 중화학공업에 대한 전략적 지원 등을 성공의 요인으로 지적하고 있다. 아울러 한국산업의 발전 동인으로는 산업구조의 고도화 촉진, 산업기술의 비약적 발전, 그리고 국제화의 진전 등을 꼽을 수 있다(산업연구원, 1997: 13-17).

한편, 최근에는 산업사회에서 정보사회로의 급격한 사회 패러다임의 변환에 따라 생산기술, 고용구조, 노사관계, 기업활동 및 정부정책 등이 변화되는 추세에 있다(배순훈, 1998).

2) 한국산업구조의 변화

한 국가의 사회적 생산력이 신장되어 가면 그 나라의 경제구조는 자연히 변동하게 된다. 경제구조의 변동은 산업화에 의해 급격하게 진행되어, 일차적으로는 국민경제를 구성하는 각 산업 간 구성관계의 변화로 나타내는데 이러한 변화를 일컬어 산업구조의 변화라 한다. 산업구조를 변동시키는 요인으로는 일반적으로 각종 자원이나 원료 같은 생산요소의 부존 정도, 제품에 대한 수요(내수 및 수출)의 규모와 그 변화 정도, 노동력과 생산기술의 공급 여건을 들 수 있다. 결국 산업구조는 이들 세 요인이 상호 결합하여 형성 · 변동되는 것이다(김대환, 1998).

우리나라 산업의 성장과정에서 가장 두드러진 변화는 농림수산업의 생산액이 GNP에서 차지하는 비중이 1962년 37.0%에서 1996년 6.3%로 크게 하락한 반면, 광공업은 같은 기간 동안 16.4%에서 26.1% 이상으로 상승하였다는 점이다. 또한 공업화 과정에서 제조업 내 주요 상품도 1960년대에는 의류, 가발, 신발 같은 노동집약적 경공업 위주로 발전했지만, 1970년대 중반 이후 중화학공업 육성계획에 따라 철강, 화학, 비철금속, 전자, 조선, 기계 등 자본집약적 산업으로 변모하였다.

1980년대 이후에는 중화학공업 내에서도 전자산업 중심의 기술집약형 공업으로 고도화되었으며, 1990년대 들어서는 동일산업 내에서도 표준화된 제품에서 벗어나 첨단기술을 응용한 차별화 제품을 생산 · 수출하는 방향으로 구조 변화가 전개되고 있다(산업연구원, 1997). 이와 같은 산업구조의 변화 추이를 구체적으로 살펴보면 〈표 6-1〉과 같다.

표 6-1. 산업구조의 변화 추이

(단위: %)

부문 \ 연도	1959	1967	1973	1979	1986	1994	1998	2002	2004
농업 · 어업	48.7	40.7	28.0	21.2	13.0	6.9	4.9	4.0	3.7
광업	1.5	2.2	1.7	1.4	0.9	0.4	0.4	0.3	0.3
제조업	6.7	11.4	20.6	29.1	27.1	29.5	30.9	29.2	28.8
건설업	2.2	3.9	5.4	6.6	9.5	11.3	10.1	8.5	8.4
전기 · 가스 · 수도	0.3	0.6	0.8	1.5	1.9	2.4	2.4	2.9	3.3
서비스업	40.6	41.2	42.9	40.2	47.6	49.5	51.2	55.1	55.5
총 계	100.0	100.0	100.0	100.0	100.0	100.0	100.0	100.0	100.0

출처: 통계청(2005). 주제별 산업부문 통계 [인터넷자료](http://www.nso.go.kr)에서 재구성.

〈표 6-1〉에 제시된 바와 같이 1953년부터 1998년까지 농업 · 어업 부문의 비율은 현저히 감소한 반면, 제조업과 서비스업은 꾸준한 증가 추세를 보이고 있다.

한편, 1970년대부터 극소 전자공학(micro electronics) 기술의 발전과 이것이 파생한 정보처리 기술의 혁신, 신소재, 바이오 기술 같은 소위 첨단 분야에서 새로운 기술혁신이 가속화되고 있으며, 이러한 기술은 미래사회에서 더욱 꽃을 피울 것으로 예상된다. 이러한 첨단기술은 새로운 성장산업의 형태로 구체화되면서 향후 산업구조를 크게 변모시킬 것이다.

이와 같은 첨단기술의 발전에 힘입은 산업구조의 변화 양상은 3차 산업의 확대, 고가공도화(高加工度化)되는 공업구조, 서비스산업의 자본집약화 등이다. 즉, 전체 산업구조 면에서 1차산업 비중의 지속적 하락추세가 이어지고 2차산업의 비중도 어느 한계까지는 하락할 것이며, 3차산업의 비중은 증가세를 보일 것이다. 제품생산 면에 있어 소재생산에서 가공 · 조립으로 나아가면서 무형의 소프트웨어가 추가되어 부가가치가 높아지게 되며 경공업, 중화학공업을 비롯한 가공 · 조립산업의 비중이 높아지게 된다. 그리고 서비스산업은 전통적으로 노동집약적이며 소규모로 운영되는 산업으로 인식되어 왔으나, 정보처리 및 통신기술의 발전은 이러한 서비스산업의 성격을 변화시키고 있다. 즉, 정보의 수집 · 처리 · 제공을 담당하는 정보처리 및 통신네트워크 산업은 컴퓨터와 통신장비를 갖추어야 하므로 당연히 장치산업화되고 있다(산업연구원, 1997: 104-105).

이상과 같이 우리나라 산업구조는 1950년대 이래 급속히 변모해 왔는데, 과거 노동집약적인 1, 2차산업 중심의 산업구조에서 점차 기술집약적인 3, 4차산업 중심으로 구조변화가 이루어져 왔다고 할 수 있다. 한편, 과거 전통적인 산업구조하에서는 근로자의 신체활동을 중심으로 한 육체노동이 큰 비중을 차지한 데 반하여 점차적으로 신체활동이 감소된 좌업형태로 노동구조가 변환되고 있다.

최근 우리나라는 IMF 금융지원체제를 겪은 후 총체적인 산업구조의 변화를 겪고 있는데, 향후 산업구조의 변화 역시 첨단화된 고부가가치 산업에 집중되는 방향으로 전개되고 노동집약적 산업은 더욱 퇴보할 것으로 예견된다.

3) 한국 직장의 특성

국내 산업구조의 변화는 노동형태뿐만 아니라, 업무시간 및 업무일수 단축과 같은 업무형태의 변화에 영향을 미쳐 직장구조의 변화를 가져 왔다. 특히 여가시간의 증대에 따른 여가활동 욕구의 폭발적 증대는 직장인으로 하여금 직무 외 시간의 활용에 대한 관심을 제고시키고 있다.

직장은 특정 목표를 달성하기 위해 일과 사람으로 구성된 전형적인 목적집단이다. 여기서 일이란 공장이나 사무실에서의 기술, 제조, 영업, 사무 등을 말하며 이를 담당하고 있는 기술자, 기능공, 판매원, 사무원 등의 사람이 일하고 있는 곳을 일반적으로 직장이라 부르고 있으며, 다음과 같은 일반적 특성을 지니고 있다(임번장, 1994c).

① 각종 서비스나 사무를 처리하는 곳이다. 즉, 직장이란 재화 또는 서비스라는 특정한 사회적 효용을 만들어 내는 장소라고 말할 수 있다.

② 조직과 개인이 직무라는 범주 안에서 연결되어 있는 곳이다. 즉, 직장은 일과 인간이 만나는 곳으로서 '일과 인간'의 관계에 의해서 성립되는 곳이며, 높은 성취도라는 조직의 요구와 자아실현, 성공과 같은 욕구충족이라는 개인의 요구가 통합되는 장소이기도 하다.

③ 노동의 질과 양을 현실적으로 결정하고 종업원 생활조건의 기초적 요소를 결정하는 곳이다.

④ 자신의 능력을 발휘할 수 있으며 모두가 즐겁게 지낼 수 있는 곳이다. 즉, 개인은 자신이 소속된 직장 내에서 자신의 경제적 · 사회적 성취 욕구를 충족시킬 수 있다.

표 6-2. 직장 규모별 분포

(단위: %)

연도 \ 현인원(계)	5~9인	10~29인	30~99인	100~299인	300~499인	500인 이상
1994	–	19.8	27.1	20.1	7.0	25.9
1995	–	21.3	28.6	20.4	6.8	22.8
1996	–	22.0	27.5	19.9	6.9	23.5
1997	–	22.9	26.6	20.1	6.9	23.5
1998	–	24.5	26.3	20.4	6.7	22.0
1999	13.7	23.0	22.0	16.4	5.2	19.8
2000	13.2	23.1	23.6	17.8	5.0	17.4
2001	15.0	24.3	23.6	16.6	4.3	16.2
2002	15.0	24.2	22.9	16.2	5.0	16.6
2003	14.7	23.4	22.7	16.8	5.6	16.8
2004	17.7	25.5	22.6	15.7	4.8	13.8
2005	18.3	25.3	22.7	15.4	4.8	13.6
2006	17.7	25.0	22.8	15.5	4.6	14.4
2007	17.8	25.8	23.1	15.5	4.2	13.7

출처: 노동부 홈페이지 통계자료(2008).

우리나라 직장의 특성을 규모의 측면에서 살펴보면 〈표 6-2〉와 같다. 직장 규모별로는 2007년 현재 10~29인 규모의 사업체가 전체의 25.8%, 30~99인 규모의 사업체가 전체의 23.1%, 5~9인 규모의 사업체가 전체의 17.8% 순으로 차지하고 있다. 따라서 우리나라의 직장 규모는 종업원 수 100인 이하의 중소기업이 과반수 이상을 차지하고 있다.

2. 직장체육의 개념

직장체육은 직장인의 건강 유지 · 증진, 직무의욕 · 직무만족 향상 등을 도모하고, 이를 통하여 기업의 생산성 향상과 이윤 증대 효과를 가져다 주는 사회체육의 일 영역이다. 따라서 기업은 종업원의 사기 진작, 후생복리 증진 차원에서 생활의 기반인 직장에서 전개되는 체육활동을 적극적으로 지원할 필요가 있다.

1) 직장체육의 필요성

현대사회는 생산성 향상을 위한 노력과 과학의 진보가 결합된 고도의 기술사회로서 산업화, 도시화, 자동화를 그 특징으로 하고 있다. 현대인은 이러한 기계문명의 발달에 의해 안락하고 편안한 문화생활을 누리고 있으며 보다 나은 삶을 추구하고 있다. 이러한 과학문명은 물질적 풍요를 제공한 반면, 신체활동 부족, 인간소외, 스트레스 증대 등을 초래하고 있는데, 특히 과중한 업무에 시달리고 있는 직장인에게서 두드러지게 나타나고 있다.

Iso-Ahola(1980)에 따르면, 직장에서의 체육활동은 개인에 의해 이루어지는 과업 외적인 측면이 아닌 중요한 기업활동의 하나로서 기업에 의해 제공되는 과업적 측면으로 간주되고 있으며, 그렇기 때문에 기업은 종업원의 욕구에 부응하는 광범위하고 다양한 체육활동 서비스와 혜택을 제공함으로써 효율적인 업무수행과 직무만족도를 극대화시킨다고 하였다. 기업이 직장체육에 관심을 갖는 가장 큰 이유는 근본적으로 체육활동에 대한 투자가 이에 상응하는 이익을 가져다 주기 때문이다.

Stensrud(1988)는 직장인을 위한 서비스와 레크리에이션이 지니는 역할에 대하여 강조하면서 "업무가 즐겁다고 말하는 사람이 거의 없는 것으로 볼 때, 대부분 직장생활이 쉽지 않음을 미루어

짐작할 수 있다. 따라서 기업은 고용인이 심리적으로 안정되고 행복감을 느낄 수 있도록 지원하는 수단으로서 새로운 관리 기법을 도입하여야 한다. 직장인의 삶의 질적 향상은 신체적 · 정신적 · 정서적인 복리에 집중되어야 한다. 삶의 질 향상 프로그램은 직장인의 체력증진뿐만 아니라, 하고 싶은 것을 체험해 보고 느낌으로써 생활 가운데 더 많은 기쁨을 맛보도록 촉구하는 전략이다"라고 하였다.

한편, 복지시설 증대나 사회체육활동을 통하여 직장인은 작업환경에 대한 만족도가 제고된다. 이는 단지 개인의 신체적 건강뿐만 아니라, 직장인의 전반적인 생활만족과도 직결된다. 그러므로 기업은 사회체육활동을 종업원의 사기앙양, 복지증진을 위한 특별급여 차원에서 제공하고 있다(Simonson, 1984). 즉, 봉급이 물질적인 급여라면 직장인을 위한 체육활동은 직장인의 삶의 질 향상에 필요한 신체적 · 정서적 · 사회적인 복리증진 차원에서의 무형의 급여를 의미한다.

이러한 관점에서 직장체육은 기업과 종업원의 두 측면에서 필요성이 제기된다(임번장, 1985b).

첫째, 기업의 측면에서 볼 때, 직장체육활동은 종업원의 건전한 여가활동인 체육활동이 근로자를 명랑하게 하고 일에 집중하게 하며, 작업집단 내에서 한층 생산적인 성원이 되게 한다. 모든 기업은 그들이 고용한 피고용자의 심신이 강건하거나 아니면 최소한 활기에 차 있기를 원하며 종업원의 생산성과 직장 근무의욕 유지에 대한 경제적인 측면을 중요하게 인식하고 있다. 다시 말하여, 종업원이 신체적 · 정신적 질환으로 인해 업무를 정상적으로 수행하지 못하여 생산력이 저하된다면 기업에게는 경제적 손실로 직결되기 때문에 이를 방지하기 위한 목적으로 종업원에게 체육활동을 권장하는 것이다.

둘째, 개인의 측면에서 볼 때, 직장체육활동은 개인에게 사회적 지위와 정체성을 부여함으로써 생산성을 유지하고 향상시키는 관건적 요인이 될 뿐만 아니라, 종업원의 사기를 진작시키는 촉진제로 기능한다. 그러므로 종업원, 그 가족 및 퇴직자를 위한 체육활동은 직장에서 또는 직장 밖에서 건전한 인간관계의 풍토, 즉 친밀하고 격의 없는 근무 분위기를 조성하는 근간을 이룬다.

경영자는 경제적 입장에서 체육활동에 관심을 두고 있는 반면, 종업원 측에서는 우선 사회체육활동의 전개보다도 여가활용을 포함한 근로조건에 관심을 두고 있다. 즉, 근로자의 건강을 지키고, 체육활동을 통한 문화욕구를 충족시킬 수 있는 복지조건과 근로자의 기본 권리로서 체육활동을 요구하고 있다. 근로자는 노동에서 오는 긴장, 피로, 고립감, 단조로움으로부터 벗어나 자기를 계발하고 인간으로서 삶의 보람을 체육활동으로부터 창출해 내려는 것이다. 이와 같이 직장체육활동은 삶의 질을 높이기 위한 노력의 과정이라 할 수 있으며, 이를 위해서는 직장인 자신뿐만 아니라, 기업도 사회윤리의 차원에서 종업원의 체육활동을 보장하고 지원하여야 할 당위성이 있는 것이다. 직장체육활동은 근로자와 기업 모두의 측면에서 중요한 가치를 지니고 있으며 그 효용성은 다음과 같은 결과를 가져온다(임번장, 1985b).

① 근로자의 능률 향상
② 노사관계의 개선
③ 긴장 및 갈등의 정서순화
④ 근로자와 경영자의 사기앙양
⑤ 직원의 고용과 모집에 매력을 주는 유인조건 제공
⑥ 종업원의 안정과 동기부여 증진
⑦ 지역사회와 유대관계 및 협조풍토 조성
⑧ 결근의 감소
⑨ 사고의 감소 및 예방

이러한 직장체육의 이점에도 불구하고 우리나라 직장인의 여가시간은 아직까지 선진산업사회에 비하여 상대적으로 크게 부족한 형편이므로 직장체육이 활성화되지 못하고 있다. 또한 대부분의 기업은 직장체육의 잠재적 가치를 충분히 인식하지 못하고 있으며, 종업원을 위한 체육의 중요성을 그다지 높게 평가하지 못하고 있는 것이 현실이다(임번장, 1985b). 그러나 생산성 증대를 통한 이윤창출이라는 기업의 궁극적인 목적을 달성하기 위해서는 기업활동의 주체인 직장인의 후생복리가 충분히 보장되어야 한다는 측면 및 직장체육활동은 직장인의 근무의욕 증진, 노사관계 개선, 생산성 증대 등을 도모하는 데 가장 효과적이라는 측면에서 직장체육의 필요성이 제기된다.

2) 직장체육의 의의

작업이나 직무의 획일화, 단순화로 인해 노동에 있어서 인간소외 현상이 한층 심화되어 근로자는 인간성 회복을 위한 노력으로서 여가에 대한 활동욕구를 지니게 되었으며, 특히 여가활동의 일환으로서 체육에 대한 높은 관심을 지니게 되었다.

이러한 의미에서 직장인의 체육활동은 복잡한 업무와 일상의 테두리 속에서 스스로 탈피하여 주체적 존재로서의 의미를 되새길 수 있는 기회를 제공해 주고 이를 통해 한층 더 즐겁고, 의욕적으로 자신의 업무에 집중함으로써 자아 실현뿐만 아니라, 기업 전체의 이윤 추구에도 긍정적 영향을 미친다. 즉, 대표적 여가활동의 일환인 체육활동을 통해서 직장인은 정신과 육체의 통합, 정서적 안정, 신체적 건강 및 자아 실현을 이룩하여 삶의 만족을 얻게 되고, 이는 곧 직무의욕 및 직무만족에 영향을 미쳐 기업은 생산성이 향상되어 이윤 증대를 꾀할 수 있게 된다(임번장, 1994c).

최근 각 기업에서는 종업원의 여가활동 참가가 개인과 기업 발전에 값진 기여를 하는 것으로 인식하여, 종업원을 위한 여가활동의 일환으로서 체육활동 서비스를 제공하는 경우가 점차 증가하고 있다. 이와 같이, 직장인의 체육활동은 삶의 질을 높이기 위한 노력의 과정이라 할 수 있으며 이를 위해서는 근로자 자신뿐만 아니라, 기업도 사회복지의 차원에서 종업원의 체육활동을 보장하고 지원해야 할 당위성이 있다.

직장인에게 있어서 체육활동은 크게 다음의 네 가지 측면에서 효용성을 지니고 있다.

(1) 체력증진

대부분의 직장인은 하루 일과가 바쁘고 피곤하기 때문에 충분한 휴식만이 필요하다고 여길 뿐만 아니라, 힘든 작업에 종사하지 않기 때문에 몸을 단련시킬 필요가 없다고 생각한다. 그러나 이러한 경우 운동부족이 일상화되면 인간의 생리기능은 저하되어 폐의 환기율이 떨어지고 근력부족으로 인하여 각종 질병에 감염되기 쉽다.

직장인에 있어서 불규칙한 식생활은 영양 상태와 밀접한 관계가 있다. 바쁜 일상생활에서 인스턴트 식품의 선호, 과도한 음주와 육류 위주의 과식은 영양부족이나 비만을 초래하여 성인병을 유발하게 된다.

따라서 직장에서의 적당한 신체활동이나 레크리에이션은 직장인에게 부족한 운동량을 충족시켜 줄 뿐만 아니라, 질병 예방에 도움이 된다. 특히 과도한 스트레스에 노출되고 있는 직장인은 조깅, 에어로빅스, 수영 등과 같은 신체활동을 통하여 건강 및 체력을 증진할 수 있다.

(2) 정서적 안정

복잡하고 과밀한 도시생활에서 인간은 주어진 일상업무에 따라 움직이는 기계의 부속품과 같은 무미건조한 생활을 반복하면서 자신의 존재를 종종 망각하게 된다. 또한 기계화에 따른 노동시간의 단축으로 늘어난 여가시간을 효율적으로 활용하지 못하고 긴장과 욕구를 해소하지 못한 채 다시 직장으로 되돌아가는 악순환을 거듭하게 된다.

특히, 고도 기술혁신의 사회에 살고 있는 현대 직장인은 무엇보다 스트레스로 인한 정서적 불안감을 안고 있다. 이러한 불안한 정서상태는 작업능률의 저하와 안전사고를 유발한다. 외국의 연구에 의하면 스트레스가 많은 작업을 수행한 후, 일정시간의 체육활동에 참가한 근로자는 작업을 수행하는 데 있어서 체육활동에 참가하지 않은 근로자에 비해 훨씬 더 높은 생산성을 보였다고 보고하고 있다(Finney, 1984). 또한 직장인은 정시에 출퇴근하면서 반복적이고 지루한 업무수행을 지속적으로 강요받는 상태에 놓여 있다. 그러면서 자신이 하고 싶어하는 일에 대해서는 아무런 자율성도 갖지 못한다. 따라서 작업장에서의 적당한 체육 및 레크리에이션 활동은 기분전환과 위락적 기능을 발휘하여 스트레스나 욕구불만을 해소하는 치료 효과를 가져 올 수 있다는 점에서 그 가치가 매우 높다 하겠다.

Glass와 Singer(1972)는 스트레스 수준에 직접적으로 영향을 미치는 작업환경의 중요한 요인이 지각된 통제의 상실(loss of perceived control)이라는 사실을 발견하였다. 다시 말해서, 내적 통제의 상실을 경험하는 사람은 스트레스 수준이 증가하며 과제활동 수행능력의 저하를 가져온다는 것이다. 이러한 점에서 체육활동이나 오락은 직장생활에서 누적된 스트레스를 완화 · 해소시켜 줌으로써, 결국 과제 수행능력을 향상시킬 수 있는 최적의 수단이 될 수 있다.

(3) 사회성 제고

인간의 사회생활은 타인과 지속적인 상호작용을 통해 이루어지는데, 다른 사람과의 인간관계는 수평적 또는 수직적인 관계로 형성되며, 이러한 인간관계는 직장생활의 만족이나 불만족을 일으킨다. 특히, 직장 내에서의 업무에 대한 중압감이나 스트레스는 타 동료나 직장상사와의 관계에 있어서 불신감 등 바람직하지 못한 인간관계를 조성할 수 있으며, 업무 중심적인 사고로 인한 사무적인 인간관계는 사회성을 저해하는 요인이 된다.

Grupp(1975)는 근로자를 대상으로 하여 체육활동 참가 동기에 대하여 질문한 결과, "자신이 좋아하는 사람들과 교제하기 위해서(76%)" 라고 응답한 비율이 가장 높다고 보고하였다.

이러한 관점에서 직장체육은 종업원의 상호 인간관계의 조화를 도모할 수 있으며 경영자 측과 종업원 측의 협력관계를 조성하여 바람직한 노사관계를 형성할 수 있는 중요한 기능을 발휘하는 활동이다. 따라서 직장의 고용주는 종업원이 다양한 활동 욕구를 지니고 있다는 사실을 주지해야 한다. 왜냐하면 노동 자체는 사람의 생활을 구조화시키고 획일화시키기 때문에 직장에서는 자신의 욕구를 충족시키지 못한다. 다시 말하여, 사람들은 일에서 벗어나 자신만이 갈망하는 어떤 의미 있는 활동을 추구하려 하며 그러한 활동은 자아실현과 자신의 존재에 대한 확인 욕구에서 비롯된다. 직장체육 현장에서는 조직의 지위고하나 빈부의 차별 없이 모두가 평등한 관계에서 체육활동이 이루어진다. 이러한 평등 관계는 업무관계에서 벗어나 인간 대 인간의 만남으로 이루어지며 '우리' 라는 공동체의식이 촉발됨으로써 상호간에 애정과 신뢰를 쌓게 해 준다.

또한, 직장에서의 체육활동은 종업원의 사기를 진작시키는 촉진제라고 할 수 있다(임번장, 1985b). 즉, 직장에서의 건전한 체육활동은 직장 내의 건전한 인간관계 풍토를 조성하고 신뢰적이고 친숙한 근무분위기를 조성하는 근간이 되어 종업원의 사기를 앙양시킨다.

(4) 생산성 향상

직장체육은 긴장을 이완으로, 구속감과 피로감을 자유롭고 상쾌한 기분으로 전환시켜 주는 자기 표현적 활동으로서 만족스러운 직장생활을 영위할 수 있도록 도와 주는 촉진제이다.

Finney(1984)는 체육활동의 참가가 근로자의 근무의욕 및 건강 증진을 제고하여 결근율 감소, 사기 진작, 이직률 감소, 스트레스 감소 등 직무수행력과 직무만족을 향상시키며, 결과적으로 기업의 생산성 향상과 이윤 증대에 기여한다고 보고하고 있다.

또한 직장체육은 종업원의 고용과 모집에 매력을 주는 유인조건을 제공해 준다. 종업원이 한 직장에 정착하는 것은 반드시 임금과 같은 외적 요인에 의해서라기보다는 근로 복지조건이라든지 직장 분위기 등과 같은 내적 요인에 의해서도 크게 좌우된다. 따라서 직장체육은 종업원들의 애사심이나 소속감을 강화시킴과 동시에 노동에 대한 동기를 부여하여, 직무만족을 향상시키고 이를 통해 생산성이 증대되는 효과를 가져오게 한다.

결국, 직장체육은 근로자에게 건실한 생활양식에 적응할 수 있는 튼튼한 생활기반을 제공함으로써 근로자의 건전한 사고와 적극적인 행동을 유도하고 능동적인 근로행위를 진작시켜 생활 만족과 생산성 향상을 꾀하는 데 기여한다.

3) 직장체육의 운영형태

직장을 기반으로 하여 전개되는 직장인의 체육활동은 각 기업체의 특수상황을 고려하여 적합한 운영형태를 유지하는 것이 바람직한데, 일반적으로 다음 세 가지 형태를 취한다.

첫째, 순수체육추구형으로서 단순히 취미로 체육활동에 참가하는 입장을 취하는 형태이다. 이는 종업원의 풍요롭고 윤택한 생활, 인간다운 삶을 충족시키는 체육활동으로서, 틀에 박힌 근무여건, 선전의 수단, 또는 노동조합의 구속을 떠나서 각자가 선호하는 체육활동을 즐길 수 있도록 행하여지는 형태이다. 그러므로 이 경우에는 직장체육활동의 조직이 기업 내의 관리조직, 조합조직과는 별도로 자생적으로 조직되고 종업원 자신에 의해 자율적으로 관리되고 운영된다. 이로 인하여 종업원은 기업 내에서 소외감을 느끼지 않고 스스로의 주체성을 확립하게 된다.

둘째, 노동조합추구형으로서 노동조합의 하위조직으로 결성되어 노동조합의 목적을 성취하기 위한 입장을 취하는 형태이다. 이는 노동조합활동의 일환으로 행하여지는 체육활동으로서 조합이 근로자의 체육활동을 추진하기 때문에 근로자의 기본적 체육활동 욕구를 만족시키기보다는 조합활동의 수단으로 장려된다.

셋째, 경영관리추구형으로서 생산성 향상을 목적으로 하는 입장을 취하는 형태이다. 이는 종업원의 기업복지를 위한 대(對) 종업원 봉사정책으로서 체육활동을 배려하는 것이다. 기업이 체육활동 프로그램 구성, 시설 및 지도자 제공, 그리고 운영의 통제를 관장하며 경비를 지출하기 때문에 경영자의 간섭을 받게 되어, 종업원의 개인적인 욕구 충족이 도외시될 가능성이 높다.

이와 같은 세 가지 운영형태의 변형으로서 종업원은 프로그램을 전담하는 한편, 기업은 시설을 제공하는 유형과 계약적 합의하에 기업체와 주변 지역사회 또는 상업체육업체 간의 협동적 프로그램을 수립함으로써 직장체육활동에 공공시설이나 상업시설을 이용하는 유형도 고려할 필요가 있다(임번장, 1985b). 이러한 점에서 Kraus(1977)는 직장체육의 운영형태를 보다 세분화하여 여섯 가지 형태로 제시하고 있다.

① 기업이 시설 및 지도자를 제공하고 프로그램 운영을 전적으로 책임지는 형태

② 시설에 대한 경비 지출은 기업주가 제공하며, 경영자와 종업원은 프로그램 운영에 대한 책임을 지는 형태

③ 종업원이 프로그램에 대한 모든 부담을 지는 형태(단, 기업주는 시설 제공 가능)

④ 독립적인 노동자 동호인 조직이 직장체육 프로그램에 대한 모든 책임을 지고 직장 밖의 시설을 이용하는 형태

⑤ 노동조합이 조합 소유의 건물, 야영지, 또는 기타 시설을 이용하여 직장체육 프로그램을

운영하는 형태

⑥ 기업과 지역사회 간의 협의에 의한 협력 프로그램으로 운영하는 형태(공공체육시설 이용)

또한, 이러한 다양한 운영형태와 함께 직장체육 운영 경비는 회사 재정, 직장체육 동호인 조직의 회비, 입장료 등에 의해 다양하게 충당되고 있다(Weiskopf, 1982). 즉, 직장체육활동에 있어서 프로그램 활동에 필요한 소요 경비의 조달은 프로그램 자체에 따라 상이해진다. 대부분의 직장체육활동 프로그램은 다음과 같은 방법을 결합한 형태의 재정적 구조를 띠고 있다(임번장, 1985b).

① 기업체 부담
② 직장체육활동 동호인 단체의 회비
③ 입장료, 징수금
④ 매점, 자동판매기, 간이식당 등의 수익금
⑤ 참가회비, 부과금

최근에는 기업에서 체육활동 프로그램의 조직과 직원배치 및 경비조달에 관심을 갖고 지원하는 경향이 점차 늘어나는 추세에 있다. 그러나 재정 부담이 과중한 영세기업의 경우에는 이러한 자금을 마련하는 데 어려움이 뒤따를 수 있다. 이 경우에는 종업원이 기업으로부터, 또는 기업의 보증으로 대출을 받아 활동에 소요되는 자금을 마련한 후, 회원이 이를 연차적으로 상환하는 발전적 모형도 고려해 볼 수 있다. 종업원은 자신의 여가활동을 위하여 어느 정도의 지출을 부담하더라도 보다 많은 이익을 되돌려 받을 수 있기 때문에 직장체육활동에 대한 투자는 항상 필요성이 상존한다(임번장, 1985b).

3. 직장체육과 노사화합

과거 기업경영이 주로 경영자 중심 형태로 운영된 데 반하여, 최근에는 근로자 중심으로 바뀌어 가고 있다. 이러한 변화 양상은 기업이 근로자의 편익과 복지를 위하여 다양한 프로그램을 자발적으로 도입 · 운영하는 데서 찾아볼 수 있다. 이 가운데 직장체육은 근로자 간, 근로자와 경영자 간의 화합과 상호 이해를 도모하여 노사안정을 꾀하는 데 유용한 활동으로서 활용가치가 매우 높은 것으로 평가되고 있다.

1) 직장체육과 노사관계

우리나라는 지난 1987년 이래 전국적인 노사분규를 경험했으며, 그 결과 거의 모든 기업이 노사안정의 중요성에 대하여 새로이 인식하게 되었다. 노사관계의 안정은 곧바로 생산성 제고, 품질 향상, 수익증대와 연결되거나 기업의 경쟁력과도 직결되는 것이기 때문이다.

우리나라의 경우, 1998년 1월 노사정위원회가 발족되어 기업의 경영투명성 확보 및 구조조정 촉진, 물가안정, 고용안정 및 실업대책, 사회보장제도 확충, 임금안정과 노사협력 증진, 노동기본권 보장, 노동시장의 유연성 제고, 수출증대 및 국제수지 개선, 경제위기 극복을 위한 합의를 이끌어 낸 바 있다(노사정위원회, 1998).

노사관계는 흔히 경영자와 노동자의 관계인 이분 개념으로 인식되어 왔으나 근래에 와서는 기업에 근무하는 모든 사람이 회사의 주인이라는 측면에서 노동자와 경영자의 대립관계가 아닌 '우리' 라는 내부 집단의 공동체의식으로 인식이 전환되고 있다.

노사관계에서 '우리' 라는 공동체를 유지하기 위해서는 인간과 인간 사이를 연계시키는 연결고리가 필요한데, 직장체육은 함께 뛰면서 땀을 흘리고 기쁨이나 즐거움을 나누는 가운데 원만한 노사관계를 유지할 수 있다는 점에서 그 가치가 크다고 할 수 있다. 즉, 직장체육은 노사관계의 안정을 위한 매개체로서 역할을 담당할 수 있는 활동이다. 산악회, 낚시회, 축구회, 볼링회, 테니스회 같은 각종 직장체육 동호인 조직은 집단활동을 통하여 서로를 이해하고 존중하는 가운데 경영자와 근로자 사이의 벽을 허물고 한 가족과 같은 동료애를 고취시켜 줌으로써 가족적인 분위기를 유도해 낸다. 이와 같이 직장체육은 우애감을 형성하고 연대의식을 조성하여 사회적 거리의 간격을 좁혀 주는 촉매로 작용한다. 또한 체육활동에 직접 참가하지 않는 여타 직장인에게도 관람자로서 대리경험을 할 수 있는 기회를 제공함으로써 상호 유대감을 갖게 한다. 이렇게 직장체육은 각기 다른 개성과 이해관계를 지닌 이질적인 직장 구성원을 하나의 공동체로 융화하여 화합시키는 기능이 있다. 직장체육 참가자가 한 팀의 구성원이 되거나 동호인 조직의 성원이 되도록 촉진하여 참가자 개인을 팀이나 클럽에 융화시켜 충만한 상호 인간관계의 결속을 가져온다는 것이다.

직장의 공동체의식은 직장 내의 동호인 조직과 같은 소규모 형태뿐만 아니라, 직장을 대표하는 직장 팀과 같은 대규모 형태를 통하여 조성되기도 한다. 이와 같이 직장체육은 직위, 근무 부서, 성, 교육수준 및 종교가 서로 상이한 이질적인 직장인을 한마음 한뜻으로 결속시켜 노사화합을 창출하는 기능을 발휘할 수 있다.

결국, 직장체육은 직장인 개인에 대하여 삶의 질을 높이고 생활의 기회를 확대하여 줌과 동시에 직장에 대하여는 공동체의식을 고양하여 구성원 간의 결속을 공고히 다지며 노사 간의 이해와 상호신뢰의 바탕을 마련해 준다.

2) 직장체육과 노동조합활동

우리나라의 노동조합법 제3조에 의하면, "노동조합은 근로자가 주체가 되어 자주적으로 단결하여 근로조건의 유지 · 개선 그리고 기타 경제적 · 사회적 지위의 향상을 목적으로 조직하는 단체 또는 그 연합체"라고 규정되어 있다. 또한 노동조합활동은 근로자가 자신의 권리를 보호하고, 생활 수준 및 작업 환경을 스스로 결정하기 위하여 경영주와 교섭하는 단체활동을 의미한다. 이러한 노동조합은 크게 일반, 직능별, 산업별, 기업별 노조로 구분할 수 있다(한국산업사회연구회, 1993). 이들 유형별 특성을 제시하면 〈표 6-3〉과 같다.

표 6-3. 노동조합의 유형별 특성

특성 \ 유형	일반 노조	직능별 노조	산업별 노조	기업별 노조
조직성원의 질과 양	반숙련공 일반적 개방주의	숙련공 직능별 한정	반숙련공 일산업 일조합	정규종업원 사무직 · 생산직 혼합
조직목표의 성격	최저 생활조건의 보장	기득권 옹호	산업별 표준의 확보	기업과 종업원의 이익 증대
목표달성 기능의 성격	파업, 입법활동	노동력 공급독점 상호공제	산업별 · 공장별 단체교섭	기업별 교섭 · 협의
동기부여 기능의 성격	인간으로서의 최저생활 보장	직업에 대한 권리	노동조건의 사회적 표준화	종업원으로서의 이해관계 충족
통합기능의 성격	포괄적 개방주의 중앙집권주의	임시직 제한 공통규칙 직능별 통일	일산업 일조합주의 산업별 통일	종업원의 연대 강화

출처: 한국산업사회연구회(1993). 『산업사회학강의』. p. 89.

한편, 직장체육은 건전한 노동조합 활동의 한 측면으로 간주될 수 있다. 집단으로 이루어지는 체육활동은 다른 성원과 상호 협력 · 협동하는 가운데 이루어지는데, 그 과정에서 친화적인 인간관계를 형성하게 되어 노동조합원 간의 단결과 유대를 강화시킨다. 체육활동은 강한 연대의식, 우애, 소속감, 친밀감 및 친교의 감정을 유발시키는 잠재력을 지니고 있기 때문에 직장체육활동을 통하여 상당히 강한 유대관계가 참가집단 사이에 형성된다. 직장대표팀, 후원회, 팬, 응원단 그리고 심지어는 관람자와 같은 비경기자에게서도 이와 유사한 우애와 연대의식이 형성된다. 그리고 체육활동 후나 경기 후의 직장체육과 연계된 친교활동, 연회, 여흥 등과 같은 부수적 활동은 친밀한 유대감정을 한층 더 제고시킨다.

이렇게 직장체육활동을 통하여 화합 분위기를 조성한 노동조합은 기업이나 지역사회의 통합에 기여할 수 있다. 즉, 노동조합이 직장체육을 통하여 잘 조직화되고 합리적으로 운영될 경우, 노사문제를 원만히 해결할 수 있을 뿐만 아니라, 나아가 주택, 보건, 교육 등 공익사업에 관심을 기울이게 됨으로써 지역사회의 발전까지도 유도해 낼 수 있는 것이다.

한편, 근로자 개개인의 노동권익 신장, 근로환경 개선, 여가활동, 문화활동 및 생활수준의 향상에 중점을 둔 복지지향적 노조활동은 직장체육활동의 전개를 통하여 한층 강화될 수 있다. 예컨대, 개별 근로자들의 노조참여는 직장체육 동호인 조직활동을 연결 고리로 하여 확대될 수 있으며, 궁극적으로는 직장체육활동을 통하여 직장복지에 대한 공동의 관심사를 공유함으로써 직장복지 개선에 대한 근로자의 기대와 요구에 부응할 수 있다. 따라서 노동조합은 사내 체육대회, 체육동호회 활동, 스포츠교실 등과 같은 건전 여가활동을 조직 · 전개함으로써 근로자 모두의 요구에 부응하는 노조활동을 추진할 수 있으며 이러한 활동을 통하여 노 · 사 간의 화합 및 직장복지 개선에 기여할 수 있다.

4. 직장체육과 기업 경쟁력

직장체육은 근로자로 하여금 작업환경에서 얻게 되는 정신적 스트레스와 운동부족을 해소시켜 근로자의 생산능력을 극대화시킨다. 뿐만 아니라, 근로자 간의 인간관계를 개선하고 애사심을 고취시키며 산업재해 예방에 기여함으로써 기업의 경쟁력 제고에 이바지한다.

1) 직장체육과 개인능력 개발

직장체육활동은 궁극적으로 삶의 질을 높이기 위한 노력의 한 과정이기 때문에 기업은 사회윤리 차원에서 직장인의 체육활동을 보장하고 지원하여야 한다. 직장인에게 있어서 체육활동은 기업 경쟁력 제고 측면에서 볼 때, 어느 무엇보다도 우선하여 개인 능력 개발의 효용성을 지닌다.

직장인 개개인은 산업의 도구나 기계의 한 부품이 아닌 사회의 한 구성원으로서 인식되어야 하며 보다 나은 직장생활을 위하여 건전한 인간성 함양과 대인관계, 그리고 건강을 유지 · 증진하도록 스스로 노력하여야 한다. 따라서 직장은 직장인 개개인이 근로환경 속에서 건강하고 활기 넘치는 생활을 영위할 수 있도록 여건을 조성해 주어야 하며, 직장인은 체육활동을 최대로 활용하여 원만한 직장생활을 유지하는 데 필요한 개인 능력을 개발하도록 힘써야 한다.

(1) 체력과 건강증진

직장인의 체력과 건강은 단순히 한 개인의 문제로 한정되는 것이 아니라, 인간의 존엄성과 노동력의 재생산, 나아가 작업능률의 향상을 가져옴으로써 기업의 인적 경쟁력을 제고시킨다. 다시 말해, 다양한 업무 수행능력을 구비한 사람은 보다 나은 업무 성과를 달성할 수 있는데, 이 업무 수행능력은 개인의 건강, 체력, 정신력 등의 요인에 의해 영향을 받기 때문에 직장인의 체력이나 건강은 기업의 작업 역량과 직결된다. 많은 직장인이 업무에 의한 피로, 운동부족에 따른 생리기능 저하, 질병에 대한 저항력 약화를 경험하고 있다. 따라서 직장에서의 규칙적인 체육활동은 이러한 신체적 기능을 강화시키고 체력 증진과 건강을 유지 · 증진시킴으로써 업무에 대한 개인의 잠재능력을 향상시키는 데 기여한다.

(2) 사기 및 동기 부여

산업사회에서 직장 사기(morale)는 종종 근로의욕을 일컫는 말로서, 개인 또는 직장 전체의 태도, 신념, 정서, 내재적 의견과 정서의 집합체이며, 적극적 성취의욕을 자아내는 정신상태를 의미한다(신윤표, 1990). 따라서 직장인의 높은 사기는 구성원 개개인이 상호 신뢰감 및 근무의욕이 충만되어 있거나, 집단 규범 및 규율을 능동적으로 준수함으로써 협동심과 팀워크가 매우 높은 상태이다. 인간의 행복은 보다 가치 있는 삶에서 느낄 수 있으며, 명예나 지위의 향상뿐만 아니라, 신체 건강과 자유로운 신체활동에 의해서 성취될 수 있는 것이다. 대부분의 주요 시간대를 직장에서 보내는 직장인에 있어서 체육활동은 신체 건강을 증진시켜 줌으로써 직장인의 사기앙양 및 행복에 기여한다.

이러한 사기의 앙양은 기업의 경쟁력 제고 측면에서 생산성 증대와 직결된다. 직장인의 육체적 · 정신적 건강 정도는 사기와 관련된 하나의 구성 요소가 되므로 사기가 충만되어 있는 직장인은 생산성이 향상된다.

(3) 자기계발

최근 직장 내에서의 신세대는 다양한 개성을 바탕으로 새로움을 추구하고 지속적인 변화를 갈구한다. 이러한 개성은 창의성과 연계되어 참신한 아이디어와 새로운 기술 개발을 창출함으로써 기업 발전을 촉진한다. 특히 모험을 추구하는 신세대 직장인은 자신의 개성적인 삶을 지속적으로 영위하려는 경향이 강하며 종종 기성세대의 전통적 직장의식과 가치관에 도전하여 갈등을 야기하기도 한다. 이들은 가능한 한 자기 개인시간을 최대로 확보하여 스포츠활동과 같은 능동적 여가활동에 적극 참가함으로써 성취감과 만족감을 얻는 데 삶의 가치를 두고 있다. 따라서 다양함과 개성 추구 성향이 높은 신세대 직장인을 위한 여가활동으로서 직장체육은 자기계발의 실현을 위한 폭넓은 기회를 제공한다.

기업의 새로운 관리기법은 직장인을 심리적으로 안정되게 하고 행복감을 느끼게 함으로써 자신의 잠재력 계발에 노력을 집중하도록 지원하는 것이다. 삶의 질적 향상 프로그램은 직장인의 체력증진뿐만 아니라, 선호 활동을 통하여 즐거움을 느낌으로써 자신의 생활에서 더 많은 기쁨과 자기계발을 추구하도록 촉구하는 전략이다. 결국 직장인에 대한 복지시설과 체육활동은 직장인을 만족시키는 작업환경과 태도를 형성시킴과 동시에 자신의 능력이나 개성을 계발하는 기회를 부여한다.

(4) 정신건강

직장인은 주어진 일상업무에 익숙해짐에 따라 움직이는 기계의 부속품과 같은 소외된 생활을 반복하면서 자신의 존재를 종종 망각하게 된다. 또한 직장인은 기계화에 따른 노동시간의 단축으로 얻게 된 여가시간을 효율적으로 활용하지 못하고 긴장과 욕구불만을 해소하지 못한 채 다시 직장으로 복귀하는 악순환을 거듭하게 된다.

특히 고도의 기술혁신이 급격히 이루어지고 있는 현대사회에서 직장인은 무엇보다 정신적 스트레스로 인한 정서적 불안감을 지니고 있다. 불안한 정서상태는 작업능률의 저하와 안전사고를 유발할 가능성을 지니고 있다. 또한 특정 개인의 스트레스 수준에 직접적으로 영향을 미치는 작업환경의 주요한 요인 가운데 하나는 타인에 의하여 강제적으로 행동에 제약을 받는 것이다. 이와 같이 작업환경에서 오는 외부 압력을 받게 되면 스트레스 수준이 증가하게 된다. 따라서 직장체육 활동은 작업환경의 과중한 압력에서 일시적으로 벗어나 기분을 전환할 수 있는 기회를 제공함으로써 작업 중에 발생하여 축적된 스트레스를 경감시켜 정신건강을 유지하는 데 일조한다.

2) 직장체육과 조직 효율성 제고

조직의 효율성 제고는 새롭고 급격히 변화하는 기술, 시장, 전략 그리고 변화 그 자체에 잘 적응할 수 있도록 조직의 태도, 가치, 신념, 구조를 변화시키는 종합적인 전략에 의해 달성된다. 직장체육은 조직이나 사회성원에게 소속 사회집단의 기본적인 주요 가치관과 규범을 학습하게 하여 내면화시킨다. 이러한 의미에서 직장체육은 산업사회의 생산성 유지를 위하여 필요불가결한 요소인 성취동기를 제고시키도록 조장한다. 또한 직장체육 동호인조직 활동은 직장인에게 운동 욕구의 성취 및 체육활동 참가 기회를 제공하고 비공식적인 표현적 인간관계를 형성하게 하여 조직 구성원 상호간의 친밀감과 신뢰성을 높여 준다.

(1) 인간관계 개선

지나친 업무중심의 직장생활은 대인관계가 사무적이 되어 인간적인 교류가 소원해지기 쉽다. 이러한 관점에서 직장 내의 원만한 대인관계 개선을 위해서는 체육활동이 좋은 해결책이 될 수 있다. 즉, 직장체육은 직장인 상호간의 친밀한 인간관계망을 돈독히 구축할 수 있으며 경영자와 피고용자 간의 협력관계를 조성하여 바람직한 인간관계를 형성할 수 있게 해 준다.

(2) 애사심 고취

조직의 일원으로서 업무에 종사하는 직장인은 과중한 직무로 인한 피로와 불편한 인간관계로부터 발생되는 스트레스에 시달리게 된다. 이러한 스트레스는 직무의욕을 저하시키며, 조직과 직장에 대한 충성심을 떨어뜨리는 결과를 가져온다. 이러한 측면에서 직장체육은 직장인으로 하여금 만족한 직장생활을 영위할 수 있도록 화합을 유도하여 애사심을 고취시키는 데 기여한다.

(3) 산업재해 예방

직장에서 사고 발생과 관계되는 작업환경은 다양하다. 지속적인 좌업 위주의 실내 근무, 활발한 신체활동이 요구되는 옥내 · 외 근무 등 여러 유형의 근로환경에 의하여 직장인은 필연적으로 신체적 · 정신적 피로감이 누적된다. 국부적인 신체동작이 요구되는 좌업 위주의 근로자는 신체의 불균형을 초래하고 질병 발생률이 증가하며, 신체적 피로감, 정신적 과로로 인하여 스트레스가 가중된다. 이는 곧 작업장 내 · 외에서의 산재 발생 요인으로 작용할 수 있다. 직립자세로 오랫동안 작업하는 생산직 근로자의 경우, 체력 저하로 인하여 산업재해 발생의 가능성이 매우 높아진다. 체력의 저하는 신체의 피로도를 가중시켜 일에 대한 주의 집중력이나 판단력을 흐리게 하여 불의의 상해를 입힐 수 있다. 숙달된 근로자라 할지라도 장시간의 직립 작업은 하지의 약화나 척추의 만곡 및 요통을 가져와 작업의 비능률을 초래한다. 또한 고온, 소음 등의 열악한 환경조건은 생체의 항상성 유지 기능을 저하시켜 피로감을 야기시켜 사고의 발생 원인이 될 수 있다. 이와 같이 발생될 수 있는 직장 산업재해는 직무에 대한 불안, 이직률, 결근율의 증가 등과 같은 역기능을 초래하게 된다. 체육활동을 통해 증진된 체력은 작업에서 요구되는 신체 능력의 향상과 함께 각종 스트레스에 대항할 수 있는 저항력을 증대시켜 주거나 공격성의 해소와 즐거움 등을 제공함으로써 산업재해를 미연에 방지할 수 있게 해 준다.

5. 직장체육의 현황 및 문제점

직장체육이 지니고 있는 다양한 효용성에도 불구하고 직장에서의 체육활동에 대한 기업주의 관심과 지원은 만족스러운 수준에 미치지 못하고 있다. 기업은 직장체육의 공간 및 시설, 프로그램, 지도자 그리고 재정의 적극적인 지원을 통하여 직장인의 후생복지 향상을 도모함으로써 기업 경쟁력을 제고할 수 있다.

1) 직장체육의 지도 및 관리

최근 체육활동에 대한 관심이 일반 직장인 사이에 점차 증대되어 가고 있으나, 아직도 직장체육활동을 시간과 돈의 낭비라고 인식하는 기업 경영주나 또는 일부 부유층 직장인의 향락적 활동으로 간주하는 사고가 잔재해 있다. 이러한 인식은 자발적 직장체육활동 참가와 여건을 조성하는 데 있어 주요 장애 요인으로 작용하고 있다.

현재 각 기업체 및 직장의 체육활동은 주로 흥미와 관심을 지닌 일부 소수 직장인의 자생적 동호인 중심의 활동이 대부분이며, 기업 및 직장 차원에서 지원 · 권장하고 관리하는 체육활동은 부진한 상태이다. 극히 일부분인 체육행사도 형식적인 연례행사 성격의 틀에서 벗어나지 못하고 있고 기업체 및 직장의 선전 효과를 위한 홍보활동의 일환이나 운동선수의 지원 · 육성에 국한되어 있는 실정이다.

실제로 직장체육활동의 주 영역인 스포츠활동을 지도 · 관리하도록 규정한 체육진흥관리위원

표 6-4. 직장 규모별 직장체육진흥관리위원회 설치 현황

설치 유무 \ 직장 규모	100~500인	500~1,000인	1,000~5,000인	5,000인 이상	합계
설 치	678개 (34.75)	129개 (39.44)	72개 (32.72)	10개 (41.67)	889개 (35.29)
미설치	1,270개 (65.25)	200개 (60.56)	146개 (67.28)	14개 (58.33)	1,630개 (64.71)
계	1,948개 (100.00)	329개 (100.00)	218개 (100.00)	24개 (100.00)	2,519개 (100.00)

주: ( ) 안의 숫자는 합계에 대한 백분율.
출처: 서울대학교 체육연구소(1990). 『직장체육활동참여실태조사』.

표 6-5. 직장 규모별 직장체육진흥관리위원회 연간 운영횟수

연간 운영횟수 \ 직장 규모	100~500인	500~1,000인	1,000~5,000인	5,000인 이상	합계
0	15(2.25)	1(0.78)	3(2.99)	0(0.00)	19(2.04)
1	293(43.25)	48(37.50)	18(25.37)	3(30.00)	362(41.06)
2	223(32.08)	48(37.50)	29(40.30)	2(20.00)	302(33.85)
3	30(4.34)	5(3.91)	7(10.45)	1(10.00)	43(4.80)
4	84(12.38)	17(13.28)	9(11.94)	0(0.00)	110(12.24)
5회 이상	33(4.98)	10(7.01)	6(8.95)	4(40.00)	53(5.46)
계	678(100.00)	129(100.00)	72(100.00)	10(100.00)	889(100.00)

주: ( ) 안의 숫자는 합계에 대한 백분율.
출처: 서울대학교 체육연구소(1990). 『직장체육활동참여실태조사』.

회를 설치한 100인 이상의 직장은 35.29%로서 매우 낮은 수준이며, 직장체육관리위원회를 설치하고 법령상으로 규정된 연 2회의 운영 횟수를 준수한 직장의 비율은 56.35%로 절반을 약간 넘는 정도이다(표 6-5 참조).

특히, 기업 및 경영주 차원에서 스포츠활동을 권장하는 정도에 관하여 조사한 결과, 보통 이하가 92.7%로서 매우 저조한 편임을 알 수 있다(표 6-6 참조).

또한 〈표 6-7〉에서 제시된 바와 같이, 1990년 서울대학교 체육연구소가 실시한 '직장체육활동참여실태조사' 내용 중 "직장체육의 활성화를 위하여 가장 시급한 것이 무엇이라고 생각하십니까"라는 질문에 "경영자의 체육에 대한 관심"이라고 응답한 사람이 36.63%로 가장 큰 비율을 차지하고 있다. 이와 같은 연구 결과는 직장체육조직 및 활동에 관한 경영주의 인식 및 관심 정도가

표 6-6. 직장에서의 스포츠활동 권장 정도

성별 \ 구분	적극적이다	보통이다	소극적이다	관심없다	계
남	43(8.7)	75(35.3)	136(27.4)	142(28.6)	496(100)
녀	19(5.4)	109(31.1)	112(32.0)	110(31.5)	350(100)
계	62(7.3)	284(33.6)	248(29.3)	252(29.8)	846(100)

주: ( ) 안의 숫자는 합계에 대한 백분율.
출처: 오범태(1991). 「우리나라 중소기업체 직장체육 실태조사에 관한 연구」.

표 6-7. 직장체육활성화의 방향

순	내용	비율(%)
1	경영자의 관심	36.63
2	시설의 확충 및 질적 개선	28.72
3	프로그램 개발 및 보급	8.77
4	행사의 실천 및 효과적인 운영	8.25
5	동호인 조직 지원	4.93
6	인식의 개선	4.74
7	홍보활동	3.55
8	지도자의 배치	2.99
9	운동경기부 육성	1.42

출처: 서울대학교 체육연구소(1990). 『직장체육활동참여실태조사』.

매우 부족함을 반영하는 것이다.

따라서 직장체육이 활성화되기 위해서는 각 기업의 경영주가 관계기관의 지시나 권장에 따라 수동적인 입장에서 시설을 설치하고 행사를 개최하는 소극적인 자세에서 탈피하여 자사의 이익뿐만 아니라, 직장인의 건강과 복리 증진을 위한 기업활동으로서 체육을 지원 · 권장해야 할 것이다.

2) 직장체육 공간 및 시설

직장체육 시설은 직장 구성원의 여가 및 사회체육활동을 위한 공간으로서의 기능을 발휘한다. 시설은 사회체육활동의 가장 기본적인 구성 요건으로서 전체 직장인이 사회체육활동에 참가할 수 있는 기회를 제공 · 보장한다는 점에서 매우 중요한 의미를 갖는다.

직장체육 시설에 관한 정확한 통계자료는 없지만 몇몇 간접자료를 통하여 볼 때 공간 및 시설이 부족함을 알 수 있다.

한편 직장에서 부족한 각종 시설의 종류를 조사한 결과, 스포츠 시설 29.1%, 관람 · 감상 시설 16.5%, 취미 · 교양 · 창작 시설 40.0%, 오락 · 사교 시설 11.4%로서 취미 · 교양 시설이 가장 부족하고 다음이 관람 · 감상 시설 그리고 스포츠 시설이 부족한 직장 내 시설로 나타났다.

특히 체육 · 스포츠 시설의 경우, 현행 국민체육진흥법에서 종업원수 100인 이상의 직장에서는 1개소 이상의 실외 체육시설과 1개소 이상의 실내 체육시설, 500인 이상의 경우는 2개소 이상을 설치하도록 규정하고 있다. 구체육부 조사의 대상 직장수를 기준으로 볼 때(100인 이상의 직장이 1,945개, 500인 이상의 직장이 572개), 최소한 3,089개의 체육시설이 설치되어야 함에도 불구하고 실제 1,855개에 불과하여 절대 시설수에 미달한 것으로 나타났다(표 6-9 참조). 이는 법령에서 지정한 개소수의 60.12%에 머무르는 수준이다.

체육시설의 경우, 문제점으로 지적되고 있는 사항은 다양성의 결여이다. 직장체육 시설의 불만

표 6-8. 직장 내 부족 시설 현황

(단위: %)

오락 · 사교 시설	관람 · 감상 시설	체육 · 스포츠 시설	취미 · 교양 · 창작 시설	기타
11.4	16.5	29.1	40.0	3.0

출처: 류근림 · 유명재(1990). 「직업유형별 여가활동 실태에 관한 연구」.

표 6-9. 직장 규모별 체육시설 보유현황

보유 여부 \ 직장 규모	100~500인	500~1,000인	1,000~5,000인	5,000인 이상	합계
보 유	1,409 (55.82)	255 (10.10)	170 (6.74)	21 (0.03)	1,855 (73.65)
미보유	536 (21.24)	75 (2.97)	48 (1.90)	3 (0.12)	662 (26.35)
계	1,945 (100.00)	330 (100.00)	218 (100.00)	24 (100.00)	2,517 (100.00)

주: ( ) 안의 숫자는 합계에 대한 백분율.
출처: 체육부(1990). 『직장체육현황조사』.

표 6-10. 직장체육 시설에 불만족한 이유

순번 \ 내용	근무하는 직장의 체육시설에 불만족한 이유	계(%)	
		1위(%)	2위(%)
1	다양하지 못하다	323(43.83)	140(18.97)
2	개소수가 적다	142(19.27)	66(8.94)
3	부대시설이 모자란다	140(19.00)	214(29.10)
4	관리가 소홀하다	49(6.65)	68(9.21)
5	용기구가 부족하다	42(5.70)	202(27.40)
6	공식규격보다 작다	21(2.85)	13(1.76)
7	거리가 멀다	18(2.44)	33(4.47)
	계(%)	737(100.0)	

출처: 서울대학교 체육연구소(1990). 『직장체육활동참여실태조사』.

족한 이유에 관한 설문조사에서 "다양하지 못하다"에 응답한 비율이 43.83%로 나타났으며(표 6-10 참조), 한 직장에 5개 종류 이상의 체육시설을 설치한 직장은 전체 직장의 24.56%로 나타났다. 이는 직장인의 적극적인 체육활동 참가를 제한하는 주된 요인이 되고 있다.

법규에 규정되어 있는 기본적인 체육시설 설치 조항마저도 이행하고 있지 못한 현실을 고려할 때 체육시설 이외의 여가 시설 또한 극히 미흡함을 알 수 있다. 결국, 여가 · 체육시설은 사회체육 활동이 이루어지는 기본적인 요건이라는 측면에서 시설 부족은 직장체육의 가장 근본적인 취약점이라 할 수 있다.

표 6-11. 직장체육 시설 보유현황

보유시설 / 개소수	직장수	보유시설 / 개소수	직장수
1개	442(23.79)	6개	84(4.52)
2개	437(23.52)	7개	63(3.39)
3개	313(16.85)	8개	49(2.64)
4개	191(10.28)	9개	32(1.72)
5개	134(7.21)	10개	113(6.08)
합 계		1,858(100.00)	

주: ( ) 안의 숫자는 합계에 대한 백분율.
출처: 서울대학교 체육연구소(1990). 『직장체육활동참여실태조사』.

3) 직장체육 프로그램 제공

최근 직장인의 건강관리나 후생복지에 대한 관심 증대로 인하여 여가시간을 이용한 체육활동이 크게 증가하고 있는 추세에 있으며, 이에 부응하여 직장인을 위한 체육 프로그램이 일부 제공되고 있으나 다양한 참가 욕구에 비추어 볼 때 매우 부족한 실정이다.

현재 보급된 프로그램 가운데 대표적인 것으로는 한국사회체육진흥회가 개발한 사회체육 프로그램 시리즈 중 직장 근로자 편, 서울대학교 체육연구소가 개발한 생활체육 프로그램 중 직장인 편, 한국여가 · 레크리에이션협회에서 발행한 직장체육 지도서 및 직장체육 등이 있다. 이와 같이 일부 직장인을 위한 직장체육 프로그램은 사회법인체나 단체에서 주로 개발하여 보급하고 있으나, 날로 증가하는 직장인들의 체육활동 참여 욕구를 수용할 프로그램은 매우 미흡한 실정이다.

이와 같은 사실은 1990년 서울대학교 체육연구소가 전국의 직장인을 대상으로 직장 내 체육 프로그램의 유무에 대하여 조사한 결과에 잘 나타나 있다(그림 6-1, 6-2 참조). 조사 결과, "프로그램이 없다"고 응답한 비율은 73.39%, 프로그램의 만족도를 질문한 결과 "불만족하다"라고 응답한 비율이 65.32%로 나타났으며, 불만족의 이유로 "프로그램이 부족하다"라고 응답한 비율이 37.74%로 나타났다. 이러한 결과를 종합해 볼 때 직장체육 프로그램의 문제점 중 프로그램 수의 부족이 차지하는 비중이 매우 크다는 사실을 알 수 있다.

프로그램의 부족과 더불어 제기되고 있는 문제점은 프로그램의 다양성 결여이다. 직장체육 프

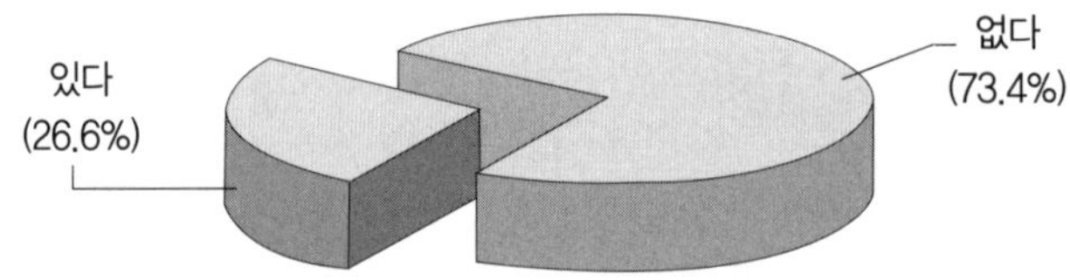

그림 6-1. 체육 프로그램의 유무(서울대학교 체육연구소, 1990)

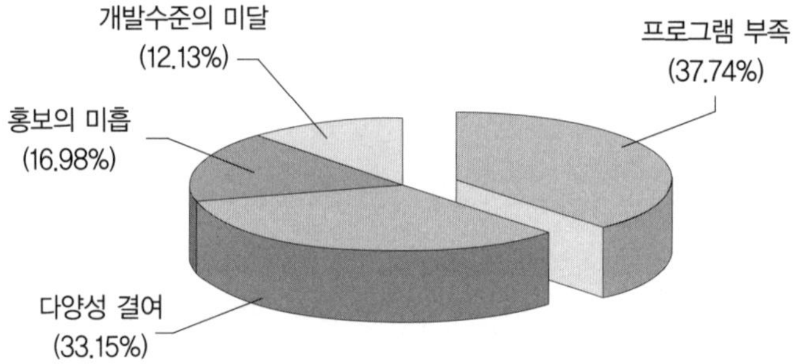

그림 6-2. 체육 프로그램에 불만족한 이유(서울대학교 체육연구소, 1990)

로그램은 직장을 기반으로 하여 모든 직장인을 위한 프로그램이 되어야 하므로 직장의 여건과 직장인의 성별, 연령별 특성, 그리고 체력수준 및 신체적 조건 등을 고려한 다양한 형태의 프로그램이 제공되어야 한다. 그러나 현재 우리나라의 직장체육 프로그램은 일부 스포츠 종목에 한정되어 있다. 1990년 서울대학교 체육연구소가 조사한 '직장체육활동참여실태조사' 결과에 따르면 직장체육 프로그램에 "만족하지 못한다"고 응답한 직장인 중 그 이유가 "프로그램이 다양하지 못해서"에 응답한 비율이 33.15%로 프로그램의 다양성 결여가 불만족의 주요 요인으로 지적되고 있다.

이상과 같이 현행 직장체육 프로그램은 그 수의 절대 부족과 함께 이미 개발된 프로그램도 다양성 결여로 인해 체육활동에 참가하는 직장인의 다양한 요구 및 특성에 부응하지 못함으로써 적극적이고 폭넓은 체육활동을 보장하지 못하고 있는 것으로 평가된다.

4) 직장체육 지도자 배치

직장인의 체육활동 욕구 증가에 부응하기 위해서는 직장체육 시설의 활용가치를 극대화시키고 프로그램의 효율성을 제고하는 등 직장체육 제반사업 및 활동을 전개할 수 있는 유능한 지도자의 양성과 배치가 필수적이다.

현재 직장체육 지도자는 한국 여가 · 레크리에이션협회의 연수과정을 통하여 배출되고 있으며, YMCA의 직장체육 대학과 흥사단의 직장체육 강습회를 통하여 자격증 아닌 수료증만을 수여받고 있다. 그 밖에도 각 신문사의 문화센터, 종교단체 및 사설업체에서도 직장체육 강습회를 실시하고 있으나, 직장체육 지도자 연수라기보다는 직장인의 교양취미 생활을 위한 단기 강습회로서 강사

표 6-12. 직장 규모별 사회체육 지도자 배치현황

배치 유무 \ 직장 규모	100~500인	500~1,000인	1,000~5,000인	5,000인 이상	합계
있다	30 (1.53)	6 (1.70)	4 (1.83)	1 (4.00)	44 (1.75)
없다	1,918 (98.47)	323 (98.30)	214 (98.17)	23 (96.00)	2,475 (98.25)
계	1,948 (100.00)	329 (100.00)	218 (100.00)	24 (100.00)	2,519 (100.00)

주: ( ) 안의 숫자는 합계에 대한 백분율.
출처: 서울대학교 체육연구소(1990). 『직장체육활동참여실태조사』.

표 6-13. 직장 규모별 경기 지도자 배치현황

배치 유무 \ 직장 규모	100~500인	500~1,000인	1,000~5,000인	5,000인 이상	합계
있다	31 (1.59)	9 (2.48)	8 (3.84)	2 (7.00)	50 (1.98)
없다	1,917 (98.41)	320 (97.52)	210 (96.16)	22 (93.00)	2,475 (98.09)
계	1,948 (100.00)	329 (100.00)	218 (100.00)	24 (100.00)	2,525 (100.00)

주: ( ) 안의 숫자는 합계에 대한 백분율.
출처: 서울대학교 체육연구소(1990). 『직장체육활동참여실태조사』.

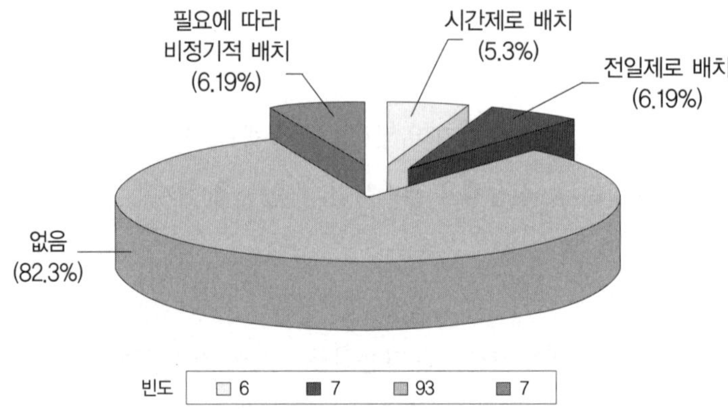

출처: 체육과학연구원(2005). 『직장체육의 현황 및 경제적 효과 분석』.

그림 6-3. 체육활동 전문지도자 배치 상황

한두 사람이 3~4개 과목을 일정한 교육과정 없이 실기 위주로 시행하고 있는 실정으로, 직장체육 지도자 양성교육이라고는 볼 수 없다.

이와 같은 각 사회단체의 연수과정을 마치고 실제로 직장에 배치되어 체육활동을 지도하고 있는 지도자 수 역시 매우 부족한 실정이다. 다만 기업주 입장에서 노사관계 개선의 수단으로 직장체육의 필요성과 그 가치를 인식하고 소속직원을 연수회에 참가시켜 직장체육활동을 지도하는 방식을 취하고 있을 뿐이다.

한편 직장체육 지도자는 현행 국민체육진흥법에 의거, 사회체육 지도자인 생활체육 지도자와 운동경기부 지도자로 양분되며, 각각 소정의 연수과정을 통하여 양성되고 있다. 현재 사회체육 지도자는 국민체육진흥법 제11조 및 동 시행령 제22조와 제24조 그리고 시행규칙 제9조에 의거 연수원을 설치 · 운영함으로써 일정기간의 연수교육과 소정의 국가검정을 통하여 양성되고 있다.

사회체육 지도자는 생활체육 지도자 1, 2, 3급으로 구분되어 있으며 현재 생활체육 지도자 1, 2급은 한국체육과학연구원, 3급 생활체육 지도자는 전국 20개 생활체육 연수원에서 연수과정을 거쳐 배출하고 있다.

2006년 12월 현재까지 양성된 사회체육 지도자는 1급이 508명, 2급이 5,927명, 3급이 7만 1,053명 등 모두 8만 1,488명에 이르고 있으나 현재 직장체육 지도와 관련된 지도자의 양성은 크게 미흡한 실정이다(체육과학연구원, 2006). 실제로 국민체육진흥법 시행령 제17조 규정을 강조하여 시행하던 1990년도에 조사한 바에 의하면 양성된 100인 이상 기업체 1,999개 직장을 대상으로 한 직장 규모별 사회체육 지도자 및 경기 지도자의 배치현황은 〈표 6-12〉, 〈표 6-13〉과 같다.

〈표 6-12〉, 〈표 6-13〉에서 알 수 있듯이 100인 이상 기업체의 사회체육 지도자 및 경기 지도자의 배치는 각각 1.75%, 1.98%로서 극히 저조한 수준에 머물러 있는 실정이다.

2005년도에도 상황은 마찬가지여서 직장에서 체육활동을 위하여 전문지도자를 배치한 기업은 5% 내외에 지나지 않았다(그림 6-3 참조).

6. 직장체육의 활성화

직장체육은 종업원의 체력증진 및 정서함양과 근로자 간의 인간관계를 개선함으로써 조직 효율성 및 노동 생산성을 극대화하는 데 기여한다. 따라서 기업은 복지 차원에서 이를 적극 운영 · 지원할 필요가 있다. 즉, 직장체육 공간 및 시설, 프로그램, 지도자, 재정 등 제반 요소의 효율적 운영과 지원 확대를 통하여 종업원의 후생복지를 도모하여야 한다.

1) 직장체육 활성화의 기본 방향

직장체육을 활성화시키기 위한 노력은 각 직장별 특성과 여건에 따라 매우 다양한 모습을 띨 수 있으나 기본적으로 직장체육 활성화 방안은 직장체육 활성화를 위한 기본 방향에 입각하여 추진되어야 한다. 직장체육 활성화의 기본 방향은 첫째, 직장체육 환경의 복지화, 둘째, 직장체육활동의 조직화, 셋째, 직장체육 내용의 다양화, 넷째, 직장체육 지원의 극대화 등으로 방향이 설정될 수 있다.

(1) 직장체육 환경의 복지화

기업복지는 노동의 재생산을 통한 생산성 향상이라는 경제적 측면에서뿐만 아니라, 근로자의 일상생활에서 직장생활을 가정생활과 더불어 중요한 부분으로 인식함으로써 기본적인 생존욕구로부터 자아실현의 욕구에 이르기까지 다양하게 표출되는 근로자의 욕구를 충족시켜 주는 통로라는 점에서 그 필요성의 수용과 함께 이에 대한 제도적 지원이 요청되고 있다.

기업복지의 중요한 일부분인 직장체육 시책은 기업복지의 기본 기능(우재현, 1983) 중 특히 인간관계 기능과 관계가 깊다. 즉, 직장체육은 인간노동의 수단적 가치화, 능력 본위의 합리주의 강조 등으로 인한 소외 및 인간성 상실을 극복케 하고, 직장의 피상적인 이차적 인간관계 속에서 느끼는 감성적인 소외의식을 일차적 인간관계를 통해 해소시켜 줄 수 있다는 점에서 현대 산업사회에서 그 가치가 날로 고조되고 있다.

직장체육은 종래 소극적인 복리후생의 차원에서 탈피하여 적극적인 기업복지에 있어 중요한 역할을 담당하는 중점시책의 하나로 떠오르고 있다(우재현, 1983). 따라서 직장체육의 활성화를 위해서는 근본적으로 기업복지 차원에서 출발하여 직장인 대다수의 요구에 부응하는 체육환경을 조성하는 것이 무엇보다도 중요하다.

직장체육 환경의 복지화를 위해서는 무엇보다도 먼저 체육활동의 성과에 큰 영향을 미치는 물리적 환경으로서 직장체육 시설을 확충하는 일이 선결되어야 한다. 즉, 향후 지속적인 경제성장에 의한 여가활동 욕구의 증가, 체육에 대한 관심 고조 및 주 5일 근무제 도입 등의 사회적 분위기를 기반으로 하여 직장체육의 투자 배분을 확대하고, 현재의 부족하고 낙후된 직장체육 시설을 다양하고 쾌적하게 확충 · 개선함으로써 급증하는 직장체육활동 수요에 효율적으로 대처해야 할 것이다.

(2) 직장체육활동의 조직화

체육활동은 집단적 활동이 대부분이며 조직화된 집단활동은 체육활동 참가 기회를 강하게 유발시키기 때문에 직장체육활동을 활성화시키기 위해서는 동호인 조직 결성을 통한 조직적 체육활동이 전제되어야 한다. 이러한 측면에서 볼 때, 직장체육활동의 조직화는 다음과 같은 점에서 중요한 의미를 갖는다(체육부, 1990c).

① 시설 이용 단위가 조직적 수준에서 이루어지도록 조처함으로써 시설관리 체계의 효율성을 높일 수 있다.
② 집단화에 의해 체육활동의 효과를 극대화시킨다.
③ 사회체육 인구의 저변을 확대시킨다.
④ 직장 고유의 생활 특성을 유지시켜 준다.
⑤ 내실 있는 직장생활과 환경 개선을 통해 집단의 목표 달성을 용이하게 한다.
⑥ 직장인의 욕구를 통합하고 생활의 방위적 수단을 제공한다.

⑦ 복지사회를 지향한 기업복지 활동을 전개할 수 있다.

이러한 직장체육활동의 조직화를 위해서는 직장체육 동호인 조직의 결성을 유도해야 하며, 동호인 조직을 위한 체육 프로그램을 다양화하고 직장체육 동호인 조직에 대한 체육활동을 적극 지원해야 한다.

(3) 직장체육 내용의 다양화

현대 산업사회의 물질적 풍요와 여가시간의 증가에 따라 현대인은 삶의 질적인 측면에서 보다 윤택함을 추구하고, 삶의 기회와 조건의 측면에서 보다 다양한 사회문화적 욕구를 표출하며, 궁극적으로 신체적으로나 정신적으로 행복하고 건강한 인간상을 지향하려고 한다. 따라서 미래의 체육활동은 개개인에게 인간 능력의 한계를 극복해 나갈 수 있는 도전의 체험을 제공함과 아울러 자아실현 및 인격함양의 기회를 부여하여, 건강과 행복 그리고 인간성 회복에 크게 기여할 수 있는 사회복지적 활동이 되어야 할 것이다.

이러한 측면에서 장래의 직장체육은 직장인의 다양한 개인적 요구와 각 직장의 특성에 따라 프로그램이 다양하게 마련되어야 하며, 이를 위한 구체적 성취 방안의 수립 및 단계적 추진이 요구된다.

그러나 대부분의 현행 직장체육 프로그램은 특정 민간 단체의 구성원이나 일부 참가자 위주로 제공되므로 전 직장인을 대상으로 하는 프로그램이 절대적으로 부족한 실정이다. 특히, 직장의 특성을 바탕으로 각 직장인 자신의 취향에 따라 선택 · 활용할 수 있는 다양한 프로그램의 개발 및 보급은 매우 미흡한 실정이다(체육부, 1990c).

직장체육 프로그램은 건전한 체육활동을 실천할 수 있는 동기와 방법을 제시해 주는 내용으로서 일반 직장인의 효과적이고 합리적인 체육활동을 보장하기 위한 구체적 수단이며 직장체육활동의 참가 확대를 위한 필수적인 요소이다. 따라서 정부 · 기업 및 민간단체를 비롯한 공공기관은 체육활동에 대한 직장인의 요구를 다양하게 수용하여 직장인으로 하여금 흥미를 가지고 지속적으로 체육활동에 참가토록 유도함과 동시에 변화하는 직장사회의 요구에 적합한 새로운 형태의 다양한 프로그램을 개발 · 보급하여야 할 것이다.

한편, 프로그램의 다양화는 다음과 같은 원칙에 입각하여 이루어져야 한다(체육부, 1990c).

① 시간의 제약에서 자유로워야 한다.

② 모든 직장인에게 체육활동 참가 기회를 균등하게 제공해야 한다.

③ 기존 직장체육 시설의 활용도를 극대화시켜야 한다.

④ 직장인의 복지를 위한 관련 여타 프로그램 간의 연계성을 고려하여야 한다.

⑤ 참가자의 경제적 부담을 최소화하여야 한다.

⑥ 직장체육 프로그램 가운데에는 창조의 기쁨과 공동체의식, 모험심 등을 만끽하고 성취감 및 정서적 만족, 봉사의식을 느끼게 해 주며, 긴장을 해소시켜 줄 수 있는 내용이 공통적으로 포함되어야 한다.

(4) 직장체육 지원의 극대화

직장체육의 활성화를 위해서는 성, 연령, 신체조건, 직장 내 지위 등에 구애받음 없이 직장 구성원 누구나가 복지화된 환경 속에서 합리적인 체육활동을 보장받음으로써 주기적이고 자발적인 참가가 이루어지도록 배려해야 한다.

직장체육은 기본적으로 직장인의 체육활동 참가기회 확대 및 기업복지의 구현이라는 측면에서 접근하여야 한다. 이를 위해서는 시설 확충, 조직 강화, 프로그램 개발 및 보급 등을 적극 추진하고, 이를 지원하기 위한 법적 · 제도적 장치를 마련하여 성과를 극대화하여야 한다.

직장체육 시설은 직장인 모두의 적극적이고 건전한 체육활동을 유도할 수 있는 필수적인 환경요인이다. 현재 부족한 직장체육 시설을 효과적으로 확충하기 위해서는 각 직장 단위별 사내 · 외 체육시설 확충, 기존 체육시설 및 한계 자원의 효율적 활용이 이루어져야 한다.

직장체육 조직의 정비 및 강화는 직장체육의 효과적 발전을 위한 기틀이 된다는 점에서 자생 체육조직을 중심으로 한 기존 동호인 조직의 활성화 및 신규 동호인 조직의 육성지원을 강화해 나가야 한다.

마지막으로 직장체육의 활성화를 위하여 수립된 여러 정책적 과제를 강력히 추진하기 위해서는 적정규모의 재정이 확보되어야 한다. 그러나 앞으로는 경영주를 포함한 모든 직장인이 직장체육에 대한 중요성을 인식하고 적극적인 참여가 이루어질 것으로 전망할 때, 직장체육의 진흥은 일차적으로 직장 자체가 앞장서서 주도하여야 할 것이다. 직장체육은 직장 구성원의 복지증진에 직접 기여할 뿐만 아니라, 해당 기업의 이윤증대에도 기여할 수 있으므로 각 직장에서는 보다 적극적인 지원체제를 구축하고 적정규모의 재정을 단계적으로 확보하는 방안을 강구해 나가야 할 것이다(체육부, 1990c).

2) 직장체육 활성화를 위한 대안

직장체육 활성화를 위한 대안으로는 앞에서 살펴본 직장체육 활성화의 기본 방향에 근거하여 직장체육환경의 복지화 측면에서 직장체육 시설의 확충 및 효율적 활용, 직장체육활동의 조직화 측면에서 직장체육 조직의 정비 및 확대, 직장체육 내용의 다양화 측면에서 직장체육 프로그램의 기획 및 운영 등을 실현하여야 한다.

(1) 직장체육 시설의 확충 및 효율적 활용

직장체육을 활성화하기 위한 기본 여건으로 프로그램의 개발 및 보급, 조직의 정비 및 확대 등이 필요하나 가장 우선적으로 마련되어야 할 것은 체육활동을 실천할 수 있는 공간 및 시설의 확충이다.

직장체육 시설은 직장인이 체육활동을 실행할 수 있는 가장 기본적인 조건으로서, 체육활동에 참가할 수 있는 기회를 극대화시킨다는 점에서 매우 중요한 의미를 갖는다. 아울러 이는 직장체육 활성화를 위한 기본방향 중의 하나인 직장체육환경에 대한 복지화 실현의 핵심 과제라 할 수 있다.

따라서 직장 구성원의 요구를 수렴하여 가장 절실히 필요로 하고 있는 시설부터 우선적으로 확충하여야 한다. 이는 직장체육 시설이 특정한 일부 집단의 구성원에만 국한되는 것이 아니라, 기업복지의 차원에서 직장인 전체가 즐겨 이용할 수 있도록 설치 · 운영되어야 하기 때문이다.

또한 직장체육 시설은 직장 내의 시설에만 국한되는 것이 아니라 휴일이나 휴가철을 이용해 근로자들이 가족과 함께 건전한 여가생활을 즐길 수 있도록 직장 소재 지역사회나 관광지 및 휴양지에도 다양한 시설을 확충 및 연계하여 운영할 필요가 있다. 이는 범사회적 차원에서 볼 때, 여가 및 사회체육 자원의 개발이라는 측면에서도 중요한 의의를 지닌다.

한편 시설의 확충과 더불어 시설에 대한 효율적 관리 또한 중요하다. 기존의 시설을 효율적으로 유지 · 관리하여 시설 이용도를 제고시키는 일은 시설을 간접적으로 확충하는 효과를 발휘한다. 따라서 각 시설에 적합한 관리방법의 체계화, 사용절차의 간소화, 유능한 시설관리자의 배치 등을 통하여 시설의 활용가치를 극대화하여야 할 것이다.

(2) 직장체육 조직의 정비 및 확대

직장체육 조직은 직장체육활동 참가에 일관성과 체계성을 부여하여 직장인의 체육활동 효과의 극대화에 기여하는 중요한 요인이다.

국제노동기구(International Labor Organization)는 1949년에 개최된 제1회 사회체육 자문위원회에서 근로자를 위한 체육조직에 관한 제 원칙을 다음과 같이 제시하였다(장주호, 1984).

① 직장체육 분야에 있어서 모든 조직적 활동은 그 혜택을 바라는 개인의 완전한 자유를 존중해야 한다.
② 직장체육활동의 조직화는 주로 관계된 개인 또는 공동체의 발의에 의거하도록 한다.
③ 직장체육활동의 계획은 지리적 환경, 근로자 개개인의 신체적 · 사회적 · 문화적 제 조건을 고려해야 한다.
④ 직장체육의 조직화는 윤택한 가정생활에 도움을 줄 수 있어야 한다.
⑤ 직장체육활동의 계획은 동호인 조직 활동을 통하여 사회적 행복을 창출할 수 있도록 고려해야 한다.
⑥ 직장체육 시행 계획은 근로자의 건강, 교육 및 복지 등 타 활동의 계획과 긴밀한 연계를 지녀야 한다.

위와 같은 여러 원칙을 고려하여 직장체육 조직화는 다음과 같은 과정에 기초하여 이루어져야 한다.

우선, 직장체육활동에 대한 조직 운영은 각 직장의 여가관리 유형에 따라 순수체육추구형, 노동조합추구형, 경영관리추구형 등 세 가지의 형태로 구분할 수 있으나, 바람직한 조직체계는 종업원 개인의 요구와 자생적인 모임의 토대 위에 경영주와 노동조합의 유기적인 관리와 지원이 이루어지는 혼합형태라고 할 수 있다. 따라서 합리적 직장체육활동의 관리체제를 확립하여 각 집단의 목표달성을 위한 공감대를 형성하는 것이 중요하며, 이를 위해 각 직장별 특성에 맞는 직장체육 관리위원회의 구성과 함께 직장체육 조직의 체계화가 요구된다.

다음으로 직장체육활동에 대한 조직적 참가의 기반을 이루는 동호인 조직의 육성지원을 강화하여야 한다. 직장체육 동호인 조직이란 체육활동에 관심과 흥미를 갖고 있는 구성원에 의해 자발적으로 조직되고 자율적으로 운영되는 집단으로서 비구속성 · 응집성 · 개방성의 특성을 갖는 사회체육활동의 소집단이다. 직장체육 동호인 조직은 참가활동의 집단화로 인한 소속감 고취 및 관리의 체계성과 같은 이점이 있기 때문에 사회체육활동의 저변확대에도 중요한 역할을 담당한다.

(3) 직장체육 프로그램의 기획 및 운영

직장체육 프로그램은 사회체육활동을 실천할 수 있는 동기와 방법을 제시해 주는 내용으로서 직장인의 효과적 · 합리적 체육활동을 보장하기 위한 구체적 수단이 된다. 특히, 직장체육 프로그램은 체육활동의 장인 시설 및 공간의 활용가치를 제고해 주기도 한다. 따라서 직장의 환경과 여건을 바탕으로 직장인의 다양한 욕구를 충족시킬 수 있는 직장체육 프로그램을 다수 개발 · 보급하여 활동의 주체인 직장인으로 하여금 자신의 활동 목적, 활동 목표, 활동에 대한 흥미, 활동 수준에 따라 다양하게 체육활동에 참가할 수 있도록 기회를 보장하는 일은 직장체육을 활성화시키는 데 있어서 필수적 요소이다.

직장체육 프로그램은 체육 및 스포츠활동, 공작 및 수예활동, 예술 및 문화활동, 그리고 체육대회와 경연대회 같은 놀이적 성격의 각종 행사 등 다양한 영역을 포함하며, 지역사회체육과 연계성을 지니고 행하여질 수 있다는 측면에서 그 범주가 매우 광범위하다.

직장체육 프로그램의 기획 및 운영의 기본 원칙은 다음과 같다.

첫째, 직장체육 프로그램은 직장인의 다양한 욕구 변화를 수용하고 시대의 추세에 적합한 내용으로 구성되어야 한다.

둘째, 직장체육 프로그램은 직장에 종사하는 모든 종업원을 주 대상으로 하나, 필요에 따라 기업체 가족이나 지역사회 주민이 함께 참여할 수 있도록 계획되어야 한다.

셋째, 직장체육 프로그램은 직장인 스스로가 자신의 주체성을 실현시켜 나가며 다른 사람과의 원만한 인간관계를 형성하고, 민주시민으로서의 책임을 다하는 사회교육적인 목적을 달성하는 맥락에서 계획되고 운영되어야 한다.

| 요약 |

직장은 특정 목표를 달성하기 위해서 일과 사람으로 구성된 전형적인 목적 집단이다. 직장인의 체육활동은 복잡한 업무와 일상의 테두리 속에서 스스로 탈피하고, 의욕적으로 업무에 집중케 함으로써 종업원 자신의 자아 실현뿐만 아니라, 기업 전체의 이윤 추구에도 큰 영향을 미친다.

직장체육활동은 직장인과 기업 모두의 측면에서 중요한 가치를 지니고 있으며, 그 효용성은 직장인의 능률 향상, 노사관계의 개선, 긴장 및 갈등의 정서순화, 고용자와 피고용자의 사기앙양, 직원의 고용과 모집에 매력을 주는 유인조건 제공, 직장인의 안정과 동기부여 증진, 지역사회와 유대관계 및 협조풍토 조성, 결근율의 감소, 사고의 감소 및 예방, 생산성 향상 등 매우 다양하다.

직장체육활동은 기업체의 특수상황을 고려하여 적합한 운영형태를 유지하는 것이 바람직하다. 이에는 순수체육추구형, 노동조합추구형, 경영관리추구형 등 세 가지 형태가 있다. 한편, 직장체육은 건전한 노동조합활동의 한 측면으로 간주될 수 있으며, 노사관계의 원만한 조성에 기여한다. 또한 직장체육은 기업 경쟁력 제고 차원에서, 개인에게는 체력과 건강증진, 사기 및 동기부여, 자기계발, 정신건강을 가져다 주며, 조직 개발 차원에서는 인간관계 개선, 애사심 고취, 산업 안전의식 고양에 기여한다.

직장체육의 현황 및 문제점은 경영주의 관심 및 인식부족, 공간 및 시설의 부족, 프로그램의 부족 및 다양성 결여, 지도자 양성 및 배치 미흡 등이 알려져 있다.

직장체육의 활성화를 도모하기 위한 대안으로는 환경의 복지화, 활동의 조직화, 내용의 다양화, 지원의 극대화 같은 기본방향에 입각하여 시설의 확충 및 효율적 활용, 조직의 정비 및 확대, 프로그램의 기획 및 운영 등이 제시되고 있다.

| 주요 개념 |

경영관리추구형	고부가가치산업	기술집약
기업경쟁력	노동조합	노동조합추구형
노동집약	노사관계	노사관계시스템론
노사정위원회	산업구조	산업재해
생산성	순수체육추구형	애사심
인간관계망	자기계발	조직효율성
좌업활동	직무만족도	직무수행력
직장	직장체육	직장체육 동호인조직
직장체육 조직화	직장체육진흥관리위원회	3, 4차산업

| 연구 문제 |

1. 우리나라 산업구조의 특성과 변화과정에 대하여 알아보자.
2. 현대사회에서 직장이 갖는 특성을 살펴보자.
3. 직장체육의 의의에 대하여 살펴보자.
4. 직장체육의 필요성을 기업과 종업원의 측면에서 살펴보자.
5. 직장체육이 지니는 효용성에 대하여 살펴보자.
6. 직장체육의 운영형태를 제시하고 설명해 보자.
7. 직장체육이 노사관계에 미치는 영향에 대하여 알아보자.
8. 기업경쟁력 제고를 위한 직장체육의 역할을 개인 및 조직의 측면에서 살펴보자.
9. 직장체육의 문제점에 대하여 살펴보자.
10. 직장체육 활성화를 위한 기본 방향을 제시하고 그 대안을 살펴보자.

참고문헌

김대환(1998). 『발전경제학』. 서울: 경문사.

노사정위원회(1998). 『위원회 활동자료』. 노사정위원회.

류근림 · 유명재(1990). 「직업 유형별 여가활동 실태에 관한 연구」. 『경희대학교 한국체육과학연구소 논집』 제18집, 133-150.

배순훈(1998). 『지식 · 정보사회를 향한 정보화 추진방향』. 서강대 경제대학원 특강 자료.

산업연구원(1997). 『한국의 산업: 발전역사와 미래비전』. 서울: 한가람.

서울대학교 체육연구소(1990). 『직장체육활동참여실태 조사』.

신윤표(1990). 『인사행정관리학』. 영남대학교 출판부.

오범태(1991). 「우리 나라 중소기업체 직장체육 실태조사에 관한 연구」. 석사학위논문. 명지대학교 대학원.

우재현(1983). 『현대기업복지론』. 서울: 경진사.

임번장(1985b). 「직장인의 여가와 사회교육」. 한국지역사회후원회. 『제3차 사회교육 심포지엄: 여가와 사회교육』(pp. 40-45).

______(1994c). 「현대사회와 직장체육」. 국민생활체육협의회. 『직장생활체육』(pp. 9-51).

장주호(1984). 「평생체육 실천을 위한 사회체육의 활성화 방안」. 한국체육학회. 『제22회 체육주간기념 제3회 국민체육진흥세미나 자료집』.

체육과학연구원(2005). 『직장체육의 현황 및 경제적 효과 분석』.

____________(2006). 『한국의 체육지표』.

체육부(1990b). 『직장체육 현황조사』.

______(1990c). 『직장체육 활성화 방안』.

통계청(2005). 산업구조의 변화추이 [인터넷자료](http://www.nso.go.kr).

한국산업사회연구회(1993). 『산업사회학강의』. 서울: 도서출판 한울.

한국은행(1971). 『한국산업구조의 재편성』. 서울: 삼성인쇄주식회사.

홍영림(1997). 『한국인의 경제활동』. 서울: 신덕테크.

Finney, C. (1984). Further evidence: Employee recreation and increased performance. *Employee Services Management*, 27(8).

Glass, D. C., & Singer, J. E. (1972). *Urban stress*. New York: Academic Press.

Grupp, E. A. (1975). Assembly line boredom and individual difference in recreation participation.

Journal of Leisure Research, 7: 265-269.

Iso-Ahola, S. E. (1980). *The social psychological perspectives on leisure and recreation.* Dubuque, IA: WM. C. Brown.

Kraus, R. G. (1977). *Recreation today: Program planning and leadership*(2nd ed.). Santa Monica, CA: Goodyear.

Simonson, P. (1984). Leisure-time: Fringe benefit or necessity? *Employee Services Management,* 26(10).

Stensrud, C. (1988). In the workplace? *Employee Services Management,* 31(8).

Weiskopf, D. C. (1982). Industrial recreation. In D. C. Weiskopf. *Recreation and leisure: Improving the quality of life*(2nd ed.)(pp. 255-268). Boston, MA: Allyn and Bacon.

제7장 | 상업체육

최근 급속한 경제성장은 일반대중의 사회체육 참가 붐을 조성시킴과 동시에 상업체육 시설의 증가를 가져왔다. 이는 사회체육이 개인적 여가선용의 수단일 뿐만 아니라, 사업으로서의 가능성을 보여 주는 예이다. 사회체육은 단순히 국민에게 즐거움을 제공하는 위락의 차원을 넘어 고부가가치의 미래형 산업으로 성장 · 발전하고 있다.

오늘날 기업은 상업체육을 통하여 높은 경제적 이익을 추구하고 있다. 경제가 다원화되고 다국적기업 활동이 활발해지면서 상업체육 관련 기업은 스포츠센터, 골프장업, 스키장업, 체육도장업, 각종 체육시설업을 다양하게 경영하고 있다.

상업체육을 투자의 대상으로 삼으려는 기업이 급증하면서 국내외적으로 이들 기업 간의 치열한 경쟁이 예상되고 있다. 이 같은 경쟁무대에서 상업체육 관련 기업이 성공을 거두기 위해서는 거시적이고 장기적인 차원에서 경쟁력을 제고시킬 수 있는 상업체육 마케팅이 요구되고 있다.

상업체육 마케팅은 기업이 신규 체육산업을 추진할 경우 입지여건, 경쟁환경, 이용자, 사업규모에 대한 분석을 통하여 사업계획의 타당성 검토뿐만 아니라, 현재 운영되고 있는 체육시설업에 보다 많은 고객을 유치하기 위한 판촉활동 전개에 적극 활용되고 있다. 이와 같이, 마케팅과 밀접한 관련을 맺고 있는 상업체육은 공공체육이 감당하지 못하는 일반대중의 사회체육 수요를 효과적으로 충족시키면서 성장 · 발전할 것으로 전망된다.

이 장에서는 먼저 상업체육의 개념 및 특성에 대하여 고찰하고 현대사회에서 찾아볼 수 있는 상업체육의 영역 및 유형에 대하여 알아보고자 한다. 이와 함께 상업체육 마케팅의 개념, 필요성 및 관리 등에 대하여 구체적으로 살펴보기로 하겠다.

1. 상업체육의 개념 및 특성

상업체육은 기업이 일반대중에게 유 · 무형의 체육 관련 상품 및 서비스를 공급 · 판매하는 행위로서 대중의 체육 수요 급증과 더불어 두드러진 발전 양상을 보이고 있다. 특히 상업체육은 이윤추구를 위한 투자의 대상으로서 고부가가치의 미래형 벤처산업이 될 수 있는 경제 영역으로 자리잡아 가고 있다.

1) 상업체육의 개념

상업체육은 기업이 체육활동 관련 각종 서비스나 상품을 일반대중에게 제공하는 대가로 영리를 추구하는 행위이다(Mullin, Hardy, & Sutton, 1995: 136-137; Edginton, Jordan, DeGraaf & Edginton, 1995: 270-293). 이 같은 상업체육은 이윤 추구를 위해 체육활동 관련 서비스 및 상품을 제공하는 기업과 이를 구매하는 소비자 간의 상호 교환 과정을 통해 성장 · 발전한다. 이러한 교환과정은 기업의 생존 및 성장과 소비자의 필요 및 욕구 충족이라는 차원에서 살펴볼 수 있다.

상업체육을 운영하는 기업의 목표는 주어진 시장환경 내에서의 생존과 지속적인 성장 · 발전에 있다. 이는 기업이 일반대중(소비자)에게 자사의 체육 관련 상품 및 서비스를 판매하여 이윤을 창출함으로써 성취할 수 있다. 이와 같은 측면에서 기업은 사업의 일환으로 사회체육에 참여하고 체육활동 관련 상품을 생산하여 소비자에게 제공 · 판매하게 된다. 그리고 소비자는 체육활동 프로그램, 시설, 서비스 등의 체육 관련 상품에 대해 일정 대가를 지불하고 구매함으로써 체육활동에 대한 필요와 욕구를 충족시킨다. 이러한 소비자와 기업 간의 교환과정을 통해 기업과 소비자는 상업체육 시장을 형성하게 된다. 따라서 생존과 성장이라는 기업의 목표와 필요 및 욕구 충족이라는 소비자의 목표 달성을 위해 상호간에 체육활동 상품과 자본이 상업체육 시장을 통해 상호 교환된다고 볼 수 있다.

특히 경제가 다원화되고 기업활동의 범위가 더욱 확대되고 있는 현대 산업사회에 있어서 기업과 소비자 간의 상호 교환과정은 매우 복잡한 양상을 띠며 발전되고 있다. 왜냐하면 소비자의 욕구충족을 위해 제공되는 체육 관련 상품이 단일 품목인 경우가 매우 드물기 때문이다. 다시 말하여, 대부분의 경우 소비자의 욕구에 대한 해결수단으로 제공되는 체육시설, 프로그램, 서비스 등의 상품은 이윤 추구의 극대화를 목적으로 하는 다수의 기업에 의해 생산 · 판매됨으로써 치열한 경쟁 상태에 놓이게 된다.

따라서 기업은 근본적으로 경쟁 기업에 비하여 소비자의 다양한 필요와 욕구를 가장 잘 충족시켜 주는 상품을 생산 · 판매하려고 상호 경쟁하게 된다. 이들 기업 간의 경쟁 결과, 타 기업에 비하여 소비자에게 상대적으로 높은 만족도를 제공한 기업이 지속적으로 생존 · 성장하게 되며 그렇지 못한 기업은 중도에 도태하게 된다(채서일, 1995: 9-11).

한편, 공공체육과 달리 이윤 추구를 목적으로 하는 상업체육은 대중에게 즐거움을 제공하는 여가선용의 차원을 넘어 고부가가치의 미래형 벤처산업이 될 수 있는 경제적 영역으로까지 진입하였다(임번장, 1998: 70-71). 이러한 가운데 상업체육을 이윤 추구를 위한 투자의 대상으로 삼으려는 기업이 증가하면서 이들 기업 간의 치열한 생존경쟁이 예상되고 있다. 이와 같은 치열한 경쟁 무대에서 기업이 성공을 거두기 위해서는 거시적이고 장기적인 측면에서 마케팅 전략을 적극 도입한 '차별화(개성)' 와 '원가우위(경제성)' 의 확보 · 유지가 요구된다.

2) 상업체육의 특성

여가 서비스 분야에서 지속적으로 성장 · 발전해 온 상업체육은 현대사회에서 폭증하고 있는 대중의 여가 욕구 충족에 일익을 담당하여 왔다. 최근 상업체육은 공공 부문이 일반대중에게 제공하는 체육 서비스에 비하여 보다 다양하고 폭넓은 사회체육 프로그램 참가 기회를 제공하면서 괄목할 만한 발전을 이룩하고 있다(Weiskopf, 1982: 236).

상업적 용역 및 서비스의 공급자인 기업이나 투자가는 투자자본에 대한 회수율을 중심으로 사업 내용을 결정하고 집행하며, 최대의 이윤을 창출하고자 노력한다. 이같이 상업체육은 이윤 추구에 목적을 두고 있기 때문에 그 성패 여부는 상업체육에 대한 대중의 필요 및 요구에 의해 좌우된다. 즉, 수요에 대한 판매가 이루어지지 않으면 이익이 발생되지 않으므로, 결과적으로 상업체육은 존립하지 못하게 된다(Meyer & Brightbill, 1975: 313-315). 그러나 상업체육은 대중의 건강증진이나 복지보다는 이윤 채산성을 중시하기 때문에 대중의 비판과 불신의 대상이 되기도 한다.

이러한 비판적 시각에도 불구하고 상업체육 시설은 범세계적으로 양적 · 질적인 증가 추세를 보이고 있다(Weiskopf, 1982: 236). 상업체육의 장점으로는 프로그램의 다양성, 쾌적한 체육 공간 및 시설, 질 높은 서비스 제공 등을 들 수 있는데, 이는 기업이 참가자의 흥미와 욕구를 최대한 충족시켜 보다 많은 고객을 확보함으로써 이윤을 극대화하려는 데서 비롯된 결과이다. 상업체육은 순수한 여가선용 및 교육적 가치를 도외시할 우려가 있으나 실제로 많은 사람들이 상업체육 시설, 프로그램, 서비스 등의 상품을 애용하고 있다는 측면에서 소비자인 일반대중이나 공급자인 기업 모두의 관심 대상이 되고 있다.

2. 상업체육의 영역 및 유형

현대사회에 있어서 상업체육의 경제적 비중은 날로 증가하고 있는 추세이다. 이는 많은 기업이 이윤 추구를 위해 다양한 상업체육활동에 참여함으로써 상업체육의 영역이 확대되고 있음을 말해 주는 것이다. 이처럼 상업체육의 영역이 확대되면서 기업의 사업목적에 따라 상업체육의 유형 또한 다양하게 출현하고 있다.

1) 상업체육의 영역

오늘날의 기업은 사회체육에 대한 투자를 통하여 이윤을 추구하고 있다. 일반대중의 사회체육 수요가 급증하면서 상업체육 관련 기업의 경제활동은 스포츠센터, 골프장업, 스키장업, 체육도장업, 각종 체육시설업 등에서 매우 다양하게 전개되고 있다. 이는 결과적으로 상업체육의 영역을 확장시키는 요인으로 작용하고 있다. 이 같은 상업체육의 영역은 여러 측면에서 접근할 수 있으나 일반적으로 어떤 형태의 체육활동을 내용으로 하는가에 따라 달라진다.

이와 관련하여, Kraus(1971: 96)는 상업체육을 시설이나 대지를 보유한 체육시설업(골프장, 수영장, 스키장, 볼링장, 보트장), 관람스포츠업(경륜장, 경정장, 경마장), 체육도장업(태권도장 · 검도장 등의 무도장), 체력단련장업(보디빌딩장, 에어로빅스장), 체육용기구 생산업(사회체육활동에 필요한 운동기구) 등으로 구분하였다. Epperson(1977: 110)은 상업체육 영역을 관람스포츠업, 참가스포츠업, 리조트 · 콘도미니엄업(스포츠 관련 시설과 숙박 및 부대시설), 기구 생산업 등으로 구분하고 있다.

그리고 Kelly(1982: 316-331)는 상업체육의 관련 영역을 다음과 같이 한층 구체적으로 제시하고 있다.

① 실내스포츠장: 수영장, 볼링장, 보디빌딩장, 에어로빅스장, 스쿼시장, 실내골프장, 태권도장, 검도장 등
② 실외스포츠장: 골프장, 스키장, 테니스장, 수상스포츠장, 항공스포츠장 등
③ 관람스포츠장: 프로스포츠 경기장, 경륜 · 경정 · 경마장 등
④ 운동교습장: 댄스스포츠장, 무용 · 체조장 등

이와 같이, 상업체육의 영역 분류는 여러 학자에 의해 다양하게 시도되어 왔으나 우리 실정에 적합하지 못한 점이 많다. 여기서는 이들 상업체육의 영역 구분을 토대로 하여 현대사회에서 성업 중에 있는 상업체육의 영역을 다음과 같이 스포츠센터, 체육도장, 야외스포츠장, 구기장, 체력단련장, 무도장, 관람스포츠장으로 구분하여 제시하고자 한다.

(1) 스포츠센터

스포츠센터는 기업이 체육시설을 설치 · 운영하는 형태로서 두 종목 이상의 종합적인 스포츠활동이 가능하도록 지도자를 고용하여 시설과 프로그램을 설치 · 운영하고 있는 인위적 공간을 의미한다. 스포츠센터는 물품을 제조 · 판매하는 사업과 달리 무형의 상품을 판매하는 서비스업에 속한다. 시설 이용권이라는 이용고객 모집형태의 상품을 판매하는 스포츠센터는 운동기능의 지도나 시설 이용에 대한 편의 제공, 건강관리 도모 등 무형의 서비스 상품판매가 주류를 이루고 있다(최문식, 1993: 3-4).

스포츠센터의 형태는 단독으로 한 건물에 여러 종목이 설치되는 단독형, 호텔에 부수적으로 설치되는 호텔 부설형, 백화점 일부에 설치되는 백화점 병설형으로 분류된다. 또한 오피스 빌딩에 부수적으로 설치되는 오피스 빌딩 부설형과 각종 공공 또는 사설 회관(구민회관, 교육문화회관)에 부수적으로 설치되는 회관 부설형이 있다(김홍기, 1995: 12). 이들 스포츠센터에서 제공되는 상업체육 종목은 일반적으로 볼링, 수영, 보디빌딩(헬스), 에어로빅스, 스쿼시, 실내골프 등이 있다. 스포츠센터의 운영은 건물 임대 및 관리를 위해 비싼 임대료와 관리비를 지불해야 하는 어려움이 있다. 특히 자본이 충분치 못할 경우 금융기관으로부터 상당한 액수의 대출를 지원받아야 하는 한계에 직면하게 된다. 따라서 스포츠센터는 상류층 거주 지역이나 인구 밀집 지역에서 발전하는 속성을 지니고 있다. 스포츠센터의 주요 종목별 특징을 살펴보면 다음과 같다.

가. 볼링

볼링은 주요 상업 실내스포츠 종목의 하나로서 단일체육시설업(볼링장)이나 종합체육시설업(스포츠센터)의 형태로 설치 · 운영된다. 볼링장업은 법률적으로 볼링장 내 싱글 · 더블 라커, 미팅룸 탁자 · 의자, 스낵 탁자 · 의자, 흡연실, 탈의실 등의 비품이나 소모품과 최소 4레인 이상의 시설이 구비되어야 가능하다. 이 같은 볼링이 일반대중에게 인기종목으로 자리잡아 성업할 수 있었던 이유는 다음과 같다.

첫째, 여성, 특히 그 가운데 주부 체육인구의 급증이다. 국민생활체육활동참여실태조사(안횡균 외, 1994: 74-75)에 의하면 1989년에는 여성의 '주 2~3회 이상' 규칙적 체육활동 참여율이 33.1%에 머물렀으나, 1994년도에는 43.8%에 이르고 있다. 이는 5년 사이에 10.7%가 증가한 것으로 이들 중 상당수(11.9%)가 볼링에 참가하고 있는 것으로 나타나 있다.

둘째, 볼링시설의 급격한 증설을 들 수 있다. 시설의 증가는 자연히 참가 인구의 증가를 유도한다. 특히 직업별로는 사무 · 기술직이 17.5%로 볼링 선호도에서 1위를 차지하고 있어 직장인들이 근무 외 여가시간에 참가하는 운동 종목으로 볼링을 선호하고 있음을 알 수 있다.

셋째, 소득증대와 더불어 상업체육 시설의 이용 인구가 자연 증가하였다. 볼링장의 주 고객은 오후 시간대에 주기적으로 이용하는 정회원, 리그회원, 단체회원이다. 이들 대부분은 중상류층으로서 경제성장으로 소득이 증대된 이후 상업체육 시설의 증설과 함께 체육활동에 활발히 참가하였는데 이는 직 · 간접적으로 볼링의 참가 기회를 증대시켰다.

그러나 볼링 인구는 1990년대 후반부터 감소하기 시작하여 2000년대에 들어와서는 급격한 감소 추세를 보이고 있다.

나. 수영

1988년 서울올림픽 이후 사회체육 인구의 급속한 증가와 더불어 다양한 스포츠 종목이 대중에게 확산되었는데, 그중에서도 수영은 사회체육 종목의 꽃으로서 큰 인기를 누리고 있다. 수영이 우리 생활 가운데 사회체육으로 깊이 뿌리를 내리게 된 것은 다음과 같은 몇 가지 이유 때문이다.

첫째, 수영은 좁은 공간에 많은 인원을 수용할 수 있는 종목이다. 즉, 다수의 사람들에게 참가 기회가 주어지므로 수영장 경영자 측에서 볼 때 수익성이 높은 이점이 있다.

둘째, 수영은 누구나 즐길 수 있는 부담 없는 운동이다. 수영은 인간의 본원적 움직임을 표현하는 자연 운동으로서, 특별한 용구를 사용하지 않고 누구나 손쉽게 익힐 수 있다. 또한 연령이나 성별, 체력에 따라 운동의 형태와 강도를 조절할 수 있어 어린이나 노인, 몸이 허약하거나 상해에서 회복 중인 사람도 참가가 용이하다.

셋째, 체력 및 건강 증진에 효과적이다. 수영은 전신운동으로서 신체의 각 근육군(群)을 고르게 사용하여 전신의 조화로운 발달을 도모하는 운동이며, 좌업생활 시간이 많은 현대인에게 활발한 대근운동의 기회를 제공할 뿐만 아니라, 일상의 잘못된 자세에서 비롯되는 자세 불량을 교정해 주는 효과가 있다. 또한 유산소운동을 통하여 심폐기능을 향상시키고 콜레스테롤을 제거해 성인병을 예방하는 데 도움이 된다.

넷째, 다른 여가활동이나 스포츠활동에 비하여 소요 비용이 비교적 저렴하다. 최근 인기가 높은 골프, 스키는 상당히 많은 경비를 지출해야 하는 데 비하여 수영은 약간의 입장료만 지불하면 여러 시간 동안 즐길 수 있으며, 간단한 세면 도구와 수영복 · 수영모 · 수경만 준비하면 가능하다(임번장, 1993b: 21-23).

다. 에어로빅스

에어로빅스는 경쾌한 음악과 활기찬 움직임이 혼합된 운동으로서 심폐기능 향상 및 체력발달에 효과적이고 체중조절과 신체조형에 적합하며 좁은 실내 공간에서도 누구나 즐기며 행할 수 있는 장점 때문에 저변확대가 쉽게 이루어지고 있다.

에어로빅스는 최근 학교뿐만 아니라, 지역사회의 스포츠센터에까지 널리 보급되어 일반대중을 위한 사회체육의 주요 영역으로 확고히 자리잡고 있는데, 그 이유는 다음과 같은 운동효과가 있기 때문이다.

첫째, 심폐기능을 강화시킨다. 에어로빅스는 호흡작용을 원활히 하고 심장의 펌프작용을 증진시켜 혈액 순환을 촉진시키는 유산소운동 종목이다.

둘째, 강하고 튼튼한 골격을 유지시켜 준다. 나이가 들수록 칼슘이 감소하게 되어 뼈가 약화되는데, 에어로빅스는 골격을 견고히 유지시켜 골다공증을 예방 · 치유해 준다.

셋째, 체중조절과 균형잡힌 체형을 유지할 수 있다. 에어로빅스는 체지방을 감소시켜 주며 근력을 강화하여 균형잡힌 몸매를 가꾸어 준다.

넷째, 일상생활의 피로와 정신적 스트레스를 해소시킨다. 에어로빅스는 복잡한 일상생활에서 발생되는 불안감을 해소시켜 주며, 삶에 활기를 불어넣어 줌으로써 정신건강을 유지시켜 준다.

이와 같이 에어로빅스는 일반대중에게 신체적 · 정신적 건강을 도모할 수 있는 유익한 운동으로 인식되고 있다. 에어로빅스 운동을 실행하고 있는 사람 중, 70% 이상의 여성이 체중조절과 건강 유지를 위하여 이 운동에 참가하고 있다(이영숙, 1992: 9-29)는 사실에 비추어 볼 때 에어로빅스는 미래사회에서 체형조절을 위한 운동으로서 여성의 많은 참가가 지속될 것으로 전망된다.

라. 보디빌딩

보디빌딩은 참여 인구가 꾸준히 증가하고 있는 가운데 사회체육으로 견고히 뿌리를 내려가고 있는 종목이다. 오늘날 보디빌딩은 누구나 즐길 수 있는 운동으로 애호받고 있는데, 그 이유는 참가자가 쾌적한 실내공간에서 단시간 내에 신체 각 부위별 근육을 충분히 자극하여 최대의 운동효과를 거둘 수 있기 때문이다. 또한 보디빌딩은 참가자가 사회체육 지도자에 의해 마련된 웨이트트레이닝 프로그램을 단계적으로 실시해 나아감으로써 자신이 원하는 신체 부위의 근력을 강화하고 지방을 제거하여 이상적인 체형 및 몸매를 가꿀 수 있도록 돕는다. 이러한 효과를 경험하기 위하여 사회체육 참가자는 일반적으로 스포츠센터 내 체력단련장(종합체육시설업)과 헬스클럽(단일체육시설업)에서 보디빌딩 교습을 받거나 시설을 이용한다.

한편, 스포츠센터나 헬스클럽의 보디빌딩 시설 운영은 시설 및 용기구 설치 비용이 매우 고가이므로 많은 자본이 소요된다. 특히 스포츠센터의 보디빌딩 시설은 대부분이 수입 용기구에 의존하고 있어 가격 면에서 헬스클럽보다 매우 비싼 편이다. 이 같은 종합체육시설업 부설의 값비싼 보디빌딩 시설은 상류층을 주 고객으로 삼고 있는 반면, 값싼 단일체육시설업으로서의 보디빌딩 업장은 서민층을 겨냥하고 있다. 최근에는 여성 전용 보디빌딩 업장이 설치되는 등 건강 · 몸매 관리를 위한 여성의 이용이 급증하고 있는 추세이다(표 7-1 참조).

표 7-1. 체육활동 참가목적

구분		건강유지 및 증진	스트레스 해소	여가선용	자기만족	체중조절	대인관계 및 사교
2003		55.3	8.1	6.4	7.9	19.0	3.3
2006	전체	55.4	9.5	7.6	8.4	15.4	3.7
	남	56.0	11.3	9.0	10.9	7.9	4.9
	여	54.7	7.3	5.8	5.3	24.6	2.2

출처: 문화관광부(2006). 『국민체육활동참여실태조사』.

표 7-2. 청소년의 희망체육활동 종목

종목	검도	스쿼시	수영	스킨스쿠버	스키	테니스	승마	기타	합계
비율(%)	12.3	10.3	6.3	5.8	5.0	4.4	3.9	52.0	100

총 54개 종목을 대상으로 추출된 결과임.
출처: 임번장 외(1997). 『청소년 체육활동 욕구 및 실태조사』.

마. 스쿼시

스쿼시는 추운 겨울철에도 실내에서 짧은 시간 동안에 땀을 흘리며 집중적으로 운동을 즐길 수 있는 레포츠 종목으로서 많은 인기를 모으고 있다. 이는 청소년 체육활동 욕구 및 실태조사(임번장 외, 1997: 240-242)에서 잘 드러나고 있다(표 7-2 참조).

〈표 7-2〉에 제시된 바와 같이, 청소년에게 앞으로 가장 해보고 싶은 체육활동 종목에 대해 질문한 결과, '스쿼시(10.3%)' 로 응답한 비율이 매우 높았다. 이는 청소년이 미래의 상업체육 소비자인 점을 감안할 때, 스쿼시가 향후 상업체육 분야에서 각광받을 것으로 전망된다.

회원권이 필요한 일부 호텔이나 스포츠센터에서 운영하는 스쿼시장의 경우 값비싼 가입비나 연회비가 요구된다. 그러나 '스쿼시 클럽' 이라는 상호를 내건 단독 전용클럽의 경우 비용이 비교적 저렴하며 비회원도 쉽게 이용이 가능하다.

(2) 체육도장

체육도장은 단일체육시설업에 속하며 태권도, 검도, 유도, 합기도, 우슈 등의 무도종목을 교습 · 연습하는 상업체육 시설이다. 체육도장은 여타 다른 스포츠 사업에 비하여 특별한 장비나 시설이 요구되지 않아 소규모 자본으로도 운영이 가능한 사업이다. 체육도장은 주로 아동이나 청소년을 주 고객으로 삼고 있기 때문에 주택가나 학교 근처에서 성업하는 속성을 지니고 있다. 체육도장은 운동기능수준 및 수련기간에 따라 주기적으로 승급이나 승단 심사를 시행하는데, 이는 참가자에게 성취 동기 및 목표를 제공하여 아동이나 청소년의 지속적인 참가를 유도하는 요인으로 작용한다.

현재 우리나라 전국 체육도장은 2006년 말 총 1만 1,782개소(체육과학연구원, 2006b)이며, 전국 신고체육시설업체(4만 5,833개소)의 약 25.70%를 차지하고 있다. 이러한 높은 점유 비율은 체육도장업이 이윤추구를 위한 하나의 사업으로서 그 가능성이 높음을 보여 주는 증거이다(표 7-3 참조).

표 7-3. 전국 신고 체육시설업체수 현황

종목	당구장	체육 도장	체력 단련장	에어로 빅장	골프 연습장	볼링장	무도 학원	수영장	테니스 장	종합체 육시설	썰매장	합계
개소	18,639	11,782	5,960	2,434	3,706	721	1,324	609	211	187	132	45,833

출처: 체육과학연구원(2006). 『한국의 체육지표』.

(3) 야외스포츠장

자연친화적 스포츠, 모험스포츠로서의 야외스포츠는 최근 참가인구가 크게 증가하고 있는 추세이다. 상업체육으로서 야외스포츠 종목에는 스키, 골프, 승마, 서바이벌게임, 번지점프, 수상스포츠(윈드서핑, 수상스키, 스킨스쿠버, 보트, 요트, 래프팅), 비행스포츠(패러글라이딩, 행글라이딩, 스카이다이빙, 초경량비행기) 등이 있다. 이들 종목 중 대표적 야외스포츠 종목인 스키와 골프의 특성을 살펴보면 다음과 같다.

가. 스키

동계스포츠의 꽃으로 불리는 스키는 1990년 이후 양적 · 질적으로 눈부신 성장과 발전을 이룩하고 있으며, 연령이나 성별에 관계 없이 국민 누구나가 즐길 수 있는 대표적인 동계 레저스포츠로 자리잡아 가고 있다(그림 7-1 참조).

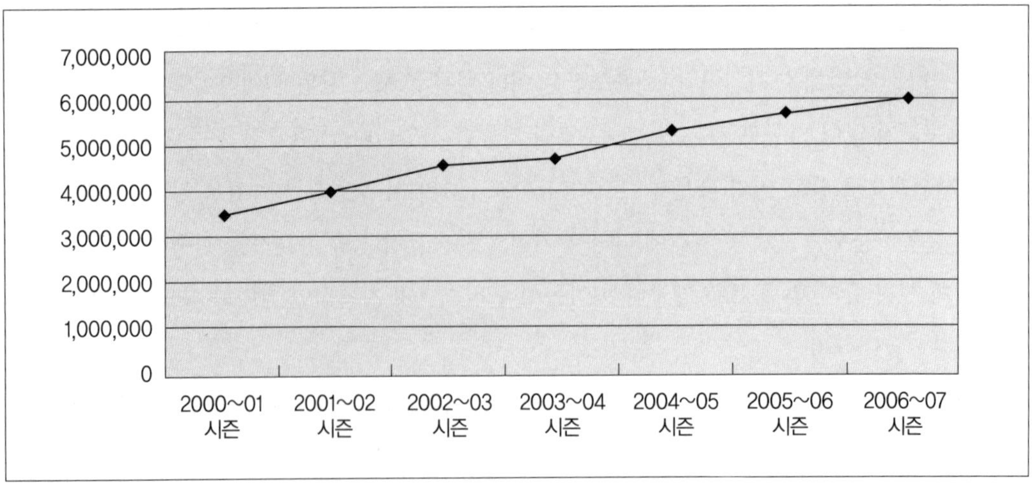

그림 7-1. 연도별 스키인구 변화 추이(2001~2007)

등록체육시설업에 속하는 스키장업은 리프트뿐만 아니라, 숙박, 편의, 위락, 운동 등 고객을 위한 각종 부대 시설을 설치하여 이윤 추구를 도모하고 있다. 스키는 장비, 숙박 그리고 비교적 원거리 이동 여행 등이 요구되는 고가 스포츠이나 최근 장비의 저렴화 등으로 인하여 급격한 대중화 추세를 보이고 있다.

〈표 7-4〉는 2000년도부터 2007년까지 국내 스키장별 입장객의 추이를 보여 주고 있다(한국스키장경영협회, 2007). 〈표 7-4〉에 제시된 바와 같이, 스키장 입장객은 2000년 시즌에는 300만 명에서 2007년 시즌에는 600만 명으로 2배 가까이 증가하였고, 연평균 12%의 증가율을 보이고 있다. 1990년대 초반까지 주로 중소업체에 의해 운영되던 스키장은 1955년 말부터 현대 성우, 삼성 보광, 쌍방울 무주, LG 강촌, 한솔 오크밸리 등 대기업의 참여로 경쟁이 더욱 치열해지고 있다.

이에 따라 기업은 스키 슬로프 및 리프트 시설을 크게 확충하고 있으며 콘도미니엄뿐만 아니라, 수영장 · 볼링장 · 골프장 등과 같은 상업성 종합스포츠단지를 조성하여 입장객이 보다 쾌적한

표 7-4. 스키장별 입장객 수 추이

(단위: 명)

스키장 \ 시즌	2000	2001	2002	2003	2004	2005	2006	2007
용평	432,955	453,486	519,534	703,886	628,810	820,238	603,298	686,233
현대성우	406,703	404,317	514,112	499,235	595,179	522,050	512,086	489,096
무주	500,943	546,828	582,740	703,553	663,568	705,896	727,033	715,629
휘닉스파크	352,530	380,612	563,714	696,886	698,602	691,516	813,476	889,640
대명비발디	381,667	442,108	517,038	629,798	619,691	880,167	953,916	836,118
베어스타운	345,079	466,877	413,431	406,368	355,520	334,412	452,139	298,364
양지파인	79,291	95,896	261,692	279,691	321,622	263,798	432,130	276,783
지산	338,287	358,032	359,651	378,116	374,423	318,030	453,986	533,833
알프스	83,931	97,507	120,748	115,125	101,146	89,550	76,118	휴업
서울				17,177		58,990	71,600	75,180
강촌					250,386	375,429	458,567	424,823
하이원								397,463
오크벨리								290,901
계(천 명)	3,057,875	3,482,075	4,005,478	4,557,212	4,754,559	5,408,459	5,692,205	6,033,697
증가율(%)	(25)	(14)	(15)	(14)	(4)	(14)	(5)	(6)

권종별 가중치가 적용된 산출서식에 의한 통계자료.

출처: 한국스키장경영협회(2007). 연도별 스키장 슬로프이용객 현황(1998 시즌~2007 시즌) 자료를 재구성. [인터넷 자료](http://www.skiresort.or.kr).

환경 속에서 스키 이외의 다양한 스포츠를 즐길 수 있도록 서비스를 제공하고 있다(임번장, 1997a: 66).

나. 골프

골프장업은 운영형태에 있어서 회원제 골프장과 대중제 골프장이 있다. 회원제 골프장업은 거액의 회원권을 분양하여 회원 위주로 운영되는 체육시설업으로서 회원 및 회원 동반자에 한하여 입장이 가능하다. 매 입장 시 일정 요금을 징수하여 운영하는데 회원에게는 저렴한 회원가 할인 요금이 적용되고 비회원 동반자에게는 고액의 정액요금이 부과된다. 반면 대중제 골프장은 회원권 없이 일반대중을 대상으로 하여 운영되며, 누구나 매회 입장 시 일정 금액의 요금을 지불하고 입장한다. 우리나라의 경우 1996년 골프장 수 총 107개소 중 회원제 골프장이 대부분(85개소: 79.4%)이고 대중제 골프장은 소수(22개소: 20.6%)에 불과하였으나 2007년도에 들어와서는 골프장 수 총 347개소 중 회원제 골프장이 202개소, 58.2%이고 대중제 골프장이 145개소, 41.7%로 대중제 골프장이 급격히 증가하였다.

1990년대 이후 골프는 경제성장과 더불어 양적으로 폭발적인 증가를 보이고 있다. 〈표 7-5〉는 2002년부터 2007년 사이에 전국 골프장 수와 이용객의 증가 추세를 나타낸 것이다.

〈표 7-5〉에 제시된 바와 같이, 회원제 및 대중제 골프장의 수는 1990년 55개소에서 2007년 347개소로 6배 이상 증가하였는데, 골프장 이용객 수는 1990년에 약 354만 명에서 2006년 약 1,400만 명으로 약 4배 가까이 증가하였다(한국골프장사업협회, 2007)(그림 7-2 참조). 이는 골프장을 찾는 이용자의 수요가 골프장 시설 및 서비스에 대한 공급을 초과하고 있다는 사실을 의미하고 있다. 이에 비추어 볼 때, 골프장은 자연환경 파괴와 지역사회 주민의 생존권 침해 등과 같은 비판으로 인하여

표 7-5. 골프장 수 및 이용 현황

구분	연도	2002	2003	2004	2005	2006	2007
골프장수	회원제	165	165	172	180	196	202
	대중제	76	80	90	101	121	145
	계	241	245	262	281	317	347
이용자 수		11,169,522	11,733,670	12,622,170	13,213,890	14,044,505	-
증가율(%)		14.4	5.1	7.6	4.7	6.3	-

출처: 한국골프장사업협회(2007). 전국 골프장 현황 [인터넷자료](http://www.kgba.co.kr).

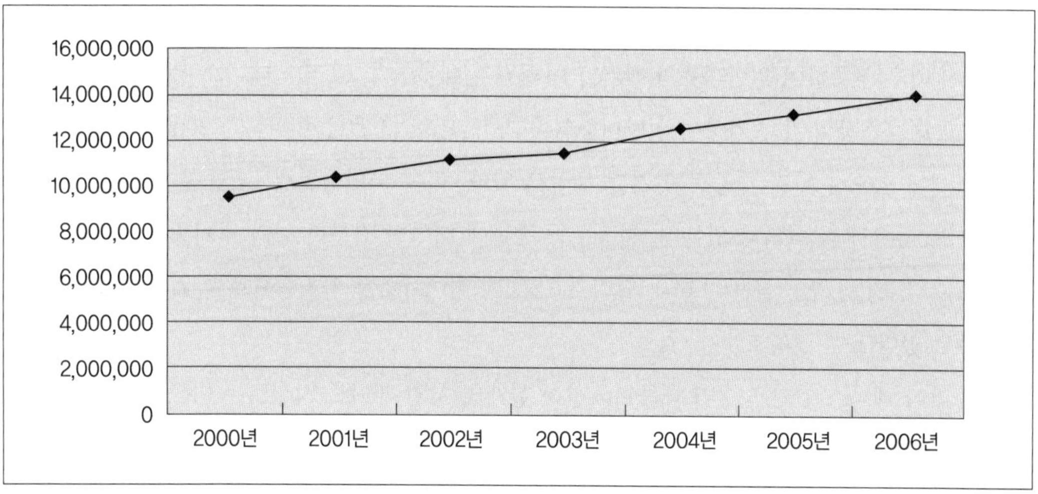

출처: 한국골프장사업협회(2007). 전국 골프장 현황 [인터넷자료](http://www.kgba.co.kr).

그림 7-2. 연도별 골프인구 변화 추이(2000~2006)

환경단체 및 지역사회 주민과 마찰 및 갈등을 표출하고 있음에도 불구하고, 골프장 및 이용자는 일정기간 동안 양적으로 더욱 증가될 전망임은 오래전에 지적된 바와 같다(월간 모던골프, 1995).

(4) 구기장

구기장은 단일체육시설업으로 테니스, 라켓볼, 탁구, 볼링 등의 구기종목을 교습 · 연습하는 상업체육 시설을 말한다. 특히 구기종목 중 테니스는 참가 계층이 상류층에서 중류층으로 변화함에 따라 대중화 추세에 있으며 그 시설이 아파트 단지를 중심으로 설치 · 운영되고 있다. 과거에는 상

표 7-6. 희망운동 종목의 연도별 비교

(단위: %)

종목 연도	수영	테니스	골프	등산	에어로빅 미용체조	볼링	축구	육상
1991	19.9	20.0	4.9	3.4	5.5	7.0	4.1	4.2
1994	20.4	12.1	2.7	5.2	5.3	8.6	3.8	4.2
1997	21.3	7.9	7.1	6.6	4.5	4.4	3.1	1.3
2000	22.5	8.0	6.1	4.8	–	2.6	2.8	1.7
2003	17.0	4.9	8.0	9.0	1.0	1.1	2.5	6.5
2006	15.6	5.1	11.6	3.9	3.3	–	3.3	6.8

출처: 문화관광부(2006). 『국민생활체육활동참여실태조사』.

류층만이 테니스에 참가할 수 있었는데, 그 이유는 테니스 라켓과 시설 이용료 등이 고가이고 테니스장이 매우 부족하여 일반대중의 참가가 어려웠기 때문이다. 그러나 테니스 용구의 가격이 저렴해지고 테니스장 수가 증가하여 일반대중의 참가가 지속적으로 늘어나다가 2000년대에 들어와 감소 추세에 있으나 아직 대중적 인기를 누리고 있다. 이는 국민생활체육활동참여실태조사(문화관광부, 2006)에서 잘 나타나 있는데, 희망운동 종목에 대하여 질문한 결과 구기종목 가운데 테니스(4.9%)는 수영(15.6%), 골프(11.6%), 달리기(6.8%)에 이어 4위를 차지함으로써 위의 사실을 뒷받침해 주고 있다(표 7-6 참조).

이와 같이 테니스 참가 인구가 대중화되면서 현재의 상업 테니스 시설로는 이를 충족시키기 어렵다. 왜냐하면 문화관광부(2006: 230-233)에서 조사한 상업 테니스장 수는 전체 4만 5,937개소 중 244개소에 불과하며 이 또한 경기(40개소), 서울(40개소), 대구(30개소) 등 대도시 지역에 심한 편중 현상을 보이고 있기 때문이다. 따라서 일반대중의 테니스 수요를 충족시키기 위해서는 상업 테니스 시설에 대한 활발한 투자가 요구된다.

(5) 체력단련장

체력단련장은 단일체육시설업으로서 보디빌딩(헬스), 에어로빅스 등의 운동종목을 운영하는 상업체육 시설이다. 보디빌딩장업과 에어로빅스장업은 근린 체육시설업으로서 일반대중에게 체육

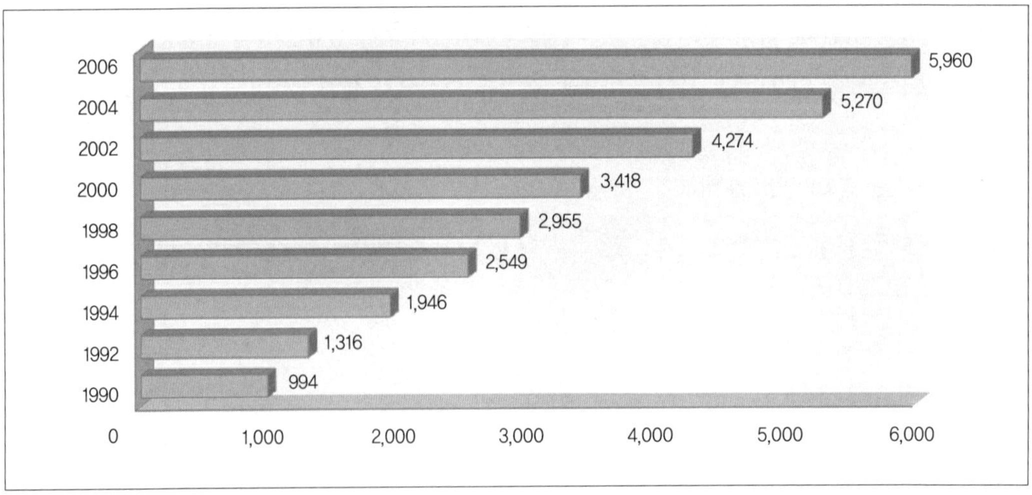

출처: 체육과학연구원. 한국의 체육지표에서 재구성.

그림 7-3. 보디빌딩장 업체의 증가 추이

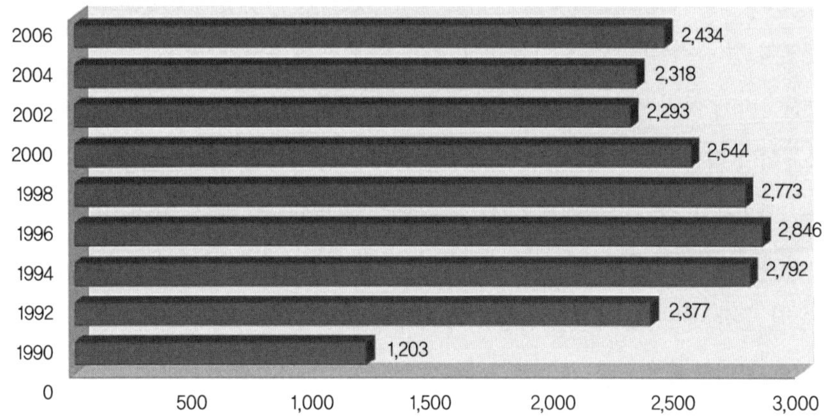

출처: 체육과학연구원. 한국의 체육지표에서 재구성.

그림 7-4. 에어로빅스장 업체의 증가 추이

활동 참가 기회를 제공하는 데 기여하여 왔다. 보디빌딩장은 '헬스클럽' 이라는 간판을 내걸고 주로 상업지역이나 교통 중심지역에서 성업하고 있다. 헬스클럽은 일반적으로 중류층이나 청소년층을 겨냥하고 있기 때문에 참가자의 경제적 부담을 고려하여 월회비제(대중제)를 선호한다.

헬스클럽의 회원은 주로 남성이 많으며 계절에 따라 그 수의 변동 폭이 크다. 그 이유는 젊은 남성 회원이 봄과 여름철에 건강하고 균형 잡힌 근육질의 몸매를 가꾸기 위해 증가하다가 가을과 겨울철에 감소하는 속성을 지니고 있기 때문이다. 〈그림 7-3〉에서 보는 바와 같이 보디빌딩장은 1990년 994개소이던 것이 2006년에는 5,960개소로 지속적인 증가 추세를 보이고 있다(체육과학연구원, 2006).

한편 에어로빅스장은 주로 여성, 특히 주부를 주 고객으로 삼고 있어 아파트단지나 주택가를 중심으로 성장 · 발전하고 있다. 〈그림 7-4〉에 제시된 바와 같이, 에어로빅스장은 1970년대 초 에어로빅스 운동이 국내에 도입되어 1990년대 초반에 매우 빠르게 시장이 팽창한 업종이다. 에어로빅스장은 1990년 이후 1993년까지 급증하였지만 1994년부터 업체 수의 증가율이 크게 낮아졌으며, 1997년부터는 오히려 그 수가 감소하고 있는 추세이다(체육과학연구원, 2006b).

(6) 무도장

무도장은 사회체육 참가자로부터 일정의 강습비를 받고 댄스스포츠를 교습하는 상업체육 시설이다. 최근에 댄스스포츠는 남녀노소 누구나 즐길 수 있는 최상의 사회체육활동으로 급격히 확산되어 가고 있으며 전국 각 대학의 사회교육원, 각종 문화센터, 댄스스포츠 교습소 등에서 일반대중에게 보다 친숙하게 다가서고 있다. 댄스스포츠는 어두운 조명하에서 남녀가 서로 밀착하여 춤을 추는 사교춤이나 디스코댄스에 비하여 보다 건전하고 긍정적인 이미지를 지니고 있다. 댄스스포츠 교습소는 사회체육 참가자들에게 국제 표준 댄스인 모던댄스(왈츠, 탱고, 비엔나왈츠, 폭스트로트, 퀵스텝)와 라틴댄스(룸바, 삼바, 차차차, 자이브, 파소도블) 등을 가르치는데, 이는 참가자에게 즐거움을 제공할 뿐만 아니라, 적절한 운동부하를 부과함으로써 스트레스 해소는 물론 체력 및 자아존중감 향상에 기여하고 있다.

(7) 관람스포츠장

관람스포츠는 '보는 스포츠', 즉 경기장에 직접 입장해 경기를 관람하거나, 혹은 TV 같은 영상매체를 통하여 전달되는 매체스포츠를 소비하는 형태의 참가를 의미하는데 상업체육에서는 주로 전자의 형태에 속하는 경우를 가리킨다. 국민생활체육활동참여실태조사(문화관광부, 2006: 115)에 의하면 최근 1년 동안 경기장에서 직접 관람한 종목의 순위는 축구, 야구, 농구, 배구의 순으로 나타났다(표 7-7 참조).

〈표 7-7〉에 제시된 바와 같이, 이들 종목은 현재 국내에서 프로화에 성공한 종목들로서, 관람스포츠가 프로스포츠와 밀접한 관계가 있음을 시사해 주고 있다.

가. 프로스포츠 관람

1980년대 초 출범한 프로야구와 프로축구, 1996년부터 시작된 프로농구 등 관람스포츠의 대명사인 프로스포츠는 일반 성인 남녀뿐만 아니라, 장애인 · 유아 · 청소년 및 노인 등 여러 사회계층의 레저스포츠활동 참가 인구 증대와 더불어 상업체육 분야의 중심 업종으로 등장하고 있다. 〈표 7-8〉은 국내의 가장 대표적 관람스포츠인 프로야구, 프로축구, 프로농구의 관중 수 증가 추이를

표 7-7. 직접관람 종목 비교

종목	축구	야구	농구	골프	배구	기타
비율(%)	48.7	27.1	12.3	1.4	1.1	4.6

출처: 문화관광부(2006). 『국민생활체육활동참여실태조사』.

표 7-8. 프로스포츠 관중 수 및 입장수입의 연도별 증가 추이

구분	연도별	2001	2002	2003	2004	2005
게임 수	야 구	532	532	504	504	504
	축 구	179	181	184	218	277
	농 구	292	292	289	270	270
관중(천 명)	야 구	2,991	2,394	2,723	2,332	3,388
	축 구	2,306	2,651	2,124	2,557	2,415
	농 구	1,100	1,043	1,033	1,110	999
게임당 평균 관중 (명)	야 구	5,622	4,501	5,118	4,383	6,722
	축 구	12,887	14,651	14,251	11,729	8,717
	농 구	3,768	3,574	3,576	4,110	3,701

출처: 체육과학연구원(2006). 『한국의 체육지표』.

나타낸 것이다(체육과학연구원, 2006b).

〈표 7-8〉에 제시된 바와 같이, 종목에 따라 다소 차이는 있으나, 프로스포츠를 중심으로 한 관람스포츠가 양적 증가 추세에 있다는 사실을 알 수 있다. 이는 2005년 말 현재 전국 인구 4,846만여 명(통계청 추정)에 대하여 약 14%의 구성 비율을 차지하는 수치이다.

나. 경마 · 경륜

가) 경마

관람스포츠 중 경마는 경주거리, 상금, 출주(出走) 기준 등 정해진 조건에서 두 마리 이상의 말을 뛰게 해 승부를 겨루는 경기로 고객이 경마투표권 구입에 의해 돈을 걸어 환급금을 지급받고 즐기는 레저스포츠로서 많은 사람들로부터 흥미의 대상이 되고 있다. 경마의 경우 1995 시즌 매출액 2조 1,747억 원을 기록한 이래 2002 시즌에는 무려 7조 6,000억 원을 돌파하였으나 이후부터 점차 감소 추세에 있다. 관중 수에 있어서는 1995 시즌에 이미 650만 명으로 프로야구 관중 수(약 400만 명)를 능가하였고, 2005년에는 약 1,600만 명을 기록하고 있다. 서울 경마공원에 이어 1998 시즌부터는 제주 경마공원, 2007년 부산경남 경마공원에서도 마권 판매가 이루어지고 있으며, 전국 규모로 볼 때, 경마의 입장객 수 및 매출액은 앞으로도 지속적으로 증가할 전망이다.

〈표 7-9〉는 한 해 동안 경마장을 찾은 입장인원과 경마를 통한 매출액의 연간 추이를 나타낸

표 7-9. 경마 입장객 및 매출액 변화 추이

구분		2001	2002	2003	2004	2005
입장인원	연간(만 명)	1,337	1,628	1,675	1,541	1,618
	일평균(만 명)	14.1	17.4	17.8	15.7	17.9
연간 매출액(억 원)		60,660	76,491	61,729	53,303	51,548

출처: 체육과학연구원(2006). 『한국의 체육지표』.

것이다(체육과학연구원, 2006b).

〈표 7-9〉에 제시된 바와 같이, 최근 5년간(2001~2005) 경마장 입장 인원은 서울경마와 제주경마를 합쳐 연평균 2.77%의 증가 추세를 보이고 있다. 경마는 2005년 한 해 1,618만 명 이상의 경마장 입장객 수와 5조 1,548억 원의 매출액을 기록함으로써 국내 최대 규모의 레저스포츠로 자리를 잡아가고 있다. 한편 이러한 폭발적인 신장세에도 불구하고 경마는 정부 스스로가 국민의 사행심을 조장하고 있다는 사회 각계로부터의 비난을 받고 있다. 매 경주당 마권 구입 총액의 28%는 정부의 세금, 마사회 운영비, 기타 기부금 등으로 공제되고, 결국 관중은 자신의 돈 중 72%를 가지고 제로섬 게임(zero sum game)을 하는 것이다.

이와 같이 경마는 투기성이 강한 특성을 지니고 있음에도 불구하고 세계 86개 국가에 1,420여 개의 경마장과 5억여 명의 팬을 확보하고 있는 대규모 레저스포츠이다. 특히 선진국에서는 경마가 '레저스포츠의 왕' 으로 대접받으며 발전을 거듭해 오고 있다(서천범, 1997: 135).

경마가 국민의 사행심을 조장한다는 부정적 이미지를 극복하고 일반대중으로부터 신뢰와 사랑을 받는 레저스포츠로 발전하기 위해서는 수익금의 사회 환원과 시설 투자를 통하여 공익 기관으로서의 사회적 책임과 사명을 다하는 노력이 필요하다.

나) 경륜

경륜은 7명의 선수가 사이클 경기장에서 경주하고 관중이 경주권을 구입하여 승자를 적중시켰을 때 관중에게 일정 비율의 배당금을 지급하는 오락성 · 투기성 레저스포츠이다. 우리나라 경륜은 1994년부터 경륜 · 경정법의 제정 및 공포에 의거해 운영되어 오고 있는데, 짧은 연륜에도 불구하고 해마다 매출액과 입장객 수가 급증하고 있다(표 7-10 참조).

〈표 7-10〉에 제시된 바와 같이, 경륜이 본격적으로 시행된 1995년의 개최 실적을 보면 총입장

표 7-10. 경륜 총입장 인원 및 매출액 변화 추이 (단위: 만 명)

구분		1995	2001	2002	2003	2004	2005
입장 인원	연 간	57.3	406	463	565	572	545
	일평균	0.56	3.5	4.1	4.8	4.5	4.3
연간 매출액(억 원)		100	17,389	29,999	19,872	19,872	17,556

출처: 체육과학연구원(2006). 『한국의 체육지표』.

객이 57만 3,000명으로 레이스당 약 500명이 참가하였다. 1995년의 운영손익은 수익이 100억 원이었는데 반해 비용은 121억 원으로 21억 원의 적자를 기록하였다. 그러나 이후 시설투자비에 대한 추가부담이 경감되고 운영에 대한 효율성이 제고되면서 운영수지는 개선되었다. 2002년에는 463만 명이 입장하여 총 매출액이 2조 9,999억 원에 달하였고, 이후 소폭의 감소 추세를 보이고 있다(체육과학연구원, 2006b).

올림픽공원 내에 소재하고 있던 경륜경기장은 수용 인원이 7,000명에 불과하여 폭발적으로 늘어나는 경륜 인구를 수용하는 데 역부족이어서 광명 실내돔 경기장으로 이전하였고 부산 · 창원 등을 비롯한 여러 지역에 추가로 건설되어 자리잡아 가고 있다.

2) 상업체육의 유형

상업체육은 운동할 수 있는 다양한 체육시설 및 공간뿐만 아니라, 운동기능의 교습기회와 운동프로그램을 소비자에게 제공함으로써 일반대중의 직접적인 체육활동 참가를 제고시킨다. 이러한 상업체육은 회원형태, 시설규모, 입지특성, 법적 기준, 운영특성 등에 따라 다음과 같은 유형으로 분류된다.

(1) 회원형태별 유형

회원형태에 따라 상업체육은 회원제(멤버십), 회비제(또는 대중제) 및 혼용제(회원제와 회비제 병행)의 세 유형으로 분류할 수 있다. 회원제 체육시설업은 콘도미니엄이나 골프 회원권 등과 같이 상업체육 시설 가입 초기에 일정 금액을 납입하여 예치하는 한편, 분기나 1년 단위로 일정 사용료나 회비를 징수하여 운영하는 유형이다. 회비제 체육시설업은 볼링장 또는 골프연습장 등과 같이 참가자에게 매회 일정 금액의 입장료를 징수하거나 정기적으로 일정 금액을 월회비나 연회비로 징수하여 운영하는 유형이다. 혼용제 체육시설업은 회원제와 회비제를 동시에 수용하는 형태이다(임번장, 1996b: 10-13). 즉, 일부 참가자는 회원으로 등록하고 다른 일부는 회비제로 운영하는 형태이다. 이들은 각기 장 · 단점을 지니고 있으므로, 시설의 기획 및 설치 단계에서부터 운영형태의 방향성에 대한 철저한 검토가 선행되어야 한다. 체육시설업은 비교적 대규모 시설이 요구되는 사업이기 때문에 투자원금이 회수되고 이익이 발생하게 되려면 일정 기간이 경과되어야 한다. 즉, 시설투자에 대한 손익분기점에 도달하는 시기가 늦는 사업이라 할 수 있다. 그러므로 대다수 체육시설업 경영자들은 단기간에 투자한 원금을 회수하거나 보전하기 위하여 회원제의 운영형태를 선호한다. 한편 스포츠센터가 종합체육시설업을 목적으로 설립되어 매출 발생이 운영비에 미달되는 경우, 회원제 시설에서 수영, 골프, 에어로빅스 등 대중성이 있는 특정 몇 종목만을 선별하여 회비제로 운영하는 경우가 있다.

(2) 시설규모별 유형

시설규모에 따라 상업체육은 단일체육시설업과 종합(복합)체육시설업으로 구분할 수 있다. 단일체육시설업은 태권도장, 검도장, 볼링장, 수영장, 헬스클럽(보디빌딩장), 에어로빅스장, 골프장, 골프연습장 등과 같은 단일 종목의 체육시설을 설치하여 운영하는 유형이다. 종합(복합)체육시설업은 스포츠센터와 같이 대단위 단독업장 내에 볼링장, 보디빌딩장, 수영장, 골프연습장, 스쿼시장과 같은 여러 종목 가운데 두 종목 이상의 체육시설을 병합(並合) 설치하여 운영하는 유형이다. 대부분의 단일체육시설업은 건물을 신축하지 않는 범위 내에서 기존 건물이나 부지를 임대 · 개수하여 소규모로 운영된다. 이 때문에 단일체육시설업은 종합체육시설업보다 상대적으로 체육시설 설치비용이 적게 소요된다. 단일체육시설업은 대개 월회비제를 선호하는데, 이는 단일체육시설업이 주로 중하류층을 겨냥하고 있으므로 이들을 보다 많이 유치하기 위해 저렴한 가격의 월회비제로 운영할 수밖에 없기 때문이다. 반면 종합체육시설업은 입지 확보, 건물 축조 · 임대, 내부 시설 설치에 거액의 투자비용이 소요되므로 부족한 자본을 보충하기 위하여 일정액의 회원가입비(회원권)와 분기나 1년 단위로 회비를 징수하는 회원제를 선호한다.

(3) 입지특성별 유형

입지특성에 따라 상업체육은 크게 생활(일상)형 체육시설업과 레저(비일상)형 체육시설업으로 분류할 수 있다. 생활(일상)형 체육시설업은 체육시설이 주택 지역이나 직장 주변에 설치 · 운영되는 것으로서 사회체육 참가자의 접근이 용이한 일상생활권역 안에 업장이 위치해 있다. 또한 생활(일상)형 체육시설업은 사회체육 참가자에게 건강 및 체력을 증진시키고 참가자 상호간 교류 기회를 제공하는 민간경영 사업이다. 생활(일상)형 체육시설업으로는 테니스장, 수영장, 볼링장, 골프연습장 등을 들 수 있다. 레저(비일상)형 체육시설업은 사회체육 참가자가 주중 · 주말이나 휴가를 이용하여 여행과 함께 휴양을 취하면서 사회체육활동을 즐길 수 있도록 설치 · 운영되는 체육시설 형태로서 장시간 원거리 이동을 요하는 일상생활권역 밖에 업장이 위치해 있다. 앞으로 주 5일 근무제가 시행 · 확산되면 여가시간이 대폭 증가하여 가족과 함께 여행하면서 즐길 수 있는 레저(비일상)형 체육시설업이 크게 각광을 받을 것으로 전망된다. 레저(비일상)형 체육시설업은 대표적으로 골프장, 스키장, 수상스포츠장, 승마장 등이 있다.

(4) 법적 기준별 유형

법적 기준에 따라 상업체육은 등록체육시설업과 신고체육시설업으로 분류된다. 등록체육시설업은 신고체육시설업에 비해 회원모집 및 시설규모가 크고 운영형태가 다소 복잡한 체육시설 형태로서 골프장, 스키장, 요트장, 조정장, 카누장, 빙상장, 경륜장, 승마장, 종합체육시설과 같은 대형 체육시설을 포함한다. 등록체육시설업은 체육시설 설치 이전에 대통령령이 정하는 바에 따라 체육시설업의 종류별로 사업계획서를 작성하여 특별시장, 광역시장 또는 도지사의 승인을 얻어야 하며 체육시설 운영 개시 전 대통령령이 정하는 바에 따라 시 · 도지사에게 체육시설업을 등록해야 한다. 신고체육시설업은 문화관광부령이 정하는 바에 따라 시장 · 군수 또는 구청장에게 신고만 하여 체육시설을 설치 · 운영하는 형태로서 수영장, 체육도장, 볼링장, 정구장, 골프연습장, 탁구장, 롤러스케이트장, 체력단련장, 미용체조장 등과 같은 소형 체육시설이 포함된다(법제처, 1999).

(5) 운영특성별 유형

상업체육 가운데 운영특성별 유형은 기업이 신규 체육시설의 설치 · 운영 시 수입의 원천을 체육시설, 교습프로그램, 체육시설 · 교습 혼합, 그리고 경기관람 중 어느 부문에 중점을 두고 운영하느냐를 기준으로 하여 분류되는 유형이다.

가. 시설업

시설업은 대개 소비자에게 운동교습 기회보다는 체육 공간 및 시설을 설치하여 활동공간을 제공함으로써 영리를 추구하는 상업체육 시설이다. 시설업은 대개 체육시설이 없으면 사회체육 참가자가 사실상 체육활동을 실행하기 어려운 운동종목의 시설을 설치하여 운영하는 형태이다. 또한 시설업은 사회체육 참가자에 대한 교습보다 참가자 스스로가 체육활동을 즐기면서 연습하는 특성을 지니고 있다. 이 같은 시설업의 업종으로는 골프장, 야구연습장, 미니골프장, 무도장(舞蹈場), 보트장, 번지점프 등이 있다.

나. 교습업

교습업은 단순히 소비자에게 체육공간 및 시설을 제공하기보다는 교습 위주의 사회체육 프로그램을 제공함으로써 영리를 추구하는 유형이다. 교습업은 사회체육 지도자가 참가자를 대상으로 참가자의 운동기능 수준에 적합하게 단계적 · 체계적으로 교습하는 특성을 지니고 있다. 교습업의 업종으로는 댄스스포츠 교습장을 들 수 있다. 교습업은 사회체육 지도자와 지도 내용 및 시설 · 도구 등이 준비되어야 한다. 예컨대, 댄스스포츠 교습장은 주로 활동 자체보다는 교습을 위주로 하며, 이를 위하여 지도자와 댄스스포츠 프로그램 및 무도장 시설이 구비되어야 한다.

다. 시설 · 교습 혼합업

시설 · 교습 혼합업은 소비자에게 체육공간 및 시설과 운동교습 프로그램을 함께 제공함으로써 영리를 추구하는 상업체육 시설로서 대부분의 상업체육은 이 유형에 속한다. 여기에 속하는 상업체육 업종은 주로 체육도장(태권도, 검도, 유도, 합기도, 권투, 우슈), 단일체육시설업(골프연습장, 스키장, 볼링장, 수영장, 보디빌딩장), 종합체육시설업(스포츠센터, 리조트), 수상스포츠장(윈드서핑, 수상스키, 스킨스쿠버, 래프팅), 비행스포츠장(패러글라이딩, 행글라이딩, 스카이다이빙, 초경량비행기) 등이 있다. 시설 · 교습 혼합업은 연습을 희망하는 일반대중에게 일정한 참가회비를 받고 체육시설 사용을 허용하는 한편, 교습을 희망하는 사람에게는 교습비를 별도로 받고 전문 지도자를 통해 교습하기도 한다. 특히, 시설 · 교습 혼합업은 시설 경영주에 의해 임명된 사회체육 지도자가 체육장(場)에 입회하여 교습료 지불로 이용 권리를 획득한 참가자에게 운동 기능 및 이론을 교습하는 특성이 있다.

라. 흥행업

흥행업은 일반대중에게 입장권 및 복표 또는 경주권 및 경마권을 판매함으로써 이윤을 추구하는 상업체육 업종이다. 오늘날 흥행업은 관람객에게 단순히 경기관람의 기회만을 판매하던 차원에서 벗어나 다양한 볼거리와 서비스를 부가적으로 제공함으로써 다수의 소비자를 유치하고 있다.

미래에 있어서도 참가스포츠업과 함께 흥행업은 많은 사람들로부터 지속적인 인기를 누릴 것으로 전망된다. 현대사회에서 찾아볼 수 있는 흥행업의 상업체육 업종으로는 경륜장, 경정장, 경마장, 각종 운동경기관람장 등을 들 수 있다.

3. 상업체육과 마케팅

최근에 상업체육을 투자의 대상으로 삼으려는 기업이 증가하면서 국내외적으로 이들 기업 간의 경쟁이 심화되고 있다. 이 같은 경쟁 무대에서 상업체육 관련 기업이 성공을 거두기 위해서는 장기적인 측면에서 경쟁력을 제고시킬 수 있는 상업체육 마케팅이 요구되고 있다.

1) 상업체육 마케팅의 개념

'스포츠 마케팅' 이란 용어는 1978년 『광고시대(*advertising age*)』라는 잡지에서 스포츠 소비자, 상품, 그리고 마케팅 관리자의 활동을 설명하기 위하여 처음으로 사용되었다(Kesler, 1979: 5-8). 스포츠마케팅은 '스포츠의 마케팅' 과 '스포츠를 통한 마케팅' 으로 구분된다. 스포츠의 마케팅은 관람스포츠, 참가스포츠, 스포츠 시설 및 프로그램 등의 상품을 판매하는 행위이며 스포츠를 통한 마케팅은 스포츠를 매개로 하여 특정 상품의 판매를 촉진하려는 판촉 행위를 뜻한다.

상업체육 마케팅은 현대기업의 마케팅과 동일한 행위가 스포츠계에서 이루어지는 경우이다. 이러한 상업체육 마케팅 활동의 목표는 단연 이윤추구에 있다. 예컨대, 기업이 상업성 체육시설을 설치하여 보다 많은 소비자를 유치할 수 있도록 유리한 선에서 가격 및 서비스 수준을 결정하고 소비자에게 판촉활동을 전개한다면 이를 상업체육 마케팅으로 볼 수 있다.

상업체육 마케팅은 스포츠를 통한 마케팅보다는 스포츠의 마케팅을 중심으로 전개된다. 즉, 상업체육 마케팅이란 체육활동이라는 상품을 수단으로 하여 체육활동의 참가자인 소비자의 활동 욕구를 충족시켜, 최대의 이윤을 추구한다는 점에서 '스포츠의 마케팅' 가운데 대표적 사례라 할 수 있다(Mullin, Hardy, & Sutton, 1995: 6).

2) 상업체육 마케팅의 필요성

2003년 문화관광부의 '국민생활체육활동참여실태조사'에 따르면 '주 2~3회 이상'의 규칙적인 체육활동 참가비율이 1985년 19.4%, 1989년 27.2%, 1991년 34.7%, 1994년 37.6%, 1997년 38.8%로 연차적으로 증가하다가 2000년 33.4%로 감소하였으나 2003년 39.8%, 2006년 44.1%로 다시 증가 추세를 보이고 있다(문화관광부, 2006).

〈표 7-11〉은 규칙적인 체육활동 참가율의 연도별 비교를 나타낸 것이다.

이같이 2000년에 이르러 체육활동 참여율이 1990년대 초반 수준으로 감소된 이유는 IMF사태로 인한 경제적 여건의 악화와 실업자 증가, 직장 내 근무환경의 변화 등이 겹쳐 사회체육활동에 참

표 7-11. 규칙적인 체육활동 참가율의 연도별 비교

항목 \ 연도	1985	1989	1991	1994	1997	2000	2003	2006
참가율(%)	19.4	27.2	34.7	37.6	38.8	33.4	39.8	44.1

출처: 문화관광부(2006). 『국민생활체육활동참여실태조사』.

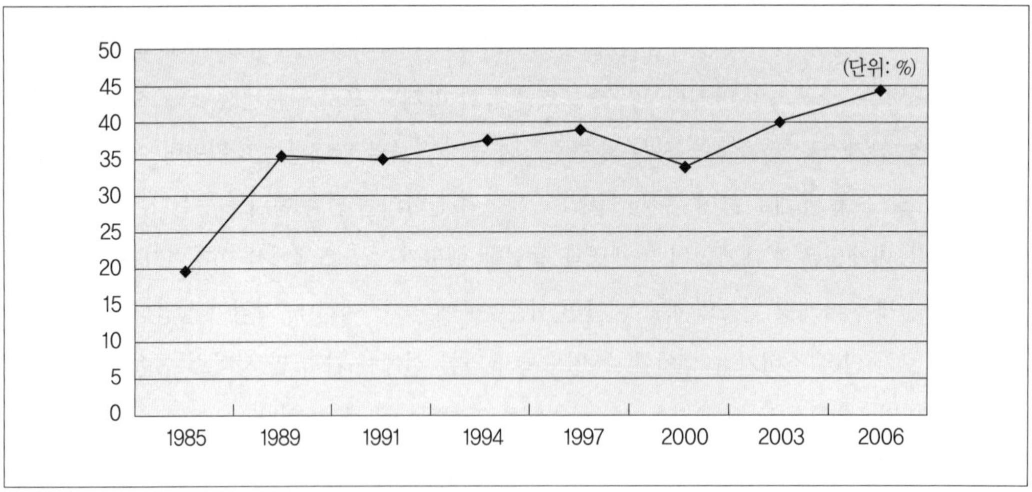

출처: 문화관광부(2006). 『국민생활체육활동참여실태조사』.

그림 7-5. 국민체육활동 참여율 추이

가할 여유가 없어졌기 때문이다.

그러나 이후 경제가 회복되고 삶의 여유가 생겨 2003년도 및 2006년도에 국민의 체육활동 참여율은 다시 증가하고 있다. 여러 체육선진국의 사례에서 볼 수 있듯이 체육활동에 대한 일반대중의 관심 및 참가가 증대되면 스포츠센터, 리조트, 골프장, 스키장 등의 체육시설업, 프로스포츠 관련 사업 및 경마 · 경륜업, 종합레저스포츠 시설을 갖춘 테마파크 사업 등이 21세기 미래형 산업으로 급부상하게 될 것이다.

이와 관련하여 최근 중소기업 및 대기업과 지방자치단체는 재정수입 확대와 지방경제활성화를 위해 레저스포츠산업 분야에 적극 참여하여 대규모 레저스포츠 단지 개발계획을 잇달아 내놓고 있다. 특히 관광자원이 풍부한 강원도에는 골프장, 스키장, 콘도 등이 함께 조화를 이루는 종합리조트단지(테마파크)가 개발되고 있으며, 한국을 대표하는 관광지인 제주도에는 천혜의 자연조건을 바탕으로 모두 25개 관광단지 개발을 추진하고 있다. 이외에도 에어로빅스, 보디빌딩(헬스), 무용 · 체조, 댄스스포츠, 무예스포츠, 뉴스포츠 등이 현대 산업사회의 특성에 부응하는 건강문화산업으로 대중사회에 뿌리를 내리고 있으며 앞으로 한층 더 확산될 전망이다(임번장, 1997a: 67; 임번장 외, 1999). 한편 2011 대구 세계육상선수권대회, 2014 인천아시안게임 등 각종 국제대회 유치에 따른 관광수요와 레저스포츠 인구가 크게 늘어날 것으로 예상됨에 따라 각 지방자치단체에서는 각종 레저스포츠 단지 개발계획을 수립하여 이에 대처하고 있다.

이와 같이 스포츠에 대한 일반대중의 적극적인 관심과 참가는 소비자의 레저스포츠에 대한 수요와 상업체육 관련 기업의 체육활동 상품 공급을 동시에 증대시켰고, 상업체육 분야의 경쟁이 날로 치열해지면서 타 사업체와의 경쟁에서 살아남기 위한 기업의 다각적인 노력이 요구되고 있다. 이들 간의 경쟁은 앞으로 더욱 심화될 전망이며, 이로 인해 많은 기업은 자사의 업소로 소비자를 유치하기 위해 상업체육 마케팅 전문가를 고용하는 실정이다(Ueberroth, Levin, & Quinn, 1985; Mullin, Hardy, & Sutton, 1995: 4-5).

소비자의 욕구가 날로 다양해져 가고 참가자 및 관람객 유치에 대한 경쟁이 심화되어 감에 따라 상업체육 마케팅은 그 중요성이 날로 증대될 전망이다. 이와 같은 측면에서 상업체육 관련 기업은 자사의 판촉 목표를 달성하기 위해 장기적이고 거시적인 측면에서 소비자를 대상으로 한 전략적 마케팅을 적극 추진하고 있다. 왜냐하면 앞으로 대중매체를 통한 상업체육 관련 상품의 단발성 광고로는 성공을 거두기가 매우 어렵기 때문이다. 이러한 시대적 변화에 적절히 대처하지 못할 때 상업체육 관련 기업은 치열한 경쟁 무대에서 도태되는 사태에 직면할 것이다. 따라서 상업체육 마케팅 기법의 도입은 상업체육이 살아 남기 위한 필요불가결의 운영 요소로 자리잡아 가고 있다.

3) 상업체육 마케팅의 관리

상업체육 마케팅의 관리는 계획지 주변의 입지여건 분석, 경쟁환경 분석, 이용자 분석, 사업규모 분석, 사업계획서의 타당성 검토, 사업 발의 등의 과정을 통해 이루어져야 성공 가능성이 높아진다.

(1) 입지여건 분석

먼저 여기서는 한국유통조사연구소(1991)의 '삼성라이온스 스포츠센터 개발 타당성 검토' 와 서울시정개발연구원(1996)의 '강남구민센터 건립 및 확충을 위한 연구' 를 기초로 하여 계획지 주변의 입지여건과 인구통계학적 · 사회경제적 특성 분석 시 고려해야 할 제반 사항에 대하여 살펴보기로 하겠다.

입지란 고객을 유치할 수 있는 자연환경 조건으로서 사업 성패에 영향을 미치는 중요한 요소이다. 즉, 기업이 소비자의 체육시설에 대한 접근 용이성이나 근접성을 고려하여 좋은 입지를 선정할 경우 보다 많은 소비자를 유치할 수 있다는 것이다. 이와 관련하여 상권이란 개념이 도입되는

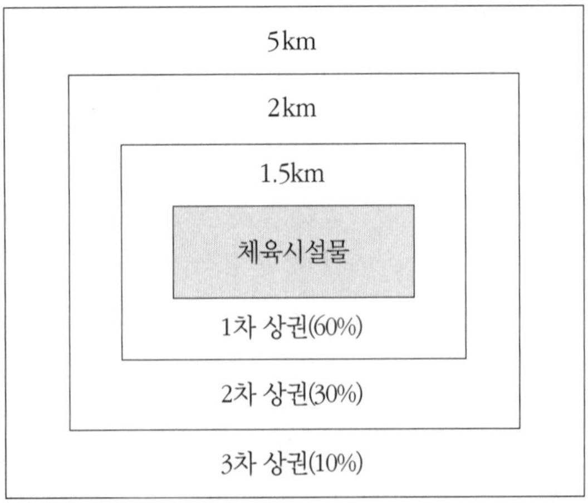

그림 7-6. 고객 밀도에 따른 상권의 분류(신영삼, 1993: 100-105)

데, 이는 고객이 유치되는 지리적 범위를 의미한다. 따라서 좋은 상권을 형성하기 위해서는 고객 유치가 용이한 입지선정이 매우 중요하다. 입지선정은 주로 도시에서의 계획지 위치, 도로교통 여건, 계획지 주변 도시계획 현황, 계획지 주변 주요시설 현황 등에 기초하여 결정된다.

〈그림 7-6〉에 제시된 바와 같이, 상권은 고객 밀도에 따라 1차, 2차, 3차 상권으로 분류된다. 1차 상권은 체육시설에 유입되는 전체 고객의 60~70%를 차지하며, 고객의 거주지역에서 체육시설물까지 노선버스 및 셔틀버스로 5~10분 소요 거리로서 시설물 중심으로부터 반경 1~1.5km 이내 지역이다. 2차 상권은 체육시설에 유입되는 전체 고객의 15~20%를 차지하며, 고객의 거주지역에서 체육시설물까지 노선버스 및 셔틀버스로 10~15분 소요되는 거리로서 시설물 중심으로부터 반경 1.5~2km 되는 지역이다. 그리고 3차 상권은 광역 상권으로서 전체 유입고객의 5~10% 정도로 고객 밀도가 낮게 나타나는 원거리 자가용 이용고객의 영향권이 포함되는데 반경 2km 이상 5km 이내 지역을 의미한다(박춘영, 1991; 신영삼, 1993: 100-105).

또한 계획지 주민의 인구통계학적 · 사회경제적 특성은 기업 매출에 절대적인 영향을 미치는 요인이다. 인구통계학적 · 사회경제적 특성에 대한 조사는 시장 특성과 변화에 관한 정보를 제공해 준다. 따라서 마케팅 관리자는 현장 실사를 통해 계획지 인접지역의 가구 · 인구 현황, 연령별 인구구조, 주택 유형별 현황, 5km 이내 주요 아파트 현황, 소득수준, 생활비 지출액, 동별 지방세 담세율 현황 등을 파악함으로써 효과적인 마케팅 활동을 전개할 수 있다.

(2) 경쟁환경 분석

경쟁환경 분석이란 개발 예정지역 주변 체육시설 현황 파악을 의미한다. 기업은 계획지 주변의 주요 경쟁시설을 상세히 파악하고 이들 경쟁시설과 자사의 강 · 약점을 비교 · 분석해야 한다. 가령 기업이 적절한 경쟁환경 분석 결과를 마케팅 전략 수립에 반영하지 못한다면 기업은 사업 성공을 기대하기 어렵다.

다시 말하여, 마케팅관리자는 경쟁환경 분석을 위하여 해당 개발지역의 체육시설업 수와 시설 면적이 지역사회에서 차지하는 비중을 파악해야 한다. 이 조사결과를 토대로 기업은 스포츠센터 등과 같은 종합(복합)체육시설과 골프연습장, 볼링장, 체력단련장, 에어로빅스장 등과 같은 단일체육시설로 분류하여 주요 경쟁 체육시설과 잠재 경쟁 체육시설 현황을 파악한다. 경쟁 체육시설 현황 파악 시 조사내용은 주로 체육시설 업소명, 소재지, 면적, 등록일, 회원 수 등이 포함되도록 한다.

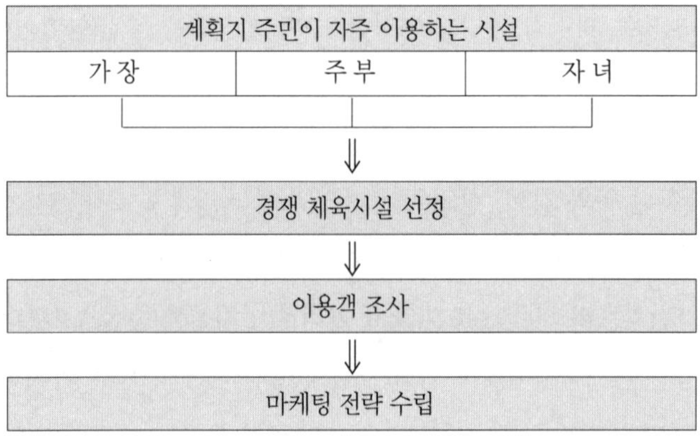

그림 7-7. 계획지 주민의 선호 스포츠시설 조사절차(한국유통조사연구소, 1991: 98)

(3) 이용객 분석

각 시설별 이용객의 특성 조사 결과는 향후 체육시설 계획 시 타 경쟁 체육시설과의 차별화를 위한 자료로 이용된다. 이 자료는 타 경쟁 체육시설에 비하여 보다 큰 경쟁력을 갖추게 함으로써 보다 많은 소비자를 확보하는 데 활용된다. 이 조사에서는 먼저 한 가정의 가장, 주부, 자녀를 대상으로 개발지역 주민이 선호하는 체육시설이나 이용 빈도가 높은 체육시설을 파악한다. 다음 단계에서는 경쟁 체육시설의 이용객에 대한 조사가 이루어지게 되며, 이를 토대로 마케팅 전략을 수립하게 된다. 계획지 주민의 선호 스포츠시설 조사절차는 〈그림 7-7〉과 같다.

이용객 분석의 목적은 대상에 따라 주로 이용하는 종합체육시설과 단일체육시설 등을 포함한 체육시설의 순위를 도출함으로써 소비자가 선호하는 체육시설을 추정하는 데 있다.

상업체육 사업의 시장성 검토에 있어서 볼링장, 수영장, 체력단련장(보디빌딩장), 에어로빅스장, 골프연습장 등의 종목별 이용객 분석은 매우 중요하다. 이들 이용객에 대한 조사는 성 · 연령 · 가계수입 · 소유 자동차와 같은 조사대상자의 특성, 이용교통수단(도보 · 버스 · 지하철 · 승용차), 체육시설물까지의 소요시간, 이용동기, 시설선택 시 중요사항, 주당 이용횟수 등이 포함된다. 이와 같은 조사분석 결과를 기초로 하여 마케팅 관리자는 세부 종목별 시설 이용객에 대한 마케팅 전략을 수립한다.

(4) 사업규모 분석

스포츠센터의 사업규모는 종목 및 시설의 면적에 따라 소형, 중형, 대형으로 구분된다. 사업규모에 대한 결정은 수요와 공급의 원칙에 의한 공급능력의 한계를 결정하는 것이다. 스포츠센터에서의 공급 능력 결정은 이용 고객의 수용능력 한계를 결정하는 것이며, 사업규모 결정은 이용고객 수용 능력의 대 · 소를 결정하는 것이다. 이를 위해서는 잠재수요 분석을 통해 이용자 모집(회원권 판매량) 예측 결과에 의한 한계 수요와 적정 수요를 판단하고 이에 따라 주 시설의 운동종목과 부대시설의 유형을 결정함으로써 사업규모를 확정해야 한다. 또한 스포츠센터를 이용하는 고객의 흡입력은 종목별로 차이가 있으며 이는 상품의 판매량을 의미하는 고객의 수용능력 및 수익성과도 밀접한 관련이 있다. 그러므로 이와 같은 고객 흡입력을 참고하여 단순 영업이익률 차원에서 종목별 시설 면적을 결정해야 한다. 일반적으로 시장성과 잠재수요의 분석을 통한 상품 판매 예측량을 토대로 사업규모를 결정한다.

그러나 보다 적절한 사업규모를 결정하기 위해서는 자본 조달능력에 비추어 일반 관리비용이나 투자비 등과의 상호관계에서 수익성의 산출 기준이 어느 정도인가를 보여 주는 손익분기점(break even analysis)을 잘 파악해야 한다. 손익분기점이란 한계이익을 나타내는 계수로서 흑자 영업의 최저 기준치 매출액을 의미한다. 매출액이 손익분기점 이하가 되면 적자가 되며 손익분기점 이상이 되면 흑자가 된다. 손익분기점 비율이란 적자 매출의 한계 비율을 나타내는 것으로서 매출액 감소에 따른 한계수익 구조의 유지 정도를 제시하는 지수이다(아래 공식 참조).

$$\text{손익분기점} = \frac{\text{고정비}}{1 - \frac{\text{변동비}}{\text{매출액}}}$$

$$\text{손익분기점 비율} = \frac{\text{손익분기점}}{\text{현재매출액}} \times 100$$

손익분기점 비율이 75%라고 하는 것은 매출이 25% 이상 감소해야 적자가 된다는 적자발생 가능성을 암시하는 것으로서 불황에 대한 저항력의 지표로도 이용된다. 건전한 손익분기점 비율은 75% 이하이며 76~85%가 보통 수준, 86~95%는 불안한 수준, 95%를 넘으면 위험한 상태가 된다(남상하, 1991: 155).

〈표 7-12〉는 고정비와 변동비를 구분하여 설명한 것이다.

표 7-12. 변동비와 고정비의 구분

항목＼구분	변동비	고정비	
제조 원가항목	원재료비 포장재료비 매입부품비 전력비의 변동분 연료비의 변동분 매입운임 외주가공비	임금 퇴직급여충당금전입액 상여금 복리후생비 소모품비 전력비의 고정분 연료비의 고정분 연구개발비	여비 · 교통비 통신비 접대비 보험료 수선비 세금과공과 감가상각비 잡비
판매비 및 일반 관리비 항목	상하차운임 판매수수료	임원보수 급료수당 퇴직급여충당금전입액 상여금 복리후생비 광고선전비 소모품비 수도광열비	여비 · 교통비 통신비 접대비 보험료 세금과공과 감가상각비 기부금 잡비
영업 외 비용 항목		지급이자 · 할인료 · 수입이자는 영업 외 비용에서 마이너스가 된다.	

출처: 남상하(1991). 『신경영 분석』. 서울: 형설출판사.

〈표 7-12〉에 제시된 바와 같이, 손익산출내역 설정 시 소요비용은 여러 항목으로 제시되지만 일반적으로 고정비와 변동비로 분류되며 이들 항목의 상관 정도에 의해 손익이 추정된다. 고정비는 매출액 증감에 좌우되지 않는 비용으로서 감가상각비, 보험료, 세금과 공과금 등이 포함되며 변동비는 매출액의 증감에 따라 비례적으로 변동되는 비용으로 매입원가, 판매 수수료, 원재료비 등이 해당된다.

(5) 사업 타당성 검토

사업계획서 검토는 크게 시설규모 및 수지계획의 타당성에 기초를 두고 있다. 여기서 시설규모의 타당성 검토는 층별 매출시설의 배치 · 내역 · 규모(예: 평수, 레인 수, 타석 수) 계획, 주수익 업종의 시설별 적정규모 산출, 그리고 손익추정(매출추정 · 영업이익 · 판매 및 일반관리비 · 영업 외 수익)을 통해 이루어진다. 시설규모의 타당성 검토 후 마케팅 관리자는 수지계획의 타당성을 검토해야 한다. 수지계획의 타당성을 검토하기 위하여 상업체육 마케팅 관리자는 계획지의 층별 면적 및 종목 구성과 공사기간을 파악하고 소요자금, 즉 건축비, 종목별(보디빌딩장 · 에어로빅스장 · 볼링장 · 수영장 · 골프연습장 · 각종 비품 등) 시설비, 개발기간 관리비(조사연구비 · 개업준비비 · 개발기간 인건비 · 기타 관리비 등)를 추정하게 된다. 소요자금 추정 후 상업체육 마케팅 관리자는 종목별 손익을 추정하여 시설규모, 매출액, 지출비용에 대한 타당성을 검토한다.

(6) 사업 발의

체육시설업 타당성 검토 후 기업은 최종적으로 사업을 발의한다. 기업이 지속적인 수익성을 보장받기 위해서는 〈그림 7-8〉과 같이 각 영역이 유기적인 연계성을 구축하여야 한다.

이상과 같은 상업체육 마케팅의 관리 과정을 통해 기업은 고객의 필요 및 욕구를 충족시키는 동시에 자사의 지속적인 생존 및 성장을 추구할 수 있는 상업체육 사업을 발의한다. 상업체육 마케팅 관리 과정은 기업이 목표 사업을 체계적이고 단계적으로 추진하였을 때 성공 가능성이 더욱 높아진다.

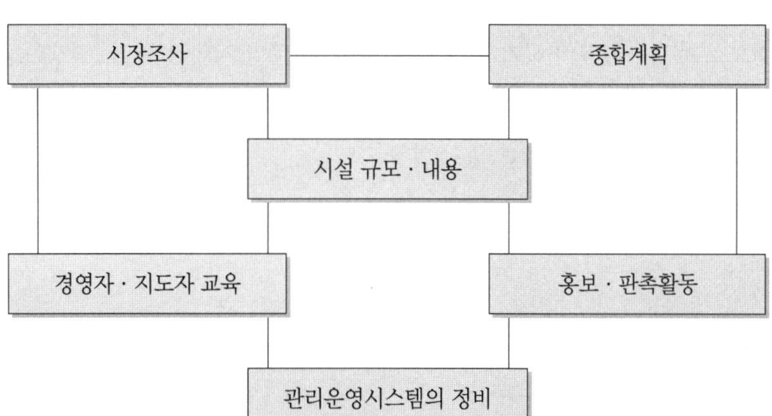

그림 7-8. 컨셉트 설정의 연계성(한국유통조사연구소, 1991: 189)

| 요약 |

경제성장과 더불어 상업체육은 기업의 부가가치가 매우 높은 투자영역으로 자리잡아 가고 있다. 상업체육을 이윤 추구를 위한 투자 대상으로 삼으려는 기업이 급증하면서 국내외적으로 치열한 경쟁이 예상되고 있다. 이러한 상업체육은 대중의 건강증진이나 복지보다는 이윤 채산성이나 수익성을 중시하기 때문에 대중의 비판과 불신의 대상이 되기도 한다.

현대사회에 있어서 상업체육의 영역은 스포츠센터, 체육도장, 야외스포츠장, 구기장, 체력단련장, 무도장, 관람스포츠장 등 매우 다양하다. 최근 자연친화적이고 모험적인 항공스포츠와 수상스포츠는 일반대중으로부터 인기를 모으고 있는데, 미래의 상업체육으로 성장 · 발전할 가능성이 매우 높다. 이를 토대로 한 상업체육의 유형은 회원형태, 시설규모, 입지특성, 법적 기준, 운영특성에 따라 구분된다.

회원형태별 유형은 회원제 체육시설업, 회비제 체육시설업, 혼용제 체육시설업으로 구분되며 시설규모별 유형은 단일체육시설업과 종합(복합)체육시설업으로 구분된다. 입지형태별 유형은 생활(일상)형 체육시설업과 레저(비일상)형 체육시설업, 법적 기준별 유형은 등록체육시설업과 신고체육시설업으로 구분된다. 운영특성별 유형은 시설업, 교습업, 시설 · 교습 혼합업, 흥행업으로 구분된다.

상업체육에 대한 일반대중의 욕구가 날로 다양해져 가고 스포츠 관객 및 고객 유치에 대한 경쟁이 심화됨에 따라 상업체육의 주체인 기업의 상업체육 마케팅 도입이 요구되고 있다. 상업체육 마케팅을 효율적으로 추진하고 관리하기 위해서는 일반적으로 입지여건 분석, 경쟁환경 분석, 이용객 분석, 사업규모 분석, 사업타당성 검토, 사업 발의 등 체계적인 과정을 통해 이루어져야 성공 가능성이 높아진다.

| 주요 개념 |

경쟁환경 분석	고객만족	고객밀도
교습업	교환과정	단일체육시설업
등록체육시설업	무형 서비스 상품	미래형 벤처산업
사업계획서 타당성 검토	사업규모 분석	사회체육 수요

상권	상업성 사회체육	소비자
손익분기점	스포츠 마케팅	시설 · 혼합업
시설업	신고체육시설업	이용자 분석
입지여건 분석	입지조건	종합체육시설업
체육 상품	체육 서비스	체육시설업
흥행업		

| 연구 문제 |

1. 상업체육을 정의하고 그 특성에 대하여 살펴보자.
2. 상업체육과 공공체육의 차이점에 대하여 토의해 보자.
3. 상업체육의 장 · 단점에 대하여 논의해 보자.
4. 현대사회에서 찾아볼 수 있는 상업체육의 영역에 대하여 고찰해 보자.
5. 상업체육의 유형을 분류해 보고 각각의 의미에 대하여 알아보자.
6. 단일체육시설업과 종합체육시설업의 차이점을 설명해 보고 각각 이들에 해당하는 종목을 조사해 보자.
7. 상업체육 마케팅을 정의해 보고 그 필요성에 대하여 알아보자.
8. 상업체육 마케팅의 관리 과정을 순서대로 나열하고 각각의 의미에 대하여 알아보자.
9. 상업체육 사업의 시장성 검토에서 사업규모 분석과 손익분기점의 관계에 대하여 알아보자.

참고문헌

김홍기(1995). 「스포츠센터 참가자의 운동욕구에 관한 연구」. 석사학위논문. 서울대학교 대학원.

남상하(1991). 『신경영 분석』. 서울: 형설출판사.

문화관광부(1998d). 『전국등록 · 신고체육시설업 현황』.

________(2006). 『국민체육활동참여실태조사』.

박춘영(1991). 『소매점 창업과 사업성 분석』. 서울: 도서출판 스몰 비즈니스.

법제처(1999). 체육시설의 설치 이용에 관한 법률 제5942호. [인터넷 자료](http://152.99. 1.35:8181/cgi-bin/g1).

서울시정개발연구원(1996). 『강남구민센터 건립 및 확충을 위한 연구』.

서천범(1997). 『2000년대의 레저산업』. 서울: 기아경제연구소.

신영삼(1993). 「스포츠센터 설립에 관한 개요」. 『건강백과 4월호』.

안횡균 외(1994). 『국민체육활동실태조사』. 문화체육부.

월간 모던골프(1995). 『골프회원권연감』.

이영숙(1992). 「에어로빅 운동의 새로운 방향 모색」. 한국에어로빅 건강과학협회. 『한국에어로빅 건강과학협회 창립 3주년 학술세미나 자료집』.

임번장(1993b). 「여가와 사회체육」. 『수영장』 제4호.

______(1996b). 「스포츠의 상업주의적 속성」. 체력단련장경영자협회. 『체력단련』 9월호.

______(1997a). 「레저스포츠 산업의 현황과 전망」. 『과학과 기술』 30(9).

______(1998. 8. 12). 「붐조성 큰밑천 투자최적기」. 스포츠 마케팅. 『주간매경』 제966호, 70-71.

임번장 외(1997). 『청소년 체육활동 욕구 및 실태조사』. 국민생활체육협의회.

________(1999). 『생활체육으로서 민속 · 무예 · 뉴스포츠의 방향정립 및 발전방안』. 문화관광부.

채서일(1995). 『마케팅』. 서울: 학현사.

체육과학연구원(1998b). 『한국스포츠산업육성방안연구』.

____________(2006). 『한국의 체육지표』.

최문식(1993). 『스포츠센터 기획론』. 서울: 태근문화사.

한국개발연구원(1996). 『국민체육진흥공단 중 · 장기 발전구상』.

한국골프장사업협회(2007). [인터넷자료](http://www.kgba.co.kr).

한국마사회(1997). 『연간백서』.

한국스키장경영협회(2007). [인터넷자료](http://www.skiresort.or.kr).

한국유통조사연구소(1991). 『삼성라이온스 스포츠센터 개발 타당성 검토』.

Edginton, C. R., Jordan, D. J., DeGraaf, D. G., & Edginton, S. R. (1995). *Leisure and life satisfaction: Foundational perspectives.* Dubuque, IA: Wm. C. Brown.

Epperson, A. (1977). *Private and commercial recreation.* New York: John Wiley & Sons.

Kelly, J. R. (1982). Leisure. Englewood Cliffs, NJ: Prentice-Hall.

Kesler, L. (1979). Man created advertisings in sport' s own image. *Advertising Age.* August 27. 5-10.

Kraus, R. G. (1971). *Recreation and leisure in modern society.* New York: Appleton-Century-Crofts.

Meyer, M. D., & Brightbill, C. K. (1975). *Community recreation.* Englewood Cliffs, NJ: Prentice-Hall.

Mullin, B. J., Hardy, S., & Sutton, W. A. (1995). *Sport marketing.* Champaign, IL: Human Kinetics.

Ueberroth, P., & Levin, R., & Quinn, A. (1985). *Made in America.* New York: Morrow.

Weiskopf, D. C. (1982). *Recreation and leisure: Improving the quality of life* (2nd ed.). Boston, MA: Allyn and Bacon.

제Ⅲ부
사회체육의 구성요소

사회체육의 대중화 및 보편화 현상은 아동에서부터 노인에 이르기까지 전 연령층에 걸쳐 사회체육활동에 대한 관심을 더욱 고조시키는 계기로 작용하고 있다. 이를 기반으로 하여 사회체육을 한층 효율적으로 진흥시키기 위해서는 사회체육의 제반 구성요소가 사회체육 참가율 제고에 미치는 영향을 명확히 규명하여 이를 사회체육 현장에 정책적으로 반영함으로써 전 국민의 대대적인 사회체육 참가를 유도 · 확산시켜야 한다.

이를 위하여 그동안 사회체육의 학문적 연구영역에서는 사회체육 시설, 프로그램, 지도자 등 사회체육의 하위 구성요소와 사회체육 참가의 관련성에 초점을 두고 상호 독립적 연구를 수행하여 왔는데, 이들 연구 결과의 핵심은 사회체육의 구성요소가 사회체육 참가율 제고에 중요한 영향을 미치는 결정적 설명 변수로 밝혀졌다는 점이다.

그러나 사회체육의 구성 요소를 모두 고려한 상태에서 사회체육 참가율 제고에 미치는 상대적 중요도나 영향력에 대해서는 아직까지 경험적으로 명확하게 비교 · 규명되지 못한 것이 사실이다. 한정된 체육재정으로 지역별, 연령별, 대상별 변수를 고려하여 체육서비스를 가장 효율적으로 제공하기 위해서는 사회체육의 구성요소가 사회체육 참가율 제고에 미치는 상대적 영향력을 파악하여 무엇보다 사회체육 인프라 구축을 위한 투자의 우선순위를 도출하는 작업이 절실히 요구된다.

사회체육의 구성요소에는 협의의 측면에서 사회체육 시설, 프로그램, 지도자 등이 이에 속하지만, 광의의 측면에서는 사회체육 행정 · 조직 및 정책까지도 포함될 수 있다. 이와 같은 사회체육의 구성요소가 사회체육 활성화에 절대적 영향을 미치는 주요 설명 변수라는 사실이 경험적으로 밝혀졌다면, 사회체육의 구성요소를 최적의 조건으로 구비시키는 환경의 조성이 선행되어야 할 것이다. 즉, 사회체육 시설 확충, 다양한 프로그램의 개발 · 보급, 우수한 지도자의 양성 · 배치뿐만 아니라, 사회체육 행정 · 조직의 역할 및 정책이 효율적으로 이루어져야 한다는 것이다. 이렇게 될 때, 비로소 사회체육에 대한 투자는 그 결과에 있어서 최대의 효과를 거두게 될 것이다.

제3부에서는 사회체육의 구성요소를 사회체육 시설 및 프로그램, 지도자 그리고 사회체육 행정 · 조직 및 정책으로 구분하여 이들의 개념 및 역할, 현황 및 문제점, 그리고 발전방안 등에 대하여 고찰하고자 한다.

제8장 • 사회체육 시설

제9장 • 사회체육 프로그램

제10장 • 사회체육 지도자

제11장 • 사회체육의 행정조직과 정책

제8장 |

사회체육 시설

사회체육 활성화를 위해서는 다양한 프로그램의 개발 및 보급, 지도자의 양성 및 배치, 참가자의 의식 고취 등 제반 여건이 갖추어져야 하지만 가장 우선적으로 요구되는 과제는 사회체육 공간의 확보 및 시설 확충이다.

그동안 생활수준 향상에 따른 여가시간의 증대, 건강과 체력에 대한 관심 고조 등으로 인하여 국민의 체육활동에 대한 욕구가 높아지고 있다. 나아가 체육활동 참가의 우선 조건으로서 국민의 절대다수가 다양한 체육시설의 확충과 개방을 요구하고 있다. 그러나 이와 같은 국민적 관심과 요구에 비하여 손쉽게 이용할 수 있는 사회체육 시설은 매우 부족한 실정이다.

'86아시안게임, '88서울올림픽대회를 성공적으로 개최한 우리나라는 그동안 체육인구의 저변확대를 꾀하기 위하여 대회 경기시설 및 공간의 정비 · 확충 그리고 대회 후 시설개방 정책을 적극 추진하여 왔을 뿐만 아니라, 종합체육 시설을 포함한 다양한 영리 · 비영리 사회체육 시설을 다수 건립하여 왔다. 그러나 이와 같은 가시적 성과에도 불구하고 아직도 다양한 체육 시설 및 공간 부족, 체육시설의 대도시 편중 심화, 쾌적하지 못한 환경, 불합리한 시설 유지 · 관리, 낮은 체육시설 활용도 등 사회체육 시설과 관련된 여러 가지 산적한 문제점을 안고 있다.

따라서 사회체육의 진흥 및 활성화를 달성하기 위하여는 구미 체육 선진국에 비해 상대적으로 열악한 우리의 체육 시설 및 공간과 같은 제반 환경을 개선하기 위한 다각적인 노력이 절실히 요구된다.

이 장에서는 사회체육 시설의 개념 및 유형을 알아보고 사회체육 시설 계획, 사회체육 시설의 활용도 제고, 관리 및 운영 서비스, 안전 등에 대해서 살펴보고자 한다.

1. 사회체육 시설의 이해

체육시설은 사회체육 참가자의 운동 욕구를 충족하기 위한 공간 및 환경으로서 사회체육 활성화를 도모하기 위한 선결 요건이다. 따라서 사회체육 시설은 사회체육 참가자로 하여금 보다 적극적이고 활발한 사회체육활동 기회와 공간을 제공함으로써 궁극적으로 참가자의 삶의 질을 한층 제고시킬 수 있는 기반이 된다.

1) 사회체육 시설의 개념

사회체육 시설은 주체인 참가자와 객체인 지도자 그리고 매개체인 프로그램이 상호 유기적 관계를 이루어 사회체육의 장(場)을 구성하는 사회체육의 일 요소이다. 체육활동의 주체를 사람(사회체육 참가자)이라고 한다면, 시설은 그 주체가 체육활동에 참가할 수 있도록 구체적인 프로그램 활동의 장을 마련해 주는 객체라 할 수 있다. 사회체육 시설은 사회체육 참가자의 목적 달성을 위한 기능을 정상적으로 수행하는 데 필요한 환경을 말한다. 즉, 사회체육 시설은 사회체육 참가자가 적극적이고 건전한 체육활동을 즐기기 위한 필수적 환경 요인이다(허현미, 1996).

현실적 측면에서 사회체육 시설은 사회체육의 목적을 효율적으로 달성하기 위하여 공공 및 민간 단체가 설치한 제반 물리적 환경이라 할 수 있다. 따라서 사회체육 시설의 목적은 사회체육의 목표가 달성될 수 있도록 환경을 조성하여 사회체육활동을 최선으로 지원해 주는 데 있으므로 사회체육 시설은 이러한 기능을 원활히 수행할 수 있도록 구비되어야 한다.

이와 같이 사회체육 시설은 단지 사회체육활동을 위한 단순한 물리적 공간을 의미하는 것이 아니라, 사회체육의 목적이나 목표를 효율적으로 달성하고 보다 쾌적하고 안전하게 참가할 수 있도록 설치 · 관리되는 환경을 가리킨다. 나아가 사회체육 참가자가 체력과 건강을 유지 · 증진시키기 위하여 실행하는 신체활동에 필요한 인위적인 공간과 시설물을 의미한다(체육부, 1987).

결국, 사회체육 시설은 사회체육 이념에 기초한 목적과 목표를 달성하고, 이를 위한 제반 기능의 원활한 수행에 요구되는 물리적 공간과 지속적인 사회체육활동을 제공하기 위하여 설비된 물적 조건을 총칭하는 개념이다.

2) 사회체육 시설의 기능

오늘날 생활수준의 향상과 여가시간의 증대로 인하여 일반대중의 사회체육 참가 욕구가 한층 증대되고 있다. 사회체육 시설은 단순히 참가자의 욕구 충족을 위한 수단으로서의 물리적 기능뿐만 아니라, 복지사회 이념 구현을 목적으로 하는 복지시설로서의 의미와 가치를 함께 지니고 있다.

이와 같은 사회체육 시설이 지니는 여러 가지 기능을 살펴보면 다음과 같다.

① 사회체육 참가자의 참가욕구를 충족시켜 건강과 체력을 유지 · 증진시킬 수 있는 장(場)으로 기능한다. 최근 여가활동으로서 사회체육에 대한 관심 증대와 건강 및 체력에 대한 사회적 경각심에 기인한 지역주민의 참가욕구가 날로 증대되어 가고 있다. 사회체육 시설은 이러한 사회 구성원의 신체활동 욕구충족을 위한 체육장으로서 기능한다.

② 단조로운 일상생활로부터 얻게 되는 스트레스 해소 공간으로 기능한다. 각종 스트레스는 삶의 질을 저하시키는 첫째 요인으로 꼽히고 있다. 사회체육 시설은 이와 같은 스트레스를 건전하게 해소시킬 수 있는 건민 체육활동의 장으로서 기능한다.

③ 사회체육 참가자 간의 상호 인간관계 형성 및 유대강화의 장으로 기능한다. 산업화, 도시화, 개인주의 등으로 특징지어지는 현대사회는 지역주민 간 공동체적 결속의 기회를 점차 감소시키고 있다. 지역사회에 위치한 사회체육 시설은 지역주민에게 자연스러운 만남의 장을 제공함으로써 상호 유대와 인간관계를 촉진시키도록 기능한다.

④ 지역사회 주민의 건전한 여가생활 영위를 위한 활동의 장으로 기능한다. 사회체육 시설은 대중의 여가문화를 퇴폐향락적이고 비생산적 활동으로부터 벗어나 건전하고 생산적인 활동으로 전환 · 확산시키도록 기능한다.

⑤ 주변 문화 및 환경 개선을 통하여 부수적으로 지역사회 주거가치 상승 기능이 있다. 지역사회 내에 설치된 사회체육 시설은 지역사회 환경을 개선시켜 질 높은 문화공간으로 기능하기 때문에 주거가치를 상승시키는 부수적 효과를 발휘한다.

3) 사회체육 시설의 분류

사회체육 시설은 운동이 행하여지는 장소, 이용자의 연령, 이용자의 생활영역, 이용자의 신체

표 8-1. 설치 목적별 전국 체육시설 현황 (단위: 개소)

전체	공공체육 시설	민간체육 시설	직장체육 시설	학교체육 시설
196,866	8,717	46,069	12,861	129,219

공공시설: 2006년 12월 기준, 학교 및 민간시설: 2006년 말 기준, 직장시설: 1993년 12월 기준.
출처: 체육과학연구원(2006). 『한국의 체육지표』.

적 특성, 시설의 설치 목적에 따라 다음과 같이 분류할 수 있다.

첫째, 운동이 행하여지는 장소를 기준으로 하여 실외 체육시설과 실내 체육시설로 나눌 수 있다. 실외 체육시설은 육상 경기장, 축구 · 야구 경기장, 테니스장, 골프장, 경마장, 실외 수영장, 사이클 경기장, 스키장, 수상 경기장(예: 요트, 보트, 조정, 카누, 모터보트, 수상스키) 등이 있다. 한편, 실내 체육시설은 체육관, 실내 수영장, 실내 스케이트장 등이 있다(체육부, 1986).

둘째, 이용자의 연령에 따라 아동용, 청소년용, 성인용, 노인용 시설로 구분한다.

셋째, 이용자의 생활영역권에 따라 근린 체육시설, 광역 체육시설로 구분한다.

넷째, 이용자의 신체적 특성에 따라 장애인용, 정상인용 체육시설로 구분한다.

다섯째, 설치 목적에 따라 공공, 학교, 직장, 민간체육 시설로 구분한다.

일반적으로 사회체육 시설의 유형을 구분할 때 다섯째 분류 방법을 흔히 사용한다.

설치 목적별 전국 체육시설 현황은 〈표 8-1〉과 같다.

〈표 8-1〉에서 보는 바와 같이 2006년 현재 우리나라의 체육시설은 총 19만 6,866개소로서, 1996년도 일본의 25만 8,026개소에 비하면 약 76.2%에 미치는 수준으로서 우리나라 체육활동 공간의 절대부족 현상을 단적으로 나타내 주고 있다(スポツ白書 2010, 2001). 한편, 민간체육 시설은 4만 6,069개소로서 23%를 차지하고 있고, 학교체육 시설의 경우 12만 9,219개소로서 66%, 직장체육 시설의 경우 1만 2,861개소로서 6%, 그리고 공공체육 시설의 경우 8,717개소로서 4%의 분포 비율을 보이고 있다. 특히 공공체육 시설 설치 비율이 여타 체육시설에 비하여 상대적으로 낮게 나타난 것은 사회체육활동 공간이 매우 부족함을 의미한다.

4) 사회체육 시설의 요건

사회체육 시설은 일반대중의 적극적인 사회체육 참가 유도를 위한 절대적 요건으로서 '국민체육진흥법' 과 '체육시설의 설치 · 이용에 관한 법률' 등에서 그 중요성이 제도적으로 규정되고 있다.

사회체육 시설의 기본 요건은 다음과 같다.

첫째, 사회체육 참가자의 요구수준에 부합해야 한다. 참가자로 하여금 사회체육활동 욕구가 유발되도록 시설 외부 및 내부 환경을 조성해야 한다. 특히 고려해야 할 사항으로는 청결성, 시각적 조화가 이루어져야 한다.

둘째, 모든 대상이 함께 이용할 수 있는 다양한 시설 및 용구를 갖추어야 한다. 최근 가족 단위 체육활동 참가 인구가 증가추세에 있으므로 부모, 어린이 등이 함께 참가할 수 있는 다양한 체육 활동시설 및 용구를 갖추어야 한다.

셋째, 다목적 시설 및 용구를 갖추어야 한다. 단일 시설 및 용구라도 여러 가지 목적으로 사용이 가능하도록 설계나 구조를 고려하여 설치할 경우 사회체육 참가자의 욕구나 흥미를 유발할 수 있다.

넷째, 관리 · 운영이 용이하여야 한다. 비록 매력 있는 시설 및 용구라 하더라도 효율적인 관리나 운영이 이루어지지 않으면 장시간 사용하지 못하게 되거나 쉽게 파손되어 경제적 손실을 초래한다.

다섯째, 참가자의 안전을 고려하여 시설 및 공간이 계획되고 설치되어야 한다. 아무리 훌륭한 시설이나 공간이라 하더라도 안전사고에 대한 예방 대책이 수립되어 있지 못하면 이용률이 저하된다.

여섯째, 시설의 접근성을 고려하여야 한다. 사회체육 참가 제고를 위해서는 다양한 연령층이나 계층이 보다 쉽게 접근이 가능하도록 설계되고 건립되어야 한다.

2. 사회체육 시설의 유형

사회체육 시설은 특정 집단이 아닌 일반대중의 건전한 여가선용과 체육 · 스포츠활동 참가를 촉진함으로써 궁극적으로 삶의 질 향상을 도모하기 위한 사회체육활동의 기본요건이다. 이와 같은 사회체육 시설은 설치 목적에 따라 공공체육 시설, 민간체육 시설, 직장체육 시설로 구분되며, 사회체육활동을 위해 개방되는 학교체육 시설을 제한적으로 포함시킬 수 있다.

1) 공공체육 시설

공공체육 시설이란 사회 구성원의 적극적이고 건전한 체육활동을 장려하고 특정 집단이 아닌 일반대중을 위하여 국가 · 지방자치단체 또는 공익법인체(대한체육회, 국민생활체육협의회, 국민체육진흥공단, 한국마사회 등)의 지원으로 설치 · 운영 · 유지되는 체육시설을 말한다. 이러한 공공체육 시설은 일반대중의 사회체육활동의 장, 국민 건강 및 체력 유지 · 증진의 장, 자생체육 단체 육성의 장, 지역주민 상호 교류의 장으로서 기능과 역할을 한다.

사회체육 활성화를 위해서는 무엇보다도 체육활동을 전개할 수 있는 공간 및 시설 확충이 우선적으로 이루어져야 한다. 그러나 현재 공공경기장 시설 이용은 경기관람 이외는 시설 보호 위주의 소극적 관리방식 및 운영 프로그램의 미비로 인하여 일반대중의 활발한 접근이 어려운 실정이다. 이는 우리나라 체육이 업적주의와 경기력 향상에 입각한 엘리트체육 위주의 풍토로 말미암아 체육 참가의 기회와 여건이 모든 사람에게 균등하게 배분되지 못한 데 기인한다. 근래 지방자치의 시행으로 지방정부는 공공체육 시설의 운영 및 경영에 관심을 기울여 가고 있는 추세에 있다.

공공체육 시설은 일반대중의 시설 이용도가 높으므로 그 효용성이 다른 시설에 비하여 매우 크다. 따라서 공공체육 시설은 국민 요구에 부응하는 시설이어야 하며, 단순히 경기나 행사목적이 아닌 다기능 복합시설로 설치되어 지역사회 주민의 평생체육활동의 장으로서 상시 개방되어야 한다. 또한 공공성을 최대한 보장한다는 의미에서 일반대중에게 위치선정, 사용시간 등에 있어서 균등한 혜택을 부여해야 한다(이학동, 1993).

〈표 8-2〉는 2001년부터 2006년까지의 전국 공공체육 시설 개소 수 변화 추세이다. 〈표 8-2〉에서 보는 바와 같이 공공체육 시설은 2006년 현재 9,949개소로 나타났다. 전체 시설 중 체육공원, 등산로, 약수터, 마을공터 등으로 구성된 간이운동장이 8,026개소로서 80.6%를 차지하고 있다. 간이운동장은 여타의 체육시설과는 달리 대체로 별도의 상근 관리원을 두지 않으며 시설이 상시 개방되어 있고 시설 사용료 또한 별도로 징수하지 않는 시설이다.

간이운동장을 제외한 1,923개소의 체육시설을 종류별로 살펴보면, 체육관이 476(24.7%)개소로서 가장 많고, 테니스장 335(17.4%)개소, 축구장 315(16.4%)개소, 국궁장 186(9.7%)개소, 수영장 179(9.3%)개소, 육상경기장 176(9.1%)개소, 인라인롤러스케이트장 75(4%)개소 순이다. 특히 2002년 월드컵 축구대회를 계기로 축구장이 비약적으로 증설된 사실을 알 수 있다.

표 8-2. 공공체육 시설 변화 추세(2001~2006)

(단위: 개소)

시설항목	2001	2002	2003	2004	2005	2006
육상경기장	150	156	156	163	172	176
축구장	97	132	162	197	250	315
럭비구장	0	0	0	0	0	0
하키장	4	6	7	8	9	10
야구장	20	21	25	28	33	38
사이클경기장	9	10	10	10	10	11
테니스장	163	192	233	256	287	335
씨름장	15	17	14	16	19	23
간이운동장	5,042	5,481	5,596	6,420	7,067	8,026
체육관	307	335	313	343	385	476
수영장	103	111	112	124	152	179
인라인롤러스케이트장	36	37	36	41	56	75
사격장	15	16	17	19	21	21
국궁장	125	142	152	167	177	186
양궁장	10	14	14	16	16	16
승마장	11	12	10	9	9	9
골프장	1	1	2	1	1	–
골프연습장	9	8	11	12	15	20
조정/카누장	5	6	5	5	5	5
요트장	6	6	7	8	9	9
빙상장	18	18	19	20	22	19
스키장	2	2	–	–	–	–
경마장	2	–	–	–	–	–
계	6,150	6,723	6,901	7,863	8,717	9,949

출처: 문화관광부(2006). 『전국 공공체육시설 현황』.

특히, 공공체육 시설은 '88서울올림픽대회를 계기로 대도시 중심으로 건설되어 오던 체육시설이 중 · 소도시와 군 단위에도 건립되어, 1981년 107개소에서 2006년 말 현재 8,717개소로 대폭 증가되었으나 전체 시설 19만 6,866개소의 약 4.4%에 불과하다.

또한 2002년도 현재 전국에 분포되어 있는 주요 공공체육 시설을 지역별 · 주요 시설별로 살펴보면 〈표 8-3〉과 같다.

표 8-3. 주요 공공체육 시설 현황

지역	육상경기장		체육관		수영장		테니스장		간이운동장	
	2005	2006	2005	2006	2005	2006	2005	2006	2005	2006
서 울	3	3	61	67	53	63	47	51	1,267	1,581
부 산	3	3	10	10	2	2	3	3	304	364
대 구	3	3	9	9	4	4	5	6	156	197
인 천	3	3	7	9	5	6	2	3	298	322
광 주	2	2	7	12	6	6	3	4	151	160
대 전	1	1	11	12	10	10	1	2	144	150
울 산	3	3	5	5	4	4	2	1	94	98
경 기	27	28	61	68	20	26	74	80	1,513	1,675
강 원	23	23	33	77	7	8	23	33	411	469
충 북	12	12	27	36	5	5	14	14	259	302
충 남	11	12	18	22	2	3	9	15	313	415
전 북	10	11	23	33	10	11	15	24	403	405
전 남	17	17	27	28	4	4	30	37	444	498
경 북	17	19	27	30	7	13	19	20	542	593
경 남	25	24	39	38	11	12	36	38	674	691
제 주	12	12	20	20	2	2	4	4	96	106
전 국	172	176	385	476	152	179	287	335	7,069	8,026

출처: 문화관광부(2006). 『전국 공공체육시설 현황』.

〈표 8-3〉에 제시된 바와 같이, 주요 공공체육 시설은 육상경기장 176개소, 체육관 476개소, 수영장 179개소, 테니스장 335개소, 그리고 동네체육시설(간이운동장) 8,026개소 등이다. 이들 시설의 지역별 분포를 살펴보면, 먼저 육상경기장의 경우 경기(28개소), 강원(23개소), 전남(17개소), 경남(24개소), 경북(19개소) 등이 전체의 63.0%를 차지하고 있고, 6개 광역시인 부산, 대구, 인천, 광주, 대전, 울산 등은 1~3개소에 불과할 뿐이다.

체육관의 경우는 강원(77개소), 서울(67개소), 경기(68개소), 경북(30개소), 경남(38개소), 충북(36개소)이 전체의 60.0%를 차지하고 있으며, 수영장과 동네체육시설은 서울, 경기 두 지역이 각각 49.7%, 40.5%를 점유하고 있어 심한 지역적 불균형 현상을 보이고 있다.

이와 같은 지역사회체육 시설의 부족 및 지역 간 불균형과 같은 양적 측면의 문제점 외에 질적 측면의 문제점에 있어서는 효율적인 시설관리 및 운영이 미흡하다는 점을 들 수 있다. 실제로 지역사회에 기반을 두고 있는 공공체육 시설은 시설의 유지 및 관리가 제대로 이루어지지 않아 노후된 상태로 방치되어 있는 경우가 많다. 또한 대부분의 시설관리 주체는 지역주민의 시설이용 편의 제공보다는 시설보호를 더 중시하는 경직된 관행을 지속해 오고 있다. 이는 전문적인 시설관리 인력이 부족하고, 시설 유지 및 관리에 필요한 예산이 적정 수준으로 책정되어 있지 않은 데 원인이 있다.

그 외에도 지역 내 직장체육 시설과 학교체육 시설이 지역주민의 사회체육활동에 적극적으로 활용되지 못하고 있는 실정이다. 국민체육진흥법상 학교체육 시설은 적극 개방토록 명문화되어 있으나 현실적으로 학교수업과 시설관리 및 보수 등의 이유로 개방이 저조하며, 직장체육 시설 역시 해당 직장의 구성원에게만 제한되어 지역주민이 사용하기에는 현실적으로 어려운 실정이다. 상업체육 시설은 사용료가 비교적 비싸 일반 주민 다수가 자주 이용하기에는 경제적인 부담이 따르고 있다.

공공체육 시설은 전 국민을 대상으로 건설되어야 함에도 불구하고 경기 위주의 시설, 즉 대규모 경기장 건립에 편중되어 온 것이 현실이다. 물론 경기를 주된 목적으로 하는 경기장 시설의 설치를 부정적 관점에서만 평가할 수는 없다. 경기시설은 선수의 경기력 향상에 기여하는 바가 지대할 뿐만 아니라, 경기대회 개최를 통하여 일반국민에게 체육에 대한 이해와 체육활동 참가 동기를 유발시켜 국민체육진흥에 많은 공헌을 하기 때문이다. 그러나 현재 국민체육활동 참여 욕구에 부응할 수 있는 체육시설이 크게 부족한 실정임을 고려할 때, 앞으로 이에 대한 시설 확충이 필연적으로 요구된다(체육부, 1986: 439).

이와 같은 공공체육 시설은 공공경기 시설, 근린체육 시설, 동네체육 시설, 광역체육 시설(심신수련장, 수렵장, 해수욕장 및 윈드서핑장, 하이킹 코스 및 자연 탐방로, 자전거 도로, 야영장) 등으로 분류된다.

(1) 공공경기 시설

공공경기 시설은 경기력 향상을 위한 각종 경기대회 개최 및 선수 양성이나 훈련시설로 활용(이학동, 1993)되는 것이 일차적 목적이다. 나아가 지역사회 주민에게 적극 개방하여 시 · 군 · 구 단위의 지역주민 체육행사 개최와 자생 체육단체활동을 포함하여 다양한 문화행사와 기념행사를 위한 다목적 활용이 가능한 시설이다.

(2) 근린체육 시설

근린체육 시설은 사회체육의 주요 기본시설로서 지역주민의 일상생활 권역 내에 위치하는 시설이다. 지역주민이 일상생활 가운데 언제나 이용 가능하고 시설과 주거공간까지의 거리가 가까워 손쉽게 접근할 수 있어 이용률이 높은 장점이 있다.

따라서 사회체육 활성화를 위해서는 막대한 건설비용이 소요되는 운동장이나 체육관 같은 대형 체육시설보다는 국민 누구나 저렴한 비용으로 손쉽게 체육활동에 참가할 수 있는 소규모 근린체육 시설을 설치하는 것이 바람직하다. 또한, 시설관리 주체는 기존 '88서울올림픽 경기 시설의 경우에서 보는 바와 같이 시설관리에 지장을 초래하지 않는 한도 내에서 저렴한 가격으로 지역주민에게 개방하여 근린체육 시설로 활용하는 방안을 강구할 수 있다. 일례로 올림픽공원을 상시 개방함으로써 산책 및 조깅 코스로 활용하고 수영장, 테니스장, 펜싱경기장, 체조 · 사이클 · 역도경기장 등을 해당 경기가 개최되지 않는 기간에 지역주민을 위해 개방하도록 하는 것이 그 예이다.

이와 같이 지역주민이 여가를 효율적으로 활용할 수 있도록 공원, 산림, 유원지 같은 공간에 설치된 근린체육 시설은 지역주민의 사회체육 활성화에 기여함을 목적으로 하며 다음과 같은 특징을 지닌다.

① 남녀노소 구분 없이 모든 계층이 함께 이용할 수 있다.
② 특별한 지식, 기술, 도구 등에 의존하지 않고 간단한 설명서나 지도자의 안내에 따라 편리하게 이용할 수 있다.
③ 비교적 시설 설치가 간편하여 많은 예산 투자 없이 기존 여가 및 휴식공간에 부설이 가능하다.
④ 일정한 기준에 의거 자기 체력을 진단 · 평가할 수 있다.

(3) 동네체육 시설

동네체육 시설은 최근 전국 읍 · 면 · 동 · 리 단위에 1개소씩 설치를 목표로 범국가적 추진 사업을 벌이고 있는 체육시설을 의미한다. 설치 장소는 등산로, 약수터, 고수부지, 마을 공터, 도시 및 자연공원, 아파트 단지 내 등이다.

동네체육 시설은 미취학 아동이 주로 이용하는 놀이터와 학생이나 성인이 이용하는 지역사회 체육시설 등으로 분류할 수 있다. 동네체육 시설의 설치와 관리는 각 구청의 생활체육 관련 부서에서 담당하고 있으며, 체육단체 · 여성단체 · 청소년단체 · 노인단체 등에 위탁 운영하고 있다. 시설 설치에 따른 이용 비용은 전액 국고와 지방비에서 지원되며 사용료는 무료이다(이학동, 1993).

(4) 광역체육 시설

광역체육 시설은 광역 생활권 거주자가 당일 왕복이나 숙박을 통하여 활용 가능한 체육시설이다. 주거 지역과의 거리는 다소 멀지만 자연친화 기회를 제공하고 근린체육 시설에서 맛볼 수 없는 다양한 프로그램을 체험할 수 있는 장점을 지니고 있다(체육부, 1986).

오늘날 사회체육의 전개 양상은 종래의 놀이 중심형의 소극적 활동에서 스포츠 중심형의 적극적 활동으로 변모하고 있다. 특히 해양, 산악, 창공 등 자연환경을 이용한 레저 · 스포츠형 관광위락 활동이 점차 큰 비중을 차지하고 있으므로 이를 수용하기 위해서는 등산, 스키, 골프, 수렵, 행글라이딩, 패러글라이딩 등 항공 및 내륙성 레저 · 스포츠활동 공간과 스킨스쿠버다이빙, 낚시, 해수욕 등 해양성 레저 · 스포츠활동 공간을 대폭 개발 · 확충하여야 한다. 또한 각종 공원, 산악, 해안, 문화재 등을 종합적으로 상호 연계함으로써 사계절 모두 즐길 수 있는 광역 사회체육 시설을 적극 개발할 필요가 있다.

광역체육 시설은 심신수련장, 스키장, 골프장, 수렵장, 해수욕장, 윈드서핑장, 하이킹 코스, 자연 탐방로, 자전거도로, 인라인스케이트장, 야영장 등이 있다.

가. 심신수련장

지역사회 생활권 내에 위치하고 도심지역에서 접근이 용이한 지역에 청소년 수련시설과 같은 사회교육 및 레크리에이션 시설을 개발 · 설치하여 자연 속에서의 집단활동을 통하여 건전 국민 육성을 목적으로 하는 시설이다.

나. 수렵장

최근 레저 · 스포츠 형태가 다양해짐에 따라 수렵 인구가 증가하고 있어 수렵인의 활동 욕구 충족을 위하여 수렵에 적합한 지역을 선정 · 개발하여 확충하는 추세에 있다. 또한 이들 지역의 적정 동물서식 밀도를 유지하기 위하여 포획물의 제한, 동시이용 한도제, 지구별 격년 · 윤번 이용제 등을 시행하고 포획물의 인공증식을 확대하는 한편, 불법수렵 활동을 처벌할 수 있도록 관련 법 조항을 강화하고 있다.

다. 해수욕장 및 윈드서핑장

삼면이 바다로 둘러싸여 있는 우리나라는 하계 레저 · 스포츠활동에 필요한 해수욕장 시설이 다수 갖추어져 있으며, 최근 요트와 서핑의 복합적 묘미를 체험할 수 있는 윈드서핑의 수요가 증가하고 있다. 해수욕장은 태양과 백사장, 윈드서핑은 수면과 바람을 바탕으로 한 자연환경 및 자연입지형의 레저 · 스포츠이다. 해수욕장은 이용 면에서 볼 때, 단일 계절형 시설이므로 윈드서핑 시설과 연계시켜 다계절 이용 사회체육 및 레크리에이션 단지로 개발하는 것이 바람직하다. 자연공원 내 또는 지정 관광지 내에 있는 해수욕장을 우선적으로 개발 · 정비하고 기타 소규모 해수욕장은 해당지역 자치단체의 주관하에 지역단위로 관리 · 운영하는 것이 일반적이다.

라. 하이킹 코스 및 자연탐방로

최근 단체관광보다 몇몇 사람이 소규모 집단을 형성하여 자연 경관을 산책하며 이의 감상을 통한 심신 단련을 목적으로 하는 도보 여행의 수요가 증가하고 있다. 이러한 시설로는 하이킹 코스나 자연탐방로를 들 수 있다. 하이킹이나 자연탐방을 목적으로 하는 도로는 이용자를 자연환경으로 몰입시켜 여러 가지 풍부한 체험을 습득하도록 계획되어야 하기 때문에 코스 설계가 일차적인 관건이다. 하이킹 코스의 경우 자연 변화가 흥미롭게 이루어지면서 안전하고 쾌적한 기분을 느낄 수 있도록 설계해야 하는데, 거리는 전장 10~20km, 자연탐방로는 5~10km 정도면 가능하다. 휴식이나 보행속도의 저하를 고려하여 소요시간 3~4시간, 길이 5~6km가 적당하다.

도로 폭은 등산로 1.0m, 산책로 1.5m가 표준으로서 단조로운 직선형보다 곡선형이 바람직하며 경사는 5% 정도가 적당하다(체육부, 1986: 483).

부대 시설로는 이용 편의시설과 자원 보호시설을 들 수 있다. 이러한 시설은 이용자의 각종 편의제공을 위한 안내판, 화장실, 휴게소, 전망대 시설과 산림 보호 및 관리 · 운영 시설, 위험방지 시설이 있다. 최근에는 생태공원의 설치가 증가하고 있어 하이킹과 자연탐방을 함께 체험할 수 있는 기회를 제공하고 있다.

마. 자전거 도로

교통수단의 한 유형인 자전거 타기가 레저 · 스포츠활동으로 발전하면서 모든 연령층에서 선호하고 있어 자전거 도로시설의 설치가 급속한 증가 추세에 있다. 자전거는 대기오염의 주범인 자동차에 비하여 환경친화적인 무공해 교통수단일 뿐만 아니라, 자연과 함께 즐길 수 있는 건전 레저 · 스포츠활동으로서 각광받고 있다.

'자전거 이용 활성화에 관한 법률(법률 제4870호, 1995년 1월 5일 제정)' 제5조 '자전거 이용시설의 정비 계획'에 의하면 특별시장, 광역시장 또는 시장 · 군수는 대통령이 정하는 바에 의해서 자전거 이용시설의 정비계획을 수립하여 행정자치부 장관의 승인을 얻도록 하고 있다. 이는 자전거를 도시 교통문제 해결을 위한 교통수단 및 국민건강증진 차원에 적극 활용하고자 하는 의도를 담고 있다.

자전거 도로의 유형은 자전거 전용도로, 자전거 · 보행자 겸용도로, 자전거 · 자동차 겸용도로 등 세 가지로 구분된다. 자전거 전용도로는 자전거 교통만을 위하여 타 교통과 분리 설치된 도로 분리대, 연석(緣石), 기타 이와 유사한 시설물에 의하여 차도 및 보도와 구분하여 설치된 도로를 말한다. 우리나라의 경우 하천, 공원, 고수부지 등에 설치하여 자전거 전용 통행에 이용한다.

자전거 · 보행자 겸용도로는 보도가 설치된 도로에서 자전거와 보행자가 보도의 통행권을 공유하는 도로이다. 자전거뿐만 아니라, 보행자도 통행할 수 있도록 보도에 노면표시, 경계석, 기타 유사 시설물을 설치하여 자전거의 통행공간이 보행자와 구분되도록 건설한다.

자전거 · 자동차 겸용도로의 경우 보도가 설치되지 않거나 보도 이용이 적합지 않은 도로에서 자전거와 자동차가 동일 평면을 자전거 도로와 차도로 구분하여 사용하는 도로이다. 연석/가드레일로 완전하게 분리하기도 하고 노면표시/표지판으로 불완전하게 분리하기도 한다. 보도가 설치되어 있지 않고 갓길이 있는 도로에 계획 · 설치한다. 예로 지방도로, 해안도로 등이 이에 속한다(이광훈, 1997).

자전거 도로의 설치 요건은 물리적 조건뿐만 아니라, 이용자의 신체적 조건에 의해 영향을 받는다. 일차적으로 고려되어야 할 사항은 도로의 경사도이며, 다음으로 주행거리 및 도로의 폭, 그리고 조경 조건이다.

일반적으로 도로의 경사도가 3% 미만일 경우에는 거리와 무관하게 주행이 가능하지만, 5~6%일 경우에는 일정한 유효거리가 필요하며, 8% 이상일 경우에는 주행이 곤란하다. 따라서 4~5% 미만이 적정 경사도이다. 5%의 경사로가 장거리일 경우에는 체력의 한계에 쉽게 도달하기 때문에 일정 유효거리 다음에는 수평거리가 유지되도록 설계한다.

자전거의 주행거리는 자전거의 평균 주행속도와 도로가 통과하는 관광지, 광역체육 시설 등의 타 시설 내에서의 이용자 체류시간을 고려하여 설치되도록 한다. 도로 폭은 두 사람이 횡으로 주행할 수 있는 2.5m 정도 이상이 바람직하다. 부대시설로는 자전거 정비소 및 휴게실 시설이 필요하다(체육부, 1986).

서울시의 경우 전체 자전거 도로 중 고수부지에 설치된 자전거 도로를 제외한 대부분의 자전거 도로가 차도가 아닌 보도 위에 설치되어 있다. 이는 서울시 교통 여건상 자전거 도로를 차도에 설치하거나 따로 독립된 자전거 도로를 설치할 여유공간이 없기 때문이다. 자전거 도로가 설치되어 있는 도로는 주로 폭(幅) 40m 이상의 광로(廣路)로서 전체 자전거 도로 중 그 비율이 51%에 달한다. 이는 현재 자전거 도로가 일상 생활권 지역 중심의 도로가 아닌 간선도로 위주로 정비되어 있음을 보여 준다.

자전거 도로의 용도는 레저 목적이 62%로서, 이는 지금까지 자전거 도로의 정비가 교통수단 목적보다는 레저 · 스포츠 차원에서 추진되어 왔음을 나타낸다. 그러나 자전거 도로는 지역 상호간 종합적 연결망(network)을 구축하지 못하고 대부분이 지역에 국한된 단편적인 설치로 인하여 지역 교통 수단으로서의 기능수준에 머물러 있는 것이 현실이다(이광훈, 1997).

바. 야영장

야영장은 광역체육 시설 이용 시 필요한 주요 기반시설이다. 야영장은 설치목적에 따라 다소 차이가 있으나, 이용자의 심신수련과 건강증진 측면이 강조되기 때문에 체육시설의 설치목적과 동일하며, 대부분 그 부대시설로서 설치가 강조되고 있다.

야영장의 선정조건은 목적에 따라 다르나 시장조건, 경제조건, 활동조건, 안전조건, 생활조건 등이 충족되어야 한다.

① 시장조건: 이용자의 질과 양을 규정한 제 요소, 즉 유치 인구, 이용자층의 소득수준, 여가 선용 수준, 수용 가능 인원 등의 요소

② 경제조건: 용지확보, 건설, 유지 · 관리 등의 요소

③ 활동조건: 부지 내 · 외에서 행해지는 각종 레저 · 스포츠 활동 요소

④ 안전조건: 부지 내 · 외에서의 활동상 재해, 유해물 및 구급 피난 등의 요소

⑤ 생활조건: 야영생활을 영위할 수 있는 기본적 생활 편의 조건(체육부, 1986).

2) 직장체육 시설

직장체육 시설이란 국가 및 지방자치단체의 기관, 국·공영 또는 투자관리 기업체, 공공단체, 민간기업체 등 각급 직장에서 해당 직장인의 건강 증진 및 여가선용을 위한 체육활동에 이용될 수 있도록 설치·운영되는 시설을 말한다. 직장체육 시설은 직장인의 체육·스포츠 활동 욕구를 충족시켜 줄 뿐만 아니라, 일반인의 체육활동 참가기회 확대 및 국민체력 향상에 크게 기여한다(임번장, 1992b).

경제활동 인구의 활동공간 대부분이 직장임을 감안할 때, 직장체육 시설은 직장인의 체육활동 참가의 일차적 조건으로서뿐만 아니라, 근로복지를 위한 핵심 시설이다.

직장체육 시설 확충의 기본 방향은 다음과 같다.

첫째, 직장체육 시설의 확충을 위해서는 직장 특성과 여건을 고려하여 직장 규모별로 표준 모형을 설정하고 이를 기준으로 체육시설을 설치한다.

둘째, 직장인의 체육활동 참가기회 확대를 위해서는 직장인이 손쉽게 찾을 수 있는 체육시설이 제공되어야 한다. 이를 위해서 기업뿐만 아니라, 중앙정부 또는 지방자치단체의 적극적인 지원방안이 요구된다.

셋째, 가족이 함께 이용할 수 있는 체육시설을 설치하도록 권장하여야 한다. 이러한 시설은 직장인 가족의 건강 및 체력향상을 도모하고 애사심을 고취시킬 뿐만 아니라, 노사간 화합 분위기를 조성할 수 있기 때문이다. 대기업의 경우에는 자체 기금으로 직장 생활권에 있는 체육시설뿐만 아니라, 광역생활권에 있는 자체 부지나 연수원 공간을 이용하여 가족단위로 이용 가능한 체육시설 설치를 적극 권장한다.

넷째, 직장체육 시설은 직장생활권 내에 설치함으로써 활용도를 극대화할 수 있으나 인구 밀집 지역에 위치한 직장의 경우는 체육시설을 설치하기 위한 부지확보에 어려움이 따른다. 따라서 각 기업체에서는 직장 주위의 공공, 학교 그리고 민간 체육시설의 활용을 검토하여 시설 이용계획을 수립하여야 한다. 또한 중소기업의 경우 독자적인 체육시설의 설치가 어렵기 때문에 기업체 간 공동으로 시설을 설치하는 방안을 강구한다.

직장체육 시설의 기능 및 역할은 다음과 같다(체육부, 1986).

① 직장인의 체육활동에 대한 욕구 충족

② 직장인의 건강 및 체력증진 기회 확대
③ 직장인의 건전 여가활동 기회 제공
④ 노사 화합의 기회 제공
⑤ 근무의욕 제고를 통한 결근율 및 이직률 감소
⑥ 기업의 생산성 향상

결국, 직장체육 시설은 직장인에게 능동적 체육활동 참가를 가능케 하는 일차적 요건이며, 직장인의 근로의욕 고취 및 바람직한 문화생활 영위를 위한 직장 내 복지시설이다. 따라서 각급 직장은 국민체육진흥법상의 기준시설을 설치 · 운영하여 해당 직장인의 건강증진 및 여가선용을 위한 장이 되도록 노력하여야 한다.

3) 민간체육 시설

민간체육 시설이란 개인, 기업, 법인, 사회단체, 체육단체 등이 일반대중을 대상으로 설치하는 체육시설로서 영리 민간체육 시설과 비영리 민간체육 시설로 구분된다. 영리 민간체육 시설은 스포츠센터 등과 같이 개인 또는 영리단체에서 이윤 추구를 목적으로 운영하는 상업체육 시설을 의미한다. 영리 민간체육 시설은 건립 초기에 거액의 투자비가 소요되므로 사업자로서는 사업 초기에 투자비를 회수하기 위하여 대부분 회원제로 운영되기 때문에 일반인들이 쉽게 이용할 수 없는 단점을 지니고 있다.

비영리 민간체육 시설은 YMCA, 한국사회체육센터, 국민체육진흥공단, 국민생활체육협의회 등과 같이 개인 또는 사회단체나 체육단체가 일반대중의 체육활동 장려와 대국민 봉사를 목적으로 설치 · 운영하며 영리가 주목적이 아닌 사회봉사를 위한 체육시설을 말한다. 비영리 민간체육센터의 경우 운영 주체가 공공 사회기관이나 공익기관으로서 이들 단체는 선교, 체육활동의 보급 및 촉진 또는 기금 운용을 목적으로 하기 때문에 영리 민간체육센터에 비하여 저렴한 비용으로 체육활동 및 각종 프로그램을 제공하고 있다. 또한 비영리 민간체육센터에서는 체육활동뿐만 아니라, 다양한 문화 프로그램을 운영하고 있기 때문에 일반대중으로부터 많은 호응을 받고 있다. 그러나 민간체육센터를 건립하는 데 소요되는 비용부담이 크기 때문에 일부 재력보유 단체에서만 건립 · 운영하고 있는 실정이다(이학동, 1993).

'체육시설의 설치 · 이용에 관한 법률' 에 따른 등록 체육시설업은 골프장, 요트장, 조정장, 카누장, 빙상장, 경륜장, 경마장 등 비교적 규모가 큰 체육시설과 수영장 시설을 갖춘 종합체육시설을 말하고, 신고체육시설업은 수영장, 체육도장, 볼링장, 테니스장, 골프연습장, 롤러스케이트장, 체력단련장, 당구장 등 단일 종목 체육시설을 말한다.

민간체육 시설의 기능 및 역할은 다음과 같다(체육부, 1986).

① 일반대중의 다양한 체육활동 욕구 충족
② 일반대중의 체육활동 참가 기회 확대
③ 체육활동을 통한 여가선용 기회 증대

한편, 사회체육의 활성화를 위해서는 민간체육 시설이 확충되어야 하는데 이의 기본방향은 다음과 같다.

첫째, 민간체육 시설을 모든 국민이 저렴하고 손쉽게 이용할 수 있도록 기본 체육시설에 대한 비영리 시설투자가 확대되어야 한다.

둘째, 시설의 지역 안배를 고려하여 각 지역 주민의 수요에 부응하는 체육시설이 설치되도록 배려한다. 지역 특성을 고려한 각종 사회체육 및 여가시설을 갖추되 대도시 편중에 대한 각종 분산 방안을 강구한다.

셋째, 체육시설 투자에는 막대한 재원이 소요된다. 공공체육 시설을 설치하기 위한 정부 재정은 한계가 있기 때문에 체육시설을 위한 지속적인 투자에는 많은 어려움이 따른다. 체육시설의 효과적인 설치를 위해서는 민간기업의 투자를 유도할 수 있는 적극적인 행 · 재정적 지원방안이 강구되어야 한다.

(1) 스키장

우리나라 스키장 시설 산업은 산악 리조트의 한 형태로 발전하고 있다. 연도별 스키장 개장 현황을 살펴보면, 1989년 이전까지는 알프스, 용평, 양지파인, 천마산, 베어스타운 등 5개소에 불과했으나 1990년도에 무주 리조트와 사조마을이 개장해 총 7개소로 늘어났다.

그 후 1992년도에는 서울 리조트, 홍천 대명, 1995년도에는 현대 성우, 보광 휘닉스파크 등이 개장함으로써 총 11개소로 늘어났다.

표 8-4. 스키장의 자연적 조건

	구분	기 준
기상	적설량	• 보통 50cm~1m 이상이어야 안전성이 있고 활주 가능하며 그 이하일 경우는 지표가 부분적으로 노출됨으로 -2℃ 이하의 상태에서 제설기로 보충 필요
	적설 시기	• 12월 말에서 4월 상순까지 지속되는 것이 이상적 • 스키장 경영 측면에서 최저 90일 이상 개장기간 필요
	설질	• 건분설(乾粉雪)이 바람직하며, 입지에 맞는다면 혼설(混雪) 가능 • 습설, 싸락눈에도 스키는 가능하나 활강의 쾌적성이 낮음
	기온	• 설면(雪面)의 유지와 쾌적한 스키활동을 위해 동계기간(12~3월)의 월평균 기온은 0~10℃, 일평균 기온은 -5~5℃가 최적이고 대체로 온난한 곳이 좋음
	바람	• 풍속 15m/sec 이상이면 리프트 운행이 곤란하며, 특히 돌풍이 많지 않은 약풍, 무풍지대가 좋음
	강설 일수	• 12~3월에 평균 15~20일, 강설량은 10~20cm가 15일 이내, 50cm 이상이 1~2일 정도가 적당함
	일조	• 일조는 쾌적한 스키활동에 좋은 조건임 • 현재 스키장 조명 시설에 의해 일조 영향 감소
지형	경사 방향	• 설질(雪質) 유지를 위해 북사면이 바람직하며 일조를 위해 남사면을 택하기도 하나 표고와 위도가 높고 기온이 낮은 지역만 가능
	경사도	• 산기슭이 평탄하거나 완사면을 이루고 중반부에서 점차 경사지고 중반부에서 산정부까지는 급사면으로 이루어진 지형이 활강에 이상적 • 초급자: 6~10° 중급자: 11~19° 상급자: 20~30° 대기소: 0~5°
	경사길이 · 폭	• 초 · 중급: 길이 200~400m, 폭 상부 20~30m, 하부 60~80m • 상 급: 길이 300~350m, 폭 상부 30~40m, 하부 50~60m
	표고 · 수직차	• 표고는 설질과 적설기간을 고려해 해발 500m 이상이 바람직하고 800m이면 더욱 좋음. 단 1,700m 이상이면 식생의 회복이 곤란하며 유지 · 관리 및 환경 보전 측면에서 부적당함 • 수직차는 최저 70m 이상이 되어야 하고 800m까지 가능
경관	식생	• 지모(地貌)가 초지일 경우 적은 적설량이라도 스키가 가능하며, 상록수 지역이 벌채와 코스 조성에 용이하고 방풍림 효과가 있음 • 노두암(露頭岩)이 있는 곳은 피하고 배수가 불량한 곳은 눈사태의 위험이 있으므로 배수처리가 유리하고 식수와 용수 확보가 용이한 것이 좋음
	조망	• 상 · 하부로부터의 조망은 스키장 전체의 경관 감상을 가능하도록 위치하는 것이 좋음

출처: 국제산업정보연구소(1993). 『스키장사업의 현황과 개발방안』. p. 44.

그 후 1996년 12월에 지산 스키장이 개장하였고 2003년 GS건설의 강촌스키장 그리고 2006년에는 강원랜드의 하이원 스키장과 한솔 오크밸리 스키장이 개장하여 2007년 현재 전국에 운영 중인 스키장은 총 15개소에 달하고 있다. 그리고 현재 공사가 진행 중인 한국콘도 스키장과 호명산 유원지 스키장 및 LG 곤지암 스키장 시설이 완공되면 머지 않아 1990년도의 2배 이상으로 늘어날 전망이다.

이를 지역별로 보면 운영 중이거나 건설 중인 스키장 시설의 대부분이 경기도, 강원도에 편중되어 있음을 알 수 있다. 이들 지역이 적설량이 많고 설질(雪質)이 양호한 데다 수도권 스키인구 유치에 유리한 입지조건을 지니고 있기 때문이다. 스키 리조트 산업에 진출하려는 업체 대부분은 입지조건이 가장 좋은 강원도에 건설을 계획하고 있다.

이와 같이 스키장 시설 개발은 본질적으로 자연조건에 크게 의존한다. 따라서 입지조건을 정확하게 파악하고 검토하는 것이 스키장 사업에 있어서 매우 중요하다(표 8-4 참조).

스키장은 현재 설치 지역에 이용객이 집중되는 등 동시이용 집중률이 과다하여 각종 부작용을 낳고 있다. 따라서 동계 체육활동 공간으로 활용 가능한 지역을 적극 탐색 · 개발하여 스키장으로 활용하도록 장려하여야 한다.

스키장은 수익성이 높기 때문에 민간투자에 의한 시설확충을 도모하고 단일 계절형이 아닌 다계절형 복합스포츠시설로 전환하는 것이 바람직하다. 예컨대 야영장, 골프장, 국궁 및 양궁장, 수영장, 하이킹장, 자연학습장, 오리엔티어링 코스 등 다목적 부대시설 설치를 들 수 있다(체육부, 1986). 또한 인조 잔디 롤러 스키시설을 갖춤으로써 비수기 공백을 최소화할 수 있다.

(2) 골프장

골프장 시설의 유형은 회원제 및 일반대중제 골프장과 간이 골프장, 골프 연습장(실내 · 외)으로 구분할 수 있다.

골프 연습장의 경우 전국적으로 1,404개소, 타석수는 2만 319개로 이 중 실내 연습장은 680개소 5,389타석, 1개소 평균 7.9타석수를 갖추고 있으며 실외(indoor) 연습장은 724개소로서 1개소 평균 20.6타석수를 보유하고 있다. 골프 연습장은 1990년대 후반 전체 스포츠 시설업체 성장률이 전반적으로 둔화되고 있음에도 불구하고 꾸준히 증가 추세에 있다(정희윤, 1999).

이와 같은 골프는 관람스포츠뿐만 아니라, 직접 참가스포츠로서 최근 각광을 받고 있다. 우리나라의 경우 골프는 오늘날 본격적으로 대중화의 길로 접어들고 있으나 골프장 시설 측면에서 볼 때, 국민적 수요에 대처하기에는 매우 부족한 실정이다.

따라서 민간자본에 의한 시설투자를 유도하고 근거리 하천 고수부지 등을 이용하여 소규모 간이 골프장을 설치하며, 국토의 효율적이고 균형적인 관리 및 환경보호 차원에서 자연 친화적 골프장을 다수 건설하여 사회체육 참여율을 제고시키도록 노력하여야 한다. 또한, 도심지역의 상업체육 시설 내에 실내 골프장을 건설함으로써 지리적 · 경제적 · 시간적으로 제약을 받는 도시 직장인이나 주민에게 쉽게 골프를 접할 수 있는 기회를 제공해야 한다.

4) 학교체육 시설

학교체육 시설은 각급 학교의 정과체육 및 과외자율 체육활동의 장으로서뿐만 아니라, 지역주민 체육활동 공간으로서의 기능과 역할을 분담한다. 따라서 학교 운동장 및 체육관 같은 학교체육 시설을 지역주민에게 상시 개방하여 이용을 극대화함으로써 지역주민의 체육 참여율을 제고시킨다.

학교체육 시설은 수업 및 과외활동의 성과에 큰 영향을 미치기 때문에 체육은 타 교과목과 달리 시설의 유무가 교육의 성패를 좌우한다(체육부, 1986).

학교체육 시설의 역할은 다음과 같다.

① 정과체육 학습의 장
② 과외자율 체육활동의 장
③ 교내경기 활동의 장
④ 지역주민 체육활동의 장

학교체육 시설이 역할을 다하기 위해서는 사회체육활동과 연계하여 운영하는 것이 바람직하다. 사회체육 활성화는 지역 내의 학교체육 시설 이용 극대화를 통하여 상호 유기적인 관계를 형성할 때 가능하다. 이를 위해서는 지역사회 주민을 비롯한 민간자본뿐만 아니라, 국가 차원에서 학교체육 시설에 대한 적극적인 투자가 이루어져야 한다. 또한 지역 내의 사회체육 시설을 종합적으로 연계하여 초 · 중 · 고등학교 및 대학교의 학교체육 시설 활용 극대화 방안을 마련하는 것이 바람직하다.

구체적으로, 기존의 각급 학교 옥상이나 지하실 공간 등을 간이 체육활동 시설로 개 · 보수함으로써 해당 학교체육의 발전은 물론, 자발적인 지역주민의 참가를 유도하여 지역사회 체육활동을 촉진한다(淺見裕雄 外, 1984).

사회체육과 학교체육 시설의 연계 강화를 위해서는 학교체육 시설의 부지 확보가 필요하다. 이를 위해서는 우선적으로 시설 및 공간 관련 법규를 강화하고 학교체육 시설 설치 기준령을 정비해야 한다. 기존 체육시설 부지의 용도변경을 규제하고 시설 공간의 입체적 환경을 조성하며, 각급 학교의 여건, 학습자의 특성, 지역별 특성에 따른 새로운 기준령을 제정해야 한다. 운동 종목별 체육시설 설치 기준령은 성, 연령 및 학교에 따라 차등화되어야 한다. 예컨대, 초등학교는 놀이 위주, 중학교는 게임 위주, 고등학교는 스포츠 위주, 대학교는 평생 체육 및 레저스포츠활동 위주로 단계화, 특성화 교육이 이루어지도록 배려한다.

학교체육 시설은 지역 주민이 자연스럽게 접근할 수 있도록 관리체계가 확립되어야 한다. 학교 단위로 학교시설관리위원회를 구성하여 운영하는 방법도 바람직하다.

3. 사회체육 시설 계획

적절히 계획되어 설치된 사회체육 시설은 참가자의 동기 유발 효과뿐만 아니라, 운동 기능향상을 통해 보다 만족스러운 사회체육활동의 장으로 기능한다. 특히 다목적 실내 · 외 종합 및 복합사회체육 시설의 경우 다양한 요인을 고려하여 보다 철저하게 계획을 수립함으로써 참가자의 욕구를 충족시키도록 배려한다.

1) 사회체육 시설 계획의 고려 요소

사회체육 시설은 참가자의 건강증진뿐만 아니라, 체육활동 참가 시 발생할 수 있는 안전사고 예방에 중점을 두고 설계되어야 한다. 시설 계획 입안자는 시설 계획에 앞서 기존 시설의 사전답사를 통한 비디오, 사진, 팸플릿, 기록물 등 각종 시설 관련 자료에 대한 분석 및 검토 작업을 우선적으로 수행하여 참가자의 건강과 안전을 고려한 정보 및 아이디어가 제공되도록 사전준비를 철저히 이행한다. 또한 전문가 집단을 구성하여 계획을 수립하는 것이 바람직하다. 사회체육 시설

계획은 다양한 경험과 전문성을 지닌 사람들에 의해 이루어져야 한다. 시설 계획이 바람직하게 이루어지기 위해서는 지도자, 시설 이용자, 관리자, 기술자(기계, 건축, 전기)뿐만 아니라, 프로그램 전문가, 시설 상담가, 설계사의 상호 협조가 필수적이다. 특히, 사회체육 프로그램 전문가는 시설 전반에 관한 지식이 풍부해야 한다. 사회체육 프로그램 전문가의 주요 역할은 적절한 시설 이용 인원의 결정, 시설설치 및 자재 선정(예: 바닥, 조명, 음향 시설 등), 활동 목적 및 내용 설정, 프로그램 우선순위 선정, 기타 체육활동 요구조건 수렴 등이다.

사회체육 시설 상담가는 시설 디자인 구성, 건설자재 선정, 일반 사회체육 프로그램 구성 등 제반 사항에 관한 상담 업무 및 시설 계획의 우선순위 선정, 설계사 선임 등에 관여한다. 이와 같이 상담가의 효율적인 활용은 사회체육 시설의 성공적 계획의 주요 요소이다. 다시 말해서, 사회체육 상담가는 사회체육 시설 계획 단계에서 발생 가능한 다양한 문제점을 해결하는 데 더 큰 영향력을 행사한다.

설계기사는 시설 계획과 디자인 구성 과정에서 중심적 역할을 담당한다. 설계기사를 선정할 때에는 시설 계획 설계와 관련된 지식과 경험 정도 및 업무추진 능력 등을 고려해야 한다(Flynn, 1993).

2) 실내 체육시설 계획

(1) 장소 선정

사회체육 시설은 활동 참가자의 지리적 근접성을 고려하여 설계된다. 예를 들어, 직장인에 있어서 볼링장, 탁구장, 수영장, 골프 연습장, 스쿼시 · 라켓볼장, 헬스장 등이 사내 또는 직장 주위에 설치되어 있으면 출근 전이나 점심시간 및 일과 후에 손쉽게 이용이 가능하다. 따라서 사회체육 시설은 언제 어디서나 쉽고 편리하며 안전하게 이용할 수 있도록 접근이 용이한 지역을 선정하여 설치 · 운영되도록 한다. 그리고 항상 주요 도로나 대중교통수단의 이용이 편리한 곳에 사회체육 시설을 설치하도록 계획한다. 이는 어린이나 여성, 노년층 집단의 시설 접근을 용이하게 하는 이점을 갖는다. 또한, 사회체육 참가자는 자신의 승용차로 쉽게 진입할 수 있는 장소나 시설을 원한다. 그러므로 참가자에게 충분한 주차공간이 제공되도록 설계하여야 한다.

주변의 소음 정도와 교통문제 등 주변 환경 또한 사회체육 시설 계획에 있어서 고려해야 할 중요한 요인이다. 공항 활주로 주변이나 교통량이 많은 고속도로 주변에 사회체육 시설을 계획할 경우에는 소음 및 공해에 대한 대비책을 마련하여야 한다. 소음문제 해결 방법으로서 교통량이 많은 도심 교차로에는 스쿼시 · 라켓볼장과 같은 비교적 소음과 무관한 운동시설을 설치하고, 숲 또는 방벽 내측의 소음이 적은 지역에는 조깅로 또는 간이 수영장 등을 설치하는 것이 바람직하다. 특히, 육상경기장이나 사이클경기장 등 심폐지구력이 요구되는 종목 관련 시설은 반드시 대기 오염도가 낮은 지역에 설치되어야 한다(Mullin, Hardy, & Sutton, 1993).

장소 선정 시에는 단순히 지리적 거리를 고려하기보다는 운동 장소까지의 이동 총 소요 시간을 고려한 복합시설반경 설계법을 적용하는 것이 바람직하다. 이와 같은 복합시설반경 설계법은 도로의 크기나 교통의 흐름, 이용 교통수단 등을 종합적으로 파악함으로써 참가자의 시설 이용 의도를 보다 정확히 반영할 수 있는 방법이다(Levine, 1987).

(2) 시설 배치

시설 배치는 사회체육 참가자의 만족도를 제고시키는 데 핵심적 역할을 한다. 시설 설계의 주요 요소는 무엇보다도 진 · 출입이 용이해야 한다. 오랫동안 줄서서 기다리는 것처럼 참기 어려운 일은 없다. 바쁜 일과에 쫓기는 현대인에게 이러한 불필요한 시간낭비는 불쾌감을 유발할 수 있다. 따라서, 모든 사회체육 시설은 활동 장소까지의 진입과 활동 후 퇴출이 용이하도록 설계될 때 만족도가 증가된다.

편의시설의 접근이 용이하고 쾌적해야 한다. 식당, 화장실, 매점 등은 활동 장소와 가까운 곳에 위치하여야 하며, 항상 청결해야 한다. 어린이나 장애인이 부모나 보호자와 함께 이용할 수 있는 가족 화장실 설치도 고려해 볼 만하다.

다양한 체육 활동 및 행사에 유연하게 대처할 수 있도록 설계되어야 한다. 예를 들어, 실내 체육관의 경우 배구, 농구, 핸드볼뿐만 아니라, 배드민턴, 테니스, 탁구 같은 종목이 가능하도록 설계되어야 한다. 이러한 경우는 소규모 상업 또는 공공체육 시설에도 적용된다. 최근 스쿼시나 라켓볼 같은 새로운 형태의 스포츠 종목 수요가 증대되고 장애인을 위한 시설의 개보수가 활발히 이루어지고 있는데, 이러한 시설은 장래의 수요를 예측한 다음 계획을 수립하여야 한다(Anderson, 1985).

사회체육 시설의 부대시설은 다른 기능과 조화를 이루도록 설계되어야 한다. 예를 들어, 테니스와 스쿼시 코트만 설치된 간이 클럽의 부대시설은 완전한 시설을 갖춘 종합형 클럽(full concept club)과 차별화된다. 종합형 클럽은 완전한 운동시설뿐만 아니라, 건강관리를 위한 헬스 프로그램, 라운지, 운동기구 및 용품 판매점, 회의실, 탁아소, 사우나 등을 갖춘 시설을 말한다. 이러한 시설의 모든 요소는 상호 조화와 보완이 이루어지도록 구성되어야 한다. 담배자판기를 YMCA 시설 내에 설치하거나 선탠(suntan) 시설을 헬스클럽에 설치한다면 체육시설의 이미지에 어긋날 수 있다(Mullin, et al., 1993).

(3) 외장

실내 체육시설의 바닥 설계 시에는 안전성 및 내구성을 가장 우선적으로 고려해야 한다. 바닥의 재질과 형태는 매우 다양하나 일반적으로 탄력 소재가 주로 사용된다. 콘크리트 바닥일 경우 카펫을 부착하는 것이 부상 방지에 도움이 될 뿐만 아니라, 소음을 흡수하여 보다 조용하고 쾌적한 분위기를 조성할 수 있다.

목재를 사용할 경우 지면과 일정한 공간을 유지해야 한다. 이러한 시설은 운동 시 관절의 충격을 흡수하여 부상을 감소시킬 뿐만 아니라, 통풍 및 습도 조절을 통해 목재의 수명을 연장시킬 수 있다. 농구, 배구, 라켓볼, 핸드볼 등 대부분의 구기종목과 무용시설의 바닥재로 사용되는 목재는 단풍나무가 흔히 쓰인다(Montgomery, 1995).

대부분의 실내 체육시설 바닥재는 외관과 내구성을 유지하기 위하여 지속적인 관리가 필요하다. 최적의 상태로 유지하기 위해서는 전문가 및 유경험자의 조언이 필요하다. 대부분의 바닥재는 온도와 습도에 민감하므로 설계 시 신축성을 고려해야 한다. 또한 바닥은 참가자의 안전을 고려하여 최소한 약 2,000kg(5,000파운드)의 무게를 견딜 수 있도록 설계되어야 한다(Flynn, 1993).

실내 체육시설의 벽자재는 운동 참가자에게 큰 영향을 미치는 설비이므로 매우 신중히 선정해야 한다. 벽면재 선택 시 이용도, 내구성, 유지 · 관리비 등을 고려해야 한다(Montgomery, 1995). 벽거울은 시각적으로 좁은 공간을 넓게 보이게 하는 효과가 있다. 또한 벽거울은 사회체육 참가자가 보다 정확한 기능을 익히는 데 도움을 준다. 판넬, 페인트, 벽포스터 등은 운동 공간 및 시설을 한층 돋보이게 하여 실내 분위기를 전환시키는 장식물이다.

실내 체육관 천장의 높이는 일반적으로 최소한 8m(24feet) 이상이 되도록 설계되어야 한다. 천장의 색상은 회색이 가장 무난하다. 체육시설 및 장비를 천장 공간에 설치 및 보관해야 할 경우, 천장 공간의 구조 변경을 통해 운동 참가자에게 불편이 없도록 설계해야 한다(Flynn, 1993). 배구, 라켓볼 등 공이 천장에 닿을 수 있는 운동종목 시설은 조명기구의 보호를 위해 천장을 아치형으로 설계한다.

(4) 조명

실내 체육시설의 조명은 사회체육활동의 효율성을 제고하기 위한 주요 시설 가운데 하나이다. 조명의 양과 질은 일반적으로 실내 사회체육 시설을 설계할 때 고려해야 할 중요 요소이다.

조명시설 설계 시 고려되어야 할 사항은 다음과 같다. 첫째, 사용목적이 명확해야 한다. 체육활동의 종류, 유형 등에 적합하도록 설계되어야 한다. 둘째, 환경적 요소를 고려하여 설계한다. 바닥이나 벽, 창의 빛 반사 정도를 고려한다. 셋째, 경제성을 고려한다. 초기 공사에서부터 운영, 유지관리에 이르기까지 전반적인 경제성을 고려해야 한다.

조명 배치는 일반적으로 전기기사가 담당하며 체육활동 종목에 따른 천장 높이, 직 · 간접 조명의 적합성과 유지 · 관리를 고려해야 한다. 예를 들어 천장에 직접 조명을 설치할 경우 시각적인 문제가 심각하게 야기될 종목은 이를 피해야 한다. 간접 조명은 빛을 분산시켜 주기 때문에 배구, 배드민턴, 테니스 시설에 적합하다(Montgomery, 1995).

주간 운동시설의 경우 창의 위치를 고려하여 자연광인 햇빛으로부터 직사광선을 최대한 차단하고, 야간 운동시설은 각 운동에 필요한 조명의 정도에 따라 실내 공간의 밝기를 고려하여 조명기구를 선정해야 한다.

백열등, 형광등, 수은등, 금속 할로겐, 석영과 나트륨 등은 체육관 시설에 일반적으로 가장 많이 설비되는 조명이다. 특히 백열등은 설치 및 교체가 간단하고 소음이 발생하지 않으며, 점멸을 반복해도 쉽게 전력낭비가 되지 않는 장점을 지니고 있으므로 가장 많이 사용된다. 형광등은 다른 조명기구에 비하여 수명이 길며 백열등에 비해 1.5~2배의 효율성이 있다. 수은등은 최초 설치비

표 8-5. 실내 체육시설 조명도

체육시설	조명도	체육시설	조명도
실내 농구장	100~150foot candles	실내수영장 데크	100~150foot candles
실내 테니스코트	85~100foot candles	사무실, 교실	100~150foot candles
실내 트랙	85~100foot candles	계단 복도	50~75foot candles
라켓볼, 핸드볼장	100foot candles	라커룸, 샤워실	50~75foot candles
실내수영장 풀 전체	50foot candles		

주: foot candles: 피트촉광의 단위, 1루멘의 광속으로 1제곱피트의 면을 균일하게 비치는 조도(照度)이며, 1루멘 매(每) 제곱피트.

출처: Bronzan, R. T.(1974). New Concepts in Planning and Funding Athletic. *Physical Education and Recreation*.

용이 많이 소요되나 수명이 길기 때문에 백열등보다 경제적이다. 할로겐등은 수은등보다 수명은 짧으나 체육활동에 적합한 빛을 발산하며 작동에 편리한 장점을 지니고 있다.

〈표 8-5〉는 실내 체육시설의 기준 조명도이다.

(5) 환기

사회체육활동은 쾌적하고 공기가 맑은 공간에서 이루어져야 한다. 그러므로, 실내 사회체육 시설 계획 시 실내 환기는 대단히 신중하게 고려되어야 한다. 따라서, 동 · 하계를 고려한 환기 체계를 적절히 운용함으로써 옥내 체육 공간을 쾌적하게 조성한다. 특히, 동절기의 경우 보온을 위하여 장시간 외부공기를 차단하는 경우가 있는데, 이는 체육활동 참가자의 건강을 해친다.

(6) 복도 및 출입구

실내 체육시설의 복도와 출입구는 장애인과 같이 보행이 불편한 사람도 쉽게 접근할 수 있도록 완경사로를 설치하거나 엘리베이터를 갖춘다. 또한, 운동기구를 쉽게 옮길 수 있는 충분한 공간을 확보하며, 비상구는 비상 시 신속하게 이동할 수 있도록 눈에 가장 잘 띄는 곳에 설치한다. 출입구는 가능한 한 넓게, 그리고 이용자가 쉽게 여닫을 수 있도록 설계한다.

(7) 라커룸

라커룸의 크기, 옷장 수, 형태, 위치 등은 실제 이용자의 수와 규모, 연습 및 경기 시간, 체육시설의 위치에 의하여 결정된다.

라커룸의 크기는 주어진 운동 종목이 필요로 하는 장비의 양에 의해 결정된다. 예를 들어 야구나 하키 등의 라커룸은 장비가 많으므로 농구나 육상 종목의 라커룸보다 규모가 커야 한다. 탈의실 공간은 더욱 많은 장비를 보관하기 위하여 라커룸의 크기에 비례한 공간을 확보해야 한다. 라커룸에는 환기 및 건조시설을 설치하여 악취를 예방한다.

라커룸과 인접한 곳에 팀 모임, 작전, 전술회의 등을 위한 회의실이 구비되어야 한다. 회의실에는 칠판, 스크린, TV, 비디오 등의 시청각 자료가 비치되어야 한다(Flynn, 1993).

(8) 편의시설

각종 종합 체육시설의 구내매점 및 휴게실은 사회체육 참가자 또는 관객에게 편의 제공 기능을 담당한다. 급수대는 쉽게 이용 가능한 곳에 설치되어야 하며 시설 내에 자동판매기를 설치하여 운동 후 갈증 해소와 휴식, 사교 등의 기회를 제공할 수 있도록 배치한다.

(9) 잠재 시설 수요 추정

실내 사회체육 시설을 계획할 때에는 사전에 참가자의 욕구 및 성향을 분석하는 것이 무엇보다도 중요하다. 다음은 체육센터 건립을 위한 수요 추정의 예이다(서울시정개발연구원, 1996).

실내 사회체육 시설의 시설규모 및 프로그램 계획을 위해서는 먼저 잠재수요 규모가 추정되어야 한다. 이는 예상 운영 수지분석을 통한 운영관리 측면에서도 중요하지만 시설의 규모 및 종류의 선정에도 필수적이기 때문이다. 일반적으로 사회체육 시설이나 문화복지 시설과 같은 도시공공 시설의 공급 및 수요의 분석은 주로 이용자와 시설 간 거리에 따른 이용률 분석을 통한 이용권역 분석을 기초로 한다. 이용권역 설정에는 직선거리에 의한 방법, 중력모형에 의한 방법, 그리고 시간개념에 의한 방법이 있다.

가. 직선거리에 의한 이용권역 분석

도시 공공서비스 시설의 이용권역에 관한 기존의 연구에 의하면, 시설이용에 영향을 미치는 변수는 시설까지의 거리 외에도 접근성, 규모, 서비스의 유형 및 질 등의 요소와 인근지역 주민의 연령, 교육 및 소득수준 같은 이용자 특성에 관한 요소가 있다. 체육센터의 이용권역에 영향을 미치는 변수는 시설규모, 프로그램의 수 및 강습일수, 인근 주민의 사회경제적 특성(성, 연령, 소득수준, 주택형태), 접근성 등이다. 규모가 크고 프로그램 수와 강습일수가 많을수록, 접근성이 용이할수록, 주변에 민간 체육센터의 수가 적을수록, 그리고 인근 주민의 소득수준이 높을수록 이용권역이 넓다고 볼 수 있다.

기존 서울시내 구민체육센터 이용자의 직선거리에 의한 분포 현황을 살펴보면 이용자의 80% 이상이 1km 이내에 거주하고 있다(이 좌표는 이용자가 거주하는 동(洞)의 동중심좌표를 이용하여 분석하였다. 서울시내 6개 구민체육센터의 최대 이용거리는 평균 6km이다).

그러나 이와 같이 체육센터의 잠재 이용자를 단순히 거리에 기초한 이용권역 개념으로 추정한다면 입지여건 등 다른 많은 변수들을 고려하지 못하므로 이용권의 설정에 있어서는 주변의 주거지, 교통여건의 요소를 포함시켜야 한다.

나. 중력모형에 의한 이용권역 분석

뉴턴 물리학의 중력작용을 이용한 중력모형은 도시계획을 비롯한 사회과학 분야에서 회귀모형 다음으로 널리 활용되는 모형이다. 물체간의 중력작용은 두 가지 요인에 의해 결정되는데, 첫째는 물체의 크기로서, 예컨대 대도시는 소도시에 비해 사람이나 재화의 상호 교류가 크다는 것이다. 두 번째 요인은 물체간에 떨어진 거리로서, 서로 멀리 떨어져 있는 도시보다는 인접해 있는 도시간에 상호교류가 많다는 것이다.

구민체육센터 이용자에 미치는 영향의 정도를 알아보기 위하여 위에서 제시한 물체의 크기와 거리에 해당되는 인자로서 경쟁시설의 연면적과 상호간 거리를 이용한 중력모형식은 다음과 같다.

$$T_{ij} = \frac{E_i S_j^{\alpha} S_{ij}^{\beta}}{\sum_{j=0}^{n} S_j^{\alpha} d_{ij}^{\beta}}$$

E_i = i동에 거주하는 모든 거주자 중 구 전체의 체육시설을 이용하는 인구 수

T_{ij} = i동 주민으로서 구민체육센터를 이용하는 사람의 예상 인구 수

S_j = j동에 있는 체육센터의 규모(연면적 ㎡)

d_{ij} = i동과 j동과의 거리

위의 식을 간단히 설명하면 다음과 같은 식으로 요약될 수 있다.

$$\text{구민체육센터 이용인구} = \frac{\text{구민체육센터의 인력(引力)}}{\text{전체체육센터의 인력(引力)}} \times \text{전체체육센터 이용 수}$$

이 모형은 경쟁시설 간의 거리 및 지역 크기(대 · 소도시)를 기준으로 이용자 수를 추정하는 방법이다. 거리개념에 의한 이용권역 분석방법과 마찬가지로 중력모형 또한 거리와 시설의 크기를 제외한 타 요소의 반영이 현실적으로 어렵다는 문제점이 있다.

다. 시간개념에 의한 이용권역 분석

〈표 8-6〉은 설문조사를 통하여 나타난 강남구 체육시설 이용자의 교통수단별 평균 소요시간이다. 설문조사 결과 체육시설 이용자의 시설까지 걸린 평균 소요시간은 15분 미만으로 나타났다. 따라서 이용권역은 셔틀버스 이용을 가정하여 15분 이내에 도달 가능한 지역으로 한다.

광평로, 양재대로, 남부순환도로가 시설 건립 예정지를 인근 주거지역과 연결시켜 주고 있어 수서 생활권뿐만 아니라, 대치 생활권, 개포 생활권 중 개포 2동과 개포 3동 등이 이용권으로 고려되어야 한다. 지하철 3호선, 지하철 7호선이 이 지역을 통과하고 있으므로 이 지역 주민은 20분 이내에 시설에 도착할 수 있다. 자구민우선권법칙(Residence Rule)에 따라 이용권역은 강남구로 한정한다. 송파구 주민은 현재 송파구 문정동에 건립예정인 송파종합체육관 및 그 외 민간시설에 흡수될 전망이므로 시설이용자 추정에는 포함시키지 않는다. 이용권역 안의 가구 수에 가구 이용률을 곱하여 이용가구를 추정하고 이 이용가구에 유료시설을 이용하는 가구의 평균 가구원 수를 곱하여 실수요자를 추정한다. 적용할 이용률은 '강남구민의 생활체육에 관한 수요조사'를 기본으로 한다. 즉, 수서동 구민생활체육관이 건립되면 이용하겠다고 응답한 가구 중에서 현재 유료체육시설을 이용하지 않고 있으면서 시설건립에 대한 지불의사가 있고, 최소한 주 1회 이상 시설을 이용할 의사가 있는 가구비율을 산정한 다음, 이 비율을 이용하여 이용자 수를 추정하면 〈표 8-7〉과 같다.

표 8-6. 강남구 체육시설 이용자의 교통수단별 평균 소요시간

교통수단	이용자 수(인)	구성비(%)	평균 소요시간(분)
도보	216	50.0	16
자가용	101	23.7	12
버스	54	12.5	16
셔틀버스	42	9.8	16
마을버스	7	1.6	16
지하철	6	1.2	18
계	432	100.0	14

출처: 서울시정개발연구원(1996). 『강남구민센터 건립 및 확충을 위한 연구』.

표 8-7. 수서구 구민생활체육센터 이용자 수요추정

(단위: %, 가구, 인)

이용권	가구 수	이용 의사 가구 비율	이용 가구 수	시설 이용자	시설 이용 가구	가구당 평균 이용자	이용자 추정치(a)
세곡동	2,502	–	–	6	5	1.20	–
수서동	7,273	0.257	1,870	24	16	1.50	2,805
일원1동	7,646	0.027	207	21	16	1.31	271
일원2동	6,700	–	–	19	16	1.19	–
일원본동	7,167	0.143	1,024	21	18	1.17	1,194
수서권	31,288	0.099	3,101	91	71	1.28	4,271
대치1동	6,937	–	–	29	21	1.38	–
대치2동	8,330	0.025	208	21	17	1.24	257
대치3동	5,003	–	–	30	20	1.50	–
대치4동	4,783	–	–	5	5	1.00	–
대치권	25,053	0.008	208	85	63	1.30	258
개포2동	7,588	–	–	13	11	1.18	–
개포3동	5,853	–	–	21	15	1.40	–
개포권	13,441	–	–	34	26	1.30	–
합계	69,782	–	3,309	210	160	1.40	4,529

주: (a) 설문조사 결과
1) 현재시설을 이용하지 않는 가구 중 체육센터를 이용할 의사가 있는 가구
2) 시설건립에 대한 지불의사 금액이 있는 가구
3) 향후 체육시설을 주 1회 이상 이용할 의사가 있는 가구
1), 2), 3)의 조건을 만족하는 가구비율×동별 가구 수×체육시설을 이용하는 평균 가구원 수 = (a)

3) 실외 체육시설 계획

(1) 펜스

펜스는 우선적으로 사회체육 참가자의 안전을 고려하여 설계 · 설치되어야 한다. 다시 말하여 사회체육활동 영역 밖의 환경과 철저하게 격리되도록 설계되어야 한다. 도로, 철도, 하천, 주차공간 주위의 사회체육 시설의 경우 다양한 방법으로 펜스를 설계하여 체육활동 참가자를 보호한다. 펜스는 운동장 내에서 관중의 접근을 통제하는 기능이 있어 사회체육 시설 관리 및 유지에 도움을 준다. 즉, 펜스는 활동의 독립성을 유지시켜 주고, 소음 차단, 바람이나 햇빛과 같은 환경적 요소

의 조절, 미적 요소, 참가자와 심판의 보호 등 다기능적 요소를 지니고 있다.

(2) 바닥

실외 사회체육 시설의 바닥은 참가자의 안전과 쾌적함을 유지시키는 주요 고려 항목이다. 운동장의 중앙을 다소 높게 설계하여 배수가 원활하게 이루어지도록 하여 참가자가 우천 중이나 우천 후에도 쉽게 접근 · 활용이 가능하게 한다.

연중 강우량이 많은 다습 지역의 바닥은 콘크리트와 아스팔트, 또는 인조 화학제품을 사용하여 탄력성, 내구성, 청결성 등을 유지하도록 해야 한다. 한편, 사이클 경주로는 탄재(炭材)나 아스팔트보다 고무 표면이 이상적이다.

이러한 바닥재료는 시각적 효과뿐만 아니라, 운동 참가자의 부상방지 등 안전에 도움을 준다. 아스팔트와 같은 인공 표면은 고무나 코르크 등을 합성하여 점도를 조절할 수 있다. 일반적으로 축구, 야구 등 실외 체육시설의 가장 적합한 바닥재료는 천연 잔디이다. 천연 잔디의 이점은 첫째, 시각적으로 아름다운 시설 경관을 조성한다. 둘째, 격렬한 신체적 접촉 시에도 부상 위험이 비교적 적다. 셋째, 탄성이 뛰어나다. 넷째, 표면의 빛을 분산시켜 눈의 피로감을 감소시키는 데 있다.

인조 잔디는 천연 잔디에 비하여 내구성, 경제성이 우수한 것이 장점으로 지적되고 있다. 인조 잔디의 경우 표면 재료의 두께는 최소한 0.5인치 이상이어야 하고 살수(撒水) 시설이 구비되어야 하며 충격 흡수가 뛰어나야 한다.

콘크리트는 내구성이 좋고, 사계절 모두 이용 가능하다. 우천시에도 활동이 가능하며 최초 설치비용은 많이 소요되나 유지 및 관리 비용이 상대적으로 저렴할 뿐만 아니라, 다양한 색채 구성이 가능한 이점이 있다. 아스팔트와 같은 다른 재료의 기초나 바닥재로도 널리 사용된다. 그러나 참가자의 관절염, 허리디스크 등의 부상 가능성이 높은 단점이 있다.

아스팔트는 그 자체 또는 콘크리트와 혼합하여 다양한 제품을 만들 수 있다. 콘크리트와 같이 아스팔트는 내구성이 뛰어나 사계절 모두 이용 가능한 이점이 있다. 다른 재료의 기초로 활용할 수 있으며 유지비용이 저렴하다. 그러나 재료의 구성 정도에 따라 비용 차이가 많으며 설치에 숙련된 기술이 요구된다. 콘크리트보다 계절 및 온도 변화에 영향을 받기 쉬워 균열 가능성이 높다.

(3) 시설 배치 방향

운동 참가 시 최대한 직사광선에 노출되지 않도록 배치 방향을 고려하여 설계해야 한다. 테니스장의 경기장 배치 방향은 일출 및 일몰 시 태양의 각도와 수직이 되도록 설계한다. 특히, 야구나 소프트볼과 같이 선수의 공격 및 수비 방향이 불규칙적이고 관람석이 넓은 운동 경기장은 햇빛으로 인한 부상의 가능성이 가장 많은 위치에 있는 선수를 보호하는 측면에서 방향이 선정되어야 한다. 타석과 투수 플레이트는 북쪽이나 남쪽 방향으로 배치하여 선수가 햇빛에 방해를 받지 않도록 배려한다.

육상 경기장 방향은 경기의 기록 향상뿐만 아니라, 공간의 효율적 활용도를 고려하여 배치해야 한다. 즉, 참가자에게 햇빛의 영향을 최소화할 수 있도록 설계되어야 한다. 따라서 트랙의 직선로가 남-북 방향이 되도록 설계한다. 100m, 200m 등 단거리 달리기에 이용되는 트랙의 직선 부분은 관중석을 따라 트랙의 서쪽에 위치하는 것이 바람직하다.

(4) 조명

최근 사회체육 인구가 증가함에 따라 실외 운동장의 야간 조명시설 설치가 필요해지고 있다. 실외 테니스장 또는 실외 골프 연습장의 경우 야간 조명시설이 아파트 단지 내의 근린 체육시설에 설치되어 있어 많은 동호인의 활발한 참가가 이루어지고 있다.

실외 조명시설 설치 시에는 주간의 실외 시설 배치나 방향과 마찬가지로 참가자와 관람자의 시야를 고려해야 한다. 실외 시설에 사용되는 조명 가운데, 금속할로겐 화합물, 고압축의 나트륨, 수은 백열등과 형광등은 비용이 많이 소요되는 단점이 있다. 금속할로겐 화합물 램프는 조명의 집중도 때문에 경기장에서 초점을 맞추거나 조절하기가 용이하고, 고압축 나트륨(HPS) 조명은 강도 높은 빛을 발산한다(Flynn, 1993).

4. 사회체육 시설의 활용도 제고

사회체육 참가율을 높이기 위해서는 사회체육 시설의 활용도를 제고시켜야 한다. 우리나라의 경우 사회체육 시설의 규모나 개소 수 면에서 선진 외국과 비교하여 현저하게 뒤떨어지므로 이를 개선하기 위한 다각적인 방안이 요구된다.

1) 사회체육 시설 확충

국유지 · 공유지, 도시공간의 유휴지, 공원 및 하천부지 등을 사회체육 시설 공간으로 활용하도록 유도하고 기존 체육시설을 보완하여 활용도를 높이는 방안을 마련한다. 기존 시설의 경우 대부분 부대시설이 미비하므로 참가자의 욕구수준에 부합할 수 있도록 정비 · 보완함으로써 사회체육 시설 활용도를 제고시킨다. 대단위 국토 조성이나 아파트 건립지역에는 형식적인 체육시설 설치를 지양하고 현실적으로 이용 가능한 시설을 설치하도록 종합계획을 수립한다. 특히 신도시 개발지역에는 적정 체육공간의 확보와 시설의 설치를 의무화하도록 규정을 강화하여야 한다. 이 경우, 이미 해당 지역에 설치되어 있는 기존 체육시설에 대하여 용도변경을 규제함으로써 기존 체육시설의 보존 및 존속을 최대로 보장하여야 한다(한국체육시설협회, 1991).

2) 다목적 체육시설 설치

가장 조직적이고 효율적인 체육시설은 다목적 복합시설이다. 미래 사회는 레저스포츠의 수요가 한층 다양화되고 대형화될 전망이므로 앞으로의 사회체육 시설은 복합 스포츠센터와 같은 다목적 종합 체육시설이 건립되어야 한다. 다목적 복합시설은 한 가지 용도로만 사용되는 시설에 비하여 시설 투자비용 및 유지 · 관리비를 절감할 수 있으며, 다양한 시설 및 기구를 종합적으로 활용함으로써 참가자의 체육활동 욕구를 효과적으로 충족시킬 수 있다. 이를 위해서는 장소 선정의 세심한 배려와 다목적 이용 가능한 시설 및 설비를 도입 · 설치하도록 계획한다. 일례로 체육관 바닥은 농구 · 배구 · 핸드볼 · 배드민턴 등 각종 구기활동이 모두 가능하도록 경기장 라인을 복수로 표시하고 그물 칸막이를 장치하며 둘레에는 육상트랙을 설치하는 방안이 그것이다. 체육관은 농구, 배구, 체조뿐만 아니라, 음악콘서트, 미술전람회 같은 특별 행사를 개최할 수 있도록 설계되어야 한다. 실내 식당은 영사실, 집회실, 강의실로 활용 가능하도록 설계한다. 다양한 프로그램뿐만 아니라, 각종 단체, 개인 및 가족 등 단체 이용이 가능하도록 설계되어야 한다(Badmin, Coombs, & Rayner, 1992).

3) 이용시간의 극대화

연중 무휴로 이용이 가능한 체육시설이 되도록 설계한다. 실외 체육시설의 경우 사계절 내내 이용이 가능하도록 설계한다. 또한, 체육시설 운영시간을 참가자의 요구 시간대에 부합되도록 조정한다. 일례로, 조기, 야간 및 심야에 이용이 가능하도록 운영 시간대를 조정하여 연장 개장하는 경우를 들 수 있다.

우리나라 실외 체육시설의 대부분은 특정 계절에 한하여 이용될 수 있도록 설치되어져 있는 경우가 많다. 그러나 스키장의 경우 최근 겨울철뿐만 아니라, 골프장, 수영장, 야외수련장, 자연학습장 등 부대시설을 설치하여 사계절 이용이 가능하도록 시설을 구비하는 경향이 두드러지고 있다.

4) 시설 관리 · 운영의 합리화

사회체육 공간이나 시설 이용은 일반적으로 계획된 일정, 승인제, 회원제, 요금제 및 예약제 같은 제도적 장치를 통하여 합리적으로 관리 · 운영함으로써 많은 참가가 이루어질 수 있도록 배려하여야 한다.

민간체육 시설은 이용자 중심의 자생체육 동호인 조직을 결성하여 자율적 통제가 가능하도록 유도한다. 일부 공공체육 시설은 설비 및 시설의 유지 · 관리를 위하여, 상업체육 시설은 이윤추구를 위하여 시설 이용자에게 적정 사용요금을 부과하여야 한다. 지역주민의 이용률을 제고시키기 위해서는 저렴한 가격을 유지하도록 여건을 조성한다. 시설 이용에 대한 예약제를 통하여 사회체육 시설 이용의 효율성을 제고시킬 뿐만 아니라, 이용자의 불만과 갈등이 발생하지 않도록 사전에 예방한다. 공공체육 시설의 설치 시에는 체육 및 건축 전문가에게 시설의 형태, 규격, 재료 및 부대시설에 대한 자문과 협력을 얻어 전문지식의 결여로 야기되는 각종 기술상의 문제점을 보완한다.

하천부지를 이용한 지역주민 체육시설인 한강 고수부지의 체육공간 및 시설은 지역주민이 도보, 자전거, 인라인스케이트, 스케이트보드 등을 이용하여 접근이 용이하도록 진입로를 다수 신설하여 시설활용을 제고시키는 방안을 강구한다. 올림픽공원의 체육공간이나 시설은 일과시간 전의 조기 무료 개방을 통하여 지역사회 주민의 사회체육 참가를 활성화시킴과 동시에 국민투자로 건설된 올림픽 경기 시설이 국민에게 환원될 수 있도록 관리 · 운영을 개선한다.

또한 시설 이용의 활성화를 위하여 소극적인 관리 · 운영방식에서 벗어나 적극적인 체육시설 사업운영체제로 전환하여야 한다. 그리하여 시설에 대한 계도 및 홍보활동을 강화하고 고객 유치를 위한 경영체제 도입을 적극 추진하여야 한다.

5) 수변(水邊)체육 시설 개발

우리나라는 삼면이 바다로 둘러싸여 있어 해수면이 방대할 뿐만 아니라, 다양한 하천이나 저수지 등 천혜의 사회체육 환경 여건을 지니고 있다. 따라서 동해, 남해, 서해와 주요 하천 및 저수지 수면과 주변 공간을 사회체육 시설로 개발함으로써 사회체육 공간을 확보할 수 있다.

이를 위해서 간이 수영장 건설과 해수욕장 및 낚시터의 개발을 추진함과 동시에 탈의실, 샤워장 및 기타 편의시설을 설치하도록 장려한다. 그리고 각종 수상 및 수중 스포츠를 활성화하기 위해서는 선박장을 설치하도록 한다. 수변 지역의 선박장을 이용한 보트, 모터보트, 수상스키, 카누, 요트, 윈드서핑, 스킨스쿠버다이빙, 낚시 등을 통하여 자연과 접촉하면서 모험심과 자립심을 고취하고 건강증진 기회를 제공함으로써, 사회체육의 새로운 영역이 개발 · 확보될 수 있다(한국체육시설협회, 1991: 122).

6) 민간체육 시설의 유치

민간체육 시설은 비영리 민간체육 시설과 영리 민간체육 시설로 구분된다. 비영리 민간체육 시설은 공공단체 구성원이나 기업체 피고용인을 위한 자생체육동호인조직 시설과 직장체육 시설을 의미하며 영리 민간체육 시설은 이윤추구를 목적으로 하는 상업체육 시설을 의미한다.

비영리 민간체육 시설의 투자를 유도하기 위해서는 국민체육진흥법의 취지를 홍보 · 계몽하여 이를 준수하도록 행정 계도를 전개해 나감과 동시에 지금까지의 운동 경기부 중심의 직장체육활동을 탈피하고 전체 직원 중심으로 방향을 전환하여 직장체육진흥관리위원회의 기능을 강화한다. 아울러 각종 세제상의 혜택, 공과금의 경감, 시설부지 확보를 위한 지원 및 시설자금 등의 재정지원을 통하여 기업자본이나 공공자금을 체육시설 투자로 유도한다.

이윤추구를 목적으로 하는 민간 상업체육 시설은 설치기준 완화와 조세감면 등 각종 세제 혜택을 통하여 체육부문에 대한 투자를 확대해 나가도록 유도한다.

설치기준의 완화는 사회체육 시설이 허가제에서 신고제 또는 자유업으로 법률이 개정되는 변화를 말한다. 세제 혜택의 방안으로는 운영비 중 전기요금의 누진세율 인하, 상 · 하수도 요금의 공업용수 사용요금 적용, 체육시설 및 용기구 구입 시 특소세 면제, 골프장 · 스키장의 특소세 면제 등을 들 수 있다(한국체육시설협회, 1991).

5. 사회체육 시설 관리 · 운영 서비스

사회체육 참가 인구의 저변을 확대하기 위해서는 사회체육 시설에 대한 합리적이고 지속적인 관리 및 운영 서비스 체제가 뒷받침되어야 한다. 따라서 사회체육 시설의 관리 · 운영 서비스 주체(자)는 시설 관리 및 운영 서비스에 대한 기본적인 개념 및 원리를 충분히 이해하여 보다 효율적인 관리 · 운영 서비스가 이루어지도록 노력하여야 한다.

1) 사회체육 시설 관리의 개념 및 원리

관리는 어떠한 조직이 지니고 있는 목표를 가장 효과적으로 달성할 수 있도록 통제하는 일련의 과정을 말한다. 따라서 사회체육 시설 관리란 사회체육 시설의 운영목표를 달성하고 시설과 관련된 제반 문제를 처리하는 데 있어서 전개되는 핵심적인 일련의 과정을 의미한다. 이러한 과정은 관리자에 의해서 이루어지는 일차적인 활동이나 기능이다(최문식 · 최관홍, 1997).

사회체육 시설의 이용 극대화 또는 이용만족도를 높이기 위해서는 물리적 측면에서 시설의 기능 유지뿐만 아니라, 제반 환경적 측면에서 그 기능이 최대한 발휘되도록 관리해야 한다. 사회체육 시설 관리의 기본 원리는 다음과 같다.

① 시설 관리 실무자와 행정가의 긴밀한 관계 유지가 선행되어야 한다.
② 능력 있는 관리자를 확보하여야 한다.
③ 시설의 적절한 활용이 뒤따라야 한다.
④ 비사용 기간 동안에도 철저한 관리가 이루어져야 한다.
⑤ 관리기술 향상에 대한 부단한 연구가 이루어져야 한다.

또한 사회체육 시설을 합리적으로 관리하기 위해서는 사회체육 시설 관리의 주체와 운영목적에 대한 제도적 · 법적 보장이 확보되어야 한다.

2) 사회체육 시설 관리의 영역

사회체육 시설 관리의 영역에는 토지, 시설, 설비, 비품, 소모품 등 물적 관리와 화재 예방, 시설 및 설비의 안전, 시설 이용자의 사고예방 등의 안전 관리가 있다.

(1) 물적 관리

물적 관리의 대상은 시설, 토지, 건물, 각종 운동장, 설비, 비품, 소모품 등이다. 이들의 효율적인 관리를 위해서는 재산 대장의 정비 및 재산 취득, 배치 장소, 수량을 명시하고 정기 점검이나 일상 점검을 실시해야 하며 상황에 따라 교체나 보수, 용도 변경을 시행함으로써 항상 양호한 상태를 유지하여야 한다. 또한 이들 재산은 이용자의 요청에 따라 항상 개선시킬 필요가 있다. 특히 시설의 내 · 외적 모양은 사회체육 참가자의 참가욕구 증진에 많은 영향을 미친다. 오래된 시설은 신규 시설에 비해 상대적으로 참가자에게 불쾌감을 유발시킬 가능성이 있으므로 잘 유지 · 관리해야 한다. 비록 오래되고 낡은 시설이라도 이를 잘 유지 · 보수만 한다면 신축 시설보다 더욱 활용가치를 높일 수 있다.

물적 관리에 있어 특히 유의해야 할 사항은 다음과 같다(체육부, 1986).

① 각 시설 비품은 비품대장과 일치해야 한다.
② 시설, 설비, 용구 등은 절차에 따라 사용하고 정리정돈을 철저히 한다.
③ 시설 관리 시 소음 및 조명 등으로 인하여 인접 주민에게 피해를 주지 않도록 한다.
④ 시설 내 환경 미화에 힘쓴다.

(2) 안전 관리

사회체육 시설과 관련된 사고를 예방하기 위해서는 시설이 지니고 있는 안전사고 발생 요인을 예측하고 해결하는 기술적 대책과 시설 이용에 관한 안전교육, 시설의 안전성을 유지하기 위한 관리 대책이 필요하다. 그리고 사회체육 시설의 이용 방법, 사고의 위험성, 사고 발생 시 필요조치 등의 안전교육을 실시하는 것이 사고 방지와 상해 감소를 위한 가장 효과적인 방법이다.

사회체육 시설의 안전관리는 화재 예방이나 시설 이용 중 사고나 직원의 안전사고 예방이 포함된다. 화재 예방을 위해서는 소방법 규정에 근거하여 사회체육 시설의 규모와 종류에 따라 필요한 소방시설, 대피시설, 경보시설, 소방용수 등을 설치하고 화재 시 완전하게 기능을 제대로 발휘할 수 있도록 사전 관리하여야 한다. 다수의 인원을 수용하는 실내시설에 대해서는 적정 수용인원의 대피 훈련이 이루어져야 한다. 그리고 시설, 설비, 용구 등에 대한 안전점검을 철저히 시행하여 사고를 예방한다.

사회체육 시설 이용 시 사고발생에 대비하여 사전에 철저한 준비와 훈련이 필요하다. 안전 관리에 있어 유의해야 할 사항은 다음과 같다(체육부, 1986).

① 시설 및 설비에 대한 정기 안전검사의 결과가 서류로 보존되어 있어야 한다.
② 안전검사 시행 후에 결함 징후 또는 결함이 발견된 경우 신속하게 개 · 보수한다.
③ 시설이용에 관한 안전사항을 이용자에게 주지시키고 안전지도 담당직원을 배치하여야 한다.
④ 사고 발생 시의 응급처치, 관련 기관과의 신속한 연락체계 등이 확립되어 있어야 한다.

다음은 수영장의 안전사고 예방 및 관리 지침의 예이다(한국체육시설협회, 1991).

- 수심은 0.9~2.7m로 하고 풀 벽에 수심 표시를 해야 한다. 단, 어린이용 또는 경기용 수영장은 이 기준에 의거하지 않을 수 있다.
- 물의 정화 설비는 순환여과 방식으로 하며, 1일 3회 이상 여과한다.
- 풀의 바닥과 벽면은 물이 스며들지 않는 재료를 사용하고 경사가 1/15~1/20 이상이 되지 않도록 하며 함정이 없어야 한다.
- 풀에 입장하기 전에 반드시 탈의실, 화장실, 세정장의 순서를 거쳐 입장하도록 한다.
- 냉 · 온수를 동시에 사용할 수 있는 샤워시설과 수도전을 설치한다.
- 물의 온도는 25~28℃를 유지하고 잔류 염소는 0.4~0.6ppm을 유지한다.
- 1㎜당 200마리 이상의 세균이 검출되지 않도록 한다.
- 수영장 바닥 청소는 개장 전에 실시한다.
- 수영장 안전을 위하여 필요한 장소에 구명대 등 인명구조 장비 비치 및 감시탑 설치와 수상 안전요원 3인 이상을 항상 배치한다(1일 6명 2시간씩 근무).
- 응급환자 발생에 대비하여 응급 구호소를 설치한다.
- 수영장 내 안전수칙을 게시하고 안전요원은 위험 행위 또는 위험 상황을 미연에 방지한다.

- 안전사고 발생 시 인공호흡법, 심폐소생법 등 안전요원으로서 필요한 응급조치를 취하고 상부에 보고한다.
- 안전요원은 안전근무 지침에 의거하여 복무한다.
- 수상안전 근무교대는 수영장 내에서 전달사항 고지 후 교대한다.
- 근무자는 근무 중 불필요한 행위를 삼가한다.
- 근무자는 입장객의 준비운동 및 샤워상태를 철저히 파악하여 사고를 예방한다.
- 근무자는 장내에서 발생될 수 있는 사고 요인을 사전에 방지한다(예를 들어 뛰는 행위, 장난 등)
- 근무자는 수온 및 환기상태를 미리 확인하여 최적의 상태를 유지한다.
- 근무자는 장내 사용물의 설치 및 제거에 항상 힘쓴다.
- 수영장 내에서는 모든 사항에 대하여 상부 보고 및 대응 조치를 취함으로써 지휘체제를 갖추어야 한다.

3) 사회체육 시설의 운영 서비스

사회체육 시설은 설치목적에 따라 그 기능이 다소 다르나 이용자에 대한 서비스 측면에서 다음과 같은 기능이 있다.

(1) 시설대여 서비스

시설대여 서비스는 체육활동에 필요한 공간과 용기구를 양호한 상태로 정비 · 비치하여 개인 또는 단체가 쉽고 안전하며 저렴하게 이용할 수 있도록 제공되는 서비스를 의미한다. 시설대여는 경기 대회와 일상적 스포츠활동 시간대로 구분하여 이용자가 편리하게 이용하도록 배려하는 것이 중요하다.

(2) 프로그램 서비스

프로그램 서비스란 사회체육 시설 경영 주체(자) 또는 사회체육 지도자가 운동 참가자에게 사회체육활동 내용(활동 프로그램)을 제공하는 서비스이다.

이와 같은 프로그램 서비스는 사회체육 대회 및 행사, 사회체육 교실, 경기지도자 강습회, 연수회 등을 개최하여 일반대중의 사회체육 참가 기회와 폭을 넓힘과 동시에 사회체육 지도자 양성 및 자질 향상의 기회를 제공한다. 일례로, 사회체육 교실을 개설할 때 강습내용을 충실히 보장하기 위하여 이용자의 성, 연령, 직업, 취미 등 다양한 특성 분석을 통한 양질의 프로그램을 제공하면 보다 많은 사람의 참가가 이루어진다.

(3) 동호인 조직결성 서비스

동호인 조직 서비스는 체육활동 촉진을 위하여 동호인 클럽을 육성하고 조직이 갖는 체육적 기능을 활용하여, 사회체육 참가자가 바람직한 체육활동에 임할 수 있도록 지원하는 사회체육 조직에 대한 일련의 서비스를 의미한다.

이와 같이 사회체육 참가자가 소속되어 있는 체육활동 자생 동호인 조직을 육성 · 지원하는 것이 동호인 체육조직 및 단체 서비스이다. 다시 말하여, 보다 바람직한 사회체육활동을 보장하기 위한 스포츠 동호인 조직에 대한 서비스 제공이라 할 수 있다. 특히, 학창시절 스포츠 동호인 조직활동 경험은 평생체육의 기반이 된다는 사실에서 동호인 조직 서비스는 지역공동체 형성의 주요 거점이 된다.

체육활동은 개인보다 클럽 성원이 함께 공동으로 참가하는 집단행동이 한층 흥미 있고 오랫동안 지속될 수 있다. 사회체육 시설은 동일 종목 혹은 비슷한 기능 수준의 사람을 결집시켜 동호인 조직을 결성함으로써 사회체육활동이 지속되도록 매개하는 역할을 수행한다.

(4) 지도 서비스

지도 서비스는 사회체육 시설 유형이나 난이도 수준에 따라 적합한 지도자가 배치되어 이용자의 요구에 부응한 사회체육활동을 지도하는 서비스이다. 공공체육 시설에서 사회체육 지도자를 고용하거나 위촉이 어려울 경우, 체육 계열학과 학생이나 교수 또는 퇴직 교수를 자원봉사자로 활용하거나, 아니면 민간체육 시설 관련 단체와 연계하여 지도자를 공동으로 활용하는 방법도 가능하다.

(5) 상담 서비스

상담 서비스는 사회체육 관련 전문도서를 비치하거나 사회체육 전문 상담원을 배치하여 건강, 체력 및 이론 상담, 운동처방 등을 제공하여 참가자의 건강이나 체력, 운동기능 상태를 진단하고 처방하는 서비스이다. 이는 업무의 전문성 때문에 모든 사회체육 시설에 적용할 수는 없으며 종합체육관이나 복합(종합)체육시설 같은 일정 규모 이상의 체육시설업에서 시행하는 것이 바람직하다.

(6) 안내 서비스

안내 서비스는 사회체육 시설의 소재지, 이용 방법, 지방 공공단체나 민간체육 관련단체 등이 제공하는 사회체육 교실, 사회체육 경기대회의 안내자료와 사회체육 관련 도서 그리고 필름, 슬라이드, 비디오, CD, 동영상, 멀티미디어 같은 전자매체 정보를 수집 · 분류 · 비치하여 제공하는 서비스이다.

| 요약 |

사회체육 시설은 각종 사회체육활동 실천의 필수 구성요소로서 사회 구성원에게 적극적이고 건전한 사회체육 참가를 유도하여 참가자의 건강 증진, 정서 순화, 사회성 함양을 위한 동기 유발 기능을 담당한다. 사회체육 시설은 단지 운동을 성립시키는 물리적인 공간을 의미하는 것이 아니라, 사회체육의 목적이나 목표 달성의 효율성을 제고하며 보다 쾌적하고 안전하게 체육활동에 참가할 수 있도록 설치 · 관리되는 환경으로 정의된다.

사회체육 시설은 운동 장소에 의한 분류, 이용자의 연령에 의한 분류, 이용자의 생활영역에 의한 분류, 이용자의 신체적 특성에 의한 분류, 설치 목적에 의한 분류 등으로 구분할 수 있다. 일반적으로 사회체육 시설의 유형은 공공체육 시설, 민간체육 시설, 직장체육 시설로 구분되며 사회체육활동을 위해 개방되는 학교체육 시설이 제한적으로 포함된다.

사회체육 시설 계획은 참가자의 건강 증진뿐만 아니라, 체육활동 참가 시 발생할 수 있는 안전사고의 예방에 중점을 두고 기존 시설의 사전답사와 사전분석 작업을 통한 정보와 아이디어 제공이 선행되어야 한다.

사회체육 시설의 활용도를 제고하기 위해서는 먼저 사회체육활동 참가자의 욕구수준에 부합될 수 있도록 시설을 정비 · 보완하는 시설 확충을 꾀하여야 한다. 또한 다목적 체육시설을 설치해야 하고 시설 활용 시간의 극대화를 꾀하여야 한다. 특히, 우리나라는 삼면이 바다로 둘러싸여 있으므로 수변(水邊)체육 시설을 적극 개발하여 확보하여야 한다.

사회체육 시설 관리에는 물적 관리와 안전 관리가 있으며, 운영 서비스는 시설대여 서비스, 프로그램 서비스, 동호인 조직결성 서비스, 지도 서비스, 상담 서비스, 안내 서비스 등이 있다.

| 주요 개념 |

공공경기 시설	광역체육 시설	근린체육 시설
동네체육 시설	물리적 기능	물적 관리
물적 조건	민간체육 시설	사회체육 시설 상담가
상담 서비스	수변체육 시설	시설 관리 · 운영
시설 배치	시설대여 서비스	안내 서비스
안전 관리	이용권역 분석	잠재 시설 수요 추정
장소 선정	중력모형	지도 서비스
직장체육 시설	펜스	편의 시설
프로그램 서비스	학교체육 시설	

| 연구 문제 |

1. 현대사회에 있어서 사회체육 시설의 중요성을 알아보자.
2. 사회체육 시설을 분류해 보자.
3. 학교체육 시설과 사회체육 시설의 연계방안을 알아보자.
4. 사회체육 시설 계획 시 일반적인 고려 사항에 대하여 알아보자.
5. 실내 체육시설 계획 시 고려해야 할 사항에 대하여 알아보자.
6. 실외 체육시설 계획 시 고려해야 할 사항에 대하여 알아보자.
7. 실내 및 실외 체육시설 계획에 있어서 고려해야 할 사항을 비교해 보자.
8. 사회체육 시설의 활용도 제고 방안에 대하여 알아보자.
9. 사회체육 시설 관리에 대하여 알아보자.
10. 사회체육 시설의 운영 서비스에 대하여 알아보자.

참고문헌

국제산업정보연구소(1993). 『스키장사업의 현황과 개발 방안』.

문화체육부(1996b). 『전국 등록 체육시설업 현황』.

서울시정개발연구원(1996). 『강남구민센터 건립 및 확충을 위한 연구』. 서울시정개발원 도시경영연구부.

이광훈(1997). 『서울시 자전거이용시설 기본구상: 정비 5개년 계획』. 서울시정개발원.

이학동(1993). 『서울시 미시설운동장부지 활용방안 연구』. 서울시정개발원. 서울: 신광인쇄소.

임번장(1992b). 「생활체육 프로그램 개발과 지도기법」. 『국민생활체육 상담원 중앙연수교재』. 국민생활체육협의회. 서울: 태근문화사.

정희윤(1999). 「스포츠산업 육성방안」. 『스포츠 비즈니스』 5월호(통권 제12호).

체육과학연구원(2006). 『한국의 체육지표』.

체육부(1986). 『국민체육진흥장기계획』.

______(1987). 『체육지표설정을 위한 조사연구』.

최문식 · 최관홍(1997). 『체육시설업 경영관리』. 서울: 도서출판 바탕.

한국체육시설협회(1991). 『체육시설지침서』.

허현미(1996). 「공공스포츠시설의 서비스 질 척도개발과 측정치 특성분석」. 박사학위논문. 이화여자대학교 대학원.

淺見裕雄 等(1984). 『體育, Sport 施設』. 現代體育, Sport 大系, 第12卷. 東京: 講談社.

SSF笹川スポツ財団(2001). 『スポツ白書 2010』.

Anderson, J. E. (1985). Management by design. *Athletic Business.* pp. 28-34.

Badmin, P., Coombs, M., & Rayner, G. (1992). *Leisure operational management Vol. 1: Facilities.* Longman in association with Institute of Leisure and Amenity Management.

Bronzan, R. T. (1974). New concepts in planning and funding athletic. *Physical education and recreation.* St. Paul, MN: Phoenix Intermedia.

Flynn, R. B. (1993). *Facility planning for physical education, recreation, and athletics.* Reston, VA: American Alliance for Health, Physical Education, Recreation and Dance.

Levine, M. (1987). *Making marketing research hustle: The essential sweat of attendance building and fund raising.* Paper presented at the Athletic Business Conference, Las Vegas.

Montgomery, B. (1995). Recreation and fitness facilities. *Planning, design and construction.* Champaign, IL: Sagamore.

Mullin, B. J., Hardy, S., & Sutton, W. A. (1993). *Sport marketing.* Champaign. IL: Human Kinetics.

제9장 | 사회체육 프로그램

사회체육 프로그램은 사회체육활동의 진행 과정에서 요구되는 행동 지침 및 지도 원리로서 사회체육의 성패를 결정하는 주요 요인이다. 사회체육 프로그램은 사회체육의 핵심 부문으로서, 참가자의 사회체육에 대한 가치 형성 및 기능 발달을 제고시켜 준다. 또한 사회체육 프로그램은 참가자에게 체육활동의 방법을 다양하고 구체적으로 제시하여 준다는 점에서 일반국민의 효율적 · 합리적 체육활동의 근간이 된다.

따라서 참가자 개인의 특성이나 제반 여건을 고려한 다양한 형태의 사회체육 프로그램을 개발하고 보급함으로써 누구나 시간, 장소, 상황에 적합한 프로그램을 선택 · 활용할 수 있는 기회가 보장되어야 한다. 특히, 프로그램의 효율적인 기획과 조직은 당면 목표 달성과 궁극적 목적 성취에 중대한 영향을 미치기 때문에 과학적 개념과 이론 및 연구 방법을 응용한 사회체육 프로그램 기획 모형이 수립되어야 한다.

사회체육 참가자의 만족은 활동 그 자체보다도 프로그램의 구성 및 운영에 의해서 주로 결정된다. 따라서 사회체육 프로그램의 기획은 프로그램이 실행되는 환경적 요인과 프로그램을 실행하는 인적 요인 그리고 환경적 요인과 인적 요인을 결합시키는 사회심리적 요인을 면밀히 분석 · 종합하여 수립하는 것이 바람직하다. 결과적으로 사회체육의 최종 목표인 건강 및 체력 증진, 신체활동의 욕구 충족, 여가 선용의 실현에 실제 기여할 수 있는 사회체육 프로그램이 기획되어야 한다.

이 장에서는 사회체육 프로그램의 이해를 돕기 위해 사회체육 프로그램 개념 및 유형을 알아본 다음, 사회체육 프로그램 기획을 위한 이론적 기초를 정리하고, 끝으로 이를 바탕으로 구체적인 프로그램 기획 과정을 단계별로 살펴보고자 한다.

1. 사회체육 프로그램의 개념 및 유형

사회체육 프로그램의 궁극적인 목적은 사회체육활동을 통한 참가자의 욕구 충족이다. 이를 달성하기 위해서 사회체육 프로그래머는 사회체육 프로그램의 개념 및 유형을 철저히 이해하고 있어야 한다.

1) 사회체육 프로그램의 개념

일반적으로 프로그램이라고 하면 내용(content)이나 교과목(subject matter), 교육과정(curriculum), 활동 계획(activity plan)을 가리키는 용어로서 폭넓고 융통성 있는 의미로 쓰인다. 또한 프로그램은 앞으로 전개하고자 하는 활동을 순서대로 나열해 놓은 계획과 거의 같은 뜻으로 사용되고 있다. 예를 들어, 어떤 체육대회의 식순이나 음악회의 발표내용을 순서대로 나열한 것도 프로그램이며, 어떤 특정 활동을 시간과 장소에 따라 내용과 방법까지 명시한 것도 프로그램이라고 한다(강신욱, 1991).

상황에 따라 프로그램과 활동이라는 용어가 혼용되어 사용되고 있는데, 프로그램은 전체를 의미하는 반면 활동은 특정한 단위나 프로그램 중의 단일 항목을 의미한다(Reynolds & Hormachea, 1976). 한편 Farrell과 Lundegren(1978)은 "프로그램의 개념은 참가를 유도하기 위해 제공되는 자원을 포함해야 하며, 프로그램은 관계되는 활동, 시설 그리고 리더십을 의미하는 것으로 이해되어야 한다"고 주장한다.

사회체육 프로그램의 개념은 매우 다양하고 광범위하게 정의되고 있다. 사회체육 프로그램이라는 용어는 하나의 독립된 운동 종목을 실시하는 방법과 절차를 의미하기도 하며, 경우에 따라서는 사회체육활동 전체를 의미하기도 하는 용어이다.

협의의 사회체육 프로그램은 성, 연령, 직업, 교육 수준, 소득과 같은 사회경제적 준거에 따라 특정 사회체육활동이 진행되는 방법 및 절차를 의미하며, 광의의 사회체육 프로그램은 사회체육 참가자의 욕구를 충족시키기 위해 동원되는 모든 수단과 방법을 의미한다.

사회체육 프로그램이란 사회체육의 목표를 달성하기 위한 작업의 총체적 개념으로서 사회체육활동 자체, 사회체육활동을 수행하는 데 따른 제반 내용이나 방법 및 진행 절차, 다양한 사회체육활동을 하나의 활동 단위로 수행하는 데 동원되는 계획 및 진행 절차를 모두 포괄하는 복합적이고 탄력적인 개념이다(국민생활체육협의회, 1993: 84).

2) 사회체육 프로그램의 유형

사회체육 프로그램은 기준에 따라 다양하게 분류되는데, 일반적으로 대상별, 운동 형태별, 그리고 준거별 프로그램으로 구분된다. 일반적으로 프로그램은 대상별 분류에 따라 이루어지는 경

표 9-1. 국민생활체육협의회의 생활체육 프로그램 개발 현황

연도	주제	주요 내용
1991	국민체력 향상 생활체육 동기부여	생애주기별 체력 향상 프로그램 운동하는 삶, 건강한 세계
1992	생활체육 참여 홍보 민속체조 개발	운동의 필요성, 성인병 예방을 위한 운동 덩더꿍 체조, 민속에어로빅스 체조 개발
1993	대상별 체력 향상	대상별 체력 향상 프로그램
1994	직장체육 민속생활체조 개발	직장인의 생활체육 민속생활체조 개발
1995	유형별 프로그램 민속체조	야외/경기/리듬/단련형 프로그램 덩더꿍 체조 도해서 보급
1996	건강정보 체조개발	건강정보, 신종목 소개 대상별, 연령별 체조 개발
1997	노인체육 활동 야외활동 건강 100세(청소년)	노인체육 활동 야외형 프로그램 청소년 체육 프로그램
1998	건강 100세 운동기술 직장체조 개발	유아, 청소년, 성인, 노인 프로그램 10대 국민 선호운동 방법 직장체조 개발
2000	건강실천 100세	성장기부터 운동생활 습관화로 평생체육 정착 5개년 특별기획 프로그램
2003	노인생활체육활동 생활체육현장지도자	노인 체육활동 웹문서 및 리플릿 생활체육 현장지도자 참고 웹문서 및 리플릿

출처: 이한규(1998). 「국민생활체육의 현주소와 사업추진 방향」. 국민생활체육협의회.
국민생활체육협의회(2004). 『국민생활체육 리포트』.

우가 대부분이다.

(1) 대상별 프로그램 유형

대상별 분류는 사회체육 프로그램 유형을 분류하는 가장 일반적인 방법으로서, 인간의 신체적 조건에 따라 각기 다른 프로그램을 적용해야 한다는 가정을 전제로 한다. 대상별 프로그램은 일반적으로 생애 주기, 성 및 신체적 특성에 의해 구분되는데, 연령에 따라 정신적 · 신체적 특성이 매우 다르므로 각 연령대에 적합한 활동이 대상별로 제공되도록 한다.

가. 유아체육 프로그램

3~6세의 유아를 대상으로 하여 근력, 지구력, 유연성, 평형성 강화를 목적으로 제공되는 체육 프로그램으로서 주로 달리기, 오르기, 받기, 차기 등의 기본운동 프로그램이 있다.

나. 아동체육 프로그램

7~12세 사이의 아동을 대상으로 하여 신체의 성장 · 발달, 최적의 신체적 · 사회적 적응력 배양 및 유지를 목적으로 제공되는 체육 프로그램으로서 달리기, 체조, 게임, 수영, 기구 놀이, 단체 운동 놀이, 음악 및 율동 놀이, 캠핑 등이 있다.

다. 청소년체육 프로그램

청소년을 대상으로 하여 신체활동에 참가하도록 유도함으로써 운동부족 해소와 체력 향상, 신체활동을 통한 인간관계의 유대 강화, 긍정적이며 진취적인 태도 함양, 여가 선용 등을 목적으로 제공되는 체육 프로그램으로서 농구, 축구, 배구, 건강 달리기, 자전거 타기, 수영, 탁구, 배드민턴, 테니스, 발야구, 리듬운동 등이 있다.

라. 성인체육 프로그램

일반 성인을 대상으로 하여 가정이나 직장 또는 지역사회에서 체력 및 건강 유지, 스트레스 및 긴장 해소, 삶의 질 향상을 목적으로 제공되는 체육 프로그램으로서 스트레칭, 미용체조, 웨이트 트레이닝, 걷기, 조깅, 댄스스포츠, 에어로빅스 체조, 각종 스포츠 활동 등이 있다.

마. 노인체육 프로그램

노인을 대상으로 건강 유지 및 증진, 삶의 활력 제공을 목적으로 제공되는 체육 프로그램으로서 건강체조, 건강달리기, 걷기, 미니골프, 배드민턴, 게이트볼, 등산 등이 있다.

바. 장애인체육 프로그램

장애인을 대상으로 신체적 장애 극복, 긍정적 자아상 확립, 협동심 및 사회성 함양, 자신감 회복 등을 목적으로 제공되는 체육 프로그램으로서 휠체어 축구 및 농구, 공 던지고 받기, 리본 돌리기 등이 있다.

사. 여성체육 프로그램

여성을 대상으로 체형 유지 · 건강 증진 및 스트레스 해소를 목적으로 제공되는 프로그램으로서 수영, 볼링, 에어로빅스, 테니스, 배드민턴 등이 있다.

(2) 운동 형태별 프로그램 유형

사회체육 프로그램은 운동 종목의 형태에 따라 일반적으로 다음과 같이 분류된다.

① 개인운동 프로그램: 수영, 조깅, 맨손체조, 줄넘기, 볼링, 에어로빅스, 걷기 등
② 대인운동 프로그램: 배드민턴, 탁구, 테니스 등
③ 집단운동 프로그램: 축구, 게이트볼, 야구, 배구, 농구 등
④ 투기운동 프로그램: 태권도, 검도, 유도 등
⑤ 긴장해소운동 프로그램: 스트레칭, 요가, 리듬운동 등
⑥ 야외활동 프로그램: 하이킹, 행글라이딩, 패러글라이딩, 윈드서핑, 래프팅, 등산, 오리엔티어링 등
⑦ 계절운동 프로그램: 수상스키, 스키, 스케이트 등

(3) 준거별 프로그램 유형

대상별, 운동 형태별 프로그램 유형 분류 이외에도 주관자, 참가자, 목적, 개최기간, 조직화 정도, 장소 등 여러 가지 준거가 분류에 적용된다.

표 9-2. 준거별 사회체육 프로그램 유형

준거 \ 프로그램	프로그램의 유형	프로그램의 개요
주관자	공공형 준공공형 사설형	국가기관이나 공공 단체가 주관하는 프로그램 지역사회나 민간단체가 비영리적으로 주관하는 프로그램 상업체육 시설에서 주관하는 프로그램
참가자	지역형 직장형 단체형 시설형	지역사회 주민을 대상으로 한 프로그램 직장인을 대상으로 실행되는 프로그램 동호인 조직 등의 단체를 대상으로 한 프로그램 공공, 민간, 상업체육 시설 중심의 프로그램
목적	대회형 강의형 강습회형	경쟁 기회 및 기능 향상을 위한 프로그램 참가자의 관심 종목에 대한 강의 중심 프로그램 지도자 강습회, 건강 교육 등의 학습 프로그램
활동기간	단기형 중기형 장기형	2개월 이하의 프로그램 2~6개월 사이의 프로그램 6개월 이상의 장기간 프로그램
참가자의 조직화 정도	자유활동형 조직활동형 특별행사형	공식 조직이 아닌 개인의 자유 의지로 선택하는 프로그램 일정한 시간과 장소에서 계획적으로 반복되는 프로그램 연습 및 훈련 목적으로 대회 개최를 통한 평가 프로그램
장소	실내형 실외형	체육관 및 실내 수영장 등의 실내 프로그램 운동장, 산야, 하천, 창공 등의 야외 프로그램

출처: 국민생활체육협의회(1993). 『국민생활체육: 생활체육 프로그램 순회지도 사업운영지침서』. p. 90.

2. 사회체육 프로그램의 기획

프로그램 기획이란 바람직한 결과를 달성하기 위하여 프로그램 구성 요소를 체계적으로 배열하는 과정을 의미한다. 따라서 사회체육 프로그래머는 지도자, 참가자, 시설 등의 요소를 체계적이고 효율적으로 배열함으로써 참가자의 만족을 극대화시킬 수 있도록 사회체육 프로그램을 기획하여야 한다.

1) 사회체육 프로그램 기획의 이해

사회체육 프로그램 기획은 참가자의 개인적 만족과 바람직한 사회적 효과를 기대할 수 있는 다양한 경험을 효율적이고 합리적으로 조직하는 데 목적이 있다. 이를 위해서 사회체육 프로그래머는 기획의 원리 및 이론에 대해 충분히 이해함으로써 사회체육 프로그램 기획 시 다양한 이론을 적용할 수 있도록 고려한다.

(1) 사회체육 프로그램 기획의 구성 요인

사회체육 프로그램 기획 과정에 영향을 미치는 요인으로는 참가자, 지도자, 장소 및 시설, 재정, 활동 종목, 홍보, 안전성이 있다(Weiskopf, 1982: 355-356).

가. 사회체육 참가자

사회체육 프로그램 참가자의 욕구와 흥미는 참가자의 성장 배경, 연령, 성, 교육 수준, 사회·경제적 지위, 종교, 체력 및 운동능력 등에 따라 상이하기 때문에 참가자의 개인적 특성을 철저하게 파악하는 것이 필요하다.

나. 사회체육 지도자

사회체육 프로그램 기획 과정에서 가장 중요한 요인은 지도자이다. 참가자는 지도자의 전문성과 지도력에 따라 만족감 및 자기 발전을 경험하게 된다. 따라서 지도자가 없는 사회체육활동은 비효율적이고 비합리적인 활동이 될 뿐만 아니라, 훌륭한 시설이나 프로그램의 가치와 효용성을 감소시킨다.

다. 사회체육 장소 및 시설

장소나 시설 또한 매우 중요한 요인이다. 일반적으로 장소란 다양한 형태의 사회체육활동 공간을 의미하는 반면, 시설은 장소의 일부분을 차지하는 운동장, 체육관, 수영장 등 사회체육 관련 구조물 및 각종 장비를 의미한다. 사회체육활동 장소와 시설을 갖춘 지역은 발전 가능성이 클 뿐만 아니라, 해당 지역주민의 사회체육 참가 욕구를 촉진시킨다.

라. 사회체육 재정

참가자에게 폭넓은 사회체육활동 기회를 제공하기 위해서는 충분한 재원이 요구된다. 일반적으로 사회체육활동이 실행되려면 지도자 수당, 장비 및 지원 물자 구입비, 기타 소요 경비 등의 지출 비용 확보가 선행되어야 한다.

마. 사회체육활동 종목

모든 사회체육 프로그램은 흥미와 매력을 제공하는 활동 종목을 중심으로 기획되어야 하며 이러한 활동 종목을 통하여 참가자의 욕구가 충족된다. 따라서 프로그램 기획 시에는 참가자의 연령, 성, 기능 수준, 집단의 규모 등을 고려하여 활동 종목을 선정하고 이에 따라 구체적 활동 내용이 조직되어야 한다.

바. 사회체육 홍보

홍보는 정보를 알리고 공유하는 행위이다. 홍보의 가치는 새로운 사실을 전달할 때에 배가된다(Edginton, Compton & Hanson, 1980: 102). 홍보는 잠재적 참가자의 사회체육에 대한 인식이나 참가 욕구를 자극하여 사회체육 프로그램에 관심을 갖도록 유인한다. 특히 사회체육 프로그램이 다양화, 전문화되는 시대적 추세에 따라 사회체육 홍보는 사회체육 발전의 촉진제 역할을 한다. 따라서 사회체육 홍보는 사회체육에의 접근을 유도하고 사회체육에 관한 긍정적 인식을 강화시키기 때문에 프로그램 기획의 주요 요인으로 간주된다.

사. 사회체육활동의 안전성

사회체육 참가자의 안전은 프로그램 기획 단계는 물론 실행에 있어서도 매우 신중하게 고려되어야 한다. 사회체육 참가자의 안전을 보장하기 위해서는 참가자들이 활동의 기본 수칙을 숙지하고 준수하는가를 확인한 후 프로그램이 전개되도록 기획한다. 특히 사회체육 지도자는 사회체육활동 및 시설의 안전에 대하여 책임져야 하며 모든 사회체육활동의 선택이 안전성에 기초하여 결정되어야 함을 간과해서는 안 된다.

(2) 사회체육 프로그램 기획의 원리

사회체육 프로그램 기획 시에는 프로그램의 목적과 참가자의 개인적 욕구 그리고 환경적 요인이 검토되어 실제 프로그램 구성 과정에 반영되어야 한다. 따라서, 사회체육 프로그램 기획은 합리적 판단의 기준이 되는 일정한 원리에 기초하여야 하며, 이러한 과정은 사회체육 전문가의 지식과 기능을 통하여 구체화된다. 또한 사회체육 프로그램은 이에 대한 철학, 원리, 정책, 절차 등을 바탕으로 논리적 · 합리적 체계에 의해 기획되어야 한다.

일반적으로 사회체육 프로그램을 기획할 때 다음과 같은 사항이 고려되어야 한다(Kraus & Curtis, 1982: 161-162).

① 평등성: 사회체육 프로그램 참가 기회는 연령, 성, 교육 수준, 민족, 종교, 출신지역, 사회 · 경제적 지위에 관계 없이 모든 사람에게 균등하게 제공되어야 한다. 이는 동일한 내용의 프로그램이나 활동이 일률적으로 제공되어야 함을 의미하는 것이 아니라, 개인이나 집단의 특성에 따라 적용 가능한 구체적 프로그램이 제공되어야 함을 의미한다.

② 창조성: 사회체육 프로그램은 건설적이고 창조적인 신체활동 기회를 제공하여야 한다. 다차원적 사고와 행동이 요구되는 민주사회에서 창조적이고 건설적인 신체활동은 참가자의 신체적 · 정신적 · 사회적 잠재력을 확인하고 신장시키는 데 기여하는 바가 크다.

③ 다양성: 사회체육 프로그램은 참가자의 사회 · 경제적 배경, 성장 배경, 그리고 운동 기능 수준에 따라 다양한 활동 수준 및 형태로 제공되어야 한다. 이와 동시에, 다양성만을 강조하여 필수적 활동 요소가 간과되어서는 안 되며, 반드시 학습 내용이 모든 참가자에게 균형 있게 전달되도록 배려해야 한다.

④ 욕구 반영: 사회체육 프로그램은 참가자의 개인적 · 사회적 욕구가 반영되도록 기획되어야 한다. 사회체육 프로그램에 반영되어야 할 개인적 · 사회적 가치는 사회체육에 대한 사회적 용인, 사회체육 집단에 대한 소속감, 참가자 자신의 창조성과 잠재력 계발, 도전과 성취 의지, 자아 개념의 성취와 자기 발전, 타인과의 경쟁과 협동 등이다.

⑤ 효율성: 사회체육 프로그램은 사회체육 관련 시설을 효율적으로 이용할 수 있도록 기획되어야 한다. 모든 프로그램에서 완벽한 시설 및 장비를 갖추기는 용이하지 않다. 따라서 사회체육 프로그램은 활동 장소의 주변 여건을 최대한 활용하여 효율성을 극대화할 수 있도록 기획되어야 한다.

⑥ 전문성: 사회체육 프로그램은 일정 자격을 갖춘 전문가에 의해 개발 · 운영 · 평가되어야 한다. 최근 사회체육 수요가 급증하면서 다양한 프로그램의 개발이 요구되고 있으나 프로

그램 전문 인력의 부족으로 기존 프로그램만이 획일적으로 운영되고 있는 실정이다. 특히, 시설 및 재정적 기반이 취약한 경우, 사회체육 전문 지도자와 사회체육 프로그램 전문가의 역할이 매우 중요하다. 현실적으로, 사회체육에 대한 물리적 여건이 충족되기까지 오랜 시간과 재원이 소요되기 때문에 우선적으로 인적 자원인 전문가의 육성이 이루어져야 한다.

⑦ 홍보: 사회체육 프로그램이 사회 전 구성원에게 적절한 대중매체 및 홍보수단을 통해 효과적으로 전달되도록 배려한다.

⑧ 평가: 사회체육 프로그램은 지속적 · 정기적으로 평가되어 피드백 자료를 축적한다.

⑨ 보완: 사회체육 프로그램의 결과에 대한 평가에 따라 프로그램의 질적 · 양적 측면을 수정 · 보완함으로써 사회체육 프로그램을 발전시키고 그 가치를 제고하도록 노력한다.

(3) 사회체육 프로그램 기획 이론

사회체육 프로그램을 기획하는 데는 많은 이론과 접근 방법이 적용되고 있다. 이러한 이론은 조직체 및 기관의 종류, 지역사회 및 개인의 다양한 욕구, 흥미나 관심에 따라 다양하게 적용된다(Howe & Carpenter, 1985: 51).

사회체육 프로그램 기획은 일반적으로 전통적 방법, 현행적 방법, 욕구분석적 방법, 권위주의적 방법, 사회정치적 방법, 지역사회지도자중심 방법 등이 주로 활용되고 있다. 이러한 방법은 각기 장단점을 지니고 있으며 사회체육 프로그램 기획 시 독립적으로 적용되기도 하나 상황에 따라서는 두 가지 방법 이상이 상호 유기적으로 혼합되어 적용되기도 한다(Weiskopf, 1982: 356).

가. 전통적 방법(traditional approach)

전통적 방법은 기존 프로그램을 계속 답습하는 방법이다. 과거의 프로그램이 성공적이었다는 근거에서 개선의 여지에 대한 의문을 제기하지 않고 그대로 유지하는 프로그램 기획을 말한다. 이 접근방법은 유행이나 사회적 변화와 함께 참가자의 욕구와 흥미수준이 변함에도 불구하고, 기존 프로그램을 고수하기 때문에 참가자의 새로운 경험과 다양한 활동 기회를 제한하여 결과적으로 참가자의 관심을 저하시킬 가능성이 있다.

나. 현행적 방법(current-practices approach)

현행적 방법은 현재 다른 지역이나 다른 장소 및 다른 기관에서 시행하는 프로그램에 의존하거나 그 프로그램의 성공적인 지도 방법과 지도 이념을 활용하는 방법이다. 이 방법은 다른 지역이나 장소 및 기관에서 성공한 프로그램은 해당 지역이나 장소 및 기관에서도 성공할 수 있다는 가정을 전제로 한다. 현행적 방법은 각 지역이 각기 다른 환경적 요인에 의하여 특징지어짐에도 불구하고, 이를 등한시한다는 단점을 지니고 있다. 따라서 특정 지역에서 상당한 성과를 거둔 프로그램이라 해도 다른 지역이나 장소 또는 기관에서는 실패할 가능성이 상존한다고 할 수 있다. 그러나, 사회체육 지도자가 오늘날 여러 곳에서 성행하는 성공적 프로그램의 사례에 대하여 지속적 관심을 기울임으로써 시대적 상황에 부합하는 프로그램 관련 지식과 정보를 획득할 수 있다는 관점에서 매우 유용하다는 장점이 있다. 기존의 성공적 프로그램에 대한 접근은 다른 사회체육 지도자와의 정보 교환이나 최근의 사회체육 관련 문헌 및 연구 보고서, 대중매체의 보도자료를 통하여 이루어질 수 있다.

다. 욕구분석 방법(expressed-desire approach)

욕구분석 방법은 조사 분석을 통하여 참가자의 흥미 및 욕구 수준을 파악함으로써 참가자의 기대를 충족시키고자 하는 방법이다. 이는 사회체육의 궁극적 목적이 참가자의 욕구 충족이라는 점에서 매우 유익한 효과를 가져오는 방법으로 알려져 있다. 그러나, 이 방법은 참가자의 욕구 및 흥미에 지나치게 편승함으로써 다양하고 새로운 프로그램을 제공하지 못하므로 창조적이고 건설적인 사회체육활동을 기대하기 어렵다는 단점을 지니고 있다. 즉, 사회체육 프로그램이 본질적으로 다양성과 복합성 그리고 연계성을 지녀야 한다는 원칙에 상반되는 결과를 가져올 수 있다.

라. 권위주의적 방법(authoritarian approach)

권위주의적 방법은 사회체육 행정가나 관리 책임자가 자신의 개인적 판단에 따라 사회체육 프로그램의 활동을 독단적으로 결정하는 방법이다. 이는 사회체육 프로그램의 기획이나 실행에 있어서 참가자의 의견이나 욕구가 전혀 반영될 수 없다는 단점을 지니고 있다. 따라서 이 방법에 의하여 사회체육 프로그램을 기획할 경우, 모든 사회체육 행정가, 관리 책임자 및 지도자는 사회체육에 관한 충분한 지식과 정보를 습득하여야 할 뿐만 아니라, 참가자가 특별히 요구하고 기대하는 사항을 공식 · 비공식적인 방법을 활용하여 파악할 필요가 있다.

마. 사회정치적 방법(social-political approach)

사회정치적 방법은 사회체육을 주관 · 감독하는 기관의 요구, 사회체육 프로그램에 참가하고자 하는 집단의 다양한 요구 등과 같은 사회정치적 요인에 의하여 사회체육 프로그램을 기획하는 방법이다. 이 방법은 사회체육의 보급 및 양적 성장을 가속시키는 반면, 사회체육의 질적 변화를 둔화시키는 양면성을 지니고 있다.

예컨대, 사회체육의 외형적 발전을 과시하기 위하여 지역사회 주민의 욕구와 기대를 무시하고 지나치게 사회체육활동을 강요하거나 사회체육 관련 정책을 정치인의 선거공약으로 과대 포장함으로써 사회체육의 질적 개선을 저해하는 사례를 들 수 있다.

바. 지역사회지도자중심 방법(community leadership approach)

지역사회지도자중심 방법은 지역사회 개발 및 발전을 위하여 지역사회 행정기관과 지역사회 엘리트 집단의 의도에 따라 사회체육 프로그램을 기획하는 방법이다. 이 방법은 특정 국가에 있어서 지역 간 균형 발전과 지방자치의 정착을 모색하는 과정에서 제기된 접근방법으로서 사회체육 프로그램이 지역사회 복지 및 주민 자치의식을 향상시키고 지역주민의 공동체의식을 조장하는 촉매제 역할을 가능케 한다. 그러나, 지역사회 중심의 사회체육 프로그램 기획은 지역이기주의를 초래할 가능성도 있다.

이상의 접근방법들이 개별적으로 적용되어서는 효율적인 프로그램 효과를 기대할 수 없기 때문에 사회체육 프로그램 기획자는 사회체육 관련 요인을 종합적으로 고려한 다음 상기 방법을 조화롭게 적용하여 사회체육 프로그램을 기획하는 것이 바람직하다.

2) 사회체육 프로그램 기획 과정

사회체육 프로그램을 체계화하고 그에 따른 이론 모형을 구성하여 실제 활동에 적용하는 데에는 두 가지 측면을 고려하여야 한다. 첫째, 사회체육 지도자는 다양한 프로그램을 사회체육 현장에 적용하기 위하여 전문적이고 다양한 프로그램 이론을 활용해야 한다. 둘째, 프로그램의 어떠한 이론이나 모형도 실제 상황에 완전하게 적용되지는 못하지만, 프로그램 기획의 준거를 마련하고 다양한 유형의 프로그램을 창안한다는 측면에서 프로그램 기획에 대한 이론적 모형이 수립되어야 한다. 특히, 사회체육 프로그램의 이론적 모형은 운동학습과정과 운동수행의 양식에 기초하여 개

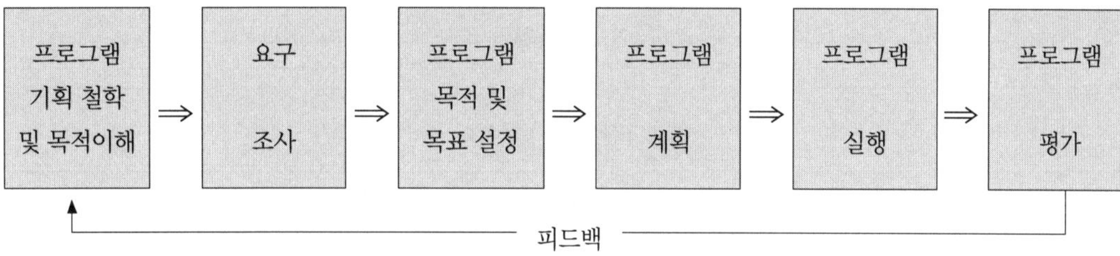

그림 9-1. 사회체육 프로그램 기획 모형

발되도록 한다.

사회체육 프로그램은 사회체육 프로그램 기획의 철학 및 목적에 대한 이해, 참가 대상의 욕구 조사, 프로그램 목표 설정, 프로그램 계획, 프로그램 실행, 프로그램 평가 등의 과정을 통하여 기획된다. 이러한 과정은 선형적 방식이 아닌 순환적 · 주기적 방식으로 전개된다(Rossman, 1995: 72-73). 이를 도식화하면 〈그림 9-1〉과 같다.

(1) 프로그램 기획의 철학 및 목적 이해

사회체육 프로그램 기획은 프로그램 기획의 철학 및 목적에 대한 이해로부터 출발한다. 관련 기관 및 조직의 철학은 프로그램 전개에 대한 일반 지침을 제공하고 기관이 전개할 프로그램을 구체화한다. 또한 사회체육 프로그램 기획은 조직의 철학에 기초해서 이루어지므로 사회체육 프로그램 기획자는 현행 프로그램이 기관의 철학 및 목적에 부합되는지, 그리고 기관의 철학을 구현하는 데 프로그램이 기여하고 있는가를 살펴보아야 한다.

프로그램 기획의 철학은 각 사회체육 주무 행정기관에 따라 상이하다. 사회체육 담당 기관은 각기 다른 목적하에서 서비스를 제공하기 때문에 프로그램 기획의 철학 또한 상이할 수밖에 없다. 예를 들어, 선교활동을 목적으로 하는 종교단체의 사회체육 프로그램의 철학과 이윤추구를 목적으로 하는 상업체육 프로그램의 철학은 각기 다른 양상을 띨 것이다.

기관의 철학은 개인, 지역사회, 조직체의 요구를 통해서 확립된다. 성공적인 서비스를 위해서는 개인의 요구뿐만 아니라, 지역사회 및 조직체 자체의 요구를 만족시켜야 한다. 그러나 어떠한 기관도 자원이 무한정하거나 모든 요구를 충족시킬 수 없으므로 우선순위를 결정하여야 하는데, 일반적으로 개인의 요구를 가장 우선순위에 둔다. 이는 지역사회의 요구, 조직체의 요구, 기관의 철학에 매우 결정적인 영향을 미친다. 개인의 요구는 기관의 철학에 반영되기 이전에 지역사회의

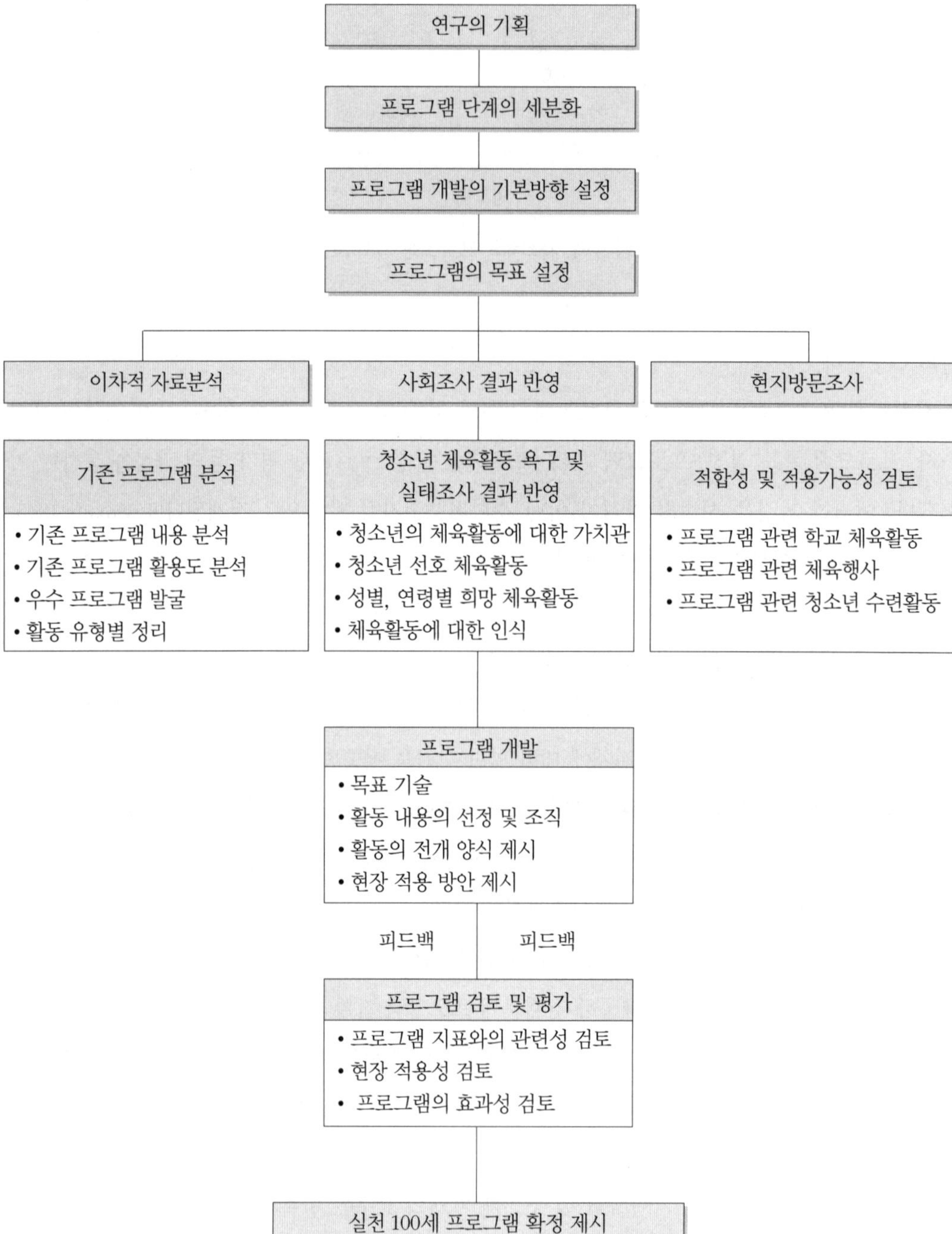

그림 9-2. 건강실천 100세 프로그램 개발의 연구내용 체계 – 청소년 부문 (임번장 외, 1998).

요구 및 사회체육 담당 기관의 장단점에 의해 조정되고 영향을 받는다(Rossman, 1995: 109).

그리고 사회체육 기관의 철학은 실현 가능해야 한다. 기관은 지도자에게 현재의 기술과 자원으로는 얻기 어려운 결과를 강요해서는 안 되며, 철학을 확고히 정립하여 지도자가 수행해야 할 내용에 대해 분명한 방향을 제시함으로써 지도자의 동기를 유발해야 한다.

마지막으로, 해당 기관은 자신의 철학과 유사한 서비스를 제공하는 다른 기관의 철학과 구별될 수 있도록 차별화 전략을 수립하여야 한다. Kotler(1980: 36)는, 기관의 철학은 "실현가능하고, 동기유발을 유도하며, 차별적이어야" 한다고 언급하고 있다.

일단 기관의 철학이 확립되면 기관의 목적 및 목표가 설정된다. 철학은 측정 불가능한 용어로 진술되어 있으므로 일련의 목적 및 목표는 해당 기관이 지향하는 철학의 측정수단을 제공할 수 있도록 개발되어야 한다. 이 목적 및 목표는 기관이 성취하려는 기준에 따라 위계적 · 체계적인 양식으로 설정된다(Rossman, 1995: 76).

목적은 행동 방침에 대한 철학적인 진술로 정의되며, 그 자체로서 기관의 기본적 존재 이유를 나타낸다. 예를 들면 특정 기관의 사회체육 프로그램의 목적은 성, 연령에 관계 없이 모든 집단에게 서비스를 제공하는 기준으로 설정할 수 있다.

목표는 목적에 대한 구체적 진술로 정의되며 양적으로 기술된다. 목표를 설정하는 데 있어 전문가는 보통 무엇을 어떻게 언제 실행할 것이며, 어떻게 목표를 측정할 것인가를 염두에 두고 추진한다. 목적이 철학을 보다 구체적으로 표현하는 것처럼 목표는 목적이 어떻게 달성되고 측정될 수 있는가를 구체적이고 현실적으로 기술한다(Edginton et al., 1980: 92).

(2) 참가 대상의 욕구조사

프로그램이 성공하기 위해서는 참가자에게 새롭고 즐거운 경험 및 만족감을 제공할 수 있어야 하므로 새로운 프로그램을 기획할 때 참가자의 욕구를 반영하는 절차를 거쳐야 한다. 이와 같이 참가자가 요구하는 내용을 구체화하기 위한 작업 일체를 욕구조사라고 한다.

가. 욕구조사의 의의 및 필요성

욕구조사는 참가자들의 개인적 · 집단적 행동을 이해하는 데 중점을 두며, 이를 통해 지도자는 사회체육활동 프로그램에 대한 사람들의 관심, 의견, 태도, 습관, 희망, 지식 등을 알게 된다. 이 단계의 목표는 참가자의 욕구를 파악하여 프로그램 서비스가 참가 대상의 욕구를 충족시킬 수 있도록 반영하는 데 있다.

욕구조사를 실시하려면 사회체육 프로그램 기획자는 반드시 모든 사람의 공통적 관심사항을 사전에 숙지하고 있어야 한다. 또한 자신의 훈련과 경험에서 얻어진 사회체육에 대한 이해와 체계적인 정보 수집, 분석 기법 및 도구를 이해하여야 한다(Howe & Carpenter, 1985: 77).

대부분의 프로그램 기획자는 욕구조사를 단순히 완성된 프로그램을 확인하는 과정으로 오해하기도 한다. 그러나, 이 단계의 목적은 각기 다른 이해 및 관심 사이에서 한정된 자원을 보다 절실히 필요로 하는 활동에 투자할 수 있도록 참가자 집단의 욕구와 희망을 체계적으로 평가하는 것이다. 즉, 욕구조사는 참가자에 대한 부분적 정보, 생리적 · 심리적 · 사회적 욕구, 실행가능 서비스, 이용가능 자원 등 다양한 형태의 정보를 제공한다.

욕구조사를 통하여 얻어진 정보는 프로그램 서비스 향상의 토대가 되므로 프로그램 기획자는 수집된 정보를 정확히 분석하고 해석하여야 한다. 따라서 욕구조사 자료에 대한 수집, 분류, 해석을 통하여 프로그램에 포함될 내용을 결정하는 것은 사회체육 전문가의 능력이다. 그러나 현실적으로 프로그램 기획자가 제대로 그 역할을 수행하지 못하는 경우가 허다하다. 이러한 문제를 해결하기 위해서 프로그램 기획자는 사회과학 조사 방법론은 물론 사회체육 행동에 대해 보다 심도 깊게 연구해야 한다(Rossman, 1995: 76-77).

나. 욕구조사 기법

욕구조사에는 다양한 기법이 이용되고 있는데, 일부 기법은 양적 분석에 적합한 반면, 일부는 질적 분석에 보다 적합하다. 욕구조사 기법으로 가장 많이 활용되는 방법은 많은 사람을 대상으로 할 수 있으며 피험자 선정이 용이한 표본조사가 있으며, 이 밖에도 면접과 관찰이 많이 이용되고 있다(임번장, 1994a: 30-31).

가) 표본조사

일반적으로 표본조사는 모집단을 대상으로 하여 관련된 사건, 분포 그리고 사회 · 심리학적 변인의 상호 관련성을 발견하기 위한 기법을 말한다. 이 기법은 비교적 다수의 사람을 대상으로 상당량의 자료를 일시에 수집할 수 있다는 장점이 있는 반면, 추상적인 인간의 느낌이나 행동 및 의식밖에 취급하지 못하는 단점이 있다. 이 기법은 절차 및 방법이 비교적 간단하여 전문가 사이에서 주로 활용되고 있다.

나) 심층면접

심층면접의 일차적 목적은 타인의 마음속 깊이 내재해 있는 심리적 구성체를 발견하는 데 있다. 심층면접을 통하여 연구 대상자의 사물에 대한 입장이나 관점을 파악함으로써 우리가 관찰로 얻을 수 없는 정보를 획득할 수 있다. 실제로 인간의 느낌, 사상, 의지 등과 같은 심리적 요인은 육안으로 관찰이 불가능하다. 또한 이전의 시점에서 발생한 행동은 관찰할 수조차 없다. 심층면접은 타인의 경험이나 그 경험을 둘러싼 의미를 이해하고자 하는 데 필요한 방법으로서, 연구 대상자의 마음속으로 들어가서 그들의 내면 세계를 보고 경험하는 기회를 제공한다.

사회체육의 궁극적 목적이 개인의 즐거움이나 심리적 만족을 충족시키기 위한 활동이므로, 이를 측정하기 위해서는 다른 어느 기법보다 심층면접이 적합한 방법이라 할 수 있으며, 최근에 활용 빈도가 늘어나고 있는 추세이다.

다) 관찰법

환경이 허락하는 한계 내에서 현실세계에서 일어나는 일련의 사태에 대하여 의식적이며 체계적인 참가를 통해 정보를 수집하는 방법이다. 이 방법은 특히 역동적인 사회과정인 사회변동이나 사회갈등 연구에 활용된다. 한편 이 방법에는 정보의 출처, 관찰자의 직업이나 개인적 특성에 의해 초래되는 신뢰도나 타당도에 문제점이 있을 수 있다(임번장, 1994a: 30-31).

위의 각 접근 방법은 각기 장 · 단점을 지니고 있기 때문에, 어떠한 접근 방법도 참가자의 욕구를 조사하는 데 완벽한 것은 없다. 따라서 욕구조사를 함에 있어서 한 가지 기법에만 의존하기보다는 다양한 기법을 이용해서 참가자의 욕구를 최대한 정확하게 파악할 수 있도록 노력해야 한다.

다. 욕구조사 과정

프로그램 기획 과정에 있어 욕구조사는 일반적으로 다음과 같은 과정을 거쳐 이루어진다 (Edginton et al., 1980: 84-85).

가) 참가자의 습관, 태도, 성격, 흥미와 관련된 자료 수집

① 참가자의 인구 통계학적 특성: 성, 연령, 수입, 교육수준, 직업

② 가용시간: 참가자의 활용 가능한 사회체육활동 시간

③ 사회체육 행위: 사람들이 사회체육 현장에 참가해서 활동하는 행위

④ 의견과 태도: 사회체육활동에 관련된 참가자의 의견, 태도 및 여론조사

나) 수집된 자료의 분석

자료 수집이 끝나면 전문 지식에 의거하여 수집된 자료를 분석한다. 사회체육 프로그램 기획자는 자료 분석을 통하여 참가자가 원하는 것이 무엇인가를 파악할 수 있어야 하며, 이를 위해서는 자료에 대한 객관적 분석이 필요하다.

다) 분석 결과를 토대로 한 실행

자료에 대한 분석이 끝나면, 결과를 토대로 행동에 옮겨야 한다. 이 과정에서는 수집된 정보의 재검토와 해석을 통해 일관된 실행이 이루어지도록 한다.

위와 같은 욕구 분석 과정은 일회에 그쳐서는 안 되며 지속적으로 이루어져야 한다. 사회체육 프로그램 기획자는 이러한 과정을 통해서 참가자의 욕구와 관련된 보다 많은 정보를 얻을 수 있으며, 이러한 자료를 이용하여 한층 더 생산적인 프로그램을 기획할 수 있는 결정을 내릴 수 있게 된다.

(3) 프로그램의 목적 및 목표 설정

사회체육 프로그램 기획 시에는 프로그램의 기획 및 실행을 이끌어 갈 목적이 설정되어야 한다. 사회체육 프로그램의 목적 설정은 프로그램 기획의 전 과정에서 추진하여야 할 방향을 제시한다는 점에서 매우 중요한 의의를 지닌다.

사회체육 프로그램의 목적은 수집된 욕구조사 자료의 분석을 통해 방향이 설정되며, 어떠한 프로그램이 전개될 것인가를 부분적으로 제시해 준다. 예를 들어, 수집된 자료의 분석을 통해 기간을 어느 정도로 할 것인지, 또는 어느 집단 및 지역에서 해당 프로그램을 필요로 하는가를 알아 낼 수 있다. 이 단계에서는 기존 프로그램 욕구조사에서 파악된 내용을 통합하여 향후 진행될 프로그램에 적용함으로써 기관이 전개할 프로그램의 운영 방향을 제시한다.

사회체육 프로그램이 추구하는 궁극적인 목적을 달성하기 위해서는 구체적으로 성취하여야 할 실천 내용을 수반하여야 하는데, 이것이 바로 사회체육 프로그램의 목표이다. 따라서 목표는 목적에 비해 보다 구체적 진술로 이루어지며, 목적이 어떻게 달성되고 이루어지는가를 측정할 수 있는 방법을 제시한다.

일반적으로 목표의 기능은 다음과 같다.

① 프로그램 참가 이후에 도달하고자 하는 참가자의 상태 및 능력을 제시한다.
② 프로그램을 구성하는 구체적인 활동 내용을 세부적으로 명확하게 진술한다.
③ 프로그램을 전개하는 과정에 있어서 일관된 기본 행동의 지침을 제시한다.
④ 프로그램 실행 이후 목표 달성 정도를 평가할 수 있는 기준이 된다.

한편, 수행 목표는 참가자의 행동 변화를 관찰하고 측정하기 위한 목표로서, 목표와 동일한 성격과 장점을 지니는 동시에 참가자 행동에 초점을 두는 것이 특징이다. 수행 목표는 목적이나 일반 목표와 달리 참가자의 실질적인 행동에 대해 기술하므로 참가자의 행동을 측정할 수 있도록 관찰 가능한 방식으로 진술되어야 한다(Edginton et al., 1980: 92-93).

수행 목표가 구체적으로 적절히 설정되면 사회체육 프로그램 기획 활동에서 수단과 목적 사이의 거리가 좁혀진다. 또한, 사회체육 프로그램의 목표는 목적과 일관성을 유지하고 단일 목표보다는 복합 목표를 동시에 수립하여야 하며 목표 간 우선순위와 실현 가능성을 고려하여 설정되어야 한다.

결국 프로그램의 목적 및 목표는 기획자가 프로그램에서 추구하는 최종 결과의 도달 방법을 나타내고, 기획된 결과의 달성 여부를 알려 주는 지침의 준거로 설정된다(Edginton et al., 1980: 92).

(4) 사회체육 프로그램 계획

일단 참가자의 욕구가 파악되고, 프로그램의 목적 및 목표가 설정되면, 다음 단계는 프로그램을 실제적으로 계획하는 것이다. 프로그램 계획은 프로그램 설계 및 프로그램 작성 단계로 구분된다.

가. 프로그램의 설계

프로그램 설계란 프로그램 구성 요소를 확인하고 단계별 활동 시나리오를 계획하는 것으로서 (Rossman, 1995: 170) 프로그램 운영에 필요한 활동 시나리오를 개념화하고 우선순위를 결정하는 데 목적이 있다. 프로그램 설계는 욕구조사와 실행 사이의 중간 단계이다. 이 단계에서 프로그램 기획자는 다양한 설계 기법을 이용하여 프로그램을 실행하기 전에 참가자의 입장에 서서 프로그램을 대신 경험해 봄으로써 참가자들이 만족할 수 있는 방식으로 설계해야 한다. 설계에 있어서, 프로그램 기획자는 기관의 철학을 벗어나지 않는 범위 내에서 욕구조사를 통해 확인된 참가자의 욕구를 충족시킬 수 있도록 설계해야 하며, 기관의 자원 및 운영 가능성을 고려하여 실현 가능한 프로그램이 설계되도록 입안해야 한다(Rossman, 1995: 78).

나. 프로그램 계획서

프로그램 기획자 단독으로 사회체육 프로그램을 계획하는 것은 바람직하지 못하다. 즉, 동료 프로그래머와의 협력이 매우 중요하며, 계획에 참가하는 모든 사람들이 설계의 세부 사항을 상세하게 파악하고 있어야 한다. 이러한 과정은 프로그램 계획서를 통하여 이루어진다. 사회체육 프로그램의 성공적인 실행을 위해서는 관련자 모두가 프로그램 계획서에 제시된 업무 내용을 분명히 이해하고 있어야 한다.

프로그램 계획서는 건물의 청사진이라 할 수 있다. 건축가는 청사진을 통하여 건축담당자에게 건축물의 역할과 기능을 전달함으로써 자기가 설계한 바대로 건물을 완성시킨다. 사회체육 프로

표 9-3. 사회체육 프로그램 계획서 작성 순서

프로그램 계획서
1. 프로그램 제목 2. 프로그램 철학 3. 프로그램의 필요성 4. 프로그램의 목표 5. 세부 운영 사항 1) 광고 계획 2) 예산과 참가비 정보 3) 등록 계획 4) 직원 교육 계획 5) 물품 및 자료 목록 6) 시설 계획 7) 경영 계획 8) 취소 계획 6. 프로그램 평가 계획 7. 프로그램 개선 계획

그램 기획자 또한 사회체육 프로그램 계획서를 통하여 프로그램 운영에 관련된 모든 사람에게 소관 업무를 정확히 전달함으로써 설계자가 의도한 대로 참가자들이 활동할 수 있도록 배려한다. 프로그램 계획서는 미래 프로그램 운영의 지침으로 이용되며 설계 단계에서 발견되는 문제점을 실행 전에 바르게 교정하는 역할을 한다(Rossman, 1995: 79).

프로그램 계획서는 프로그램의 현재 상태에 관한 정보, 프로그램 운영에 투여되는 자원, 향후 프로그램 운영 시 이용할 참고 자료 등을 제공한다(Rossman, 1995: 214). 프로그램 계획서는 프로그램 운영의 세부 사항을 모두 포함하므로 기획자는 프로그램을 만드는 데 필요한 방법과 기법을 자세히 설명함으로써 프로그램 실행 및 운영 관계자와 프로그램을 어떻게 구성할 것인가에 대하여 의견을 나눠야 한다.

일반적으로 사회체육 프로그램 계획서에는 다음과 같은 내용이 포함된다(Rossman, 1995: 215-219).

가) 프로그램 제목

프로그램의 주제, 후원 기관, 누가, 언제, 어디서, 무엇을, 어떻게, 왜 할 것인가에 대한 간략하고 객관적이며 조직적인 설명이 포함된다. 이를 통하여 해당 프로그램에서 달성하고자 하는 목표를 참가자가 쉽게 파악할 수 있어야 한다.

나) 기관 프로그램 기획의 철학

기관이 지니고 있는 프로그램 기획의 철학 진술은 기관이 해당 프로그램을 전개하는 데 왜 관여하는가를 명백하게 밝혀 주기 위하여 계획서에 포함된다.

다) 프로그램의 필요성

해당 프로그램이 필요한 이유에 대하여 언급한다.

라) 프로그램의 목표

프로그램이 달성하고자 하는 목표에 대한 구체적 진술이 제시되어야 한다. 목표는 프로그램에서 달성하고자 하는 사회체육 경험이 무엇이고, 참가자가 기대하는 결과가 무엇인가를 구체화해서 제시하여야 한다. 이러한 목표가 기관의 목적 및 목표에 어떻게 부합되는가에 대한 논의가 포함되어야 한다.

마) 세부 운영 사항

프로그램이 어떻게 운영되는가에 대한 자세한 지침이 마련되어야 한다. 계획서만 가지고도 프로그램을 전개할 수 있도록 세부 사항이 자세히 기술되어야 한다. 세부 운영 사항에 포함될 내용은 다음과 같다.

① 홍보 계획: 프로그램에 대한 잠재적인 참가 대상과 프로그램의 홍보 방안에 대한 계획이 기술된다. 홍보 자료 유형, 홍보 자료 배포, 시간 안배에 대한 세부 사항이 포함되어야 한다.
② 예산과 참가비 정보: 수입 및 지출을 포함하는 프로그램 소요 예산과 참가비의 결정 방법이 포함되어야 한다.
③ 등록 계획: 등록이 필요하다면, 시행 방법이 자세하게 언급되어야 한다. 등록 요령, 장소, 방법이 구체적으로 제시되어야 한다.
④ 직원교육 계획: 프로그램 운영에 필요한 인원, 직원의 자격 요건, 직원의 고용 및 교육 방법이 구체적으로 기술되어야 한다.
⑤ 지급물품 품목과 자료 목록: 프로그램 운영에 필요한 지급물품 품목과 자료 목록이 제시되어야 한다.
⑥ 시설 계획: 프로그램 운영에 필요한 시설 목록이 작성되어야 한다. 시설의 위치를 알려주는 지도와 시설 목록표, 그리고 프로그램에 필요한 시설의 특성이 제시되어야 한다.
⑦ 경영 계획: 프로그램 경영에 대한 구체적인 방안이 제시되어야 한다.
⑧ 취소 계획: 프로그램이 취소될 경우에 대비한 대체 방법에 대한 세부 계획이 마련되어야 한다. 예를 들어, 실외 프로그램의 경우 종종 날씨 관계로 인해 취소되는 경우가 있으므로 실내 장소와 대체활동 내용이 대안이 될 수 있다.

바) 프로그램 평가 계획

프로그램의 성취 정도를 가늠하는 평가를 위한 구체적인 도구와 기법이 제시되어야 한다.

사) 프로그램 개선 계획

프로그램의 평가가 이루어지면, 향후 프로그램의 개선 방향에 대한 제안이 제시되어야 한다.

(5) 사회체육 프로그램의 실행

일정한 구성 원리에 의하여 사회체육 프로그램의 내용과 유형이 결정되면 이를 실행하고 운영하는 데 있어서도 일관된 원리와 기본방향이 마련되어야 한다. 특히, 사회체육 프로그램을 실행하는 데 있어서 주목해야 할 점은 사회체육이 참가자 중심의 활동이며, 활동을 구성하는 지도자와 참가자 간에 인간적인 상호작용이 유지되어야 하고 개인적 · 사회적으로 의미 있는 활동이 되어야 한다는 점이다.

프로그램 실행에 있어서는 물리적 공간 확보와 배열, 프로그램 홍보, 참가자 등록, 프로그램 관련 지도자의 선정 및 관리 그리고 기타 문제 등을 포함해서 주의를 기울여야 할 요건이 많다. 프로그램 기획자가 대부분의 시간을 소비하는 단계가 바로 실행 단계이다.

가. 사회체육 프로그램의 전개 단계

Crompton(1979: 52-57)이 제시한 프로그램의 전개 단계는 도입, 성장, 성숙, 포화, 쇠퇴의 5단계로 나눌 수 있다. 이를 구체적으로 살펴보면 다음과 같다.

가) 도입 단계

새로운 프로그램을 시작하는 단계로서 프로그램 기획자의 노력이 집중적으로 투입된다. 일반적으로 이 단계에서는 참가가 저조하여 1인당 경비가 다소 많이 들며 지도자 1인당 지도 인원이 적다.

나) 성장 단계

많은 사람이 프로그램에 실제로 참가하는 단계이다. 결과적으로 이 단계에서는 지도자 1인당 참가 인원이 많아지고 참가자 1인당 경비 또한 감소한다. 프로그램이 유익하다고 평가되면 참가 인원은 계속 늘어나게 된다.

다) 성숙 단계

참가 인원이 계속 증가하지만, 증가율이 감소되고 참가자 1인당 경비가 감소되는 단계이다. 대부분의 프로그램에서 이 단계가 일반적으로 가장 오래 지속된다. 이 단계에서는 마케팅 믹스의 변경, 시장세분화를 통한 새로운 시장 탐색, 평가 자료의 분석을 통한 프로그램의 수정 등에 의해 성숙 단계가 오래 지속되도록 관리하는 것이 중요하다.

라) 포화 단계

프로그램 성장이 둔화되고 등록 인원이 정체되기 시작하는 단계이다. 따라서 이 단계에서는 참가자 1인당 경비 또한 증가하기 시작하며, 사회체육 프로그램 기획자가 개입하여 프로그램 전개 단계의 양상이나 지속 기간을 조정할 수 있다. 만약 참가가 저조할 경우에는 쇠퇴 단계에 접어들게 되지만, 프로그램이 참가자의 욕구를 충족시킬 경우, 프로그램 구조 및 형식, 새로운 리더십, 시간, 장소 및 장비 변경을 통하여 이 단계를 계속 유지할 수 있다. 즉 프로그램을 구성하는 제반 여건의 개선을 통하여 참가자의 만족을 유도할 경우 프로그램이 쇠퇴 단계로 진입하는 것을 방지할 수 있다.

마) 쇠퇴 단계

참가자 등록이 현저하게 감소하는 단계이다. 쇠퇴의 정도는 상황에 따라 느리거나 빠를 수 있다. 일단 프로그램이 쇠퇴 단계에 접어들면, 프로그램 기획자는 프로그램을 부활시킬 것인가, 폐기시킬 것인가, 현상유지시킬 것인가를 결정해야 한다. 소수의 열성 참가자가 존재할 경우, 프로그램을 폐기시킬 명분이 없어 일정 기간 계속 유지되지만, 극소수만이 참가하고 있는 프로그램을 계속 유지시키는 것은 경제적으로 비효율적이다. 따라서 소멸 단계에 있는 프로그램을 없애는 문

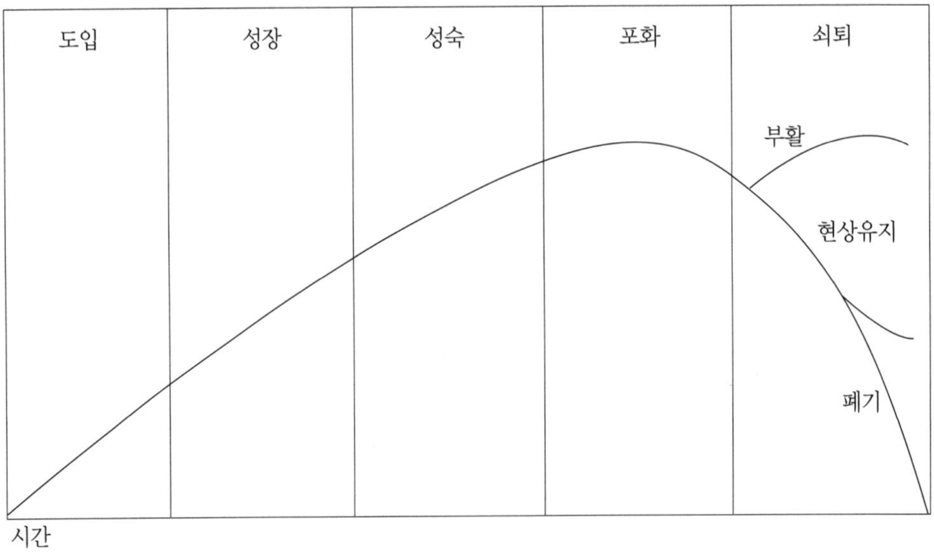

그림 9-3. 사회체육 프로그램의 전개 단계(Rossman, 1995: 472)

제에 대해서는 시기를 놓치지 않도록 탄력적으로 대처하여야 한다. 이와 같은 프로그램의 전개 단계를 도식화하면 〈그림 9-3〉과 같다.

나. 사회체육 프로그램 실행의 원리

사회체육 프로그램 실행의 원리는 일반적으로 다음과 같다(국민생활체육협의회, 1993: 106).

① 사회체육 프로그램은 기존의 지역이나 시설 그리고 지도자에 의해 수행되어 왔거나, 이미 수행된 활동 가운데 성공적이라고 평가된 프로그램부터 시행하도록 한다.
② 사회체육 프로그램은 활동 주체의 흥미와 욕구에 초점을 두고 실행되어야 한다. 예를 들어, 아동은 놀이활동 중심, 청소년은 스포츠나 율동 위주, 가족은 레크리에이션이나 야외 활동에 기본적으로 흥미를 지니기 때문에 이와 같은 활동 형태를 중심으로 프로그램을 시행한다.
③ 사회체육활동을 지속적으로 유지하기 위해서는 사회체육 프로그램 전 과정에서 참가자 간의 인간적 상호신뢰를 바탕으로 하여 사회체육 프로그램이 전개되어야 한다.
④ 사회체육 프로그램 전개 과정에서 참가자가 특별한 흥미와 욕구를 표출하거나 공통적으로 새로운 프로그램 개발의 필요성을 요구한다면 새로운 사회체육 프로그램의 내용과 지도 방법을 모색한다.
⑤ 사회체육 프로그램 전개의 주체는 참가자이다. 참가자의 참가의욕을 고취시키기 위해서는 외적 보상보다는 내적 보상에 역점을 두어야 한다.
⑥ 동일한 프로그램이라 하더라도 개인차를 고려하여 각성 수준을 조절하고 개인별로 성취 수준을 다르게 설정하여 시행한다.
⑦ 다양한 교육 매체와 시청각 자료를 활용하여 활동 동기를 유발하고 경험 효과를 극대화시킨다.

다. 프로그램 홍보 방법

프로그램 실행의 초기 단계에서는 홍보 자료를 개발하는 것이 중요하다. 홍보 방법에는 기관지, 뉴스 등이 있다. 프로그램 기획자는 프로그램을 알리기 위하여 많은 노력을 기울이는데, 이러한 홍보 자료를 잘 작성하여 적절한 방식으로 실행하여야 한다(Rossman, 1995: 259).

Howard와 Crompton(1980: 448)은 홍보를 "기관의 프로그램 및 서비스를 잠재적 참가자에게 알리고 설득하며 관심을 유도하는 기본적 의사소통"으로 정의한다. 프로그램 서비스 과정에 있어서 진정한 의사소통을 위해서 프로그램 기획자는 메시지의 형태와 내용뿐만 아니라, 메시지 수용자의 교육적 · 문화적 배경을 파악하도록 노력하는 것이 중요하다.

라. 등록 절차

사회체육 프로그램을 실행함에 있어서 참가자가 편리한 장소와 시간에 손쉽게 등록할 수 있는 구체적인 방안이 제시되어야 한다. 등록 방법에는 여러 가지가 있는데, 각기 장 · 단점을 지니므로 경우에 따라 효율적인 등록 방법을 제공하면 참가자의 서비스 만족도는 높아질 것이다. 구체적인 등록 방법에는 직접 등록과 간접 등록이 있다. 직접 등록은 참가자 자신이 지정된 시간과 해당 장소에 직접 출두하여 등록하는 방법이고, 간접 등록은 서면, 우편, 전자통신, 전화와 같은 수단을 통하여 등록하는 방법이다. 특히 근래에는 인터넷을 통한 등록이 장려되고 있다.

등록은 다음과 같은 경우에 시행된다(Rossman, 1995: 263-264).

① 참가비가 있는 경우
② 프로그램 참가 인원 규모가 제한될 경우
③ 프로그램 실행 장소의 대여료가 고가인 경우
④ 프로그램에 참가하기 위해 일정 자격요건이 필요할 경우

마. 직원 관리 프로그램 운영

사회체육은 사람과 직접 대면하는 대인 서비스이기 때문에 숙련되고 전문화된 직원을 확보하는 것이 성공적인 프로그램 실행에 필수적이다. 프로그램 기획자는 보통 사회체육 기관에서 가장 우수한 전일제 직원이 선정되는데, 프로그램 개발 및 지도자의 지도기법 개발의 두 가지 주요 역할을 수행한다.

프로그램 서비스를 실제로 운영하는 직원 중에는 시간제 및 계절제 직원이 많으며, 많은 기관에서 시간제 및 계절제 직원만으로 사회체육 프로그램을 운영하기도 한다. 특히 상업체육 기관에서는 시간제 및 계절제 직원의 급료가 싸고 유동적이기 때문에 이들을 많이 고용하고 있으며, 비상업체육 기관이나 지방자치단체에서도 경비 절감을 위해 이들을 고용하고 있는 실정이다(Rossman, 1995: 291). 시간제 및 계절제 직원 고용의 단점으로는 첫째, 시간제 직원은 조직과 프로그램에 대한 충성도가 약하다(McKinndy & Chandler, 1991: 13-29)는 점이다. 따라서 지속적 참가

를 통한 기관의 장기 이익을 도모하기가 매우 어렵다. 참가자는 지도자가 전일제인지 시간제인지 잘 구분하지 못하기 때문에 전일제 직원은 물론 시간제 직원의 업무 수행에 의해 기관에 대한 선호도와 능력을 평가한다. 둘째, 시간제 및 계절제 직원은 이직률이 높다는 점이다. 따라서 새로운 직원을 자주 충원하고 새로이 훈련시켜야 하며 시간제 직원의 업무 수행에 대한 감독을 철저히 해야 하는 번거로운 문제가 항시 발생하므로 시간제 및 계절제 고용자에 대해서도 철저한 관리 및 지도가 필요하다.

(6) 사회체육 프로그램 평가

사회체육 프로그램 평가는 좁은 의미에서 이미 제시된 활동 목표에 대한 체험 효과를 측정하는 과정이며, 넓은 의미에서 프로그램 활동을 통하여 참가자와 지도자의 사회체육에 대한 변화된 가치, 태도 및 운동 기능 수준을 판별하는 것이다.

가. 사회체육 프로그램 평가의 기능

사회체육 프로그램 평가는 일반적으로 다음과 같은 기능을 지니고 있다.

① 프로그램 지도의 기초 자료를 제공한다.
② 활동 지침에 관한 구체적인 근거를 제시한다.
③ 참가자의 동기 유발을 촉진한다.
④ 지도방법에 대한 판단기준을 확보한다.
⑤ 지도방법, 지도교재, 시설, 용 · 기구의 효율성을 검증한다.

나. 사회체육 프로그램 평가의 목적

사회체육 프로그램 평가의 목적은 사회체육 주관 단체 및 지도자의 목표 달성에 대한 기여도를 판단하고 활동 내용에 대한 참가자와 지도자의 만족도를 검증하며 후속 프로그램 실행에 필요한 정보를 획득하는 데 있다.

Edginton 외(1980: 347-349)에 따르면 프로그램 평가의 목적은 다음과 같다.

- 사회체육 프로그램이 참가자의 욕구 및 기대를 충족시키는가 확인한다.

- 사회체육 지도자의 전문성을 제고시킨다.
- 사회체육 프로그램 정책의 유연성을 확인한다.
- 사회체육 지도자의 자질과 자격을 평가한다.
- 기관의 기본 철학 확립을 통하여 프로그램의 준거틀을 개발한다.
- 사회체육 프로그램에 대한 참가자의 사고, 태도를 효과적으로 평가한다.
- 실제 경험을 통하여 습득한 지식을 확대시키고 현장의 사회체육 환경에 대한 적용 가능성을 진단한다.
- 기존 시설의 적합성 · 안정성 · 유용성을 평가한다.
- 프로그램의 유해 요인을 찾아내어 제거한다.
- 지역주민에게 가장 효율적인 서비스를 제공하기 위하여 프로그램의 계획, 지도방법을 쉽게 구조화시킨다.
- 사회체육 서비스에 대한 참가자의 인식을 고양시킨다.
- 시대에 적합하도록 사회체육 개념을 수정한다.
- 사회체육 지도자의 서비스 전문화를 촉진시킨다.
- 불필요한 공공 재원의 지출을 억제한다.
- 사회체육의 공간 확보와 시설 제공을 보장한다.

다. 사회체육 프로그램 평가의 영역

사회체육 프로그램의 평가는 다음의 다섯 가지 범주를 포함하는데 이 범주는 상호작용을 통해 평가된다(Weiskopf, 1982: 380).

① 직원 – 실제 현장 지도자나 프로그램 기획자, 감독관, 관리 직원, 봉사자 등

② 운영 – 프로그램 운영의 하위 범주를 포함하는 모든 활동

③ 관리 – 정책, 법규, 규정, 기준, 지침, 합법적 수단, 계약, 기관, 목적 및 목표와 관련한 기관의 관리 · 감독 기능 등

④ 참가자 – 정규적 · 비정규적 사회체육활동 참가등록자

⑤ 물리적 · 재정적 자원 – 기관의 모든 재산, 건물, 장비, 자료, 프로그램에 이용되는 보급품 등

라. 사회체육 프로그램 평가의 원리

사회체육 프로그램의 평가는 목표 성취도, 계획의 수행 정도, 참가자에 대한 영향력, 사회 공헌도 등을 측정하여 사회체육 프로그램의 전개 및 강화, 그리고 정책 입안의 근거 자료를 제공하는 데 의의가 있다. 이러한 사회체육 프로그램 평가의 의의를 충족시키려면 다음과 같은 원리에 입각하여 전개되어야 한다(국민생활체육협의회, 1993: 109-110).

① 사회체육 프로그램 평가는 사회체육의 개념과 목표에 근거하여야 한다.
② 사회체육 프로그램 평가는 개인 및 집단의 자발적 참가 유도에 초점을 두어야 한다.
③ 사회체육 프로그램 평가는 객관적 평가가 아닌 주관적 자기 평가(self-evaluation)로 이루어져야 한다.
④ 사회체육 프로그램 평가는 참가자가 활동한 이후의 변화 과정을 중시하여야 한다.
⑤ 사회체육 프로그램 평가 시 지적 영역보다는 정의적 · 심동적 영역을 더욱 강조하며, 특히 정의적 영역에서의 평가가 중요하다.
⑥ 사회체육 프로그램을 효과적으로 평가하려면 다양한 평가 도구가 활용되어야 한다. 관찰평가는 사회체육이 생활의 다양한 측면인 삶의 질적 · 양적 측면과 직결되기 때문에 가장 일반적으로 사용되는 도구이다.
⑦ 사회체육 프로그램의 평가 결과는 차후 프로그램의 여러 단계에 반드시 반영되어야 한다.

마. 평가 계획 과정

평가는 단일 활동이나 절차가 아니다. 하나의 평가 절차만으로 사회체육 프로그램이나 기관을 완벽하게 평가하기란 힘들다. 단위 프로그램이나 하나의 기관이 다양한 평가 요구를 충족시키기 위해서는 다양한 운영 절차를 마련하여야 한다. 이러한 다양성 때문에 평가를 어떻게 계획할 것인가를 이해하는 것이 중요하다.

일반적으로 사회체육 평가의 계획 과정은 다음과 같다(Rossman, 1995: 381-411).

가) 목적(purpose): 왜 평가하는가?

사회체육 평가 계획은 평가가 실시되는 이유의 제기에서 시작된다. 평가의 목적을 어디에 두느냐에 따라 평가 방향은 당연히 달라질 수밖에 없다. 따라서 평가 목적을 설정한 다음 계획을 진행시켜야 한다.

나) 이용자(audience): 평가 결과의 이용 대상은 누구인가?

누가 어떠한 평가 자료를 이용하고자 하는가를 확인하는 것 또한 평가 계획의 중요한 단계이다. 평가 결과를 이용하려는 주체에 따라 평가 내용이 다르기 마련이다. 예컨대, 프로그램 관리자는 프로그램의 장래 존속 여부 및 바람직한 결과를 달성하기 위한 효과적인 전략 수립에 보다 많은 관심을 기울일 것이다.

다) 평가 기법(process): 어떠한 기법으로 평가를 실시할 것인가?

평가 실시 기법에는 중요성-수행 평가기법, 만족도 평가기법, 목적 및 목표 평가기법, 삼각 평가기법 등 여러 가지가 있다. 각 기법에 따라 평가 방법이 다르기 마련이며, 가장 적절한 방법을 선택하여 사회체육 프로그램을 평가해야 한다.

라) 조사 내용(issues): 어떠한 내용이 평가에서 조사되는가?

조사 내용을 선정할 때는 그 타당성 및 가치에 관심을 기울여야 한다. 모든 프로그램 서비스는 프로그램 투입(직원, 시설, 자료, 목표 등), 과정(리더십 유형, 규정, 교육 방법, 시간계획 등), 산출(활동 유형, 프로그램화된 경험, 보급 형태), 단기적 결과(이용자 만족, 참가자 성취), 장기적 결과(지역사회의 밝은 미래, 삶의 만족도 증가)의 5개 구성요소로 이루어져 있다. 투입, 과정, 산출 단계는 프로그램 기획자의 직접적인 통제하에 있지만, 단기적 · 장기적 결과에는 그다지 영향을 미치지 못한다. 따라서 평가 내용은 주로 투입, 과정, 산출에 중점을 둔다.

마) 자원(resource): 어떠한 자원이 평가에 이용되는가?

기관의 이용 가능 자원은 기존에 수집된 자료이다. 평가에 필요한 일부 자료는 조직체에서 이미 수집된 자료를 재분석하거나 재해석함으로써 얻을 수 있다. 평가 시 항상 새로운 자료를 수집할 필요는 없다. 또한 동료, 대학, 협력 기관, 자문단과의 접촉을 통해서 평가자료를 얻을 수 있다. 이 모든 것이 기관의 평가를 돕는 잠재적 자원이다.

바) 자료(evidence): 어떠한 자료가 수집되어야 하는가?

자료는 평가에서 제기된 문제에 관하여 그 가치를 판단하는 데 이용될 수 있는 정보이다. 일단 문제가 확인되면 자료 탐색이 시작된다. 자료의 적합성 여부는 평가 주체의 구체적 요구와 조사될 항목에 따라 결정된다. 이 단계에서는 자료의 양과 질을 결정한다. 평가자는 수집된 많은 자료 중에서 가장 적합하고 타당성 있는 자료를 선별해야 한다.

사) 자료 수집 방법: 자료는 어떻게 수집되는가?

이 단계는 실제 자료의 수집 방법, 수집량, 수집 대상 등에 관한 것이다.

① 자료 수집 기법: 자료 수집 기법에는 질문지, 면접, 관찰 등 많은 기법이 있으나 주로 질문지법이 많이 이용되고 있다. 그러나 각각의 기법에는 장 · 단점이 있기 때문에 프로그램 평가 목적에 부합되는 다양한 기법을 이용해야 한다.

② 표본: 자료를 수집할 경우 모집단으로부터 표본을 추출하게 된다. 표본추출법에는 임의 표집과 무선 표집이 있는데, 가능한 한 무선 표집을 이용하는 것이 자료의 대표성을 높일 수 있다.

아) 분석: 수집된 자료는 어떻게 분석되는가?

수집된 자료는 의미 해석을 위해 분석되어야 한다. 분석 방법은 크게 양적 방법과 질적 방법이 있다. 우리나라에서는 주로 분석의 용이함, 자료 수집의 편리함 등으로 인하여 양적 방법이 많이 이용되고 있다. 그러나 이는 개인의 내면적인 사고나 감정을 파악할 수 없다는 단점 때문에 질적 방법과 병행해서 이용하는 것이 바람직하다.

자) 보고서: 평가 결과가 어떻게 보고서로 작성되는가?

분석이 끝나면 평가보고서를 작성한다. 이때 작성자는 무엇을 포함시키고, 이를 어떻게 편성할 것인지에 대해 결정을 내려야 한다. 일반적으로 보고서의 내용은 다음과 같이 구성된다.

① 제목

② 작성자

③ 보고 대상-보고서를 받을 사람

④ 수행 결과 요약-절차 및 결과의 요약

⑤ 목차

⑥ 표, 도표, 사진 목록

⑦ 보고서의 핵심: 평가의 목적, 평가 조사 내용, 프로그램 기술, 평가자의 배경, 규정 요약, 자료 수집 및 분석 방법, 결과, 보고서의 이용, 결론, 제언

⑧ 부록

⑨ 참고문헌

바. 평가 모형

사회체육 프로그램 평가 시 일반적으로 중요성-수행 평가, 만족도 평가, 목적 및 목표 평가, 삼각 평가 모형이 이용된다(Rossman, 1995: 415-464).

가) 중요성-수행 평가(importance-performance evaluation)

이 기법은 참가자가 중요하다고 여기는 사항을 담당 기관이 성공적으로 수행했다고 평가할 때 참가자의 만족도가 높아진다는 연구 결과에 기초를 두고 있다. 먼저, 사전 조사를 통하여 참가자가 가장 중요하게 여기는 것이 무엇인지를 살펴본다. 그리고 프로그램 실행 후, 해당 기관이 사전 조사 결과 중요하다고 평가된 사항을 얼마나 충족시켰는가를 알아보기 위하여 사후 조사를 실시한다.

① 목적: 참가자가 프로그램에서 중요하게 여기는 특성이 무엇인지 살펴보고, 기관에서 이러한 특성을 어느 정도 수행했는가를 알아보는 데 있다. 이 기법은 새롭게 전개할 프로그램 서비스의 구성 평가 또는 참가가 감소할지 모르는 현행 서비스의 성취 평가에 특히 유용하다.

② 이용자: 이 기법은 프로그램 감독자와 관리자에게 매우 유용하다. 중요성-수행 평가는 프로그램 개발은 물론 참가자의 기대에 대한 기관의 충족 정도를 살펴보는 데 매우 유용하다.

③ 과정: 첫 번째 단계에서는 프로그램 운영에 있어서 가장 중요한 내용의 목록을 작성한다. 이러한 목록은 문헌 고찰, 유능한 직원 및 참가자와의 면담을 통해 얻을 수 있다. 두 번째 단계에서는 이러한 목록이 잠재적 참가자에게 얼마나 중요한지를 측정하기 위한 도구를

개발한다. 세 번째 단계에서는 도구를 개발해서 실제로 자료를 수집한다. 마지막 단계에서는 이를 해석한다.

④ 조사 내용: 프로그램의 중요 사항들에 대해 참가자들이 어떻게 생각하고 구체적 프로그램에 대해서 참가자들이 얼마나 만족하는가를 조사한다. 담당 기관이 얼마나 임무를 잘 수행했는가에 대한 참가자의 판단이 포함된다. 중요성-수행 평가의 문제점은 참가자가 원하는 내용이 고정되어 있다는 가정에 있다. 프로그램은 역동적인 산물이다. 따라서 참가자는 자신이 선호하는 프로그램에 매력을 느낄 수 있지만, 프로그램 진행 도중에 선호 형태가 변할 수도 있다. 이 기법을 이용하는 평가자는 선호 형태의 변화 가능성을 항상 염두에 두어야 한다.

⑤ 자원: 이 평가를 시행함에 있어 평가도구 개발 및 인쇄, 자료 수집, 분석, 보고 등에 투여되는 시간이 요구된다.

⑥ 자료 내용: 수집된 자료는 핵심 프로그램 특성의 중요성 및 수행에 대한 참가자의 인식에 관한 것이다.

⑦ 자료 수집 방법: 자료는 프로그램 전후에 개발된 도구를 이용하여 수집된다. 일반적으로 질문지법이 많이 이용되는데, 이는 질문지법이 질문에 대한 응답 및 완성이 비교적 용이할 뿐만 아니라, 회수율이 높기 때문이다.

⑧ 분석: 수집된 자료는 적절한 방법으로 분석된다.

나) 만족도 평가(satisfaction-based evaluation)

만족도 평가는 프로그램 서비스에 대한 참가자의 만족 정도를 알아보는 데 목적이 있다. 이 자료는 프로그램 서비스의 가치를 판단하는 데 이용된다. 이 기법은 사회체육 프로그램의 가치는 참가자의 프로그램에 대한 만족 정도를 확인함으로써 가장 잘 판정될 수 있다고 가정한다.

① 목적: 사회체육 참가의 성과에 대하여 이론적으로 타당한 측정 방법을 제공하는 데 있다. 이 평가를 통해 수집된 자료는 프로그램 서비스 개발에 도움이 된다.

② 이용자: 프로그램 기획자, 프로그램 감독관, 관리자가 이 기법을 통하여 도움을 얻을 수 있다.

③ 과정: 프로그램 참가자의 만족 정도를 알아보고 분석한다.

④ 조사 내용: 조사 내용은 프로그램이 사회체육 경험을 만족스럽게 제공하는가의 여부이다. 이는 프로그램에 만족하는 참가 인원과 유형을 조사함으로써 결정된다.

⑤ 자원: 자원은 자료 수집을 위해 사용된 타당하고 신뢰성 있는 도구와 수집된 자료분석을 위한 시간이다.

⑥ 자료 내용: 수집된 자료는 프로그램에 대한 참가자의 만족 정도이다.

⑦ 자료 수집 방법: 자료는 프로그램의 종반부에서 프로그램에 대한 만족 정도를 참가자 스스로 기록하고 이를 수집한다.

⑧ 분석: 만족 정도를 확인하고 결과 자료는 다른 프로그램과의 비교를 통하여 분석된다.

다) 목적 및 목표 평가(goal and objective evaluation)

이 모형은 프로그램에 설정되어 있는 목적 및 목표와 실제 운영 사이의 불일치를 확인함으로써 프로그램 서비스의 가치를 판정할 수 있다는 가정에 기초한다. 이는 불일치의 확인에 목적이 있으므로 불일치 평가 모형이라고도 한다. 참가자가 기대와 실제 성과를 비교할 수 있도록 타당한 목적 및 목표를 설정한 다음, 보다 거시적인 관점에서 불일치 정도를 확인해야 한다.

① 목적: 프로그램 설계와 실제 운영 사이의 불일치를 살펴봄으로써 프로그램 서비스의 가치를 판단하는 데 있다.

② 이용자: 모든 이해당사자들에게 이용 가능하다.

③ 과정: 불일치 평가 방법에는 3단계가 있다. 첫째, 프로그램이 성취하고자 하는 목표의 기준을 설정하고, 둘째, 프로그램 수행과 그 프로그램을 통제하는 기준 사이에 불일치의 존재 여부를 결정하고, 셋째, 수행 또는 프로그램 기준을 변화시키기 위하여 불일치 정보를 이용한다(Provus, 1971: 183).

④ 조사 내용: 목적 및 목표는 투입, 과정, 산출을 측정하기 위해 설정될 수 있다.

⑤ 자원: 이 기법을 실행하는 데는 직원의 노력과 경비가 필요하다.

⑥ 자료 내용: 자료를 구성하는 구체적 내용은 조사 내용의 유형에 따라 다르다. 각 경우에 있어서, 최종 목적이 반드시 위계적으로 진술되어 있어 이의 달성 여부를 확인하는 데 필요한 평가 조사 내용을 프로그램 관련 직원과 참가자가 분명히 인식할 수 있어야 한다.

⑦ 자료 수집 방법: 일반적으로 참가자의 행동 관찰, 평가 조사, 참가 유형의 통계 자료, 면접

등이 이용된다.

⑧ 분석: 프로그램 운영 의도와 실제 성과를 비교하고 불일치를 살펴보는 것이다. 분석이 얼마나 잘 이루어질 수 있는가는 기준 진술의 명료성, 구체성, 측정가능성 및 관찰과 자료 수집의 철저함에 달려 있다.

라) 삼각 평가(triangulated evaluation)

사회체육 프로그램에 대한 평가는 각 시각에 따라 긍정적 혹은 부정적으로 이루어질 수 있다. 많은 평가에서 평가목적으로 기술되는 자료를 수집하기 위하여 한 가지 기법만을 이용하는데, 이는 평가를 실시하는 데 있어 편협한 결과를 초래할 수 있다. 따라서 다양한 시각으로 상황을 인식하는 것이 필요하게 되며, 이때 이용되는 기법이 삼각 평가이다.

삼각 평가는 평가를 실시함에 있어 한 가지 기법만을 이용하여 자료를 수집하지 않고 관찰, 면접, 질문지의 세 가지 기법을 모두 구사하여 이루어지는데, 이는 한 가지 방법만을 이용할 경우에 발생할 수 있는 오류를 줄일 수 있기 때문이다. 또한 평가 주체에 있어서도 단지 프로그램 기획자의 관찰뿐만 아니라, 프로그램 지도자, 프로그램 감독관과 참가자의 관찰을 포함시킴으로써 평가의 객관성과 신뢰성을 높인다. 일방적인 평가에서 초래할 수 있는 선입견이나 편견을 줄임으로써 보다 정확하게 사회체육 프로그램을 평가할 수 있다.

① 목적: 프로그램 기획자가 프로그램의 존속 여부를 결정할 때 현명한 판단을 할 수 있도록 돕는 데 있다. 이 기법에 의해 수집된 자료를 통하여 프로그램 기획자는 프로그램 서비스의 중단, 수정, 유지를 결정하기 위한 정보를 얻을 수 있다. 이 기법은 프로그램 개발과 조직 경영에 도움이 된다.

② 이용자: 프로그램 감독관과 프로그램 관리자가 이 기법을 주로 활용한다.

③ 과정: 투입, 과정, 산출 자료에서 얻은 평가 자료의 수집과 이 정보의 요약 및 분석을 포함한다.

④ 조사 내용: 프로그램 투입, 과정, 산출에 대한 프로그램 지도자, 프로그램 감독관, 참가자의 견해가 조사된다.

⑤ 자원: 자료 수집 도구, 도구 사용 방법 교육, 자료 수집 및 분석 시간이 필요하다.

⑥ 자료 내용: 지도자 및 감독관의 관찰, 면접 자료, 참가자 만족에 관한 내용이 수집된다.

⑦ 자료 수집 방법: 일반적으로 사회체육 지도자 평가지, 사회체육 프로그램 관찰 시간계획표, 사회체육 참가 평가지를 이용하여 자료를 수집한다.

사. 사회체육 프로그램 평가 시 유의사항

일반적으로 사회체육 프로그램 평가자는 종종 오류를 범하게 된다. 보다 객관적이고 발전적으로 평가하기 위해서는 다음 사항을 유념하여 시행하도록 한다(Edginton et al., 1980: 354-355).

가) 결과에 대한 과장 해석

사회체육 프로그램 결과 또는 성과에 대해 과장되게 해석하는 경우가 있다. 예를 들어, 단지 참가자들이 많았다는 이유만으로는 프로그램이 성공했다고 볼 수 없다. 진정한 프로그램의 성공은 참가자가 얼마나 만족하고 있느냐에 의해 결정된다. 따라서 결과 해석 시에는 양적 평가에만 그치지 않고 참가자들의 태도나 욕구 같은 질적인 변화를 평가할 수 있어야 한다.

나) 타당성 없는 측정 도구 선정

사회체육 프로그램 평가 시에는 단지 '표준화된 도구'라고 해서 무조건 평가에 이용해서는 안 된다. 필요한 정보나 자료를 이끌어 낼 수 있는 도구의 적합성 여부를 고려해야 한다.

다) 무성의한 자료 수집

사회체육 프로그램 평가자는 수집된 자료를 조직화해야 한다. 불성실한 자료의 입력 및 조작은 중대한 오류를 발생시킬 수 있다.

라) 평가 절차와 도구에 대한 지식 및 실행 능력 부족

사회체육 프로그램을 효율적으로 평가하기 위해서 평가자가 평가의 원리나 절차, 방법을 정확히 숙지하고 있어야 한다. 따라서 평가자는 평가 원리, 자료 수집, 절차, 방법에 대해서 항상 연구하는 자세를 지녀야 한다.

마) 편견과 선입견

사회체육 프로그램 평가자는 주관적으로 기존에 갖고 있는 기준에 따라 평가를 내리는 경우가 흔히 있다. 이렇게 되면 결국 이후의 사회체육 프로그램은 실패하게 되어 많은 자원을 낭비하는 결과를 가져온다. 따라서 평가자는 선입견이나 편견, 또는 상황에 따라 평가 결과를 왜곡하지 않고, 있는 그대로를 객관적으로 평가할 수 있어야 한다.

바) 평가자의 일방적 이용

사회체육 프로그램을 평가함에 있어 서비스 기관 내의 평가자와 외부 평가자를 균등히 배치하여야 한다. 일방적으로 어느 한쪽 평가만 따르면 공정한 평가를 내릴 수 없다. 내부 평가자는 기관에 대해 너무 잘 알고 있어서 좋은 쪽으로 결과를 왜곡할 수 있으며, 외부 평가자는 서비스 전체를 파악하는 데 어려움을 겪을 수 있다. 따라서 내부 평가자와 외부 평가자를 균형 있게 활용하여 평가의 효과를 극대화해야 한다.

| 요약 |

사회체육 프로그램은 사회체육활동에 관련되는 모든 자원을 조직하고, 행정 · 지도하는 사회체육의 협응적 제반활동이다. 사회체육 프로그램은 사회체육의 장에서 일어날 수 있는 계획되고 조직된 체육활동의 모든 측면을 의미한다.

사회체육 프로그램의 기획 과정은 기관의 철학 및 목적 이해, 욕구조사, 목적 및 목표 설정, 프로그램 계획, 프로그램 실행, 프로그램 평가 등의 단계로 구성된다. 프로그램 기획자는 기관의 기본 방침을 제시하는 철학에 대해 철저히 이해하고 있어야 한다. 욕구조사 과정은 참가 대상이 진정으로 원하는 것이 무엇인지를 알아내는 과정이다. 욕구조사 자료를 토대로 하여 프로그램 기획자가 원하는 최종 결과와 의도된 결과의 도달 방법을 제시하고, 계획된 결과가 달성되었는가를 알려 주는 조정자로서의 역할을 다하기 위해 목적 및 목표가 설정된다. 사회체육 프로그램의 계획 단계에서는 먼저 프로그램을 설계하고, 설계된 내용은 프로그램 계획서에 자세하게 기록해야 한다. 프로그램 실행 단계에서는 계획되고 조직된 프로그램의 내용을 실행 원리에 맞게 운영한다. 프로그램의 홍보 방안, 직원 관리 프로그램 운영 등이 이 단계에 포함된다. 마지막 평가 단계에서는 사회체육 주관 단체 및 지도자의 목표 달성에 대한 기여도를 판단하고 활동 내용에 대한 참가자와 지도자의 만족도를 검증하며, 향후 프로그램 운영에 대한 정보를 획득한다.

| 주요 개념 |

관찰법
권위주의적 방법
만족도 평가 모형
목적 및 목표 평가 모형
사회정치적 방법
사회체육 프로그램 계획
사회체육 프로그램 기획
사회체육 프로그램 실행
사회체육 프로그램 평가
사회체육 프로그램의 전개 단계
삼각 평가 모형
수행목표
심층면접
욕구분석 방법
욕구조사
전통적 방법
중요성-수행 평가 모형
지역사회 지도자 중심 방법
표본조사
프로그램 계획서
프로그램 설계
현행적 방법

| 연구 문제 |

1. 사회체육 프로그램의 개념에 대하여 알아보자.
2. 사회체육 프로그램의 기획 과정에 대하여 알아보자.
3. 사회체육 프로그램 기획의 이론에 대하여 살펴보자.
4. 사회체육 프로그램 실행의 원리에 대하여 알아보자.
5. 사회체육 프로그램 실행의 전개 단계에 대하여 알아보자.
6. 사회체육 프로그램 평가 기법에 대하여 살펴보자.
7. 사회체육 프로그램 평가의 원리에 대하여 알아보자.
8. 사회체육 프로그램 평가 시 유의사항에 대하여 알아보자.

참고문헌

강신욱(1991). 「사회체육 프로그램의 개발원리」. 사회체육개론 편찬위원회(편). 『사회체육개론』. 서울: 교학연구사.

국민생활체육협의회(1993). 『국민생활체육–생활체육 프로그램 순회지도 사업운영지침서』. 서울: 중도출판사.

________________(2004). 『국민생활체육리포트』. 서울: 한성애드컴.

이한규(1998). 「국민생활체육의 현주소와 사업 추진 방향」. 『국민생활체육진흥 학술세미나 자료집』(pp. 43-62).

임번장(1994a). 『스포츠사회학 개론』. 서울: 동화문화사.

임번장 외(1998). 『건강실천 100세 프로그램 개발–청소년 부문』. 국민생활체육협의회.

Crompton, J. L. (1979). Recreation program have life cycles, too. *Parks & Recreation*, October, 52-57.

Edginton, C. R., Compton, D. M., & Hanson, C. J. (1980). *Recreation and leisure programming: A guide for the professional.* Philadelphia, PA: Saunders College/Holt, Rinehart and Winston.

Farrell, P., & Lundegren, H. M. (1978). *The process of recreation programming.* New York: John Wiley & Sons.

Howard, D. R., & Crompton, J. L. (1980). *Financing, managing and marketing recreation and park resources.* Dubuque, IA: Wm. C. Brown.

Howe, Z. C., & Carpenter, G. M. (1985). *Programming leisure experiences.* Englewood Cliffs, NJ: Prentice-Hall.

Kotler, P. (1980). *Marketing management*(4th ed.). Englewood Cliffs, NJ: Prentice-Hall.

Kraus, R. G., & Curtis J. E. (1982). *Creative management in recreation and parks.* St. Louis, MO: C. V. Mosby.

McKinney, W. R., & Chandler, C. L. (1991). A comparative assessment of duties between full-time and part-time recreation leaders. *Journal of Park and Recreation Administration,* 9(1): 13-29.

Provus, M. (1971). *Discrepancy evaluation: For educational program improvement and assessment.* Berkley, CA: McCutchen.

Reynolds. J., & Hormachea. M. (1976). *Public recreation administration.* Reston, VA: Reston Publishing Company.

Rossman. J. R. (1995). *Recreation programming: Desinging leisure experience*(2nd ed.). Sagamore

Publishing.

Weiskopf, D. C. (1982). *Recreation and leisure: Improving the quality of life*(2nd ed.). Boston, MA: Allyn and Bacon.

제10장 |

사회체육 지도자

사회체육 활성화는 국민 개개인의 삶의 질 향상과 복지사회 건설을 지향하고자 하는 사회정책적 노력의 일환으로서 일반국민의 체육에 대한 기본권 보장에 목표를 두고 있다. 사회체육 활성화를 도모하기 위해서는 참가 인구의 저변확대, 시설확충, 다양한 프로그램의 개발 · 보급뿐만 아니라, 이에 더하여 우수한 지도자의 양성이 이루어져야 한다. 특히 사회체육 지도자는 체육활동 참가자의 운동 효과를 극대화시키고 운동의 합리성을 제고시킬 수 있다는 측면에서 그 중요성이 크다 하겠다.

오늘날 사회체육 참가자의 욕구와 기대 수준이 상승하게 됨에 따라 다양하고 체계적인 사회체육 참가의 기회를 제공해 줄 수 있는 전문 사회체육 지도자에 대한 수요가 한층 증가하고 있는 추세이다. 이와 같이 사회체육 지도자의 양적 · 질적 수요의 증대와 사회적 역할 기대의 향상에도 불구하고 사회체육 관련 지도자는 나름대로의 사회적 위상과 정체성을 확보하지 못하고 있으며, 전문 직업인으로서의 자긍심이 공유되지 못하고 있는 실정이다.

사회체육활동에 있어서 지도자가 차지하는 역할이나 비중을 고려할 때, 사회체육 지도자는 자신의 전문 역량을 제고하고 자긍심을 고취하기 위한 자구 노력을 끊임없이 추구하며, 전문인으로서의 사회적 지위 향상을 적극 도모해 나갈 필요가 있다.

이 장에서는 사회체육 지도에 필요한 지도 이론 및 전략과 사회체육 지도자의 지도 이념 및 행동 특성에 대하여 살펴보고자 한다. 이와 더불어 사회체육 영역에서의 독자성 및 전문성 확보를 위한 시도로서 현대사회에 있어서 사회체육 지도자의 역할 및 자질에 대하여 알아보고자 한다. 또한 사회체육 지도자의 전문화를 위한 직전교육과 현직교육의 특성을 이해하고 현재 우리나라에서 시행되고 있는 사회체육 지도자 양성 제도, 과정 및 실태와 추진방향 및 과제에 대하여 살펴보기로 한다.

1. 사회체육 지도의 이해

사회체육 현장에서 지도자는 참가자가 활동 목표를 성취할 수 있도록 효율적인 방법을 활용하여 사회체육을 지도하는 것이 중요하다. 이를 위해서는 사회체육 참가자에 대한 지도 목표가 명확히 설정되고 체계적인 지도 원리가 적용되어야 한다.

1) 사회체육 지도의 목표

사회체육 지도는 참가자의 능력과 수준을 고려하여 참가자로 하여금 목표를 달성하도록 도와주는 제반 행위를 가리킨다. 이러한 측면에서 사회체육 지도자는 참가자의 관심과 흥미를 유도하기 위하여 목표 설정 시 참가자의 의견을 반영하도록 배려하여야 한다. 사회체육 지도의 목표는 다음과 같다.

첫째, 탐구능력 향상이다. 사회체육 지도자는 참가자에게 새로운 환경에 대한 체험의 기회를 제공한다. 또한 사회체육 지도자는 새롭고 다양한 체육활동의 가치를 창출함으로써 참가자로 하여금 탐구 감각을 기를 수 있도록 촉구한다.

둘째, 건강증진이다. 사회체육 지도자는 참가자의 신체적 · 정신적 · 사회적 건강을 유지 · 증진시키는 데 기여한다. 특히 현대사회에서는 정신건강이 주요 관심 영역으로 대두되고 있는데, 사회체육 지도자는 참가자에게 자아존중감 향상과 스트레스 해소의 기회를 제공하도록 배려한다.

셋째, 사회관계 촉진이다. 사회체육 지도자는 사회체육활동 참가자 간에 원만한 유대관계를 유지하도록 도와 주는 한편, 궁극적으로 보다 바람직한 사회성을 함양하도록 촉구한다. 사회체육 지도자는 참가자로 하여금 집단 구성원과의 일체감을 느끼게 하고 건전한 사회관계의 유지 · 증진에 기여하도록 지도한다.

넷째, 지적 성장이다. 사회체육 참가자는 체육활동 참가기간 동안 지적 자극, 즉 자기 자신을 둘러싸고 있는 환경에 대해 알고자 하는 욕구를 지니고 있다. 이러한 측면에서 사회체육 지도자는 참가자에게 새로운 경험, 호기심 충족, 그리고 새로운 도전의 기회에 대한 욕구를 자연스럽게 충족시킬 수 있도록 도와 주어야 한다.

다섯째, 의사결정 능력과 독립심 배양이다. 하이킹, 캠핑, 카누, 등산, 야외활동, 스킨스쿠버다이빙과 같은 자연친화적 야외 체육활동은 자율적 행동과 외부환경에 대한 적응 그리고 독립심을 필요로 한다. 따라서 사회체육 지도자는 참가자의 의사결정 능력이나 독립심을 배양하도록 지도한다.

여섯째, 건전 여가선용의 기회 제공이다. 사회체육 참가자는 사회체육 프로그램 주관 단체가 개설 · 운영하는 프로그램에 참가함으로써 현명하고 즐거운 여가선용 기회를 제공받을 수 있다.

일곱째, 가족 유대관계 강화이다. 가족단위 사회체육 참가는 가족 구성원 간의 의사소통 및 가족응집력에 긍정적 영향을 미친다. 또한 사회체육 지도자는 가족단위 참가를 유도함으로써 가족 유대 강화에 기여하도록 배려한다.

여덟째, 환경의 중요성 인식이다. 사회체육 지도자는 참가자에게 야외활동이나 자연친화적 체육활동을 통해 환경에 대한 정보 및 가치를 일깨워 줌으로써 환경 오염 및 파괴를 방지하고 주변을 아름답게 가꾸는 자연보호 습관을 기르도록 한다.

아홉째, 협동정신 조장이다. 사회체육활동은 타 집단과의 경쟁 과정에서 집단 구성원 간의 협동정신을 유도한다. 사회체육 지도자는 참가자 개개인에게 소속감을 느끼게 하고 타인을 존중하는 자세를 주지시켜 협동정신을 배양하도록 돕는다.

열째, 시민정신 육성이다. 사회체육 지도자는 사회 · 문화의 학습과 이해를 통하여 참가자의 시민정신을 함양시키도록 촉구한다. 훌륭한 시민이 되기 위한 기본적 행동양식의 학습은 민주주의가 어떻게 운용되고 다른 사람의 권리와 특권이 어떻게 보호되는가를 이해하도록 돕는다 (Christopher & Phyllis, 1985: 196-197).

2) 사회체육 지도의 원리

사회체육 지도에 있어서는 사회체육 참가자의 개인적 · 사회인구학적 특성인 성, 연령, 교육수준, 가계수입, 직업, 건강 정도와 신체조건, 참가 경험 · 동기 · 욕구 등을 고려하여야 한다. 이러한 측면에서 사회체육 지도는 참가자에게 적합한 지도원리를 도입 · 적용해야 효과성이 커진다. 사회체육의 지도원리는 다음과 같다(Weiskopf, 1982: 344).

첫째, 사회체육의 철학적 기초에 의거하여 지도한다. 사회체육을 일상생활의 주요 영역으로 인식시키고 인간의 성장 발달을 촉진시키며 공동체의식을 향상시키는 데 기여하도록 지도한다.

둘째, 참가자에게 놀이 및 집단활동에 대한 이론적 지식을 숙지시키고 참가자 개개인의 원만하고 건설적인 집단활동 수행을 위하여 심리학 및 인간발달에 대한 기본 지식 및 원리를 습득하도록 지도한다. 이러한 인간행동에 대한 지적 이해를 바탕으로 동기를 유발시키고 개인 및 집단의 문제를 효율적으로 해결하며 궁극적으로는 건강한 삶에 대한 가치를 제고시킴으로써 사회체육에 대한 이해와 참여를 확대한다.

셋째, 참가자 욕구나 참가자 간의 개인차를 고려하여 지도한다. 또한 사회체육활동 집단과 사회체육 주관단체 그리고 사회체육이 실행되는 지역사회 및 직장 등의 요구와 권리를 균형있게 반영하여 지도하도록 한다.

넷째, 사회체육 참가자간의 경쟁과 협동의 역동적 상호관계를 유지하도록 지도한다. 또한 사회체육 프로그램 진행과정에서 갈등이 내재된 목표를 지양하고 화합 지향의 목표를 성취하도록 지도한다.

다섯째, 보다 과학적이고 체계적인 사회체육 지도 기법을 활용하여 사회체육 참가자를 효율적으로 지도하도록 노력한다.

여섯째, 사회체육 프로그램 지도결과를 평가하고 사전에 주관단체에서 제시한 목표와 활동, 참가자의 요구사항 등 전반적인 활동 사항을 검토하여 지도에 반영한다.

일곱째, 사회체육을 통한 바람직한 사회가치 구현방안을 꾸준히 모색하며 사회체육에 대한 철학과 도덕적 가치관을 일관되게 유지하면서 지도한다.

여덟째, 사회체육 참가자에게 과도한 피로와 권태를 야기하는 프로그램은 지양하고 창조적이고 생산적이며 활기찬 프로그램을 통하여 어떠한 난관이라도 극복, 실천할 수 있는 의지를 기르도록 지도한다.

아홉째, 사회체육단체 주관 프로그램에 참가하는 사람에게 자발적 참가의 원리를 적용하여 지도하도록 배려한다. 가령 사회체육 참가자가 활동에 대해 즐거워하지 않거나 만족하지 못한다면, 중도에 포기할지도 모른다. 따라서 사회체육은 강제성과 구속성을 갖지 않는 자발적인 참가가 이루어지도록 지도한다.

열째, 사회체육 참가자에게 다양한 체육활동 관련 정보를 전달하도록 배려한다. 사회체육은 참가자가 원하는 지식, 기능 혹은 가치를 효과적으로 전달할 수 있는 방법을 선정하여 지도해야 한다. 또한 참가자의 기능수준을 인지하고 참가자가 쉽게 이해할 수 있는 방법을 적용하여 원활한 의사소통 기회를 제공하도록 배려한다.

3) 사회체육 지도의 실제

사회체육 주관 단체는 지도임무를 공식화하고 학습목표, 목적 혹은 교육적 전략, 절차의 선정 등 조직적인 지도 계획을 수립한다. 이와 함께 사회체육 주관 단체는 프로그램을 실제 지도하는 데 있어서 다음과 같은 점검 항목을 설정하고 지도절차를 확립한다.

① 지도 대상은 누구인가?
• 참가자의 성, 연령, 참가동기, 기능수준, 흥미 정도
② 참가자의 참가동기는 무엇인가?
• 건강 증진, 대인관계 형성, 운동기능 향상, 스트레스 해소
③ 지도 장소는 어디인가?
• 운동장, 체육관, 수영장, 테니스장, 산천
④ 어떠한 지도 방법을 활용해야 하는가?
• 기능 위주의 지도, 경기 위주의 지도, 기능 · 경기 혼합 지도
⑤ 언제, 그리고 주당 몇 회 지도해야 하는가?
• 계절, 시간대, 기간, 빈도(한 달에 한 번, 일주일 1~2회, 일주일 3~4회, 매일)
⑥ 참가자의 능력을 어떻게 평가할 것인가?
• 구술검사, 실기검사

위와 같은 점검 항목은 사회체육활동에 중요한 정보자료가 되며 사회체육활동을 의미 있고 바람직하게 전개하기 위한 지도전략의 주요 요소가 된다.

2. 사회체육 지도자의 개념

사회체육 지도자는 시설, 프로그램과 함께 사회체육 활성화를 촉진하는 사회체육의 주요 구성요소이다. 특히 사회체육 지도자는 체육활동 참가자의 운동의 합리성을 제고시켜 운동효과를 극대화시킬 수 있다는 측면에서 중요성이 매우 크다.

1) 사회체육 지도자의 정의

사회체육 지도자는 일반대중으로 하여금 체육활동 참가를 생활화하여 체육의 가치를 경험케 하고 삶의 질을 드높일 수 있도록 도와주는 주체를 말한다. 구체적으로 사회체육 지도자를 정의하기 위해서는 먼저 지도자의 일반적 의미부터 살펴보아야 한다. 지도자는 참가자의 태도나 행동에 영향을 미치고 이의 활동 방향을 안내하며 지시하는 사람이다. 따라서 사회체육 지도자는 사회체육 참가자에 대한 안내자 · 지시자 · 영향력 행사자의 역할을 수행하는 사람이라고 할 수 있다. 또한 사회체육 지도자는 참가자의 개인적 욕구와 흥미를 충족시켜 줌과 동시에 다음과 같은 사회체육 주관 조직 · 단체의 목표를 성취하기 위해 노력하는 주체이다(Kraus, 1977: 281).

(1) 안내자

사회체육 지도자는 사회체육 참가자의 전반적인 활동을 명확하게 이해함으로써 바람직한 활동이 이루어지도록 도와준다. 사회체육 지도자는 사회체육 참가자에게 보다 접근이 용이한 사회체육활동 경로를 직 · 간접적으로 제시해 줌으로써 참가자로 하여금 사회체육활동 욕구를 충족케 하여 바람직한 활동 결과를 얻을 수 있도록 도와주는 길잡이다.

(2) 지시자

사회체육 지도자는 사회체육활동에 개입하는 참가자를 관리한다. 구체적으로 사회체육 지도자는 어떠한 예를 제시하거나 혹은 지시 · 명령의 형태로 참가자를 통제한다. 이의 예로는 수상안전요원이 안전사고 방지를 위하여 참가자에게 수영장 내에서 뛰지 말도록 요구하는 경우를 들 수 있다. 또한 사회체육 지도자는 체육활동 과제를 설명하고 부과함으로써 참가자를 지도 · 관리한다.

(3) 영향력 행사자

사회체육 지도자는 참가자 개개인이 사회체육활동에 몰입할 수 있도록 지도력을 최대한 발휘한다. 이와 같은 지도력은 현재의 활동을 촉진시킬 뿐만 아니라, 다양한 사회체육활동에 규칙적인 참가를 유도하는 동기유발 요인으로 작용한다. 또한 사회체육 지도자는 사회체육 조직 내에서 자신의 지위에 의해 부여되는 권위보다는 자신의 인격과 식견 그리고 매력에 의한 영향력 신장을 통하여 참가자를 지도하여야 한다. 이를 통하여 활동 장면마다 스스로 사회체육활동을 계획하고, 실행하며, 평가하는 의지와 능력을 기를 수 있을 뿐만 아니라, 주위에 사회체육 참가를 홍보하게 되어 사회체육 인구의 저변확대를 도모한다.

2) 사회체육 지도자의 역할 및 기능

1990년 서울대학교 체육연구소에서 수행된 '사회체육 투자 우선 순위에 관한 연구' 에서는 사회체육 투자 요소를 시설, 프로그램, 지도자, 홍보, 조직, 그리고 행정지원의 여섯 가지로 구분한 바 있다(임번장 외, 1990). 그러나 홍보, 조직, 행정지원의 요소가 지도자 요소의 차원에서 포함될 수 있다는 점을 고려하면 사회체육 지도자의 역할이 광범위할 뿐만 아니라, 그 중요성이 더욱 강조되어야 함을 알 수 있다. 결국, 사회체육의 구성요소는 시설, 프로그램, 지도자의 3요소로 이루어지는데, 이는 사회체육 지도자가 사회체육 영역에서 중추적인 역할을 담당하고 있음을 말해 주는 것이다.

조직화된 사회체육활동에 있어서 지도자는 사회체육 참가자가 최적 활동을 경험하는 데 중요한 조력자 역할을 수행한다. 사회체육 지도자는 사회체육에 직 · 간접적으로 참가하는 개인이나 집단이 지향하는 활동 방향을 설정해 줌과 동시에 사회체육활동 촉진자 · 교육자 · 중재자 · 격려자 · 동기 유발자의 역할을 담당한다. 특히, 향후 사회체육에 대한 수요와 참가자의 수가 지속적으로 급증할 뿐만 아니라, 사회체육 프로그램에 대한 질적 요구와 수준이 더욱 다양화되고 전문화될 것으로 예상된다. 따라서 사회체육 지도자는 운동 기능만을 전수하는 단순한 역할에서 탈피하여 사회체육의 운동 기능 및 지식 전달, 사회체육 참가의 동기유발, 사회체육 프로그램의 개발 및 보급, 사회체육 상담 및 홍보, 그리고 사회봉사 등 다양한 역할을 수행하여야 한다.

(1) 사회체육 지도자의 역할

사회체육의 안내 · 지도 · 상담 · 평가 주체인 사회체육 지도자의 가장 궁극적인 임무는 사회체육 저변 확대를 통한 국민의 삶의 질 증진이다. 보다 많은 사람이 전 생애를 통하여 능동적이고 지속적인 체육활동 참가 기회를 향유함으로써 삶의 질 향상을 도모하도록 촉구하는 노력과 책임이 바로 사회체육 지도자의 몫인 것이다. 따라서 사회체육 지도자는 사회체육 프로그램의 개발과 지도뿐만 아니라, 사회체육에 대한 제반 상담, 홍보 등 사회체육 인구 저변 확대를 위한 다양한 역할을 수행하는 주체로서 자리매김하여야 한다. 이러한 사회체육 지도자의 역할은 다음과 같다

(Kraus, 1985: 77-85).

첫째, 사회체육활동 목표의 설정이다. 사회체육 지도 방향과 목표를 제시하고 참가자의 활동 내용과 성취 수준을 설명함으로써 사회체육 참가자가 프로그램의 활동 목표를 이해하도록 돕는다.

둘째, 효율적인 지도 기법의 개발이다. 사회체육활동 집단의 발전 방향을 모색하고 참가자의 요구 사항을 수용 · 해결하기 위하여 효율적인 지도 기법을 지속적으로 연구 · 개발하여 적용하도록 한다.

셋째, 사회체육 지도자 간의 인간관계 유지이다. 동료나 하급 · 상급 지도자의 인적 · 행정적 상황을 이해하고 지도자 간의 원만한 대인관계를 유지하며, 각 지도자의 업무를 철저히 조직화함으로써 효율적이고 체계적인 지도가 이루어지도록 연계한다.

넷째, 사회체육 프로그램의 개발이다. 사회체육 참가자의 다양한 욕구를 충족시키고 지속적인 활동을 유지할 수 있도록 기존 프로그램을 최대한 활용하고 필요 시 개발하여야 한다.

다섯째, 사회체육 재정의 관리이다. 사회체육 관련 재정의 수입 및 지출 계획과 효율적 관리, 그리고 자체 수익사업의 개발 및 전개에 관심을 갖는다.

여섯째, 사회체육활동 용기구의 효율적 운용이다. 주변 환경 및 시설과 조화를 이루고 참가자의 개인적 · 사회적 특성과 흥미도를 고려하여 용기구를 선정하고 운용한다.

일곱째, 사회체육에 대한 연구 활동이다. 사회체육의 발전 및 활성화를 위하여 효율적인 피드백을 제공하고 참가자의 의문을 신속하게 해결할 수 있도록 꾸준하고 면밀한 연구활동을 수행한다.

여덟째, 지역사회와의 유대관계 형성 및 강화이다. 대부분의 참가자가 지역사회에 생활 근거를 두고 있기 때문에 단순한 사회체육 지도자가 아닌 지역사회 봉사자 또는 지역사회 지도자로서의 품위와 소양을 갖춤으로써 지역사회와의 유대관계를 강화하도록 행동한다. 또한 직장체육을 지도할 경우에는 근로자와 고용주의 일체감 조성에 노력하는 자세로 임해야 한다.

아홉째, 안전사고 예방 및 시설관리이다. 안전사고에 의한 상해는 참가자의 활동 욕구와 흥미 그리고 관심도를 저하시키기 때문에 신체적 접촉이나 시설물에 의한 상해가 발생하지 않도록 세심한 주의가 요구된다. 그리고 용 · 기구 조작 방법을 숙지하고 보호장구를 완비하며 응급처치 요원을 상주시키고 사고 발생 시 후송 장비를 구비하고 전문의와의 연계 방안을 수립하여 안전사고의 사전 · 사후 관리를 철저히 이행하도록 배려한다.

열째, 활동 내용의 기록 및 문서 관리이다. 프로그램 시행 이후의 활동 결과를 분석하고 프로그램 개발 정보를 제공하기 위하여 활동 내용을 기록하고 문서 보관을 철저히 한다. 또한 현시적 지도뿐만 아니라, 묵시적 지도 효과를 극대화하기 위하여 참가자의 행동이나 태도에 대한 기록 및 모형 개발에 노력하여야 한다.

(2) 사회체육 지도자의 기능

사회체육 지도자는 사회체육 참가자를 안내 · 조직하고, 시설에 따른 활동 프로그램을 제공하며, 사회체육에 대한 기회와 정보를 홍보하고 관리하는 등 매우 다양한 기능을 수행한다. 이러한 사회체육 지도자의 기능은 활동 양태적 측면과 지도 과정적 측면으로 나누어 발휘된다. 활동 양태에 따른 지도자의 기능은 참가자의 건강 · 체력 진단 및 처방, 사회체육활동의 기획 · 조직 · 시행, 사회체육 시설의 운영 및 관리 등을 말하고, 지도과정에 따른 기능은 사회체육 지도내용의 전달, 활동과제 제시, 동기유발, 활동에 대한 평가 등을 의미한다.

사회체육 지도자는 다음과 같은 구체적인 기능을 발휘한다(Weiskopf, 1982: 342).

첫째, 사회체육 지도자는 지도활동을 통하여 동료 의식 및 응집성을 조성한다. 지도자는 각 참가자가 집단 구성원임을 느끼도록 유도하여 집단 전체를 하나의 통합된 분위기로 이끈다.

둘째, 사회체육 지도자는 개인 및 집단의 목표를 확인 · 제시한다. 지도자는 개인 및 집단의 목적과 목표를 명확히 확인 · 정의 · 인식시켜 참가자가 자신의 목표 달성은 물론 욕구 충족을 위하여 수행해야 할 구체적인 행동을 이해하도록 돕는다.

셋째, 사회체육 지도자는 목표 달성을 위한 방법 및 절차를 개발 · 제시한다. 지도자는 개인 및 집단이 자신의 목표를 효과적으로 달성하도록 활동방법 및 절차를 참가자에게 명확히 확인시켜야 한다. 일반적으로 참가자는 자신의 목표를 인식하지만 활동방법은 이해하지 못하는 경우가 많다.

넷째, 사회체육 지도자는 사회체육활동을 조직한다. 지도자의 주요 책무 중의 하나는 조직화 과정이다. 조직화 과정이란 행동 결과에 대한 보상체계뿐만 아니라, 집단의 구조와 역할의 창출 및 설정 그리고 의사소통 체계의 확립을 의미한다.

다섯째, 사회체육 지도자는 참가자의 동기를 유발한다. 지도자는 집단의 활력이나 집단활동의 동기를 촉발시켜 참가자의 행동을 촉진하여 집단의 목표 성취를 도모한다.

여섯째, 사회체육 지도자는 사회체육활동 과업을 평가한다. 지도자는 실현 가능한 목표와 목적을 설정하는 주체로서 집단에 의하여 최초에 수립된 기준과 실제적인 활동 수행과의 차이를 평가한 후 이를 수정 · 보완한다. 그리고 최초의 기준과 실제 행동 간에 불일치가 존재할 경우 지도자는 새로운 행동 목표를 설정하도록 개선한다.

일곱째, 사회체육 지도자는 사회체육활동 집단을 대표한다. 지도자는 참가자를 대신하여 타 집단에 대하여 소속 집단을 대표한다. 지도자는 지역사회의 타 집단과 조직에 대하여 소속 집단의 이익과 요구를 대변한다.

여덟째, 사회체육 지도자는 사회체육 참가자의 성취도를 제고시킨다. 지도자의 주된 책임은 집단 구성원의 발전을 위해 노력하는 것이다. 지도자가 참가자의 기능 · 지식 · 태도 등의 발전을 도모하는 것은 전문가로서의 지도 철학이다. 이러한 지도 철학을 바탕으로 하여 지도자는 참가자의 자발적 참가의지를 고무시키는 역할을 수행한다.

아홉째, 사회체육 지도자는 사회체육활동 집단의 긍정적 분위기를 조성한다. 지도자는 구성원의 화합 분위기 조성을 통하여 집단 효율성을 제고시킨다.

3) 사회체육 지도자의 자질

사회체육은 학교체육과 달리 다양하고 개인차가 많은 대상을 상대로 전개되기 때문에 지도 방법에 세심한 주의가 요구된다. 이러한 측면에서 사회체육 지도자는 상당한 수준의 전문성이 요구되며 지도자 양성 또한 사회체육 운동의 확산과 이의 바른 실천을 위한 전문적 자질의 배양에 역점을 두고 이루어져야 한다. 따라서 사회체육 지도자는 운동기능만 전수하는 단순한 기능인으로 머물러서는 안 되고 폭넓은 교양과 인격, 전문적 기능과 지식을 겸비하여야 하며, 나아가 능력 발현을 위한 부단한 노력을 경주하여야 한다. 활동적이고 성공적인 사회체육 지도자가 되기 위해서는 다음과 같은 자질을 갖추어야 한다(Bucher & Bucher, 1974: 191-192).

(1) 의사전달 능력

사회체육 지도의 성패는 참가자와 지도자 간의 의사소통에 의해 좌우된다. 따라서 의사전달 능력은 지도의 선결 요건이다. 효과적인 의사전달의 선행 조건은 참가자의 관심 유도 및 유지, 전달 내용의 상세한 설명, 성실한 청취 태도 분위기 조성 등이다.

(2) 투철한 사명감

목표 성취에 대해 진취적 자세를 갖춘 사회체육 지도자는 우수한 지도자가 되기 위해 자신의 모든 능력을 발휘하여 책임을 완수하려는 의지가 투철하다. 이와 같이 투철한 사명감을 지닌 지도자는 참가자의 과도한 긴장이나 불안을 해소시켜 줌으로써 생산적 활동을 주도하고, 자발적 의지로 자신이나 집단의 목표를 성취하도록 조장한다.

(3) 활달하고 강인한 성격

사회체육 지도자는 활달하고 강인한 성격을 지녀야 한다. 이러한 성격은 사회체육 참가자로 하여금 지도자에 대한 친근감 및 신뢰감을 형성시켜 주며 집단의 우호적 분위기 조성에 기여한다.

(4) 도덕적 품성

사회체육 지도자는 고매한 도덕적 품성을 지녀야 한다. 지도자의 도덕적 품성은 사회체육 참가자를 유인하는 하나의 매력으로 작용하며 참가자와 원만한 인간관계를 형성하도록 이끌어 준다. 이는 사회체육활동에 대한 만족을 고조시켜 결과적으로 사회체육 참가자의 지속적인 참가에 긍정적인 영향을 미친다.

(5) 칭찬의 미덕

참가자의 행동 및 태도에 대한 지도자의 칭찬은 참가자의 과제 수행에 대한 긍정적 동기유발을 촉진한다. 사회체육 지도자는 참가자에 대해 칭찬을 아끼지 않음으로써 참가자로부터 신뢰를 받을 수 있으며 최상의 과제수행 효과도 얻을 수 있다.

(6) 공정성

사회체육 지도자는 일반대중의 삶의 질 향상을 위해 참가자의 사회경제적 배경, 즉 성, 연령, 교육수준, 출신지역, 사회계층, 운동기능 수준, 외모에 대한 편견 없이 모든 참가자를 평등하게 대우하고 균등하게 지도하여야 한다.

이외에도 사회체육 지도자는 모든 사람과 어울릴 수 있는 다정다감한 성품과 인내력 그리고 풍부한 유머감각을 갖추어야 하며 생활의 밝은 면을 강조하고 즐거운 생활을 영위할 수 있는 적극적 사고방식을 견지해야 한다.

4) 사회체육 지도자의 유형

안내자, 지시자, 영향력 행사자의 역할을 담당하는 사회체육 지도자는 지도방법의 유형에 따라 전제형 지도자 · 민주형 지도자 · 자유방임형 지도자로 나눌 수 있으며(Lewin, Lippitt, & White, 1939), 지도력의 범주에 따라 대인 지도자 · 관리 지도자 · 행정 지도자 · 경영 지도자로 구분할 수 있다(Edginton & Ford, 1985: 12-13).

(1) 전제형 지도자

전제형 지도자는 절대적 권위와 영향력을 소유한 전제군주적 지도자를 의미하며 권위와 권력을 지향한다. 이러한 지도자는 지배욕구가 강하며 규율을 강조하고 참가자의 일시적 오류를 참가자의 나약함으로 간주할 뿐만 아니라, 타인의 창의력과 의견을 무시하고 행동과 사고에 있어서 자기중심적이다. 따라서 사회체육을 지도하는 과정에서 참가자 개인보다는 집단의 목표 달성이 중요시되며 참가자와 지도자 간의 상호작용이 일방적으로 진행됨으로써 의사전달이 단절되어 효율적인 지도와 사회체육에 대한 지속적 관심을 기대하기 어렵다. 전제형 지도자에 의해 지도되는 사회체육활동은 활동과정에서 발생하는 문제점에 대한 책임소재가 불명확하고 지도자가 자신의 시행착오를 인정하지 않는 권위주의적 태도로 인해 지도자로서의 위상을 유지하기 어렵다. 한편 전제형 지도자는 과업 지향적 성향을 지니고 신속한 문제해결을 강요하기 때문에 일정 수준의 기능학습이 비교적 단시일 내에 이루어지는 장점을 지니기도 한다.

(2) 민주형 지도자

민주형 지도자는 의사결정에 있어서 독단적 행동을 삼가하는 한편, 의사결정과 집단목표 설정에 있어서 참가자의 창의성과 협동심을 유발시켜 참가자 개인의 잠재력을 계발하고 참가자의 의사결정에 도움을 준다. 이러한 지도자는 과제 수행과 목표 달성을 위한 행동에 있어서 참가자와 협조 관계를 유지함으로써 모든 지도과정의 문제 해결을 참가자와 함께 공동으로 대처하고 극복해 나간다. 민주형 지도자는 전제형 지도자와는 달리 권위나 권력을 지향 · 추구하지 않는 반면, 참가자가 최선을 다할 수 있도록 격려와 칭찬을 아끼지 않고 원만한 의사소통에 의한 인간관계 중심의 활동 분위기를 중시한다. 그러나 이러한 유형의 지도자는 전제형 지도자에 비해 과업 수행에 있어서 생산성이 저조하여 과업완수 시간이 비교적 장시간 소요되는 단점이 있다.

(3) 자유방임형 지도자

자유방임형 지도자는 모든 의사결정 권한을 참가자에게 위임하여 부분적으로 지도자로서의 권한을 유보한다. 이러한 지도자는 전제형 지도자와 상반된 리더십을 행사하면서 참가자의 요구에 따라 사회체육의 물리적 환경이나 자원을 제공하는 등 최소한의 지도자적 임무를 수행할 뿐이다.

이와 같은 세 가지 유형의 지도자는 각기 장 · 단점을 지니고 있으며 지도 상황에 따라 특정 유형의 지도자가 요구되기도 한다. 사회체육 지도에 있어서 중요한 것은 지도자 유형에 따른 지도 형태가 아니라 사회체육 참가자로부터 존경받고 활동 목표 달성에 적극적으로 기여하거나 주도하는 사회체육 지도자가 요구된다는 것이다.

Lewin, Lippitt 그리고 White(1939)에 의하면 일반적으로 민주형과 자유방임형 지도방법이 전제형 지도방법에 비해 효율성과 참가자의 문제 해결능력이 높은 반면, 전제형 지도방법은 당면 과제 해결과 안전사고 예방 그리고 단기간의 생산효율성 측면에서 다른 어느 유형의 지도방법보다 우월하다.

한편, 사회체육 영역에서 사회체육활동 참가자를 안내하고, 지도하며, 동기유발의 기능을 수행하는 지도자의 유형은 매우 다양하다. 예를 들면, 사회체육 행정가, 사회체육 시설관리자, 사회체육 전공학자 및 교육자, 코치, 사회체육 상담원, 사회체육 프로그램 진행자, 야외활동 지도자, 사회체육 안내원, 인명 구조원, 사회체육 순회 지도자 등이 있다. 이와 같이 다양한 지도자 유형을 지도력의 범주에 따라 구분하면 대인 지도자, 관리 지도자, 경영 지도자, 행정 지도자로 나눌 수 있다.

가. 대인 지도자(direct or face-to-face leadership)

대인 지도자는 사회체육 참가자와 직접적인 대면 관계를 맺고 상호작용하는 현장 지도자이다. 이러한 유형의 지도자는 주로 강습 · 코칭 · 상담 · 심판 · 중재 · 촉진 등의 역할을 수행하는데, 사회체육 지도자와 참가자 간의 직접적인 접촉에 의해 지도가 성립되는 것이 특징이다. 대부분의 사회체육 현장 지도자가 대인 지도자에 속하는데 운동기능 지도자, 레크리에이션 전문가, 코치, 인명 구조원 등이 이에 속한다. 이들 지도자는 사회체육 실기 능력과 전문 지식을 고루 갖추어야 할 뿐만 아니라, 참가자와 상호 작용할 수 있는 대인관계 능력을 지녀야 한다. 대인 지도자는 사회체육 단체 및 조직 활동에 있어서 핵심 주체가 된다.

나. 관리 지도자(supervisory leadership)

관리 지도자는 사회체육 조직 내 업무의 통제자 또는 중간 관리자를 말한다. 관리 지도자는 사회체육과 관련된 다양한 사안에 대해 대책을 강구하며 사회체육 조직의 목표를 원만히 성취하기 위해 대인 지도자에게 임무를 부과하고 이를 관리 · 통제하는 역할을 담당한다. 관리 지도자는 인간관계 능력뿐만 아니라, 사회체육에 관한 전문 지식을 갖추고 대인 지도자를 촉진 · 격려 · 동기유발 · 평가할 능력을 지녀야 한다. 관리 지도자는 부과된 임무를 성취하는 데 있어 대인 지도자를 조력해야 하는 책임을 지니고 있다.

다. 경영 지도자(managerial leadership)

경영 지도자는 사회체육 조직 내의 최고위직 행정 지도자이다. 경영 지도자는 광의의 목표 설정, 동기유발, 종합계획 수립, 보수체계 관리, 하급자 관리 · 감독 등 사회체육 조직의 전반적인 운영을 담당한다. 경영 지도자는 사회체육 서비스, 프로그램, 활동 과정을 이해하여야 한다. 이러한 의미에서 경영 지도자는 일반대중에게 효과적인 사회체육 서비스를 제공하기 위하여 조직 공동체의 노력을 유도하는 임무를 띠고 있다. 경영 지도자는 본질적으로 대인 지도자나 관리 지도자에 비해 보다 총괄적인 업무를 담당하는 지도자의 유형이다.

라. 행정 지도자(civic or community leadership)

행정 지도자는 일반대중의 사회체육 참가를 장려 · 촉진하며 일반대중을 사회체육 서비스 및 프로그램의 운영 · 통제 안으로 유도하기 위해 노력하는 지도자이다. 이러한 유형의 지도자는 일반대중의 관심을 대변하는 정책 입안자로 활동하는 경우도 있다. 또한 행정 지도자는 지역사회 주민의 욕구를 이해할 뿐만 아니라, 사회체육 조직의 자원배분에 관한 정보를 제공한다(Edginton & Ford, 1985: 12-15).

이와 같은 지도력의 범주에 의한 네 가지 유형의 사회체육 관련 지도자는 각기 상호 유기적인 관계를 유지하고 역할 한계를 명확히 인식하여 부과된 역할 수행에 있어서 강한 실천 의지를 지니고 있어야 한다.

3. 사회체육 지도자 교육

사회체육은 주체, 대상, 내용, 방법, 참가자의 욕구 및 자발성에 따라 다양한 양상을 나타내기 때문에 이들 특징을 잘 고려하여 지도 · 관리할 수 있는 전문적인 지도자를 필요로 한다. 특히 사회체육활동의 성패가 지도자에 의해 좌우되므로 유능한 지도자의 확보와 지도자의 전문화가 요구된다. 사회체육 지도자는 경영자, 행정가, 관리자, 감독자, 활동 지도자 등 여러 형태의 지도자가 있는데, 이는 사회체육 지도자가 참가자를 대면하여 단순히 기능만을 가르치는 단순 기능인이 아니라 사회 문화적 배경을 토대로 참가자의 건강과 인간관계, 욕구 해소, 생산성 향상 등 사회체육을 조직 · 관리하는 전문인으로서 지도자의 역할을 담당하고 있음을 의미한다. 이와 같은 사회체육 지도자의 교육에는 직전교육과 현직교육이 있다.

1) 직전교육

사회체육 지도자는 임무를 수행함에 있어 전문 지식과 탁월한 기능이 요구되기 때문에 사회체육 지도자가 되기 이전에 질 높은 준비교육이 필요하다. 이러한 준비교육은 의도적 · 계획적으로 이루어지며 그 유형은 목적제와 개방제로 분류된다. 목적제는 전문적인 사회체육 지도자 양성기관을 주축으로 하여 지도자를 육성하는 제도이다. 이는 정형화된 교육내용을 제공하여 지도자로서 갖추어야 할 자질을 함양하는 제도이다. 1급, 2급, 3급 생활체육지도자 연수제도가 그 예이다. 한편, 개방제는 다양성과 자율성에 입각하여 지도자 양성을 위해 특정 교육기관을 설치 운용할 필요 없이 모든 해당기관(YMCA, 대한적십자사, 국민생활체육협의회, 국민체육진흥공단, 기타 사회체육단체 등)에서 양성하는 것이다. 그런데 목적제는 획일성과 통제성 그리고 편협성의 단점이 있는 반면, 개방제는 지도자 윤리의식 결여, 지도자가 갖추어야 할 교양과 전문적 기능체계 경시 등의 단점이 있다. 현행 우리나라의 사회체육 지도자 양성제도는 이 두 제도가 양립해 있는 상태이다.

사회체육 지도자 양성의 핵심은 지도자 교육과정이라 할 수 있다. 이러한 사회체육 지도자 교육과정을 구성하는 데는 기능분석적 접근방법과 구조적 접근방법이 있다. 기능분석적 접근은 사회체육활동 현장에서 지도자 활동을 분석하고 지도자의 전문적인 자질 특성 및 요소를 파악하여 교육내용을 구성한다. 지도자 교육의 내용은 참가자 지도에 요구되는 구체적인 기능과 이를 뒷받침하는 지식이 주가 되어야 한다.

기능분석적 접근의 기본 논리는 다음과 같다.

① 지도자 교육과정의 목표 개념화
② 행동모형 개발
③ 행동목표 분석
④ 행동모형 하위요소의 세분화
⑤ 지도자 교육체계의 개발
⑥ 평가체계 개발
⑦ 현장적용 및 재조정

구조적 접근에서 중시하는 지도자의 자질은 불확실한 미래의 사회체육 현장에 적응할 수 있는 능력이다. 지도자 교육의 핵심은 사회체육활동을 해석하는 안목이나 직관력의 함양에 있다. 구조적 접근에서 제시하는 사회체육 직전 교육의 주요 영역은 다음과 같다.

① 사회체육 관련 전문 지식
② 지도행위와 사회체육활동 분석 방법론
③ 지도력에 관한 지식과 비판능력
④ 사회체육활동 내용 조정능력

이상과 같은 두 가지 접근은 지도자 교육과정 개발에 많은 도움을 준다. 기능분석적 접근방식은 교육내용 영역 설정과 교육과정 자체평가가 용이하고 교육목표가 명료하다는 이점이 있다. 구조적 접근방식은 지도자 양성과정에서 일반교양, 전공이론, 이론과 실기 간의 연계성을 강조하고 미래사회에 적응할 수 있는 지도자 교육방향을 제시하는 이점이 있다(김윤태 · 서정화 · 노종희, 1984: 119-122).

사회체육 분야의 전문교육은 예비지도자의 리더십 향상을 위한 준비교육이다. 전문교육과정에서는 예비지도자에게 광범위한 과제가 부과된다. 이러한 과제는 다양한 사회체육 프로그램의 방법과 지식을 제공한다.

전문교육 과정에는 인간, 환경 그리고 국민의 사회체육에 대한 요구에 부응하는 프로그램이 가능한 한 완벽하게 조직되도록 배려한다. 이러한 교육과정은 효과 면에서 바람직한 교육절차를 통하여 예비 지도자에게 폭넓고 다양한 경험을 제공한다. 이러한 경험을 통해 예비지도자는 단순한 지도기법 습득의 차원을 벗어나 보다 포괄적인 사회체육 프로그램에 대한 전문 지식을 습득하게 된다.

지도자의 활동기법은 활동을 창출해 내기보다는 활동 내로 사람을 유도하는 것이 중요하기 때문에 전문교육은 자연히 리더십 연구에 중점을 두고 있다. 바람직한 전문교육 과정의 모형은 다음과 같다.

① 사회체육의 역사와 원리
② 사회체육의 영역
③ 사회체육의 시설 및 용기구
④ 사회체육의 프로그래밍
⑤ 사회체육의 행정조직 및 정책
⑥ 사회체육의 경영 · 관리
⑦ 사회체육의 지도 원리 · 방법
⑧ 사회체육 현장실습

2) 현직교육

현직교육의 개념은 사용되는 경우에 따라 다양하게 정의된다. 김종철(1977: 268-269)은 현직교육을 "개인적으로나 집단적으로 가질 수 있는 직업에 대한 연수활동을 광범위하게 포함하는 개념으로서, 독서, 청강, 연구, 조사, 참관, 견학, 저술, 연구협의회, 강습회, 각종 위원회, 단체회합을 통하여 지도자가 자기 수양과 발전을 도모하는 교육활동"으로 정의하고 있다. 따라서 사회체육 지도자의 현직교육은 일정한 자격을 소지하고 임용된 지도자에게 해당 직무에 대한 적응능력을 길러 주기 위해 부과하는 교육 · 훈련과 재직중 지도자의 전문 능력을 배양하고 일반 업무수행 자질을 향상시키기 위해 자발적 혹은 의무적으로 이루어지는 제반 교육 · 훈련활동으로 규정할 수 있다.

사회체육활동의 성패는 지도자의 역량에 의해 좌우된다. 사회체육활동에서 지도자가 지니는 역할이나 중요성을 감안할 때 지도자의 지속적인 연수는 전문적 역할을 수행하기 위한 필수 불가결한 요건이 된다. 사회체육 지도자는 새로운 지식, 기능 그리고 정보에 대하여 지속적으로 학습하는 자세를 견지하여야 한다. 현직교육의 필요성이 요구되는 이유는 첫째, 지도자의 전문성 제고, 둘째, 사회체육에 대한 지식과 기능향상, 셋째, 새로운 프로그램의 보급 등에 있다.

Nicholson(1976: 6-16)은 현직교육의 유형을 기본 직무교육, 준 직무교육, 전문단체 직무교육, 자기향상 교육으로 구분하고 있다. 이러한 각 유형은 현직교육이 이루어지는 상황이나 환경을 의미하기도 한다.

가. 기본 직무교육

기본 직무교육으로서 전형적인 형태는 사회체육 지도자 상호간의 정보 교류, 사회체육 관련 단체나 조직의 사업활동이다. 사회체육 지도자는 공식적인 직무 후에 여타 다른 유관 체육단체 및 조직의 지도자와 활발한 상호교류를 통하여 다양한 사회체육 지식 및 정보를 얻을 수 있다. 또한 사회체육 지도자는 사회체육 관련 단체 · 조직에서 개최하는 각종 세미나에 참가하여 사회체육 프로그램 계획 및 조직, 효율적인 사회체육 지도기법에 대해 기본 직무교육을 받을 수 있다.

나. 준 직무교육

엄밀한 의미에서 볼 때 사회체육 지도자의 기본적인 직무라고는 할 수 없으나, 직무와 부차적으로 관련을 지니는 현직교육이다. 이러한 형태의 현직교육 가운데 가장 전통적이며 중요한 형태가 워크숍(work shop) 활동이다. 이 활동은 다수의 지도자와 자원봉사자를 대상으로 특정 현안을 공동으로 연구하는 유형이다.

다. 전문단체 직무교육

전문직의 가장 두드러진 특징 가운데 하나가 구성원의 질적 수준을 유지하고 통제하기 위한 책임을 지니고 있다는 점이다. 사회체육 전문 양성기관에서 상급자격 취득을 위한 연수는 이 유형에 속한다고 할 수 있다.

라. 자기향상 교육

지도자는 스스로 다양한 지식을 습득하고 기능을 유지하는 데 관심을 갖는 전문가이다. 따라서 사회체육 지도자는 자신의 지식 및 기능 확장을 추구함으로써 전문인으로서의 사회적 지위 향상을 도모하여야 한다.

사회체육 지도자의 전문성을 유지하고 지도자로서의 역량을 충분히 발휘하기 위해서는 부단한 연구와 자기수련이 필요하므로 어느 특정 유형을 고집할 것이 아니라 상황에 따라 유연성 있게 선택하여 관련 정보를 입수하도록 노력한다.

우리나라의 사회체육 지도자 교육은 직전교육에 중점을 두고 현직교육에는 소홀한 경향이 있는데, 평생교육 차원에서 현직교육의 중요성을 강조하는 방향 전환이 필요하다. 앞으로 사회체육 지도자를 위한 현장에서의 현직교육이 효과적이고 내실 있게 운영되기 위해서는 전문성 신장을 중시하는 풍토를 조성하고 사회체육활동 현장에 기반을 둔 연수체제의 기틀을 확립하는 것이 바람직하다.

4. 사회체육 지도자의 양성

1980년대 초에 이르기까지 우리나라에는 사회체육을 지도하기 위한 전문 지도자 자격이 국가의 공인을 받지 못하였다. 1986년 사회체육진흥회가 당시의 체육부로부터 지도자 자격 연수기관으로 최초 지정되어 지도자를 양성하기 시작하여 오늘에 이르렀다. 여기서는 사회체육 지도자 양성 실태를 알아보기로 한다.

1) 사회체육 진흥과 지도자 양성

1980년대까지 우리나라 체육정책의 방향은 국제대회에서 메달을 획득하여 국위를 선양하기 위한 우수선수 육성의 엘리트체육 중심이었으나, 1990년대에 들어와서는 엘리트체육과 더불어 모든 국민이 함께 참가하는 사회체육을 통해 삶의 질을 향상시키고 국민의 건강을 증진시켜 건민 · 복지사회를 실현하는 데 중점을 두고 있다. 이러한 관점에서 체육부는 '88서울올림픽의 성공적 완수로 조성된 일반국민의 체육활동에 대한 관심 및 참가 확산 분위기를 바탕으로 국민체육의 활성화를 위한 국민체육진흥3개년종합계획(호돌이 계획)을 수립하여 추진한 바 있다(체육부, 1990a: 130). 이 계획은 사회체육을 통하여 모든 국민이 즐겁고 건강하게 생활할 수 있는 건민 · 복지실현을 위한 종합계획으로서, 누구나 쉽게 참여할 수 있는 체육활동의 여건을 조성함으로써 체육의 생활화를 도모하고 평생체육을 구현하는 데 목표를 두고 있다.

사회체육 진흥을 위해서는 여러 가지 시책이 필요하나 기본적으로는 시설 확충 및 프로그램 보급과 아울러 지도자 양성이 우선되어야 한다. 사회체육 현장에서 지도자의 본질적 역할은 국민의 운동효과를 극대화시키고 활동의 합리성을 고양하는 데 있다. 따라서 전면성 · 개별성 · 반복성 · 안정성 · 적합성의 지도원리를 적용하여 보다 효율적인 체육활동이 이루어지도록 지도 · 관리하기 위해서는 전문 지도자 양성이 필수적이다.

정부는 1986년에 처음 사회체육 지도자 연수원을 지정한 이래 2006년 12월 현재 86개 종목에서 10만 640명의 생활체육 지도자를 배출하였다(문화관광부, 2006). 체육시설의 설치 · 이용에 관한 법률이 1989년 7월 1일부터 시행됨에 따라 체육시설업소에 의무적으로 지도자를 배치하도록 규정하고 있고, 국민체육진흥법(제10조) 및 동법 시행령 제17조 규정에 의하여 종업원 500인 이상의 직장에는 체육동호인 조직과 사회체육 지도자 배치를 장려하도록 권장하고 있어 사회체육 지도자의 수요가 증가될 것으로 전망된다. 따라서 사회체육 진흥을 위해서는 전문적인 사회체육 지도자의 조직적이고 체계적인 양성이 필요하다(임번장 외, 1990: 172).

2) 사회체육 지도자 양성제도

사회체육 지도자 양성을 위한 관계법령을 살펴보면, 1962년 9월 13일 법률 제1146호로 국민체육진흥법이 제정된 이래 5차에 걸친 개정 결과, 1982년 12월 31일 법률 제3612호로 발효된 국민체육진흥법 및 동 시행령이 국민체육진흥을 위한 근간이 되어 왔다. 이 법의 목적은 국민체육을 진흥함으로써 국민의 체력을 증진하고 건전한 정신을 함양하여 명랑한 국민생활을 영위하게 하며 나아가 체육을 통하여 국위선양에 이바지하는 데 있다.

'88서울올림픽의 성공적 개최 후 서울올림픽조직위원회의 해체, 체육진흥기금 확충, 직장운동경기부의 설치(문화공보위원회, 1989: 2-5) 등을 골자로 하여 1989년 현행 국민체육진흥법의 제6차 개정을 보았다. 이 개정된 체육진흥법 제11조 1항에 의하면 "국가는 국민체육진흥을 위한 체육지도자의 양성과 자질향상을 위하여 필요한 시책을 강구하여야 한다"라고 규정하고 있다. 국민체육진흥법 시행령 제22조 2항에 의하면 "문화관광부 장관은 체육지도자의 양성을 위하여 필요한 때에는 대한체육회, 한국체육대학교 기타 문화관광부 장관이 지정하는 체육단체로 하여금 체육지도자 양성을 위한 연수원을 설치 운영하게 할 수 있다"라고 규정하고 있으며, 동시행령 제24조(사회체육 지도자)에는 "문화관광부 장관은 다음 각 호의 1에 해당하는 자로서 문화관광부 장관이 정하는 연수과정을 수료하고 검정에 합격한 자에 대하여는 사회체육 지도자 자격을 부여한다"라고 규정되어 있다.

① 체육 분야에 관한 학사 이상의 학위를 취득한 자
② 대학졸업자로서 선수 또는 체육에 관한 행정, 연구, 지도 분야의 경력이 2년 이상인 자
③ 고등학교 졸업자 또는 이와 동등 이상의 학력이 있는 자로서 선수 또는 체육에 관한 행정, 연구, 지도 분야의 경력이 5년 이상인 자
④ 제1호 내지 제3호에 규정된 자와 동등 이상의 자격이 있다고 문화관광부 장관이 인정한 자

이에 따라 현재 정부가 자격을 부여하고 있는 사회체육 지도자는 한국체육과학연구원을 비롯하여 지역별, 단체별로 설치된 21개 대학 및 해당 단체의 연수교육 및 자격검정을 거쳐 배출되고 있으며 각 대학의 사회체육학과 졸업생에 대해서는 자격검정만으로 사회체육 지도자 자격을 부여하고 있다(문화관광부, 2006).

3) 사회체육 지도자 양성 과정 및 실태

소정의 연수과정을 이수하고 자격검정에 합격한 체육지도자에게 공인된 자격을 부여함으로써 자질향상을 도모하고 국민체육활동의 다양화에 따른 전문지도자 수요에 대비하고 국민체육 활동의 체계적인 지도 및 다양한 프로그램의 보급을 목적으로 국민체육진흥법 제11조 및 동법 시행령 제22조, 제25조 및 체육지도자 연수 및 자격검정에 관한 규칙, 체육시설의 설치 이용에 관한 법률 제15조, 16조 및 동법 시행규칙 제10조, 제11조에 의거하여 1986년 8월 한국사회체육진흥회에 연수원을 지정하여 1987년 12월까지 783명의 사회체육 지도자를 양성하였다. 1988년 11월에 체육청소년부가 서울대(서울, 강원), 충남대(충청), 조선대(전라, 제주), 동아대(경상, 제주), 용인대(인

표 10-1. 전국 3급 생활체육 지도자 연수원

지역	연수원	지역	연수원
서울	서울대 경희대 연세대	전북	전북대 군산대
강원	강원대	대구 · 경북	계명대 안동대
인천	인천대	경남	진주국제대
경기	용인대	부산	동아대 부경대 신라대
대전	충남대		
충남	공주대		
충북	건국대 충청대	제주	제주대
광주 · 전남	조선대 순천대	전국(태권도)	국기원
		전국(골프)	한국프로골프협회

출처: 체육과학연구원(2006). [인터넷 자료](http://sports.re.kr).

천, 경기)의 5개 대학을 연수원으로 지정하였으며, 1990년 2월에는 국기원을 태권도 지도자 연수원으로, 1992년 2월에 계명대학교(대구, 경북), 9월에 제주대학교(제주)를 연수원으로 지정하였다. 이후 여러 대학이 각 지역에 추가로 지정되어 연수원을 운영하고 있다. 또한 1991년 10월 한국체육과학연구원(전국)에 2급 지도자 양성과정을 개설하였으며, 1992년 12월에는 한국프로골프협회(전국)에서 골프지도자 연수과정 개설을 지정하였다.

현재 사회체육 지도자는 생활체육 지도자 1, 2, 3급으로 구분되어 있으며 현재 생활체육 지도자 1, 2급은 한국체육과학연구원, 3급 생활체육 지도자는 전국 21개 생활체육 연수원에서 연수과정을 거쳐 배출하고 있다(표 10-1 참조).

(1) 사회체육 지도자 양성위원회 및 실무위원회의 설치 · 운영

사회체육 지도자 양성위원회는 사회체육 지도자 양성제도의 개선 · 보완과 계획의 수립 · 집행, 연수원 운영, 지도자 관리 등 제반 사항을 심의하기 위하여 위원장 1인, 부위원장 1인으로 하고 위원은 생활체육지도자연수원장, 관련교수 및 경기단체, 업소 등의 인사 중 10~20인 범위 내에서 위원장이 임명 또는 위촉한 자와 한국체육과학연구원장이 지정하는 연수원 직원 1명을 간사로 하

여 한국체육과학연구원에 설치 · 운영하고 있으며 그 기능은 다음과 같다.

① 사회체육 지도자 양성제도 운영의 기획 및 심사 평가
② 사회체육 지도자 연수원의 총괄 및 운영의 심사
③ 연수계획의 수립 및 집행
④ 교과과정 편성 및 강사 선정
⑤ 연수대상자의 심사 선정 및 수료자 사정
⑥ 자격검정시험의 방법, 절차, 출제 관리
⑦ 자격부여의 심사
⑧ 사회체육 지도자의 수급계획 수립
⑨ 사회체육 지도자에 관한 각종 현황의 유지 · 관리
⑩ 기타 위원장이 부의하는 사항

한편 양성위원회의 심의사항을 사전 검토하여 조정하고 지정연수원, 해당 경기단체 및 업소 등과의 협조사항을 정리하기 위하여 위원장 1인, 부위원장 1인, 위원 20인 이내로 한국체육과학연구원에 실무위원회를 설치하여 운영하고 있으며 그 기능은 다음과 같다.

① 양성위원회의 심의에 앞서 미리 검토를 요하는 사항 및 위임사항
② 지도자 양성에 관한 관련기관 단체 간의 실무적인 협조사항
③ 기타 지도자 양성에 관한 사항
④ 실무위원회 운영에 관하여 필요한 사항

(2) 사회체육 지도자의 종류 및 역할

사회체육 지도자는 그 역할 및 급수에 따라 이론과 실기를 겸비하고 인격과 자질을 갖추도록 규정하고 있는데 사회체육 지도자 1급, 2급, 3급으로 구분된다(표 10-2 참조).

1급 지도자는 단순한 체육활동의 지도가 아닌 체력진단, 운동처방, 체육프로그램 구성, 상담 등의 교과목 중심으로 예방의학 차원의 체육지도자를 양성하고, 2급 지도자는 직장이나 지역에서 다양한 실기활동을 지도할 수 있도록 1개 종목의 실기 전공을 포함한 3~5개 종목의 실기 부전공

표 10-2. 사회체육 지도자의 종류

급별	역할	자격 취득 방법	비고
1급	종합체육지도 (운동처방)	• 연수과정 수료 후 자격검정과 운동 처방 관련 경력이 3년 이상인 자	230시간
2급	직장 · 지역사회 체육지도 (운동지도)	• 연수과정 수료 후 자격검정과 3급 지도자로 경력이 3년 이상인 자 • 대학의 사회체육학과 졸업자로서 소정 교과 이수자 • 학교체육 지도자 및 경기지도자 중 특별연수 수료	160시간
3급	체육시설업소 지도자 (운동지도)	• 연수과정 수료 후 자격검정 • 체육 분야 학사학위 취득자 중 일정 자격 구비자 및 자격검정	60시간

출처: 체육과학연구원(2006). 생활체육지도자 [인터넷 자료](http://www.sports.re.kr).

종목 지도기능 지도자를 양성하며, 3급 지도자는 체육도장 등 체육시설업에서 해당 종목의 실기 지도를 전담하도록 양성하고 있다.

(3) 사회체육 지도자 연수과정

사회체육 지도자 양성과정에서의 교육내용은 지도자의 자질을 향상시키는 중요한 요인이다. 사회체육 지도자로서 폭넓은 교양과 인격을 형성하기 위한 일반 교양교육, 참가자의 흥미와 요구에 알맞게 지도할 수 있는 지도자 관리교육, 현장에서 적용되는 운동종목에 대한 운동기술과 지도방법에 대한 지도법 교육, 참가자의 요구수준에 알맞은 프로그램을 선정 · 조직하고 제공할 수 있는 교육과정 조직능력 교육, 사회체육 지도자로서 갖추어야 할 자질을 쌓고 연마하는 재교육 등은 사회체육 지도자를 위한 필수적인 연수과정이다(표 10-3 참조).

또한 사회체육에 참가하는 사람들의 욕구수준은 성, 연령, 기능수준별로 상이하고, 다양한 체육환경이 존재하므로 이들을 적절히 지도할 수 있는 전문적이고 다양한 사회체육 지도자의 역량이 요구된다. 따라서 사회체육 지도자는 직장 및 지역사회, 체육시설업소 지도자 등으로 구분하여 다양하게 양성되어야 할 것이다.

한편 스포츠 종목 중에서 사회체육활동으로서 활용도가 낮은 선수육성 중심의 종목은 경기지

표 10-3. 사회체육 지도자 교육과정

구분	1급	2급	3급
교양	• 운동심리학 • 생체역학 • 심폐소생법	• 건강교육	• 생활체육론 • 건강관리
체육일반	• 운동생리학 • 기능해부학 • 운동영양학 • 병리생리학 • 심전도원리 • 운동부하검사 • 체력 · 건강검사 • 체력육성지도법	• 운동생리학 • 스포츠심리학 • 스포츠사회학 • 인체해부학 • 트레이닝방법론 • 체력검사 • 운동상해 • 운동역학	• 운동생리학 • 스포츠심리학 • 스포츠사회학 • 레크리에이션론 • 트레이닝방법론 • 구급 · 안전관리
전공	• 운동처방론		
특강	• 생활체육진흥정책 • 선진국의 운동처방 동향과 전망	• 생활체육지도자의 역할과 사명 • 생활체육진흥정책	

출처: 체육과학연구원(2006). 생활체육지도자 [인터넷 자료](http://www.sports.re.kr).

도자가 담당하고, 일반적으로 많은 사람이 참가하여 사회체육에 활용도가 높은 종목은 사회체육 지도자가 담당하여 지도의 효율성을 높여야 할 것이다.

(4) 사회체육 지도자 양성실태 및 문제점

1986년부터 2006년까지 사회체육 지도자 연수원에서 양성한 급수별 지도자 양성현황과 2006년 종목별 지도자 양성현황은 〈표 10-4〉, 〈표 10-5〉와 같다.

정부에서는 사회체육 지도방법의 효율성 및 합리성을 제고하기 위하여 매년 수천 명의 사회체육 지도자를 양성 · 배출하고 있으며 각종 체육시설에 사회체육 지도자 배치를 의무화하여 사회체육 활성화를 꾀하고 있다. 앞으로 정부에서 배출할 사회체육 지도자 양성에 대한 지원 계획은 〈표 10-6〉과 같다.

2006년 12월까지 정부가 배출한 사회체육 지도자는 총 10만 364명이고, 급수별로 보면 1급 508명, 2급 7,410명, 3급 9만 2,446명이다. 그러나 이 중 3급 사회체육 지도자의 대부분은 상업

표 10-4. 급수별 사회체육 지도자 양성 현황

급수＼연도	1995	1996	1997	1998	1999	2000	2001	2002	2003	2004	2005	2006	계
1급	17	21	23	52	48	36	40	48	47	50	65	61	508
2급	193	137	158	402	370	404	481	163	440	218	588	2,373	5,927
3급	3,262	3,777	4,105	5,716	6,585	7,007	6,019	6,693	7,261	6,474	9,121	9,033	75,053
계	3,427	4,352	4,933	6,870	6,960	5,977	6,585	7,266	5,452	6,741	9,774	11,467	81,488

출처: 문화관광부(2006). 『2006 체육백서』.

표 10-5. 생활체육 지도자 양성 통계(1974~2008)

(단위: 명)

종목	생활 1급	생활 2급	생활 3급	계	종목	생활 1급	생활 2급	생활 3급	계
검도	0	8	1,227	1,235	보디빌딩	0	984	22,990	23,974
게이트볼	0	167	459	626	복싱	0	0	3	3
격투기	0	0	105	105	볼링	0	374	5,226	5,600
골프	0	327	7,612	7,939	불무도	0	0	28	28
공권도	0	0	17	17	빙상	0	58	744	802
국선도	0	0	62	62	사격	0	0	0	0
국술	0	0	69	69	사이클	0	21	38	59
궁도	0	0	0	0	산악	0	31	29	60
궁중무술	0	0	33	33	세팍타크로	0	11	5	16
권격도	0	0	49	49	소프트볼	0	0	0	0
권투	0	16	847	863	수박도	0	0	23	23
근대5종	0	0	0	0	수상스키	0	62	31	93
농구	0	427	608	1,035	수영	0	1,516	14,280	15,796
당구	0	22	450	472	수중	0	39	47	86
도봉술	0	0	8	8	스쿼시	0	117	2,189	2,306
라켓볼	0	8	186	194	스키	0	302	1,009	1,311
럭비	0	0	23	23	승마	0	8	655	663
럭비풋볼	0	24	0	24	십팔기	0	0	24	24
레슬링	0	21	250	271	십팔반무예	0	0	11	11
레크리에이션	0	212	77	289	씨름	0	28	71	99
롤러스케이팅	0	69	0	69	아이스하키	0	0	0	0
루지	0	0	0	0	야구	0	133	128	261
리듬체조	0	4	7	11	양궁	0	4	0	4
바이아드론	0	0	0	0	에어로빅	0	255	8,905	9,160
바이애슬론	0	0	0	0	역도	0	0	0	0
배구	0	324	378	702	연식정구	0	5	3	8
배드민턴	0	522	4,476	4,998	오리엔티어링	0	23	11	34

종목	생활 1급	생활 2급	생활 3급	계	종목	생활 1급	생활 2급	생활 3급	계
왕도특수무술	0	0	10	10	탁구	0	286	1,849	2,135
요가	0	0	387	387	태권도	0	200	16,274	16,474
요트	0	1	235	236	태수도	0	0	3	3
우슈	0	21	741	762	테니스	0	596	3,669	4,265
운동처방	581	0	0	581	통일무술	0	0	18	18
윈드서핑	0	104	47	151	트라이애슬론	0	0	0	0
유도	0	55	1,736	1,791	특공무술	0	0	50	50
유술	0	0	5	5	펜싱	0	0	0	0
육상	0	33	0	33	하키	0	0	0	0
육체미	0	2	1,988	1,990	한무도	0	0	23	23
인라인롤러	0	15	210	225	합기도	0	0	1,677	1,677
정구	0	18	28	46	핸드볼	0	11	0	11
조정	0	4	86	90	행글라이딩	0	3	0	3
체조	0	207	788	995	화랑도	0	0	18	18
축구	0	426	885	1,311	활기도	0	0	1,018	1,018
카누	0	18	123	141	활법	0	0	596	596
컬링	0	0	0	0	회전무술	0	0	33	33
킥복싱	0	0	151	151	합계	581	8,122	106,041	114,744

출처: 체육과학연구원 연수실 자료에서 재구성(2008. 1).

표 10-6. 사회체육 지도자 양성 지원계획

(단위: 백만 원)

재원 \ 연도	계	2003	2004	2005	2006	2007
국고	225	45	45	45	45	45

출처: 문화관광부(2003). 『참여정부 국민체육진흥5개년계획』.

체육 시설 및 기관에 배치되어 있다. 따라서 직장 및 지역사회에서 사회체육활동을 지도 · 관리할 수 있는 1, 2급 사회체육 지도자는 상대적으로 매우 부족한 실정이다. 사회체육 지도자를 효율적으로 관리하고 적재적소에 배치 · 활용하기 위해 추진되고 있는 체육지도자 공동운영제 사업의 전국 사회체육 지도자 분포 현황을 살펴보면 사회체육 지도자 배치는 대도시 편중 현상을 보이고 있다. 따라서 사회체육 진흥을 위해서는 사회체육 지도자의 지역 간 균등한 양성 · 배치가 필요하다.

4) 사회체육 지도자 양성 추진방향 및 과제

사회체육 지도자 양성을 보다 효율적이고 발전적으로 추진하기 위해서는 지도자 양성 확대, 2급 위주의 연수교육 강화, 지도자의 효율적인 활용 · 관리를 위한 제도적 장치 확립, 사회체육 자원봉사제 도입 등의 방안을 강구해 나가야 할 것이다.

(1) 사회체육 지도자 양성 확대

현재 사회체육 지도자의 주요 공급 대상은 500인 이상의 직장단체와 사설체육시설 그리고 지역사회 사회체육단체 등이다. 그러나 2006년에 법률 개정으로 볼링장업, 테니스장업, 에어로빅장업이 신고체육시설업에서 자유업종으로 변경됨에 따라 지도자 배치 기준이 삭제되었다. 따라서 양적 확대 위주의 지도자 양성 목적에서 벗어나 기존에 양성된 사회체육 3급 지도자에 대해서 재교육 등을 통한 질적 관리 대책이 필요하다. 또한 양성된 지도자의 지역별 분포를 분석하여 지역별 균형배치를 지향해 나가야 할 것이다.

(2) 2급 위주의 사회체육 지도자 연수교육 실시

현재까지 배출된 사회체육 지도자 중 거의 대부분은 3급 지도자이다. 이는 사회체육 지도자 연수교육이 3급 위주로 운영되어 왔음을 잘 보여 주고 있다. 그동안 정부가 3급 연수교육에 치중해 온 가장 큰 이유는 상업체육시설업 등에서 활동하고 있는 무자격 지도자에게 공인 자격을 부여하여 사회체육 지도자로서의 자질 및 지위 향상을 도모한다는 것이었다. 따라서 3급 자격자는 지역사회 체육현장에서 활용하기 어려울 뿐만 아니라, 현장활용이 가능한 2급 사회체육 지도자의 수 또한 매우 적으며 지역적으로도 고르게 분포되어 있지 못하다. 따라서 현재의 사회체육 지도자 연수를 2급 위주로 전환하고 이들의 자질을 높여 가는 방향으로 추진되어야 한다.

(3) 사회체육 지도자의 효율적 관리 및 활용을 위한 제도적 장치 마련

정부가 각급 연수원을 통하여 배출한 사회체육 지도자는 효율적으로 관리되고 사회체육활동의 현장에서 최대한 활용되어야 한다. 이를 위해 사회체육 지도자 공동운영제 또는 사회체육 지도자 은행제 등의 사업을 시행하고, 사회체육 지도자를 필요로 하는 공급 대상처와의 유기적 업무협조체제를 구축하는 등 사회체육 지도자의 적재적소 배치와 활용을 위한 제도적 장치를 마련하여야 한다.

(4) 사회체육 자원봉사제 도입

현재 사회체육 지도자 수는 그 수요에 비해 부족한 실정이기 때문에 지역별로 체육지도가 가능한 인력을 파악하여 최대한 활용하는 것이 바람직하다. 사회체육 지도는 지역주민을 위한 봉사활동의 성격이 강하므로 지역 내 선수출신 경기자나 대학의 체육 관련 전공학생을 중심으로 한 자원봉사팀의 조직 · 운영을 검토해 볼 수 있다. 이를 위해서는 대학 당국의 자원봉사 또는 현장 실습 학점제 인정 그리고 자원봉사자에 대한 평가 포상제도 도입이 필요하다.

| 요약 |

사회체육 지도자는 시설, 프로그램과 함께 사회체육 활성화를 촉진하는 사회체육의 기본적인 구성 요소이다. 특히 사회체육 지도자는 체육활동 참가자의 운동 효과를 극대화시키고 운동의 합리성을 제고시킨다는 측면에서 중요성이 매우 크다. 사회체육 지도자는 탐구능력 향상, 건강증진, 사회관계 촉진, 지적 성장, 의사결정 능력과 독립심 배양, 가족유대 강화, 환경의 중요성 인식, 협동정신 조장, 시민정신 육성 등의 지도 목표를 설정하고 체계적 원리에 입각하여 지도하여야 한다.

사회체육 지도자는 사회체육 참가자에 대한 안내자 · 지시자 · 영향력 행사자 등의 역할을 수행함과 동시에 사회체육 주관 조직 · 단체의 목표를 성취하기 위해 노력하는 주체이다. 이러한 사회체육 지도자는 동료의식 및 응집성 조성, 개인 및 집단의 목표 확인 · 제시, 목표 달성 방법 및 절차 개발, 사회체육활동 조직, 참가자 동기 유발, 과업 평가, 참가자의 성취도 제고, 긍정적 분위기 조성 등의 역할 및 기능을 담당한다. 이를 위해 사회체육 지도자가 갖추어야 할 자질로는 의사전달 능력, 투철한 사명감, 활달하고 강인한 성격, 도덕적 품성, 칭찬의 미덕, 공정성 등을 들 수 있다. 사회체육 현장에서 볼 수 있는 지도자 유형에는 대인지도자, 관리지도자, 경영지도자 및 행정지도자가 있으며 지도력의 유형에 따라 전제형 지도자, 민주형 지도자, 자유방임형 지도자가 있다.

사회체육의 성패가 지도자에 의해 좌우된다고 할 때 유능한 지도자의 확보와 지도자의 전문화를 위한 교육이 필요하다. 사회체육 지도자 교육은 사회체육 지도자 준비교육으로서의 직전교육과 지도자가 된 이후 자기수양과 발전을 위한 현직교육이 있다. 사회체육 지도자는 그동안 정부의 노력에 의해 많이 배출되어 왔는데, 아직도 지역편중 현상을 극복하지 못하고 있을 뿐 아니라 절대수가 부족한 상태이다.

| 주요 개념 |

경영 지도자	관리 지도자	국민체육진흥3개년종합계획
기본 직무 교육	대인 지도자	동기유발 요인
민주형 지도자	사회체육 구성 요소	사회체육 지도 · 지도자
사회체육 지도자 공동운영제	사회체육 지도자 양성제도	사회체육 지도자 연수과정
사회체육 지도자 은행제	사회체육의 지도원리	안내자
영향력 행사자	자기 향상 교육	자유방임형 지도자
전문단체 직무 교육	전문 지도자 양성	전제형 지도자
준 직무 교육	지시자	지역사회 봉사자
직전교육	참가자 욕구	행정 지도자
현직교육		

| 연구 문제 |

1. 사회체육 구성요소에 대하여 논의하고 이들 구성요소에서 지도자가 차지하는 중요성을 알아보자.
2. 사회체육 지도자가 지도 시 설정해야 할 목표를 세 가지 이상 말해 보자.
3. 사회체육 지도자가 실제 프로그램 지도 현장에서 점검해야 할 항목에 대하여 알아보자.
4. 사회체육 지도자에 대하여 정의하고 지도자의 역할에 대하여 살펴보자.
5. 사회체육 지도자가 갖추어야 할 자질에 대하여 알아보자.
6. 사회체육 현장에서 볼 수 있는 지도자의 유형에 대하여 알아보자.
7. 사회체육 지도자의 유형을 범주에 따라 구분하고 각각에 대하여 논의해 보자.
8. 사회체육 지도자의 확보와 전문화를 위한 교육에 대하여 알아보자.
9. 현행 사회체육 지도자의 양성 제도의 문제점에 대하여 논의해 보자.
10. 사회체육 지도자 양성 추진 방향과 과제에 대하여 살펴보자.

참고문헌

김윤태 · 서정화 · 노종희(1984). 『교사와 교직사회』. 서울: 배영사.

김종철(1977). 『교육행정의 이론과 실재』. 서울: 교학사.

문화공보위원회(1989). 『국민체육진흥법 중 개정법률안에 대한 심사보고서』.

문화관광부(2003). 『참여정부 국민체육진흥5개년계획』.

_________(2006). 『체육백서』.

임번장 외(1990). 「생활체육 투자 우선 순위에 관한 연구」. 『서울대학교 사범대학 체육연구소논집』 11(2): 19-47.

체육과학연구원(2006). 『한국의 체육지표』.

____________(2006). [인터넷 자료](http://www.sports.re.kr).

체육부(1990a). 『국민 사회체육진흥 세부계획서』.

Bucher, C. A., & Bucher, R. D. (1974). *Recreation for today's society.* Englewood Cliffs, NJ: Prentice-Hall.

Christopher, R. E., & Phyllis, M. F. (1985). Leadership in recreation and leisure service organizations. New York: John Wiley & Sons.

Edgington, C. R., & Ford, P. M. (1985). *Leadership in recreation and leisure service organizations.* New York: John Wiley & Sons.

Kraus, R. G. (1977). *Recreation today: Program planning and leadership* (2nd ed.). Santa Monica, CA: Goodyear.

__________ (1985). *Recreation leadership today.* Glenview, IL: Scott, Foresman & Co.

Lewin, K., Lippitt, R., & White, R. K. (1939). Patterns of aggressive behavior in experimentally created social climate. *Journal of Social Psychology Bulletin,* 10: 271-299.

Nicholson, A. M. (1976). *The literature on inservice teacher education: An analytic review.* Publish info Syracuse, NY: National Dissemination Center, Syracuse University.

Weiskopf, D. C. (1982). *Recreation and leisure improving the quality of life* (2nd ed.). Boston, MA: Allyn and Bacon.

제11장 |

사회체육의 행정조직과 정책

과거 우리나라의 체육행정은 우수선수 양성을 통한 엘리트체육의 육성에 치중하여 정책을 수행하여 왔다. 그 결과 각종 국제대회에서 우수한 성적을 거둠으로써 국가의 위상을 높여 왔으나, 일반국민의 체육활동 참가를 활성화시키는 정책은 상대적으로 소홀히 하여 왔다. 그러나 '88서울올림픽 이후, 사회체육에 대한 국민의 인식 전환으로 사회체육 인구가 급증함에 따라 정부는 세계적으로 확산되고 있는 사회체육 추진 운동을 적극 수용하면서 행정적 · 정책적 지원을 아끼지 않고 있다.

체육의 행정 및 정책은 체육진흥이라는 광범위한 목표를 달성하기 위하여 인적 · 물적 자원을 효과적으로 동원 · 조직 · 관리하는 모든 과정을 의미한다. 따라서 체육행정은 사회체육 진흥정책을 효율적이고 합리적인 방법으로 전개해 나아가는 데 중요한 역할을 담당한다.

사회체육의 행정 및 정책은 사회체육 프로그램이나 지도자와 같은 소프트웨어와 사회체육 시설 및 용구와 같은 하드웨어를 국가 및 정부 차원에서 조화롭게 조정하는 역할을 하며, 이는 거시적인 맥락에서 장기적으로 사회체육운동에 일관성을 부여하는 기초가 된다.

체육행정 조직은 체육의 생활화와 대중화를 실현하는 데 일차적인 목적이 있으며, 사회체육과 관련하여 사회체육 활성화를 진작하고 도모하는 데 이차적인 목적이 있다. 특히 사회체육 활성화라는 목표를 달성하는 데 있어서 체육행정의 적극적 투입과 지원은 매우 중요한 요소로 작용한다.

이 장에서는 사회체육 행정조직의 유형을 살펴보고 사회체육 활성화를 위한 정책과 행정의 역할이 무엇인가를 보다 구체적으로 이해하기 위하여 각국의 사회체육 행정조직과 국제적인 행정조직을 비교함으로써 우리의 현실을 비판적인 관점에서 살펴보고자 한다.

1. 체육행정조직의 구분

사회체육 조직은 사회체육의 목표를 달성하기 위하여 업무를 합리적으로 분배, 전문화하여 기능에 따라 적재적소에 인원을 배치하는 협동적 체계이다. 따라서 사회체육조직은 조직의 목표, 전문화 수준, 업무의 한계에 따라 다양하게 분류된다.

1) 공식 조직과 비공식 조직

(1) 공식 조직(formal organization)

미국의 심리학자 톰슨(V. A. Thompson)은 "집단에 조직이 없다면 그 집단은 정글이 될 것이다"라고 하였다. 행정조직에 있어서 조직이란 행정기관이나 또는 보조기관의 단위를 모두 지칭하는 것으로서 공식적인 것을 특징으로 한다(최창호, 1990).

공식 조직이란 계층적으로 직무를 담당하는 조직으로서 기구표나 업무분장표상에 나타나 있는 업무관장의 계통을 의미한다. 공식 조직은 의존과 복종, 상벌관계가 뚜렷이 구분되며, 공식적인 규정하에서 각 조직원에게 책임과 의무가 부과되고, 조직원은 생산의 도구가 되어야 하며 엄격한 권위주의 체제를 특징으로 한다. 체육행정조직에서는 문화관광부, 대한체육회, 국민체육진흥공단, 국민생활체육협의회, 체육과학연구원, 행정자치부 체육담당부서 및 그 하부조직 등이 이에 속한다.

(2) 비공식 조직(informal organization)

비공식 조직 또는 자생집단이란 자연발생적인 조직으로서 형식적인 조직체 안에 있는 구성원 간의 상호작용으로 형성되는 인간관계를 말한다(최창호, 1990). 이는 공식 조직의 범주 외에 학연, 지연, 혈연, 취미활동과 같은 인간관계에 의해 이루어지는 집단으로 구성원의 단결을 확고히 다지는 규범과 제재가 존재한다. 비공식 조직은 자발적인 참여에 의해서 형성되므로 명문화된 행동규범이나 규칙에 의하여 운영되기보다는 즉흥적이고 감정적인 의사결정에 의존하므로 공식 조직에 비하여 비합리적인 성향이 짙다. 체육조직에서는 조기축구회, 배드민턴회, 조깅회, 등산회, 테니스회 같은 동호인 집단이 이에 속한다. 이들은 행정 차원에서 간과하기 쉬운 대상이지만 실제로 사회체육이 수행되어지는 기초 단위이므로 문화관광부 체육국, 국민생활체육협의회, 대한체육회 등 공식 조직은 이들의 가치를 인정하는 한편, 비공식 조직을 통한 체육정책의 현장 적용을 달성하기 위하여 홍보 및 계도 활동을 전개하고 있다.

2) 계선조직과 참모조직

계선조직(line organization)은 분할된 업무체계와 수직적 상하관계를 특성으로 하고 있는데 이런 조직에서 한 분야를 담당한 사람은 그 조직의 목표달성을 위하여 직접적인 책임과 권위를 갖는다. 예컨대 체육담당 과장은 국장이 지시한 업무에 대하여 직접적인 책임을 진다. 즉, 과장은 담당업무의 진행사항이나 결과를 직접 국장에게 보고해야 한다. 대부분 단체의 실무 담당 부서는 계선조직으로 구성되는데 문화관광부 산하 체육국, 대한체육회, 국민체육진흥공단이 이에 속한다.

참모조직(staff organization)의 담당자는 조직의 목표달성과 간접적인 관계가 있다. 참모조직은 계선조직을 위하여 정책목표에 관한 자문, 권고, 건의를 행하며 아울러 협의, 정보판단, 조사 등의 활동을 실행한다. 참모조직 내의 구성원은 계선조직이 그 기능을 원활히 수행할 수 있도록 이를 지원, 조성, 촉진해 줌으로써 행정조직의 목표달성에 간접적으로 공헌하는 역할을 담당한다(최창호, 1990). 참모조직은 계선조직의 장에게 자문, 권고, 보좌, 협의, 조정, 정보제공, 연구, 특별기획, 통계, 공보, 조달, 간접봉사의 기능을 수행한다. 미대통령체력스포츠자문위원회(President's Council on Physical Fitness and Sports), IOC의 분야별 특별위원회, 문화관광부의 공보관, 대한체육회 및 체육과학연구원의 각종 위원회 등이 이에 속한다.

3) 중앙조직과 지방자치조직

(1) 중앙조직(central organization)

중앙조직이란 행정 수반기관의 행정업무를 분담, 수행하기 위하여 직접적인 지휘, 통제권을 행사하는 독립적 행정조직을 말한다(최창호, 1990). 이러한 형태의 조직은 사무처리가 신속하고 책임소재가 명백하며 기밀 보장 및 유지가 용이하고 비용을 절약할 수 있는 장점이 있다.

체육에 관한 정부 차원의 중앙조직인 문화관광부 체육국은 국가체육정책이 가장 효율적으로 실현되고, 국민에게 최대한 봉사 행정을 시행한다는 목적하에 시 · 도 문화체육과 및 대한체육회, 국민체육진흥공단, 체육과학연구원, 국민생활체육협의회 등 체육 관련 산하 기관의 유기적인 연대 창구로서 역할을 담당하고 있다.

(2) 지방자치조직(local autonomy organization)

지방자치는 일정한 지역의 주민이 해당 지역 내의 행정업무를 중앙정부의 간섭에서 벗어나 자율적으로 처리하는 과정을 의미한다. 즉, 중앙의 행정사무를 지역적으로 분담하여 중앙기관의 정책 및 방침을 현지 지역의 실정에 적합하게 시행할 수 있도록 지방자치조직에게 권한을 부여한 조직형태이다(최창호, 1990).

체육 관련 행정업무에 있어서 지방자치는 그 성격상 사회체육과 유사한 측면을 지니고 있다. 사회체육은 학교체육이나 엘리트체육과 달리 지역사회 주민 스스로의 자발적인 참여를 통하여 개인 및 지역사회 복지에 이바지하며 계층 간의 화합, 직장 또는 지역주민의 친화감을 조성하여 지역사회 개발 및 발전에 기여한다. 이러한 일련의 과정은 지방자치의 복지정책과 매우 밀접한 관련을 지니고 있다. 한편 자치단체의 자율성은 지방자치단체의 입법, 조직, 행정, 재정상의 자율성을 포함하지만 중앙조직의 감독이나 통제를 감수하여야 하므로 업무활동에 한계가 있다. 체육 관련 행정업무에 있어서 우리의 현실은 중앙행정기관의 지방 및 하위 체육기관이나 단체에 대한 지나친 간섭 · 통제와 같은 중앙집권화로 인하여 지방의 하부구조가 부실한 실정이다. 그러므로 지방자치단체의 체육행정기능 강화를 위하여 각 행정단위에 체육 · 스포츠 전담 부서가 설치되는 방안이 강구되어야 한다(박정근, 1994).

2. 국제사회체육조직

사회체육은 특정 사회에 국한된 지역적 체육현상이 아니라 범세계적으로 보편화된 대중운동으로 확산되어 가는 추세이기 때문에 국제적 현상으로 이해되어야 한다. 따라서 사회체육의 보급과 발전 및 진흥을 위한 국제 협력을 목적으로 하는 사회체육 관련 국제기구를 알아보고 그 연혁과 목적, 기구조직 및 기능과 역할에 대하여 살펴보는 것은 매우 중요한 과제이다.

1) IANOS/APOSA

(1) IANOS(The International Assembly of National Organization of Sport)

IANOS(국제체육단체총연합회)는 생활체육의 발전을 목표로 하여 조직된 국제기구로서 전 세계 114개 국의 회원국을 가지고 있다. IANOS의 하위조직은 아시아 · 유럽 · 아메리카 · 아프리카 등 4개 대륙권역의 체육단체연합회로 구성되어 있다. IANOS는 IOC가 주도하는 엘리트 스포츠 일변도의 국제체육 풍토를 개선 · 보완하기 위해 지난 1980년 영국의 필립 공의 발의로 전 세계인의 여가 및 레크리에이션 활동의 활성화를 도모하고 그에 따른 국제적 협력 및 유대강화를 위해 출범한 기구이며 회원국 간의 사회체육 관련 정보교환, 전 세계인의 스포츠 행사 참가와 프로 스포츠 및 상업적 · 정치적 오염에 대한 공동대처, 스포츠 교육, 의약품의 오 · 남용 문제 대처 등 공동관심사에 대한 정보의 교환 및 토론, 세미나 개최 등을 주요 사업으로 하고 있다.

가. 목적

IANOS의 목적은 다음과 같다.

첫째, 전 세계인을 사회체육에 참가하도록 유도하여 심신의 조화로운 발달과 성장에 기여한다.

둘째, 각종 국제 스포츠 기구와 상호 교류하여 사회체육을 개선하기 위한 방안을 제시하며 토론회, 세미나를 통해 이를 발전시킨다.

셋째, 회원국 간의 상호 이해증진과 균형적인 사회체육 발전을 추구하며 노력한다.

나. 기능

IANOS는 국제적으로 사회체육의 중심적인 역할을 주도하며 사회체육에 관한 총회, 세미나, 토

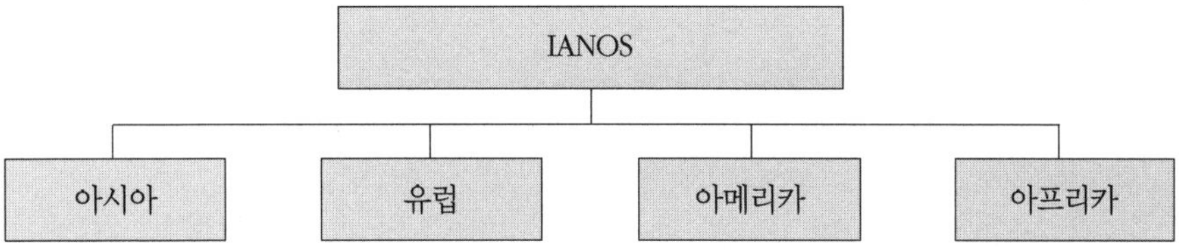

그림 11-1. IANOS의 조직구성(국민생활체육협의회, 1997b)

론회 등을 통해 사회체육의 세계화를 추진한다. 또한, 사회체육에 관한 정보를 수집하여 각 회원국에 적절하고 필요한 정보 자료를 제공하며, 사회체육 관련 유사기관을 지도하고 후원하여 활발한 사회체육 운동이 전개될 수 있도록 돕는다.

다. 활동

IANOS는 회원국을 위해 사회체육에 관한 각종 세미나, 토론회를 계획하고 주도하며 사회체육 관련 분과 및 정보센터를 운영하고, 국제적인 사회체육 행사를 주최 · 지원하고 있다. 또한 각 대륙권역별로 사회체육 소식지를 발간하여 회원국에게 발송하고 있으며 사회체육 발전을 촉진하기 위해 지도자 연수회 및 여성과 청소년 체육 프로그램을 개발 · 보급하여 사회체육 참가를 유도하고 있다. 그리고 사회체육 관련 지역조직과 국제기구 간의 교류 통로를 구축하여 사회체육 활성화를 위한 범세계적 활동을 전개하고 있다.

(2) APOSA(Asia Pacific and Oceania Sports Assembly)

APOSA(아시아 · 태평양 · 오세아니아 체육단체지역연합회)는 아시아 · 유럽 · 아메리카 · 아프리카 등 4개 권역으로 나누어진 국제체육단체총연합회(IANOS)의 산하에 있는 아시아 · 태평양 · 오

그림 11-2. APOSA의 조직체계(국민생활체육협의회, 1997b)

세아니아 권역의 국제사회체육기구이다. APOSA는 1980년 극동 아시아 · 태평양 스포츠 연합회(EAPSA)로 출발하여 이듬해 APOSA로 명칭을 바꿔 창설되었으며, 현재 42개 국의 회원국을 보유하고 있는 국제사회체육단체이다.

2) TAFISA/ASFA

(1) TAFISA(Trim and Fitness International Sport for All Association)

TAFISA는 1969년 노르웨이 오슬로에서 Trim 운동 확산을 목적으로 태동한 국제체육기구이다. 1995년 현재 전체 회원국 수는 우리나라를 포함한 105개 국으로 사회체육 운동의 범세계적 확산을 위한 국가 간 협력을 도모하는 조직으로 성장 · 발전하였다.

가. 연혁

- 1969년: 노르웨이 오슬로에서 Trim 운동 확산을 목적으로 한 국제기구로 태동
- 1989년 6월: 캐나다 토론토회의에서 국제기구로 발족-70개 국 가입
- 1991년 6월: 프랑스 보르도에서 총회 겸 세미나 개최
- 1992년 6월: 독일 본에서 제1회 세계민속스포츠축제 개최
- 1995년 6월: 이스라엘에서 제14차 총회 겸 세미나 개최
- 1997년 11월: 말레이시아에서 제15차 총회 겸 세미나 개최

나. 추진사업

- World Traditional Sport and Games Festival
- Challenge Day, World Walking Day 개최
- TAFISA Video Center 운영
- 대륙별 사회체육 아카데미 설립
- 세계 전통스포츠 · 게임 축제, 도전의 날, 세계걷기대회 개최, TAFISA 비디오센터 운영
- 세계 Sport for All 회의(WHO, IOC 공동 후원)

(2) ASFA(Asiania Sport for All Congress)

① 창립: TAFISA의 아시아, 오세아니아 지역기구로 창립

② 목적: TAFISA의 아시아, 오세아니아 지역기구 역할

③ 활동내용: 아시아, 오세아니아 지역의 사회체육 국제학술회의 개최, 국제민속스포츠축제 개최

3) FISPT(Federation International du Sport for All Tours)

① 창립: 1982년 4월 2일 창립, 1983년 2월 24일 이사회 구성

② 목적: 사회체육 진흥과 발전, 스포츠관광 진흥과 사회체육 캠페인 운동 전개

③ 조직: 54개 회원국

④ 활동내용: 사회체육 진흥 국제협력회의

4) ICSSPE(International Council of Sport Science & Physical Education)

① 창립: 1964년 콜롬비아에서 제1차 세미나 개최

② 목적: 체육에 관한 과학적 연구 및 협력

③ 활동내용: IOC 사회체육 분과 위원회 지원

5) Council of Europe

① 창립: 1975년 브뤼셀 회의에서 European Sport for All Charter 채택

② 목적: 사회체육에 관한 유럽국가 간의 교류 및 협력

③ 활동내용: 누구나 쉽게 사회체육에 참가할 수 있는 권리선언 및 실현 수단 제시

6) IOC 사회체육위원회

① 창립: 1969년 노르웨이 오슬로

② 목적: 사회체육 진흥을 위한 국제협력

③ 조직: 각국 NOC

④ 활동내용: 국제 사회체육 세미나 개최

3. 각국의 사회체육 행정조직

각국은 저마다 독자적인 사회체육 행정조직을 설치하여 운영함으로써 효율적으로 사회체육을 진흥하여 국민의 여가선용과 삶의 질 향상에 기여하고 있다. 이와 같은 사회체육 행정조직은 타 체육 관련 기구와 긴밀한 연계 체제를 구축하여 협력해 나가고 있다. 여기서는 대표적인 외국의 사회체육 행정조직 · 기구를 알아보기로 한다.

1) 미국

미국은 대표적인 연방국가로서 체육행정조직이 연방정부, 주정부, 지방자치단체로 세분화되어 있다. 연방정부는 국민의 건강증진, 국제체육정책, 지방정부에 대한 지원 등 스포츠를 간접적으로 관장하고 있으며, 주정부와 지방자치단체는 지역주민의 건강과 레크리에이션 기회 제공을 직접적으로 담당하고 있다.

1956년 스포츠를 체력증진 및 대외정책의 수단으로 활용하기 위하여 '대통령청소년체력자문위원회' 가 창설되었고, 1963년 이 위원회가 성인을 포함하는 프로그램으로 확대되면서 체력증진위원회로 대체되었다. 현재 미국은 1968년에 창설된 '대통령체력스포츠자문위원회(President' s Council on Physical Fitness and Sport)' 가 국민의 레크리에이션 및 스포츠활동에 대한 자문역할과 지방정부의 스포츠시설에 대한 지원 및 지도역할을 수행하고 있다(한국체육과학연구원, 1998a).

스포츠 관련 행정조직은 크게 미국 정부의 스포츠 정책을 수립하는 대통령체력스포츠자문위원회와 지방정부의 스포츠에 대한 정책수립 및 지도에 관여하는 교육부, 보건복지부, 그리고 직접적

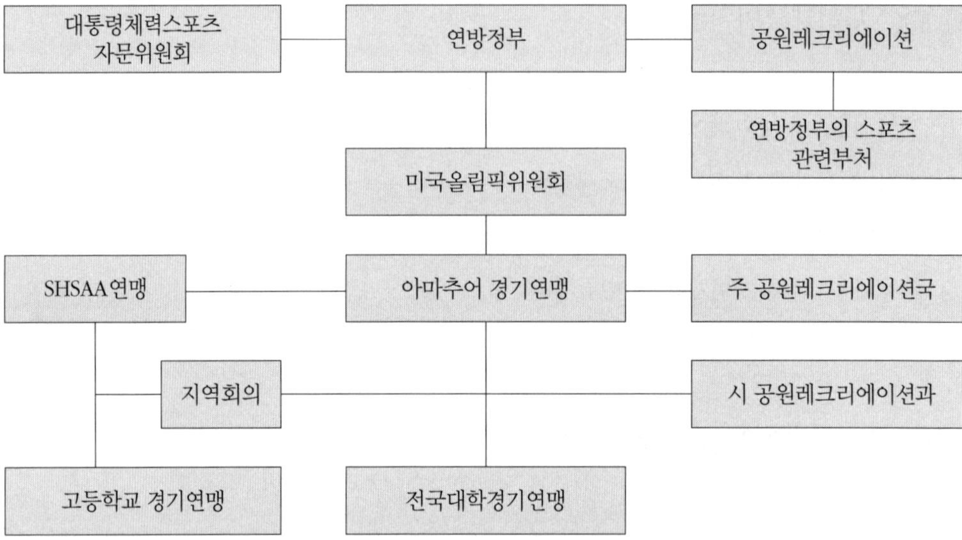

그림 11-3. 미국의 스포츠행정조직도

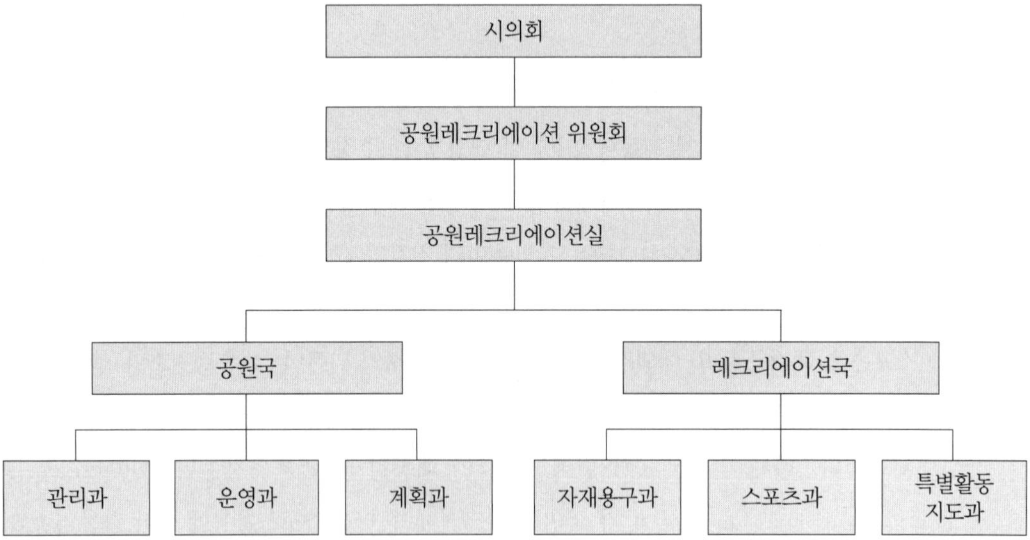

그림 11-4. 공원레크리에이션협회 조직표(미국)

으로 스포츠업무를 집행하는 공원레크리에이션과가 속해 있는 내무성으로 나눌 수 있다. 그리고, 미국올림픽위원회(USOC)와 아마추어스포츠연맹(AAU)이 엘리트체육에 대한 실질적인 업무를 수행하고 있으며, 전국대학경기협회(NCAA)가 학교체육을 지도 · 감독 · 지원하고 있다(한국체육과학연구원, 1998a).

한편, 미국의 공원레크리에이션협회는 전 미국 어린이 놀이공원에 대한 올바른 이해 증진과 지역사회에 어린이를 위한 보다 많은 공원과 운동장 건설을 목적으로 1906년에 설립된 단체이다. 이 협회는 주로 미국 각 지역에 레크리에이션 활동을 보급하고 진흥하기 위해 음악, 수공예, 연극 활동을 주된 프로그램으로 삼고 있으며, 사회체육의 일환으로 각종 스포츠 활동을 전개하는 것 또한 중요한 사업 내용으로 포함하고 있다(국민생활체육협의회, 1991).

미국은 모든 대중매체를 통하여 범국가적 차원의 체력 증진 운동(Physical Fitness Movement)을 전개하고 있으며 대통령 스포츠상(賞) 프로그램이 성공적으로 집행되어 평생체육의 기틀을 마련하였다.

2) 독일

독일 사회체육의 총수는 대통령이며, 중앙정부의 내무부에서도 스포츠에 관한 한 적극적으로 협조하고 있고, 각종 의회 의원들은 스포츠에 관하여 언급해야만 국민들로부터 인정받을 수 있을 만큼 스포츠의 위상이 높다.

독일체육회(Deutcher Sport Bund: DSB)는 1950년 12월에 11개 주 스포츠 지부와 54개 경기단체를 주축으로 창설되었다. 상위기관으로는 국제올림픽위원회, 국제스포츠연맹총연합회 및 각종 유럽지역 스포츠연맹과 긴밀한 협조체제를 구축하고 있으며, 각종 스포츠위원회, 대의원총회, 독일스포츠진흥재단, 독일올림픽위원회와 상호 협조체제를 공고히 구축함으로써 주정부 당국과 스포츠회원조직 간에 공동 관심사에 대한 공조체제를 원활히 이루어 스포츠 관련 국내외 제반 문제를 해결하고 있다. 제반 스포츠 관련문제는 독일체육회를 통하여 해결하고, 필요 재원은 정부 지원 및 독일스포츠진흥재단으로부터 확보되며, 주정부에서도 스포츠에 대해 신뢰성을 갖고 협조하고 있다.

독일의 스포츠 행정조직은 크게 연방, 주, 지방이라는 세 수준으로 범주화되며, 각 수준에 따라 정부조직과 민간조직으로 구분된다. 이들 스포츠조직은 유기적인 관계를 유지하고 있다. 독일 스포츠단체의 조직과 주요 기능은 〈표 11-1〉과 같다.

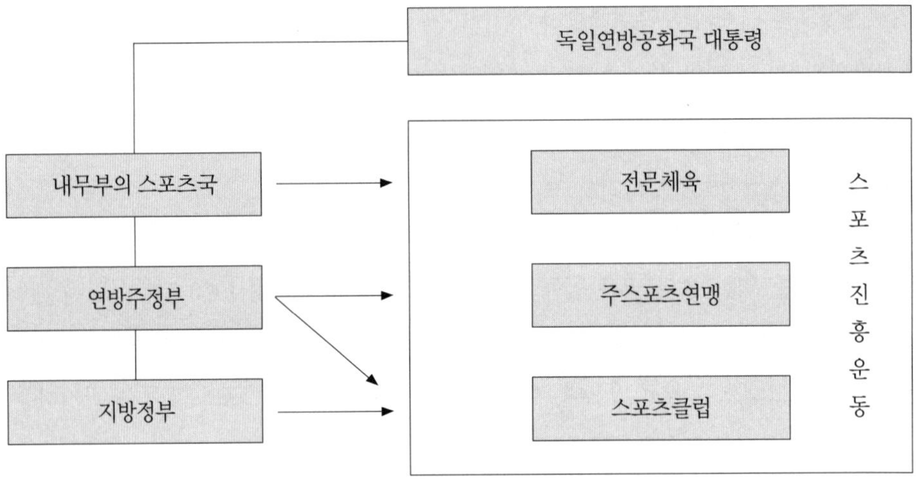

그림 11-5. 독일의 사회체육 행정조직

표 11-1. 독일 스포츠단체의 기능

단체	기능
시 · 군 · 구 스포츠연맹	• 지역사회 스포츠활동 장려 • 지역사회 우수선수 양성 및 훈련 • 우수선수의 스카우트, 훈련캠프의 설치 및 운영 • 자원봉사자를 위한 워크숍과 연수과정 운영
주 스포츠연맹	• 스포츠클럽 지원 • 훈련센터 건설 • 체육지도자 연수 · 교육
종목별 연방스포츠협회	• 국제스포츠기구에서 독일 대표 • 코치 양성 및 경기 규칙 제정
독일체육회	• 국민의 스포츠활동 지원 • 스포츠에 대한 과학적 연구 • 사회체육시설 및 전문체육시설의 확충 • 정치 · 문화 · 사회조직의 스포츠에 대한 관심 대변

3) 캐나다

캐나다 연방정부가 스포츠 부문에 개입하기 시작한 것은 체력 및 아마추어스포츠법이 제정된 1961년 이후부터이며, 1972년 보건부 차관보 산하에 체력-아마추어 스포츠과를 신설하고 그 밑에 스포츠캐나다국과 레크리에이션캐나다국을 설치하면서 스포츠 부문에 대한 본격적인 개입을 시작하였다.

스포츠 업무를 담당하고 있는 조직은 스포츠캐나다국이다. 스포츠캐나다국은 스포츠정책과와 스포츠프로그램과로 편성되어 있다(그림 11-6 참조). 스포츠캐나다국은 캐나다 국민과 국토를 만

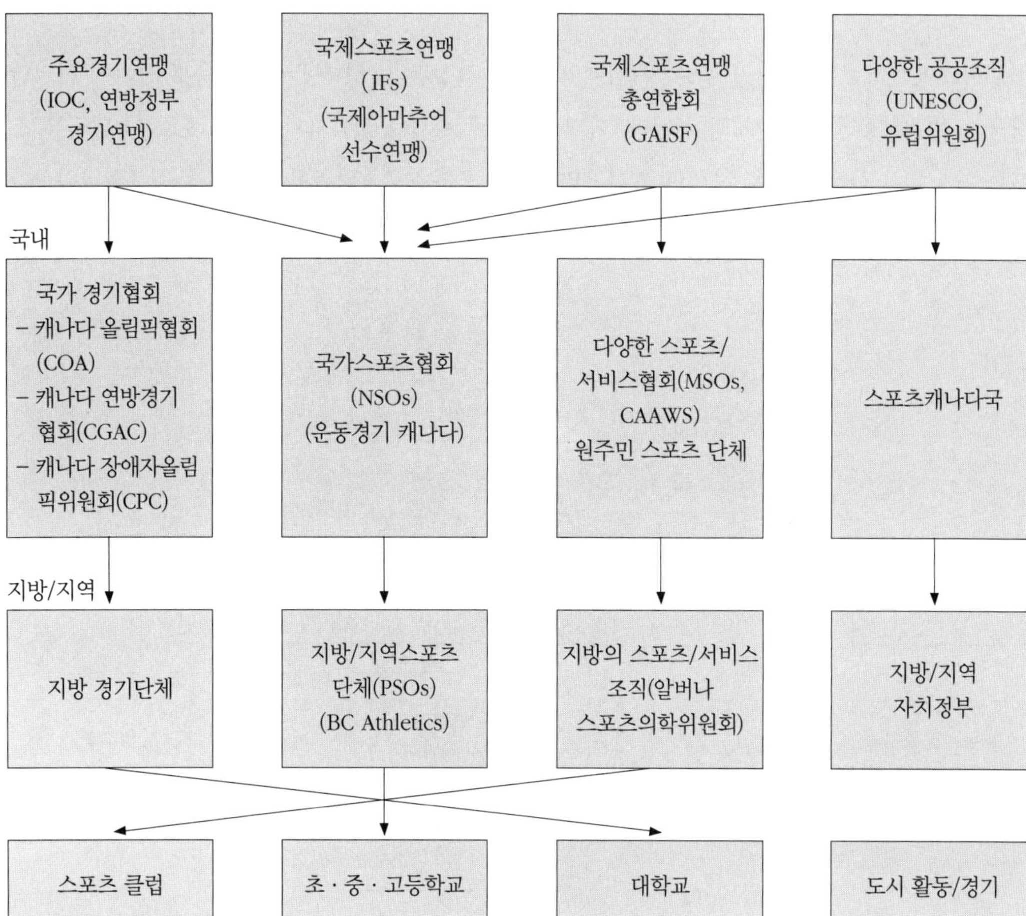

그림 11-6. 캐나다의 체육행정 조직도

방에 널리 알리고 캐나다를 단결 · 강화시키며, 기념 · 축하하는 역할을 담당하고 있는 연방정부 캐나다문화유산부 내 캐나다정체성(正體性) 부문의 한 부서이다. 캐나다 정부는 캐나다 운동선수가 정정당당하게 국제, 국내, 주간(州間) 경기를 통하여 우수한 성적을 획득할 수 있도록 지원 · 진흥하고자 스포츠캐나다국을 설립하였다.

스포츠캐나다국은 체육 소외계층을 위하여 1998년부터 2001년까지 장애자 운동선수의 스포츠에 대한 참가기회 확대, 여자운동선수 · 지도자에 대한 평등한 기회 확대, 토착민의 스포츠 참가 확대, 스포츠 소외계층에 대한 지원 강화를 목표의 일환으로 삼고 있다.

4) 핀란드

핀란드에서의 스포츠 관련 주요 정책은 의회에서 결정된다. 정부에서는 교육부 산하에 학교담당국과 체육청소년국이 설치되어 있다. 학교담당국에는 체육 전담과가 있다. 체육청소년국은 스포츠 담당부서 산하에 체육 및 스포츠연구위원회와 국가스포츠위원회 그리고 주스포츠위원회가

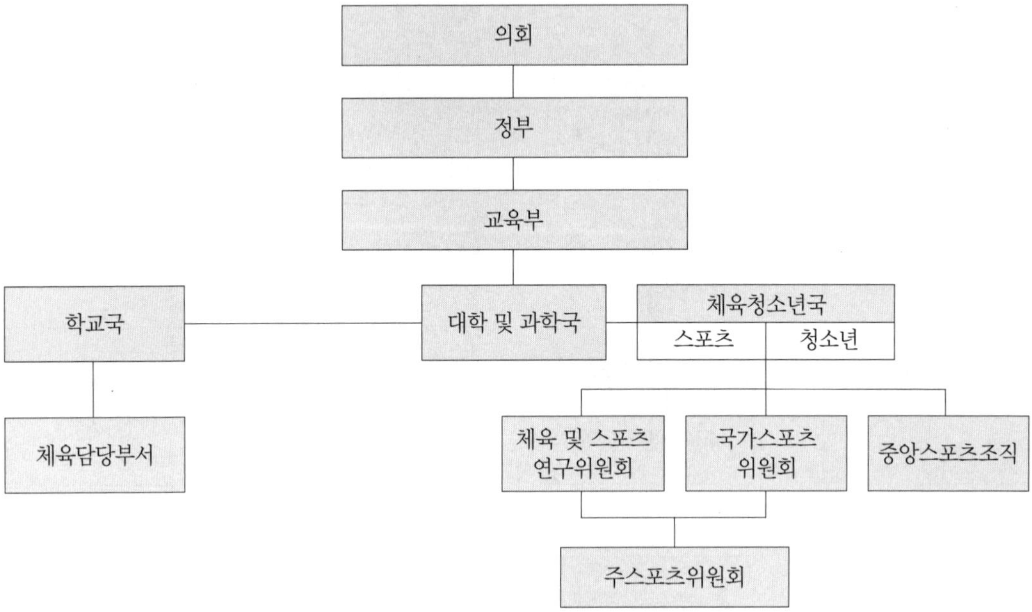

그림 11-7. 핀란드의 체육행정조직

있다. 국가스포츠위원회와 중앙 경기단체는 긴밀한 협조체제를 구축하고 있으며, 수도 헬싱키에는 각종 체육시설을 완비하여 국제 스포츠 센터라고 공언할 정도로 가정에서부터 일반사회에 이르기까지 모든 스포츠의 장이 연계되는 체육행정이 추진되고 있다.

5) 한국

(1) 문화관광부 체육국

우리나라의 스포츠 관련 중앙 행정조직은 해방 이후 많은 변화를 거듭하여 왔다. 해방 이후부터 1980년대 초까지는 문교부 산하의 일개 과(課) 또는 국(局) 단위였으나 1982년 체육부를 발족시켰고, 1990년에는 청소년 업무를 포함하여 체육청소년부로 명칭을 변경하였다. 1993년에는 체육

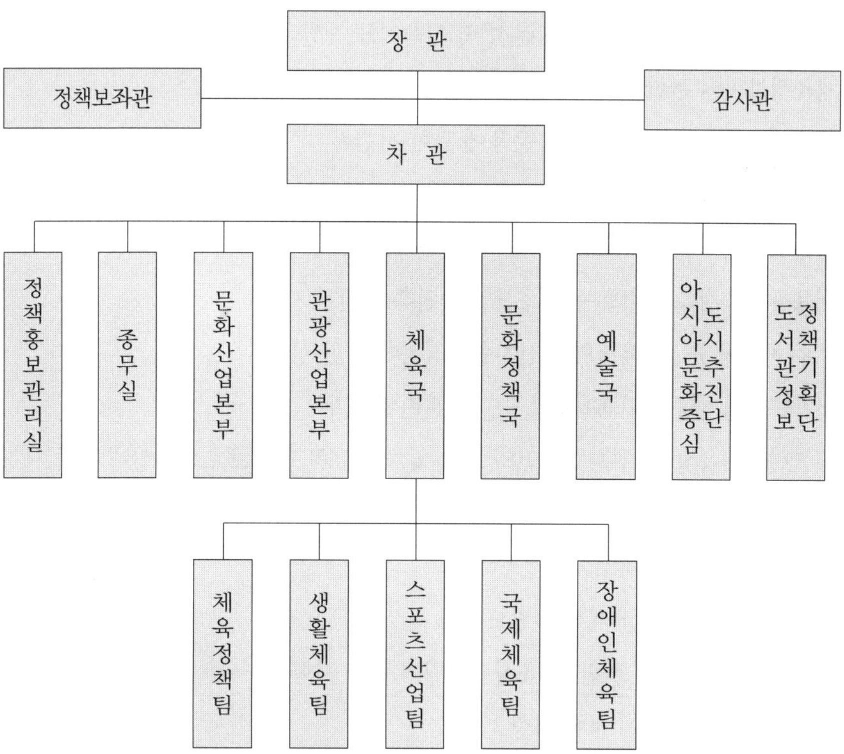

출처: 문화관광부 [인터넷 자료](http://www.mct.go.kr).

그림 11-8. 문화관광부의 체육행정조직

청소년부와 문화부를 포함하여 문화체육부로 개칭하였다. 1998년 2월 28일에는 법률 제5529조에 의거 정부조직법을 개정하면서 이전의 문화체육부를 문화관광부로 개칭하고 체육 관련 기구는 체육정책국과 국제체육국을 통폐합하여 체육국으로 단일화시켰으며, 결과적으로 차관보 2국 7과를 1국 3과로 축소 개편하였다. 현재 문화관광부 체육국은 체육정책팀, 스포츠산업팀, 생활체육팀, 국제체육팀 및 장애인체육팀의 5개 팀으로 조직되어 있다. 이 가운데 생활체육팀에서 주로 사회체육 업무를 관장하고 있다.

이들은 각기 다음과 같은 역할을 담당하고 있다.

〈체육정책팀〉

① 체육정책에 관한 장 · 단기 계획의 수립 및 조정
② 체육종합계획의 추진상황 분석 및 평가
③ 체육 관련 통계자료의 수집 · 분석 및 체육지표 개발
④ 체육정보화에 관한 사항
⑤ 국민체육진흥기금의 조성 및 운용에 관한 사항
⑥ 경륜 · 경정사업에 관한 사항
⑦ 체육과학의 진흥 및 체육과학연구기관의 육성 · 지원
⑧ 체육용구 · 체육시설업 등 체육산업의 진흥에 관한 사항
⑨ 우수 체육용구 · 기자재의 생산지원 · 장려에 관한 사항
⑩ 서울올림픽기념 국민체육진흥공단에 관련된 업무
⑪ 대한민국체육상 등 우수체육인의 포상 및 체육유공자의 보호 · 육성에 관한 사항

〈스포츠산업팀〉

① 전문체육진흥을 위한 계획 수립 · 시행
② 전문체육 관련 단체 설립 및 육성 · 지원에 관한 사항
③ 경기지도자의 양성에 관한 사항
④ 프로경기의 진흥 및 경기단체 육성 · 지원에 관한 사항
⑤ 국가대표선수 및 기본종목 우수유망선수 육성 · 지원에 관한 사항
⑥ 국가대표선수 훈련시설 확충 및 운영에 관한 사항

⑦ 운동경기부 육성 · 지원에 관한 사항
⑧ 전국체육대회 · 전국소년체육대회 및 종목별 국내 경기대회 개최 지원
⑨ 전문체육시설 확충계획 수립 · 추진
⑩ 국내외 산악스포츠활동 지원에 관한 사항
⑪ 대한체육회 · 경기단체 관련 업무

〈국제체육팀〉

① 국제체육교류 진흥을 위한 기본계획 수립 · 시행
② 국제경기대회 유치 · 개최 및 참가지원에 관한 사항
③ 국제체육교류 협정 체결 · 교류에 관한 사항
④ 남북한 체육교류 · 협력에 관한 사항
⑤ 국제체육 관련 정보 · 자료의 수집 · 보급
⑥ 국제체육기구와의 협력 및 국제회의에 관한 사항
⑦ 국외스포츠에 관한 사항
⑧ 태권도 등 전통스포츠의 세계보급에 관한 사항
⑨ 스포츠 외교지원 전문인력 양성에 관한 사항
⑩ 대한올림픽위원회 관련 업무

〈생활체육팀〉

① 생활체육진흥을 위한 계획 수립 · 시행
② 생활체육시설 확충 · 관리에 관한 사항
③ 체육주간 및 체육의 날 행사에 관한 사항
④ 생활체육 관련단체 설립 및 육성 · 지원에 관한 사항
⑤ 생활체육지도자 양성 · 배치에 관한 사항
⑥ 직장 · 지역 생활체육 진흥에 관한 사항
⑦ 국민 여가 스포츠 개발 · 육성에 관한 사항
⑧ 전통민속경기진흥 · 한민족축전에 관한 사항
⑨ 직장 체육시설 · 민간비영리 체육시설 확보 · 지원

⑩ 체육시설업 및 관련단체 육성 · 지원

⑪ 생활체육 동호인 활동 육성 · 지원에 관한 사항

⑫ 국민생활체육협의회 관련 업무

〈장애인체육팀〉

① 장애인 체육진흥을 위한 장 · 단기 발전계획의 수립

② 장애인 체육환경의 조성 및 지원체계 개선 등에 관한 사항

③ 장애인 체육활동 프로그램의 개발 및 보급

④ 장애인 체육교류의 활성화 및 장애인 체육 관련 전문 인력의 양성

⑤ 전국장애인 체육대회 · 종목별 경기대회 등 장애인 체육활동의 지원

⑥ 대한장애인체육회에 관련된 업무

표 11-2. 지방자치단체의 사회체육 업무 담당부서 현황

시 · 도	담당부서
서울특별시	문화국 생활체육팀
부산광역시	행정자치국 체육진흥과
대구광역시	문화체육관광국 체육진흥과
인천광역시	문화관광체육국 체육진흥과
광주광역시	문화체육정책실 체육지원과
대전광역시	문화체육국 체육지원과
울산광역시	문화체육국 체육지원과
경기도	문화관광국 체육진흥과
강원도	자치행정국 체육청소년과
충청북도	문화관광환경국 체육과
충청남도	문화관광국 체육청소년과
전라북도	문화관광체육국 체육진흥과
전라남도	자치행정국 체육청소년과
경상북도	문화체육관광국 체육진흥과
경상남도	문화관광체육국 체육청소년과
제주도	문화관광스포츠국 스포츠산업과

한편, 지방자치단체에서는 사회체육 업무를 추진하기 위하여 〈표 11-2〉와 같은 부서를 설치하여 행정업무를 관장하고 있다.

(2) 국민생활체육협의회

국민생활체육협의회는 체육청소년부가 서울올림픽 이후 한국체육의 구도를 엘리트체육 중심에서 사회체육의 병행 육성으로 바꾸면서 사회체육을 강력히 추진할 목적으로 창설된 민간 사회체육단체이다.

가. 설립 목적

- 사회체육 진흥을 통한 국민건강과 체력증진
- 국민의 건전한 여가선용과 선진체육문화 창달
- 세계한민족의 동질성과 조국애 함양을 통한 통일기반 조성

나. 연혁

- 1989년 11월: 국민사회체육진흥 종합계획 '호돌이 계획' 수립
- 1990년 11월 30일: 15개 시 · 도 협의회 결성
- 1991년 2월 6일: 사단법인 설립허가
- 1994년 7월 31일: 재단법인 세계한민족체전위원회 통합
- 1996년 : 한 · 일 민간차원의 체육교류 활성화 합의
- 1999년 : 준회원단체 제도 신설, 회원단체 규정 명칭 변경(생활체육종목별연합회→국민생활체육종목별연합회)
- 2001년 : 사무처, 올림픽공원 내 테니스경기장으로 이전
- 2004년 : 협력단체 대한노인회 가입
- 2005년 : '스포츠 7330' 범국민 캠페인 선포식

국민생활체육협의회의 조직 및 기구표는 〈그림 11-9〉, 〈그림 11-10〉과 같다.

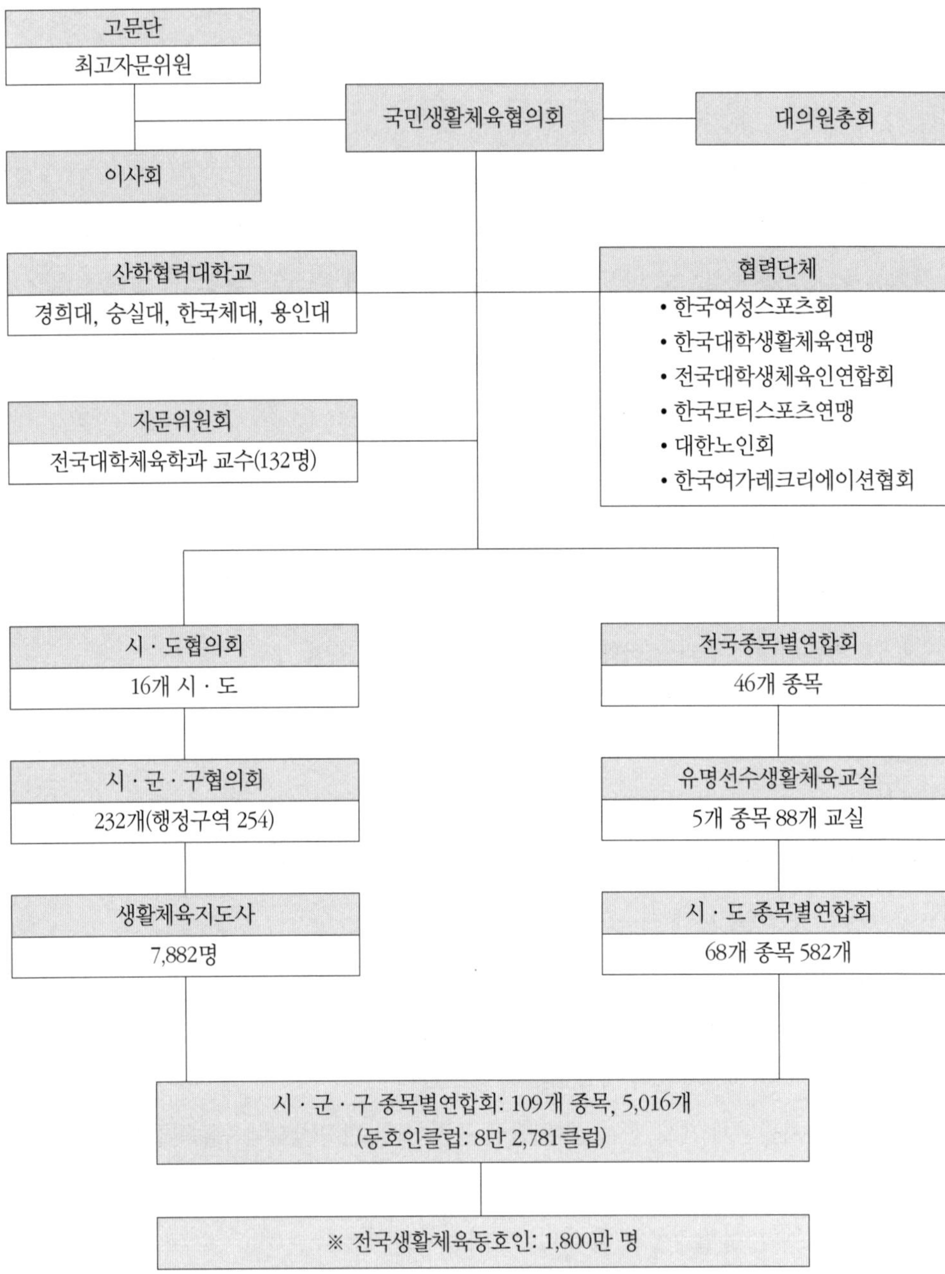

출처: 국민생활체육협의회(2007). [인터넷자료](http://www.sports-net.or.kr).

그림 11-9. 국민생활체육협의회 기구표

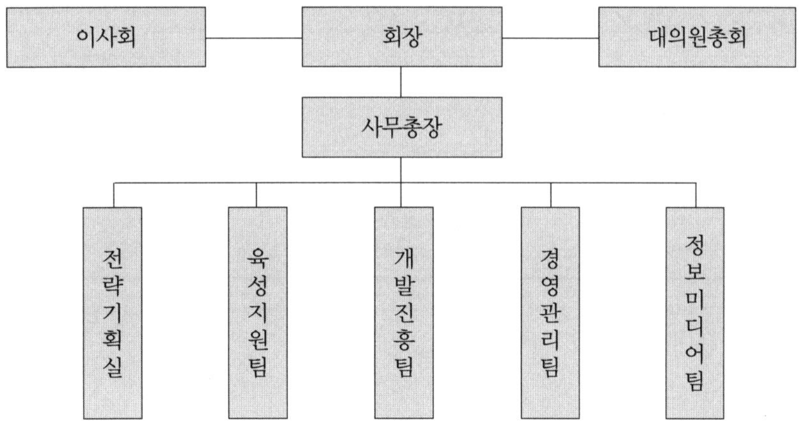

출처: 국민생활체육협의회(2007). [인터넷자료](http://www.sports-net.or.kr).

그림 11-10. 국민생활체육협의회 조직표

국민생활체육협의회의 업무는 구체적으로 다음과 같다.

〈전략기획실〉

① 국민생활체육진흥에 관한 업무

② 중 · 장기 발전계획 수립

③ 예산의 편성 및 집행의 조정

④ 사업, 업무 심사분석

⑤ 제 규정의 제 · 개정 및 관리에 관한 업무

⑥ 공공체육시설 확보 및 운영에 관한 사항

〈육성지원팀〉

① 세계한민족축전 관련 업무

② 국가 간 생활체육 대회/교류에 관한 업무

③ 지도자 채용 · 배치 · 교육 등 생활체육 지도자 관련 업무

④ 생활체육자원봉사단 운영에 관한 업무

⑤ 지역 체육시설 행정 지원 업무

⑥ 생활체육 프로그램 개발 및 보급 업무
⑦ 생활체육 관련 조사 연구업무
⑧ 뉴스포츠 육성에 관한 업무
⑨ 직장체육활성화 업무

〈개발진흥팀〉
① 국민생활체육대축전 개최 관련 업무
② 소외계층 생활체육 진흥 업무
③ 노인 생활체육 진흥 업무
④ 지역생활체육협의회 사업운영 업무
⑤ 전국종목별연합회 사업운영 업무
⑥ 스포츠클럽육성 운영 업무
⑦ 회원단체 각종 생활체육대회 진흥 업무
⑧ 회원단체 생활체육프로그램 운영 업무
⑨ 기타 생활체육동호인 지원 관련 사업

〈경영관리팀〉
① 지정기부금 관련 업무
② 회원단체 회비 등 수입 업무
③ 예산의 집행 및 결산에 관한 업무
④ 이사회 및 대의원총회에 관한 업무
⑤ 생활체육유공자 시상에 관한 업무
⑥ 회원단체 감사계획 수립 및 시행

〈정보미디어팀〉
① 홍보계획 수립 및 홍보 기법 개발
② 스포츠 7330 등 생활체육 캠페인 전개
③ 정기 · 부정기 간행물 등 홍보물의 발간에 관한 업무

④ 자료실 관리, 운영에 관한 업무

⑤ 홈페이지 관리 운영에 관한 업무

⑥ 기타 전산 관련 업무

(5) 국민체육진흥공단

국민체육진흥공단은 국민체육진흥기금의 조성 · 관리를 통하여 국민체육진흥, 청소년 육성, 올림픽 기념사업 등 국가재정이 미치지 못하는 부문을 적극 지원하고 있다.

국민체육진흥공단의 설립 목적과 연혁을 살펴보면 다음과 같다.

가. 설립 목적

- 국민체육진흥, 체육과학연구, 청소년 육성 관련 사업 지원
- 국민체육진흥기금 조성 · 운용 및 관리

나. 연혁

- 1989년 4월: 국민체육진흥공단 설립
- 1990년 7월: 한국체육산업개발(주) 설립
  9월: 서울올림픽파크텔, 서울올림픽기념관 개관
- 1993년 2월: 경륜운영본부 발족
  12월: (주) 한국스포츠TV 설립
- 1994년 7월: 분당 올림픽스포츠센터 개관
  10월: 경륜사업 시행
- 1995년 5월: 올림픽공원, 미사리 조정경기장 일반인 무료 개방
  8월: 평촌 올림픽스포츠센터 개관
  10월: 서울올림픽기념관 건립계획 확정
- 1997년 3월: 경륜 수원사업소 개장
- 1998년 4월: 경륜 상봉사업소 개장

7월: 경륜 일산사업소 개장

9월: 일산 올림픽스포츠센터 개관

- 1999년 1월: 체육과학연구원 흡수 통합

3월: 경륜 동대문, 분당 사업소 개장

3월: 경륜 산본, 장안 사업소 개장

- 2000년 1월: (주)한국스포츠TV 매각

6월: 경정운영본부 발족

12월: 올림픽파크텔 민간위탁(청소년 수련시설 제외)

- 2001년 5월: 2001 서울국제올림픽 박람회 개최

9월: 서울올림픽기념관 개관

10월: 스포츠토토(체육진흥투표권) 발매

- 2002년 6월: 경정장 개장

11월: 경륜훈련장 개원

- 2003년 7월: 경륜 · 경정 클리닉 개원

9월: 올림픽홀 개관

- 2004년 6월: 난지골프장 개장

9월: 서울올림픽미술관 개관

- 2005년 10월: 경정국제등급 등록
- 2006년 2월: 광명돔경륜장 개장

9월: 올릭픽메달리스트 핸드프린팅 광장 개장

국민체육진흥공단의 조직표는 〈그림 11-11〉과 같다.

국민체육진흥공단의 주요사업은 다음과 같다.

〈기금지원〉

① 학교 · 사회체육진흥: 학교운동장 잔디 · 우레탄트랙 설치, 동네 체육시설 확충, 지방 스포츠센터 건립, 사회체육 시설 설치 및 확충, 사회체육 프로그램 개발 · 보급, 장애인 · 노인 및 소외계층 체육활동 지원, 국민생활체육협의회 지원

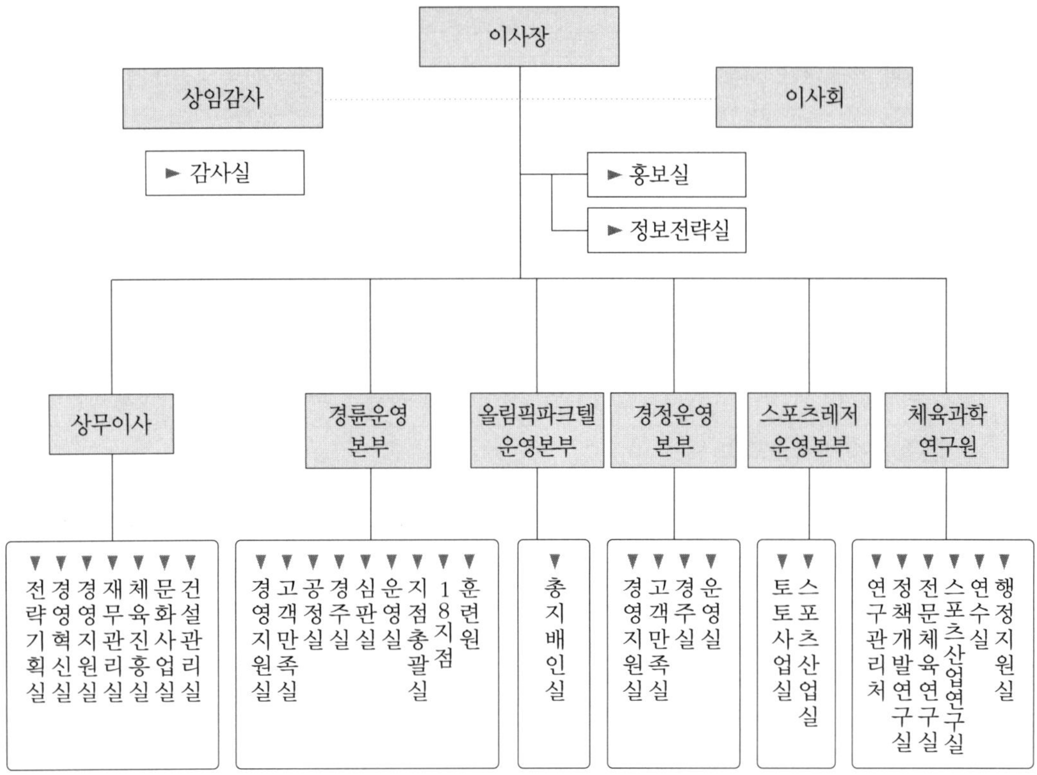

출처: 국민체육진흥공단(2007). [인터넷자료](http://www.sosfo.or.kr).

그림 11-11. 국민체육진흥공단의 행정조직표

② 전문체육 육성: 대한체육회 및 경기단체 지원, 시 · 도체육회 지원, 체육인 복지 지원, 체육연금 지급, 학교 운동부 육성 지원, 장애인 체육사업 지원, 체육 관련 단체 지원

③ 체육산업융자: 체육시설업체 기금 융자, 우수 체육용구생산업체 기금 융자

④ 청소년육성기금: 청소년육성기금 출연

〈올림픽 시설 관리 · 활용〉

① 올림픽 시설 관리 · 운영: 올림픽 공원 및 6개 경기장, 미사리 조정경기장 관리 · 운영, 공원스포츠교실 운영 및 선수촌, 분당 · 평촌 · 일산 · 올림픽 스포츠센터 운영

② 올림픽공원 관광자원화: 관광상품 및 관광코스 개발, 올림픽 조각공원 조성 및 기념, 조형

물 관광자원화 등

③ 올림픽 기념사업: 서울올림픽 기념행사, 서울평화상 지원, 세계한민족체전 지원 등

〈기금조성〉

① 기금증식사업: 국민체육진흥기금 적립금의 효율적 관리 · 운영

② 체육복권 · 부가금: 체육복권 · 스포츠토토 발행, 체육시설 이용 및 관람료에 대한 부가금 사업

③ 경륜 · 경정 · 파크텔 · CATV: 경륜사업, 경정사업, 올림픽 파크텔 운영, 한국체육산업 개발(주), (주)한국스포츠TV

〈체육과학진흥〉

체육과학연구원 운영: 체육정책 개발 · 평가, 국민건강체력증진 지원 및 관리, 경기력 향상 연구지원 시스템 개발 · 스포츠마케팅, 체육정보개발 · 지도자 양성

4. 자생사회체육조직

사회체육 자생조직이란 특정 스포츠활동에 취미와 관심을 가지고 있는 스포츠 애호가들에 의하여 자율적으로 조직 · 운영되는 스포츠집단을 의미한다. 개인이 여가시간을 이용하여 자발적으로 참가하는 자생적 스포츠동호인 집단이다. 사회체육 자생조직은 자발적 결사체이므로 그 발생과 해체가 매우 가변적인 특성을 지니고 있다.

1) 독일

독일에서는 종목별 스포츠 카드제를 도입하여 참가자가 새로운 스포츠 종목을 처음 경험할 때 느끼는 어려움을 덜어 주고 있다. 스포츠클럽에 가입하여 활동하고 있는 회원은 카드를 소지하여야 하는데 개인의 사회경제적 지위나 연령 및 가족구조에 관계 없이 스포츠 카드가 발급된다. 이 카드에는 해당 종목에 대한 모든 정보가 인쇄되어 있기 때문에 카드를 받은 사람은 내용을 읽어

보고, 그 종목에 참가할 수 있는 기회를 선택할 수 있게 된다. 1987년에 이러한 제도를 시작하여 높은 성과를 거두어 전 종목에 걸쳐 1만 7,000여 클럽에서 시행되고 있다. 위와 같은 제도를 뒷받침하기 위하여 게임 축제를 1년에 1,000회 이상 개최하거나, 전국 하이킹 대회 등을 개최하여 지속적으로 스포츠에 참여할 수 있는 기회를 제공하고, 'Trimming 130' 캠페인과 조깅을 위한 만남의 장소 지정 및 운영, 체력 기장제 시행 등으로 전 국민의 스포츠 참여를 유도하고 있다.

중앙정부나 주정부에서도 Golden Plan의 성공적 수행 후 New Golden Plan을 입안하여 보다 많은 체육시설을 설치 · 제공함으로써 국민건강의 유지 및 증진에 적극 기여하고 있다. 또한 여가시간에는 반드시 클럽 활동에 참가할 수 있도록 언론과 방송, 각 클럽에서 상호 유기적으로 적극적인 홍보를 전개하며 각종 대회를 개최하고 있다.

독일체육회에서는 적극적으로 사회체육 자생조직을 육성 · 지원하고 있는데, 사회체육 자생조직이 성공적으로 저변을 확대시키기 위해서는 다음과 같은 사항을 고려할 것을 권장하고 있다.

표 11-3. 독일의 사회체육 자생조직 증가 추이

연도	회원 수	인구비	단체 수	스포츠기장 소유 수
1970	10,121,546	16.7	39,201	171,361
1971	10,794,018	17.6	39,827	311,394
1972	11,497,123	19.0	40,938	323,122
1973	12,152,345	19.8	41,463	344,411
1974	12,836,302	20.8	42,785	332,423
1975	13,449,905	21.0	44,373	434,451
1976	14,194,344	22.0	45,518	480,642
1977	14,712,573	23.0	46,946	553,115
1978	15,780,582	25.7	48,380	553,695
1979	16,518,785	26.9	50,739	605,107
1980	16,924,027	27.6	53,451	587,993
1981	17,658,020	28.7	58,937	598,859
1982	17,980,192	29.2	59,871	629,829
1983	18,375,270	29.8	58,091	677,001
1984	18,940,122	30.8	59,717	663,491
1985	19,258,583	31.4	61,314	701,529

① 입회한 회원관리에 관심을 집중하고 연령별 프로그램을 개발하며 그 영역을 확대한다.
② 각 스포츠 종목은 레저스포츠를 위한 비경기용 프로그램으로 개발 · 보급되어야 한다.
③ 지속적인 홍보를 통해 클럽을 확대한다.
④ 대중성을 지향하고, 회비가 경제 수준에 맞는지의 여부를 수시로 점검한다.
⑤ 각종 정보교환을 위하여 타 종목 스포츠 자생조직과 상호 유기적으로 협력한다.

독일의 사회체육 자생조직 증가 추이는 〈표 11-3〉과 같다.

2) 핀란드

핀란드는 주민의 편의 위주로 사회체육시설을 제공한다. 크기가 50~125에이커 정도의 스포츠 공원을 조성하고, 공원 안에는 야외스포츠 활동뿐만 아니라, 실내시설까지도 완비하여, 가정으로부터 스포츠 장에 이르기까지 연계되는 시설을 갖추고 있다.

이러한 시설은 지역적으로 어디서나 스포츠 참가가 용이하도록 환경조성에 최선을 다하고 있다. 국민의 규칙적인 운동을 권장하기 위하여 지속적인 교육과 훈련, 홍보 활동을 전개하고 있으며, 휴일에는 스포츠활동을 할 수 있도록 호텔이나 관광업, 그리고 각 자생조직 간의 정보교환으

표 11-4. 핀란드의 사회체육 자생조직 증가 추이

연도	자생조직 수	증가 수	회원 수
1974	367	453	-
1976	820	120	248,000
1977	940	67	255,000
1978	1,007	459	273,000
1979	1,466	247	379,000
1980	1,713	175	422,000
1981	1,888	71	430,000
1982	1,959	19	440,000
1983	1,978	30	445,000
1984	2,008	56	450,000
1985	2,064	36	451,000
1986	2,100	-	444,000

로 다양한 프로그램을 개발 · 활용하고 있다.

핀란드 중앙체육연맹(The Finnish Central Sports Federation)에는 4,000여 개의 스포츠 자생조직이 등록되어 있으며, 핀란드사회체육연합회에 등록된 사회체육자생조직의 증가 추이는 〈표 11-4〉와 같다.

3) 한국

우리나라의 사회체육 자생조직을 구성하는 요인은 애호하는 종목, 여가시간 유무, 함께 모여서 스포츠활동을 할 수 있는 같은 시간대, 활동장소나 시설의 유무, 활동에 소요되는 경제적 능력, 홍보, 직업, 매스 미디어에서의 동기부여, 친지의 권유, 유명선수의 영향, 사회경제적 지위, 교육수준, 과거의 운동 경험, 지역 특성, 성별, 연령별 특성 등이 있다.

체육과학연구원(2006a) 한국의 체육지표에 따르면 국민생활체육협의회 산하의 시 · 도 및 시 · 군 · 구 종목별 연합회와 체육동호인 조직 현황은 〈표 11-17〉, 〈표 11-18〉, 〈표 11-19〉와 같다(제11장 부록 참조). 국민생활체육협의회는 사회체육진흥을 중점적으로 추진하는 민간단체로 창설되어 사회체육 자생조직의 관리 및 육성 · 지원을 주요업무로 하고 있다. 특히 서울올림픽기념 국민체육진흥공단에서 조성하고 있는 국민체육진흥기금으로 단체의 자립을 도모하여 단체별 자체 프로그램에 의거 동호인을 확대해 나갈 경우, 국민 누구나 선호하는 자생조직에 가입하여 사회체육활동에 참가할 수 있을 것으로 전망된다.

5. 한국의 사회체육 정책

오늘날 한국 사회체육의 눈부신 도약은 1980년대 후반부터 정부의 사회체육 추진 정책에 힘입어 꾸준한 발전을 이룩해 옴으로써 달성된 결과이다. 여기서는 그간 추진해 온 한국 사회체육의 진흥정책을 평가해 보고 이를 토대로 한국 사회체육의 나아갈 방향에 대하여 전망하고자 한다.

1) 사회체육 정책 추진의 기본 이념

한국의 사회체육 정책은 전 국민의 적극적인 체육활동 참가기회 보장을 통한 복지사회의 실현이라는 대전제하에 평등성 · 공정성 · 효율성의 추구를 기본이념으로 삼고 있다(임번장 외, 1990b).

(1) 평등성

사회체육 정책과 관련된 평등성(equality)이란 일반국민에게 체육기회를 제공함에 있어서 차별이 없는 공평한 배분을 의미한다. 이는 모든 국민이 사회체육에 참가할 권리가 동등하다는 원칙을 보장하고 실현하려는 의지이다. 모든 국민이 성, 연령, 사회계층, 직업과 같은 어떠한 요인에 의해서도 차별받지 않고 균등하게 체육활동 참가의 기회를 제공받아야 한다는 사실을 의미한다.

사회체육의 평등성 원칙에는 다음의 세 가지 개념이 기본적으로 내포되어 있다. 첫째, 체육활동에의 균등한 접근이다(equal access to physical activity). 이는 모든 국민들에게 적어도 최저수준의 체육기회를 제공함으로써 체육활동 참가기회를 균등하게 보장할 수 있다는 것이다. 둘째, 체육활동에 있어서의 동등한 대우이다(equal treatment of physical activity). 이는 사회체육의 참가 대상인 모든 국민이 각기 상이한 개인적 특성과 능력, 그리고 조건을 지니고 있으므로, 체육 프로그램이나 서비스가 지역사회 구성원 개개인의 여건과 상황에 적합하도록 다양하게 제공되어야 한다는 것이다. 셋째, 체육활동의 결과에 대한 평등이다(equality of outcome of physical activity). 이는 모든 국민이 최소한의 혹은 기본적인 체육활동 참가에 있어서 정부 및 국가는 소요 재원이나 자원 수준을 고려함이 없이 동등한 결과를 달성하는 책임을 져야 한다는 것이다.

체육재정 배분에서 기회균등의 실현을 위한 배분 방식은 다음과 같다.

첫째, 달성할 수 있는 최저 수준까지 공공 재원으로 충당하는 방법이다. 그러나 이는 최저수준을 어느 정도로 설정할 것인가 하는 목표 수준 설정의 문제와 최저수준 이상의 것을 수익자가 부담할 경우 지역사회 간, 개인 간의 격차를 오히려 격화시킬 우려가 있다. 둘째, 결과의 균등화를 실현하는 수준까지 체육재정을 확보 · 지원하는 방법이다. 이는 체육활동 성과 면에서의 기회균등이라고 볼 수 있다. 체육활동 성과 면에서의 기회균등은 모든 국민이 일정한 목표에 도달할 때까지 경비를 확보 · 지원하는 것으로서 활동의 조건이 불리한 국민들에게는 추가 재정이 투여된다. 셋째, 국민 개개인의 체육활동 참가가 최대로 이루어질 때까지 재정적인 지원을 제공하는 방법이다. 이 방법은 가장 이상적이고 바람직하다고 볼 수 있으며 재원의 희소성과 제한성을 고려할 때 이상적인 목표라고 할 수 있다. 넷째, 자유경쟁 형태를 통해 우수한 개인이나 단체로 선발된 대상에게만 경비를 투자하는 방식이다. 이 방식은 우리나라에서 그동안 엘리트선수 육성 정책에 사용된 것으로, 사회체육의 궁극적 목표에 어긋나는 방식이라 할 수 있다(임번장 외, 1990b).

(2) 공정성

사회체육은 국민 모두에게 차별 없이 제공되어야 한다. 그러나, 만족할 만한 사회체육 환경을 조성할 수 있는 인적 · 물적 자원이 부족하기 때문에 그 중요성의 순위에 따라 정책적인 투자가 순차적으로 이루어질 수밖에 없다. 사회체육 정책에 있어서 공정성은 투자우선순위의 기준이 어떻게 설정되느냐에 따라 좌우되는데, 이는 인적 · 물적 자원이 필요한 장소에 합리적으로 분배될 때 비로소 성취된다.

공정성(equity)은 특정 기준에 따른 차별적 투자에 대한 정당성을 기본 전제로 하고 있다. 균등 또는 평등이 단순히 서로 다른 것을 같게 취급하는 수학적인 균일성을 의미하는 것이 아니라는 인식에서 출발하여 오히려 적극적인 의미의 차별을 통하여 분배 정의를 실현하려는 취지를 담고 있다. 이러한 점에서 공정성은 사회체육 정책에 있어서 평등성이 실현되기 위한 현실적이며 구체적인 실행 조건이 된다고 볼 수 있다.

예를 들어, 부유계층은 여러 측면에서 사회적 혜택을 수혜하는 계층이므로 소외계층과 동등하게 사회체육 기회를 보장할 필요가 없기 때문에 자기 부담에 의한 상업체육 시설을 이용하도록 유도하는 반면, 소외계층은 자력으로 사회체육을 향유할 능력이 없으므로 이를 적극 보장해 주는 정책적 배려가 공정성의 좋은 본보기이다(임번장, 1995e).

(3) 효율성

사회체육 정책과 관련하여 희소한 자원의 배분에 관한 선택의 적정 여부를 판가름하는 기준이 되는 효율성(efficiency)은 최소의 투자로 최대의 효과를 거두려는 경제성의 원리를 의미한다. 효율성은 주어진 한정된 자원으로 최대의 효과를 성취하는 수단으로서 의의가 크며, 특히 지역사회체육 부문처럼 자원의 부족과 필요의 불균형에 따라 지역 간 격차가 크게 나타날 때 효율성의 적용이 더욱 필요하다.

사회체육 진흥 기본이념으로서의 효율성이란 지역사회체육의 자원량을 증가시키지 않고 바람직한 산출을 얻어내려는 것으로서, 이는 사회체육활동에 있어서 새로운 지식이나 기술을 도입하여 낭비를 최소화하거나 현존하는 자원을 적절하게 활용함으로써 사회체육 정책의 목표를 최대로 달성하려는 의도를 내포하고 있다.

그러나 사회체육투자에 있어서의 효율성은 다음과 같은 요인에 의해 저하된다. 첫째, 사회체육에 대한 투자는 명확하게 파악할 수 있으나, 그 결과가 무엇인가는 상당히 모호하기 때문에 생산성을 높이는 유인체제가 부족하다. 결국 사적 부문(私的部門)에 있어서의 이윤추구 동기에 상응하는 자극이 결여되어 사회체육활동 향상을 위한 기법과 자료는 여타 부문과 비교할 때 취약성을 띨 가능성이 높다. 둘째, 사회체육활동에서 평등을 달성하려고 할 때 자주 효율성이 침해를 받게 된다. 셋째, 민간 분야의 유출효과로 인하여 사회체육 부문의 인건비는 사회체육과 무관하게 증가됨으로써 효율성이 저하된다. 사회체육은 생산성 향상이 지체되더라도 유능한 사회체육 지도자와 필요 인력을 확보하기 위해서는 민간부문의 보수 수준까지 이를 상향 조정하여야 한다.

사회체육 부문에서 효율성을 증가시키기 위한 방법과 기준으로는 ① 사회체육투자는 회계상의 편의에 따라 배분되어서는 안 되고, 사회체육활동의 목적이나 내용 및 방법에 따라 각 사회체육활동의 특성을 고려하여 알맞게 할당되어야 한다. ② 사회체육투자의 낭비요인을 제거하기 위하여 적절성과 시간성을 고려해야 한다. 예를 들면, 사회체육활동의 유형과 관리형태를 고려하지 않은 사회체육시설은 사회체육 투자의 낭비적 요인이다. ③ 효율성을 고려하는 기준으로서 사회체육투자에 단위사회체육비의 산정경로가 적용되어야 한다. 이는 효율성을 고려하는 기준이 될 뿐만 아니라, 평등성과 공정성을 고려하기 위해서도 필요하다. 그리고 ④ 사회체육투자의 효율성에 대한 효과를 고려해야 한다. 즉, 사회체육활동의 효과를 고려하여 항목별 투자에 대한 우선순위가 합리적으로 결정된다면, 이는 제한된 사회체육재정의 여건하에서 투자의 대체가능성을 높일 수 있는 방안이 되며 보다 높은 사회체육활동의 효과를 기대할 수 있다.

그러나 사회체육 전개에 있어서 효율성은 사회체육의 목적과 목표에 대한 의견의 불일치 및 측정이 거의 불가능하다는 장애가 있다. 또한 사회 · 경제적인 요인과 같은 많은 변인들이 산출변인에 영향을 미치고 있어 정확한 효율성의 측정이 의심받고 있다.

진정한 의미에서 사회체육투자와 효율성의 문제는 경비효과의 회계학적인 단순한 협의의 개념을 넘어선 새로운 기술의 도입과 창조 그리고 그의 실행과정에 있다. 다시 말하면, 사회체육투자에서 효율성을 증대시키기 위해서는 사회체육활동에 새로운 기술과 방법을 도입 · 적용하여 사회체육재정을 적절하게 긴축 사용할 수 있는 방안을 마련하는 것이다(임번장 외, 1990b).

표 11-5. 한국의 사회체육 정책(1986~2007)

연도	정 책	시행 부서
1986	국민체육진흥장기계획	체육부
1990	국민생활체육진흥종합계획(호돌이 계획)	체육부
1993	제1차국민체육진흥5개년계획(1993~1997)	문화체육부
1996	삶의 질 세계화를 위한 생활체육활성화계획	문화체육부
1998	제2차국민체육진흥5개년계획(1998~2002)	문화관광부
2003	제3차국민체육진흥5개년계획(2003~2007)	문화관광부

2) 사회체육 정책 추진의 기본 방향

한국 사회체육 발전의 기틀은 1962년 국민체육진흥법 제정으로 마련되었으나 경제성장에 주력하는 사회 풍토, 국위 선양을 위한 엘리트체육에 치중하는 편향적 체육정책으로 인하여 사회체육은 사실상 침체되어 있었으며, 1982년 체육부 탄생 이후 1980년대 후반에 들어서야 비로소 활기를 띠기 시작했다고 할 수 있다. 정부 차원에서 수립된 종합적인 사회체육진흥정책은 1986년에 수립된 국민체육진흥장기계획과 1990년에 수립된 국민생활체육진흥종합계획(호돌이 계획)이 대표적이며, 문화체육부 설치 직후인 1993년에 수립된 국민체육진흥5개년계획이 우리나라의 사회체육을 체계적으로 발전시키는 데 크게 기여한 것으로 평가되고 있다(표 11-5 참조).

한국 사회체육 정책의 기본 방향은 사회체육 영역에 국민의 참가를 확산시킴으로써 사회체육의 활성화를 도모하고 이를 통한 국민 개개인의 삶의 질 향상을 추구하는 데 있다. 이를 위하여 정부는 사회체육 참가율 제고, 각종 사회체육 시설 및 공간의 확충, 사회체육 프로그램의 개발 및 보급, 사회체육 지도자의 양성 및 활용, 사회체육 조직의 확산 및 지원, 그리고 행정 및 재정의 지원과 같은 중점 과제를 적극적으로 추진하고 있다.

(1) 사회체육 참가율 제고

서울올림픽을 계기로 고조된 국민의 체육에 대한 관심과 열기를 사회체육으로 계속 유도하기 위하여 정부는 다양한 전략을 추진하여 왔다. 먼저, 대국민 홍보를 위하여 사회체육 참가인구 확산을 위한 TV 공익광고 제작 · 방영, 중앙일간지의 사회체육 홍보전담사 지정 운영, 홍보용 영상

표 11-6. 주 2~3회 이상 사회체육 참가율

구분 \ 연도	1985	1989	1991	1994	1997	2000	2003	2006
남자	28.8	35.6	41.7	48.1	46.7	37.8	41.4	48.4
여자	12.5	18.3	29.4	26.2	30.0	28.9	38.3	40.4
전체	21.0	27.1	35.3	37.6	38.8	33.4	39.8	44.1

출처: Lim, B. J., Chung, Y. L., & Koh, E. H.(1998). *Sport Participation in Korea, 1985~1997: Growth and Changes*. Paper presented at the 14th ISA World Congress, Montreal, Canada.
문화관광부(2006). 『국민체육참여실태조사』.

물 및 소책자 제작 · 배포, 사회체육 범국민 참여 캠페인 전개 등의 다양한 정책 추진은 물론, '국민 1인 1스포츠' 운동을 전개하면서 참여 여건을 조성하고, 지역문화축제를 관광이벤트화하고 민속운동 종목을 병행 실시하는 등 대중의 참여동기를 유발하였다.

이와 같은 정부의 노력은 빠르게 결실을 맺어 15세 이상의 국민 중 주 2~3회 이상 체육에 참가하는 율이 급속히 증가하였다(표 11-6 참조).

그러나 그 증가폭은 1994년을 기점으로 하여 둔화되는 경향을 보이다가 2000년대 이후부터 증가 추세로 전환되고 있다. 또한 여성의 참가율이 큰 폭으로 증가하고 있으나 남성의 참가율에는 크게 못 미치는 수준으로 나타나 한국 여성에게 체육활동 참가가 아직 남성에 비하여 낮음을 보여준다.

사회체육 참가인구의 저변 확대를 위해서는 다음과 같은 두 가지 노력이 이루어져야 한다. 첫째, 범국민적 체육생활화 운동을 대대적으로 전개해야 한다. 사회체육 참가인구의 저변 확대를 이룩하려면 정부가 '건강한 국민, 건전한 사회건설'을 위해 모두가 참여할 수 있는 여건을 조성하며 부녀자, 노인 등 체육활동 소외계층의 참가를 적극적으로 권장하고 용이하게 활용할 수 있는 프로그램을 집중적으로 보급하여 일상화할 수 있도록 권장해야 한다. 또한 체육주간(4월 마지막 주)과 체육의 날(10월 15일) 행사를 내실화하고 대중매체와 협조체제를 구축하여 사회체육 참가 홍보를 강화하고 사회체육 참가 캠페인을 전개하며 다양한 홍보물을 제작하여 배포함으로써 체육활동이 일상생활의 일부분이 될 수 있도록 촉구하여야 한다. 그리고 사회체육 정보자료실을 운영하여 전반적인 사회체육에 대한 안내, 정보자료의 제공 및 상담을 실행하는 한편, 컴퓨터 통신망을 이용한 정보제공 서비스를 통해 활성화를 유도해야 한다.

한편 각종 사회체육대회를 개최하여 모든 국민이 누구나 참가할 수 있는 기회를 제공함으로써

건강 및 화합의 마당을 이룰 수 있는 장을 마련해 주어야 한다. 즉, 국민에게 친근감을 주는 대회 명칭을 사용하고, 성별, 연령별, 기능별로 구분하여 구기, 민속놀이, 육상, 수영, 씨름 등 종목별 대회가 행정구역별로 개최되도록 한다.

또한 대회종목을 연차별로 추가하고 비등록 선수를 참가시키며, 남녀노소가 고르게 참가할 수 있도록 배려해야 한다. 이에 따라 스포츠와 민속놀이의 종합축제의 장이 되도록 국내외 각종 스포츠와 민속놀이 종목을 선정하고 가족단위 스포츠 · 놀이의 종합축제 형태로 개최한다.

둘째, 체육동호인 조직의 육성 및 사회체육교실의 상설 운영이 이루어져야 한다. 체육동호인 조직은 사회체육의 근간을 이루고 있는 구심체이다. 따라서 이들 활동을 활성화하는 것은 사회체육 진흥의 핵심 과제가 된다. 지역별로 산재되어 있는 체육동호인 조직의 등록제를 실시하여 시 · 도(시 · 군 · 구)에 등록을 하게 하고 수시로 등록할 수 있도록 등록기간을 조정하며, 등록 요건은 20인 이상 동호인을 확보하고, 월 2회 이상 주기적인 체육활동을 전개하는 조직에 한하도록 한다.

체육동호인 조직을 육성하기 위해서는 새로운 체육동호인 조직이 결성될 수 있도록 신문, 방송 등의 대중매체와 반상회 등을 활용하여 각종 체육 관련 정보 및 자료를 제공하여야 한다. 또한 친목회, 부녀회 등과 직장인이나 경기인을 통한 조직결성 등 가능한 많은 경로와 수단을 통해 체육동호인 조직 결성이 추진되어야 한다. 또한 지역사회체육 진흥을 위한 방편으로서 사회체육교실을 상설 운영해야 하는데, 사회체육 교실은 행정구역 단위로 근린 학교 또는 체육관을 선정 · 운영하고 우수지도자들을 배치하는 한편 이용 가능한 시간대를 구분하여 동호인 조직과 시설 자체의 실정에 맞추어 최대한 활용할 수 있게 조직한다.

(2) 시설의 설치 및 확충

사회체육 참여 확대를 위한 개선방안에 대하여 일반국민들은 "체육시설 확충"(50.8%), "적극적 홍보"(15.9%), "프로그램 개발보급"(13.4%), "시설사용료 조절"(6.5%), "기타"(5.6%), "운동기구 품질개선"(4.0%), "지도자의 질적 향상"(3.8%)의 순으로 필요사항을 나타냈다. 즉, 모든 사람들이 참여할 수 있는 사회체육은 무엇보다도 시설의 확충이 가장 필요하다는 인식을 반영하고 있다. 따라서 사회체육을 활성화시키기 위한 정책은 시설의 설치 및 확충을 최우선 순위로 두고 행정을 펼쳐 나가야 할 것이다. 따라서 우리나라의 사회체육 활성화 정책은 일차적으로 국민의 삶의 질 향상을 위하여 체육활동과 관련된 제도적 · 물리적 환경을 최대한 조성하는 데 역점을 두고 있다. 특히, 사회체육 활성화 정책은 시 · 군 단위 지역 기본체육시설 확보를 통한 지역사회체육 진흥에 두고

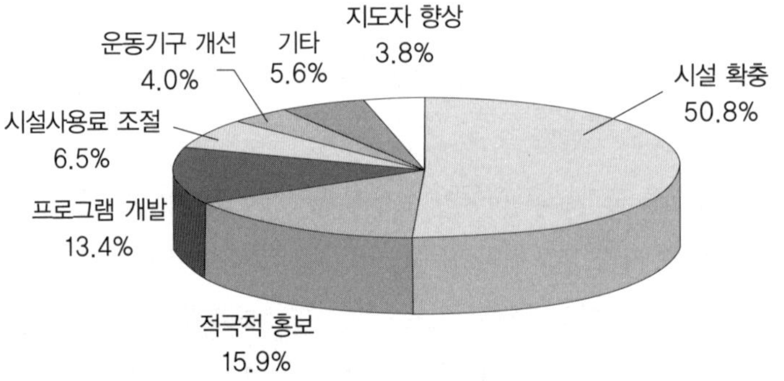

출처: 문화관광부(2006). 『국민체육활동참여실태조사』.

그림 11-12. 체육활동 참여확대를 위한 개선사항

표 11-7. 체육시설 건립 연도별 투자계획 (단위: 백만 원)

시설명 \ 연도	계	2003	2004	2005	2006	2007
국민체육센터	208,570	47,600	40,970	40,000	40,000	40,000
농어민문화체육센터	42,000	6,000	9,000	9,000	9,000	9,000
다목적생활체육공원	373,000	51,000	64,000	78,000	90,000	90,000

출처: 문화관광부(2003). 『참여정부 국민체육진흥5개년계획』.

이를 위하여 지방체육시설 확충에 주력해 오고 있다. 이를 위하여 정부는 2007년까지 국민체육센터 53개소, 농어민문화체육센터 28개소, 다목적 생활체육공원 196개소, 잔디 우레탄 체육시설 29개소를 건립하고, 마을단위 생활체육 시설 확충 및 학교체육시설 개방을 지원할 예정이다(문화관광부, 2003).

한편, 정부는 민간체육시설 육성을 위하여 노후된 체육시설의 개 · 보수비와 시설설치비 일부를 융자 · 지원하고 있는데, 국민체육진흥법에 의한 부가금 과징대상시설인 수영장, 볼링장, 실외골프연습장, 종합체육시설, 골프장, 스키장 등 6개 체육시설에 한하여 2억 원 이내로 융자하고 있다.

2005년을 기준으로 한국의 체육시설은 운동장 7만 676개소, 체육관 6,514개소, 수영장 910개소, 기타 9만 3,690개소 등 총 17만 1,799개소로서 1980년도 서독 14만 3,800개의 119%, 1975년도 일본 18만 8,244개의 91% 수준에 그치고 있다. 한편 이 중 공공체육시설이 8,717개소(5.0%),

표 11-8. 전국 공공체육시설 증가 추이

연도	1998	2000	2002	2004	2005	2006
개소 수	4,074	5,677	6,723	7,863	8,717	9,949

출처: 체육과학연구원(2006). 『한국의 체육지표』.

표 11-9. 한국 체육시설 현황

구분 \ 종류	전체	운동장	체육관	수영장	기타
공공체육시설	8,717	7,069	385	152	1,111
등록체육시설	236	–	–	–	236
신고체육시설	45,833	–	187	609	45,037
초등학교 체육시설	53,514	28,452	3,196	90	21,776
중등학교 체육시설	28,448	12,857	967	22	14,593
고등학교 체육시설	35,051	22,298	1,779	37	10,937
계	171,799	70,676	6,514	910	93,690

출처: 체육과학연구원(2006). 한국의 체육지표에서 재구성.

학교체육시설이 11만 7,013개소(68%) 등이며, 국민 6만 1,452명당 주요 체육시설(운동장, 체육관, 수영장) 1개소 수준이다(표 11-9 참조).

한편, 복지 증진 차원에서 운영되는 지역사회 스포츠센터의 역할은 전 국민의 삶의 질 제고라는 차원에서 양적인 측면과 질적인 측면에서 다른 시설의 표준이 되어야 하며, 이를 위하여 공공체육시설은 지역주민을 위하여 적극적으로 개방·활용되어야 한다. 이와 함께 앞으로 체육시설은 그 시설을 이용하는 주민의 다양한 요구에 부응하여 단순한 경기용이나 행사용만이 아닌 다목적 기능을 갖춘 시설을 설치해 주민의 평생체육의 장이 되도록 계획해야 한다.

(3) 프로그램의 개발 및 보급

사회체육 프로그램의 보급은 국민에게 체육활동의 방법을 다양하고 구체적으로 제시하여 준다는 점에서 국민의 효율적·합리적 체육활동의 근간이 된다. 정부는 사회체육 참가의 다각화를 꾀하기 위하여 참가자 개인의 특성이나 제반 여건을 고려한 다양한 형태의 사회체육 프로그램을 개발 · 보급함으로써 누구나 시간 · 장소 · 상황에 적합한 프로그램을 선택 · 활용할 수 있는 기회를 제공하고 있다. 제1차 국민체육진흥5개년계획 기간 중(1993~1997년) 계획했던 50종 중 46종의 사회체육 프로그램이 개발되었으며, 스포츠 교실 프로그램은 현재 운영되고 있는 어린이체능교실, 청소년체련교실, 가족사회체육캠프에 여성사회체육강좌, 장수(長壽)체육대학, 아침사회체육광장 등을 더하여 10개 프로그램으로 확대 운영할 계획이다. 또한 민속운동종목을 지역별로 발굴 · 지원하고 무도(舞蹈, dance sport)스포츠를 보급 확대할 계획이다.

특히, 정부는 소외계층의 체육활동을 지원하기 위하여 사회복지시설 및 장애인시설에 체육용품 및 프로그램을 제공함으로써 체육복지를 실현하고 있다. 이에 따라 탁구대, 배드민턴 용품 등 체육용품을 보급하고 사회체육교실 운영, 종목별 사회체육대회 개최 등 프로그램 순회지도를 실시하고 있다.

또한 체육활동에 대한 참가자의 욕구를 다양하게 수용함으로써 참가자로 하여금 호기심을 가지고 지속적으로 참가케 하고 체육활동의 장인 시설의 활용가치를 제고하기 위해서는, 변화하는 사회의 새로운 수요와 국민의 요구에 따라 그에 적합한 새로운 형태의 다양한 프로그램을 개발하고 보급하여야 한다. 이러한 프로그램의 다양화는 다음과 같은 원칙에 의해 이루어져야 한다.

① 모든 지역주민에게 체육활동 참가의 기회를 균등하게 제공한다.
② 연중 언제든지 실시할 수 있어야 한다.
③ 기존 시설의 활용도를 극대화시켜야 한다.
④ 운동량이 많은 고난도의 프로그램에서부터 운동량이 적은 저난도의 프로그램에 이르기까지 다양한 활동내용을 포함하여야 한다.
⑤ 지역사회 주민의 복지를 위한 여타 프로그램과의 연계성도 고려하여야 한다.
⑥ 참가자의 경제적 부담을 최소로 줄여야 한다.
⑦ 기술수준이나 운동능력 등의 개인차를 고려하여야 한다(체육부, 1989).

(4) 지도자의 양성 및 활용

사회체육 지도자는 참가자를 도와 운동 효과를 극대화시키고 능률적이고 체계적인 체육활동 참가를 유도한다. 현재 한국 정부에서는 사회체육 참가의 합리성을 제고하기 위하여 매년 수천 명의 사회체육 지도자를 양성 · 배출하고 있으며, 각급 체육시설에 사회체육 지도자 배치를 의무화

표 11-10. 사회체육 지도자 양성 및 활용을 위한 연도별 투자계획

(단위: 백만 원)

사업명	총계	2003	2004	2005	2006	2007
양성제도 개선	225	45	45	45	45	45
지역단위 배치 확대	99,703	12,668	19,818	20,943	22,397	23,877
인력풀제 운영	450	–	–	100	140	200
강습회 개최	249	25	25	60	66	73
우수사례 발표회	92	–	20	22	24	26

출처: 문화관광부(2003). 참여정부 국민체육진흥5개년계획에서 재구성.

하여 배출된 지도자를 활용토록 하고 있다. 또한, 직원이 500인 이상인 직장에는 체육진흥관리위원회를 설치하고 사회체육 지도자를 배치할 것을 국민체육진흥법에 명시하고 있다.

사회체육 지도자의 효율적인 활용을 위해 공공기관, 공공체육시설에 지도자를 배치하도록 적극적으로 권장하여 스포츠 교실 운영과 체육동호인 조직을 육성하고 기업체 근로자의 체력향상을 도모하며, 정기적인 연수교육을 실시하여 보다 양질의 사회체육 지도자를 양성해야 한다.

(5) 조직의 확산 및 지원

시설 건립 및 확충, 프로그램 제공, 지도자 양성 등을 통하여 국민의 사회체육 참가를 유도한 후에는 이들이 지속적으로 체육활동에 참가할 수 있도록 지원할 필요가 있다. 사회체육 동호인 조직은 공동체 활동을 통하여 지속적으로 특정 체육활동을 즐기는 데 중요한 역할을 담당한다. 현재 우리나라의 사회체육 동호인 조직은 독일이나 스위스 등에 비하면 30~50% 수준에 불과하지만 꾸준히 성장하고 있다. 2006년 현재 등록되어 있는 전국의 사회체육 종목별 연합회는 113개 종목 254만 4,049명이며, 동호인 조직의 클럽 수는 7만 7,065개에 이른다(체육과학연구원, 2006b).

정부는 이와 같은 동호인 조직의 결성 · 유지를 적극적으로 장려함으로써 국민 모두가 함께 체육활동을 즐기는 사회 분위기를 조성하기 위하여 노력하고 있다. 동호인 클럽 사랑방 운영, 즐거운 주말 리그 운영, 동호인 한마음 리그 운영, 동호인 행사 지원, 국민생활체육 한마당축전 개최 등이 대표적인 예로서, 투자예산은 지도자 수당, 리그 운영비, 사무실 운영비 등에 지원되고 있다(표 11-12 참조).

표 11-11. 사회체육 동호인 조직 현황

구분 / 연도	클럽 수(개)	동호인 수(명)	인구대비(%)
1996	33,553	1,369,216	3.5
1997	34,612	1,399,216	3.5
1999	35,800	1,282,937	2.8
2000	38,769	1,364,040	2.9
2002	49,433	1,722,637	3.6
2003	62,562	2,084,035	4.3
2004	72,770	2,423,945	5.1
2005	77,065	2,544,049	5.2

출처: 체육과학연구원(2006). 『한국의 체육지표』.

표 11-12. 동호인조직 장려를 위한 연도별 투자계획

(단위: 백만 원)

사업명	총계	2003	2004	2005	2006	2007
동호인 클럽 사랑방 운영	4,575	750	750	929	1,022	1,124
즐거운 주말 리그 운영	12,250	2,105	2,186	2,404	2,645	2,910
동호인 한마음 리그 운영	5,518	678	780	1,110	1,350	1,600
동호인 행사 지원	17,155	2,735	3,120	3,400	3,800	4,100
국민생활체육 한마당축전 개최	10,530	1,649	1,775	2,112	2,364	2,630

출처: 문화관광부(2003). 참여정부 국민체육진흥5개년계획에서 재구성.

(6) 행정 및 재정의 지원

사회체육 정책을 담당하고 있는 정부의 주무 부서는 문화관광부 체육국 생활체육과 및 체육정책과이며, 이 외에 행정자치부 산하의 각 시 · 도 생활체육과, 국민체육진흥공단, 그리고 국민생활체육협의회 등이 있다.

한편, 재정 면에서 전통적으로 우리나라의 사회체육은 주로 공공투자에 의해 운영되어 왔다. 〈표 11-13〉은 민간자본을 제외한 국고 및 지방비, 국민체육진흥기금의 연도별 예산 내역이다. 특히, 국민체육진흥법은 체육진흥에 소요되는 시설 비용 및 기타 경비를 지원하기 위하여 국민체육진흥기금을 조성하도록 명시하고 있으며, 그 관리 및 운용은 국민체육진흥공단에서 담당하게 되어 있다. 2005년 현재 7,123억 원을 조성하여 매년 수익금을 체육비로 지출하는데 이 중 일정액이 사회체육 예산으로 할당된다.

표 11-13. 연도별 사회체육 부문 예산 추이

연도	계	국고	지방비	기금
1995*	16,780	2,169	8,039	6,572
1996*	19,513	3,385	9,342	6,846
1997*	22,174	4,167	9,182	8,825
1998*	28,306	4,268	10,005	14,033
1999**	6,363	1,572	3,849	942
2000**	4,507	1,799		2,708
2001***	13,790	1,639	11,120	1,031
2002***	12,184	1,589	9,352	1,243
2003***	15,999	1,426	12,847	1,726
2004***	17,062	1,093	14,443	1,526
2005***	18,925	1,137	16,041	1,747
2006***	17,615	1,489	13,835	2,291

출처: *문화관광부(1998c). 『체육진흥평가회자료』.
**체육과학연구원(2000, 2001). 『한국의 체육지표』.
***문화관광부(2002, 2006). 『체육백서』.

표 11-14. 국민체육진흥기금 조성 현황

(단위: 억 원, %)

구분	1996	1997	1998	1999	2000	2001	2002	2003	2004	2005
기금조성액	5,943	6,163	6,246	6,246	5,136	5,212	5,653	6,434	6,849	7,123
증가율	3.5	5.1	0	0	-17.8	1.5	8.5	13.8	10.6	10.4

출처: 체육과학연구원(2006). 한국의 체육지표에서 재구성.

표 11-15. 총 지원금 중 사회체육 부문 지원액

(단위: 억 원, %)

구분	1989	1990	1991	1992	1993	1994	1995	1996	1997	1998
총지원금액	98	135	160	325	398	538	481	548	593	703
사회체육지원금액	–	29	44	36	86	93	104	110	144	198
비율(%)	–	21.5	27.9	11.2	21.5	17.3	21.7	20.1	24.3	28.2

출처: 한국개발연구원(1996). 『국민체육진흥공단 중장기 발전구상』.

3) 사회체육 정책의 평가

정부의 사회체육 진흥 정책은 추진 과정에서 참가율 제고, 시설 확충, 조직 확산 등 가시적인 긍정적 효과를 거둔 반면, 이에 따른 문제점 또한 야기시켰다.

(1) 긍정적 측면

첫째, 서울올림픽대회 조직위원회를 발전적으로 해체하여 국민체육진흥공단을 설립함으로써 발족 당시 총 3,521억 원의 모태기금으로 시작 1999년까지 6,246억 원에 달하던 것이 월드컵 경기장 신축 지원금으로 1,110억 원이 지출되어 2000년 말 총 5,136억 원의 체육기금을 조성하였으며 그 후 꾸준히 증가하여 2006년에는 7,123억 원이 조성되었다. 기금에서 증식된 이자 수입은 1992년부터 국고나 지방비에 의존해 오던 체육비에 매년 300~700억 원씩 충당하여 사회체육의 획기적인 발전을 이룩하는 밑거름이 되었다.

둘째, 국민체육진흥계획 수립 및 추진에 의한 사회체육 활성화의 조기 실현이다. 정부는 1986년 국민체육장기기본계획을 수립하였고, 1990년 3월에는 국민생활체육종합계획인 호돌이 계획을 수립하여 정부, 지방자치단체, 민간단체가 공동으로 사회체육 진흥을 위해 협력하도록 촉구하는 계기를 마련하였다. 이를 이어 국민체육진흥5개년계획이 추진되었고, 1990년대 및 2000년대의

표 11-16. 사회체육 주요지표 비교

구분	1989	1995	2000	2005
체육 동호인 클럽(개)	3,700	24,080	43,336	77,065
체육활동 참가율(%)	27.2	37.6	33.4	44.1
사회체육 지도자(명)	1,501	30,129	53,352	90,830
공공체육시설(개)	689	2,944	4,972	8,717
체육활동 장소(1위)	학교시설(36.1%)	집 주변(38.8%)	집 주변(40.8%)	상업시설(24.8%)
(2위)	집안/정원(18.7%)	상업시설(24.9%)	상업시설(23.5%)	집 주변(24.5%)
월평균 체육활동비 (2만 원 이상)	17.8%	41.7%	71.0%	62.1%

출처: 임번장(1998a). 「사회체육 정책의 평가와 전망」. 『21세기를 향한 체육의 발전방향 정책토론회 자료집』. pp. 31-42.
문화관광부(2006). 『국민체육참여실태조사』.

사회체육은 1980년대에 비해 한층 발전된 새로운 모습을 갖추게 되었다. 1989년과 2005년 사이의 사회체육 주요지표를 비교하여 보면 〈표 11-16〉과 같다.

(2) 부정적 측면

첫째, 위와 같은 노력과 성과에도 불구하고 국민 1인당 투자예산액의 절대 부족과 사후 관리의 부실은 사회체육이 전 국민에게 확산되는 데 있어서 한계를 드러내게 되었다. 특히 각종 사회체육 활성화 계획에 있어서 중점 과제가 부각되지 못하고 나열식, 나눠먹기식이 되어 효율성이 저하되었다.

둘째, 중앙정부가 주축이 되어 추진되어 온 사회체육 정책에 투입되는 지원 예산이 한계에 이르렀다. 그동안 우리나라의 사회체육은 중앙정부 주도하에 국고보조금과 국민체육진흥기금 등에 예산의 80% 이상을 의존하여 왔다. 그러나 사회체육 참가 인구와 사업이 매년 크게 증가한 반면, 정부의 투자 예산은 이에 보조를 맞추지 못함으로써 그 한계를 드러내고 있다. 일례로 시설 건립 시 지원액은 총사업비의 50% 정도가 되어야 하는데 현재 운동장 · 체육관 및 건립비 지원액은 각 시설별 사업비 총 소요액의 20%에 불과하며, 따라서 광역시 · 도, 시 · 군 · 구가 자체 부담예산 과중으로 사업중단 또는 사업예산 반납 등의 어려움을 겪고 있는 실정이다.

셋째, 증가된 사회체육 참가 인구를 지속적으로 관리하고 동기화하는 정책적 관리 체계가 정착되지 못하였다. 미국 67%(1980), 프랑스 73.7%(1985), 일본 60%(1987) 등의 사회체육 참가율 증가 추세를 보면 우리나라의 사회체육 참가율 역시 더욱 증가할 수 있는 가능성이 큼에도 불구하고, 앞의 〈표 11-6〉에서 볼 수 있는 바와 같이 이에 크게 미치지 못하고 있다. 이는 국민의 사회체육 참가 욕구가 단시간 내에 어느 정도 충족되면서 빚어진 정체 현상으로 해석되며, 그 원인으로는 시설이 고급화되지 못하고 사회체육 프로그램의 다양성과 흥미성이 부족하며 지도자의 전문성이 결여되어 참가자를 지속적으로 유인하지 못하고 있는 것이 가장 큰 요인으로 지적된다.

넷째, 한국 체육의 현실은 사회구조적 여건으로 인하여 정부 및 공공단체의 주도하에 운영되어 왔다. 문화관광부, 대한체육회, 국민생활체육협의회를 중심으로 운영되어 온 사회체육은 조직 관리 및 행정 효율성 측면에서 유리한 점을 살려 사회체육 인구 저변확대에 기여한 바가 크다. 그러나 다른 한편으로는 자율성 · 진취성이 결여되고 관료주의적 특성인 전시 효과를 위한 실적 사업에 우선적 관심을 기울임으로써 업무의 중복, 기관 간의 갈등은 물론, 민간체육조직이나 단체가 자생적으로 성장할 수 있는 여건을 조성하여 주지 못하고 있는 실정이다.

다섯째, 총체적인 경제위기 상황에 의한 사회체육 부문의 위축이다. 대부분의 경우 사회체육 참가는 일상 생활비 이외에 별도의 비용 지출이 요구되는데, 과거 갑자기 불어닥친 '외환위기 사태' 는 가정경제를 위축시키고 실업을 양산하여 사회체육을 위한 비용과 의지를 위축시키는 결과를 초래하기도 하였다.

4) 사회체육 정책의 전망

이상과 같이 사회체육의 지속적 발전에 저해되는 요인들은 사회체육의 조직, 기능, 사업 등에 있어서 효율적 구조조정을 통하여 최대한 제거하고 다음과 같은 구체적 노력을 통하여 해결해 나가야 할 것이다.

첫째, 사회체육 활성화를 통하여 국민 사기를 앙양하고 위기극복을 위한 전기를 마련하여야 한다. 사회 전반에 걸친 금융위기는 체육 부문에 있어서도 정부조직의 축소, 예산삭감, 각종 스포츠팀의 해체, 체육행사의 축소 및 폐지, 체육시설 이용객의 감소, 체육시설업소의 자진 폐쇄 등의 큰 변화를 초래하였다. 그러나 체육은 국민의 사기를 회복하고 이를 통하여 생산성 향상, 사회 응집력 제고 등 사회 · 문화적 기능을 수행함으로써 국난 극복의 전기를 마련하는 데 중요한 역할을 수행하여야 한다. 이를 위해서는 최소의 비용으로 즐길 수 있는 프로그램을 확대 · 보급하고 공공체육시설 사용을 극대화하며 실업자 구제를 위한 공공사업 분야에 있어서도 사회체육 관련사업을 포함시키는 등의 구체적 대처 방안이 요구된다.

둘째, 사회체육의 참가 형태를 동호인모임(클럽)화하여야 한다. 종목별로 지역 단위 클럽을 활성화시키고 클럽 회원의 회비와 정부 지원금으로 해당 체육시설을 운영하고 조직을 관리하도록 체제의 전환을 꾀하여야 한다. 특히, 지속적인 동호인 조직 육성에도 불구하고 상대적으로 활성화되지 못한 청소년 체육클럽을 시급히 육성할 필요가 있다. 이는 궁극적으로 사회체육 참가에 대한 지속적인 동기를 부여하는 요인으로 작용할 것이며 정부의 사회체육 관련 투자 예산을 절감시킬 수 있는 방안이 된다.

셋째, 공공체육의 상품화와 정보화 방안을 모색하여야 한다. 그동안의 사회체육은 정부의 일방적 자선행위로 인식되어 온 경향이 있다. 앞으로 개인이 주체가 될 새로운 사회체육 참가는 시설, 프로그램, 교통, 편의시설, 비용, 동호인활동 등의 각종 정보를 스스로 수집하고 판단하는 과정을 거치게 되는데, 웹사이트 검색 등 컴퓨터 이용이 주요한 역할을 담당하고 있다. 따라서 이러한 개인적 참가를 촉진시키기 위해서는 체육 관련 정보망(information network)을 구축하여 일반대중이 필요한 정보를 용이하게 검색할 수 있도록 배려하여야 한다. 또한, 공공 사회체육의 질을 높여 상업체육에 대한 경쟁력을 확보하기 위해서는 스포츠마케팅 전략을 도입하여야 한다. 이를 통하여 상품화된 사회체육 서비스를 이용하는 참가자는 수익자 부담의 원칙에 따라 상당 부분의 비용을 자비 부담토록 촉구하여 이에서 절약되는 재원을 공공체육 부문에 재투자하도록 한다.

넷째, 체육활동 소외계층의 참가 기회를 확대 · 보장하여야 한다. 사회체육 진흥정책의 궁극적 목표는 국민 대다수가 체육활동에 참가함으로써 건강하고 행복한 삶을 누리도록 하는 데 있다. 따라서 체육활동 참가 기회나 여건이 상대적으로 제한되어 열악한 여성, 노인, 장애인, 농어민, 가족 단위 참가자 등을 주요 정책대상으로 하여 지원해야 할 것이다.

다섯째, 우수 사회체육 지도자를 양성하고 자원봉사제도를 활성화하여야 한다. 지도자는 참가자의 체육활동 참가를 동기화하고 활동을 체계적으로 이끌어 그 효과를 극대화하는 중요한 역할을 담당하고 있다. 따라서 사회체육 지도자를 충분히 현장에 배치하기 위해 기존 지도자를 재배치하여 최대로 활용하는 한편, 우수한 지도자를 지속적으로 양성하여야 한다. 매년 전국적으로 다수 배출되고 있는 체육계열 대학 졸업생을 적절히 활용하는 것도 좋은 대안이 될 수 있다. 또한, 체육 선진국에서 이미 정착되어 있는 자원봉사제도를 도입 · 운영하여야 하는데, 부모나 자녀를 포함한 지역 어린이 체육활동에 자원봉사하는 등 가까운 범위에서 시작하여 동호인 조직이나 소외계층을 돕는 보다 광범위한 자원봉사활동으로 확대될 수 있도록 계도 · 홍보하여야 한다.

여섯째, 사회체육의 효율적 추진체계 구축을 위하여 정부, 지방자치단체, 민간단체 간의 효율적 협력체계가 구축되어야 한다. 이를 위해서는 인적 · 물적 자원을 공유하는 한편, 중복된 업무는 조정할 필요가 있다. 민간체육단체 부문에서 주축을 이루고 있는 대한체육회와 국민생활체육협의회의 경우 지방단위 조직에서 업무의 중복이 지적되고 있는데, 이러한 비효율적 관행은 시급히 조정될 필요가 있다. 또한 지역체육단체의 장을 지방자치단체장이 당연직으로 보임하고 있는데, 그보다는 지역사회의 체육인을 선출하여 민간단체로서의 자율성을 보장하는 것이 바람직하다.

이상과 같이, 사회체육 진흥정책 개선을 위한 기본방향은 사회체육의 조직, 기능, 사업에 대한 투자와 운영을 합리화하고 효율화하는 데 있다고 하겠다. 특히, 학교체육 및 엘리트체육에 의존해 오던 한국 체육의 구조적 모순을 조정하여 사회체육 동호인 조직을 클럽화하고 운영을 합리화하여 정부의 직접 지원은 체육 소외계층에게 중점적으로 제공하는 방안이 요구된다.

| 요약 |

사회체육 행정은 국가나 지방자치단체에서 사회체육의 원활한 활동을 도모하기 위하여 정책을 수립하고 수행하는 지도적 · 조성적 행위이다. 체육행정조직은 조직의 역할, 목표에 따라 공식 · 비공식 조직, 계선 · 참모조직, 중앙 · 지방자치 조직으로 분류된다.

사회체육을 담당하고 있는 국제조직에는 IANOS/APOSA, TAFISA 등이 있다. IANOS는 사회체육의 발전을 추구하는 국제기구로서 전 세계 141개 회원국이 가입되어 있다. APOSA는 IANOS의 산하기구로 아시아 · 태평양, 오세아니아 대륙권역의 국제사회체육기구이다. TAFISA는 사회체육 운동의 세계적 확산을 위한 국가 간 협력 도모를 목적으로 1969년 창설되었다.

미국은 체육행정조직이 연방정부, 주정부, 지방자치단체로 구분되는데, 연방정부는 국민의 건강증진, 국제체육정책, 지방정부에 대한 지원 등 스포츠를 간접적으로 관리하고 있으며, 주정부와 지방자치단체는 지역주민의 건강과 레크리에이션 참가 기회의 제공을 직접적으로 담당하고 있다. 독일은 대통령 산하에 독일체육회를 두고 각종 스포츠위원회, 독일 스포츠진흥재단, 독일올림픽위원회 등과 긴밀하게 상호 협조체제를 구축하여 사회체육 행정을 전개하고 있다. 핀란드의 스포츠 관련 주요정책은 의회에서 결정되며 체육청소년국은 스포츠 담당부서 산하에 체육스포츠연구위원회와 국가스포츠위원회 그리고 주스포츠위원회를 두고 체육행정을 추진하고 있다. 캐나다는 1972년부터 보건부 차관보 산하에 체력-아마추어스포츠과를 신설하고 그 밑에 스포츠캐나다국과 레크리에이션캐나다국을 설치하여 스포츠 정책을 펴고 있다. 우리나라는 현재 문화관광부 소속 체육국에서 사회체육 관련 업무를 담당하고 있으며 국민생활체육협의회, 서울올림픽기념 국민체육진흥공단 등의 민간단체와 협조체제를 갖추어 사회체육활동을 전개하고 있다.

한편, 사회체육정책은 전국민의 적극적인 체육활동 참가기회 보장을 통한 복지사회의 실현이라는 대전제하에 평등성 · 공정성 · 효율성의 추구를 기본이념으로 삼고 있다. 사회체육정책의 기본 방향은 참가율 제고, 시설의 설치 및 확충, 프로그램의 개발 및 보급, 지도자의 양성 및 활용, 조직의 확산 및 지원, 행정 및 재정의 지원 측면에서 설정되어야 한다.

| 주요 개념 |

계선조직 공원레크리에이션협회 공정성

국민사회체육협의회	국민체육진흥공단	긍정적 측면
대한체육회	독일체육회	문화관광부
부정적 측면	사회체육 참가율 제고	스포츠 캐나다
시설 설치 · 확충	자생조직	조직의 확산 및 지원
중앙조직	지방자치조직	참모조직
체육동호인 조직	평등성	프로그램의 개발 및 보급
행정 및 재정의 지원	효율성	IANOS/APOSA
TAFISA		

| 연구 문제 |

1. 계선조직과 참모조직의 특징에 대하여 살펴보자.
2. 사회체육을 담당하고 있는 중앙조직과 지방자치조직에 대하여 알아보자.
3. IANOSA와 APOSA의 역할에 대하여 알아보자.
4. TAFISA의 설립 목적과 기능에 대하여 알아보자.
5. 미국의 사회체육 행정조직에 대하여 알아보자.
6. 독일의 사회체육 행정조직에 대하여 알아보자.
7. 문화관광부 체육국의 역할에 대하여 알아보자.
8. 국민생활체육협의회의 역할에 대하여 알아보자.
9. 국민체육진흥공단의 역할과 기능에 대하여 알아보자.
10. 사회체육 정책 추진의 기본 이념에 대하여 살펴보자.
11. 우리나라 사회체육의 기본 방향에 대하여 알아보자.
12. 사회체육 참가율 제고를 위한 우리나라 사회체육 정책의 기본방향을 알아보자.
13. 우리나라 사회체육 정책을 평가해 보고 앞으로 나아가야 할 방향에 대하여 살펴보자.

참고문헌

강신복 외(2000). 『국민생활체육참여실태조사』. 문화관광부.

국민생활체육협의회(1991). 『건강한 삶, 즐거운 인생: 국민체력향상 프로그램 성인 편』. 서울: 태창문화사.

____________(1997a). 『1997년도 사업실적보고서』.

____________(1997b). 「IANOS와 APOSA」. 『국민생활체육』 제31호.

____________(2007). 국민생활체육협의회 [인터넷 자료](http://www.sports-net.or.kr).

국민체육진흥공단(1999a). 『21세기국민체육진흥의 동반자』.

____________(1999b). 『국민체육진흥의 발자취』.

국민체육진흥공단 (2007). [인터넷 자료](http://www.sosfo.or.kr).

김기형 외(2003). 국민생활체육참여실태조사. 문화관광부.

대한체육회(1999). [인터넷 자료](http://www.sports.or.kr/kocksc/ksc 2t.html).

문화관광부(1998a). 『국민체육진흥5개년계획』.

________(1998b). 『심사평가시행계획』. 미간행인쇄물.

________(1998c). 『체육진흥정책평가회자료』.

________(1999). [인터넷 자료](http://www.mct.go.kr).

________(2002). 『체육백서』.

________(2003). 『참여정부 국민체육진흥5개년계획』.

문화체육부(1993). 『국민체육진흥5개년계획』.

________(1996a). 『삶의 질 세계화를 위한 생활체육활성화계획』.

박정근(1994). 『체육행정 및 관리』. 서울: 21세기 교육사.

임번장(1995e). 「한국의 'Sport for All' 정책」. 『한국스포츠사회학회보』 7: 1-9.

______(1998a). 「생활체육 정책의 평가와 전망」. 서울대학교 체육연구소. 『21세기를 향한 체육의 발전 방향』(pp. 31-42).

임번장 외(1990b). 「생활체육 투자 우선순위에 관한 연구」. 『체육연구소논집』 11(2): 19-47.

체육과학연구원(2006b). 『한국의 체육지표』.

체육부(1986). 『국민체육진흥장기계획』.

______(1989). 『한국의 체육지표』.

______(1990d). 『호돌이 계획: 국민생활체육종합계획』.

최창호(1990). 『행정학개론』. 서울: 건국대학교출판부.

한국개발연구원(1996). 『국민체육진흥공단 중 · 장기 발전구상』.

한국체육과학연구원(1998a). 『선진국의 체육행정체계와 스포츠 정책』. 서울: 동원사.

Lim, B. J., Koh, E. H., & Chung, Y. L. (1998). Sport Participation in Korea, 1985-1997: Growth and Changes. *Paper presented at the 14th International Sociology Assocation World Congress*, Montreal, Canada.

| 부 록 |

표 11-17. 시 · 도 생활체육협의회 현황(2007년 9월 현재)

구분	회장	사무처장	주소	사무처 전화[팩스]	비고
서울	이의민	심상학	마포구 성산동 515번지 (월드컵경기장 내)	02)375-4141 [02)303-4143]	
부산	제종모	양갑석	동래구 사직2동 930번지 종합운동장 내 야구장 104호	051)504-6110, 507-7330 [051)506-2563]	
대구	장영도	주태호	달서구 두류3동 597번지 (두류테니스장 내)	053)655-1125-7 [053)655-1127]	
인천	유천호	김낙정	남구 숭의1동 424 (숭의종합운동장 내)	032)881-8671-3 [032)881-8674]	
광주	오주	이여성	서구 치평동 1154 전천후게이트볼장 2층	062)382-1095-6 [062)381-5831]	
대전	이재선	최병일	서구 갈마동 820-1번지 (국민생활관)	042)486-5507 [042)487-3975]	
울산	김철욱	윤표득	울산시 중구 남외동 865 (울산종합운동장 내)	052)297-8912 [052)297-8913]	
경기	박영표	오세구	수원시 장안구 정자동 27-10 (경기도체육회관 내)	031)251-5001 [031)248-0502]	
강원	인현상	공석	춘천시 우두동 293-4	033)254-6276 [033)242-6276]	
충북	오장세	박영철	청주시 흥덕구 사직1동 808 (청주종합경기장 내)	043)268-3384-5 [043)275-8964]	
충남	최희택	이용만	천안시 백석동 251-1 (종합운동장 내)	041)562-8859 [041)553-2861]	
전북	박천규	공석	전주시 완산구 중앙동 4가 1번지	063)286-2174 [063)285-2179]	
전남	김한종	공석	순천시 덕월동 455-5 (국제예식장 별관3층)	061)744-7330 [061)741-3166]	
경북	황인철	최상길	대구시 남구 대명 8동 15-126	053)474-4114-5 [053)474-4334]	
경남	금대호	정중헌	마산시 양덕2동 477번지 (주경기장 내)	055)297-4944,299-7330 [055)255-4944]	
제주	현향탁	강완길	제주시 오라1동 1006 (전천후게이트볼장 내)	064)757-3066,727-7330 [064)758-3066]	

표 11-18. 시 · 군 · 구 종목별 동호회 클럽 결성 현황(2006년 12월 기준)

종목	서울	부산	대구	인천	광주	대전	울산	경기	강원	충북	충남	전북	전남	경북	경남	제주	소계
총 계	9,695	4,601	3,606	4,271	3,076	2,700	3,098	12,335	2,606	5,933	4,451	2,999	3,850	6,604	6,208	2,719	78,752
1 육상/조깅	190	37	40	105	30	23	98	283	34	44	168	14	24	35	234	19	1,378
2 축구	1,993	890	351	364	526	137	654	1,984	579	659	822	646	793	1,089	1,397	1,002	13,886
3 배구	234	90	59	4	93	43	246	203	27	212	162	93	208	72	210	45	2,001
4 게이트볼	568	256	160	221	264	175	67	942	389	371	356	247	327	370	589	249	5,551
5 자전거	126	18	1	87	28	46	26	88	61	29	18	93	22	14	60	39	756
6 테니스	885	491	417	284	87	354	272	818	318	522	437	265	326	823	441	129	6,869
7 인라인롤러	35	1	2	4	3	2	1	32	14	1	6	10	1	3	4	-	119
8 생활체조	138	76	123	183	58	205	517	135	4	8	155	143	83	276	212	39	2,355
9 볼링	739	443	490	414	280	313	155	1,597	427	1,109	645	229	381	1,234	381	290	9,127
10 수영	196	88	215	70	49	40	13	141	30	84	40	32	9	34	35	18	1,094
11 탁구	308	196	119	141	31	67	72	443	44	299	161	86	145	154	257	38	2,561
12 배드민턴	755	232	80	249	104	64	142	488	101	154	183	119	175	222	400	94	3,562
13 등산	825	356	107	62	73	43	23	435	66	339	120	96	108	401	249	38	3,341
14 궁도	65	9	-	8	9	11	25	90	50	43	65	15	69	14	135	11	619
15 야구	288	150	135	83	130	54	94	374	52	147	76	99	29	173	158	58	2,100
16 태권도	185	31	214	383	161	134	18	628	21	198	107	23	130	69	116	33	2,451
17 정구	1	14	53	-	71	-	9	23	2	47	2	7	78	49	41	24	421
18 석궁	-	-	-	-	-	-	-	1	-	-	3	3	-	-	-	1	8
19 씨름	10	27	8	13	17	13	-	103	3	9	42	12	38	11	20	5	331
20 족구	173	131	145	217	79	89	137	640	78	401	236	107	120	207	228	200	3,188
21 보디빌딩	118	1	26	95	30	145	13	523	9	2	27	-	9	60	23	13	1,094
22 레크리에이션	-	-	-	18	45	-	4	10	-	-	7	-	2	-	-	-	86
23 낚시	312	220	122	24	43	-	26	31	8	136	34	28	100	418	84	46	1,632
24 합기도	15	48	85	174	111	82	1	309	10	102	66	42	22	48	80	45	1,240
25 사격	63	14	11	12	5	-	39	14	27	7	4	13	2	3	16	1	231

종목	서울	부산	대구	인천	광주	대전	울산	경기	강원	충북	충남	전북	전남	경북	경남	제주	소계
26 윈드서핑	83	21	–	10	–	–	12	1	8	–	14	2	7	–	9	10	177
27 스킨스쿠버	73	33	27	2	6	20	20	68	17	13	14	13	2	15	4	45	372
28 소프트볼	–	–	–	–	40	–	–	25	–	–	–	1	6	8	9	–	89
29 에어로빅	157	39	38	4	105	90	–	80	55	346	140	62	54	14	121	–	1,305
30 스키	120	2	5	2	9	–	–	14	38	15	14	5	–	7	4	–	235
31 스케이팅	68	19	10	16	16	1	–	15	1	5	–	–	–	3	7	–	161
32 검도	212	77	47	100	6	87	46	187	27	65	32	93	39	55	64	24	1,161
33 농구	213	177	46	321	286	21	99	501	22	269	15	120	305	60	168	20	2,643
34 요가	–	17	–	19	34	–	1	37	–	–	16	–	10	–	7	–	141
35 우슈	26	–	32	41	20	36	5	48	–	–	9	16	–	3	8	25	269
36 택견	42	59	36	58	32	37	36	73	1	44	14	3	29	7	70	10	551
37 라켓볼	25	–	32	37	–	–	33	23	–	–	–	–	1	15	–	–	166
38 패러글라이딩	30	30	35	38	15	17	12	132	40	35	48	27	30	67	72	31	659
39 당구	75	31	–	268	21	37	30	133	10	31	16	59	8	289	2	1	1,011
40 단학	96	234	126	26	31	46	50	332	8	39	28	14	18	60	61	14	1,183
41 항공스포츠	6	–	–	–	–	13	–	5	–	–	–	–	–	–	–	–	24
42 유도	–	1	20	11	–	–	4	24	4	12	8	5	8	5	36	–	138
43 골프	6	3	79	7	16	3	12	76	7	39	27	78	20	31	3	8	415
44 복싱	–	1	–	–	–	–	–	34	1	–	6	–	5	2	19	1	69
45 승마	73	1	7	9	–	–	–	42	–	1	16	–	–	4	18	58	229
46 스쿼시	2	2	13	48	–	–	4	57	–	40	13	24	7	6	34	16	266
47 수상스키	6	2	–	21	1	–	–	15	–	12	–	–	3	1	1	–	62
48 그라운드골프	–	10	–	–	–	–	–	5	–	41	2	–	–	16	36	12	122
49 풋살	159	18	73	5	95	182	68	29	6	–	8	55	73	141	8	–	920
50 댄스스포츠	1	5	17	13	16	70	14	44	7	3	69	–	24	16	77	7	383

출처: 체육과학연구원(2006). 한국의 체육지표에서 재구성.

표 11-19. 형태별 체육동호인 클럽 및 회원 수

구분	전체		지역		직장	
	클럽 수	회원 수	클럽 수	회원 수	클럽 수	회원 수
2001	45,674	1,546,567	27,116	978,332	11,653	385,708
2002	49,433	1,722,637	33,153	1,145,731	12,521	400,836
2003	62,562	2,084,035	37,004	1,314,699	12,429	407,938
2004	72,770	2,423,945	48,711	1,646,503	13,851	437,532
2005	77,065	2,544,049	62,210	2,077,627	14,855	466,422
2006	81,990	2,680,301	66,883	2,205,823	15,107	474,478
서울	10,092	304,699	6,956	203,301	3,136	101,398
부산	4,748	135,776	3,690	107,994	1,058	27,782
대구	3,810	129,070	3,509	123,507	301	5,563
인천	4,920	170,754	4,175	151,569	745	19,185
광주	3,381	86,506	3,068	77,830	313	8,676
대전	2,763	233,264	2,014	173,226	749	60,038
울산	2,753	79,056	2,506	73,343	247	5,713
경기	13,143	507,515	11,913	475,668	1,230	31,847
강원	2,731	74,388	2,390	66,257	341	8,131
충북	6,152	158,327	4,384	117,796	1,768	40,531
충남	4,556	151,455	3,876	131,547	680	19,908
전북	3.033	95,153	2,494	78,143	539	17,010
전남	3,975	106,068	3,141	80,139	834	25,829
경북	6,697	194,276	5,483	153,074	1,214	41,202
경남	6,468	183,242	4,923	131,440	1,545	51,802
제주	2,768	70,752	2,361	60,989	407	9,763

출처: 체육과학연구원(2006). 한국의 체육지표에서 재구성.

제IV부
사회체육의 전망

오늘날 사회체육은 생활화, 평생화, 상업화, 제도화, 과학화 등의 과정을 거치면서 양적 · 질적으로 눈부신 성장과 발전을 이룩하여 왔으며, 대중문화 및 여가영역에서 대표적인 인간 활동으로 주도적 위치를 차지하고 있다. 이러한 사회체육의 대중화 현상은 미래사회에서 더욱 심화될 전망이며, 이는 사회체육이 사회제도의 일 부문으로 견고히 정착하게 될 것임을 시사하고 있다.

사회체육에 대한 일반대중의 욕구는 미래사회에서도 지속적으로 증대될 전망이어서, 사회체육은 체육영역 가운데 가장 본질적이며 발전 가능성이 매우 높은 영역으로 급부상하고 있다. 그러나 이러한 사회체육의 발전 전망은 스스로 이루어지는 것이 아니라, 당면 사회문제 해소에 기여하려는 사회체육 각계의 끊임없는 공동노력이 하나의 실천으로 응집되었을 때 비로소 가능한 일이다. 사회체육이 지금보다 한층 발전된 모습으로 성숙하기 위해서는 미래사회에 있어 더욱 심화될 여성문제, 노인문제, 청소년문제 등과 같은 각종 사회문제를 해소시키고 국민의 삶의 질을 제고시키는 데 주도적 역할을 담당해야 한다.

따라서 미래사회에 있어서 사회체육 운동은 여성, 노인, 청소년 등 체육활동 소외계층에 대한 참가 기회를 평등하게 보장하고 확대하는 방향으로 추진되어야 할 뿐만 아니라, 환경오염 예방, 인간성 회복, 사회갈등 해소 등을 통해 사회발전에 기여하도록 전개되어야 할 것이다. 왜냐하면 미래의 사회체육 운동이 현실 문제를 외면 · 간과하고 자못 추상적 구호로서만 그치게 된다면 일반대중으로부터 별다른 관심과 주목을 받지 못할 것이 자명하며, 결과적으로 사회체육의 발전 가능성 또한 희박해지기 때문이다.

우리나라 사회체육이 현재의 흐름대로 꾸준히 발전하여 미래의 바람직한 사회체육 발전상을 확고히 보장받기 위해서는 여러 사회문제를 해결하려는 노력과 함께 사회체육의 세계적 동향을 직시하고, 바람직한 사회체육의 발전방향을 지속적으로 탐색하며, 성공 가능성이 높은 최적의 사회적 조건을 설정하는 작업이 선행되어야 할 것이다.

제4부에서는 사회문제와 직결된 여성체육, 청소년체육, 노인체육에 대하여 고찰하고 나아가 사회체육과 삶의 질의 관계, 그리고 미래사회에서의 사회체육을 예측해 봄으로써 사회체육의 발전 가능성과 전망을 가늠해 보고자 한다.

제12장 • 세계의 사회체육

제13장 • 사회문제와 사회체육

제14장 • 사회체육과 삶의 질

제15장 • 미래사회와 사회체육

제12장 |

세계의 사회체육

오늘날 세계 각국은 국가 정책적 차원에서 사회체육을 육성 · 발전시키고 있다. 이는 사회체육활동이 일반국민의 건강을 증진하여 궁극적으로 삶의 질 제고에 기여함은 물론, 현대 산업사회의 각종 사회병리 현상의 예방이나 치유에 있어서 그 가치가 높게 평가되고 있기 때문이다.

세계 각국은 사회체육을 복지정책의 일환으로 추진하고 있으며, 이미 선진국에서는 사회체육의 활성화를 통하여 사회체육이 지니고 있는 본질적 효과를 극대화함으로써 복지국가를 실현해 나가고 있다. 즉, 국민의 체력과 건강의 증진, 생산력 제고, 일상생활에 대한 진취성 고취 등을 사회체육의 기본 이념으로 삼고 그 진흥에 주력하고 있다.

사회체육은 제2차 세계대전 이후 전 세계적으로 모든 국가에서 강조되기 시작하여 점차 지방자치단체 및 민간 주도로 이양되면서 발전을 거듭하고 있다. 사회체육은 국민의 체육에 대한 관심이 증대되고 참가가 활성화되며 지역단위로 전개될 경우 효과가 극대화된다. 이러한 측면에서, 대부분 연방정부 · 주정부 · 지방정부를 중심으로 사회체육을 전개하고 있는 선진 각국과 아직까지 정부 주도로 사회체육운동이 추진되고 있는 우리나라를 비교할 때, 시사하는 바가 크다.

이 장에서는 사회체육이 일찍이 꽃피운 선진 유럽의 여러 나라와 미국, 캐나다 등 북미의 사회체육을 소개하고, 우리나라와 지리적 · 문화적으로 인접한 일본, 중국, 대만 등 아시아 주변국가와 호주의 사회체육 현황을 살펴보고자 한다.

1. 유럽의 사회체육

유럽은 대부분의 국가가 중앙정부 조직 내에 체육을 담당하는 부서를 두고 사회체육 운동을 전개하고 있다. 유럽 국가 중 독일은 19세기 말부터 정부 및 민간단체를 중심으로 사회체육 운동을 전개하기 시작하였으며, 영국은 20세기 초, 그리고 나머지 대부분의 국가는 20세기 중반부터 사회체육 운동을 적극 추진하여 사회체육 조기 선진화를 이룩하였다.

1) 독일

청소년 교육의 일환으로 시작된 사회체육은 대중에게 급속도로 파급되어 1882년 중앙체육연맹을 결성하기에 이르렀으며, 1883년 이후에는 지역체육연맹이 지역별로 창설되었다. 각 지역에는 스포츠 활동을 위한 운동장 부지가 확보되었고 사회체육 시설이 갖추어졌으며 일반대중을 위한 체육대회가 개최되었다. 1891년에는 독일스포츠진흥중앙위원회가 창설되면서 독일청소년을 위한 스포츠 보급이 확산되었으며 경기지도자 양성 과정이 개설 · 운영되었다(이용식, 1999).

그 후 독일은 1956년 독일올림픽위원회를 중심으로 올림픽 출전선수 양성과 사회체육 인구 저변확대를 위해 '황금계획(Golden Plan)' 을 수립 · 추진하였다. 이 계획이 정부와 지방자치단체 및 전 국민의 절대적인 호응을 얻자, 1960년대에는 황금계획에 15개년 종합시설계획을 추가 수립하고 국민체육진흥을 위한 시설확충을 통해 사회체육 발전의 기반을 조성하였다.

1987년에는 기존의 황금계획을 수정 · 보완한 '신황금계획(New Golden Plan)' 을 수립하여 사회체육 시설을 확충하고 사회체육 상담소를 설치하여 국민의 건전한 여가활동으로서 사회체육 참가를 적극 권장하고 있다(체육청소년부, 1990b). 독일체육회는 '구동독 지역 사회체육시설 확충을 위한 독일체육회의 요구' 를 통하여 구동독 지역 사회체육 시설의 낙후성을 개선하고 엘리트 스포츠 위주로 건립된 제한적 스포츠시설을 대중스포츠 지향 시설로 전환시켜 나가는 데 노력하고 있다.

(1) 조직

독일은 1891년 독일스포츠진흥위원회가 창설되면서 체육에 대한 체계적인 행정조직이 구축되기 시작하였다. 그 후 1910년대에 청소년 복지운동이 전개되면서 후생성에 청소년복지과가 신설되어 청소년의 체력증진은 물론 전 국민의 레크리에이션 활동과 스포츠클럽의 관리를 담당하게 되었다. 제2차 세계대전 이후 구서독은 내무부에서 스포츠에 대한 제반 업무를 담당하였고, 구동독은 엘리트체육 중심의 업무를 집행하는 독일스포츠위원회가 스포츠 및 레크리에이션 관련 업무를 담당하였다.

통독 이후 현재 독일의 스포츠행정조직은 연방, 주, 지방정부의 세 수준으로 범주화되어 있으며, 각 수준에 따라 정부조직과 민간조직이 스포츠 관련 업무를 관장하는 체제로 구분되어 있다. 각 수준의 스포츠조직은 위계적이며 상호 유기적인 협조관계를 유지하고 있다. 중앙정부의 스포츠 관련 행정은 내무부가 담당하고 있으며, 내무부 산하의 스포츠담당 조직은 스포츠미디어국이다. 스포츠미디어국은 스포츠활동 장려를 통해 국민의 건강 증진, 학교체육진흥, 장애인체육 활성화 등의 업무를 관장하고 있다.

주정부의 스포츠에 대한 업무는 여러 부서에서 취급하고 있지만 주로 교육부가 담당한다. 교육부는 스포츠에 대한 장려, 스포츠시설 건설, 경기단체의 지원을 받는 학교 및 대학의 스포츠진흥에 대한 책임을 맡는다. 주정부는 지역의 모든 스포츠활동을 관리하고 있으며, 특히 사회체육 진흥 차원에서 스포츠 및 여가 시설의 건립, 스포츠지도자 및 코치의 급료 지불, 청소년단체의 활동을 위한 재정을 지원하고 있다. 주정부는 다양한 채널을 통하여 스포츠 부문에 대한 지원을 제공하며, 민간의 재정적 기부에 대한 혜택도 부여하고 있다. 즉, 주정부는 비영리 스포츠클럽과 단체에게 재정 지원 및 세제 혜택을 제공하며, 장애인 · 노인 · 비행청소년 · 정신질환자 · 사회 부적응 어린이 등 소외계층을 위한 특정 스포츠서비스를 제공한다. 뿐만 아니라, 복권판매 수익금과 같은 재원을 스포츠조직에 조달하기도 한다.

지방정부는 주로 사회체육 및 레크리에이션 부문에 지원을 제공한다. 지방정부 산하 시 · 군 · 구의 스포츠과는 지역 스포츠시설의 관리, 유지 및 보수를 책임진다. 그리고 시 · 군 · 구의 지방의회 내 스포츠위원회와 학교체육위원회 및 문화위원회가 지역사회체육 진흥에 노력하고 있다. 지방정부의 주요 스포츠부문 업무는 체육관, 수영장 등 지역의 스포츠시설 건설, 청소년센터 건립, 스포츠클럽 조직, 민간스포츠클럽의 시설유지에 대한 지원 등이다. 1997년 현재 독일은 사회체육활동의 본산지인 81만 6,000개의 클럽에 2,630만 명(전 국민의 25%)의 회원이 소속되어 활동하고 있다(한국체육과학연구원, 1998a).

독일의 대표적인 비정부 스포츠조직은 1950년 창설된 독일스포츠연맹이다. 이 조직은 주 스포츠연맹 및 각 협회를 총괄하는 최상위 스포츠조직으로서 완전한 자율권을 가지고 있으며 재정적으로 독립된 기구이다. 이 연맹은 각 지역사회에 지부를 두고 있으며, 국민의 스포츠활동 지원, 사회체육시설 및 전문체육시설의 확충, 정치 · 문화 · 사회조직의 스포츠에 대한 관심 대변 등의 주요 업무를 담당하고 있다.

(2) 시설

독일의 사회체육 시설은 공공체육 시설이 대부분으로서 전 국민이 언제 어디서나 체육활동을 즐길 수 있도록 황금계획의 시행 세안에 따라 설치 · 운영되고 있다. 독일올림픽위원회(German Olympic Society)가 발표한 '제1차 황금계획(1961~1975)' 은 국가 차원의 스포츠시설 건설계획으로서 사회체육의 진흥에 일차적인 목표를 두고 있다. 이러한 목표는 독일 정부에게 레크리에이션, 운동경기 및 스포츠 시설부족의 개선을 촉구하는 것이다. 이러한 황금계획을 통하여 독일올림픽위원회는 63억 마르크가 소요되는 건설계획을 제안하였으며 이러한 계획은 약 25년 동안 지방자치단체의 스포츠정책에 지침을 제공해 왔다. 15년 후인 1975년에는 1만 4,700개의 경기장, 1만 5,900개의 체육관, 3,000개의 실내수영장, 2,400개의 실외수영장, 3만 1,000개의 어린이를 위한 운동장이 건설되었다.

그러나, 제1차 황금계획은 육상, 체조, 수영 등을 위한 시설 확충에 주안점을 두었기 때문에 전반적인 기본종목 스포츠시설의 양적 증대에는 큰 공헌을 하였으나 신종목 스포츠에 대한 수요를 적절히 반영하지 못하고 있다는 지적이 대두됨에 따라 독일 정부는 '제2차 황금계획' 을 추진하기에 이르렀다. 노르트라인 베스트팔렌(Nordrhein Westfalen) 주의 문화성 스포츠국 등은 골프, 배드민턴, 테니스, 스키 인구가 증가함에 따라 제2차 황금계획의 실천을 주창하고 나섰으며, 이 같은 주장은 1984년 독일체육연맹의 제3차 황금계획 보고서에 수록되어 있다. 새로운 황금계획의 필요성은 독일 통일 후 구동독 지역의 낙후된 스포츠시설의 관리 및 보수, 스포츠시설 부족을 해소하기 위해 대두되었다. 이에 따라 1990년 10월 독일체육연맹은 '신 황금계획' 수립에 관한 결의문을 통과시켰다. '구동독 지역의 스포츠시설 확충을 위한 독일체육연맹의 요구' 로 명명된 이 결의문에 의해 정부는 구동독 지역 스포츠시설의 낙후성을 개선하고 엘리트스포츠 위주의 편중적인 스포츠시설을 대중 지향 스포츠시설로 바꿔 나가는 데 노력하고 있다(한국체육과학연구원, 1998a: 73-74).

현재 독일의 사회체육 시설은 정부가 시설의 관리와 운영을 담당하는 공공체육 시설 및 클럽과 민간 주도의 상업체육 시설 및 클럽으로 양분되어 있다. 상업체육 시설의 등장은 정부의 지원이 불가능한 부문에 민간시장이 침투하고 있음을 말해 주고 있다. 예를 들면 골프, 승마, 스키, 에어로빅스, 보디빌딩, 격투기 등 유행성이 강한 개인 및 무도 종목에서 상업화 현상이 두드러지게 나타나고 있다. 이러한 종목은 특수 시설이 요구되고 시설의 건설 및 유지에 엄청난 예산이 소요되기 때문에 정부의 지원이 미치기 어려우며, 결국 이들 종목은 시장경제 원칙에 따라 민간기업에 의한 상업스포츠 시설이 담당할 수밖에 없기 때문이다(한국체육과학연구원, 1998a: 74).

(3) 지도자

독일의 스포츠 지도자는 1997년 현재 250만 명에 달하고 있다. 독일의 지도자 과정은 우리나라와 같이 초급과정(3급), 중급과정(2급), 상급과정(1급)으로 나누어져 있다. 상급과정은 지도자 석사과정이라 불리우는데, 이 과정을 이수하면 대표팀 감독 · 코치, 주 · 시 · 군 · 구의 대표팀 감독 · 코치를 역임할 수 있는 자격이 부여된다. 또한 지도자 석사과정은 초급 및 중급 지도자 과정 강사로도 활동할 수 있다. 스포츠 지도자는 자원봉사자로서 급여를 받지 않는 무급 지도자와 적은 액수의 급여를 받는 유급 지도자로 나뉜다. 대부분의 스포츠 지도자는 클럽에 소속되어 자원봉사자로서 활동하고 있다. 이들 지도자는 120시간의 스포츠과학 등 소정의 과목을 이수하고 검정시험에 합격하면 자격을 부여받는다. 현재 스포츠지도자연수원은 전국에 약 30개소에 이르는 스포츠아카데미와 80여 개소의 지도자 양성기관이 있다(한국체육과학연구원, 1998a).

(4) 운영 실태

독일은 '스포츠는 요람에서 무덤까지!' 또는 '트림(trim)' 캠페인을 통해 전 국민을 위한 평생체육에 주안점을 두고 있다. 정부는 독일체육회로 하여금 스포츠클럽 활동에서 소외된 집단을 포용하고 사회체육의 활성화를 위하여 경제계, 대중매체, 의료보험공단, 교회 등 타 사회 분야와의 연계하에 전국적 캠페인을 전개하고 있다. 신문이나 잡지는 트림 캠페인에 관한 광고를 무상으로 게재하고 의료보험공단은 매년 80만 마르크 상당의 다양한 광고수단을 제공한다. 이러한 트림 캠페인은 클럽에서 경쟁 지향적 스포츠관을 탈피하고 여가문화로서 스포츠에 대한 사회적 인식을 광범위하게 시민계층에 확산시키는 계기를 마련하였다. 독일체육회는 1980년 10년 간 트림 캠페인 중간보고서를 통하여 전 국민의 49%가 이 운동에 참가하였으며 청소년의 참가가 급증하였다고 평가하였다(이용식, 1999).

제1차 트림 캠페인의 성공에 힘입어 1983년에는 제2차 4개년계획으로 범국민적 캠페인인 '트리밍 130(trimming 130; 심장 박동수 분당 130 유지하며 운동하기)' 을 전개하여 전체 인구 중 4분의 1이 스포츠 클럽에 소속되어 스포츠활동에 참가하고 있다. 이 프로그램에서는 전혀 스포츠에 참가하지 않는 사람이나 간헐적으로 참가하는 사람을 스포츠에 적극적으로 참가케 할 뿐만 아니라, 스포츠 클럽에 가입하여 활동하도록 유인 · 장려하고 있다.

독일의 사회체육활동은 주로 스포츠 클럽을 통해 이루어진다. 스포츠 클럽의 운영 형태는 한 종목을 전문적으로 운영하는 단일클럽과 한 클럽 내에 여러 종목을 종합하여 회원의 요구에 맞도록 운영하는 종합클럽, 그리고 한 종목을 중심으로 하여 여러 종목을 부수적으로 운영하는 혼합클럽 등이 있다. 지역사회의 사회체육 시설 및 공원 단지 내에 만남의 장소를 지정 · 운영하여 많은 주민이 체육활동에 참가할 수 있는 기회를 제공하고 있으며, 이러한 만남의 장소에서는 조깅과 같은 건강운동 종목이 활발하게 전개되고 있다.

독일은 사회체육 활성화를 위해 체력장 제도(수영, 단거리달리기, 멀리뛰기, 던지기, 장거리달리기 또는 자전거 타기 등 인내력 측정 5종목)를 시행하여 연령별 · 성별에 따라 일정 기준에 도달하면 메달을 수여함으로써 성취동기를 고무시키고 있다(한국방송공사, 1986).

2) 덴마크

덴마크는 1864년 프러시아와의 전쟁에서 패한 후 '국민체육진흥운동(Sport for All Movement)' 이 2개의 민간단체(사격클럽, 민중학교)에 의해 전국적으로 추진되어 체육의 생활화 운동이 젊은이를 중심으로 태동하기 시작하였으며, 국민생활 속에 뿌리내리는 체육정책을 통하여 공동체의식을 함양함으로써 국력 회복에 기여하였다(비교체육연구회, 1984).

특히 1920년 닐스 북(Niels Bukh)은 오늘날의 덴마크 체조를 보급하고 민중체조학교를 설립하여 조직적인 체육활동을 통해 덴마크 사회체육 활성화에 기여하였다. 덴마크의 대표적인 사회체육 종목으로는 체조, 핸드볼, 축구 등이 있으며, 특히 체조는 체조 왕국답게 가장 널리 성행되는 인기 종목이다. 덴마크는 스포츠라는 용어 대신 '이드래프(Idræf: I – 활력, Dræf – 강인함)' 라는 용어를 사용하고 있으며, 전 국민의 86% 이상이 사회체육활동에 참가하고 있다.

(1) 조직

덴마크의 스포츠 조직은 크게 4개 단체로 분류된다.

첫째, 덴마크스포츠연맹이다. 이 연맹은 스포츠 연합체로서 42개의 연합체와 5개의 연맹으로 구성되어 있으며, 사설 스포츠 클럽이 단체회원으로 가입되어 있다. 주요 업무로는 스포츠 클럽이 준수해야 할 아마추어 규정을 제정하는 일이다.

둘째, 덴마크 사격 · 체조연맹이다. 이 연맹은 1861년 설립된 사격클럽의 후신이다. 사격클럽은 국방력 강화를 위해 강건한 청소년 육성의 취지 아래 설립되었다. 그 후 1930년 체조와 육상을 추가하여 현재의 연맹체제를 구축하였다.

셋째, 덴마크 청소년체조연맹이다. 이 연맹은 전통적으로 왕가의 후원을 받아 오던 사격클럽이 청소년연맹과 연합하여 설립된 조직이다. 체조, 수영, 핸드볼, 배드민턴이 주요 활동종목이다.

넷째, 직장스포츠연맹이다. 이 연맹은 각종 기업체나 산업체에 산재되어 있는 스포츠 클럽이 연합하여 조직된 기구로서 회원 수는 20만 명에 달한다. 덴마크의 스포츠 클럽 수는 4,550개 이상이며, 이 중 체조클럽만 3,000개가 넘는다. 스포츠 클럽의 회원은 300만 명 이상이며, 주 1~2회 참가 회원이 100만 명 이상으로 전 국민의 80% 이상이 스포츠 클럽에 가입하여 활동하고 있다(한국방송공사, 1986).

한편, 사회체육의 재정 지원은 주로 중앙정부에 의해 이루어지고 있는데, 회원의 회비, 축구나 경마의 복권, 기부금, 스폰서 등에 의해서도 간접적으로 지원을 받는다.

(2) 시설

덴마크의 사회체육 시설은 대부분 학교체육 시설로서 각 학교는 대체육관, 소체육관, 실내수영장, 축구장의 설치를 의무화하고 있으며, 지방정부의 재정지원으로 건설 · 운영된다. 학교체육 시설은 주간에는 학생, 야간에는 지역주민에게 개방되어 이용되고 있다. 또한 지역사회 곳곳에 체조센터가 있어 지역주민이 활용한다.

(3) 지도자

덴마크스포츠클럽의 지도자는 대부분 무보수 자원봉사 지도자로서 학교체육과 사회체육을 유기적으로 연계하는 역할을 담당한다. 이들은 7개의 체육전문학교 또는 체조학교에서 32시간의 주말 교육인 무보수 자원봉사 지도자 이수과정을 거쳐 자격을 부여받는다.

덴마크 국민은 무보수 사회체육 지도자가 되어 봉사하는 것을 명예로 생각하며, 이러한 풍토가 사회체육 활성화의 밑거름으로 작용하고 있다.

3) 영국

영국 정부가 사회체육 부문에 개입하기 시작한 시기는 19세기부터이다. 당시 영국 정부는 도시 주민의 삶의 질 향상을 위한 신체 건강의 중요성을 인식하고 공공스포츠 및 레크리에이션 시설을 확충하는 등 사회체육 진흥에 적극 투자하였다(한국체육과학연구원, 1998a).

그 후 영국은 1960년 '체육 · 레크리에이션중앙위원회' 가 사회체육 관련 문제점을 다룬 '스포츠와 지역사회' 라는 보고서를 발표하였으며, 1963년 스포츠심의회가 정부와 스포츠 관련기관의 도움으로 사회체육 진흥정책을 수립함으로써 사회체육 활성화의 기틀을 마련하였다. 이 정책의 수립 목적은 체육활동 비참가자를 대상으로 사회체육 진흥, 사회체육 시설의 공급 및 이용 확산, 사회적 이익 도모, 상업적 투자, 사회체육진흥을 위한 공공 및 민간영리단체의 활성화 등에 있다(체육청소년부, 1990b).

특히 스포츠심의회는 '모든 사람에게 기회를!' 이라는 홍보를 통해 인구 1,000명당 6에이커의 운동장을 제공한다는 방침하에 사회체육을 장려하고 있다. 영국 사회체육 정책의 특징은 '자주 · 자립의 정책' 을 바탕으로 하는 다양성에 있다(장주호, 1987).

(1) 조직

영국은 국가가 조직한 스포츠 기구는 없으나, 전국 규모의 자치조직에 의하여 사회체육이 운영된다는 점에서 다른 유럽 국가들과 유사하다. 또한, 영국 사회체육의 특징은 마을 단위로 스포츠 클럽을 결성하여 개별적 · 자치적으로 운영되는데, 이들이 지방 사회체육의 중추조직이 된다는 것이다.

영국의 사회체육 정책은 스포츠심의회와 지방정부에 의해 수립되어 집행된다. 스포츠심의회는 일반 국민의 여가선용과 사회복지에 관심을 두고 사회체육활동 및 체육 · 레크리에이션 관련 지식을 개발 · 발전시키고 이를 홍보하는 데 있다(체육청소년부, 1990b).

지방체육활동 조직은 동호인 클럽이 핵심을 이루며 경쟁적인 엘리트스포츠 분야는 스포츠 경기단체 주관 아래 각 지방에 조직되어 있다.

(2) 시설

각종 사회체육 시설을 정비 · 관리하는 주체는 정부의 행정기관 또는 국가에서 정한 민간단체가 담당하고 있으며, 시설 정비에 따른 일체의 비용은 정부의 보조금과 사회단체 후원금으로 충당하고 있다.

영국 사회체육 시설의 종류는 국립 레크리에이션센터, 지방자치단체의 공공시설, 영리 목적의 개인시설(청소년클럽에 널리 개방됨), 공립학교 체육시설 등이 있다.

영국의 사회체육 시설은 대부분 지역사회 곳곳에 산재되어 있으나, 새로 개발된 도시나 지역에는 한 곳에 집중되어 사회체육센터를 형성하고 있다. 전반적인 사회체육 시설은 복지제도가 잘 정비되어 있는 독일, 프랑스 같은 다른 유럽 국가에 비하여 상대적으로 빈약한 편이다.

(3) 지도자

영국의 스포츠 단체는 각기 다른 지도자 양성 방법을 취하고 있다. 국가의 지원을 받는 방법, 체육 · 레크리에이션 중앙위원회의 협조를 받는 방법, 자치단체에서 양성하는 방법 등 매우 다양하다. 종목에 따라서는 경기단체에서 독자적인 지도자 양성 과정을 설치하여 지도자를 배출하고 있다. 이와 같은 지도자는 크게 국민 레크리에이션 관리 · 지도자, 클럽시설 관리 · 지도자, 야외활동 관리 · 지도자, 스포츠센터 관리 · 지도자 등으로 분류되며, 각 사회체육 시설 및 기관에 배치된다.

사회체육 지도자 양성 과정은 각 스포츠 단체와 종목에 따라 상이한데, 그 자격은 국가가 일률적으로 규정하는 것이 아니라 각종 경기단체, 사회체육 전문단체, 민간체육단체 등이 자율적으로 설립 · 운영하고 있다. 한편 민간단체의 대표로 구성된 교육부 산하 영국체육레크리에이션중앙회는 각종 경기단체의 코치나 스포츠 지도자의 국가 등록제를 권장하고 있다.

(4) 운영 실태

영국은 전 국민에게 사회체육 시설 이용 기회를 제공하고 있다. 또한 자신이 선택한 스포츠를 자신의 수준에 맞춰 실천하도록 지침을 세워 유도함으로써 사회체육 참가율을 제고시키고 있다. 1977년에는 사회체육 캠페인의 일환으로 운동과 건강에 초점을 맞춰 건강교육심의회와 BBC 방송이 공동으로 '기분을 최고로(Feeling Great)!' 라는 캠페인을 전개하였고, 건강교육심의회는 독자적으로 '자기 자신을 돌보자(Look after Yourself)!' 라는 캠페인을 벌인 바 있으며, 1978년에는 '활기를 되찾자(Come Alive)!' 라는 캠페인을 전개한 바 있다.

지방정부는 지역주민의 체육활동을 위한 기회 제공과 시설 마련에 적극 개입하고 있다. 또한 지방정부는 사회체육을 직접 관장하고 있는 지역스포츠위원회와 협조하여 사회체육 활성화에 박차를 가하고 있다.

영국스포츠위원회는 공공, 민간 및 상업 부문에 대한 지원과 지도를 통하여 스포츠 발전을 선도하고 있다. 사회체육 부문에서는 사회체육활동 참가율 증대와 스포츠 시설 확충, 성 · 연령별 프로그램 개발 및 운영 업무를 담당하고 있다. 지방정부는 스포츠위원회뿐만 아니라, 스포츠 단체, 스포츠 동호인 클럽과도 긴밀히 협력하면서 국민의 건강 및 체력 증진, 삶의 질 향상을 위한 건전 체육문화 육성 · 창달에 노력하고 있다(한국체육과학연구원, 1998a).

4) 프랑스

오늘날 프랑스는 '스포츠를 즐기자!' 라는 캠페인으로 범국민적 사회체육활동 참가를 적극 유도하고 있다. 가정 또는 개인 단위로 클럽 및 경기단체에서 추진하는 행사에 정기적으로 참가할 수 있도록 여론을 조성하고 있으며, 게임과 같은 조직화된 형태의 스포츠활동에 참가할 수 있는 기회를 제공하여 사회체육 활성화를 도모하고 있다.

(1) 조직

프랑스는 1982년 지방분권화법이 제정된 이후 스포츠 및 레크리에이션 업무를 레지옹(région), 데빠르뜨망(départment), 꼬뮨(commune)이 주도적으로 담당하고 있다. 즉, 주정부(레지옹, 데빠르뜨망)와 지방정부(꼬뮨)가 자율적인 스포츠사업을 통하여 지역의 스포츠 진흥에 노력하고 있으며, 이러한 사업들은 중앙정부의 재정 지원과 주정부 및 지방정부의 자체 예산을 투입하여 이루어진다(한국체육과학연구원, 1998a: 250).

프랑스의 스포츠 조직은 올림픽위원회, 스포츠연맹, 학교 · 학원 스포츠연맹 등이 있다. 이 중 올림픽위원회가 대외적으로 프랑스를 대표하며 15개 지방과 89개 시에 이르는 조직을 총괄하고 전국에 분산되어 있는 10만여 개의 스포츠 클럽을 종 · 횡으로 조직하여 관할한다(체육청소년부, 1990a).

(2) 시설

프랑스의 사회체육 시설은 체육진흥법에 의하여 고령자와 신체장애자를 포함한 모든 주민이 최대한 이용하도록 권장하고 있다. 1961년에는 체육시설과 사회교육 시설 계획법을 제정하여 여러 종류의 도시 공공체육 시설은 물론, 휴식 · 휴양을 위하여 자연공간을 이용한 야외체육 시설을 활용토록 권장하고 있다. 지방에도 도시와 같은 시설을 설치하기 위하여 지방자치단체와 협의하에 보조금을 지급하고 있다.

1975년 '체육 · 스포츠 발전' 에 관한 법이 통과됨에 따라 정부는 학교체육 및 사회체육의 발전 전기를 획기적으로 마련하였다. 이 법의 사회체육 시설 관련 항목은 사회체육 시설이 노인층과 장애인을 포함한 모든 참가자에게 충분히, 그리고 항시 이용이 가능하게 계획되도록 규정하고 있어 시설 이용자에게 최대한의 편리 제공을 목적으로 하고 있다(한국체육과학연구원, 1998a).

프랑스의 대표적인 사회체육 시설을 살펴보면 다음과 같다(체육청소년부, 1990b: 391- 393).

① INSEP(The National Institute of Sport and Physical Education): 파리 시내 벵센느(Vincennes) 공원 부근에 위치한 33만여 제곱미터에 달하는 사회체육 시설로서 22개 종목에 걸쳐 700여 명이 합숙, 2,000여 명이 합동훈련을 할 수 있는 대규모의 종합체육시설이다. 특히 실내 육상 및 수영장 시설이 우수하며 주로 국가대표 선수들이 이용하고 있으나 일반인에게도 일정 시간대에 개방하고 있다.

② 파리체육관: 1,000만 명 이상이 거주하는 파리 시는 20개 구가 있는데 구마다 의무적으로 1개 이상의 체육관을 갖추도록 법으로 규정하고 있어 파리 시민은 누구나 이 시설을 수시로 이용할 수 있다.

③ 체육공원: 파리 시내의 체육공원은 볼로뉴(Boulogne) 숲과 벵센느 공원이 있는데 그 규모만도 990만여 제곱미터가 넘으며 조깅코스와 휴식공간으로서 최적의 장소이다.

(3) 지도자

프랑스의 사회체육 지도자 양성은 원칙적으로 각 스포츠연맹에 일임하고 있으며, 국립 양성기관인 국립스포츠학교에서 소정의 과정을 이수한 사람에게 국가면허증을 발급한다. 또한 지역 스포츠센터에서는 사회체육 준지도자 자격취득 희망자 교육을 관장한다.

프랑스에는 14만여 개의 단체와 100만 명 이상의 사회체육 지도자 자격증 소지자가 있으며, 지도자의 자격으로는 전문 스포츠 종목 외에도 야외활동 지도자 자격, 레저스포츠 지도자 자격 등을 인정하고 있다.

(4) 운영 실태

프랑스에서는 국민 모두를 위한 사회체육 캠페인으로서 '스포츠를 즐기자!', '휴일에는 스포츠를!' 이라는 슬로건 아래 스포츠활동에 참가하지 않는 사람들의 활발한 참가를 유도하여 성공을 거두고 있으며, '모두를 위한 달리기' 경주에 많은 사람이 참가하고 있다. 특히 8세부터 13세 어린이를 위한 건강체력상(Fitness award: 달리기, 표적던지기, 멀리뛰기, 연령별 3~12분간 달리기, 양모던지기)을 제정하여 성장기 어린이를 체육활동에 참가토록 유도하고 있다(체육청소년부, 1990a).

한편, 프랑스 정부는 청소년 체육활동을 진작시키기 위하여 청소년 욕구에 부응하는 지역사회 스포츠시설이나 장비의 마련, 그리고 스포츠참가 증진 측면에서 청소년스포츠부가 스포츠 클럽과 동반자 관계를 유지해 나가고 있다.

오늘날 프랑스는 다음과 같은 사회체육 활성화를 도모하기 위한 프로그램을 추진하고 있다. 첫째, 청소년이 이용할 수 있는 1,000개의 지역스포츠센터 건립, 둘째, 스포츠 부문의 주요 활동 영역인 스포츠리그 지원, 셋째, 소도시 및 지방 스포츠 클럽 지원, 넷째, 방학기간 사회체육 시설 이용 희망자를 위한 '스포츠티켓(sports tickets)' 제도 도입, 다섯째, 스포츠 클럽, 스포츠연맹, 지역사회 스포츠 분야 고용 촉진 프로그램 추진 등이다. 특히 고용 촉진 스포츠 프로그램은 시행 첫 3년 동안 정부에서 보조금을 제공받아 운영하였으며 현재는 독자적으로 운영되고 있다.

5) 핀란드

핀란드 사회체육의 뿌리는 국토의 자연조건에 있다. 비교적 눈이 많고 긴 겨울은 동계 스포츠에 항상 훌륭한 여건을 제공해 왔다. 핀란드 사회체육의 기원은 스포츠 클럽이 창설되고 영국 등 유럽국가와 교류가 시작된 19세기 말이며, 20세기에 이르러 스포츠 클럽 조직이 거의 모든 지역에 결성됨으로써 사회체육은 빠르게 확산 · 발전하고 있다. 현재는 '스포츠 천국' 답게 다른 어느 국가보다도 많은 국민들이 사회체육활동에 참가하고 있다.

(1) 조직

핀란드의 대표적인 스포츠조직은 국가스포츠연맹(SVUL)이다. 이 연맹은 전국적이고 거대한 중앙스포츠연맹으로서 개인 및 클럽회원으로 조직되어 있다(Heinila, 1989).

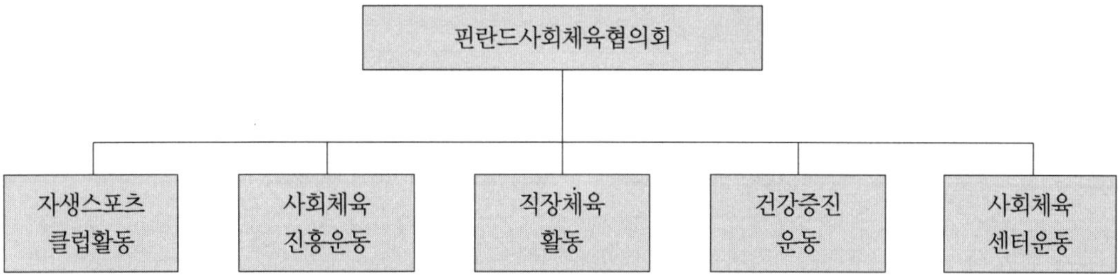

그림 12-1. 핀란드사회체육협의회 활동 내용

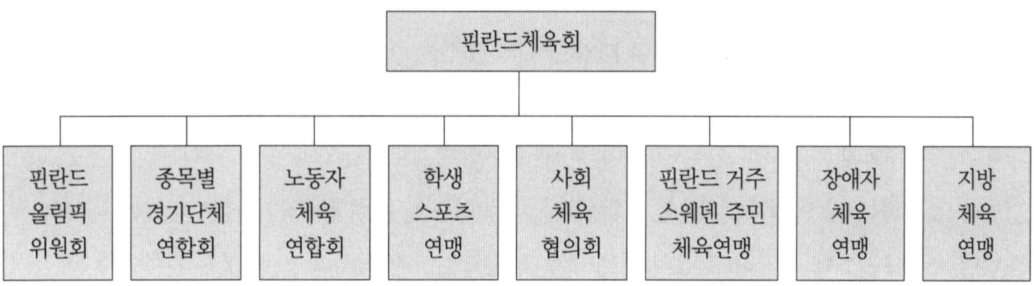

그림 12-2. 핀란드체육회 조직

핀란드 사회체육을 담당하고 있는 조직은 중앙스포츠연맹 산하의 핀란드 레크리에이션스포츠 협회이다. 이 협회는 '체력증진!(Prompting Fitness)', '움직이자!(Get Moving)' 라는 슬로건 아래 규칙적인 운동을 통한 체력의 유지 · 증진, 풍요로운 생활의 영위, 작업능력 향상 및 정신건강 도모 등을 목표로 하여 적극적인 사회체육운동을 전개해 나가고 있다.

핀란드사회체육협의회는 1974년 결성된 조직으로서 현재 핀란드체육회를 구성하고 있는 주요 단체 중의 하나이다. 다시 말해, 핀란드사회체육협의회는 핀란드체육회 산하 단체로서 핀란드체육회 회원으로 가입되어 있는 회원 단체 중의 하나이다.

핀란드체육회는 1993년 대대적인 개편 작업을 통하여 1994년 새로 발족된 핀란드 체육의 본산이다. 1993년 이전에는 핀란드중앙체육회, 축구협회, 핀란드 거주 스웨덴 주민체육연맹 및 노동자체육연합회가 각기 독립 단체로 독자 활동을 전개하였으나 개편에 의해 하나의 조직으로 통합되었다.

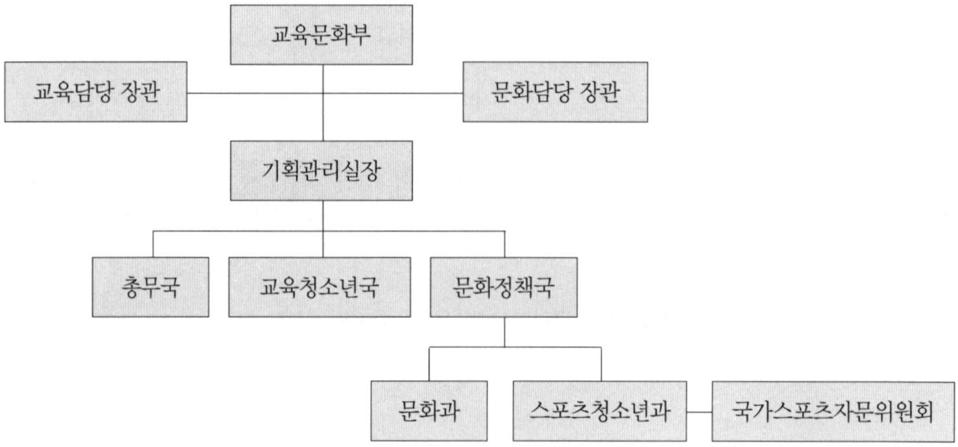

그림 12-3. 핀란드 체육담당기구

핀란드체육회에 가입되어 있는 회원 수는 약 112만 명으로서 100만 명의 자원봉사자가 스포츠 활동을 전개하는 데 기여하고 있다. 이와 같이 체육 인구와 자원봉사자가 많은 이유는 90%의 청소년이 스포츠활동에 참가하고 있기 때문이다. 핀란드는 국민의 스포츠에 대한 인식이 높고 참가율 또한 높아서 스포츠 지향 국민성을 지니고 있는 국가이다. 따라서 사회 지도층은 대부분 스포츠활동에 적극 참가한 경력의 소유자들이다.

각 종목별 가맹 경기단체에는 600개의 자생스포츠 클럽이 회원으로 가입되어 있으며 노동자 체육연맹에는 1,200개의 직장동호인 클럽이 회원으로 가입되어 활동을 전개해 나가고 있다.

핀란드에 있어서 스포츠는 비정부조직을 중심으로 활성화되어 있는 주요 사회 부문의 하나이다. 중앙, 지방 및 지역행정 단위에는 6,000여 개의 자생스포츠 동호인 조직이 클럽을 결성하여 스포츠활동을 전개하고 있다. 정부 차원의 행정조직인 중앙정부, 시 · 도 지방행정부 그리고 시 · 군 · 구 지역행정 단위의 3개 수준에서 체육을 담당하고 있다. 그리고 지방자치단체는 체육에 소요되는 예산을 자체 세금, 정부예산 그리고 수익사업으로 충당하고 있다.

핀란드의 체육정책은 교육법에 포함되어 있는 스포츠법에 의거하여 입안 · 시행된다. 그리고 핀란드 체육은 교육부의 문화정책국 스포츠 · 청소년과에서 스포츠 정책을 입안하면 핀란드체육회가 이를 토대로 사업을 전개해 나가는 역할분담 체제에 의해 추진된다.

교육부 자문기구인 국가스포츠자문위원회는 핀란드 스포츠 정책을 자문하는 최고 기구로서 스포츠과학, 스포츠정책 및 특수체육집단에 관한 스포츠 정책을 입안하고 시행해 나가는 데 필요한 사업을 자문하는 기관이다. 이 기구는 구체적으로 스포츠 관련 예산, 시설, 정책, 홍보, 연구조사, 조직관리 및 국제협력에 관한 자문을 담당하고 있다.

(2) 시설

핀란드는 스포츠공원이 사회체육의 주 시설로서 이들은 각기 50~125에이커 정도의 면적으로 야외스포츠 활동을 전개할 수 있는 각종 시설은 물론 실내 스포츠 시설도 고루 갖추고 있다. 인구 50만의 헬싱키 시내에는 12개의 스포츠 공원이 있다. 이 공원 내에는 조깅 코스, 실내 스케이트장, 테니스장, 축구경기장 등 각종 사회체육 시설이 설치되어 있으며, 축구, 육상, 테니스장은 겨울철에는 아이스링크로 활용된다. 또한, 시내도로 활용 스포츠진흥정책에 따라 헬싱키 시내에는 차도와 인도 외에 500km에 달하는 레크리에이션 도로가 건설되어 있어 겨울철에는 크로스컨트리 스키 전용 코스로 활용된다. 헬싱키 시에 있는 대부분의 야외스포츠 시설은 주민에게 무료로 개방되며 시내 주요 건물에는 사우나 시설이 갖추어져 있다.

(3) 운영 실태

핀란드는 스포츠 선호국가로 널리 알려져 있듯이 인구에 비례해 볼 때 다른 어느 국가보다도 운동선수가 많은 편이며 일반대중이 여가시간에 주로 사회체육활동에 적극 참가하는 국가이다.

핀란드의 사회체육 입문은 어린 시절부터 부모와 함께 스포츠 클럽에 가입하면서 시작된다. 특히, 청소년의 4분의 1은 학교 과외스포츠 클럽 활동에 참가하고 있으며, 스포츠 클럽 회원 중 20~30% 이상이 청소년이다. 핀란드의 스포츠 클럽은 약 6,500개로서 성인의 20%가 각 클럽에 가입하고 있다(Heinila, 1989).

핀란드에서 행해지는 스포츠 형태는 계절적인 다양성을 특색으로 하고 있는데, 여름에는 사이클링, 수영, 겨울에는 스키, 아이스하키 등이 보편적으로 행해지며, 걷기, 체조 등은 계절에 관계없이 행해지고 있다.

핀란드의 사회체육 프로그램은 주로 시에서 관할 · 운영하지만 시민 조직과 긴밀한 협력체제를 유지하고 있다. 사회체육 프로그램 서비스는 주로 지역 스포츠 클럽에서 제공하며 정부의 사회체육 프로그램은 클럽활동에 참가하지 않는 사람들에게 제공되고 있다(임번장, 1996a).

6) 스위스

유럽 중심부에 위치하고 있는 스위스의 사회체육은 영세 비무장 중립국의 이념과 깊은 관련을 맺고 발전하였다. 스위스는 제2차 세계대전 이후부터 사회체육에 대하여 강력한 국가 차원의 지원정책을 전개해 오고 있다.

(1) 조직

각 지역의 최하부 활동조직은 지역단위 스포츠 클럽으로서 각 종목별로 통합되어 스포츠연맹체를 구성하고 있다. 또한 지역사회를 통합한 주 스포츠연맹과 연방 스포츠연맹 조직이 있다(체육부, 1984).

스위스의 행정기관은 1874년에 창설된 스위스체육위원회로서 현재는 국가체육 · 스포츠중앙위원회로 개칭하였으며, 국방부 직속(스위스의 교육행정 전체가 국방부에 속해 있음) 주정부 교육장관, 국방장관, 군 및 스포츠연맹, 그리고 기타의 대표자로 구성되어 있다. 이 위원회 산하에는 체육 · 스포츠 전문가가 배속되어 행정을 담당하는데, 주요 과제는 스위스 전체의 모든 체육, 스포츠 문제에 대한 기본시책을 수립하여 지원하는 일이다. 즉, 국립중앙체육학교나 학교체육, 청소년 스포츠 훈련 및 연방보조, 그리고 각종 강습회를 감독하고 체육협회 지원에 관한 자문을 담당한다.

지방 행정은 각 주의 하부 행정기관이 업무를 관장하고 있다. 1947년에 국민체육진흥법이 제정됨에 따라 시설건설기준, 스포츠강습회규정, 스포츠훈련규정, 지도자양성규정 등 재정 지원을 규정한 시행규칙이 상세하게 제정되었다.

(2) 시설

스위스는 도시와 지방을 막론하고 최적의 체육시설을 갖춘 국가로서, 시설의 건설은 체육시설 건설 기준이 정부에 의해 추진됨으로써 급속하게 진전되었기 때문이다. 체육시설 건설기준은 주민 1인당 운동장의 경우 6제곱미터, 레크리에이션 시설의 경우 19제곱미터 등으로 규정되어 있다.

(3) 운영 실태

스위스는 1915년 빈 회의에서 영세중립연방공화국으로 출범하여 오늘에 이르고 있으며, 1947년 종합적이고 범국가적인 사회체육진흥법을 제정하여 추진해 오고 있다. 스위스는 모든 국민이 자발적으로 국방의 의무를 다하고 있으며 국가 목적과 접목된 청소년 신체훈련을 군사훈련 대신 시행하고 있다(체육부, 1984).

7) 노르웨이

노르웨이는 약 430만 전체 인구 중 170만여 명이 1,300여 개에 이르는 자생 사회체육 조직이나 단체에 회원으로 가입되어 있어 노르웨이 사회체육의 견고한 기틀을 확립하고 있다.

노르웨이는 즐거움의 추구, 사회적 결속, 건강의 유지 · 증진, 정의실현 등의 가치관을 목표로 하여 사회체육 운동을 활발히 전개해 나가고 있다. 다시 말하여, 노르웨이는 사회체육을 강조하면서 활동을 전개해 나가는 것이 아니라, 모든 국민이 스포츠활동을 향유할 기본권을 확보해 주는 측면에서 각 개인의 참가 의지와 능력에 따라 평등한 기회를 보장하는 것으로 국민을 사회체육에 유도하고 있다. 일례로, 장애인을 위한 독립적 스포츠 조직을 결성하여 독자적 행사를 개최하는 것이 아니라, 정상인과 동등한 입장에서 함께 어우러지는 스포츠활동으로 발전시킬 것을 목표로 하여 장애인스포츠 진흥정책을 추진하고 있는 경우를 들 수 있다. 또한 여성의 스포츠 참가를 한층 더 장려함으로써 남녀 성차에 의한 스포츠 불평등 상황을 극복한다는 것이다.

한편, 스포츠활동은 청소년 시기에 가장 활발히 전개될 뿐만 아니라, 엘리트 스포츠의 근간이 되므로 아동기 및 청소년 스포츠 진흥정책에 역점을 두고 사회체육활동을 전개하고 있다. 나아가 대도시 생활로부터 발생하는 사회 · 병리적 현상을 치유하고 소외계층인 수감자 집단 및 난민 집단 그리고 불량청소년 집단에게 스포츠 참가 혜택이 균등히 수혜되도록 배려하고 있다.

나아가 개발도상국에 스포츠활동을 지원해 줌으로써 스포츠를 통한 친선 외교와 국제 교류를 증진하고 있다. 인류 수명 연장과 노령인구의 증가로 인한 노인체육의 요구를 적극 수용하는 사회보장정책을 추진하고 있으며, 사회체육 활성화를 기축으로 하여 엘리트 선수층의 증대를 꾀함과 동시에 경기력 향상을 통한 국위 선양을 달성하고 있다.

(1) 조직

자생 사회체육 단체는 약간의 직장 동호인 단체를 포함하여 대부분 지역사회의 자생 스포츠 동호인 클럽으로 구성되어 있는 것이 특징이다. 노르웨이체육회는 49개 종목으로 구성된 53개의 가맹 경기단체와 19개의 지방체육회가 연합된 대의원 총회로 이루어져 있다. 19개의 지방체육회는

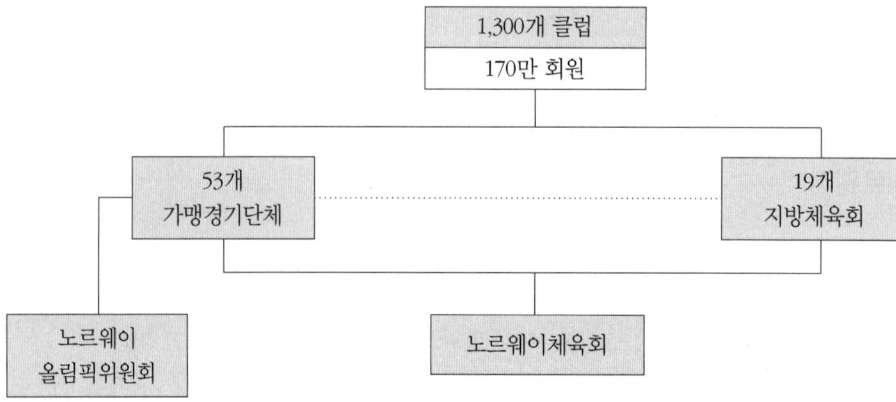

그림 12-4. 노르웨이체육회 구성

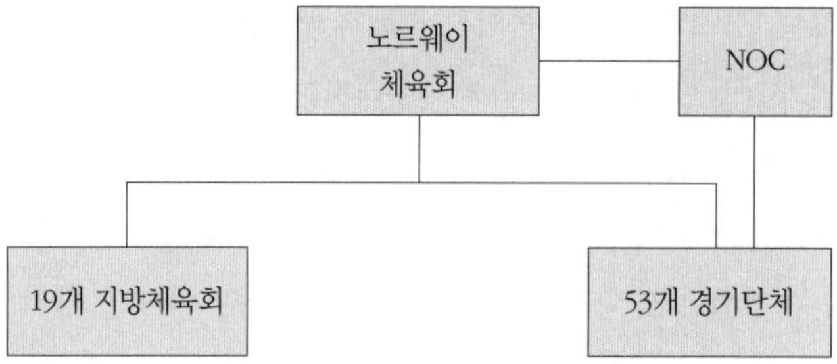

그림 12-5. 노르웨이체육회 조직

과거 노르웨이 민족주의 성향을 띠고 있는 사회주의 애국단체가 주도하는 체력육성을 위한 민중체육단체에 그 뿌리를 두고 있으며, 49개 종목의 53개 가맹 경기단체는 후에 도입된 영국식 스포츠 경기를 위한 엘리트스포츠 양성에 근원을 두고 있는 조직으로서 이 두 이질적 조직이 조화롭게 결합된 결과가 오늘날 노르웨이체육회이다(그림 12-4 참조).

노르웨이는 국민의 3분의 1이 각종 자생 스포츠 동호인 클럽 회원으로 가입하여 활동하고 있어 체육인구의 저변 확대가 성공적으로 이루어진 국가라 할 수 있다. 이는 역사적으로 볼 때 1861년부터 정부가 지역사회의 자생 스포츠 동호인 클럽을 지원해 온 결과이다.

반면 노르웨이체육회 예산 편성에 있어 지역사회 자생 스포츠 동호인 클럽에 대한 투자는 정부

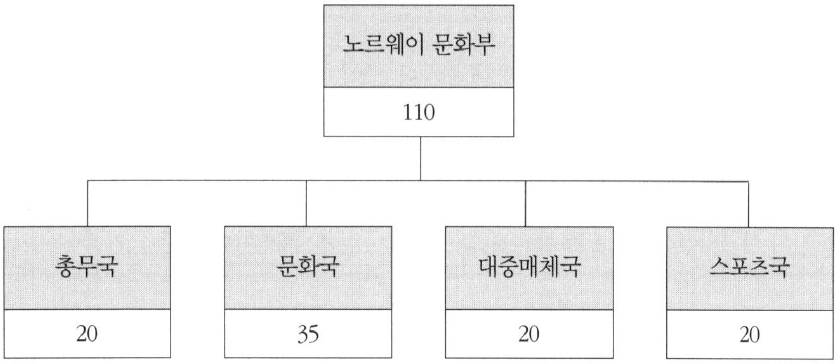

그림 12-6. 노르웨이 문화부 조직(단위: 명)

예산에 비하여 상대적으로 적은 편이다.

정부와 사회체육단체 간에는 직접적인 연계는 없다. 왜냐하면 사회체육단체는 모두 자생 동호인 클럽으로 조직되어 있기 때문에 행정적인 간섭이나 구속을 받지 않고 다만 예산 지원 면에서 재정적으로 약간의 영향을 받고 있을 뿐이다. 정부에서 사회체육단체에 지원하는 경우는 대체로 청소년스포츠와 노인스포츠 및 엘리트체육에 대하여 중점적인 배려가 이루어지고 있다.

노르웨이 체육계의 특징은 국민의 체육활동이 일상생활화되어 있기 때문에 사회체육의 기반 위에 엘리트체육이 발전되어 왔다는 점이다. 따라서 체육회 역사가 행정부 역사보다 오랜 전통을 지니고 있는 노르웨이에서는 사회체육단체의 독립성이 강하게 드러나고 있다. 다시 말해서 노르웨이 체육은 대중체육을 바탕으로 한 일반국민으로부터의 자생 스포츠를 기반으로 하고 있기 때문에 체육회, 자생 사회체육 동호인 클럽 등이 독립된 사회체육 조직이며 정부는 다만 교부금만 통제할 따름이고 기타 부문에서의 통제는 전혀 없는 것이 특색이다.

더욱이 노르웨이는 사회민주주의를 국시로 삼고 있으므로 사회체육은 사회체제상 적합한 대국민 정책으로 일관성 있게 추진되어 왔다. 학교에서도 학생들은 지역사회 자생 스포츠클럽에 회원으로 가입하여 활동할 뿐, 학교 스포츠팀은 존재하지 않는다. 오늘날에 와서야 청소년체육 활성화를 위하여 학교 대항 스포츠 경기대회를 계획하고 있을 정도이다.

〈그림 12-6〉에서 보는 바와 같이 노르웨이 문화부는 총무국, 문화국, 대중매체국, 스포츠국으로 구성되어 있다.

(2) 시설

지역 사회체육 시설은 일차로 지방자치단체에서 설치 · 관리하는 것이 원칙이나 소규모 시설은 자생 스포츠 단체가 설치 · 관리하기도 한다. 원칙적으로 정부는 시설의 설치 · 관리를 관장하는 한편, 자생 스포츠 클럽은 스포츠활동에 필요한 제반 업무를 담당함으로써 바람직한 공조체제가 이루어지고 있다. 특별추진사업으로는 다음과 같은 사업을 전개한다(임번장, 1996a).

① 약물복용 예방사업의 일환으로 중앙정부가 체육시설 설치를 지원하고 있다.
② 청소년 스포츠 활성화 방안으로서 자생 스포츠 동호인 클럽에 가입하는 대신 소질 있는 청소년을 스포츠학교에 배치시켜 지역 스포츠 동호인 클럽이 책임지고 지도 · 육성한다.
③ 여성체육진흥으로서 체육회에 100만 크로너, NOC에 200만 크로너가 예산으로 지원되고 있다.
④ 대도시 발전계획의 일환으로서 소외계층, 이민계층에게 스포츠를 통해 사회문제 해결을 도모하기 위하여 오후 5~8시까지 시 관리 스포츠시설을 개방한다(임번장, 1996a).

(3) 운영 실태

노르웨이는 사회체육 활성화를 위하여 다음과 같은 다양한 노력을 경주하고 있다.

첫째, 사회체육 프로그램을 개발 · 운영하고 있다. 일례로 어린이 스포츠학교가 과외자율체육활동 진흥 차원에서 운영되고 있다. 이와 같은 스포츠학교의 필요성은 아동에게 다양한 스포츠활동을 보급하여 풍부한 스포츠 경험을 제공하는 데 있다. 스포츠학교의 목표는 사용자 중심적인 관점에서 아동과 청소년의 신체적 · 심리적 · 사회적 발달을 촉진시키는 것이다. 이에 따라 스포츠활동은 신체조정, 균형, 리듬과 같은 기본적인 운동기능을 증진시키는 데 초점을 맞추어 왔다. 심지어, 스포츠활동은 어린이의 사고력과 창의력을 증진시키도록 계획되고 실행되었다.

둘째, 노르웨이는 후진국의 사회체육을 지원하고 있다. 노르웨이는 쌍무계약을 통하여 1989년 이후 탄자니아, 짐바브웨 등에 사회체육 발전 지원 프로젝트를 운영하고 있다. 이 사업은 자발적 스포츠조직의 지원과 발전을 위한 프로젝트 사업의 한 부분으로 수행되고 있다.

셋째, 신체적 · 정신적 장애인 프로그램을 개발 · 운영하고 있다. 노르웨이는 1962년부터 장애인 프로그램을 운영하였으며 1968년 이후에는 장애인을 지도하기 위한 지도자 과정을 개설 · 운영하고 있다. 현재 노르웨이 문화부는 신체활동과 치료과정을 연계시켜 장애인의 사기앙양과 인

성발달에 스포츠를 활용하고 있다(한국체육과학연구원, 1998a).

2. 북미의 사회체육

북미의 대표적 국가인 미국과 캐나다는 천혜의 자연조건을 바탕으로 일찍이 사회체육 운동이 활발하게 전개되어 왔다. 미국은 대표적인 연방국가로서 연방정부, 주정부, 지방자치단체로 뚜렷하게 세분화되어 사회체육 운동을 전개하고 있으며, 캐나다는 영연방의 영향을 받아 주정부와 지방정부가 학교체육, 스포츠 클럽 등과 연계하여 사회체육 운동을 적극 추진해 나가고 있다.

1) 미국

미국의 사회체육은 공원의 발달과 함께 시작되었다. 19세기 후반 미국 정부는 후세를 위한 복지시설 건립의 필요성을 인식하였으며, 이에 따라 주정부는 1853년 대규모 도시공원 건설계획을 세워 처음으로 뉴욕중앙공원(Central Park)을 조성하였다(체육청소년부, 1990a). 이 공원은 이후에 건립된 모든 공원의 모델이 되었으며 이러한 공원들은 사회체육 및 여가 · 레크리에이션 활동을 위한 최상의 장소로 지금까지 이용되고 있다.

미국은 이미 20세기 초반부터 국민 여가활동의 중요성을 인식하여 각 지역사회 소재 학교체육시설의 건립 및 개방 등 지역사회 주민을 위한 건전 여가활동에 필요한 제 시설을 마련하였다. 제1차 세계대전 후에는 공원, 유원지, 아이스링크, 볼링장, 수영장, 골프장 등을 건설하였고, 교육프로그램에 사회체육 프로그램을 의무적으로 포함시켜 사회체육을 진흥하였다. 특히 공공사업촉진국(Works Progress Administration)은 여가활동으로서 사회체육의 중요성을 국민에게 인식시키고 신체활동을 통한 사회교육 및 여가 프로그램을 발전시키는 데 중점을 두었다(체육청소년부, 1990a).

제2차 세계대전 후에는 많은 국민들이 레크리에이션 활동으로서 사회체육 프로그램의 필요성 및 가치를 중요시하게 되었으며, 이에 따라 여가시설 개발 10개년계획이 수립되기도 하였다. 이 시기에 미국 국민들은 여가활동의 변화를 추구하였으며 새로운 사회체육활동으로서 테니스, 볼링, 골프 등에 즐겨 참가하였다. 그 후 노령층과 아동에게 창조적인 삶의 기회 부여에 대한 중요성이 제기됨에 따라 시설, 지도자, 프로그램 등이 강조되기 시작하였으며, 각 주에서는 이들의 복지를 위한 사업이 활발하게 추진되었다.

미국의 사회체육활동은 인간환경 내에 자연적인 것과 인위적인 것이 조화를 이루도록 고려되었으며, 과거의 경제불황에도 불구하고 공공 레크리에이션에 대한 투자를 게을리 하지 않았다. 1970년대에는 건강 및 체력증진을 위해 조깅, 테니스, 라켓볼 종목의 참가 인구가 급격히 증가하면서 공공체육 중심으로 괄목할 만한 발전을 이룩하였으나, 1980년대 이후에는 공공체육의 기능이 축소된 반면, 민간체육의 기능이 강화되고 있다.

(1) 조직

미국 사회체육의 핵심이 되는 공공조직은 야외레크리에이션국으로, 1962년 이후 내무성 내에 설치되어 연방정부의 사회체육 · 스포츠활동을 관장하여 왔다. 이러한 야외레크리에이션국은 연방정부의 체육행정을 위한 4부 6지부로 조직되어 있다. 각 주정부 교육국 산하에는 체육과 또는 보건체육과가 있으며, 최근에는 주지사 직속의 주 체력향상위원회 및 자문위원회를 설치하고 있다. 지방도시의 사회체육은 공원 · 레크리에이션국에서 담당하고 있다.

민간단체는 공원 · 레크리에이션협회로서 1906년 공원에 대한 올바른 이해증진을 위해 설립된 단체인데 주로 미국 각 지역에 레크리에이션 활동의 보급과 진흥을 위한 프로그램을 개발 · 보급하고, 사회체육운동의 일환으로 각종 스포츠활동을 전개해 나가고 있다(체육청소년부, 1990a : 291).

이 협회는 미국을 8개 지부로 분할하여 각 지부에 대표를 두고 있으며 민간단체를 중심으로 한 사회체육 조직이 이 협회와 긴밀한 관계를 맺고 있으나 각 주나 각 지구가 획일적인 체제를 띤 것은 아니다. 즉, 각 지역사회의 특성에 따라 전국적으로 조직을 결성한 단체로서, 중앙단체가 지방단체를 통괄하는 형식의 단체는 아니다.

(2) 시설

미국의 사회체육 시설은 설치 성격에 따라서 시에서 설립한 공공시설, 그리고 YMCA, 소년클럽, 교회 등의 민간단체시설 및 프로야구장, 스포츠센터 등의 상업시설로 구분할 수 있다. 공공시설은 국립공원을 제외하면 많지 않으나 비교적 시설 · 설비가 잘 정비되어 있으며, 지역사회 자체가 운영 · 관리하기 힘든 시설로는 해수욕장, 캠프장, 피크닉장 등의 주립시설이 있다.

지역사회 공공시설 기준은 한 도시에 약 106만 제곱미터 정도의 공원면적을 확보하도록 되어 있다. 여기에는 각종 구기장(농구, 배구, 테니스 등), 운동장, 수영장 등의 사회체육 시설이 필수적으로 포함되어 있다. 전 미국 공원 · 레크리에이션협회나 전 미국 도시계획협회 등이 공동으로 시설기준을 제정하고 있으며 많은 도시가 이와 같은 시설 설치 기준을 준수하고 있다.

(3) 지도자

미국의 사회체육 지도자는 연방이나 주정부의 공공기관에서 근무하는 행정관리 및 공공지도자, YMCA, 보이스카웃, 민간단체 등에서 종사하는 민간지도자, 상업체육시설에 종사하는 상업지도자, 직장스포츠 지도자, 스포츠 클럽 코치 등 매우 다양하다.

이러한 지도자들은 모든 사회체육 시설이나 기관에 의무적으로 배치된다. 따라서 많은 수의 지도자가 필요하며 이에 따른 지도자 양성 제도 또한 잘 확립되어 있다.

미국의 지도자 양성제도의 특징은 다른 나라와 달리 공공기관에서 양성하는 것이 아니고 각 대학에서 레크리에이션, 지역사회개발, 야외교육, 캠프 지도자 양성과정 등을 설치 · 운영하여 지도자를 배출하는 것이다.

미국의 사회체육 지도자는 주로 자원봉사활동으로 이루어지고 있는 유럽과 차이가 있어 상근 아니면 비상근으로 고용되어 활동하고 있다는 점이다.

(4) 운영 실태

미국은 스포츠 강국답게 여가활동으로서의 사회체육활동 역시 활발하게 전개되고 있어서 성인의 약 70%가 사회체육활동에 참가하고 있다(체육청소년부, 1990b).

유년기에는 주로 학교 프로그램에 의존해서 활동이 이루어지는데 방학기간에는 지역사회 레크리에이션 기관 단체들이 주관하는 체계화된 프로그램이 학교 프로그램과 병행하여 실시되므로 50% 이상의 어린이가 이러한 프로그램에 참가한다.

청소년기에는 고등학교, 대학 등의 학원스포츠 프로그램이 잘 제공되기 때문에 이를 적극 활용한다. 학교마다 팀 스포츠가 조직되어 있어 상당수의 학생이 팀 스포츠인 엘리트 스포츠에 참가하고 있다.

성인이 되면 청소년기와는 달리 주로 대인이나 개인 스포츠를 즐기는데, 경제대국에 걸맞게 낚시, 사냥, 파도타기, 스키, 수상스키, 승마, 사이클링, 골프, 테니스, 수영 등 레저스포츠를 즐긴다.

또한 1960년 이후 조깅이 급격히 부상하여 많은 대중이 참가하고 있다.

미국은 다양한 사회체육 프로그램을 통하여 체육활동을 장려하고 있다.

첫째, 1990년부터 '대통령체력스포츠자문위원회'는 '대통령의 도전'이라는 촉진운동을 통해 청소년의 체육활동을 장려하고 있다. 이 프로그램은 6세에서 17세까지의 어린이 및 청소년을 대상으로 한 체력검정 프로그램이다. 이는 5개의 체력테스트, 즉 1마일 달리기 및 걷기, 윗몸일으키기, 멀리뛰기, 턱걸이, 왕복달리기로 구성되어 있다. 학생들이 5개의 테스트를 통해 획득한 점수를 백분율로 산출하여 순위를 정한 다음 상위 학생에게 상을 수여한다. 1992~1993년도에 약 2,800개의 학교가 이 프로그램에 참가하였으며 위원회는 200달러 이상의 부상을 각 학교에 지원하고 있다.

둘째, 사회체육 지도자 양성 프로그램을 통하여 사회체육의 질적 성장을 꾀하고 있다. 연방정부가 직접적으로 사회체육 지도자를 양성하지는 않고 있으나, 각 주마다 공식 · 비공식 사회체육 지도자 양성 프로그램을 운영하고 있으며, 경기연맹이나 사설기관에서 주관하기도 한다. 전국적으로 많이 알려져 있는 프로그램으로는 미국스포츠교육프로그램, 미국스포츠보호연합, 전국청소년스포츠코치연합, 경기지도자교육프로그램 등이 있다.

2) 캐나다

캐나다의 사회체육은 초기에는 영국, 오늘날에는 미국의 영향을 많이 받고 있는데, 한마디로 그 형태를 요약하기란 쉽지 않다. 이는 캐나다 특유의 자연조건인 넓은 국토로 인하여 생활환경이 지역마다 상이하므로 사회체육활동에 있어서도 구심점을 갖기 어렵기 때문이다.

초기 캐나다 정착민은 생존문제에 대한 절박한 상황으로 인해 체육활동을 등한시하였으나, 1970년대 이후에 비로소 레크리에이션 및 체육활동을 즐기게 되었다. 따라서 캐나다는 미국과 달리 상당 기간 동안 사회체육이 활성화되지 못한 반면, 주로 엘리트스포츠 발전에 주력해 왔다. 그러나 최근에 이르러 국민 Sport for All 운동의 당위성을 인식하게 되어 다양한 사회체육 프로그램을 전개하고 있다.

(1) 조직

연방정부가 스포츠 부문에 개입하기 시작한 시기는 체력아마추어 스포츠법(Fitness and

Amateur Sport Act)이 제정된 1961년 이후부터이다. 1972년 보건차관보 휘하에 체력아마추어스포츠 부서를 신설하고 그 산하에 스포츠캐나다국(Sport Canada)과 레크리에이션캐나다국(Recreation Canada)을 설치하면서 스포츠 부문에 본격적으로 개입하기 시작하였다.

스포츠캐나다국은 엘리트체육, 레크리에이션캐나다국은 사회체육을 담당하는데, 정부 관료와 정치인의 엘리트체육에 대한 높은 관심으로 인하여 레크리에이션캐나다국은 1980년도에 해체되고 체력캐나다국(Fitness Canada)이 새로 신설되었다. 체력캐나다국은 주요사업으로서 국민을 활동적이고 건전한 생활로 계도하고 전국적 하부조직을 통해 양적 · 질적으로 최선의 사회체육 프로그램을 개발하여 보급하고 있다(체육청소년부, 1990a). 1992년 정부조직 개편에 따라 스포츠캐나다국과 체력캐나다국은 문화유산부(Canadian Heritage)로 통합되었으며, 1993년에 다시 정부부처 개편이 이루어지면서 스포츠캐나다국과 체력캐나다국이 분리되었는데 체력캐나다국은 보건부에 편입되었다. 현재는 문화유산부의 스포츠캐나다국이 엘리트체육과 사회체육 업무를 관장하고 있다(한국체육과학연구원, 1998a).

(2) 시설

주정부는 학교위원회와 협력하여 지역사회와 대학이 레크리에이션 및 사회체육 시설을 합작으로 건설하여 공동 사용할 수 있도록 지원하고 있다. 뿐만 아니라, 주정부는 지역단체에 스포츠시설을 위한 재정 지원 조례를 제정해 놓고 지역사회 스포츠시설 확충에 적극 노력하고 있다.

대부분의 지방정부는 지역사회서비스부(Department of Community Service)에서 공원 및 레크리에이션 업무를 담당한다. 토론토 시의 경우, 지역사회서비스부는 가능한 한 많은 사회체육 시설을 건설하여 모든 시민이 원하는 시간과 장소에서 체육활동을 즐길 수 있도록 배려하고 있다. 토론토 시는 63만 명의 인구에 아이스링크 22개, 테니스코트 107개, 지역레크리에이션센터 32개, 파크랜드 780헥타르 규모의 시설을 갖추고 있다(한국체육과학연구원, 1998a).

사회체육 시설은 법적으로 설치규정을 명시해 놓고 있어서 사회체육 활성화에 크게 기여하고 있다. 뿐만 아니라, 학교체육에 있어서도 교과시간 외에 매일 한 시간씩 방과 후 특별활동으로서 스포츠활동에 전교생이 참가하여 실천하고 있는데, 이는 사회체육 활성화의 좋은 본보기이다. 〈표 12-1〉은 1982년에 제정된 인구 대비 사회체육 시설 설치기준이다.

표 12-1. 캐나다의 인구 대비 사회체육 시설 기준(1개소당 인구 수, 단위: 명)

시설의 종류	기준
야구장	1 per 6,000
소프트볼장(또는 유소년 경기장)	1 per 3,000
테니스코트	1 per 2,000
농구장	1 per 500
수영장(25m)	1 per 10,000
수영장(50m)	1 per 20,000
스케이트장(인공)	1 per 30,000
근린지역 센터	1 per 10,000
옥외극장(비상업적)	1 per 20,000
사격장	1 per 50,000
골프장(18홀)	1 per 25,000

출처: Kraus, R. G., & Curtis, J. E. (1982). *Creative management in recreation and parks*. The C. V. Mosby Company. p. 117.

(3) 지도자

캐나다는 각 체육 관련 단체 및 조직에서 사회체육 지도자를 꾸준히 양성하고 있다. 1995년 437개 지역에서 3만 1,430명의 지도자에게 지도자자격증이 부여되었다. 캐나다코치협회(Coaching Association of Canada: CAC)가 캐나다 사회체육 지도자 단체의 주도적인 역할을 수행하고 있다. 이 협회는 효과적인 코칭기술 개발을 위하여 연방정부가 공식적으로 지정한 비영리단체로서 그 재정의 대부분은 스포츠캐나다국에 의존하고 있다(한국체육과학연구원, 1998a).

스포츠클럽 회원이 증가함에 따라 자원봉사자 활동이 활발히 전개되고 있다. 자원봉사자는 1992년 190만 명에 이르렀고, 1995년과 1996년 사이에 27% 증가하였다. 또한 아마추어스포츠 지도자로 84만 명, 아마추어스포츠 심판으로 63만 명이 활동하였다.

(4) 운영 실태

캐나다의 사회체육은 19세기 말부터 움트기 시작하였다. 19세기 말 캐나다인은 라크로스, 럭비, 외국에서 수입된 축구 · 야구 · 테니스와 같은 사회체육활동에 참가하기 시작하였으며 전국 규모 수준의 종목별 조직활동으로 발전하였다.

연방정부가 사회체육 부문에 적극적으로 개입하기 시작한 시기는 1940년대로서 국민의 스포츠 참가 자체보다는 국방력 강화 목적에서 국민 체력증진 사업의 일환으로 개입하였다.

1980년대까지 캐나다 연방정부는 엘리트체육 부문에 많은 관심을 갖고 재정지원을 하였기 때문에 상대적으로 연방정부의 사회체육진흥에 대한 관심은 낮은 편이었다. 물론 스포츠 부문 보고서가 작성될 때마다 사회체육진흥에 관한 내용이 포함되었으나 실천은 미온적이었다. 그러나 1988년 서울올림픽에서 벤 존슨이 약물복용으로 금메달을 박탈당하자 국내의 여론과 함께 사회체육을 다시 진흥해야 한다는 의견이 각계에서 분출되었다. 벤 존슨의 약물복용사건 조사위원회 위원장이었던 두빈(Dubin)의 1990년 보고서와 1992년 베스트 보고서(Best Report)를 통해 운동선수의 약물복용 금지와 같은 윤리적 가치가 존중되어야 하며 향후에는 스포츠 소외계층에 대한 스포츠 기회 확대에 연방정부가 관심을 기울여야 한다고 주장하였다. 또한 1998~2001년의 목표를 제시한 '스포츠캐나다(Sports Canada)' 는 사회체육 부문에 지속적으로 관심을 기울이도록 촉구하고 있다. 특히 체육 소외계층을 위한 사회체육 진흥부문의 사업을 계획 · 추진하도록 강조하고 있다(한국체육과학연구원, 1998a).

캐나다의 사회체육은 역사적으로 인종적 · 지역적 불균형을 이루어 왔으나, 최근에 이르러 'ParticipACTION' 과 같은 캠페인을 통하여 광범위하게 사회체육 운동을 전개하고 있다. 특히 북반구의 긴 겨울이 끝나는 5월에는 '캐나다 건강주간(Canada Fitness)' , 즉 '신체활동주간(Canada Physical Activity Week)' 을 설정하고 체력캐나다국 주관하에 전국의 체육 및 레크리에이션 관련 단체와 지역사회 레크리에이션 단체가 하나가 되어 다양하고 독창적인 행사를 개최한다(체육청소년부, 1990a).

3. 아시아 및 오세아니아의 사회체육

아시아는 일본, 한국 및 중국을 제외하고 경제적 후진성과 체육에 대한 정부와 국민의 인식부족으로 인하여 사회체육 운동이 유럽 및 북미에 비하여 활발하게 전개되지 못하고 있는 실정이다. 한편, 오세아니아의 호주는 아동 및 청소년을 위한 평생스포츠 프로그램인 오지(Aussie) 스포츠 프로그램을 성공적으로 이끌어 옴으로써 사회체육이 활성화된 대표적인 국가다.

1) 일본

일본은 국민체력 증진을 위한 국민체력법 제정, 체력장검사 시행 등 제2차 세계대전 이전부터 후생성 관할로 사회체육이 추진되었으나 제2차 세계대전 후 새로운 문화국가 재건의 기반을 구축하기 위해 문부성으로 이관되었다.

문부성(1946)은 '사회체육 활성화 지침' 을 공표하고, '사회체육 활성화 참조 사항' 을 제작하여 각 도(都) · 도(道) · 부(府) · 현(懸)에 배포하였다. 그 내용은 조직기구의 정비, 시설의 확충, 지도자의 양성, 노동자 및 여성체육의 장려, 사회체육 정책 개선 등 체육 · 스포츠 진흥에 관한 기본 방향을 포함하고 있다. 이 사업의 일환으로 국민체육 진흥을 위해 제1회 국민체육대회(1946)와 제1회 전국 레크리에이션대회(1947)가 개최되었다.

일본은 사회교육법 제정(1949)과 함께 이에 의거하여 사회체육 진흥정책이 시행되었으며, 사회체육의 개념도 사회교육법 제2조에 의거하여 규정되었다. 사회체육은 사회교육법 내에 법률로 '사회체육지도요령(1951)' 을 명시하고 이를 적극 시행하고 있다. 이러한 사회체육지도요령은 '전 국민의 건강하고 문화적으로 건전한 생활 영위' 를 목적으로 하며, 이의 달성을 위한 지방 공공단체의 임무를 명확히 제시하고 있다.

이와 같이 일본의 사회체육은 시대의 사회적 요청 및 사회 정세에 의해 재정립되는 변화를 거듭해 왔다. 다시 말하여, 일본은 명치유신 이후 학교체육을 중심으로 발전하여 왔으나, 1964년 동경올림픽 이후 엘리트스포츠 발전과 스포츠의 대중화에 힘입어 사회체육은 비약적인 발전을 이룩하였다. 더욱이 국민체육진흥의 필요성이 제기됨에 따라 국민체력진흥위원회를 발족시키면서 본격적으로 사회체육 운동을 전개하였다.

1960년대 이후 도시화와 산업화를 바탕으로 1970년대에는 꾸준한 안정 성장을 거듭함으로써 건강 증진과 삶의 질 향상을 위하여 여가 및 스포츠활동 참가 인구가 급격히 증가하기 시작하였다. 중앙정부는 주로 사회체육 시설 확충과 지도자 양성에 중점을 두었으며, 비정부조직인 일본체육회는 지도자 양성과 프로그램 개발 및 보급에 주력하여, 민 · 관이 상호 유기적인 협조체제를 이루어 사회체육 진흥을 적극 추진하였다.

현재 일본의 사회체육은 1970년대에 풍미했던 '생애교육론(生涯教育論)' 과 긴밀한 관계를 유지하면서 생애체육 형태로 전개되고 있는데, 1975년 EC의 '유럽 Sport for All 헌장', 유네스코의 '제1회 청소년 · 체육 · 스포츠장관 최종회의' 선언으로부터 큰 영향을 받았다.

일본은 생애체육 실현을 목적으로 다양한 사회체육 프로그램을 추진하고 있는데 구체적인 내용은 다음과 같다.

첫째, 정부는 1995년부터 '종합형 지역스포츠 클럽'을 적극 육성하고 있다. 최근 학교의 5일제 수업 도입, 종신고용제 퇴조로 지역사회형 스포츠 클럽의 중요성이 대두되고 있다. 현재 지역스포츠 클럽은 대부분 단일종목이기 때문에 시설, 프로그램, 회원, 지도자 등의 유기적인 연계체제와 장기적이고 지속적인 활동의 조직화가 어려워 대안으로서 '종합형 지역스포츠 클럽' 육성 방안을 강구하고 있다.

둘째, 정부가 적극적으로 생애체육 캠페인 사업을 전개하고 있다. 국민 축제일인 10월 10일 '체육의 날'을 중심으로 일반대중에게 사회체육에 대한 이해와 관심을 증진시키고 모든 지역 및 직장에서 적극적으로 사회체육 활성화 분위기를 조성하고 있으며, '체육의 날' 행사 포스터 제작 및 배포와 같은 캠페인을 전개하고 있다.

셋째, 정부는 체육공로자와 사회체육 우수 단체에 대하여 표창 제도를 시행하고 있다. 지역 및 직장에서 체육의 보급 및 발전에 공헌하고 생애체육 진흥에 기여한 공로가 큰 체육 관계자를 문부대신이 표창하여 국민의 체육에 대한 관심을 고양시키고 있다(한국체육과학연구원, 1998a).

(1) 조직

사회체육정책을 총괄하는 정부 행정기관은 문부성 체육국이다. 체육국은 체육과, 생애체육과로 편성되어 있는데, 체육과는 체육정책 수립 및 체육진흥에 관한 전반적인 기획 업무를 관장하며 생애체육과는 사회체육 관련 업무를 담당한다.

체육국은 비정부조직인 일본올림픽위원회 및 일본체육회와 유기적인 관계를 맺으면서 사회체육 진흥을 도모하고 있으며, 일본올림픽위원회와 일본체육회 또한 시도체육회, 시도경기단체, 중앙경기단체와 긴밀히 상호 협조하고 있다. 나아가 일반 성인을 위한 건강체력증진과 사회체육진흥을 위한 정책을 수립하고 집행하는 역할을 수행하고 있다. 한편, 스포츠활동을 직접 추진하고 있는 체육단체를 관리 · 지원하는 역할도 담당하고 있다.

지방은 교육위원회가 관장하며, 일부 대도시는 보건체육과 또는 체육과 등의 별도 부서를 설치하고 있으며 대부분의 시(市) · 정(町) · 촌(村)은 독립기구를 설치하지 않고 사회교육행정 부서에서 사회체육을 관장한다.

도(都) · 도(道) · 부(府) · 현(縣)에서는 반드시 체육진흥심의회를 설치하고 각 지방 실정에 부합되는 사회체육 진흥계획을 심의하고 있으며, 시(市) · 정(町) · 촌(村)의 사회체육 진흥을 위하여 비상근 체육지도위원을 두고 있다.

국가 수준의 주요 사회체육 관련 조직을 살펴보면 다음과 같다(Ebashi, 1987).

① 문부성 체육국

② 일본체육회

③ 일본 레저 · 레크리에이션협회

④ 여가개발센터

⑤ 일본 건강체력증진사업재단

⑥ 일본 여가문화진흥회

⑦ 스포츠클럽협회

⑧ 일본 건강체력증진사업협회

⑨ 일본 스포츠소년단

(2) 시설

일본이 1964년 동경올림픽 이후 사회체육운동을 추진하면서 설정한 제1의 목표는 사회체육 시설 및 지도자 양성이었다. 이 가운데 정부는 주로 사회체육 시설 확충에 역점을 두고 막대한 재정을 지원하고 있다. 또한 기존의 학교체육 시설을 지역 주민에게 최대한 개방하는 정책을 펼쳐 왔기 때문에 학교체육 시설이 사회체육활동에 이용되는 비율이 매우 높다.

이와 같은 사회체육 시설 외에도 지역주민의 체력 및 영양상태를 파악하여 이에 따른 식생활 지도, 운동지도, 보건지도 등을 전개하는 건강증진모델센터가 있으며, 온천자원을 휴양 및 건강 증진에 이용하는 온천휴양시설 등이 있다.

또한 '근로복지법 및 농촌지역 공업단지 도입 촉진법' 에 의거하여 근로자의 근로복지와 고용안정을 목적으로 근로자 야외활동시설, 연금휴양시설, 근로자종합복지센터, 근로청소년의 집 등이 1만여 개가 설치되어 있는데 여기에 체육시설이 병설되어 있다.

(3) 지도자

일본의 사회체육 지도자는 스포츠 · 레크리에이션 지도자, 건강증진 지도자, 직장체육 지도자 등으로 구분되는데, 일본체육회 산하 지방체육회에서 양성된다. 지도자과정은 정규 과정에서부터 1주 과정까지 매우 다양하다. 문부성은 1987년 문부성 장관 명으로 '사회체육 지도자의 지식, 기능심사 사업 인정에 관한 규정' 을 공포하여 사회체육 지도자 자격증 부여제도를 도입 · 실시하고 있다(체육청소년부, 1990a).

(4) 운영 실태

일본의 사회체육은 민간단체의 협력을 바탕으로 정부가 주도적으로 추진하고 있다. 즉, 정부는 민간단체의 적극적인 협조체제에 의하여 각종 동호인 단체 중심으로 사회체육을 전개해 나가고 있다.

현재 일본은 평생체육 실현을 목적으로 다양한 사회체육 프로그램을 추진하고 있다. 정부는 1995년부터 아동에서 노인에 이르기까지 다양한 스포츠 동호인이 참가할 수 있는 '종합형 지역스포츠클럽' 을 적극 육성하고 있다. 이는 첫째, 단일 종목이 아닌 복수 종목을 기본으로 하며, 둘째, 지역스포츠센터를 활동거점으로 하여 학교체육 시설 및 공공체육 시설과 연계하여 장기적이고 계획적인 스포츠활동을 전개하고, 셋째, 수준 높은 지도자의 배치와 적절한 지도가 이루어지도록 조직화하는 특징을 지니고 있다.

일본 정부의 사회체육 행정기관인 문부성은 다양한 사회체육활동 프로그램을 계획 · 전개하고 전국 규모의 스포츠 · 레크리에이션 축제를 개최하며, 국민건강증진 운동으로서 건강하게 80세를 맞이하자는 'Active 80 Health Plan' 을 적극 추진하고 있다. 문부성은 사회체육의 근간인 동호인 단체 육성을 위해 재정을 보조하고 있으며 각 지역 동호인 조직의 연합을 위해 각종 사업을 추진하고 우수 동호인 단체를 표창, 장려하고 있다.

특히 1989년 65세 이상 노인인구가 15%에 도달한 일본은 노인의 건강을 위한 사회체육 보건복지 추진 10개년계획의 '골든 플랜' 을 마련하였다. 나아가 일본 정부는 1990년부터 1993년까지의 '골든 플랜' 추진실적을 바탕으로 1989년 세웠던 계획의 목표 수준을 대폭 상향조정하는 '뉴 골든 픈랜' 을 재수립하였다. 이 계획에 따르면 1990년부터 1999년까지 10년 동안 9조 엔을 상회하는 총사업비가 노인의 보건복지 및 사회체육사업에 투입될 예정이다.

'뉴 골든 플랜' 의 목표는 29만 명 수용 규모의 특별 양호 노인 홈, 28만 명 수용 규모의 노인 보건 및 사회체육 시설, 10만 명 수용 규모의 지체부자유 노인 부양 시설 등을 마련한다는 것이다(월간 시민체육, 1996년 1월호).

2) 중국

중국의 사회체육은 '군중체육(群衆體育)' 또는 '전민건신운동(全民健身運動)' 이란 명칭으로 전개되고 있다. 군중체육은 직장체육, 농민체육, 노인체육 등으로 구성된다(월간체육, 1989년 11월호). 중국의 사회체육은 개인 형태보다는 집단적으로 행해지는 직장별, 종목별, 지역별 체육대회가 중심이 되어 전개되고 있다.

중국 국민의 사회체육활동 참가 이유는 다음과 같다.

첫째, 사회주의 국가의 이념적 측면으로서 국민체력 향상은 국가방위 및 농수산업 발전의 기초라는 인식하에 국민체육활동을 적극 장려하고 있다. 실제로 중국의 체육정책은 '체육운동을 발전시켜 국민의 체질을 증강시키자' 는 의미를 내포하고 있다(체육청소년부, 1990a).

둘째, 중국은 체육활동 이외의 위락수단이 빈약하기 때문에 공장, 농촌, 노인층에서 사회체육활동에 활발히 참가하고 있다.

중국은 당과 정부의 지도 아래 공산주의와 모택동 사상을 중심으로 전개하던 반봉건, 반식민지적인 낡은 구체육을 개조하여 국민의 건강증진, 국가경제 건설, 국방강화, 정신문화 건설에 중점을 둔 사회주의 신체육을 정책적으로 추진하고 있다.

(1) 조직

중국의 사회체육 조직은 중국스포츠연맹과 중국체육위원총회로 구성되어 있다. 중국체육위원총회는 정부조직 기관으로서 성(省) · 시(市) · 현(縣)에 위원회를 두어 조직을 장악하고 있다. 이를 통해 체육위원총회는 전국 사회체육시설 건설의 기획 및 관리, 재정 등 사회체육 전반에 관한 업무를 관장할 뿐만 아니라, 정부 부서 간의 연계 역할을 담당한다(월간체육, 1989년 11월호).

(2) 시설

중국은 건국 이후 '발전 체육운동, 증강 인민체질(發展 體育運動, 增强 人民體質)!' 이란 슬로건 아래 노동자, 청소년을 대상으로 한 건강증진정책을 추진해 오고 있다. 이 정책에는 공장, 주택지역에 사회체육 및 레크리에이션 시설 건립, 도시민을 위한 문화회관과 종합운동장 같은 시설 설치 계획이 포함되어 있다. 또한 각 지역의 농촌에 이르기까지 사회체육 시설을 점차적으로 확대 건설해 나가고 있다(체육부, 1984).

(3) 지도자

서구 선진국에 비해 사회체육에 대한 정부의 관심도가 상대적으로 낮아 그동안 사회체육 지도자의 양성이나 활동 실적은 매우 부진하였다. 최근 국민의 체육에 대한 관심도가 높아짐에 따라 정부에서도 사회체육 지도자를 양성 · 배치하고 있다.

체육대학 및 체육 관련 기관에서 전문지도자 과정을 이수한 체육교사 및 지도자가 운동기능을 지도한다. 이들 지도자 중 많은 사람이 스포츠지도자의 영예인 '스포츠마스터' 직함을 소유하고 있다.

(4) 운영 실태

중국은 어느 나라보다도 평생스포츠 개념이 일찍 도입되어 실천되고 있는 나라이다. 다시 말하여 중국은 자전거를 대중교통수단으로 이용함으로써 국민 건강증진은 물론 사회체육 활성화에 기여하고 있다.

중국의 사회체육활동은 직장체육, 농민체육, 노인체육 등을 중심으로 전개되고 있다. 중국은 직장체육활동을 통해 생산성을 제고시킨다는 이념 아래 전국총공회(全國總工會)가 국가체육위원회, 전국체육총회, 공산주의 청년단 등과 연계하여 공인(工人: 근로자) 체육대회를 개최하고 있다. 체육대회 종목은 농구, 배구, 탁구, 축구 외에 활동경비가 적게 소요되는 역도, 수영, 무술, 등산으로 구성되어 있다.

중앙정부에서는 농촌체육활동을 활성화하고 우수선수 발굴 · 양성을 위해 1984년 현(縣)을 대상으로 사회체육 활성화 정도를 심사하여 체육선진현(體育先進縣)을 지정, 표창하는 제도를 도입하였다. 그 결과, 농촌에서는 가족 및 마을 단위별 집단체육활동 및 인근지역과의 체육대회 개최 등 다양한 체육활동이 전개되고 있다.

중국의 많은 노인들은 전통 무예인 태극권, 검무, 기공(氣功)을 행하고 있으며 달리기, 등산, 가벼운 구기운동에도 참가하고 있다.

4년마다 전국규모의 체육대회가 개최되며 대부분의 국민이 태극권(호흡운동과 느린 동작으로 이루어지는 체육), 우슈(격렬한 무술)에 참가하고 있다(체육부, 1984).

3) 대만

일찍이 '국민체육법'을 공포하여 범국가적 사회체육 운동을 활발히 전개하고 있는 대만은 1978년 전 국민의 체력과 건강을 증진시키고 사회체육활동 분위기를 조성하기 위하여 '전국민체육운동(全國民體育運動)'을 추진하였다. 이 운동은 학교체육과 전 국민운동을 결합한 사회체육진흥정책을 제시함으로써 전 국민 심신의 균형적 발전을 도모하기 위한 정책이다. 이는 지역사회 및 각 기업체의 호응을 얻어 전국적 국민운동으로 활발히 추진되고 있다.

(1) 조직

대만의 사회체육 담당 조직은 중앙 공공 및 민간 행정기구, 지방 공공 및 민간단체로 나눌 수 있다. 중앙행정기구인 교육부가 전국의 체육행정을 총괄하고 있으며 공공단체와 사회체육단체 모두 교육부 지시를 받고 있다. 지방자치단체 행정기구의 경우 현(縣)·시정부(市政府: 군)·향진공소(鄕鎭公所: 시·구)에 국민체육위원회를 두어 지방의 사회체육을 진흥시키고 있다.

전국단위의 민간단체로서 중화전국체육협진회가 있으며 이 협진회는 중국올림픽위원회를 겸하고 있다. 산하조직으로 육상, 야구, 배드민턴, 사격, 럭비, 자전거, 농구, 배구, 탁구, 축구, 수영, 권투, 유도, 검도, 역도, 체조, 국술, 연식테니스, 핸드볼, 10종 및 5종 경기 등의 종목협회가 있고 기타 가맹 단체로 학교체육연합회, 국군체육총회, 중국청년기사협회, 중국청년항공협회, 중국청년항해협회, 중화전국골프위원회, 대만성체육회 등이 있다. 그리고 기타 해외 각 지구의 화교체육회 및 체육단체가 결성되어 있다.

체육협진회는 사회체육 추진, 중화체육협진회의 해외지부 결성, 중화체육학회의 발전, 전국운동기구의 규격 통일, 체육관계 도서 출판, 체육관계 연구소 설립, 경기장 건설, 학교체육 시설 확충 같은 사업을 전개하고 있으며, 전국체육대회를 개최하고 있다. 지방조직 민간단체의 경우 대만성체육회의 하부조직으로서 각 현(縣)체육회가 있고 각 지방에 지부가 결성되어 있다.

(2) 시설

대만의 주요 사회체육 시설은 학교체육 시설로서 정과시간 외에는 일반인에게 전면 개방되며, 어느 학교나 기본적으로 체육관, 야구장, 육상트랙, 테니스코트를 갖추도록 제도적으로 규정하고 있다. 수영장은 중·고교 25학급 이상이면 1개, 대학은 학생 수와 관계없이 최소한 50×18m 규모의 시설을 갖추도록 제도화하고 있다(계간 사회체육, 1991). 청소년의 사회교육 차원에서 체계적인 야영훈련 시설을 갖춘 야영장이 전국 명승지 주변 곳곳에 설치되어 있다.

(3) 운영 실태

대만은 본토를 포함하여 79개의 섬으로 이루어져 있으며 전 국토의 55%가 산악지형으로서 입지조건에 따라 등산, 수영, 자전거타기 등 다양한 사회체육활동을 활발히 전개하고 있다. 특히 자전거타기는 '자전거로 대만을 달리자!' 라는 대만사이클연맹의 캐치프레이즈 아래 대중 스포츠로서 자리잡고 있다. 그 외에 쿵후, 댄싱도 일반대중이 즐겨 참가하는 사회체육활동 종목의 하나이다.

이러한 대만 사회체육의 특징은 축제적 성격을 지니고 있다는 것이다. 그 실례는 9월 9일의 체육절 행사, 전성운동회(全省運動會: 전국체육대회), 단오절의 용주(龍走: 용 모양의 보트에 20여 명이 타고 팀 또는 마을 대항으로 벌이는 보트경기) 등이 있다(계간 사회체육, 1991).

4) 호주

호주의 사회체육은 영국의 영향을 받아 주정부 지원하에 지역사회와 학교를 중심으로 활성화되었다. 호주의 사회체육이 정부 차원의 정책시행 대상으로 고려된 시점은 1972년경이다. 정부는 1972년 관광여가부를 신설하면서 체육 및 사회체육 410개 부문에 대한 본격적인 개입을 시작하였다. 그 이전까지의 정부지원은 주로 체육시설 설치를 위한 주정부나 지방정부체육사업 지원에 한정되었으며(한국체육과학연구원, 1998a), 지역사회 공공기관이나 민간단체의 자발적인 정책에 의존하여 왔다. 이때부터 연방 및 주 정부의 정책적 · 재정적 지원, 프로그램의 개발 등을 통해 국제적 수준의 엘리트 체육은 물론, 지역사회의 건강 및 체력을 위한 사회체육이 활성화되었다.

1980년대 이후 연방정부는 호주체육의 근간이 되는 아동과 청소년을 위한 오지스포츠 프로그램(Aussie Sport Program)을 성공적으로 추진해 오고 있으며, 1989년부터 시작된 4년 주기의 체육정책계획에 사회체육진흥에 관한 내용이 포함되어 있다.

이와 같이 사회체육은 호주 국민의 생활과 불가분의 관계를 지니고 전개되고 있다. 특히 호주의 사회체육은 오지스포츠 프로그램을 중심으로 한 청소년 체육 분야에서 가장 두드러지는 특색이 나타난다.

(1) 조직

호주의 사회체육 조직으로는 체육심의회, 체육위원회가 있다. 체육심의회는 체육위원회에 대한 프로그램 협의와 자문, 정책에 관한 자문, 지역 체육심의회의 요구를 기획하는 업무를 담당한다. 체육위원회는 모든 체육 발전계획의 수립과 시행, 체육심의회의 정책 시행, 청소년체육레크리에이션국에 대한 자문, 프로그램 예산을 위한 기금 조달 등의 역할을 담당한다.

체육위원회는 연방정부의 체육진흥을 담당하고 있는 정책결정 또는 집행기구라 할 수 있다. 호주 체육위원회는 1989년 체육위원회법에 의거하여 연방정부에 의하여 설립되었으며, 호주의 사회체육 목적과 조화를 이루는 정책을 입안하고, 재정지원을 비롯한 스포츠에 관한 사실상의 모든 기능을 수행하는 기구이다. 체육위원회의 조직은 환경체육영토부 장관이 임명하는 12인의 위원으로 구성된 위원회가 가장 상위 기관이며 그 하부에 장관이 임명하는 사무총장이 있다. 그 밑으로 호주체육원, 체육경영본부, 체육개발 및 정책부가 있다.

또한, 호주체육위원회는 체육을 통해 전체 호주 국민의 삶의 질을 제고하기 위하여 사회체육 참가 인구의 저변 확대를 목표로 삼고 있다. 이러한 목표를 달성하기 위하여 1994년부터 1997년까지 호주체육위원회가 추진한 사업은 스포츠의 평등한 참가를 보장하는 정책과 프로그램의 개발이었다(한국체육과학연구원, 1998a).

(2) 시설

대부분의 주정부는 스포츠시설을 건립하여 스포츠클럽에 제공하거나 스포츠클럽에 시설의 유지 · 관리를 임대하고 있다. 상업체육 시설을 건립하여 저렴한 가격으로 스포츠 회원에게 제공되도록 재정 지원을 강화하며 학교와 지역사회 간의 연계체제를 구축하고 있다. 즉, 학교체육 시설을 지역사회 클럽에 관리와 운영을 맡겨 지역사회 주민뿐만 아니라, 학생에게도 보다 양질의 서비스가 제공되도록 노력하고 있다. 그리고 지역레크리에이션센터를 운영하여 일차적으로 사회체육 소외계층이 시설을 이용하도록 하고 학기 중에는 학생, 방학 중에는 일반인이 사용하도록 제도화하고 있다.

(3) 지도자

호주는 지도자의 역량 제고가 사회체육 발전의 주요 요소임을 인식하고 체육위원회 사업으로 지도방법 개발 등 지도자의 지도역량 강화에 노력하고 있다. 호주는 1994년을 '지도자 해' 로 정하여 5,000명 이상의 우수 지도자에게 상을 수여하기도 하였다.

호주체육위원회는 체육개발부에 체육지도자협회(Australian Coaching Council)를 두어 운영하고 있으며 상급지도자 과정, 지도자 자격증, 장학제도, 전문가 양성을 통해 지도자들이 전문적인 교육을 받을 수 있도록 지원하고 있다(문화체육부, 1994). 체육지도자협회는 지도자자격제도(National Coaching Accreditation Scheme)를 마련하여 1994년까지 13만 4,000명을 배출하였다. 자원봉사자는 1993년 현재 145만 명에 이르고 있으며 이들 가운데 50% 이상이 30~50세이며 전체 자원봉사자의 41%가 스포츠 및 레크리에이션 분야에 종사하고 있다.

(4) 운영 실태

호주는 전체 인구의 85% 이상이 해안에서 100km 거리 이내에 거주하고 있기 때문에 국민의 50% 이상이 수영, 파도타기, 수상스키, 요트 등 수상스포츠를 즐기며, 전 국민의 3분의 1 이상이 스포츠 클럽에 가입하여 활동하고 있다(Shilbury, 1990). 이와 같이 자연환경인 바다를 이용한 해양스포츠가 일반대중에 확산되어 특수층이 아닌 국민 모두가 다양한 사회체육 프로그램에 참가하고 있다는 점이 호주 사회체육의 특징이다.

대표적인 호주의 사회체육 프로그램은 'Life Be In It'과 'Aussie Sport'이다. 'Life Be In It' 프로그램은 1975년 빅토리아(Victoria) 주에서 처음 시작되었다. 이 프로그램은 체육활동 시설 및 시간이 부족한 호주인의 행동과 의식의 변화, 그리고 좌업생활 양식의 전환에 주안점을 두고 시행되었다. 이 프로그램은 경쟁적 활동보다는 신체활동 참가를 통하여 전 가족이 흥미와 즐거움을 느끼도록 하는 'New Games', 'Life Games'와 같은 새로운 개념의 놀이 프로그램 성격을 띠고 있다. 연방정부, 주 및 지역사회에서 선정된 'Life Be in It' 위원회가 행정 업무를 담당하고 많은 부분의 재정은 기업체에서 지원하고 있다(체육청소년부, 1990a).

'Aussie Sport' 프로그램은 1986년에 시작된 전국적인 종합스포츠 프로그램이다. 이 프로그램은 어린이에서 청소년기를 거쳐 성인이 된 후에도 체육활동에 지속적으로 참가할 수 있도록 스포츠의 기본 기능을 습득하고 다양한 스포츠로의 참가를 유도하며 평생 동안 스포츠활동을 즐길 수 있도록 적극 장려하는 것이 주요 목표이다.

오지스포츠는 청소년들이 어릴 때부터 양질의 체육활동을 경험하도록 장려함으로써 평생 동안 스포츠 참가를 습관화하고 풍요로운 삶을 영위할 수 있도록 촉구하기 위한 청소년체육 진흥의 호주식 접근 방법이다. 오지스포츠의 기본 철학은 성인의 운동을 청소년에게 강요하지 않으며 청소년의 신체발달과 심리적 상황에 적합한 운동 프로그램을 제공함으로써 청소년이 흥미를 가지고 운동에 참가하도록 유도하는 것이다. 스포츠 프로그램의 보급은 정부와 체육단체뿐만 아니라, 학교와 지역사회의 긴밀한 협조를 통하여도 확산시키고 있다.

오지스포츠 프로그램의 전국적인 보급과 노력에 의해 청소년체육진흥방안에 획기적인 변화를 일으켰다. 이 프로그램은 호주 청소년에게 운동의 즐거움을 제공하고 참가를 증진시킴으로써 학교와 지역사회를 보다 효율적으로 연계시켰을 뿐만 아니라, 연습방법 및 태도를 개선시켰으며 프로그램에 대한 지지도와 신뢰도를 높였다(문화체육부, 1994).

이와 같이, 호주 정부는 오지 프로그램을 통하여 성인체육 활성화, 장애인 · 여성 · 노인 · 원주민 등 체육활동에 상대적으로 참가기회가 부족한 체육 소외계층에 대한 특별 지원, 학교체육 활성화 정책을 적극 추진하고 있는데(한국체육과학연구원, 1998a), 구체적인 내용은 다음과 같다.

첫째, 호주는 스포츠 클럽의 활성화를 통하여 성인의 사회체육활동을 진흥시키고 있다. 호주 전역에 분포되어 있는 스포츠 클럽은 국민 건강증진의 기반이 되고 있다. 호주 정부는 호주체육위원회 체육개발부를 중심으로 1992년부터 1996년까지 국민의 체육활동에 필요한 자원봉사자 양성과 3만 개 이상의 클럽을 육성 · 지원하는 정책 목표를 세운 바 있다. 정부는 스포츠 클럽을 활성화시키기 위해서 지방정부로 하여금 사회체육 시설 건립을 추진케 하고 골프 등 일부 종목은 사용자의 회원권 모집으로 건설비를 충당토록 하고 있다.

둘째, 호주는 장애인, 여성, 노인 같은 체육활동 소외집단에게 체육활동의 참가기회를 보장하고 있다. 호주체육위원회는 장애인체육단체와의 협력을 통하여 장애인체육 프로그램을 개발 · 운영하고 있다. 그리고 여성체육 활성화의 일환으로서 호주체육위원회는 종목별 경기단체의 자체 발전계획에 남녀평등에 관한 목표를 설정하도록 의무화하고 남녀평등계획을 실현하는 데 필요한 재정지원을 아끼지 않고 있다. 또한 노인인구의 증가 추세에 따라 그들의 건강한 삶과 의료비 절감을 위하여 사회체육활동에 참가할 것을 권장하는 등 노인체육 진흥에 앞장 서고 있다.

셋째, 학교는 오지 프로그램을 활성화시켜 아동과 청소년의 신체활동을 촉진하고 있다. 호주 정부는 1994년부터 4세에서 12세까지의 어린이와 13세에서 19세까지의 청소년을 대상으로 한 청소년 체육진흥정책을 수립 · 시행하고 있다. 청소년스포츠를 체계적으로 장려하기 위하여 학교와 지역사회 조직이 긴밀히 협조하도록 촉구하고 있다. 연방정부, 주정부, 지방정부는 모든 청소년이 스포츠활동에 참가하도록 유도하고 청소년 스포츠활동이 청소년 개인과 호주 사회에 모두 유익하다는 사실을 홍보하며 학교와 지역사회 조직이 청소년스포츠를 장려하도록 지원하고 있다.

4. 세계 각국의 사회체육 비교

운동이 심신의 건강에 긍정적 영향을 미친다는 과학적 근거가 보편화됨에 따라 세계 여러 나라는 정책적으로 사회체육진흥 정책을 활발히 추진하고 있다. 그러나 국가마다 수준에 차이가 있어 선진국과 후진국 사이에는 현저한 격차를 보이고 있다. 여기서는 세계 여러 나라가 추진하고 있는 사회체육 정책이나 전개 양상을 비교 고찰해 보기로 한다.

1) 조직 및 정책

국가 간 사회체육 조직을 비교해 보면, 미국을 제외한 대부분의 국가가 체육을 담당하는 정부부처를 두고 있다. 노르웨이, 영국, 캐나다, 벨기에 등은 문화관련 부처에서 사회체육을 담당하고 있으며, 독일은 내무부, 일본은 문부성, 프랑스는 청소년스포츠부, 호주는 산업관광자원부에서 담당하고 있다.

한편, 사회체육에 적극적으로 개입한 시기는 국가마다 상이하다. 독일은 19세기 말부터 정부가 사회체육에 적극 개입하였으며, 미국과 영국은 20세기 초, 노르웨이 · 캐나다 · 프랑스 등은 20세기 중반, 그리고 호주는 1980년대부터 정부가 사회체육에 정책적으로 개입하였다. 주목할 만한 사실은 선진국의 중앙정부는 엘리트체육에 대한 정책 개입 이전에 먼저 사회체육 정책에 개입하였다는 점이다.

즉, 사회체육의 기반 조성이 이루어져 주정부나 지방정부에 사회체육 관련 행정업무를 어느 정도 이관한 단계에서 엘리트체육정책을 추진하였다는 것이다.

각국의 사회체육 프로그램은 국가의 특성에 따라 다양한 형태로 이루어지고 있다. 각국은 캐치프레이즈를 통한 캠페인, 스포츠 티켓제도 활용, 체력장 제도와 같은 촉진수단을 동원하거나, 아니면 스포츠 클럽에 대한 지원을 통하여 사회체육을 활성화시키고 있다.

2) 재정

세계 각국은 자국의 스포츠 및 레크리에이션 예산뿐만 아니라, 다양한 재정원천을 개발하여 사회체육 부문 지출에 충당하고 있으며 이를 효과적으로 활용하기 위하여 여러 가지 배분 형태를 취하고 있다.

선진국은 국고 이외에도 기금, 복권, 축구 복표, 경마와 같은 다양한 수입원을 통하여 스포츠 재원을 마련하고 있는데 이 재원은 다양한 배분방식을 활용하여 사회체육 부문에 지출하고 있다. 특히, 노르웨이 · 독일 · 프랑스 · 일본 등은 중앙정부 및 지방정부가 직접 스포츠 부문 예산을 배분하고 있으나, 미국 · 영국 · 캐나다 · 호주 등의 국가는 중앙정부의 위임을 받은 대표적인 스포츠 조직이 간접적으로 예산을 배분하고 있다.

3) 참가 실태

대부분의 선진국은 국민의 60% 이상이 사회체육활동에 참가하고 있다. 특히 호주는 총인구의 약 75%가 사회체육활동에 참가하고 있으며, 이웃 나라인 일본은 66%, 독일 · 영국 등은 65%가 참

표 12-2. 선진국과 후진국의 사회체육 참가 인구

국가	인구(100만 명)	1인당 GNP(US 달러)	사회체육 참가 인구(%)
선진국			
미국	241.6	18,361	67
독일	61.2	17,549	63
일본	122.1	20,033	60
캐나다	25.6	19,336	56
스웨덴	18.4	22,738	40
합계	458.9	18,832	64.5
후진국			
모리셔스군도	1.1	558	20
라오스	4.2	1,622	20
필리핀	56.0	1,127	15
아르헨티나	31.0	2,419	13.5
멕시코	91.2	1,835	12
합계	173.5	1,516	15.1

출처: Palm, J. (1990). Sport for All as a challenge of sport organizations in the 1990' s Sport for All. P. Oja. & R. Telama(eds.). *Sport for all: Proceedings of the world congress on the Sport for All.* Finland: Elsevier Science Publishers. pp.509-515.

가하고 있다.

이와 같은 사회체육 참가율은 우리나라의 2006년 국민생활체육활동참여실태조사 결과인 주

표 12-3. 세계 각국의 사회체육 비교

국가	'Sport for All' 캠페인 프로그램 명칭	담당 부서(조직 기구)	재정(회계)
독일	'Trim-Aktion', 'Golden Plan'	내무부 스포츠미디어국, 독일스포츠연맹(DSB)	지방정부지원, 후원 40만 DM, 가맹권: 25만 DM 공적기부: 100만 DM
영국	'Sport for All', 스포츠지도자상	문화미디어스포츠부 독립국립헌장스포츠위원회	지방정부집중배분, 환경부보조금 889만 £
프랑스	'1,000 Club', 'J Sports', 'Sport Ticket'	청소년스포츠부 체육국	지방정부 14억 7,600만 프랑(1999년도)
스위스	'Trim'	Physical Fitness를 위한 스포츠연맹-산하 66개 스포츠조직	연방 · 주정부, 스포츠복권, 자체수입 포함 58만 Sfr
노르웨이	'Trim'	문화부 체육정책국, 노르웨이스포츠연맹	정부출연금과 축구경기수익금
벨기에	'Sport+' 참가율 제고와 운동 장소 확충을 통한 스포츠진흥 운동	국가 'Sport+' 위원회와 벨기에 문화부 스포츠행정부처 산하총무부(BLOSO)	정부: 2억 440만 BF 후원(ASLK): 150만 BF
네덜란드	'Trim'	네덜란드스포츠연맹, 민간조직, 비정부조직	축구경기 및 복권수익금
미국	'Fitness Test'	대통령 산하 체육 및 스포츠위원회(PCPFS)	PCPFS: 57만 달러 활동 예산 보유, 사적 집단과 정부출자기관 PCPFS합동프로그램 4,000만 달러
캐나다	'ParticipACTION'	문화유산부 스포츠캐나다국	기금조성 정부 영향 없음
일본	'Trim, Fitness and Mass Sports', 'Active 80 Health Plan'	문부성 체육국, 11개 행정부처, 200개 비정부 조직	지방정부재정 배분, Trim Project에 3억 엔 대중스포츠 위락시설 14조 엔
호주	'Life, Be in it', Aussie Sport	산업관광자원부, 국가 및 주 체력위원회	국가와 주정부의 상호책임 시설: 1,150만 호주달러, 프로그램: 95만 달러, 국가사업 전개: 10만 호주달러

출처: Jackson, J. (1978). Sport for all. In Lowe, B., Kanin, D. B., & Strenk, A. *Sport and interantional relations*.
한국체육과학연구원(1998a). 『선진국의 체육행정체계와 스포츠정책』.

2~3회 이상 참여율 44.1%와 비교해 볼 때 매우 높은 비율이다.

최신의 자료는 아니나 〈표 12-2〉는 1989년 캐나다 토론토에서 개최된 '제11차 Trim and Fitness Conference' 에서 발표된 Sport for All 운동에 관한 조사연구 결과로서 세계 5대 부국과 5대 빈국의 Sport for All 참가 인구 비교이다.

〈표 12-2〉에 제시된 바와 같이, 선진국은 후진국에 비하여 사회체육 참가 인구 수가 상대적으로 월등히 높다. 이는 사회체육 참가 인구의 많고 적음이 한 국가의 복지 수준을 가늠하는 지표로 사용될 수 있음을 시사한다. 이들 선진국에서는 사회체육 진흥이 국민의 정신적 · 육체적 건강은 물론, 건전 사회풍토 조성에 기여한다는 인식을 바탕으로 일찍이 국가적 차원에서 사회체육 정책의 수립, 재정의 지원, 관련조직의 개편 등에 대해 다각적인 노력을 기울여 왔음을 보여 주고 있다.

한편 세계 각국의 사회체육 관련 실태를 정리하여 종합 비교하면 〈표 12-3〉과 같다. 사회체육이 발달한 세계 각국의 정부는 사회체육 관련 캠페인, 조직 및 기구, 그리고 재정 지원을 통하여 사회체육 진흥을 위해 노력해 왔음을 알 수 있다(임번장, 1998b: 8-9).

| 요약 |

선진국은 이미 오래전부터 사회체육 진흥이 국민의 신체적 · 정신적 건강 증진은 물론 밝고 건전한 사회건설에 기여한다는 사실을 인식하여 왔다. 따라서 국가적 차원에서의 사회체육 진흥정책 수립과 이의 시행을 위한 막대한 재정지원은 물론, 민간단체의 체계적인 조직 활동을 활발하게 추진해 오고 있다.

선진 유럽의 경우 정부가 정책적으로 사회체육을 육성 · 지원하고는 있으나 민간단체가 사회체육활동을 주도하고 있으며 지도자 또한 대부분 자원봉사자로 충원되고 있다.

미국은 넓은 국토와 풍부한 자원 및 높은 소득수준으로 인해 풍족한 사회체육 시설(공원 등)이 다수 설치 · 건립되어 있을 뿐만 아니라, 국민의 사회체육에 대한 높은 의식 수준에 부응하여 연방정부나 주정부가 사회체육에 대하여 적극 지원하고 있기 때문에 다른 어느 국가보다 사회체육이 활성화되어 있다. 최근에 이르러서는 공공 레크리에이션 기능이 축소되고 개인 및 상업 레크리에이션 기능이 강화되고 있어 유럽의 사회체육과는 다른 양상을 띠어 가고 있다.

일본의 사회체육은 체육진흥법에 의거하여 관 주도하에 강력하게 실천되고 있다. 사회체육의 근간이라 할 수 있는 시설은 장기계획을 통해 정부 주도로 설치하며 지도자 및 프로그램 등은 민간단체가 주도하는 관 · 민의 원활한 협조체제 아래 사회체육이 전개되고 있다.

중국의 사회체육은 국가이념에 의해서 실행되고 있다. 일반대중이 쉽게 참가할 수 있는 여가 · 레크리에이션 시설 및 프로그램이 상대적으로 부족하기 때문에 사회체육이 활발히 전개되지 못하고 있는 실정이다.

대만의 사회체육은 축제적 성격을 지니고 있으며 학교체육과 전 국민운동을 결합한 사회체육 진흥정책을 추진하여 심신의 균형적 발달을 도모하는 정책을 활발히 전개하고 있다.

호주의 사회체육은 오지스포츠 프로그램을 중심으로 한 청소년 체육 분야에서 가장 두드러지게 발전하고 있다. 또한, 정부는 이와 같은 오지 프로그램을 통하여 성인체육 활성화, 장애인 · 여성 · 노인 · 원주민 같은 체육 소외계층에 대한 특별지원을 아끼지 않는 등 범국민적 사회체육 활성화를 적극 추진하고 있다.

| 주요 개념 |

건강체력상	골든플랜	국민체육진흥운동
군중체육	독일올림픽위원회	스포츠미디어국
스포츠캐나다국	스포츠티켓	신체활동주간
신황금계획	이드래프	체육선진현
캐나다 건강주간	트리밍 130	트림 캠페인
황금계획	Active 80 Health Plan	Aussie Sport
Life Be In It		

| 연구 문제 |

1. 세계 여러 나라의 사회체육 조직에 대하여 알아보자.
2. 세계 여러 나라의 사회체육 시설에 대하여 알아보자.
3. 세계 여러 나라의 사회체육 지도자 양성제도에 대하여 알아보자.
4. 세계 여러 나라의 사회체육 운영 실태에 대하여 알아보자.

5. 세계 사회체육의 발달 과정에 대하여 알아보자.
6. 우리나라 사회체육의 나아갈 길에 대하여 토의해 보자.
7. 미래 사회체육 진흥정책 방향에 대하여 알아보자.
8. 일본과 우리나라의 사회체육을 비교해 보자.
9. 사회체육에 대한 우리나라 국민의 의식에 대하여 알아보자.
10. 선진국의 사회체육과 우리나라 사회체육을 비교해 보자.

참고문헌

계간 사회체육(1991). 「세계의 사회체육: 중화민국」. 『계간 사회체육』 봄호.

문화체육부(1994). 「호주의 체육」. 『체육정책자료: 호주 편』 2.

비교체육학회(편)(1984). 『국제비교체육학』. 서울: 도서출판 나남.

월간 시민체육(1996). 「일본의 생활체육 현장」. 『월간 시민체육』 1월호.

월간체육(1989). 「국가체위: 중국체육 주도권 장악」. 『월간체육』 11월호 .

이용식(1999). 「선진국의 생활체육정책 비교 연구」. 『서울대학교 체육연구소 논집』 20(1).

임번장(1996a). 「스칸디나비아반도의 국민체육」. 『한국스포츠사회학회보』 제9호. 한국스포츠사회학회.

______(1998b). 「선진국의 생활체육」. 『1998 체육행정공무원 전문교육』(pp. 7-26). 한국체육과학연구원.

장주호(1987). 「국민체육 진흥을 위한 사회체육의 활성화 방안」. 『한국여성체육학지』 창간호.

체육부(1984). 『세계 각국의 체육』. 서울: 서라벌인쇄(주).

체육청소년부(1990a). 『세계의 생활체육』(Ⅰ). 서울: 범신사.

__________(1990b). 『세계의 생활체육』(Ⅱ): 유럽 편. 서울: 범신사.

한국방송공사(1986). 『세계의 사회체육』. 한국방송공사.

한국체육과학연구원(1998a). 『선진국의 체육행정체계와 스포츠정책』. 서울: 동원사.

Ebashi, S. (1987). *Trends in Sports: A Multinational Perspective.* Netherlands: Giordand Brund Culemborg.

Heinila, K. (1989). The Sports club as a Social Organization in Finland. *International Review for the Sociology of Sport,* 24.

Jackson, J. J. (1978). Sport for All In B. Lowe, D. B. Kanin & A. Strenk. *Sport and international relations*(pp. 486-504). Champaign. IL: Stripes.

Kraus, R. G., & Curtis, J. E. (1982). *Management in Recreation and Parks* (p. 117). St. Louis, MO: C. V. Mosby.

Palm, J. (1990). Sport For All as a challenge of sport organizations in the 1990's. P. Oja & R. Telama(eds.). *Sport for All: Proceedings of the World Congress on Sport for All*(pp. 509-515). Tampere, Finland: Elsevier Science Publishers.

Shilbury, D. (1990). Managing corporate sport and the Australian sports system. *The ACHPER National Journal.* Spring, 9-12.

제13장 |

사회문제와 사회체육

오늘날 우리가 경험하는 일련의 사회문제를 구체적인 존재로 인식하고 그 원인에 대한 의문을 제기하여 이를 해결하기 위한 노력을 기울여야 한다고 촉구하기 시작한 것은 비교적 근래의 일이다. 고전적인 사회문제의 주요 대상은 노동문제에 국한되었지만 고도 산업화 과정의 부작용으로 파생된 각종 사회문제는 그 다양함과 광범위함으로 인해 지구 전반에 걸친 범인류적 문제로 확산되어 가고 있다. 현재 사회문제로 간주되고 있는 공해문제, 핵문제, 생태계 파괴 문제, 도시 및 농촌문제, 가족문제, 노인문제, 범죄문제 및 청소년 비행문제의 대부분은 소위 자본주의의 급속한 성장과정에서 파생된 것이다.

사회문제와 관련하여 사회체육은 사회 정화를 위한 교화적 기능이 있다. 사회체육은 산업화, 전문화, 분업화, 도시화와 같은 산업사회의 사회구조적 변화로 인하여 발생한 사회문제적 요인, 즉 신체활동의 감소, 정신적 스트레스와 긴장, 노동에서의 인간소외, 물질적 인간관계로 인한 정서적 기아에 대한 치료적 기능을 수행할 뿐만 아니라, 소비향락적 여가문화가 가져오는 병폐를 치유하고 건전 여가문화 정착에 중요한 역할을 담당한다.

특히, 사회체육은 그 명칭이나 정의에서 알 수 있듯이 사회 구성원 전체를 대상으로 하는 복지적 개념을 포함하고 있으므로 청소년, 여성, 노인 등 세 인구 집단의 문제가 사회적 불평등 및 인간소외와 깊은 관련이 있다는 관점에서, 사회문제와 관련하여 사회체육을 논함에 있어서는 이들 세 집단의 문제를 중심으로 접근하는 것이 타당할 것이다.

이 장에서는 먼저 사회문제의 개념과 사회체육과의 관련성을 검토한 후, 청소년문제, 여성문제, 노인문제의 양상을 살펴보고, 이들 사회문제와 관련하여 사회체육이 지니는 가치와 향후의 과제를 고찰하여 보기로 한다.

1. 사회문제의 이해

사회문제는 대다수의 사회 구성원이 부적절하여 개선의 필요가 있다고 여기는 사회적 상황(social situation)으로 인식되어져 왔다(Eitzen & Zinn, 1992). 그러나 일련의 사회문제를 구체적으로 인식하고 그 해결을 위한 노력을 기울이기 시작한 것은 비교적 근래의 일이다. 현대사회에 들어서 다양하고 복잡한 사회문제들이 발생함에 따라, 이를 단순하고 지엽적인 현상이 아닌 사회조직과 제도에서 파생된 것으로 인식하려는 노력이 기울여짐으로써 사회문제에 대한 분석도 체계적인 학문적 분석의 틀 안으로 자리잡게 되었다.

1) 사회문제의 개념

(1) 사회문제의 정의

일반적으로 '문제'란 "사람에게 해결 욕구를 유발시키는 불만족스러운 상태 또는 조건"(Anderson, 1979: 52-53; 안해균, 1990: 134)으로 정의된다. Mills(1962)는 이러한 문제를 개인문제(private troubles)와 공공문제(public issue)로 구분하고 이 중 공공문제가 곧 사회문제(social problem)라 하였다.

사회문제에 대한 가장 선구적인 정의는 Case(1924)가 시도하였는데 그는 사회문제를 "다수의 유능한 관찰자에게 집합적 행동에 대하여 교정할 필요를 느끼게 하는 상황"이라고 하였다. Shepard와 Voss(1978)는 사회문제를 사회의 다수인에 의하여 바람직하지 못하다거나 주의가 필요하다고 생각되고 집단의 가치를 위협하는 일이나 조건으로서, 집단행동에 의하여 치유될 수 있는 것이라고 보았다. Rubington과 Weinberg(1977)는 대다수 사람들이 중요하게 여기는 가치와 모순된 혐의가 있는 상황인 동시에 이러한 상황을 변화시키기 위한 행동이 필요하다고 생각되는 상황이라고 정의하였다. Rabb와 Selznick(1959)은 인간관계의 저해라는 측면에서, 사회문제란 인간의 지배적 관계가 다수의 사람이 지향하는 목적을 저해하거나 또는 조직사회의 무능력에 의하여 인간관계 형성에 심각한 위협을 줄 때 발생한다고 하였다.

사회문제에 대한 가장 보편화된 정의는 Horton, Leslie, 그리고 Larson의 정의로 그들은 사회문제를 상당수의 사람들에게 바람직하지 않은 방식으로 영향을 미치며 이에 대하여 집합적 사회행위를 통해 무엇인가를 행할 수 있다고 여겨지는 상황(situation)으로 설명하였다(Horton, Leslie &

Larson, 1991).

이상의 정의를 살펴보면, 사회문제는 특정 상황(situation)이나 여건(condition)에 주로 초점이 맞추어져 있으며, 다음과 같은 네 가지 의미를 내포하고 있다. 첫째, 사회문제는 많은 사람에게 영향을 주는 조건이고, 둘째, 이러한 조건이 사회현상에 미치는 영향은 바람직하지 못하며, 셋째, 이러한 조건에 대하여 어떠한 조처가 내려지기를 요구하며, 넷째, 이에 따라 집단적 사회행동에 의한 사회적 개입이 존재하는 것을 의미한다(Horton, Leslie & Larson, 1991).

(2) 사회문제의 속성

우리가 어떤 현상을 사회문제로 판단하기 위해서는 그 현상의 객관적 실재가 필요하다. 예를 들어, 사회의 특정 성원에게 정신적 · 물질적 고통을 유발할 수 있는 빈곤이나 인종차별 등의 상황, 사회 성원이 자신의 잠재능력을 펼치고 계발하는 데 장애가 되는 사회문화적 상황, 국가가 표방하는 자유, 평등, 정의, 민주주의 등의 이념과 국민들이 실제로 체험하는 상황 간의 현실적 불일치, 그리고 자원의 불균등 분배와 공해로 인한 환경문제 및 그에 따른 고통 상황이 그것이다(Eitzen, 1984). 그러나 이상과 같은 객관적 실재 상황은 모든 사회 성원에게 동일하게 인식되고 적용되며 극복되는 것이 아니라 시간과 공간, 그리고 사회 관계에 따라 다양하게 나타난다.

이는 사회문제에 대한 규정이 주관적 속성을 지니고 있음을 의미한다. 우리는 보통 어떤 현상을 파악할 때 이미 존재하는 기준에 근거를 둔다(Eitzen & Zinn, 1992). 그러나 현대사회의 다원적 구조에서 국가, 지역, 직업, 성, 연령, 인종 등을 초월한 단일한 합의 기준을 전제하기란 매우 어려운 일이다.

한편, 사람들 사이에는 사회문제에 대한 그릇된 인식이나 오류가 적지 않으며 사회문제에 대하여 지니고 있는 지식도 대부분 비조직적이고 모순적이거나 옳지 않은 경우가 흔하다. 또한, 사회 구성원의 정치 이데올로기가 사회문제 인식에 영향을 미칠 수도 있는데, 예를 들어 진보주의자와 보수주의자는 사회문제의 본질과 원인에 대하여 서로 다른 견해를 가진다.

결론적으로, Brown과 Kim(1978)에 의하면 사회문제는 다음과 같은 특성을 지니고 있다.

① 사회문제는 개인적 · 사회적 · 제도적 및 정치적 해체에서 발생되고 사회적 분열과정의 결과이다.

② 사회문제는 기본적으로 사회과정이다.

③ 사회문제는 환경의 수정 또는 사회적 상황의 변화와 같은 성질의 기술적 · 산업적 · 사회적 변화의 측면에서 광범위하게 설명될 수 있다.
④ 사회문제는 단일 원인의 결과로서 설명될 수 없다.
⑤ 사회문제는 분석자의 관점, 가치 및 목적에 따라 다양한 방법으로 분류되거나 발견될 수 있다.
⑥ 사회문제에 대한 어떠한 논의도 사회적 · 도덕적 가치문제와 관련 없이는 불가능하다.

2) 사회문제와 사회체육의 관계

오늘날 우리 사회가 경험하고 있는 가치혼란과 도덕 부재의 사회병리현상 및 사회문제는 근본적으로 여가의 무분별한 소비에 기인하며, 보다 구체적으로는 건전한 놀이문화의 부재에서 연유한다(임번장, 1991c). 물질문명의 급속한 발달에 건전 여가문화가 균형을 이루어 정착하지 못함으로써 퇴폐향락적 여가문화가 만연하게 된다는 점에서 바람직한 여가 경험의 부재는 곧 사회문제로 귀결하게 되는 것이다.

사회체육은 대표적 건전 여가활동으로서 현대인에게 부족한 신체적 활동 욕구는 물론, 정서적 · 사회적 욕구를 충족시킴으로써 본질적으로 사회문제 해결책으로 수용되는 공익성을 지닌다.

이와 관련하여, Cohen(1991)은 여가로서 사회체육의 본질적 기능을 크게 사회문제 해결 기능과 삶의 질 향상 기능의 두 가지로 구분하였다.[1] 여기서 사회문제 해결과 관련된 기능이라 함은 주로 사회발전 과정에서 나타난 부정적 결과를 완화하거나 치료하는 보상적 기능을 의미한다. 특히, 사회체육은 사회 정화를 위한 교화적 기능을 담당하기 때문에 세속화된 현대사회일수록 이러한 보상 기능이 더욱 두드러지게 된다. 이러한 사회체육의 사회문제 해결 기능은 산업화, 전문화, 분업화, 도시화 등 산업사회의 사회구조적 변화로 인하여 발생한 사회문제적 요인, 즉 신체활동의 감소, 정신적 스트레스와 긴장, 노동에서의 소외, 물질적 인간관계로 인한 정서적 기아 등에 대한 치료적 기능을 의미한다(임번장, 1995b: 63).

한편, 사회체육은 그 명칭이나 정의에서 알 수 있듯이 사회성원 전체를 대상으로 하는 복지적 개념을 포함하고 있다. 즉, 사회체육은 특정 개인이나 집단의 전유물이 아니라 사회 구성원이라면

1) 사회체육의 본질적 기능에 관한 그림은 제14장 사회체육과 삶의 질(p.518)에 제시되어 있음.

누구나 향유할 권리를 가지는 보편적 여가활동인 것이다.

특히, 청소년, 여성, 노인 등 세 인구 집단의 문제가 사회적 불평등 문제와 깊은 관련이 있다는 지적(한준상, 1994)에 비추어 볼 때, 사회문제와 관련하여 사회체육을 논함에 있어서 이들 세 집단의 문제를 중심으로 전개하는 것이 타당할 것이다. 왜냐하면 상대적으로 각종 혜택 및 사회적 기회가 제한된 집단은 사회문제를 배태할 가능성이 높기 때문이다.

2. 청소년문제와 사회체육

최근 들어 청소년의 반사회적 행동으로서 청소년 일탈, 비행, 범죄 등 청소년문제가 양적 · 질적으로 심각해져 감에 따라 사회적 우려의 소리가 높아져 가고 있다. 이제, 청소년문제는 청소년 집단 내의 하위문화로서가 아니라 사회 전체가 짊어져야 할 공동의 문제로 대두되고 있다. 이는 청소년이 미래 사회의 주역이고 청소년기는 이에 필요한 자질을 계발하는 중요한 시기로서, 우리 사회의 미래는 오늘의 청소년이 건전하게 성장하느냐에 달려 있기 때문이다.

1) 청소년문제의 이해

현대사회는 산업화, 도시화, 분업화 등으로 경제적 풍요와 급속한 사회적 발전을 이룬 반면, 과거 전통사회에서는 나타나지 않았던 다양한 사회문제를 배태하게 되었다. 청소년문제도 이와 같은 현대사회의 급속한 변화가 드러낸 사회문제의 하나로 볼 수 있다. 따라서, 청소년문제는 '청소년에 관한 사회문제' 로서 일반적으로 사회성원에 의해 사회의 가치관 및 규범을 위협한다고 판단되는 청소년에 관한 사회현상으로 볼 수 있다.

그러나 현대사회의 다양한 청소년문제를 다루기 위해서는 보다 포괄적인 측면에서 접근할 필요가 있다. 즉, 사회의 지배집단이 규정한 규범 및 가치관에 대한 위협 현상으로서만이 아니라, 청소년 자신이 지니는 문제, 즉 자신의 주변에서 발생하는 모든 크고 작은 현상에 대해 반응하고 수용하는 과정에서 생기는 감정과 행동까지 포함시켜 다룰 필요가 있다. 강도, 강간, 폭행, 살인, 자살 등 청소년 범죄나 음주, 흡연, 가출, 무단결석 등 청소년 비행으로 표출되는 행동은 청소년문제의 단면에 불과한 것으로서, 표면화되지는 않았으나 잠재되어 있는 갖가지 문제까지 청소년문제의 범주로 인정하고 수용하여야 한다. 이렇게 볼 때, 청소년문제는 청소년 비행이나 청소년 범죄뿐만 아니라, 청소년이 살고 있는 환경, 청소년의 고민, 일상생활, 가치관 등에 대한 포괄적인 내용을 포함하게 된다.

오랫동안 심리학자들은 청소년문제가 청소년기의 고유한 심리적 특성에 기인하는 불가피한 현상으로 생각하였다. 즉, 청소년은 아동과 성인의 중간 단계에 있는 집단으로서 육체적 · 심리적 · 정신적으로 급속히 성장하고 하나의 독립된 사회성원으로 형성되어 가는 과정에서 많은 갈등과 불안을 겪게 된다는 것이다. 이런 점에서 청소년기는 급격한 신체적 · 정신적 성장에서 오는 균형의 파괴로 불안, 초조, 저항감 등이 발생하는 시기이며, 질풍노도의 시기 혹은 반항의 시기로 불리운다.

따라서, 성인으로의 발달과정에 있는 청소년은 어느 사회에서든 사회정의적 · 복지적 차원에서 지속적인 관심과 처우를 필요로 한다고 할 수 있다. 그러나 특히, 오늘날에 있어서 청소년문제가 두드러진 사회문제나 관심으로 등장한 것은 청소년문제가 현대사회의 문화적 변천과 사회구조적 성격에 기인하는 사회문제임을 말해 주는 것이다(임번장, 1996c).

청소년문제와 관련된 사회적 요인에는 전통윤리의 붕괴, 기술문명과 정신적 · 제도적 문화의 격차, 경제지향적 가치 체계의 부산물인 물질만능주의, 서구문물이 부채질한 성개방의 물결, 도시화와 산업화로 인한 비인간화, 소외, 익명성, 가정 기능의 약화, 분단으로 인한 한국사회의 구조적 불안, 정치적 권위의 정당성 결여로 인한 법치 질서의 혼미, 입시 위주의 학교교육, 퇴폐적인 성인문화 및 각종 유해 사회환경 등 수없이 많은 요인이 거론될 수 있다. 임번장(1996c)은 현대사회에서 청소년문제를 유발한 사회적 · 문화적 요인을 다음과 같이 정리하였다.

첫째, 현대사회가 고도로 산업화되고 과학기술의 발달에 따르는 새로운 문화와 제도가 미처 정립되지 못한 채 전통문화가 붕괴됨에 따라 행동규범과 가치관이 혼란해져 인간욕구의 적절한 통제수단이 약화되었다.

둘째, 자본주의, 기계문명, 물질문명의 발달은 인간을 상품화하고 사회의 부속품으로 전락시켜 인간 존엄성 상실과 소외현상 심화와 함께 인간을 수단적 가치로 인식하는 풍조가 팽배하게 되었다.

셋째, 퇴폐향락, 소비풍조, 물질만능주의, 기술만능주의 등 현대사회의 각종 병리현상이 청소년의 유해 환경으로 작용하여 청소년의 바람직한 성장 · 발달에 부정적인 영향을 미치게 되었다.

넷째, 급변하는 주변환경과 조기교육으로 청소년의 신체적 · 생리적 성숙은 빨라진 반면, 고도로 축적된 지식과 문화의 습득을 위한 준비기간이 길어짐으로써, 성인이 되기 위한 역할유예기간(moratorium)이 연장되었다. 이에 따라 청소년은 정체감 혼란을 지속적으로 경험하면서 사회적 책임이 유예된 주변인의 역할을 장기간 수행하게 되었다.

다섯째, 입시위주의 시험준비 교육에 치중하는 교육제도는 과도한 경쟁을 조장하고 윤리, 양심, 가치관 등 덕성과 정서 교육을 소홀히 함으로써 교육의 비인간화를 초래하였다.

이상에서 살펴본 바와 같이, 청소년문제의 해결을 위해서는 청소년 자신의 의지와 노력도 중요하지만, 보다 근원적인 예방과 치유를 위해서는 사회성원 모두가 청소년문제에 관심을 가지고, 청소년문제 극복을 위한 사회적 노력의 제도화에 힘쓸 때 가능하다고 할 수 있다. 사회체육은 이러한 사회적 노력의 주요 부문으로서 청소년문제의 해결 및 예방에 매우 효과적인 기능을 수행할 수 있다.

2) 청소년과 체육활동 참가

(1) 청소년과 사회체육

체육활동은 가장 통합적인 교육기제로서 청소년 비행의 효과적인 방지책으로 인정되어 왔으며, 특히 근래에 이르러서는 청소년문제의 예방 및 선도책으로 그 중요성이 강조되고 있다(임번장, 1990). 체육활동과 비행에 관하여 이루어진 대다수 연구의 초점은 '억제(deterrence)'와 '재활(rehabilitation)' 가설의 타당성에 관한 것으로서, 전자가 체육활동이 비행을 방지한다고 주장하는 반면, 후자는 체육활동 참가가 보다 바람직한 방식으로 비행자를 환경에 재적응 혹은 대처시킨다고 주장한다(Yiannakis, 1980).

또한, 사회적 사실 패러다임(social facts paradigm)에 입각한 지금까지의 연구 결과에 의하면, 연령이나 성별, 혹은 비행을 측정하는 방식에 상관 없이 운동선수는 일반인과 비교할 때 비행을 범할 확률이 낮다는 사실이 보고되어 있다(Segrave & Hastad, 1984). 또한, Hastad, Segrave, Pangrazi 그리고 Peterson(1984)은 초등학교 6학년생 381명을 대상으로 체육활동 참가와 일탈 행동과의 관계를 연구한 결과 피험자의 성별과 사회경제적 배경에 상관 없이 체육활동 참가와 일탈 행동 간에 부적인 관계가 발견되었음을 보고하였다. 우리나라의 경우에도 정영린(1987)이 체육활동이 청소년 비행과 부적인 관계가 있음을 보고한 바 있다.

건전한 청소년의 육성은 지적 활동뿐만 아니라, 지 · 덕 · 체가 고루 갖추어진 전인적 활동에 의해서 가능하다. 이러한 관점에서 볼 때 체육활동은 성장기 청소년의 인격 형성뿐만 아니라, 사회적 · 심리적으로 성숙한 개인의 완성에 지대한 영향을 미친다(임번장, 1991d).

(2) 청소년체육의 현황

〈표 13-1〉은 우리나라 청소년의 여가활용 유형을 나타낸 것이다. 중학교와 고등학교에 재학중인 청소년 중 여가활용을 위해 운동을 한다는 응답은 전체의 12.5%에 불과한 반면, TV 시청이 34.7%로 가장 높고, 다음이 음악이나 영화 감상(21.6%), 컴퓨터(10.2%), 낮잠(5.8%), 독서(4.5%) 순이었다. 특히 여학생의 경우 체육활동을 꼽은 비율은 3.1%에 불과하였다.

학교수업 이외에 체육활동에 참가하는 빈도는 〈표 13-2〉와 같았으며, 일주일에 2~3회 이상 규칙적으로 운동하는 청소년의 비율은 34.8%였다. 이는 과거에 비해서 증가한 수치이나 여전히 만족할 만한 결과는 아니며, 전혀 하지 않는다는 응답도 26.3%로 나타나 "움직이지 않는 청소년"이

표 13-1. 청소년의 여가활용 유형

(단위: %)

구분		TV 시청	음악/영화	체육활동	컴퓨터	독서	낮잠	경기관람	여행	낚시	장기/바둑	집안정리	기타	N
성별	남자	25.3	17.0	21.4	15.6	4.5	4.1	1.7	1.3	1.1	1.0	0.6	6.3	2,880
	여자	44.6	26.4	3.1	4.5	4.5	7.5	0.6	0.8	0.2	0.1	3.2	4.6	2,727
학교수준	중학교	42.3	16.5	12.6	10.9	3.8	4.4	1.1	0.3	1.0	0.8	1.0	5.1	2,057
	고등학교	37.3	21.2	11.3	8.4	4.3	6.9	1.3	0.9	0.4	0.3	2.2	5.6	1,916
전 체		34.7	21.6	12.5	10.2	4.5	5.8	1.2	1.1	0.6	0.7	1.9	5.4	5,607

출처: 임번장 외(1997). 『청소년 체육활동 욕구 및 실태조사』. 국민생활체육협의회.

표 13-2. 청소년의 과외 체육활동 참여 빈도

(단위: %)

구분		전혀 안함	월 2~3회	주 1회	주 2~3회	주 4~5회	매일	N
성별	남자	12.3	20.7	20.8	24.0	11.6	10.7	2,880
	여자	41.1	21.8	14.2	10.9	5.7	6.3	2,727
학교수준	중학교	23.3	22.0	18.2	17.7	9.1	9.6	2,057
	고등학교	33.0	20.7	14.8	16.0	6.8	8.6	1,916
전 체		26.3	21.2	17.6	17.6	8.7	8.5	5,607

출처: 임번장 외(1997). 『청소년 체육활동 욕구 및 실태조사』. 국민생활체육협의회.

라는 우려를 낳고 있다. 특히, 여학생의 경우 주당 2~3회 운동하는 비율이 22.9%에 불과했으며 체육활동에 전혀 참여하지 않는다고 응답한 비율이 전체 여학생의 41.1%에 달하였다(임번장 외, 1997: 486).

체육활동에 참여하지 못하는 이유로는 시간 부족(70.3%)이 가장 지배적이었는데, 이는 현 교육 여건상 입시 위주의 학교 및 학원 교육을 떠나 자유로이 여가를 즐길 수 없는 현실을 반영하고 있다. 그러나 정보 부족(9.8%), 장소 부재(6.7%) 등을 이유로 든 경우는 학교 또는 사회적 차원의 노력으로 충분히 개선의 여지가 있을 것으로 여겨진다.

한편, 체육활동 장소로는 집이나 집 근처(39.0%)가 가장 많았고, 다음으로 학교 운동장(35.8%), 상업체육 시설(19.3%), 야외(3.2%), 공공체육 시설(2.7%)의 순으로 나타나 공공체육 시설이 부족하고 기존 시설도 비효율적으로 활용되고 있음을 보여 주고 있다.

체육활동 동반자의 경우 친구(54.2%)가 가장 많았고, 혼자(23.8%), 가족(13.8%), 단체회원(8.1%)의 순으로 나타났다. 이는 청소년단체를 중심으로 한 조직적 · 체계적 체육활동이 아직 청소년의 일상 속에 자리잡지 못하고 있음을 보여 주는 결과이다.

3) 청소년문제 해결책으로서의 사회체육

(1) 청소년과 사회체육의 가치

현대사회의 심각한 사회문제로 제기되고 있는 청소년문제를 예방하는 데 있어서 사회체육이 갖는 중요한 의의는 일차적으로 왕성한 신체적 활동 욕구를 지니고 있는 청소년에게 사회체육이 지닌 가치와 기능을 체험케 함으로써 청소년의 우발적인 행동을 정화시키고 이러한 태도를 장년기에 이르러서도 계속 지니게 하여 신체와 정신의 균형 있는 발달을 가져오게 하는 데 있다.

청소년의 건전하고 바람직한 성장을 도모하고 청소년문제에 대한 효과적인 예방 및 해결책으로서 사회체육이 지니는 가치를 신체적 · 심리적 · 사회적 · 문화적 측면에서 살펴보면 다음과 같다(임번장, 1996c).

가. 본원적 활동욕구 충족 및 건강 유지

인간은 본능적으로 신체활동을 추구한다. 특히, 아동기부터 청소년기에 이르는 성장기는 일생 중 대근활동을 가장 많이 필요로 하는 시기이다. 따라서 청소년기의 신체는 마음껏 뛰고 활동하려는 충동으로 가득 차 있으며, 이를 충족시키기 위한 가장 바람직한 활동으로 체육활동을 꼽을 수 있다. 사회체육은 청소년의 신체적 활동 욕구를 충족시킬 수 있는 적절한 기회를 제공함으로써 청소년의 발육 · 발달에 기여할 뿐만 아니라, 건강한 삶을 영위할 수 있게 돕는다. 사회체육은 입시 위주의 교육 풍토 속에서 운동량이 부족한 청소년에게 적정량의 신체활동을 제공함으로써, 건강 유지 및 체력 육성뿐만 아니라, 본원적인 신체활동 욕구를 충족하는 데 기여한다.

나. 정서적 안정과 재창조

사회체육은 청소년의 정서적 안정을 추구하는 욕구를 충족시켜 준다. 체육활동은 긴장, 공격성, 욕구불만 및 좌절과 같은 파괴 본능을 안전하면서도 효과적으로 방출시키는 수용력을 지니고 있다. 뿐만 아니라, 체육활동 과정에서 경험하게 되는 규칙의 준수와 스포츠맨십 등은 자기통제 및 자기수양을 유도하며, 경기상황에서 필요로 하는 협동과 역할분담은 자신과 타인을 존중할 수 있는 태도를 배양시켜 청소년의 정상적이고 건전한 발달을 도모한다.

청소년기는 아동기에서 성인기로 전이되는 과도기로서 발달과정에서 야기되는 여러 정신적 변화로 인하여 정서적 혼란을 가장 많이 겪는 시기이다. 이와 같은 청소년기의 긴장과 갈등이 무해한 방향으로 적절히 해소되고 처리되지 못하면 자신과 타인에게 정서적 · 심리적 혹은 신체적으로 피해를 줄 위험성이 높다. 특히, 청소년의 정서적 자극인 비일상화의 욕구가 무제한적으로 개방되고 통제되지 않은 형태로 충족될 때 그것은 퇴폐향락적인 일탈적 하위문화로 전락하고 만다.

사회체육은 청소년의 비일상적 활동 추구를 바람직한 방향으로 유도한다는 점에서 퇴폐향락적인 일탈적 하위문화와는 본질적인 측면에서 전혀 상이한, 사회 · 문화적으로 용인된 기본적 여가 활동으로서의 가치를 지닌다. 사회체육은 경쟁적 상황에서 합법적 수단을 통하여 자신의 목표를 성취하고자 하는 가치를 내면화시키고 참가자나 관람자 모두에게 흥미를 제공하여 줄 뿐만 아니라, 자발적 참여를 통해 즐거움, 정서순화(catharsis), 심리적 성취감 등을 경험하게 하고 생활 에너지를 재창조할 수 있게 해준다.

다. 사회적 유대감 강화

오늘날 우리 사회의 비교육적 구조 및 일탈적 사회환경은 청소년으로 하여금 과도한 경쟁심 및 사회적 고립감을 느끼게 하는 주요 원인이 되고 있다. 이에 대해 사회체육은 참가자 사이의 우애감과 연대감을 가져다 주는 기회와 여건을 제공하여 청소년의 사회적 결합 욕구를 충족시켜 준다.

체육활동은 신체적 · 정서적 상호작용을 통하여 서로간의 우정을 발전시키고 연대감을 돈독히 다짐으로써 사회적 거리감을 없애 주는 데 효과적인 활동이다. 또한 스포츠 참가는 동료 사이뿐만 아니라, 경쟁관계에 있는 상대편과의 사이에서도 우애감과 연대의식을 창출할 수 있는 기회를 제공하여 원만하고 건강한 사회생활을 영위할 수 있게 하여 준다.

라. 규범준수 가치의 습득

사회체육은 즐거운 신체활동임과 동시에 공정하고 합리적인 규칙을 바탕으로 선의의 경쟁을 통하여 우월성을 가려내는 진지한 활동으로서 페어플레이 정신을 생명으로 하고 있다. 이러한 페어플레이 정신은 사회체육이 지니는 또 하나의 윤리적 덕목인 스포츠맨십과 함께 규범 준수와 도덕성 함양의 가치를 습득하게 해준다.

체육활동에 있어서 규칙은 참여자 상호간의 약속으로서 위반했을 때 그에 해당하는 제재와 벌칙이 즉각적으로 가해진다는 점에서 대부분의 운동 경기는 '체육' 과 함께 '덕육' 의 학습장이 된다. 체육활동에의 참가를 통하여 청소년이 함양할 수 있는 규칙 준수, 팀워크, 상대방의 존중, 최선의 노력 경주 등과 같은 사회적 · 규범적 가치는 민주시민으로서 지녀야 할 가장 중요한 덕목이 된다. 결국 사회체육은 청소년으로 하여금 건전한 경쟁심과 사회성을 배양할 수 있게 할 뿐만 아니라, 나아가 민주시민의 자질 형성에도 크게 이바지하게 된다.

마. 경쟁 가치의 습득 및 체제의 유지

사회체육은 사회성원에게 신체를 통하여 그가 소속한 사회의 기본적인 주요 가치관과 규범을 내면화시킨다. 즉, 사회체육은 사회 구성원에게 현실에 적합한 사고, 감정 및 행동양식을 익혀 사회성원으로서 차질 없이 성장하도록 돕는다. 특히, 사회체육은 승리를 추구하는 경기활동을 통하여 고도 산업사회의 생산성 유지를 위해서 필요불가결한 요소인 성취동기의 수준을 제고시킨다.

이런 점에서 사회체육은 청소년에게 경쟁적 상황을 부과함으로써 경쟁을 생활원리의 바탕으로 삼고 있는 후기 산업사회에서 성인으로서의 역할을 원만하게 수행할 수 있는 자질을 육성하게 하고 인생의 경쟁적 속성에 대한 준비를 할 수 있도록 도와 준다. 사회체육은 이렇게 성취지향적 사회이념을 학습하는 데 중요한 역할을 담당하며 합법적인 수단을 통하여 목표를 성취시키는 가치를 내면화시킴으로써 사회체제의 유지와 존속에 기여한다.

결국, 사회체육은 현대사회에서 사회문제화되고 있는 청소년 비행 및 범죄문제를 예방하고 방지하는 중요한 사회제도로서 장려될 수 있다. 이는 사회화의 측면에서 볼 때, 사회체육이 사회적 상황, 신념, 규범, 가치, 태도, 심미감, 인지적 경험 등을 내면화시킴으로써 청소년의 예측 불가능한 행동을 정화시켜 주고 더 나아가 신체와 정신의 균형 있고 조화로운 발달을 가져오게 하여 주는 사회제도로서 기능하기 때문이다.

이와 같은 관점에서 볼 때 사회체육을 통하여 청소년의 가정, 학교, 사회 생활을 올바르게 지도하고, 일탈, 비행, 범죄 등 다양한 청소년문제에 효과적으로 대처하며, 이들을 건전한 시민으로 육성하기 위한 제도적 노력과 구체적 실천 방안의 강구는 우리가 당면한 사회적 과제이다.

(2) 청소년문제 해결을 위한 사회체육의 과제

앞에서 살펴본 청소년문제의 실태와 원인을 분석하여 보면, 청소년문제는 사회변동과 문화환경으로부터 가장 큰 영향을 받고 있다는 사실을 알 수 있다. 따라서 청소년문제의 해결은 청소년의 일탈이나 비행의 심각성에 대하여 사회적 경각심을 불러일으키고 문제청소년의 교화를 위한 사회문화적 · 제도적 대책을 강구함으로써 가능하다.

그러나 보다 근원적으로 관심을 모아야 할 부분은 청소년이 일탈이나 비행에 빠져들지 않도록 예방책을 강구하는 일이다. 가장 구체적으로 접근할 수 있는 예방책으로는 청소년이 불건전한 장소에서 활동하는 기회를 줄임과 동시에, 건전한 청소년 문화 환경을 조성하여 바람직한 태도, 사회적 역할, 긍정적 가치관을 습득할 수 있는 기회를 확대하는 것이다. 즉, 유해 매체 및 유해 환경에 대한 사회적 제재와 함께 청소년 문화 행사공간 및 시설을 확충하여 청소년에게 갈 곳, 놀 곳, 볼거리를 마련해 줌으로써 비행의 길로 빠지지 않고 바람직한 청소년 문화를 형성하도록 촉구하는 제도적인 뒷받침이 필요하다.

결국, 청소년문제의 예방은 '하지 말아라', '해서는 안 된다'는 억압적인 통제나 구속보다는 스스로가 일탈욕구를 통제할 수 있도록 규범을 내면화하고 바람직한 가치관을 형성할 수 있는 사회적 분위기 조성이 필요한데, 이는 건전한 청소년 문화를 육성함으로써 가능하다(임번장, 1996c).

이와 같은 건전 청소년 문화의 육성은 지적인 활동뿐만 아니라, 체 · 덕 · 지가 고루 갖추어진 전인적 활동을 통해서 가능하다. 전인적 교육 영역으로서 사회체육은 앞에서 살펴본 바와 같이 신체활동 욕구 충족, 정서적 긴장 및 갈등 처리, 사회적 유대감 강화, 규범준수 및 경쟁가치 습득 등 성장기 청소년의 신체적 발육 · 발달뿐만 아니라, 사회적으로나 심리적으로 성숙한 인격 형성에 큰 영향을 미친다. 즉, 사회체육은 청소년을 전인적 인간으로 성장시켜 지속적이고 자발적인 참가를 통하여 건전한 사회적 상호작용을 자연스럽게 경험케 하여 건전 청소년 문화를 육성하고 청소년문제를 예방하는 데 중요한 역할을 담당한다.

청소년문제의 예방과 창조적인 청소년 문화 정립을 위한 사회체육활동은 청소년의 자발적 참가를 바탕으로 심신을 단련하고 소질을 계발하며 사회적 유대를 공고히 하는 활동을 의미한다. 또한, 지식 · 기능과 같은 수단적 가치를 배양하는 데 머물고 있는 지식교육의 한계를 넘어서 전인적 인간형성이라는 궁극적 가치를 체험케 하는 활동으로서 현대를 살아가는 청소년들에게 필수적으로 요구되는 활동이 된다.

따라서 사회체육을 통하여 청소년문제를 해결하고 건전 청소년의 육성을 도모하기 위해서는 가정, 학교, 지역사회 등 모든 분야에서 사회체육의 가치 및 기능을 인식하고 청소년을 위한 사회체육의 활성화를 도모하기 위한 다각적인 노력을 경주할 필요가 있다. 이에 청소년문제 예방 및 건전 청소년 육성을 위한 사회체육의 과제를 제시하면 다음과 같다(임번장, 1996c).

가. 가정체육 및 여가활동 장려

청소년문제가 발생하는 대표적인 원인으로 부모의 무관심과 가정의 교육 기능 약화를 들 수 있다. 특히, 가정에서의 대화 단절과 가족간의 정신적 긴장 및 갈등은 청소년문제 발생의 중요한 원인이 되고 있다. 이에 대하여 가족간 상호 이해의 장이 될 수 있는 가족단위 체육 프로그램의 개발 · 보급을 통하여 청소년문제의 예방 및 건전 청소년 육성에 기여할 수 있다.

주말이나 휴가기간을 이용한 가족 동반 여행 및 견학이나 걷기, 자전거타기, 인라인스케이트, 등산, 야외캠핑, 스키, 테니스와 같은 가족형 여가활동 및 사회체육활동을 통하여 대화 및 화목의 계기를 마련하게 되면 가족간의 정신적 긴장이나 갈등을 해소할 수 있다. 이와 같이 가정에서의 사회체육활동을 장려함으로써 청소년 개인 중심의 소극적이고 향락적인 여가활동을 배제할 수 있을 뿐만 아니라, 청소년이 가정 내에서 겪는 가족간의 갈등을 극복하는 데 기여한다.

나. 청소년 체육시설 및 여가공간 확충

오늘날 청소년은 방과후나 휴일에 그들의 활동 욕구를 충족시킬 만한 사회체육 및 여가활용 공간을 거의 갖고 있지 못한 것이 현실이다. 이로 인하여 청소년은 유흥업소, 전자오락실 등에서 자연스럽게 불량청소년과 접촉하게 되고 불량 서클을 형성하게 된다. 따라서 청소년을 불건전한 사회환경과 격리시키고 그들이 여가시간을 건전하게 활용하도록 유도하기 위해서는 청소년의 관심 및 참여를 유도하는 다양한 사회체육 시설 및 여가공간의 확충이 필연적으로 요구된다.

이를 위하여 학교나 지역사회에서는 사회체육 시설을 중심으로 한 기존의 여가시설 및 공간을 효과적으로 활용하여야 할 뿐 아니라, 체육환경의 개선 차원에서 청소년 문화 및 체육 시설을 확충하고 질적 향상을 도모함으로써 미래의 건전한 여가생활 체험장이 될 수 있도록 다각적인 노력을 기울여야 한다. 구체적으로 청소년의 사회체육활동에 대한 다양한 요구를 수렴하고 이를 조직화하기 위해 공공체육 시설 및 민간체육 시설의 양적 확충, 학교체육 시설의 개방, 그리고 청소년 체육시설 관리의 체계화 및 재정의 확보 등이 필연적으로 요청된다.

다. 다양한 청소년체육 프로그램의 개발 및 보급

가정이나 학교, 지역사회가 본래의 목적 및 기능을 제대로 수행하고 가정이나 학교생활에 부적응한 청소년의 일탈 및 비행을 예방, 선도하기 위해서는 청소년이 자발적이고 즐겁게 참여할 수 있는 다양한 사회체육 프로그램의 개발 · 보급이 요청된다. 특히, 청소년의 비일상화 욕구를 체육활동의 장으로 유도하고 청소년체육의 활성화를 촉진하여 원만한 학교생활 및 사회생활을 영위하도록 선도하기 위해서는 청소년 체육활동의 효율성, 적합성, 흥미성, 지역성 등을 고려한 다양한 프로그램이 개발 · 보급되어야 한다.

예를 들면, 우리나라는 자연환경이 야외스포츠에 적합하기 때문에 이를 고려한 사회체육 프로그램을 개발함으로써 청소년체육활동의 효과를 극대화할 수 있다. 산, 들, 하천, 호수, 해양을 이용한 야외체육 프로그램은 시설 투자가 소액이고 비용이 저렴하며, 다수의 인원을 집단적으로 일시에 지도할 수 있는 장점이 있어 청소년에게 매우 이상적인 체육 프로그램이다. 그 내용으로서는 체력단련을 비롯한 환경 적응훈련, 담력 배양, 극기훈련, 안전교육, 자연학습, 그리고 자연보호와 같은 연계 프로그램이 포함될 수 있다.

한편, 전통적 민속경기를 발굴하여 청소년의 흥미와 욕구에 적합하도록 창안하여 보급함으로써 전통문화의 계승, 창달과 함께 사회체육 참가의 폭을 넓힐 수 있을 것이다.

라. 청소년 단체 체육활동의 조직화 및 활성화

청소년 단체는 그 목적상 청소년에 대한 연구와 연수사업, 그리고 각종 봉사활동 등을 통하여 청소년의 행동목표를 올바른 방향으로 유도하는 안내자로서의 역할은 물론, 많은 청소년을 활동의 장으로 수용하여 바람직한 인격형성에 영향을 줄 수 있다는 점에서 청소년문제 해결에 중요한 역할을 담당한다. 따라서 청소년 단체의 체육사업 확대 및 활성화는 청소년체육의 진흥을 촉진시키는 근간이 될 뿐만 아니라, 청소년문제 해결과 건전 청소년 육성에 기여할 수 있다.

특히, 우리나라와 같이 청소년을 위한 위락시설과 복지시설 및 체육시설이 부족한 상황에서는 청소년 단체가 청소년 체육활동의 구심점이 되어 각종 체육시설을 설치 확충하고 건전 체육활동의 기회를 제공하는 것이 바람직하다. 선진국의 경우 청소년 단체는 체육 실천을 사업목적과 직결시키고 있을 뿐만 아니라, 체육활동을 청소년 지도 활동의 중요한 내용으로 포함시킴으로써 청소년체육 활성화 및 청소년문제 해결에 기여하고 있다.

그러므로 청소년 단체가 체육활동의 중심이 되도록 촉구하기 위해서는 행·재정적 지원, 전문 체육지도자의 확보 및 청소년 체육전담 기구의 설치를 통한 청소년 단체 체육활동의 조직화 및 활성화가 요구된다.

3. 여성문제와 사회체육

우리나라는 사회적으로 유교적 전통에서 유래한 뿌리깊은 가부장주의가 자리잡고 있는 가운데서도 급속한 근대화의 물결과 함께 성(性) 평등을 실현하여 왔다. 그러나 교육과 취업 등에 있어서의 법적 평등 보장에도 불구하고, 일상생활에서는 성에 기초한 부당한 차별이나 폭력이 여전히 횡행하고 있다. 체육 역시 이러한 차별에서 예외일 수는 없는데, 여성은 남성에 비하여 상대적으로 체육활동 참가 기회 자체가 부족할 뿐만 아니라, 참가 종목이나 여건도 제한되어 있다. 여성체육의 지속적인 발전에도 불구하고 전통적인 사회·문화적 관념으로 인해 체육은 여전히 남성 중심의 영역으로 남아 있는 것이다.

1) 여성문제의 이해

여성문제란 여성이 단지 생물학적으로 여성이라는 이유 때문에 부당하게 억압과 차별을 받는 사회적 모순 구조나 상황을 말한다. 여성문제는 작게는 개인의 삶 속에서 가족과 직업, 사랑과 성 등의 형태로 나타나며, 크게는 사회의 문화, 이데올로기, 정치, 경제, 법규 등과 관련하여 발생한다. 즉, 인간의 삶에 있어서 가장 근본적인 문제 중의 하나임과 동시에 사회의 본질적인 문제와도 관련되어 있다.

여성문제는 사유재산의 출현과 함께 등장한 계급불평등 현상만큼이나 인간의 역사에서 가장 오래된 사회문제 가운데 하나이며, 이후 사회가 여러 단계를 거쳐 발전해 오면서도 여전히 해결되지 않은 문제이다. 인류의 역사가 기록되기 시작한 이후부터 최근에 이르기까지 정도의 차이는 있을지라도 시간과 공간을 초월하여 대부분의 사회는 남성중심적 구조였으며 여성은 역사의 뒷전에서 사회를 주관하는 남성의 보조자로서 존재해 왔다.

이처럼 성별에 따른 불평등 문제는 어제 오늘의 일이 아니다. 그러나 여성문제가 주요한 사회문제의 하나로 부각되기 시작한 것은 불과 몇십 년 전의 일이다. 인류의 역사가 시작되고 권력과 불평등의 개념이 자리잡은 이후 오랜 세월에 걸쳐 사람들은 남자와 여자가 본래 불평등하게 태어났다고 믿어 왔기 때문에 여성이 차별받고 그로 인해 고통당하는 현실을 당연한 일로 생각하였다. 즉, 여성과 남성의 생득적 차이가 자연스럽게 사회적 차별과 연계되어 여성은 남성과 다르다는 이유로 열등한 존재로 취급되어 왔다.

그러나 자본주의가 발달함에 따라 평등문제가 중요한 사회문제로 대두되게 되었고, 1960년대 이후 여성의 지위 향상은 여성문제를 가장 주목받는 사회문제로 인식하는 계기가 되었다. 이 시기에 이르러 비로소 여성문제의 근원이 성차가 아닌 사회경제적 조건에 기인한다는 새로운 인식이 대두되었으며, 자본주의 사회에서 여성이 남성에 비해 상대적으로 낮은 지위와 열악한 환경에 처해 있다는 사실이 여성문제의 오랜 과제로 자리잡게 되었다.

현대사회에 있어서도 여성은 법적 · 경제적으로 권리와 의무의 행사가 제한될 뿐만 아니라, 남성에 비하여 신체적 · 지적으로 열등하다고 비하되어 제도적 차별을 경험함과 동시에 성차별적 이데올로기로 고통받고 있다. 불평등한 제도와 이데올로기는 가정과 사회에서 여성이 담당하는 역할의 중요성과 경제적 활동의 가치를 무시하고 평가절하하는 것으로 연계된다. 사회에서는 각종 공공 분야에의 참여가 실질적으로 제한되고, 취업과 승진의 기회에서 소외당하며, 차별적 저임금을 받게 된다. 가정에서는 남성과 동등한 지위를 인정받지 못하고, 가사노동은 올바르게 평가받지 못하고 있다(강남식, 1991).

이러한 여성문제의 원인은 여성을 남성에 종속되는 '제2의 성(性)'으로 보는 사회의 차별적 성관행에서 찾을 수 있다. 현재 어느 사회에나 존재하고 있는 이 같은 성의 이중 체계, 즉 성차별은 역사적으로 볼 때 가부장제(家父長制)에서 그 근원을 찾을 수 있다. 가부장제의 개념은 대체로 남성이 사회를 주관하고 여성이 가정의 일을 맡는 성별 분업체계와 한 사람의 남성 가장이 가족 성원을 지배하는 가족제도를 말한다. 페미니즘에서는 가부장제를 사회 · 정치 · 경제 제도를 통하여 여성을 억압하는 남성의 권위주의 체계로 정의한다(Humm, 1995: 21). 가부장제는 가정 내의 가족 관계뿐만 아니라, 집단과 조직에서의 남녀관계 저변에 자리잡고 있으며, 사회구조와 문화 속에 다양한 방식으로 존재한다. 사회가 발전해 오면서 사회성원의 삶의 방식이 변화하고 생산 양식이 발달하여 왔음에도 불구하고 가부장제는 그 모습을 바꾸며 여전히 사회에 뿌리깊이 존재하고 있는 것이다.

따라서 여성문제를 이해하기 위해서는 우선 성차별과 가부장제에 대한 올바른 관점의 정립이 요청된다. 즉, 성차(性差)와 성차별(性差別)의 분명한 차이를 인식하고 가부장제가 성차별의 원인으로서 작용하는 기제를 이해하며, 사회 속에서 이러한 현상이 관행화된 모습을 파악할 수 있어야 한다. 또한, 동일한 맥락에서 여성문제의 해결 또한 이러한 이해의 바탕 위에서 이루어져야 한다. 성차별적 관행과 가부장제 이데올로기는 생활의 모든 영역에 침투되어 있어 어느 한 부문의 개혁만으로는 불식하기 힘들며, 개인적 · 사회적 차원의 모든 영역에서 총체적인 노력이 투입될 때 비로소 진보적인 방향으로 변화할 수 있는 것이다.

2) 여성문제의 실태

여성문제의 양상 및 쟁점은 시대와 장소에 따라 다르게 나타난다. 예를 들어 여성 참정권의 경우 과거에는 여성의 투표 권리가 없는 사실이 당연시되었지만 20세기 초에는 보통선거권 획득이 여권운동의 쟁점으로 부각되었으며, 여성의 선거권이 법적으로 남성과 동등하게 보장된 현재는 이러한 문제가 이미 더 이상 여성문제로 존재하지 않게 되었다. 또한, 개화기 이전의 한국사회에서 농업이나 가내수공업을 넘어선 여성의 본격적 사회 참여는 상상도 하지 못할 일이었으나 오늘날의 한국사회에서는 능력 있는 커리어 우먼이 되고자 하는 여성들이 사회의 오랜 성차별 관행에 맞서 자신의 길을 개척해 나가고 있다.

그렇다면 현재 우리 사회에서 여성문제로 받아들여지고 쟁점화되고 있는 문제에는 어떤 것들이 있는가? 오늘날 한국사회에 있어서 여성문제의 양상 및 실태는 크게 일과 여가의 측면에서 살펴보아야 할 것이다.

노동의 측면에서 한국사회의 여성 노동문제는 여성 전문인력이 사회적으로 상당수 기반을 잡은 서구의 경우보다 한층 심각한 양상을 보인다. 1960년대 이후 산업화가 급격히 진행되면서 한국 사회에서도 여성의 사회 참여는 표면상 큰 폭으로 증가하였다. 하지만 실제적으로 이러한 사회참여는 저임금의 단순 노동직에 편중되는 경향이 컸으며 대부분 결혼과 함께 직장을 그만두고 전업주부로 전환하는 양상을 띠었다. 사무직 여성의 경우에도 남성에 비하여 저임금, 차별적 진급과 업무 배당 등으로 고난을 겪는 경우가 많았으며, 역시 결혼과 함께 '현모양처'의 사회적 이상과 직업을 맞바꾸는 경우가 통상이었다. 이러한 양상은 전문직에 종사하는 여성이 크게 늘어난 현재까지도 많은 직장에서 나타나고 있다. 한편 기혼 여성의 경우, 출산과 육아의 시기가 지난 후 다시 사회활동에 복귀하려는 경우가 많으나 이러한 경우 과거의 직업에 복귀하거나 자신이 원하는 전문직을 택하기에는 전문 지식과 경험 부족은 물론 그러한 직종에 접근할 기회조차 갖기 힘든 경우가 대부분이다.

따라서, 미혼 여성은 사무직과 생산직, 기혼 중년 여성은 판매직과 농림어업에 주로 종사하면서 직업 경력상 단절을 겪게 된다(정영애, 1991: 209-210). 아울러, 여성 취업은 상대적으로 학력과 임금 수준이 높은 행정 관리, 전문 기술직에는 제한되고 주로 학력과 임금 수준이 낮은 서비스, 판매직에 집중되어 있다(장하진, 1991: 55). 이러한 현실은 단순히 여성 노동인구, 특히 기혼 여성인구가 증가하였다는 사실만으로 여성의 사회참여가 확대되고 있다고 단언할 수 없다는 점을 시사한다.

전문직에 지속적으로 종사하는 여성의 경우에는 직장 내의 성차별과 경우에 따라서는 성희롱까지도 감내하여야 하는 어려움을 겪게 된다. 더구나, 결혼은 직장에서의 일과 가사노동의 이중부담을 안겨 주며, 가정과 직장에서 지니는 다양한 역할을 모두 완벽하게 수행하고자 하는 소위 '슈퍼우먼 콤플렉스'라는 용어까지 등장하였다. 엄연한 전문직에 종사하고 있는 여성의 경우에도 가사는 당연히 혼자 책임져야 하는 여성의 숙명으로 받아들이는 것이 보편적이기 때문이다.

성의 상품화 현상이 가속화되면서 퇴폐향락 직종에 종사하는 여성이 크게 늘어난 것 역시 사회문제로 대두되고 있다. 경제발전으로 인하여 증가한 수입과 여가시간을 생산적이고 건전하게 소비할 수 있는 국민적 역량이 미처 성숙하기 이전에 일탈적 여가문화가 확산되면서 각종 유흥업에서부터 심지어는 윤락업에 이르기까지 여성의 성을 상품화하고 있는 업소는 전국 도처에 기하급수적으로 늘어나고 있다. 이는 여성을 남성에 종속된 성으로 보는 성차별주의가 금전만능주의, 향락주의와 결합하여 이루어진 결과라 하겠다.

여가 문제에 있어서도 성차별 현상은 여지없이 나타난다. 유교 사상이 아직도 큰 영향력을 행사하고 있는 한국 사회에서 여가는 그 자체가 부정적으로 인식되는 경우가 흔하다. 특히 여성이 여가를 즐기는 것은 사회 통념상 비생산적인 것으로 인식되어 왔으며, 매스컴을 통하여 보도되는 일부 여성의 일탈적 여가 행태가 마치 여성 여가 문화를 대변하는 양 왜곡되는 경우가 허다하다.

실제적 측면에서 볼 때도 여성의 여가는 가사노동과 그 경계가 모호하며 여가활동의 필요성을 여성 자신도 인식하지 못하는 경우가 많다. 의무적으로 하는 집안일과 취미로 요리나 화초를 돌보는 일이 동일시되는 경우가 많으며, 여가시간이 있어도 TV를 보거나 가정에 머무르는 수동적 · 휴식형 여가활동에 편향되는 경향이 두드러진다. 취업 여성의 경우에는 가사와의 이중 부담으로 인하여 아예 여가를 즐길 엄두를 내지 못하는 경우가 많다. 최근 국내외적으로 대표적인 여가활동으로 부각되고 있는 사회체육의 경우에도 위와 같은 원인으로 인하여 여성들에게는 상대적으로 그 문이 좁은 것이 현실이다.

3) 여성과 체육활동 참가

(1) 여성체육에 대한 편견과 실제

체육에 있어서 성차별의 특징은 단순히 여성의 체육활동 참가 기회 부족이나 남성 편향 체육 문화의 측면만이 아닌 제도적 · 문화적 · 환경적 영역 전반에 걸쳐 보편적으로 존재해 있는 구조적 불평등이라 할 수 있다. 여성이 체육활동에 자유롭게 참가하는데 장애가 되는 각종 여건에서부터 '운동하는 여성' 에 대한 뿌리깊은 편견에 이르기까지 다양한 차원의 장애가 여성체육의 걸림돌로 작용하고 있는 것이다. 이 중에서도 여성체육에 대한 편견은 여성의 체육활동 참가 자체를 바람직하지 못한 것으로 간주한다는 점에서 가장 근본적인 장애 요인이 된다.

이러한 여성의 체육활동 참가에 대한 편견은 스포츠가 전체 사회의 가치를 반영하고 있는 사회제도의 일부라는 점에서 일반적인 여성 차별의 경우와 그 맥락을 같이하고 있다. 다음은 여성의 체육활동 참가와 관련하여 흔히 발견되는 생리학적 · 운동수행적 · 사회심리학적 · 제도적 측면의 편견이다(임번장, 1994a).

첫째, 역사적으로 오래되고 지속적인 편견임과 동시에 여성의 체육활동 참가를 저해하는 가장 주요한 장애요인으로서 과격한 신체활동이 생리적인 측면에서 여성에게 해롭다는 편견을 들 수 있다. 즉, 여성의 신체는 나약하고 상해를 입기 쉽기 때문에 지속적인 체육활동 참가가 임신 및 여성 생리를 저해한다는 것이다. 또한 과격한 신체활동은 여성의 신체를 근육질화시키며 여성다운 신체 이미지(body image)를 손상시켜 정상적인 여성으로서 사회생활을 영위하는 데 장애가 된다고 주장한다. 최근 이러한 통념들이 과학적 연구를 통하여 근거 없는 편견에 불과한 것으로 밝혀지고 있음에도 불구하고, 여전히 체육활동은 남성에게 적합한 활동으로 인식되는 경우가 많다.

둘째, 운동수행적 측면에서, 여성의 운동수행 능력이 남성에 미치지 못한다는 편견을 들 수 있다. 그러나 이러한 논리는 남성을 기준으로 체육활동이 이루어져 왔으며 종목의 선정은 물론 그 평가에 있어서도 여성의 기록을 그대로 남성의 기록과 비교함으로써 제기된 오류이다. 이는 마치 체급이 다른 역도 선수의 기록을 비교하거나 체조 선수와 권투 선수의 운동 능력을 비교하는 것이 불합리한 것과 같은 이치이다.

셋째, 여성의 스포츠 참가에 대한 사회 · 심리학적 편견은 주로 여성은 체육활동에 진정한 흥미를 느끼지 못한다는 사고방식과 관련되어 있다. 그러나 대부분의 여성이 사춘기를 지나면서 사회의 전통적 성 고정관념과 가정 및 학교에서 이루어지는 차별적 성역할 사회화의 영향으로 체육활동에 대한 흥미와 열의를 잃게 된다는 사실은 이러한 편견의 허구성을 드러내 준다. 최근 사회 변화와 함께 축구, 보디빌딩, 역도, 격투기, 자전거, 인라인스케이트 등 과거에는 전통적으로 남성 스포츠로 인식되어 오던 종목에 여성 참가가 두드러지게 증가하고 있는 사실은 이러한 논거를 뒷받침해 주는 좋은 증거라 할 수 있다.

넷째, 제도적 측면의 편견을 들 수 있다. 체육은 가정 · 교육 · 정치 · 경제 · 언론 · 종교 · 문화 등과 같이 하나의 사회제도로서 사회성원을 기존 사회 규범의 테두리 내로 사회화시켜 현존하는 문화양식을 유지하는 기능을 수행하기 때문에 사회의 성차별적 관행을 체육 내에서 제도적으로 정형화한다. 체육 관련 기구 및 단체 또한 오랜 기간 동안 남성 행정가와 관리자들에 의해 지배당하여 왔다. 따라서 진정한 의미의 여성체육 진흥을 위해서 여성 스스로가 주도적 위치에 서기 위해서는 우선적으로 체육 관련 기구 및 단체에서 여성 행정가 및 관리자, 지도자가 그 역할을 충실히 수행할 수 있어야 한다.

(2) 여성체육의 현황

1985년부터 실시되어 온 국민체육활동참여실태조사에 의하면, 〈표 13-3〉에서 볼 수 있는 바와 같이 주 2~3회 이상 규칙적으로 체육활동에 참가하는 여성의 비율이 1985년에는 12.5%에 불과하던 것이 1997년에는 30.0%, 2000년에는 28.9%, 2003년에는 38.3%, 2006년에는 40.4%로 괄목할 만한 성장을 보였다. 그러나 여성의 사회체육활동 참가 비율은 남성의 참가율에 비하여 크게 뒤떨

표 13-3. 주 2~3회 이상 규칙적 체육활동 참가율

(단위: %)

구분 \ 연도	1985	1989	1994	1997	2000	2003	2006
남자	28.8	35.6	48.1	46.7	37.8	41.4	48.4
여자	12.5	18.3	26.2	30.0	28.9	38.3	40.4
전체	21.0	27.1	37.6	38.8	33.4	39.8	44.1

출처: Lim, B. J., Koh, E. H., & Chung, Y. L. (1998). *Sport participation in Korea: Growth and changes, 1985~1997.* Paper presented at the 14th ISA World Congress, Montreal, Canada.
문화관광부(2006). 『국민체육참여실태조사』.

표 13-4. 한국인의 체육활동 참가 빈도

(단위: %)

빈도 \ 연도	1985		1989		1991		1994		1997		2000		2003		2006	
	남	여	남	여	남	여	남	여	남	여	남	여	남	여	남	여
안함	61.3	81.4	37.3	66.9	39.2	57.1	30.4	56.2	29.5	46.7	25.0	43.0	16.7	28.1	22.1	30.6
월 2~3회	11.5	1.7	13.2	7.9	8.5	6.0	22.7	8.5	15.4	10.7	10.9	16.0	11.7	16.8	16.8	15.5
주 1회	2.9	4.4	10.6	6.9	10.6	7.5	7.5	8.3	9.6	12.6	17.5	12.1	19.7	16.8	16.0	11.8
주 2~3회	3.6	5.2	16.5	9.8	17.2	12.1	14.0	12.0	14.2	15.1	19.7	14.3	22.2	18.9	20.1	16.5
주 4~5회	13.3	2.6	16.1	2.3	12.7	9.0	19.5	3.2	19.5	6.7	19.1	6.3	20.9	8.3	8.3	8.2
매일	3.9	4.7	6.2	6.1	11.8	8.3	5.9	11.0	11.8	8.2	7.8	8.3	8.8	11.1	6.5	6.2

출처: Lim, B. J., Koh, E. H., & Chung, Y. L. (1998). *Sport participation in Korea: Growth and changes, 1985~1997.*
문화관광부(2006). 『국민체육참여실태조사』.

어지며, 이러한 결과는 한국 여성에게 체육활동 참가가 아직 보편화되어 있지 않음을 보여 주는 증거이다. 그럼에도 불구하고 여성의 체육활동 참가가 남성에 비하여 오히려 큰 폭으로 증가하고 있음은 매우 고무적인 현상으로서 앞으로도 지속적인 증가 추세를 보일 것으로 예견된다.

이와 같은 여성의 체육활동 참가 증가는 산업화의 진전에 따른 경제 발전 및 사회적 여건의 성숙에 기인한 바가 크지만, 보다 근본적으로는 사회 전반에 확산되고 있는 건강 및 체력에 대한 관심 제고와 여성상에 대한 의식 변화, 그리고 여성의 스포츠 참가에 대한 기회 구조 및 환경 개선에 따른 결과로 해석할 수 있다(임번장, 1993b: 43).

여성의 체육활동 참가 빈도 역시 〈표 13-4〉에서 볼 수 있는 바와 같이 크게 증가하였으며, 특히 운동을 전혀 하지 않는다는 응답이 1985년의 81.4%에서 2003년에는 28.1%로 크게 감소하였다가

표 13-5. 한국 여성의 사회체육활동 종목 (단위: %)

순위 \ 연도	1985	1989	1991	1994	1997	2000	2003	2006
1	육상/조깅 (19.0)	체조/줄넘기 (21.9)	체조/줄넘기 (33.5)	체조/줄넘기 (19.5)	등산 (25.5)	등산 (21.0)	육상/조깅 (31.5)	육상/조깅 (16.9)
2	체조/줄넘기 (18.5)	육상/조깅 (10.7)	배드민턴 (26.3)	육상/조깅 (15.4)	체조/줄넘기 (18.7)	체조/줄넘기 (19.1)	등산 (13.1)	등산 (15.1)
3	에어로빅 (13.7)	배드민턴 (10.4)	수영 (24.5)	볼링 (11.9)	배드민턴 (11.2)	수영 (11.5)	체조/줄넘기 (8.3)	체조/줄넘기 (8.9)
4	등산 (8.9)	등산 (9.3)	등산 (23.1)	등산 (11.7)	수영 (10.6)	육상/조깅 (9.3)	수영 (7.8)	수영 (6.3)
5	배드민턴 (7.1)	농구 (2.7)	볼링 (16.6)	에어로빅 (11.6)	에어로빅 (9.1)	에어로빅 (8.5)	에어로빅 (6.7)	헬스 (5.4)
6	배구 (6.0)	축구 (0.8)	테니스 (11.6)	수영 (7.5)	볼링 (8.3)	배드민턴 (4.9)	배드민턴 (5.2)	에어로빅 (5.2)

출처: Lim, B. J., Koh, E. H., & Chung, Y. L. (1998). *Sport participation in Korea: Growth and changes, 1985~1997.*
김기형 외(2003), 강신복 외(2000). 『국민생활체육활동참여실태조사』. 문화관광부.

2006년에는 30.6%로 다소 증가하였다. 그러나 2003년에 이르기까지 운동을 전혀 하지 않는 여성의 비율은 남성의 경우(16.7%)와 비교하여 볼 때 높게 나타났으며, 이는 아직까지 여성의 체육활동 참가가 남성에 미치지 못하는 사실을 보여 주는 결과이다. 이는 여성이 남성에 비하여 상대적으로 체육활동의 기회가 적고 여성이 원하는 프로그램이 부족하며, 특히 취업 여성의 경우 가사와 직장생활의 이중 부담으로 시간적 · 정신적 여유가 없기 때문으로 추정된다(임번장 · 정영린 · 고은하, 1998: 208).

2006년 우리나라 여성이 가장 많이 즐기는 사회체육활동은 육상 및 조깅으로 나타났으며, 다음으로 등산, 맨손체조/줄넘기, 수영, 헬스, 에어로빅 등 집 주변에서 쉽게 즐길 수 있는 종목이 높은 순위를 차지하고 있다. 이와 같은 결과는 여성의 사회체육 참가가 과거에 비하여 운동량이 큰 활동으로 전환되는 경향을 보여 주는 것이다. 특히 육상 및 조깅, 에어로빅과 같은 유산소운동의 참여율이 증가하는 것은 체중감량이나 신체 조형과 관련하여 전 연령층의 여성에게서 꾸준히 인기를 모으고 있기 때문이다.

이처럼 여성의 체육활동 참가 양상은 상당한 발전을 보이고 있으나 아직도 상당 부분 어려움이 존재함을 짐작할 수 있다. 우리 사회에서는 전통적으로 여성이 체육활동을 비롯한 사회활동에 참여하는 데 있어서 여러 가지 심리적 · 사회적 제약이 존재하여 왔다. 여성은 남성에 비하여 상대적으로 체육활동에 참가할 수 있는 기회 자체가 부족할 뿐만 아니라, 참가할 수 있는 종목이나 장소 등이 제한되어 있다. 임번장(1985)은 체육에 있어서 성차별의 사회적 근원으로 문화적 전통, 가정에서의 차별적 성역할 사회화, 학교의 전통적 성역할 강화, 대중매체의 편향적 보도, 역할모형의 희소성을 들고 있다.

이와 관련하여 권윤방(1993: 5-6)은 기혼 여성에게 주어진 환경적 여건이 체육활동 참가에 심각한 장애가 됨을 지적하였다. 기혼 여성이 참가할 수 있는 프로그램은 극히 제한적일 뿐만 아니라, 가사노동을 마치고 시간에 여유가 있어도 아이를 돌보아야 하기 때문에 주관적으로 마음에 드는 활동을 선택하기란 매우 힘든 실정이다. 취업 주부의 경우 직장일과 가사의 이중부담으로 인해 체육활동을 비롯하여 자신을 위한 여가활동을 즐긴다는 것은 사치로 여겨지기 일쑤이다.

현재까지도 여성이 체험하고 있는 이러한 불평등한 현실은 여성의 체육활동 참가에 대한 관심과 동기를 저하시키고 나아가 여성복지 향상에 심각한 장애를 초래한다. 따라서 여성체육 진흥정책을 추진함에 있어서 이러한 장애 요인을 축소 · 제거하기 위한 노력이 우선적으로 투입되어야 할 것이다.

이를 위해서는 직장 내 혹은 직장 근처에서 여성이 이용할 수 있는 사회체육 프로그램을 제공하고 가족이 함께 체육활동을 즐길 수 있는 분위기를 조성하여야 하며, 특히 청소년기부터 여학생이 거부감이나 두려움 없이 체육활동을 가까이 할 수 있도록 학교와 지역사회는 친근감을 심어 주도록 함께 노력을 기울여야 할 것이다(임번장 · 정영린 · 고은하, 1998: 208).

현재 사회체육 분야에서 여성을 대상으로 하여 정부나 각 사회단체가 제공하는 프로그램을 살펴보면 대한체육회, 각 시 · 도 생활체육회와 복지회관에서 연 1회 정도 주부체육교실, 여성체육강좌 등을 실시하면서 여성의 사회체육 참가를 유도하고 있다. 그러나 이러한 프로그램도 연례행사로 이루어져 전시적 · 형식적 성격을 탈피하지 못하고 있어 그 실효성에 의문이 제기된다. 또한 대상이 주로 주부라는 점을 고려할 때 여성복지 차원에서 제시하는 요보호 여성을 위한 사회체육 프로그램은 거의 전무한 실정이다. 프로그램 내용에 있어서도 수영, 에어로빅스 같은 극히 일부 종목만을 제공하기 때문에 여성이 참가할 수 있는 프로그램의 폭이 제한되어 있다. 또한 지속적으로 사회체육에 참가하도록 시설, 프로그램, 지도자가 고정적으로 제공되어야 함에도 불구하고 이에 대한 정책적 배려나 관심이 거의 없는 실정이다. 즉, 여성이 지속적으로 사회체육에 참여할 수 있는 사회 · 정책적 조건이 충족되지 못하고 있는 한편, 사설 체육시설 등에서 제공하는 사회체육 프로그램에 참가하기 위해서는 경제적 부담이 수반되기 때문에 광범위한 여성의 사회체육 참가를 유도할 수 없는 것이 현실이다(김숙자, 1994: 54).

4) 여성문제 해결책으로서의 사회체육

(1) 여성의 삶의 질 향상과 사회체육

사회체육을 비롯한 여가활동이 인간의 삶의 질을 향상시키는 데 기여한다는 사실은 이미 많은 연구를 통하여 밝혀진 바 있다(이종영, 1992; 임번장, 1995b; Brief, Butcher, George & Link, 1993; Brooks & Elliott, 1971; Iso-Ahola, 1980; Peppers, 1973; Ragheb & Griffith, 1982). 삶의 질 향상은 사회문제의 해결 · 치료와 함께 여가가 갖는 본질적 기능으로서, 개인적 수준에서 볼 때 주로 개인의 자아 실현과 성취로 요약된다. 이러한 여가의 미래지향적 기능은 후기산업사회에서 중심적인 위치를 차지하게 될 것임을 예측할 수 있게 한다(임번장, 1995b: 63).

여성의 경우에도 여가 및 사회체육활동이 삶의 질 향상에 기여한다는 다수의 실증적 연구 결과가 발표되었다. Iso-Ahola(1980)는 여성이 체육활동과 같은 여가활동을 통해서 내적인 측면의 가치를 습득하는 것은 여성의 욕구를 만족시킬 뿐만 아니라, 자신감과 자기 결정력을 제공하기 때문에 일보다 중요하다고 주장하면서 여가활동을 통한 여성의 삶의 질 향상을 강조하고 있다.

국내의 경우에도 사회체육의 효과를 밝힌 많은 연구들(방지선, 1997; 변해심, 1997; 이후원, 1993; 차주은, 1995)이 체육활동 참가가 여성의 삶에서 구현하는 가치와 의의를 강조하고 있으며, 체육활동에 참가하는 여성이 그렇지 않은 여성에 비하여 보다 풍요로운 삶을 누릴 수 있음을 입증하고 있다. 이영인(1994)은 주부의 스포츠 참가가 다른 여가활동에 비하여 생활만족도를 향상시킨다고 보고하면서 사회체육을 통한 생활만족 증진을 강조하고 있다. 양성아(1994)는 사회체육에 참가하는 주부는 참가하지 않는 주부에 비하여 사회관계의 접촉 범위가 넓어 인간관계의 만족이 높다고 보고하였다.

이처럼 사회체육은 여성의 삶의 질 향상에 직 · 간접적으로 기여하는데, 여성 모두가 이러한 사회체육의 혜택을 누리기 위해서는 체육시설 및 장비 등과 같은 물리적 환경이 남녀에게 동등하게 제공되어야 할 뿐만 아니라, 여성체육 지도자 및 행정가의 진출을 보다 적극적으로 추진하고, 남성 중심의 체육 프로그램에서 탈피하여 여성을 위한 프로그램 개발 · 보급에 많은 노력을 기울여야 할 것이다. 특히, 여성 스스로가 규칙적인 신체활동을 통하여 자신감과 즐거움을 체득하고 나아가 체육 이외의 여타 사회활동에 자긍심을 가지고 능동적 · 주체적으로 참여할 수 있는 정서적 기반을 마련하여야 할 것이다.

(2) 여성의 사회참여와 사회체육

오늘날 많은 여성이 다양한 사회활동 영역에 진출하여 활발한 사회참여 모습을 보여 주고 있다. 이와 같은 현상은 1960년대 여성해방운동 이후 급격한 여성의 권익 신장에 기인한 것이기도 하지만 여성 내부의 사회참여에 대한 요구 및 기대를 반영한 결과이기도 하다. 그럼에도 불구하고 아직까지 우리 사회에서 여성의 사회참여는 극히 제한적으로 이루어지고 있으며, 여성의 사회참여가 양적으로 증대한다 해도 여성의 지위 향상과는 직결되지 않을 가능성이 높다. 이는 우리 사회의 직업 구조가 남성 중심이라는 구조적 요인뿐 아니라, 성역할 고정관념이라는 이데올로기적 요인이 지배적 영향력을 행사하고 있기 때문이다.

이러한 시점에서, 여성의 사회체육 참가는 여성의 사회참여 기회가 제약된 현실에서 여성의 사회참여 욕구를 충족시킬 수 있는 대리활동의 장이 될 뿐만 아니라, 보다 능동적이고 주체적으로 사회활동에 참여하기 위한 여건 조성의 기반이 된다. 즉, 사회체육에 참가하는 여성은 일반적인 사회참여의 기회가 제한되어 있는 현실 사회에서 자발적 · 능동적인 신체활동을 통하여 사회참여 욕구를 효과적으로 분출할 수 있으며, 다양한 인적 자원으로 구성된 참가자와의 상호작용을 통하여 사회참여를 위한 정보 및 의견 교환의 기회를 접하게 된다(임번장, 1993b). 또한 사회체육은 기계문명이 고도로 발달하여 가정 및 생활영역에서 여성의 자연적 신체활동이 날로 감소되어 가고 있는 산업화 사회에 있어서 여성으로 하여금 적정한 건강 및 체력을 유지하는 데 기여함으로써 여성의 사회참여를 위한 신체적 적합성을 증진시켜 주는 역할을 담당한다(임번장, 1994a).

따라서, 여성의 사회체육 참가는 여타의 사회활동과 긴밀하고 유기적인 관계를 지니고 여성의 사회참여 욕구를 촉진하는 기제로 작용하여 궁극적으로 여성 복지에 기여한다고 할 수 있다(김숙자, 1994: 52).

이를 위해서는 사회 전반에 걸쳐 여성체육에 대한 인식의 전환이 선행되어야 하며, 체육에 있어서 여성의 역할과 지위 개선을 위하여 여성 자신과 주변의 노력이 함께 투입되어져야 한다. 특히, 사회체육에 참가하는 여성은 스스로 생리적 · 심리적 · 사회적으로 열등감을 조장하는 사회적 선입견으로부터 탈피하여, 사회체육을 통한 자기실현을 도모하며 자신의 권리를 추구할 수 있는 긍정적 자아인식을 내면화함으로써 여성의 사회 참여 및 권익 신장을 위한 기틀이 마련될 수 있을 것이다.

4. 노인문제와 사회체육

서구와 달리 한국 사회는 전통적으로 노인 공경을 가정과 사회의 덕목으로 삼아 왔다. 그러나, 사회가 근대화되어 가는 과정에서 도시화, 핵가족화 현상은 전통적 가치관을 약화시켰으며 과거에 비하여 상대적으로 급증한 노년층이 새로운 소외계층으로 전락하면서 노인문제가 주요한 사회문제로 대두되기에 이르렀다. 한편, 노년기는 일체의 의무적인 활동에서 벗어나는 여가의 시기이므로, 바람직한 여가활동을 통하여 보람을 찾는 일이 노년기의 삶을 성공적으로 영위하는 데 결정적 요인이 된다. 이러한 시점에서 사회체육활동은 노년기 건강 유지와 삶의 질 향상이라는 양대 목표를 함께 충족시킬 수 있다는 점에서 그 가치를 크게 인정받고 있다.

1) 노인문제의 이해

노인문제가 사회문제의 한 영역으로 간주되기 시작한 것은 비교적 최근의 일로서, 노인문제를 둘러싼 사회적 각성은 연령의 증가에 따른 신체적 · 심리적 노화가 노인 개인이나 가족의 차원이 아닌, 사회 또는 국가적 차원에서 고려되어야 한다는 인식에서부터 이루어지기 시작하였다. 이는 오늘날의 노인문제가 직 · 간접적으로 근대화(modernization)와 사회변동(social change)으로부터 상당 부분 기인한다는 점에서 개인문제가 아닌 사회문제로 규정되기 때문이다(장인협 · 최성재, 1987: 18-19).

동일한 맥락에서, 노인문제의 가장 근본적 원인이자 양상인 인구의 고령화(population aging)는 노년인구가 다른 연령층의 인구보다 빨리 증가하는 현상을 의미하며, 개인이 아닌 사회적 차원에서 발생한다는 점에서 노화(individual aging)와 구별된다(Cowgill, 1974b). 노년인구가 상대적으로 빨리 증가하는 것은 평균 수명이 연장되거나 혹은 출산율이 낮아지기 때문인데, 20세기에 들어 소득 증가, 의료 기술 발전 및 시설 확대 등으로 인해 평균 수명이 연장되고 초혼연령 연장, 산아제한 등으로 인하여 출산율이 저하되면서부터 인구의 고령화 현상이 두드러지게 나타나고 있다.

한편, 노인문제는 노년인구 성장에 따른 고령화라는 인구통계학적 측면뿐만 아니라, 도시화와 핵가족화, 그리고 전통적 가치 및 사회규범의 쇠퇴 등과 같은 사회적 요인에 의하여 제기되기도 한다(구창모 · 김기홍, 1994: 129). 과거 전통사회에서 존경과 섬김의 대상이었던 노인은 이제 경제적 · 신체적으로 무능력한 사회적 약자로 전락하고 말았다.

이와 관련하여, Cowgill과 Holms(1972: 1-13)는 노화의 근대화이론(modernization theory of aging)을 통하여 한 사회의 근대화 정도가 높아질수록 노인의 지위는 낮아진다고 주장하였다. 특히, Cowgill(1974a: 127)은 근대화의 핵심 요소로서 건강 관련 기술의 발달, 생산 기술의 발전, 도시화, 교육의 대중화를 들면서 이들이 간접적으로 노인의 지위 하락에 기여한다는 사실을 도식을 통하여 설명하였다.

장인협과 최성재(1987)는 이러한 Cowgill(1974a)의 논의를 발전시켜 한국 사회에서 노인문제의 근본적 원인으로 의료 및 보건 기술의 발달, 생산체계의 변화 및 생산기술의 발달, 교육의 대중화, 도시화를 들고 이들 요인이 인과적으로 작용하여 긴 여가시간, 역할 상실, 수입 절감, 건강 약화, 부양 및 보호 문제, 사회적 · 심리적 고립과 소외감이라는 한국 사회의 구체적 노인문제로 나타나게 되는 과정을 〈그림 13-1〉과 같이 도식화하였다.

2) 노인문제의 실태

지난 몇십 년 동안 한국의 인구 구조는 기존의 피라미드형에서 점차 선진국에서 볼 수 있는 종형으로 바뀌면서 전체 인구에서 노년인구가 차지하는 비율이 지속적으로 증가하여 왔다. 65세 이상의 노년인구는 불과 30여 년 전인 1980년에 전체 인구의 3.8%였으나, 1995년에는 약 5.7%인 467만 명이며 2000년에는 7.2%, 2010년에는 10.7%, 2020년에는 15.1%에 달할 전망이다.

한편, 평균 수명 역시 1960년대에는 52.8세(남 51.1세, 여 53.7세)이던 것이 1970년대에는 63.3세(남 59.8세, 여 66.7세), 1980년대에는 65.9세(남 62.7세, 여 69.1세)로 증가하였으며(원영신, 1993: 124), 1990년대에는 70.4세(남 67.4세, 여 75.3세)인 평균 수명이 2000년대에는 78.63세(남 75.14세, 여 81.89세), 2020년대에는 81.45세(남 78.04세, 여 84.68세)에 달할 것으로 전망된다(통계청, 2006).

윤종주(1985)는 한국 사회에 있어서 고령화 추세의 징후로 첫째, 타 연령 집단에 비해 노년인구

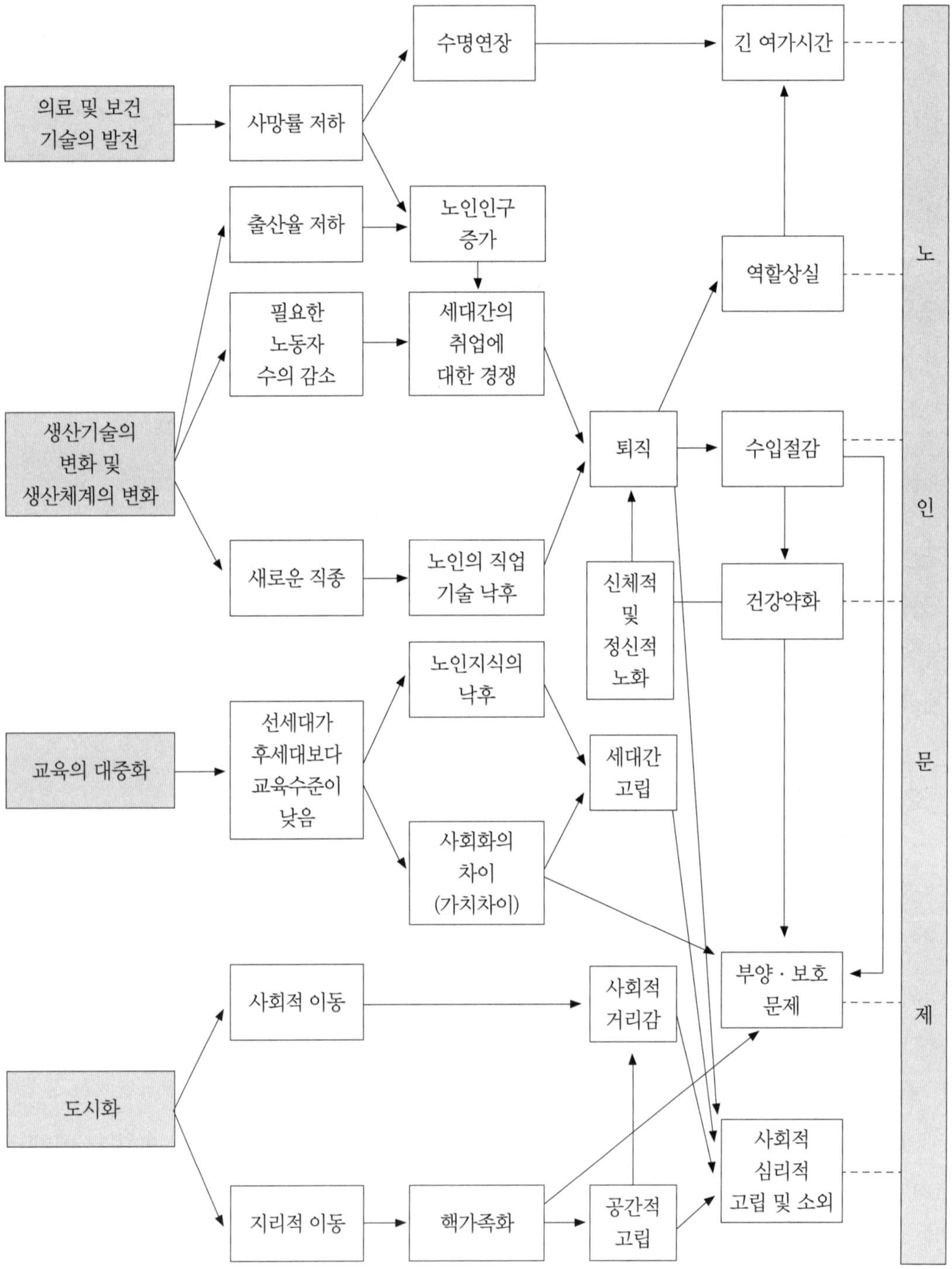

그림 13-1. 노인문제의 원인과 인과적 관계 및 노인문제의 양상(장인협 · 최성재, 1987)

규모 및 증가율의 상대적 증대, 둘째, 전체인구 중 노년인구 구성비의 증가, 셋째, 평균 연령의 증가, 넷째, 평균수명(출생시 기대여명)의 증가, 다섯째, 고령화 지수 등 각종 지표의 변화를 들고 있다.

이와 같은 한국 사회의 고령화 현상은 다음과 같은 구체적 노인문제로 나타나고 있다.

첫째, 퇴직으로 인한 소득원 상실과 경제사정 악화이다. 노인문제와 관련한 다수의 연구들이

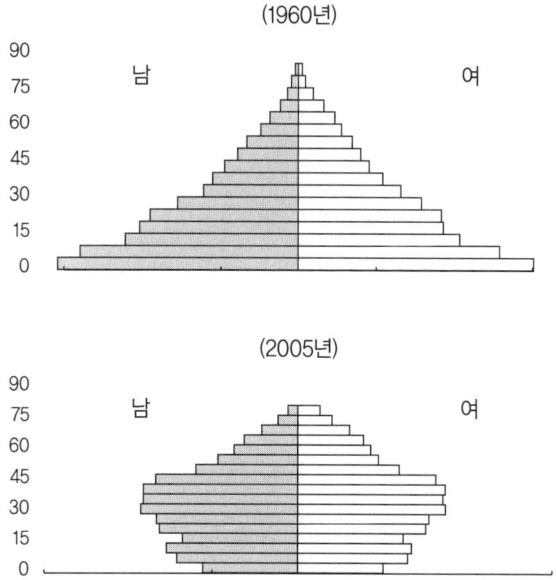

그림 13-2. 한국의 인구 구조

표 13-3. 우리나라 국민의 평균 수명(1990~2020)

(단위: 세)

연도	계	남자	여자
1990	71.28	67.29	75.51
1995	73.53	69.57	77.41
2000	76.02	72.27	79.59
2005	78.63	75.14	81.89
2010	79.60	76.15	82.88
2015	80.55	77.11	83.80
2020	81.45	78.04	84.68

출처: 통계청(2006). 『장래인구 추계』.

노후생활에서 현실적으로 가장 문제가 되는 것이 경제적 궁핍임을 지적하고 있으며(최경석, 1980: 81; 현외성 외, 1993: 296), 특히 노인단독세대가족(독거노인 포함)의 경우 경제적 빈곤이 가장 심각한 문제가 된다.

둘째, 신체의 노화로 인한 건강문제이다. 노인기의 건강문제는 주로 만성 퇴행성 질환으로부터 기인하는데, 장기간의 치료와 요양을 요할 뿐 아니라, 가정과 노인 자신의 체계적 관리가 불가능하다는 점에서 문제가 된다. 특히, 노인은 질병에 쉽게 노출됨은 물론, 다른 질병과 복합되어 나타나며, 나아가 경제적 부담이나 심리적 거리감으로 인해 의료 서비스에 접할 기회가 적다는 점에서 질병에 취약한 집단이 된다.

셋째, 역할 상실과 소외감, 고독감이다. 수명의 연장과 반비례하여 가정과 사회에서 맡은 여러 가지 역할이 상대적으로 조기에 박탈되면서 노인은 외롭고 할 일 없는 소외집단으로 전락하게 된다. 특히, 도시화, 핵가족화로 인하여 노인 독신(독거노인) 또는 노인 부부가족으로 이어지는 노인단독세대가족 그리고 노인과 미혼자녀로 이루어진 2세대 노인핵가족이 크게 증가함에 따라 이러한 현상은 더욱 두드러지고 있다. 2005년 통계청에서 실시한 조사에 의하면 노인단독세대가족이 전체 노인가족의 22.2%, 2세대 노인핵가족이 42.9%, 노인이 기혼자녀와 함께 사는 3세대 이상의 노인가족이 23.1%로 나타났다(통계청, 2005). 노인단독세대가족의 증가는 노인의 가족 내 역할변화 및 재조정문제, 노인 간호문제, 경제적 부양문제 등의 노인문제를 유발할 가능성이 높다. 2세대노인가족에 있어서도 노인의 역할문제, 노인의 간호 및 보호문제 등이 발생하기 쉽다(장인협 · 최성재, 1987: 16-17). 또한, 노령일수록 배우자가 먼저 사망한 노인독신가구가 늘어나 노년기의

표 13-7. 고령집단의 성별 기혼상태 (단위: %)

연령	남자	여자
65~69세	89.9	55.4
70~74세	86.9	38.5
75~79세	80.9	21.7
80~84세	71.8	10.9
85세 이상	55.0	4.4
전체	85.0	35.9

출처: 통계청(2005). [인터넷자료](http://www.kosis.kr).

소외감을 가중시키는 원인이 되고 있다.

최근 실시된 한국갤럽연구소의 조사 결과 우리나라 노인에게 가장 고통스러운 것은 고독과 소외감(25.7%), 건강문제(25.5%), 금전문제(21.8%), 무료함(19.6%) 등으로 나타나 있다는 점은 이상의 세 가지 문제의 심각성을 뒷받침해 주는 좋은 증거이다.

넷째, 노인을 위한 복지 시설과 서비스 제공 등 사회복지적 측면에서의 노인 보호 문제이다. 1980년대 초반까지 국민의 일정 소득을 보장하고자 하는 경제적 복지에 초점을 맞추었던 한국의 복지정책은 1980년대 후반에 들어서서 국민연금, 의료보험, 산재보험 등 사회문제에 주목하여 1990년대 초반까지 사회복지에 주된 관심을 기울였다. 그러나, 1990년대 중반에 새로이 문화복지의 개념이 도입되면서(임번장 · 정영린 · 고은하, 1998: 204) 이러한 노력의 일환으로 노인을 비롯한 다양한 사회집단에게 여가 프로그램 등 각종 사회 · 문화적 서비스를 제공하기 위한 노력이 실행에 옮겨지기 시작하고 있다. 노인복지의 경우 1990년에 보건사회부에 노인복지과가 신설되고 노후소득보장, 의료보장, 주택보장, 사회적 서비스 제공의 측면에서 사업이 전개되고 있다. 그러나 아직까지도 우리 사회의 노인은 복지의 충분한 혜택을 누리지 못하고 있으며 해결되지 않은 여러 가지 문제가 산재해 있는 실정이다.

다섯째, 노년기 여가시간의 활용 문제이다. 노년기 여가활동은 금전과 건강 상태의 제한을 받을 뿐만 아니라, 활동 내용 역시 TV 시청, 라디오 청취, 종교 활동, 노인정이나 노인회관 출입, 화투나 장기놀이, 산보 순으로 나타나(한국갤럽조사연구소, 1984) 선진국에 비하여 매우 제한적임을 알 수 있다. 노인 여가시설의 대명사인 노인정 역시 그 수는 상당히 많으나 시설이 협소하고 운영재원이 절대 부족하며 조직적 프로그램이 거의 이루어지지 못하고 있는 실정이다.

3) 노인과 체육활동 참가

(1) 노인체육에 관한 편견과 실제

연령은 체육활동을 포함한 여타의 수많은 사회적 영역에서 태도 및 행동의 변량이나 이질성을 설명하여 주는 귀속적 특징으로서 다양한 방식으로 사회적 기회 및 행동에 영향을 미친다(McPherson, 1991). 첫째, 연령에 의한 기대는 제도화된 고정관념을 유도하여 노동이나 행락에 있어서 타인과의 상호작용은 물론 체육활동을 포함한 여가활동 참가의 주요 기준이 된다. 둘째, 연령은 연대기적 사실만을 반영하는 단순 개념이 아니라 특정 생애주기에서의 역할 행동을 정의할 수 있는 사회적 구성개념으로 작용한다. 개인은 이러한 타인과 사회의 기준에 따라 자신이 너무 늙었다거나 너무 어리다고 인식함으로써 특정 활동의 기회를 거부하거나 박탈당하기도 하는데, 이처럼 연령에 의거한 사회적 차별을 연령차별주의(agism)라 한다. 특히, 체육활동의 경우에 있어서는 활발한 신체활동은 젊은 연령층에 적합한 활동이라는 연령차별주의가 보편화되어 있다.

그러나, 이러한 차별은 편견에 불과하며 노인도 청소년 못지 않은 활동과 사교의 욕구와 필요성을 지니고 있음이 최근 밝혀지고 있다. Coakley(1998: 79)는 노화는 생리학적 변화를 수반하지만 노화와 체육활동 감소 간의 관계는 그러한 변화에 부여된 사회적 관행에 달려 있다고 지적하였다. 그는 20세기 초 지배적 영향력을 행사한 발달 이론(developmental theory)이 아동기와 청소년기에 발달이 이루어진다는 사실을 지나치게 강조한 나머지 체육활동에 있어서 이미 발달이 완료된 노인층은 배제되어 왔다고 주장한다. 그는 또한 당시의 의학적 지식 역시 노인의 스포츠 참가를 단념시켜 왔으며 많은 사람들이 왕성한 활동은 노인의 심장과 근육에 지나치게 많은 부담을 준다고 믿고 있음을 환기시키고 있다.

근래에 들어 체육활동과 같은 활발한 신체활동이 노인에게 유익한 신체적 · 정신적 결과를 제공한다는 과학적 증거가 제시되고 있음에도 불구하고(Brewer, Meyer, Keele, Upton & Hagan, 1983; Holloszy, 1983; Shephard, 1986; Smith & Serfass; 1981), 체육활동은 여전히 젊은 연령층의 독점물로 여겨지는 경향이 있다. 물론, 이러한 편견과 차별 속에서도 노인의 체육활동 참가는 이루어져 왔다. 오늘날의 노인은 이전 세대에 비하여 훨씬 많은 여가시간을 누리고 있을 뿐만 아니라, 체육활동 참가가 건강 유지에 중요한 역할을 한다는 사실을 인식하기 때문에 신체활동에 적극적으로 참여하고자 하는 노인층이 증가하고 있다(McPherson, 1983, 1984; Rudman, 1986).

그러나 현재에 이르러서도 노인의 체육활동은 소수 종목에 국한되어 있어 연령차별적 상황 아래서 이루어지고 있을 뿐만 아니라, 공공 또는 사설 프로그램의 후원을 받는 경우 역시 매우 드문 형편이다(Coakley, 1998: 79). 즉, 노인에게 적합하다고 사회적으로 용인되는 종목은 매우 제한적이며 그러한 종목에 참가할 수 있는 기회나 장소, 여건 역시 실제적으로 매우 부실한 실정이다.

(2) 노인체육의 현황

2006년에 실시된 국민생활체육참여실태조사에 따르면 60대 이상 노인은 주로 단순휴식, TV 시청, 집안정리와 같은 정적이고 소극적인 활동으로 여가를 소비하는 것으로 나타났다. 여가시간의 활용방법으로 운동 및 스포츠를 꼽는 노인은 60대가 14.3%, 70대가 6.2%로 50대 노인 32.1%

표 13-8. 연령별 여가활동 유형 (단위: %)

구분	스포츠/놀이	감상/관람	경기 관람	장기/바둑	여행	TV 시청	독서	집안 정리	휴식	인터넷	기타
15세 이상	10.2	14.1	0.3	0.6	0.2	20.7	2.4	0.7	11.0	36.3	3.5
20대	16.3	17.3	0.9	0.3	2.0	14.3	3.5	2.8	9.5	28.1	5.0
30대	22.4	9.2	1.0	0.9	3.3	17.5	4.1	11.5	15.5	10.6	4.1
40대	27.2	4.3	0.6	2.5	3.0	18.7	4.2	12.0	16.3	6.3	4.9
50대	32.1	2.1	0.8	2.2	3.3	20.6	3.1	11.8	13.6	4.8	5.5
60대	14.3	2.3	0.3	9.4	2.8	19.8	4.6	13.1	25.3	1.1	7.0
70세 이상	6.2	0.0	0.3	9.4	0.9	19.0	5.0	8.4	38.3	0.2	12.5

출처: 문화관광부(2006). 『국민생활체육참여실태조사』.

표 13-9. 연령별 체육활동 참가 빈도 (단위: %)

구분	매일	주 4~5회	주 2~3회	일주일 1회	한 달 1~2회	일년에 2~3회 이하	전혀 하지 않음
15세 이상	43.0	4.4	12.0	10.2	19.4	16.5	38.2
20대	5.1	6.8	15.9	14.3	19.3	12.2	26.4
30대	5.7	7.3	17.5	14.4	17.0	12.1	26.1
40대	6.6	9.5	22.3	17.1	17.1	9.5	17.9
50대	8.5	14.3	23.9	12.4	11.5	6.5	23.0
60대	6.9	6.7	19.0	13.4	13.3	10.2	30.5
70세 이상	10.4	6.0	10.6	8.5	5.7	5.4	53.4

출처: 문화관광부(2006). 『국민생활체육참여실태조사』.

에 비하여 급격히 감소하고 있다. 이는 신체활동으로 여가를 보내는 노인이 점차 감소하고 있음을 보여 주는 결과라 할 수 있다.

한편 체육활동의 빈도를 묻는 질문에 운동을 전혀 하지 않는다는 응답은 60대 30.5%, 70세 이상 노인은 53.4%를 차지하고 있다. 이는 연령이 증가할수록 체육활동에 참가하는 비율이 감소하는 것을 나타내며, 체육활동의 빈도 역시 연령 증가에 따라 감소 추세를 보이고 있다.

체육활동에 참가하는 경우에도 참가 종목은 조깅(45.7%), 등산(29.6%), 맨손체조(5.1%), 수영(3.1%), 게이트볼(2.7%) 자전거(2.7%) 등으로 나타났는데, 여기서 등산 및 조깅, 맨손체조 등 대부분 집 주변을 중심으로 비용이 소요되지 않는 간단한 활동이 중심이 되고 있음을 알 수 있다. 또한, 상대적으로 전문체육시설을 이용하는 경우는 매우 드물며, 젊은층에서처럼 조직적 스포츠에 참가하는 비율은 거의 전무하였다(김기형 외, 2003).

이처럼 연령 증가에 따라 체육활동 참가가 감소하는 원인으로는 첫째, 건강의 약화나 금전 문제 등 개인적 사유로 인하여 체육활동을 중단하게 되는 개인적 이탈, 둘째, 청소년기의 체육활동 경험 부재로 인하여 노년기에 와서도 참가하고자 하는 의사와 용기 부족, 셋째, 노인의 사회체육활동에 대한 주변의 인식 부족과 연령차별주의, 넷째, 노년기의 사회체육활동이 가능하다는 사실을 보여 줄 수 있는 역할모델의 부재로 인하여 노인 스스로 체육활동은 젊은 사람의 독점물로 인식하여 단념하는 경우를 들 수 있다.

한편, 국가 또는 사회적 차원에서 볼 때 노인체육의 문제점은 우선 시설 부족에서 찾아볼 수 있는데, 첫째, 현재 노인 전용 여가시설의 대부분을 차지하고 있는 경로당, 노인정 등의 시설은 상당히 협소하여 신체활동에 부적합한 실정이다. 둘째, 노인학교 등에서 신체활동을 전개하는 경우에도 전문 지도자가 부족하여 피상적이고 단순한 활동에 그치는 경우가 많다. 셋째, 노인을 대상으로 하는 전문 사회체육 프로그램이 거의 없으며 프로그램이 있는 경우에도 일부 계층에 국한되어 다수의 노인들이 손쉽게 접할 수 없다.

이러한 문제점과 관련하여 특히, 도시의 저소득층 노인, 농어촌과 읍 이하 거주 노인, 여성 노인 등은 사회체육활동 기회가 상대적으로 더욱 낮은 노인 계층으로서 주목할 필요가 있다.

4) 노인문제 해결책으로서의 사회체육

(1) 노인과 사회체육의 가치

최근에 이르러 여가 유형이 과거의 소극적이고 정적인 활동에서 벗어나 보다 적극적이고 동적인 활동으로 전환되고 있는 사회적 추세에 따라 노인 또한 자신의 사회적 활동 능력과 의지를 발현할 수 있는 적극적이고 동적인 여가활동을 추구하게 되었고, 이에 가장 적합한 활동으로서 사회체육활동의 수요가 급증하고 있다. 이는 사회체육활동이 노인의 신체적 · 심리적 특성에 비추어 볼 때 활기 있는 생활을 영위하기 위한 가장 적합한 여가활동이기 때문이다.

신체적 측면에서 볼 때 노년기의 운동부족 현상으로 인하여 노화현상이 촉진되고 질병에 대한 저항력이 저하됨에 따라 건강의 유지 · 증진을 위한 적극적 대처 방안으로 활발한 신체활동이 요구되고 있다. 노년기의 운동은 신체 각 기관의 기능 저하를 방지하고 신진대사를 촉진하여 만성 퇴행성 질환을 예방할 수 있을 뿐만 아니라, 근조직의 혈류를 활발하게 하고, 소화 기능과 식욕을 항진시키며, 비만을 방지하고 심근의 효율적 수축을 촉진하여 성인병을 예방하는 효과가 있다(이영숙, 1989: 45; 홍양자, 1989: 79).

정신적 측면에서 볼 때 노년기는 여가활동이 작업활동에 우선하는 연령기로서, 적극적 여가활동인 사회체육활동은 생활만족으로 직결되어 결국 인생의 즐거움과 보람을 느끼도록 한다. 노인 생활만족의 연구 분야에서 가장 널리 인정받고 있는 활동이론에 따르면 보다 능동적이고 적극적으로 여가활동에 빈번하게 참가할수록 생활만족도가 높다고 하며, 이러한 가설은 여러 경험적 연구를 통하여 검증되어 왔다(Kelly, 1982; Kelly, Steinkamp & Kelly, 1987; Lemon, Bengston & Peterson, 1972; Ragheb & Griffith, 1982; Rapoport & Rapoport, 1975). 사회체육활동은 적극적 여가활동의 대표적인 예로서 국내외 다수의 연구를 통하여 노년기 행복 증진과 생활만족 향상에 기여한다는 사실이 입증되어 왔다(김경식, 1996; 김영주, 1990; 로용구, 1994; 이성철, 1995; 최현영, 1993; Adams, 1971; DeCarlo, 1974; Riddick & Daniel, 1984; Russell, 1987, 1990).

구체적으로, 노인체육 활동의 가치는 각종 질병과 퇴행성 질환의 예방 및 회복, 체력과 건강의 향상 및 유지, 휴양 및 기분전환, 삶의 즐거움 추구, 건전한 여가활동 영위, 사회적 긴장 해소, 노년기 삶의 질 향상, 복지 증진 등 다양한 방면에서 찾을 수 있다.

(2) 노인문제 해결을 위한 사회체육의 과제

이제 평생체육은 사회체육의 또 다른 이름으로 받아들여지고 있으며, 어린이에서 노인에 이르기까지 국민 모두를 위한 사회체육 진흥이 복지의 중요한 과제로 부상하고 있다. 이와 관련하여 국가 차원의 서비스 혹은 복지정책의 필요성은 바로 개인이나 가족에 의하여 충족될 수 없는 다양한 사회적 서비스의 제공에 있다.

김광득(1995)은 노인 인구의 증가가 국가의 복지정책에 영향을 미칠 것으로 전망하면서 청소년, 여성과 함께 노인은 국가가 각별히 관심을 기울여야 하는 대상임을 강조하였다. 그는 노인복지정책의 주안점을 여가 및 체육시설에 두고, 경로당의 활성화, 노인학교의 육성, 노인종합복지관의 증설과 여가 시설의 다양화, 은퇴자촌의 개발 등을 그 구체적 과제로 꼽았다.

그러나, 노인체육의 활성화를 위해서는 이용가능한 시설의 확보와 양질의 지도자 양성도 중요한 과제임에는 틀림없으나 우선적으로 노인에게 적합한 다양한 사회체육 프로그램의 개발과 보급이 선행되어야 할 것이다.

노인을 위한 사회체육 프로그램은 첫째, 노인의 신체 조건 및 체력 수준을 고려하여 에너지의 소비가 적고 사교적인 단체활동으로 구성하도록 한다. 배드민턴 등의 기존 스포츠 종목은 물론, 각종 스포츠 종목을 응용한 게임, 댄스스포츠 등을 통하여 적당량의 신체운동과 함께 단체활동을 통하여 소외감을 해소하도록 배려한다.

둘째, 시간과 장소에 구애받지 않고 유희성과 흥미도가 높아 노인이 규칙적 · 지속적으로 참가할 수 있으며, 신체기관의 기능을 유지하고 노화방지에 도움이 되는 종목이 바람직하다. 미니 골프, 고리던지기, 게이트볼, 링 테니스 등이 좋은 예이다.

셋째, 등산, 하이킹, 오리엔티어링 등 야외에서 자연과 함께 호흡하며 즐길 수 있는 종목을 적극 장려한다. 노인은 하루의 대부분을 집안의 좁은 실내 공간에서 지내기 때문에 야외활동은 즐겁고 건강에도 도움이 되는 바람직한 활동이 된다.

넷째, 가정에서 실행할 수 있는 프로그램으로부터 노인 복지시설에서 집단으로 참가할 수 있는 프로그램, 근린 체육시설이나 야외에서 전개할 수 있는 프로그램으로 구분하여 다양한 선택의 기회를 제공한다.

외국의 경우, 호주 전역에서 실행되고 있는 잔디 볼링은 이상의 요소를 모두 포함한 성공적인

노인체육 활동의 좋은 본보기로서 현재 호주 전역으로 확대되어 노인의 체육활동과 사교활동을 동시에 만족시키고 있다.

| 요약 |

사회문제는 대다수의 사회 구성원이 부적절하여 개선의 필요가 있다고 여기는 사회적 상황(social situation)으로서 근대화 이후 그 심각성에 주목할 필요성이 제기되면서 이를 해결하기 위한 노력이 강구되기 시작하였다. 사회문제와 관련하여 사회체육은 신체활동의 감소, 정신적 스트레스 및 긴장, 노동에서의 소외, 물질적 인간관계로 인한 정서적 기아 등 사회 발전과정에서 나타난 부정적 결과를 완화하거나 치유하는 보상적 기능을 수행한다.

청소년문제 해결책으로서 사회체육이 지니는 가치는 본원적 활동욕구 충족 및 건강 유지, 정서적 안정과 재창조, 사회적 유대감 강화, 규범준수 가치의 습득, 경쟁 가치의 습득 및 체제의 유지 등이다. 사회체육을 통하여 청소년의 가정, 학교, 사회생활을 올바르게 지도하고, 일탈, 비행, 범죄 등 다양한 청소년문제에 효과적으로 대처하기 위해서는 구체적으로 가정체육 및 여가활동 장려, 청소년 체육시설 및 여가공간 확충, 다양한 청소년체육 프로그램의 개발 및 보급, 청소년단체 체육활동의 조직화 및 활성화 등의 실천이 요구된다.

여성문제와 관련하여 사회체육은 의미 있는 활동 참여를 통하여 여성 개개인의 삶의 질 향상에 기여할 뿐만 아니라, 여성의 사회참여 욕구를 촉진하는 기제로 작용함으로써 궁극적으로 여성 복지에 기여한다. 사회체육이 여성문제 해결책으로서 기능하기 위해서는 사회 전반에 걸친 여성체육에 대한 인식의 전환이 선행되어야 하며 체육에 있어서 여성의 역할과 지위 개선을 위하여 여성 자신과 주변의 노력이 함께 투입되어야 한다.

한편, 노인의 사회체육활동은 노년기의 인생을 영위함에 있어서 건강 유지와 삶의 질 향상이라는 양대 목표를 함께 충족시킬 수 있다는 점에서 중요성을 지니는데, 구체적으로 각종 질병과 퇴행성 질환의 예방 및 회복, 체력과 건강의 향상 및 유지, 휴양 및 기분전환, 삶의 즐거움 추구, 건전 여가활동 영위, 사회적 긴장 해소, 노년기 삶의 질 향상, 복지 증진의 다양한 가치를 지니고 있다. 노인체육의 활성화를 위해서는 이용가능한 시설의 확보와 양질의 지도자 양성도 중요한 과제임에는 틀림없으나, 우선적으로 노인에게 적합한 다양한 사회체육 프로그램의 개발과 보급이 선행되어야 한다.

| 주요 개념 |

가정체육	개인문제	공공문제
노인문제	노화의 근대화 이론	보상적 기능
사회문제	사회적 불평등	사회적 사실 패러다임
성역할 사회화	성차별	신체 이미지
여성문제	역할상실	역할 유예기간
연령차별주의	인간소외	인구의 고령화
청소년문제	청소년 문화	핵가족화

| 연구 문제 |

1. 사회문제의 개념에 대하여 알아보자.
2. 사회문제와 사회체육의 관계에 대하여 알아보자.
3. 청소년기에 있어서 사회체육의 가치에 대하여 토의해 보자.
4. 청소년문제 해결을 위한 사회체육의 과제에 대하여 알아보자.
5. 여성의 체육활동 참가에 장애가 되는 요인에 대하여 알아보자.
6. 여성문제 해결을 위한 사회체육의 역할을 삶의 질 향상과 사회 참여라는 두 가지 측면에서 살펴보자.
7. 노인의 사회체육활동 참가에 있어서 장애가 되는 요인에 대하여 알아보자.
8. 노인기에 있어서 사회체육의 가치에 대하여 살펴보자.

참고문헌

강남식(1991). 「여성문제에 대한 과학적 이해」. 한국여성연구회 편. 『여성학 강의』(pp. 11-38). 서울: 동녘.

강신복 외(2000). 『국민생활체육참여실태조사』. 문화관광부.

경제기획원(1980). 『1980년 인구 및 주택센서스 보고서』.

구창모 · 김기홍(1994). 「노인 사회체육의 전망과 과제: 여성 노인을 중심으로」. 『서울대학교 체육연구소 논집』 15(2): 129-138.

권윤방(1993). 「여성의 사회참여와 체육의 역할」. 한국여성체육학회. 『1993년도 여성체육학회 학술세미나 자료집: 여성의 사회참여와 의식 선진화를 위한 체육의 역할』(pp. 1-9).

김경식(1996). 「대도시 노인의 생활체육 참여와 여가 만족 및 생활만족의 관계」. 석사학위논문. 서울대학교 대학원.

김광득(1995). 「복지사회 구현을 위한 여가정책」. 『후기산업사회에서의 여가 및 레크리에이션의 역할과 과제: 이화여자대학교 보건체육연구소 학술발표회 자료집』(pp. 13-51).

김기형 외(2003). 『국민생활체육활동참여실태조사』. 문화관광부.

김숙자(1994). 「여성복지와 생활체육」. 한국스포츠사회학회. 『1994년도 생활체육 학술세미나 자료집』 (pp. 43-56).

김영주(1990). 「도시 노인의 스포츠활동 참여에 따른 생활만족도에 관한 연구」. 석사학위논문. 이화여자대학교 대학원.

로용구(1994). 「도시 노인의 스포츠 참여에 따른 생활만족도에 관한 연구」. 석사학위논문. 고려대학교 대학원.

문화관광부(2006). 『국민체육활동참여실태조사』.

방지선(1997). 「여성의 생활체육 참여와 자아개념 및 신체상과의 관계」. 석사학위논문. 이화여자대학교 대학원.

변해심(1997). 「에어로빅스 운동 참여가 여성의 신체상에 미치는 영향」. 박사학위논문. 세종대학교 대학원.

안해균(1990). 『정책학원론』. 서울: 다산출판사.

양성아(1994). 「주부의 생활체육 참여가 사회관계에 미치는 영향」. 『한국스포츠사회학회지』 3: 87-105.

원영신(1993). 「노년사회학 이론을 활용한 노인체육의 방향」. 『한국여성체육학회지』 7: 122-30.

윤종주(1985). 「노년화에 관한 인구학적 고찰」. 『한국노년학』 제5집, 46-53.

이성철(1995). 「노인의 사회체육활동과 생활만족의 관계」. 『한국스포츠사회학회지』 4: 57-72.

이영숙(1989). 「노인 건강을 위한 운동 프로그램 개발에 관한 연구」. 『한국여성체육학회지』 3: 41-77.

이영인(1994). 「스포츠에의 직접 참여가 주부의 생활만족도에 미치는 영향」. 『제32회 한국체육학회 학술발표회 논문집』.

이종영(1992). 「스포츠와 삶의 질」. 한국스포츠사회학회. 『1992 한국스포츠사회학회 학술세미나 자료집』.

이후원(1993). 「여가활동 참여유형 및 이에 영향을 미치는 요인에 따른 생활만족도 연구: 서울 시내 주부를 중심으로」. 석사학위논문. 이화여자대학교 대학원.

임번장(1985a). 「여성스포츠의 사회학적 접근」. 이화여자대학교 체육대학. 『이화여자대학교 체육대학창설 40주년 기념 학술세미나: 여성 스포츠 활성화 방안』.

______(1990). 「생활체육을 통한 건전 청소년 육성방안」. 『월간 생활체육』 1990년 6월호, 56-59.

______(1991c). 「청소년과 놀이문화」. 『도시사회』 1991년 가을호(통권 제2호). 한국도시사회정책연구소.

______(1991d). 「청소년의 여가활동에 있어서 스포츠의 가치」. 『스포츠과학』 제37호, 13-18.

______(1993b). 「여가와 사회체육」. 사단법인 한국수영장경영자협의회. 『수영장』 제4호.

______(1993c). 「여성의 사회참여와 의식 선진화를 위한 생활체육의 역할」. 한국여성체육학회. 『한국여성체육학회 학술세미나 논문집』.

______(1994a). 『스포츠사회학개론』. 서울: 동화문화사.

______(1995b). 「여가와 삶의 질」. 『후기산업사회에서의 여가 및 레크리에이션의 역할과 과제: 이화여자대학교 보건체육연구소 학술발표회 논문집』(pp. 53-74).

______(1996c). 「청소년문제와 생활체육」. 『국민생활체육』 1996년 4월호(통권 제26호), 6-13.

임번장 외(1997). 『청소년 체육활동 욕구 및 실태조사』. 국민생활체육협의회.

임번장 · 정영린 · 고은하(1998). 「한국인의 스포츠 참여 양상: 성장과 변화」. 한국체육학회. 『제36회 한국체육학회 학술발표회 논문집』(pp. 204-212).

장인협 · 최성재(1987). 『노인복지학』. 서울: 서울대학교출판부.

장하진(1991). 「한국 사회 구조와 여성문제」. 한국여성연구회 편. 『여성학 강의』(pp. 39-61). 서울: 동녘.

정영린(1987). 「스포츠 참가와 청소년 비행의 관계에 대한 연구」. 석사학위논문. 서울대학교 대학원.

정영애(1991). 「계급이론에 관한 여성학적 고찰」. 『여성학논집』 8: 205-224.

차주은(1995). 「주부의 가족생활주기와 여가활동참여의 관계」. 석사학위논문. 서울대학교 대학원.

최경석(1980). 「노년층의 빈곤과 수입원에 대한 고찰」. 한국사회복지협의회. 『사회복지』 봄.

최현영(1993). 「시설 노인의 운동 참여와 생활만족의 관계」. 석사학위논문. 이화여자대학교 대학원.

통계청(2005). [인터넷자료](http://www.kosis.kr).

______(2006). 『장래인구 추계』.

한국갤럽조사연구소(1984). 『한국 노인의 생활과 의식구조』. 서울: 한국갤럽조사연구소.

한준상(1994). 『사회교육과 사회문제: 청소년 · 여성 · 노인 문제』. 서울: 청아출판사.

현외성 외(1993). 『사회복지학의 이해』. 서울: 유풍출판사.

홍양자(1989). 「노인들의 건강관리를 위한 체육 프로그램에 관한 연구」. 『한국여성체육학회지』 3: 79-91.

Adams, D. L. (1971). Correlates of satisfaction among the elderly. *Gerontology,* 11: 64-68.

Anderson, J. E. (1979). *Public policy marketing.* New York: Holt & Co.

Brewer, V., Meyer, B. M., Keele, M. S., Upton, S. J., & Hagan, R. D. (1983). Role of exercise in prevention of involutional bone loss. *Medicine Science in Sports and Exercise,* 15: 445-449.

Brief, A. P., Butcher, A. H., George, J. M., & Link, K. E. (1993). Integrating bottom-up and top-down theories of subjective well-being: the case of health. *Journal of Personality and Social Psychology,* 64: 646-653.

Brooks, J. B., & Elliott, D. M. (1971). Prediction of psychological adjustment at age thirty from leisure time activities and satisfaction in childhood. *Human Development,* 14: 51-61.

Brown, C., & Kim, H. S. (1978). *Social welfare problems* (p. 27).

Coackley, J. J. (1998). *Sport in society: Issues and controversies* (6th ed.). Boston, MA: McGraw-Hill.

Cohen, E. (1991). Leisure-the last resort: A comment. In B. L. Driver, P. J. Brown, & G. L. Peterson(eds.). *Benefits of leisure.* Pennsylvania: Venture Publishing Inc.

Cowgill, D. O., & Holms, L. D. (1972). *Aging and modernization.* New York: Appleton-Century-Crofts.

Cowgill, D. O. (1974a). Aging and modernization: A revision of the theory. In J. A. Gubrium(ed.). *Later life.* Springfield, Il: Charles C. Thomas.

____________ (1974b). The aging of population and societies. *The Annals,* 415.

DeCarlo, T. J. (1974). Recreation participation patterns and successful aging. *Journal of Gerontology,* 29(4): 416-422.

Eitzen, D. S., & Zinn, M. B. (1992). *Social problems* (5th ed.). Boston, MA: Allyn and Bacon.

Eitzen, D. S. (1984). Teaching social problems: Implication of the objectivist-subjectivist debate. *Society for the Study of Social Problems Newsletter,* 16(Fall): 10-12.

Hastad, D. N., Segrave, J. O., Pangrazi, R. & Peterson, G. (1984). Youth sport participation and deviant behavior. *Sociology of Sport Journal,* 1: 366-373.

Holloszy, J. O. (1983). Exercise, health and aging: A need for more information. *Medicine Science in Sports and Exercise,* 15: 1-15.

Horton, P. B., Leslie, G. R., & Larson, R. F. (1991). *The sociology of social problems* (10th ed.).

Englewood Cliffs, NJ: Prentice Hall.

Humm, M. (1995). 『페미니즘 이론 사전』(심정순 · 염경숙 역). 서울: 삼신각.

Iso-Ahola, S. E. (1980). *The social psychology of leisure and recreation.* Dubuque, IW: Wm C. Brown Company.

Kelly, J. R. (1982). Leisre in later life: Roles and identities. In N. Osgood(eds.). *Life after work: Retirement, leisure and the elderly*(pp. 268-292). New York: Praeger.

Kelly, J., Steinkamp, M., & Kelly, J. (1987). Later life satisfaction: Does leisure contribute? *Leisure Services,* 9: 189-200.

Lemon, B. W., Bengston, W. L., & Peterson, J. A. (1972). An exploration of the activity theory of aging: Activity types and life satisfaction among in movers to a retirement community. *Journal of Gerontology,* 27: 511-523.

Lim, B. J., Koh, E. H., & Chung, Y. L. (1998). *Sport participation in Korea: Growth and Changes, 1985-1997.* Paper presented at the 14th International Sociology Association, Montreal, Canada.

McPherson, B. D. (1983). *Aging as a social process: An introduction to individual and populational aging.* Toronto: Butterworths.

_______________(1984). Sport participation across the life cycle: A review of the literature and suggestions for future research. *Sociology of Sport Jounal,* 1.

_______________(1991). *Patterns of sport participation across the life cycle.* Paper presented at the seminar for Tokyo Branch of the Japan Society of Sociology of Sport.

Peppers, L. G. (1973). Leisure activity and adjustment to the retirement process(Doctoral dissertation, Oklahoma State University). *Dissertation Abstracts International,* 35(10): 6825A.(University Microfilms No. 75-8858).

Raab, E., & Selznick, G. J. (1959). *Major social problems*(pp. 3-5). New York: Harper & Row.

Ragheb, M. G., & Griffith, C. A. (1982). The contribution of leisure participation and leisure satisfaction to life satisfaction of old persons. *Journal of Leisure Research,* 14(2): 295-306.

Rapoport, R., & Rapoport, R. N. (1975). *Leisure and the family life cycle.* London: Routledge and Kegan Paul.

Riddick, C. C., & Daniel, S. N. (1984). The relative contribution of leisure activities and other factors to the mental health of older women. *Journal of Leisure Research,* 16(2): 136-148.

Rubington, E., & Weinberg, M. S. (1977). *The study of social problems.* London: Oxford University Press.

Rudman, W. J. (1986). Sport as a part of successful aging. *American Behavioral Scientist,* 29: 453-470.

Russell, R. V. (1987). The importance of recreation satisfaction and activity participation to the life satisfaction of age segregated retires. *Journal of Leisure Research,* 19: 273-283.

____________(1990). Recreaton and quality of life in old age: A causal analysis. *Journal of Applied Gerontology,* 9(1): 77-90.

Segrave, J. O., & Hastad, D. N. (1984). Future directions in sport and juvenile delinquency research. *Quest,* 36: 37-47.

Shepard, J. M., & Voss, H. L. (1978). *Social problems* (p. 1). New York: Macmillan.

Shephard, R. J. (1986). Physiological aspects of sport and physical activity in the middle and later years of life. In B. D. McPherson(ed.). *Sport and aging: The 1984 Olympic Scientific Congress Proceedings,* Vol. 5 (pp. 221-232). Champaign, IL: Human Kietics.

Smith, E. L., & Serfass, R. C.(eds.) (1981). *Exercise and aging: The scientific basis.* Hillside, NJ: Enslow.

Yiannakis, A. (1980). Sport and Delinquency: a Review and Appraisal. *Motor Skills,* 4(1): 59-64.

제14장 |

사회체육과 삶의 질

인류의 역사를 통하여 행복하고 만족된 삶을 영위하기 위한 소망은 최대의 과제이자 궁극적인 목표이다. 그러나, 오늘날과 같은 의미의 삶의 질 개념이 대두되게 된 것은 비교적 최근의 일로서, 대다수 사람에게 생존을 위한 최소한의 경제적 여건이 보장됨에 따라 과거의 객관적 · 양적 기준이 아닌 주관적 · 질적 기준에 의거하여 행복의 조건을 평가하기 시작하면서부터이다. 산업화에 수반된 경제적 풍요와 삶의 기회 확대는 사회성원으로 하여금 이제 더 이상 의식주의 충족만이 삶의 조건이 아님을 인식시킴으로써, 성취감, 안전성, 자아실현의 고차원적인 삶의 욕구를 충족시키기 위한 가치 있는 여러 활동을 필요로 하게 되었다.

이에 따라 과거의 산업사회에서 지배적인 가치였던 노동의 윤리가 후기산업사회에서는 여가의 윤리로 대체되기에 이르렀으며, 개인의 여가생활은 삶의 질적 만족을 위한 핵심 요소로 대두되고 있다. 여가와 노동의 관계는 본질적으로 삶의 질을 결정하는 행복이나 생활만족에 대한 상대적 기여 정도와 직접적으로 관련되기 때문에, 사회변동의 폭과 속도가 여가 중심의 사회로 급격하게 진행되고 있는 현 시점에서 장차 삶의 질에 대한 사회체육의 의의와 역할을 조망해 볼 필요가 있다.

이 장에서는 먼저 삶의 질에 대한 논의의 배경을 통하여 삶의 질의 개념을 살펴보고, 이를 바탕으로 삶의 질과 사회체육은 어떠한 관련성이 있는가에 대하여 고찰해 보기로 한다. 구체적으로, 여가의 주요 활동영역인 사회체육이 삶의 질과 어떤 관계를 가지는가를 사회체육 활동 만족, 사회체육 활동 몰입경험, 사회체육 참여 각성수준을 통하여 살펴보고자 한다. 나아가 미래사회에서 삶의 질 향상을 위한 사회체육의 추진 과제에 대한 논의를 전개하고자 한다.

1. 삶의 질의 이해

삶의 고통이나 제약에서 벗어나 행복하고 만족된 삶을 영위하기 위한 소망은 인류에게 주어진 최대의 과제이자 궁극적인 목표로서, 그 동안 사회의 진보나 발전을 위한 모든 노력은 누구나 행복하게 잘 사는 사회의 실현에 그 이념적 토대를 두어 왔다. 인류 역사를 통하여 볼 때 최근까지지도 인간 행복이나 삶의 질은 외면의 객관적 · 환경적 기준에 의하여 결정되는 것으로 여겨 왔다. 그러나 오늘날 현대인은 삶의 양적 측면보다 삶의 질적인 조건에 더 많은 관심을 두게 되어, 일찍부터 구미 선진사회에서는 국민복지 차원에서 삶의 질에 대한 정책적 배려가 이루어져 왔다. 최근 우리의 사회구조나 의식구조도 경제적 · 사회적 측면보다 사회체육 활동을 비롯한 제반 여가활동을 중시하는 방향으로 전환되어 가고 있는 추세이며, 이에 따라 삶의 질에 대한 사회 전반의 다각적인 관심과 배려가 요구되고 있다.

1) 삶의 질에 대한 논의의 배경

원래 삶의 질에 대한 사회적 관심은 국가 정책적 차원의 사회경제적 지표를 설정하기 위한 노력에서 비롯되었다(Duncan, 1969). 한 국가나 사회의 기능은 구성원 개개인이 자신의 삶 속에서 얼마나 많은 행복을 느끼고 있는가에 의해 평가될 수 있기 때문에 대부분의 국가에서는 정책 입안의 자료로서 삶의 지표에 대한 조사를 시행해 왔다.

그런데, 기존의 산업사회에서는 경제적 조건이 충족되면 곧 개인의 안녕 복지가 성취되었다고 가정할 수 있었기 때문에 당시의 사회지표는 인구, 주거 조건, 실업률, 소득 수준 같은 객관적인 지표로 이루어졌다. 그러나, 신체적 · 물질적 · 인구학적 조건 및 기타 외적 조건들로는 산업화된 사회에서 개인의 행복감을 정확히 예측할 수 없다는 사실과 함께 사회경제적 조건이 행복을 결정하는 요인이 아니라는 사실이 밝혀지게 되었다(Campbell, Converse & Rodgers, 1976; Shaver & Freedman, 1976).

결국 객관적 사회지표는 사회적 영향을 제대로 반영하지 못하기 때문에 사회지표 운동(social indicators movement)을 통하여 한 사회가 갖는 주요 측면의 조건을 포괄적이고 균형 있게 측정할 수 있는 '삶의 질' 이라는 주관적 지표를 제창하기에 이르렀고, 학계에서 이루어진 삶의 질에 관한 경험적인 탐구도 본래 일단의 사회과학자들이 이러한 사회지표 운동의 일환으로 진행한 연구로부터 시작된 것이 시초이다.

2) 삶의 질의 개념

고대 그리스 시대 이래로 인간 행위의 궁극적인 동기는 행복의 추구라는 인식에서 행복과 안녕에 대한 철학적 탐구가 지속되어 왔으나, 사회과학자들이 행복, 만족, 안녕 등 삶의 질에 실증적인 관심을 갖게 된 것은 비교적 최근의 일이다. 삶의 질에 대한 학계의 구체적인 논의가 1970년대 이후부터 활발히 이루어짐에 따라 삶의 질에 대한 개념은 학자에 따라 매우 다양하게 정의되어 왔으며, 용어에 있어서도 삶의 질(quality of life), 주관적 복지(subjective well-being), 생활만족(life satisfaction), 행복(happiness) 등으로 다양하게 사용되어 왔다.

그러면 삶의 질은 과연 어떻게 정의될 수 있는가? 이를 위하여 삶의 질을 '주관적 복지' 라 명명한 Diener(1984)의 세 가지 유형의 삶의 질에 대한 개념 정의를 살펴보면 다음과 같다(조명한 · 김정오 · 권석만, 1994).

첫 번째 유형은 삶의 질이 외부의 객관적 기준이나 조건에 의해 정의될 수 있다는 입장이다. 이러한 입장에서 보면 행복은 주관적인 심리 상태가 아니라 일정한 바람직한 속성 및 환경적 조건을 소유한 삶으로 정의된다. 여기서 바람직한 외적 기준은 물질적 풍요나 사회적 신분과 같은 사회경제적 지표에서부터 미덕이나 신성함과 같은 정신적인 가치에 이르기까지 다양한 지표가 설정될 수 있다.

이러한 입장은 한 개인의 삶의 질이 위에서 언급한 사회경제적 지표에 의해 주로 결정된다는 가정에 기초하고 있기 때문에 소득, 구매 능력, 교육수준, 여가시간, 건강 상태 등의 사회경제적 지표에 의해 개인의 삶의 질을 평가하고 비교하려 한다. 이와 같은 행복의 개념 규정은 당사자의 주관적 판단보다는 관찰자의 가치체계가 중시되는 규범적인 정의라고 할 수 있다. 그러나 삶의 질에 대한 최근의 연구는 이러한 외적인 조건들은 삶의 질에 대한 간접적 또는 대리적 지표일 뿐이며, 삶의 질은 삶의 체험 속에서 개인이 느끼는 주관적인 경험이라는 입장을 취하고 있다.

삶의 질의 정의에 대한 두 번째 입장은 개인이 자신의 삶에 대하여 내리는 인지적(認知的) 평가를 중시하는 입장이다. 즉, 행복은 개인이 자신의 삶을 긍정적으로 평가하고 판단하는 상태라는 것이다. 이에 대하여 Shin과 Johnson(1978)은 행복을 "자신이 선택한 기준에 의거한 자신의 삶의 질에 대한 전반적 평가"라고 정의하고 있다. 이러한 입장에서 보면 삶의 질은 삶에 대한 인지된 만족도(perceived satisfaction)를 의미하는 것이라고 할 수 있다.

이는 행복을 외부의 보편적이고 규범적인 가치보다는 행복한 삶에 대한 개인적 기준에 근거하여 정의하는 입장이다. 따라서 수입, 건강, 사회적 지위 등 사회경제적 지위를 포함한 삶의 객관적 상황이 삶의 질에 직접적인 영향을 미치기보다는 삶의 상황에 대한 인지적 해석이라는 매개과정을 거쳐 간접적으로 삶의 질에 영향을 미치게 된다는 것이다.

세 번째 정의는 개인의 정서적(affective) 측면을 강조하는 입장이다. 이러한 정의는 인간의 삶의 질이나 행복이 물질적 · 환경적 외부 요인에 대한 내적 태도나 정서 같은 성격적 요인에 의해 영향을 받는다는 점을 시사한다. 특히, 유사한 객관적 외부조건에 대한 인지적 평가가 개인에 따라 다르게 나타나는 점을 중시하여, 삶의 객관적 상황에 대한 인지적 해석이 사람마다 다르게 나타나는 이유는 각기 상이한 정서적 반응 요인을 지니고 있기 때문인 것으로 설명한다. 즉, 삶의 여건에 대한 인지적 평가는 삶의 가치관이나 목표에 대한 의식적인 해석과 비교를 반영하지만, 정서적 반응은 무의식적 동기나 생리적 상태의 영향을 비교적 많이 반영한다는 것이다.

삶의 질에 대한 정서적 반응을 강조한 정의로 Bradburn(1969)은 행복을 부정적인 감정보다는 긍정적인 감정이 우세한 심리상태라 주장하였으며, Okun(1987)은 주관적 복지감을 긍정-부정의 연속선상에서 개인이 자신의 삶 속에서 겪게 되는 경험에 대한 정서적 반응을 지칭하는 개념으로 사용하였다.

삶의 질 개념에 대한 주관적 관점, 즉 삶의 질을 인지적 삶의 만족도와 긍정적 정서상태로 파악하는 입장은 최근 보편적인 합의를 얻고 있으며, 두 요인을 통합하여 삶의 질을 설명하려는 시도(조명한 · 김정오 · 권석만, 1994; Brief, et al., 1993)가 나타나고 있다. 즉, 삶의 질 개념의 인지적 측면과 정서적 측면 간의 상호작용 및 중복 설명 영역을 완전히 배제할 수는 없으나, 삶의 질 개념에 대한 이와 같은 두 차원을 결합하게 되면 상호 보완적인 설명이 가능하다는 것이다.

이상에서 살펴보았듯이 삶의 질에 대한 개념 규정은 다양하기 때문에 우리가 일반 용어로서 삶의 질이라고 할 때는 경제 수준, 복지, 의료, 교통, 범죄율 등 사회의 객관적 지표와 개인이 느끼는 삶에 대한 만족감과 긍정적 심리상태를 포괄하는 개념으로 사용된다. 그러나, 삶의 질에 대한 현대의 연구자들은 주로 개인의 삶에 대한 주관적인 느낌을 강조하여 삶에 대한 만족도 및 긍정적 정서로 정의하는 데 의견의 일치를 보이고 있다.

삶의 질 개념 규정에서 객관적 사회 지표의 배제를 뒷받침해 주는 좋은 예로서 미국의 경우, 1960년대까지는 국가경제(GNP) 발전과 비례해서 국민의 생활만족도가 상승했으나 후기산업사회로 이행되는 1960년대 이후부터는 국가경제의 지속적인 발전에도 불구하고 국민 개인의 행복감은 오히려 감소하였다(Hankiss, 1978)는 사실을 들 수 있다. 결국, 삶의 질은 개인이 다양한 삶의 영역에서 주관적으로 경험하는 만족감이나 충만감뿐만 아니라, 좌절감, 실망감 등에 대한 총체적 평가로 측정되는 개념(Shin & Chey, 1992)으로 볼 수 있다. 특히, 절대빈곤에서 벗어난 사회, 그리고 지식과 정보가 기축이 되는 후기산업사회에서는 이들 이외의 다른 객관적인 지표의 변화가 별다른 의미를 지니고 있지 않기 때문에, 이와 같이 개인의 주관적 판단과 정서로 규정되는 삶의 질은 후기산업사회에 있어서 유용한 사회적 지표가 된다고 할 수 있다(조명한 · 김정오, 1993).

그러면 우리에게 있어 높은 수준의 삶의 질을 영위하는 상태, 즉 삶의 질적 향상은 어떠한 의미를 지니는가? 삶의 질 향상의 의미를 파악하기 위해서는 인간행동의 보다 근원적인 측면에서 삶의 질의 모습을 살펴볼 필요가 있다.

먼저 인간의 삶이 지니는 의미에 대하여 살펴볼 필요가 있는데 이는 인간의 삶이란 인간의 존재를 인식하는 방법에 따라 규정될 수 있기 때문이다. 다시 말해서, 생리 · 심리 · 사회적 존재로서의 인간의 삶은 인간이 지니는 생리 · 심리 · 사회적 욕구를 충족해 나가는 과정으로 볼 수 있다. 이러한 욕구는 결핍된 욕구를 충족시키려는 동기인 결핍 동기(deficiency motivation)와 내재된 잠재력(potentiality)을 실현하려는 동기인 자아실현 동기(self-actualization motivation)로 나타난다(Maslow, 1962). 따라서 삶의 질 향상은 이와 같은 인간의 욕구 만족 및 동기 실현과 직접적인 관계가 있는 것이다.

또한, 인간 행동의 본질적인 동기가 되는 인간의 욕구는 생리적 · 정서적 · 사회적 측면에서 다양한 형태로 나타나는데, 이와 같은 욕구는 동시에 추구되는 것이라기보다 위계적이고 단계적으로 추구된다고 한다(Maslow, 1954). Maslow에 의하면 욕구 만족의 방향도 일정한 경향성을 띠어 생리적 · 물질적 하위 욕구의 충족에서부터 시작하여 궁극적인 사회적 · 심리적 상위 욕구의 충족으로 상승해 간다는 것이다.

결국 삶의 질 개념은 욕구의 위계에서 사회적 · 심리적 상위 욕구를 추구하고자 하는 인간의 본질적 지향에 그 철학적 기반을 두고 있으며, 물질적 · 경제적 욕구가 어느 정도 충족된 현대사회에 있어서 그 이상의 상위 욕구 수준을 충족하려는 욕구상승 현상의 측면에서 그 의미가 더욱 강조되고 있다. 따라서 오늘날, 그리고 앞으로 진행될 후기산업사회에서의 삶의 질 향상은 인간의 고차원적인 삶의 욕구 실현에 그 개념적 토대를 두어야 한다. 이러한 측면에서 자아실현, 성취감, 사회적 인정 욕구 등 인간의 고차원적 욕구는 외부의 객관적 지수로 측정될 수 없는 개인의 고유한 경험이기 때문에 삶의 질 개념이 개인의 인지된 만족감과 긍정적 정서로 규정되어야 한다는 주장은 더욱 설득력을 지닌다.

이상에서 살펴본 삶의 질 개념은 기본적으로 우리가 당면하여 직접적으로 부딪치는 미시적(micro) 성격을 지니게 된다. 따라서 여가활동으로서 사회체육과 삶의 질에 관한 우리의 관심 주제도 일차적으로 사회체육 연구의 미시적 테제(예를 들면, 개인의 사회체육 활동 참가 결과와 여가만족 등)와 삶의 질의 관계에서 논의할 필요가 있다. 여기서 사회체육과 삶의 질에 대한 주된 접근은 '개인의 삶의 수준' 이라는 미시적 기반에서 출발하는 것으로서 차후 사회제도 및 사회체계와 관련된 거시적 접근의 기초를 마련하는 것으로 볼 수 있다.

3) 사회체육과 관련된 삶의 질

앞에서 살펴보았듯이 인간의 삶의 질이 개인의 주관적 판단과 정서에 따라 결정된다는 입장은 이제 정상 패러다임(normal paradigm)으로 인정되고 있다. 이 입장에서 볼 때 개인은 자신에게 주어지는 경제적 · 사회적 조건에 따라 결정지어지는 삶의 질을 받아들이는 수동적인 존재가 아니라 능동적으로 삶의 의미를 해석하고 창조해 나가는 진취적 존재라는 것이다(이종영, 1992).

이러한 입장을 취하고 있는 Iso-Ahola(1980)는 일반적으로 삶의 질이 높은 사람에게서 발견되는 특성으로서 만족(satisfaction), 행복(happiness), 그리고 심리적 복지(psychological well-being)를 들었다. 여기서 심리적 복지란 Maslow(1954)의 욕구 단계설에서 상위 욕구에 해당하는 '인정을 받고자 하는 욕구' 및 '자아 실현의 욕구' 등이 충족되는 상태를 뜻한다. 이러한 점에서 인간의 행복 추구를 위한 노력은 인간의 기본 욕구인 생리적 욕구나 안전의 욕구 그리고 물질적인 욕구를 충족시키는 데 머물러서는 안 되고 보다 고차원적 욕구인 인간의 자긍심, 사회관계 및 자아실현 욕구의 충족을 지향해야 하는 것이다.

따라서 삶의 질이 최고로 고양된 상태는 구성원 모두가 노동은 물론 사회체육을 비롯한 여가활동 등 삶의 모든 장면마다 자아실현의 기회를 충분히 균등하게 누리는 상태를 의미한다. 그런데, 삶의 질 향상은 개인적으로 의미 있는 활동(personally meaningful activities), 즉 내재적으로 동기화(intrinsically motivated)된 활동의 참가를 통해서 가능하다. 구체적으로 인간은 자신이 원하고 의미를 부여하는 내재적으로 동기화된 활동에 참가함으로써 인지된 자유(perceived freedom), 활동의 장악(control), 그리고 능력의 발현(feeling of competence)을 경험하게 되어 활동의 기쁨과 만족을 얻게 된다(Iso-Ahola, 1980). 따라서 인간이 삶의 질을 주관적으로 느끼기 위해서는 어떠한 활동에서도 이러한 세 가지 요소의 경험이 충족되어야 한다(Renwick & Lawler, 1978).

한편, 과거 산업사회에 있어서 '노동을 위한 여가 개념' 이 후기산업사회로 이행되는 시점에서 '여가를 위한 노동 개념' 으로 전환이 이루어져 삶의 질에서 사회체육 영역이 지니는 의의가 지속적으로 상승하는 추세에 있다. 이러한 현상은 삶의 질적 조건이 과거의 노동과 관련된 사회경제적 조건에서 삶의 영역 전반에 대한 주관적 만족과 충족의 조건으로 변화한 것과 맥락을 함께하고 있다.

현대사회에 있어서 노동의 영역은 여가의 영역에 비하여 인지된 자유, 활동 장악의 정도, 그리고 능력의 발현을 경험할 여지가 상대적으로 적기 때문에 내적 동기화 수준이 낮아지게 되고, 이에 따라 노동에서 느끼는 삶의 질도 저하될 가능성이 높다. 또한, 노동에서 삶의 질을 향상시키기 어려운 사회적 조건은 인간으로 하여금 점차 노동 외적인 삶의 영역에서 삶의 의미를 추구하게 만드는 것이다. 이러한 현상에 대해 Greenbie(1940)는 노동의 영역은 '삶의 양' 을 결정하고, 여가의 영역인 사회체육 같은 활동은 '삶의 질' 을 결정하게 된다고 규정하였다.

따라서, 삶의 질이 객관적 · 양적 조건만으로 결정되지 않는다는 명제에 의하면 결국 인간이 추구하는 삶의 질은 인지된 자유, 활동 장악 및 창의적인 능력 발현에 대한 내재적 동기화 정도가 높은 여가활동인 사회체육의 영역에서 주관적으로 높은 수준을 성취할 수 있는 것이다(이종영, 1992).

결론적으로 삶의 질이란 매우 추상적이고 복합적인 용어로서 시대의 흐름에 따라 삶의 질을 높이는 방법에 대한 생각도 다양하게 변화하여 왔다. 이러한 변화는 주로 삶의 질이 객관적이고 절대적인 조건들에 의하여 결정된다는 믿음으로부터 상대적이고 주관적인 개인의 기준에 의해 결정된다는 방향으로 이루어져 왔다. 이에 따라, 삶의 질이 개인의 주관적 판단에 의거한다는 시각에서 볼 때, 우리가 살고 있는 후기산업사회에서는 노동의 영역에서보다는 사회체육의 영역에서 삶의 질을 높일 수 있는 여지가 많으며, 바로 이러한 현상이 삶의 질과 사회체육의 관계를 긴밀하게 접목시켜 주는 배경이 되고 있음을 알 수 있다.

2. 삶의 질 향상과 사회체육

오늘날 후기산업사회로 이행되는 시점에서 여가는 '노동을 위한 여가' 라는 잔여시간적 여가의 개념에서 '여가를 위한 노동' 이라는 본가(本暇)의 개념으로 전환되어 가는 과정에 있으며, 이에 따라 삶의 질에서 사회체육 영역이 지니는 중요성도 가속적으로 증가하고 있다. 이는 대표적 여가 활동 영역인 사회체육이 인간의 내재적 동기를 기본 전제로 하여 삶의 질의 구성 요소인 자유, 활동 장악 및 창의적인 능력 발현을 모두 경험할 수 있는 장을 제공하는 가장 효과적인 영역이기 때문이다.

1) 삶의 질과 여가

인간의 삶을 3개의 영역으로 구분한다면 가정생활, 직장생활, 여가생활로 구분할 수 있다(고영복, 1991). 자아실현과 같은 상위 욕구의 충족을 기본 요건으로 하는 삶의 질과 관련된 생활 영역도 노동, 여가, 그리고 가정의 영역 내에서 이루어진다.

산술적 개념으로 볼 때 개인의 주관적 만족감으로서의 삶의 질은 이러한 노동과 가정, 그리고 여가라는 삶의 세 영역에서 서로 균형 있게 나타나야 한다고 생각할 수 있다. 그러나 사회의 기술적 진보와 생산관계의 변화에 따른 사회구조적 변화(전산업사회→산업사회→후기산업사회)로 인하여 사회성원이 규정하는 삶의 영역에 대한 가치 위계에도 차이가 발생하기 때문에, 이와 같은 삶의 구체적인 세 영역에서 나타나는 삶의 질 역시 시대의 흐름과 사회의 변화에 따라 달라진다.

표 14-1. 연도별 일과 여가 인식도

(단위: %, 명)

구분	일이 더 중요하다	일과 여가가 모두 중요하다	여가가 더 중요하다	계
1988	38.33 (750)	57.38 (1,123)	4.29 (84)	100.0 (1,959)
1995	47.3 (1,361)	39.6 (1,209)	13.1 (304)	100.0 (2,871)
증감	8.97	-17.78	8.81	

출처: 임번장 외(1995). 「한국인의 사회체육관에 관한 연구」. 『제33회 한국체육학회 학술발표회 자료집』.

그 구체적 예로서 Yankelovich(1978)가 스웨덴 국민의 삶의 질에 관하여 연구한 바에 의하면, 1955년에는 삶의 질에 있어서 가장 중요한 활동영역을 일이라고 응답한 사람이 33%, 여가라고 응답한 사람이 13%, 그리고 가정이라고 응답한 사람이 45%였는 데 반해, 22년 후인 1977년에는 일의 영역이 17%로 줄고, 여가의 영역은 27%로 증가하였으며, 가정의 영역은 41%로서 약간 감소했다는 사실이 밝혀졌다(Iso-Ahola, 1980).

우리나라의 경우 노동/여가에 대한 중요도 조사에서 '여가가 더 중요하다'는 응답이 1988년 4.7%에서 1995년에는 13.1%로 크게 증가하였으나 일이 더 중요하다는 응답도 38.33%에서 47.3%로 증가하여 일이 더 중요하다고 여기는 사람과 여가가 더 중요하다고 생각하는 사람이 극단적으로 양분됨을 알 수 있다. 이는 아직 한국 사회에서는 일이 중요하다고 여기는 사람이 많다는 사실을 반영하고 있는 증거이다. 그러나 시간이 지남에 따라서 여가를 중시하는 견해가 큰 폭으로 증가하는 추세에 놓여 있기 때문에 앞으로 조만간 미래사회에 있어서는 일과 여가 간의 중요성 인식에 있어서 역전 현상이 일어날 것으로 예견된다.

이상에서 알 수 있는 사실은 시간이 지남에 따라 인간이 높은 수준의 삶의 질을 경험하는 영역이 노동의 영역에서 여가의 영역으로 전환되고 있다는 점이다. 특히, 삶의 질과 관련하여 이와 같은 노동/여가 간의 중요성 인식의 역전 현상은 일시적인 현상이 아니라 후기산업사회의 두드러진 사회적 특징이라는 점에서 앞으로도 더욱 역동적인 변화를 겪게 될 것으로 예측된다.

〈그림 14-1〉은 2006년 국민체육활동참여실태조사에서 나타난 여가활동 유형에 관한 응답비율

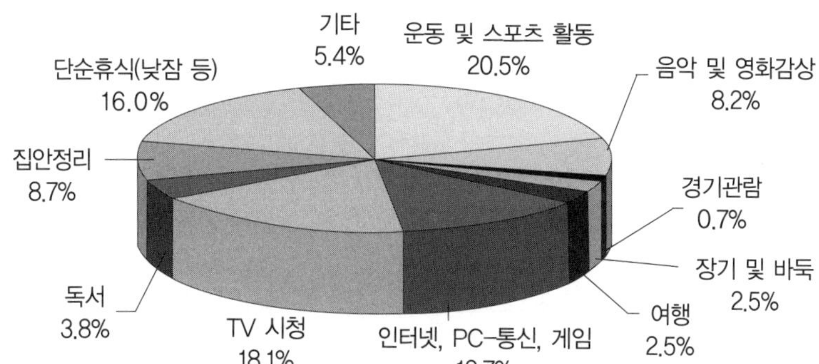

출처: 문화관광부(2006). 『국민체육활동참여실태조사』.

그림 14-1. 여가활동 유형

이다(문화관광부, 2006). 이를 구체적으로 살펴보면, '운동/스포츠 활동'이라고 응답한 경우가 20.5%로 가장 높으며, 'TV 시청'이 18.1%, '인터넷, PC통신, 게임'이 13.7%, '집안정리' 8.7%, '음악/영화감상' 8.2% 순으로 나타났다. 여기서 운동 및 스포츠 활동은 선진 외국에 비해서는 낮은 비율이지만 최상위의 순위를 차지하고 있다.

이러한 결과는 여가에서 차지하는 체육활동의 비중이 증가함에 따라 삶의 영역에서 차지하는 사회체육의 비중은 매우 높고 중요해지며 삶의 질에도 큰 영향을 미치고 있음을 보여 준다.

2) 삶의 질과 사회체육

후기산업사회에서 여가활동인 사회체육이 삶의 질을 높일 수 있는 매우 중요한 생활영역으로 관심이 집중되는 추세는 앞서 논의된 삶의 질에 대한 전반적인 사고의 변화와 맥락을 같이한다. 삶의 질은 생활 전반에 대한 개인의 주관적 만족으로서 개인의 내재적 동기에서 출발한 자아실현과 성취를 통하여 제고될 수 있으며, 여가활동인 사회체육 또한 인간이 기쁨과 행복을 추구하려는 내재적 동기를 기본 전제로 하여 창출되는 인간의 기본활동으로서 인간으로 하여금 자유, 활동 장악 및 창의적 능력 발현을 모두 경험할 수 있도록 활동의 무대를 제공하는 가장 효과적인 영역이다. 여기서는 이러한 사회체육과 삶의 질의 관련성을 토대로 삶의 질 향상과 관련된 사회체육의 기능에 대하여 Cohen(1991)의 논의를 중심으로 알아보고자 한다.

앞서 13장에서도 논의된 바와 같이, Cohen(1991)은 여가활동인 사회체육의 본질적 기능은 크

수준	사회문제	삶의 질
개인적 차원	- 신체적 · 정신적 건강 증진 - 스트레스 해소 - 노동의 재창조	- 자아실현 - 몰입 경험 - 개인적 발전
사회문화적 차원	- 일탈 방지 - 사회 집단의 응집력 강화 - 사회적 통합 유지	- 사회개혁 - 문화 창조 - 세계화 실현

그림 14-2. 여가활동으로서 사회체육의 기능 분류(Cohen, 1991에서 재구성)

게 사회문제 해결에 대한 기여와 삶의 질에 대한 기여로 요약할 수 있으며, 이러한 두 가지 기능은 각각 개인적 수준과 사회문화적 수준으로 파악될 수 있다고 하였다.

이 중 삶의 질 향상은 여가선용의 결과로 나타나는 미래지향적 기능을 말하는데, 특히 사회체육의 이러한 삶의 질 향상 기능은 후기산업사회에서 사회체육의 기능 가운데 핵심으로 자리잡게 될 것임을 예측할 수 있다. 먼저 개인적 수준에서 보면 사회체육의 삶의 질 향상 기능은 주로 개인의 자아실현과 성취로 요약된다. 이는 Maslow의 욕구 단계설을 토대로 인간이 추구하는 활동 위계를 분석해 보면 한층 명확해진다.

Maslow에 의하면 인간 욕구는 가장 기본적인 생리적 욕구에서부터, 안전의 욕구, 사회적 욕구, 인정을 받고자 하는 욕구 및 자아를 실현하고자 하는 욕구의 순으로 상승 단계를 거친다는 것이다. 즉, 인간은 기본적으로 식욕이나 수면과 같은 생리적 욕구가 충족되지 않으면 안전의 욕구를 추구하기 힘들며, 또한 상위 단계의 욕구에 있어서도 인정을 받고자 하는 욕구가 충족되지 않으면 자아실현 및 성취의 욕구를 추구하기가 어렵다는 사실을 의미한다.

따라서 의식주와 관련된 생존과 생계의 욕구를 해결하고 남는 시간적 · 물질적 여유를 소비하지 않으면 안 되는 여가사회에서는 분명히 생리 및 안전 욕구의 상위 욕구인 사회적 욕구, 인정을 받고자 하는 욕구 그리고 자아실현의 욕구를 추구하는 사회체육이 삶의 질을 결정하는 관건이 됨을 알 수 있다. 결국 여가 사회로서의 특징이 두드러지는 후기산업사회에서는 상위 욕구가 노동이나 가정의 영역에서보다도 여가의 영역인 사회체육에서 효과적으로 충족될 수 있는 것이다. 이는 인간이 상위 욕구를 충족하는 데 기본적인 조건이 되는 활동의 다양성, 내재적 동기의 존재, 활동 자체에서 경험할 수 있는 자유 인지, 활동의 장악, 그리고 창의적 발현 능력 등의 요소들을 사회체육 활동 영역이 골고루 지니고 있기 때문이며, 이러한 점에서 인간의 궁극적 만족감을 충족하는 목표로서 삶의 질 추구를 위한 사회체육의 역할은 더욱 중요하게 부각될 것이다.

한편, 사회문화적 수준에서 삶의 질에 관한 사회체육의 기능은 문화 창달의 기능으로 집약할 수 있다. 사회체육은 기본적으로 인간의 문화적 삶에 있어서 중요한 요소 가운데 하나일 뿐만 아니라, '체육 문화' 라는 용어에서 알 수 있듯이 그 자체로서 하나의 문화를 형성하는 품목이기 때문에 사회체육과 문화적 삶은 매우 밀접한 관련이 있다. 즉, 여가활동인 사회체육 활동은 인간의 삶 속에서 문화를 창조하고 전승하며 발전시키는 기본 토양이 된다.

특히, 경제적 욕구의 충족이 일정 부분 실현된 후기산업사회에서는 자아충족적 · 자기표현적 기대 수준과 욕구의 내용이 다양해지기 때문에 삶에 있어서 창조적 자아실현을 위한 다양한 문화적 요구가 표출된다. 이러한 문화적 요구를 적절히 그리고 효과적으로 수용하여, 승화시킬 수 있는 삶의 영역이 바로 사회체육 활동이므로 바람직한 사회체육 문화의 창달은 문화적 삶의 질 향상과 직결되는 것이다. 문화 창달과 관련된 사회체육의 속성은 1970년 제네바에서 채택된 사회체육 헌장에 잘 나타나 있다(임번장 외, 1994). 사회체육헌장의 기본 이념에 따르면 사회체육은 인간이 삶 속에서 당면하는 많은 요구에 대한 보상의 기초를 제공하며 특히, 신체적 휴식, 스포츠 참가, 자연의 향수(享受) 등을 만족시키는 활동이므로 풍요로운 문화적 삶을 영위할 수 있게 해 준다는 것이다.

3. 사회체육과 삶의 질의 관계

삶의 질에 있어서 사회체육과 같은 여가활동의 중요성은 철학자, 사회학자, 심리학자, 그리고 여타 사회과학자들에 의하여 오랫동안 논의되어 왔으며, 사회체육과 관련된 대부분의 문헌에서는 사회체육 활동과 같은 여가 행동이 생활 만족에 긍정적인 영향을 미친다는 주제를 공통적으로 다루어 왔다.

사회체육과 삶의 질의 관련성을 밝히기 위한 경험적인 연구는 1970년대부터 시작되었다. 사회체육과 삶의 질에 대한 초기의 연구(Palmore, 1968; Peppers, 1973; DeCarlo, 1974; Graney, 1975; Thorson, 1977)에서는 사회체육 활동 참가와 삶의 질 간에는 긍정적 상관관계가 있음을 보고하고 있으나, 이러한 초기 연구들은 사회체육 활동의 참가 및 정도와 삶의 질의 관련성 같은 사회체육의 양적 측면만을 규명하였을 뿐, 사회체육 활동의 질적 측면과 삶의 질에 대해서는 개념화의 어려움과 측정상의 문제로 인해 만족할 만한 연구가 이루어지지 못하였다.

국내의 경우 이종길(1992)이 사회체육 활동과 생활만족의 관계를 검증한 결과 사회체육 참가에 따른 여가만족의 심리적 · 교육적 · 사교적 · 휴식적 · 생리적 요인에 대한 만족도 및 몰입경험, 생활만족 등이 모두 통계적으로 유의한 증가를 가져온다고 보고하고 있다. 또한 이성철(1996), 정영린(1997)은 각각 노인의 사회체육 활동과 생활만족의 관계, 생활체육 참가와 여가만족의 관계를 검증한 결과, 사회체육 활동이 생활만족과 여가만족의 향상에 기여한다는 결과를 제시하여 이종길의 주장을 뒷받침하고 있다.

한편, 여가와 삶의 질에 관한 체계적인 연구가 국내외에서 축적됨에 따라, 개인의 삶의 질에 긍

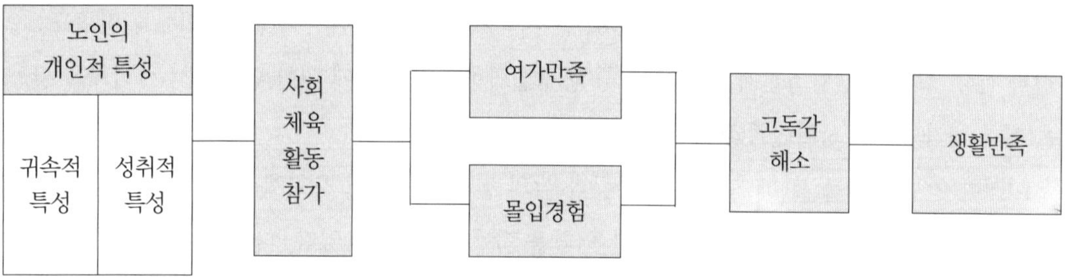

그림 14-3. 노인의 사회체육 활동과 생활만족의 관계(이성철, 1996: 61)

정적인 영향을 미치는 여가만족, 여가 몰입경험, 능동적 여가활동, 그리고 여가활동 참여 각성 수준 등의 변인과 삶의 질의 관계가 밝혀지게 되었다. 따라서 여가활동에 있어서 주요 영역인 사회체육과 삶의 질의 관계는 이상의 관계를 통하여 유추해 볼 수 있다.

1) 사회체육을 통한 여가만족과 삶의 질

Beard와 Ragheb(1980)에 의해 여가 만족에 대한 객관적 측정 도구인 여가만족 척도(Leisure Satisfaction Scale: LSS)가 개발되면서부터 여가활동과 삶의 질 사이에 내재된 사회심리학적 메커니즘을 밝히기 위한 연구 노력이 본격화되기 시작하였다. 여가만족은 여가활동의 선택과 참가의 결과로서 개인에게 형성되거나 유도 및 획득되는 긍정적 인식 또는 감정으로 정의된다.

사회체육이 여가만족과 관련하여 지니는 의의는 사회체육 활동 참가가 여가만족에 긍정적 영향을 미치며, 이를 매개로 하여 생활만족을 향상시키는 데 크게 기여한다는 사실에 있다(김경식, 1996; 윤이중, 1996; 이성철, 1996; 이종길, 1992; Brown & Frankel, 1993; Keller, 1983; Russell, 1987; Sneegas, 1986). 최근 Brown과 Frankel(1993)은 여가로서의 신체활동 참가와 여가만족 및 생활만족의 관계에 대한 연구에서 신체활동이 여가만족에 긍정적 영향을 미침으로써 결과적으로 생활만족의 향상에 기여한다는 사실을 밝힌 바 있다. 국내의 경우에도 이종길(1992)의 연구 결과에 의하면, 사회체육 활동은 생활만족의 전체 변량 중 약 50%를 설명할 수 있을 정도로 생활만족 향상에 직접적인 영향력이 매우 큰 것으로 나타났다.

결론적으로, 여가 만족과 삶의 질에 대한 연구에서 얻어질 수 있는 결과는 사회체육 만족과 인지된 삶의 질 사이에는 긍정적인 상관관계가 내재해 있다는 사실이다(Iso-Ahola, 1980; Tinsley &

Tinsley, 1986). 특히, Ragheb과 Griffith(1982)는 사회체육 활동의 참가 수준, 사회체육 만족도, 가정과 건강, 그리고 생활조건에 대한 만족 등과 생활만족과의 관계에 대한 연구에서 사회체육 활동을 통한 여가만족이 생활만족과 관련성이 높음을 밝혔다.

이러한 연구 결과를 볼 때 사회체육 활동과 삶의 질의 관계에서 사회체육만족은 이 두 변인 간의 매개변인 또는 관계변인으로서 중요한 역할을 담당함을 알 수 있다. 다시 말해서, 여가활동으로서의 사회체육 활동은 여가만족을 결과하고 이는 생활만족을 유도하여 결과적으로 삶의 질을 높인다는 것이다.

2) 사회체육을 통한 몰입경험과 삶의 질

Csikszentmihalyi(1975)의 몰입경험이론(Flow Experience Theory)이 정립됨에 따라 사회체육 활동과 삶의 질에 관한 연구에서는 사회체육 만족 변인 외에 몰입경험이라는 또 하나의 중요한 매개변인이 밝혀졌다. Csikszentmihalyi에 의하면 인간이 내적으로 동기화된 흥미 있는 활동을 행할 경우, 시간과 공간 개념을 의식하지 않고 행위 자체에 빠져드는 경우가 있는데 이러한 몰두의 상태를 바로 'flow' 라고 한다. Csikszentmihalyi가 처음 사용한 'flow' 의 개념은 우리 말로는 '몰입경험' 또는 '몰입상태' 로 해석될 수 있다.

Csikszentmihalyi에 따르면 몰입경험은 인간의 활동 중 외부의 보상과 관련 없이 활동 그 자체가 목적(autotelic)이 될 때 발생된다. 여가활동은 흔히 일상생활 속에서 나타날 수 있는 활동 가운데에서는 대표적인 자기 목적적(autotelic) 활동으로서 자발적이고 표현적인 활동이기 때문에, 이러한 내재적으로 동기 유발된(intrinsically motivated) 여가활동을 통해서 충분한 몰입경험을 얻게 되고 결과적으로 삶의 질 고양에 긍정적인 효과를 가져 올 수 있다.

특히, 이러한 몰입경험은 활동에 대한 도전적 수준, 즉 난이도와 개인이 지니고 있는 능력 수준이 서로 균형을 이룰 때 발생하며, 너무 쉽거나 너무 어려운 활동에 대해서는 몰입하지 못하게 되고 불만족을 가져오게 된다. 따라서 여가활동의 경우도 참가자의 능력이 활동 수준과 최적의 상호작용을 나타낼 경우 주관적인 몰입경험과 함께 삶에 대한 만족감과 긍정적 정서를 수반하게 되는 것이다.

사회체육은 참가자의 동기를 내적으로 유발시키고 적정 수준으로 각성시키는 대표적인 여가활동으로서 참가자가 위와 같은 몰입경험을 얻는 데 매우 효과적이다. 실제로 많은 연구를 통하여

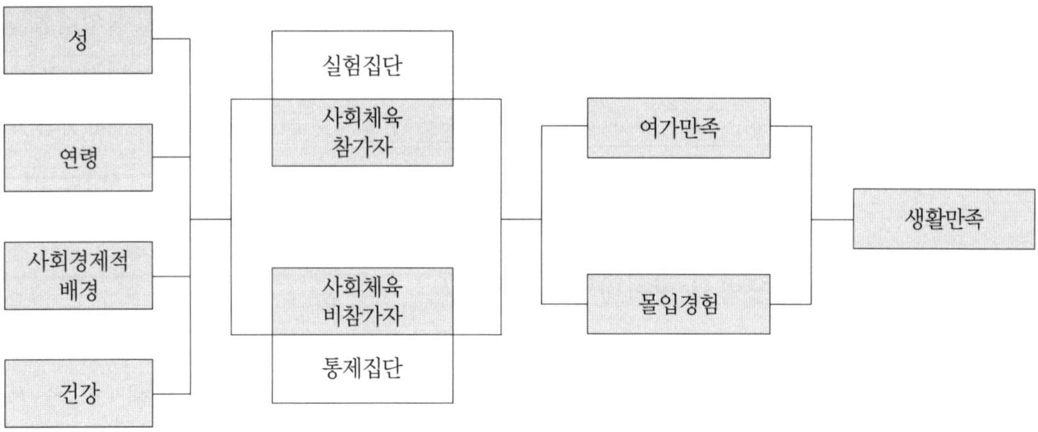

그림 14-4. 노인의 사회체육 활동과 생활만족의 관계(이종길, 1992)

사회체육 참가가 여가몰입경험과 긍정적이고 직접적인 상관관계가 있을 뿐만 아니라, 여가몰입경험에 대하여 직접적인 인과적 영향을 미치고 있는 사실이 밝혀지고 있다(박수정, 1995; 이성철, 1996; 이종길, 1992; Omodei & Wearing, 1990).

그 이유는 자유선택과 자발적 참여를 근본 속성으로 하는 사회체육 활동에 참가함으로써 몰입 정도의 수준과 횟수를 보다 높고 빈번하게 경험할 수 있는 계기가 다른 활동에 비하여 쉽게 이루어질 뿐만 아니라, 역으로 개인에게는 주어진 환경의 난이도에 부합되도록 자신의 기량을 연마할 수 있는 기회가 충분히 보장되기 때문이다(이성철, 1996: 130). 즉, 사회체육 활동은 개인의 기량과 활동의 난이도를 적절하게 조절할 수 있기 때문에 참가자가 활동에 몰입하게 되는 최적의 경험을 제공한다.

이와 관련하여, Omodei와 Wearing(1990)은 여가 몰입경험을 중요한 생활만족 설명 변인으로 인식하고 여가몰입경험이 여가만족을 매개하여 생활만족에 미치는 영향을 인과적으로 규명하였다. 국내의 경우에는 이종길(1992)이 여가만족과 여가몰입경험이 각기 생활만족에 유의한 인과적 관계가 있음을 규명함으로써 Omodei와 Wearing(1990)의 연구 결과를 뒷받침하고 있다.

특히, 이종길(1992)과 이성철(1996)은 사회체육 활동 참가와 여가만족 및 여가몰입경험은 생활만족과 유의한 인과관계가 있으며, 또한 여가만족 및 몰입경험은 사회체육 활동 참가와 생활만족에 직·간접적인 영향을 미치는 중요한 변인이라고 지적하였다.

따라서 사회체육 활동은 자기목적적이고 내재적으로 동기유발된 여가활동으로서, 몰입경험을 증대시키고 이를 통하여 여가만족 및 생활만족을 경험하게 함으로써 결과적으로 삶에 대한 만족을 가져온다고 정리할 수 있다. 이러한 논의는 다음에 설명될 능동적 여가활동으로서 사회체육과 삶의 질 간의 관계에 대해서도 의미 있는 시사점을 제공한다.

3) 능동적 여가활동으로서 사회체육과 삶의 질

사회체육 활동의 형태와 삶의 질 간에는 밀접한 관계가 있다. 결론적으로 말해서, 능동적(active) 여가활동인 사회체육 활동이 수동적(passive) 여가활동인 TV 시청, 스포츠 경기 관람, 오락 등에 비하여 삶의 질에 더욱 큰 영향을 미친다는 것이다.

Brooks와 Elliott(1971)의 연구에 의하면 어린 시절부터 능동적 형태의 여가활동인 사회체육 활동에서 만족을 경험한 사람은 TV 시청과 같은 수동적 형태의 여가만족을 경험한 사람보다 30년 후의 일상생활에서 심리적 적응력이 보다 우수한 것으로 나타났다. 그리고 Flanagan(1978)도 능동적 여가활동인 사회체육 활동이 수동적 여가활동보다 총체적인 삶의 질과 상관관계가 높다고 보고하고 있다. 이 외에도 능동적 여가활동 참가가 인지된 삶의 질과 심리적 안녕에 기여하는 효과가 크다는 사실 또한 관련 연구에서 공통적으로 밝혀진 사실이다. 특히, Ragheb와 Griffith(1982)가 여가활동 유형별 여가만족도의 관계를 연구한 바에 의하면, 스포츠활동과 야외활동의 경우 사회활동, 문화활동, 독서, TV 시청 등에 비하여 여가만족도와의 상관관계가 높은 것으로 나타났다.

이러한 결과는 국내에서도 임번장 · 정영린(1995)의 여가활동 유형과 여가만족 관계에 대한 연구에서도 경험적으로 입증된 바 있다. 즉, 능동적 여가활동인 스포츠활동에 참가하는 사람이 취미 · 교양활동, 관람 · 감상활동, 놀이 · 오락활동에 참가하는 사람에 비하여 여가만족의 모든 요인이 상대적으로 높게 나타났다.

능동적 여가활동이 수동적 여가활동에 비하여 삶의 질에 대한 기여도가 높은 이유는 삶의 질과 여가몰입경험의 관계에서 본 바와 같이 능동적 여가활동이 보다 고도의 몰입경험을 제공할 수 있기 때문이다. 이러한 사실은 다음에서 살펴볼 여가활동 참여의 최적 각성 개념과도 일맥상통한다. 즉, 특정 과제를 수행할 때 너무 높거나 너무 낮은 각성 수준은 인간의 기능 수행을 저해하는데, 최적 각성 수준이 개인마다 상이하기는 하지만, 수동적 여가활동은 일반적으로 최적 각성 수준에 대한 요구를 충족할 수 없을 만큼의 낮은 각성 수준을 제공한다는 것이다(Iso-Ahola, 1980).

4) 사회체육 활동 참가 각성 수준과 삶의 질

지금까지 이루어진 여가활동 유형과 삶의 질 그리고 생활만족에 관한 연구에서 수동적 여가활동보다는 능동적 여가활동이 생활만족에 긍정적 영향을 미친다는 연구 결과(Brooks & Elliott, 1971; Flanagan, 1978; Iso-Ahola 1980; Kornhauser, 1965)와 관련하여, Iso-Ahola(1980: 383)는 사회체육 활동과 같은 능동적 여가활동이 수동적 여가활동에 비하여 여가만족 및 생활만족에 보다 더 기여하는 이유를 활동의 내적 동기와 최적 각성수준의 개념으로 설명하고 있다. 내적 동기와 사회체육 및 삶의 질에 대해서는 이미 앞에서 설명하였으므로 여기서는 최적 각성수준과 사회체육 및 삶의 질의 관계에 대하여 알아보기로 한다.

사회체육 참가 각성 수준과 삶의 질의 관계는 Campbell 외(1976)가 제시한 역 U자 관계(inverted U relationship between quality of life and the level of arousal in leisure participation) 가설을 기초로 하여 정립된 것으로서, 사회체육과 같은 능동적 여가활동을 통하여 여가만족과 생활만족 상태를 극대화시킬 수 있는 조건은 사회체육 활동을 통한 각성 수준이 참가자마다 자신에 알맞은 일정 수준을 유지해야 한다는 것이다. 즉, 사회체육 활동의 난이도 및 도전의 수준과 참가자의 동기 및 능력이 알맞게 균형을 이룰 때 참가자의 각성 수준이 최적이 되고, 결과적으로 여가만족

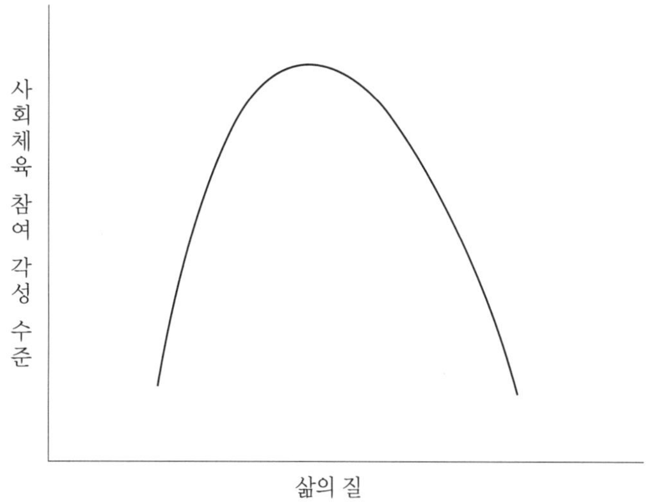

그림 14-5. 사회체육 참여 각성 수준과 삶의 질의 관계

그리고 삶의 질 향상이 이루어진다는 사실이다. 삶의 질과 여가만족은 사회체육 활동이 최적으로 각성이 될 때 최상의 상태가 되며, 사회체육 활동이 너무 높거나 반대로 너무 낮은 각성을 제공할 경우에는 최저상태가 된다는 것이다.

대표적인 여가활동인 사회체육 활동의 참여 각성 수준과 삶의 질에 대한 역 U자 관계는 개인적으로 의미 있는 활동(personally meaningful activities)이 삶의 질의 근원이 된다는 사실을 말해 준다. 즉, 개인적으로 의미 있는 사회체육 활동만이 적정 수준의 각성을 수반하게 되며, 해야 할 일이 거의 없거나 너무 많아서 개인적으로 의미 있는 활동이 되지 못하면 활동 그 자체에 대해서뿐만 아니라, 삶에 대해서도 불만족을 느끼게 된다는 것이다.

결국, 이렇게 개인적으로 의미 있는 활동은 바로 내적으로 동기화된 활동(intrinsically motivated activities)임과 동시에 최적의 각성 수준을 수반한다는 점에서, 삶의 질은 내적으로 동기 유발되고 적정 수준으로 각성된 여가활동을 통하여 의미 있게 충족됨을 알 수 있다. 이는 앞에서 살펴본 삶의 질을 제고시키기 위한 활동의 기본적 속성인 내적 동기화와 일치한다.

결론적으로 지금까지 논의한 사회체육 참가와 삶의 질 간의 미시적 관점을 도식화하면 다음 〈그림 14-6〉과 같다.

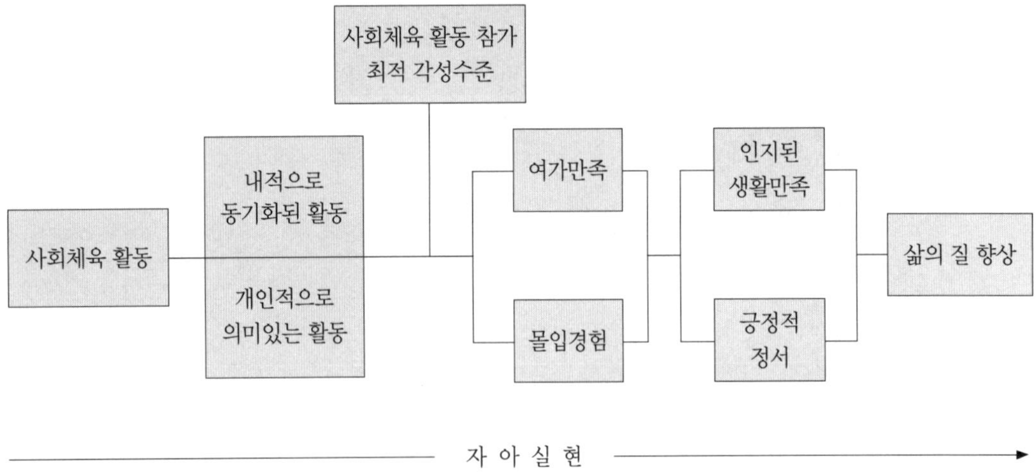

그림 14-6. 사회체육과 삶의 질의 관계

4. 삶의 질과 사회체육의 과제

후기산업사회에서 사회체육은 자유선택, 자발적 참가, 자아실현 및 자기 목적적 활동을 특성으로 한다. 앞으로 펼쳐질 후기산업사회에 있어서 인간 삶의 질을 제고시키기 위해서는 산업사회에서 밝혀진 사회체육의 역기능을 극복하는 노력이 필요하다.

1) 사회체육의 잠재적 역기능

후기산업사회의 중심적인 특성으로 부상하고 있는 사회체육 활성화 현상은 사회의 근본적인 구조적 변화로 인하여 산업사회에서 존재하여 왔던 사회체육의 특성과는 상이해지게 된다. 즉, 산업사회에서 체력 향상 · 인격 함양 등의 수단적 가치를 지향하며 행해지던 사회체육 활동은 후기산업사회에서는 그 자체의 가치를 추구하는 자기충족적 가치를 지향하게 된다(김문겸, 1993). 또한, 사회체육 활동의 전개 방향 역시 후기산업사회에서는 개인주의적 · 개방적 · 대중적 · 자유방임적, 그리고 상업주의적 형태를 띠게 변화된다. 여기서는 먼저 삶의 질의 속성과 관련하여 사회체육이 내포할 수 있는 잠재적 역기능 요소를 김광득(1990)의 논의를 중심으로 살펴본 다음, 후기산업사회에서 삶의 질과 관련된 사회체육의 과제를 제시하고자 한다.

후기산업사회에서 사회체육이 내포할 수 있는 잠재적 역기능으로는 첫째, 사회체육의 획일성(uniformity) 요소를 들 수 있다. 사회체육의 본질은 참가자 개인의 개성과 자아실현에 있는데, 특정 사회체육 유형에 대한 대중의 모방 참여로 인하여 사회체육 활동의 몰개성과 수동적 참가를 가져오게 되어 궁극적으로 바람직한 삶의 질 고양에 역행할 수 있다는 점이다. 특히, 후기산업사회에서 폭발적으로 증가하는 지식과 정보에 대한 수요는 대중매체의 영향력을 증대시키게 되고 이러한 대중매체를 통하여 일방적으로 제공되는 획일화된 사회체육 정보에 휩쓸리게 될 수 있다는 것이다. 이러한 현상은 후기산업사회에 있어서 사회체육의 상업화 현상과 맞물리게 되고 그 결과 사회체육 산업의 주체가 대중매체를 통하여 이윤이 많은 사회체육 상품만을 집중적으로 공급할 경우, 대중은 획일화된 사회체육만을 선택하게 됨으로써 타율적인 사회체육 활동으로 전락될 가능성이 높다는 것이다.

둘째, 사회체육의 위장성(maskness) 요소를 들 수 있다. 후기산업사회의 사회체육은 유행에 의한 개인적 패턴을 그 특징으로 한다. 그러나 사회체육에 대한 획일성과 모방성이 사회적 유행 심리와 결합하여 과도하게 나타날 경우, 개인은 사회체육 참가를 통한 위장된 자기 만족을 추구할 가능성이 높아진다. 이는 자기를 실제 이상으로 과시하거나 위장시켜 다른 사람에게 잘 보이고 인기를 끌려는 심리를 말한다. 사회체육이 자아실현을 위한 목적으로 행해지기보다는 타인에게 자신을 돋보이기 위한 수단이 되어 분수에 맞지 않는 사치와 낭비를 가져오게 함으로써 소비성향을 자극할 우려가 있는 것이다. 결과적으로 이러한 현상으로 인하여 삶의 질과 관련된 바람직한 욕구의 만족이 아니라, 위장된 허위 욕구의 만족을 추구하게 됨에 따라, 사회체육 활동 참가의 목적이 자신의 내적 동기와 동떨어진 외적 조건에 따라 규정되는 허구적 사회체육을 의미하기 때문에 삶의 질 제고에 역행하게 되는 것이다.

셋째는 사회체육의 향락성(hedonism) 요소다. 이는 후기산업사회 사회체육 현상의 두드러진 특징인 상업주의와 향락적 · 자기 지향적 활동 추구와 관계가 있다. 사회체육이 그 본질적 가치에서 벗어나 물신주의 및 배금주의와 맞물려 건전하게 선용되지 못하고 감각적 · 찰나적 · 쾌락적인 방향으로 흐르게 되면 말초신경적인 욕구 만족만이 최고의 가치로 자리잡게 된다. 따라서 사회체육 참가의 주체가 수단적 가치에 종속되는 가치 전도가 발생함으로써 활동의 성취나 자아실현을 통한 사회체육 만족 및 삶의 질적 제고가 불가능하게 되는 퇴폐향락적 사회체육 활동이 만연될 우려가 있다.

2) 사회체육의 과제

이상에서 살펴본 후기산업사회에서 사회체육의 잠재적 역기능 요소를 극복하고 삶의 질을 증진시키기 위한 과제는 다음과 같다.

첫째, 바람직한 사회체육관의 정립이다. 사회체육에 대한 개념이 기존의 시간, 활동, 경험 및 심리 상태의 제한적인 개념에서 탈피하여 자아실현의 합목적성을 지닌 주체적 활동으로 확대 규정되어야 한다는 것이다. 이는 인간의 궁극적 목표인 삶의 질 고양과 사회체육의 개념적 관계 정립을 의미한다. 이를 위하여 사회체육은 단순한 자유재량적 시간의 소비, 노동과 구별되는 잡다한 신변 활동, 개인적 만족만을 위한 심리상태와 같은 단편적인 사회체육의 개념에서 벗어나 건전한 문화적 · 심리적 욕구를 충족시켜 주는 자아실현의 총체적 범주로 재인식되어야 한다. 또한 삶의 질과 관련된 사회체육의 활동내용으로서 사회적으로 용인되고 내적으로 동기화된 의미 있는 사회체육 활동에 대한 의식의 공유가 이루어져야 할 것이다.

둘째, 사회체육 교육의 도입이다. 삶의 질에 대한 개념 정의에서 알 수 있듯이 삶의 질이란 경제적 · 물질적 욕구의 만족에 의하여 성취될 수 있는 성질의 것이 아니다. 따라서 후기산업사회의 인간관은 산업사회의 경제적 인간의 개념으로부터 심리적 인간의 개념으로 전환할 필요가 있다(Iso-Ahola, 1980). 특히, 우리의 교육제도가 사회경제적 지표에 가치를 두는 물질적 · 경제적 인간을 지향한다는 점에서, 교육의 목표를 경제적 인간이 아닌 자아실현과 성취욕구 등 Maslow가 말하는 '상위의 심리적 욕구' 의 충족과 삶에 대한 주관적 만족 및 긍정적 정서 함양에 목표를 두는 심리적 인간을 육성할 수 있도록 전환시켜야 한다. 이는 후기산업사회에 있어 경제적 인간은 더 이상 삶의 질을 추구할 수 있는 충분한 요건을 모두 갖추었다고 할 수 없기 때문이다. 이러한 점에서 사회체육 교육의 필요성이 특히 증대되고 있는데, 사회체육 교육은 독립적으로 행해지기보다 학교교육과 사회교육의 두 영역이 밀접한 관련을 맺으면서 체계적으로 수행되어야 한다.

셋째, 사회정책적 차원에서 사회체육 복지의 추진이다. 후기산업사회에서 사회체육은 인간 생존의 주체적인 활동으로서 여가(餘暇)가 아닌 본가(本暇)의 시대로 접어들게 된다(임번장, 1993b). 사회체육은 더 이상 비생산적이고 부수적인 인간활동이 아니라, 진정으로 자신이 자유롭게 선택한 활동에 자발적으로 참가하여 창조적인 자아실현의 기회를 가짐으로써 높은 삶의 질을 추구하는 자기 목적적 인간활동이다. 이는 사회체육이 국민 복지의 차원에서 국가로부터 향유해야 할 기본적 권리로 자리매김되어야 함을 의미한다. 이를 위한 구체적인 시도로서 우선 사회정책적 차원에서 사회체육 활동의 조직화가 필요하다. 현재 시점에서는 국민의 사회체육 활동을 총체적으로 관장하는 행정기관이나 사회단체 및 종목별, 지역별 활동조직이 빈약하고 단지 개인의 자의에 맡겨 방임하고 있는 실정이기 때문에 수동적 · 비효율적 · 일탈적 사회체육 문화에 대한 제도적 보완장치가 필요하다.

넷째, 후기산업사회에서의 삶의 질 향상을 위한 사회체육의 제도화 노력이다. 후기산업사회에 있어서서 사회 지표의 변화와 사회체육과 삶의 질 관계에서 나타나는 바와 같이 현대인의 사회체육과 삶의 질에 대한 욕구는 증폭되고 있는 추세이며, 이는 사회체육의 제도화를 촉구하고 있다. 사회체육을 제도화하는 목적은 사회체육 활동 욕구의 효율적인 충족에 있다. 일반적으로 제도를 구성하고 있는 요소는 제도를 구성하고 있는 구성원이 공유하고 있는 가치관, 규범, 태도, 지식, 신념, 행동 등을 포괄한다. 이러한 구성 요소가 잘 정비되어 있지 않은 제도하에서는 혼란이 발생하며 비효율성이 유발된다. 따라서 사회체육 연구자 및 사회체육 정책 입안자 등 사회체육 진흥에 주도적 책임을 맡고 있는 사람들이 나서서 일반대중의 사회체육 활동 욕구의 바람직한 해결과 이를 통한 삶의 질 향상에 기여하기 위해서는 사회체육 관련 제도의 기반이 되는 규범과 가치관 및 행동지식을 명료하게 제시하고 이를 전파할 필요가 있다.

| 요약 |

삶의 질의 개념은 학자에 따라 매우 다양하게 정의되어 왔으며 용어에 있어서도 삶의 질(quality of life), 주관적 복지(subjective well-being), 생활만족(life satisfaction), 행복(happiness) 등으로 다양하게 사용되어 왔다. 넓은 의미에서 삶의 질은 경제 수준, 복지, 의료, 교통, 범죄율 등 사회의 객관적 지표와 개인이 느끼는 삶에 대한 만족감과 긍정적 심리상태를 모두 포괄하는 개념으로 사용된다. 그러나, 삶의 질에 대한 최근의 연구자들은 주로 개인의 삶에 대한 주관적인 느낌을 강조하여 삶에 대한 만족도 및 긍정적 정서로 정의하는 데 의견의 일치를 보이고 있다.

현재 우리 사회는 과거 산업사회의 '노동을 위한 여가 개념' 이 후기산업사회의 '여가를 위한 노동 개념' 으로 전환되어 가는 과정에 있으며, 이에 따라 삶의 질에서 사회체육 영역이 지니는 중요성도 지속적으로 증가하는 추세에 있다. 이는 삶의 질이 생활 전반에 대한 개인의 주관적 만족으로서 개인의 내재적 동기에서 출발한 자아실현과 성취를 통하여 제고될 수 있으며, 여가활동인 사회체육 또한 인간이 기쁨과 행복을 느낄 수 있는 내재적 동기를 기본 전제로 하여 인간으로 하여금 자유, 활동 장악 및 창의적인 능력 발현을 모두 경험할 수 있는 장을 제공하는 가장 효과적인 영역이기 때문이다.

사회체육과 삶의 질의 구체적 관계는 사회체육 만족, 사회체육 몰입경험, 사회체육 참여 최적 각성수준 등과 관련하여 나타난다. 즉, 개인적으로 의미 있는 사회체육 활동에 능동적으로 참여함으로써 최적의 각성수준을 얻을 수 있고, 이는 사회체육 만족과 사회체육 몰입경험에 긍정적 영향을 미침으로써 결과적으로 생활만족을 향상시키는 데 크게 기여한다.

그러나, 후기산업사회에서 사회체육이 내포할 수 있는 잠재적 역기능으로 획일성 · 위장성 · 향락성이 지적됨에 따라 이러한 역기능을 극복하고 궁극적으로 보다 높은 삶의 질을 성취하기 위한 노력이 요구되고 있다. 미래사회에서 삶의 질 향상을 위한 사회체육의 과제로는 바람직한 사회체육관의 정립, 사회체육 교육의 도입, 사회정책적 차원에서 사회체육 복지의 추진, 사회체육의 제도화 노력 등을 들 수 있다.

| 주요 개념 |

내적 동기	능동적 여가활동	몰입경험
사회체육의 위장성	사회체육의 잠재적 역기능	사회체육의 향락성
사회체육의 획일성	삶의 질	생활만족
수동적 여가활동	심리적 복지	여가만족
역 U자 관계	인지된 만족도	인지된 자유
자기 목적적 활동	주관적 복지	최저 각성수준
행복	Maslow의 욕구 단계설	

| 연구 문제 |

1. 삶의 질의 개념을 정의하고 상이한 관점에 대하여 알아보자.
2. 삶의 질을 고양시키기 위한 세 가지 기본 요소에 대하여 설명해 보자.
3. 여가의 한 영역으로서 사회체육과 삶의 질 간의 관련성에 대하여 알아보자.
4. 사회체육 만족과 삶의 질의 관계에 대하여 살펴보자.
5. 사회체육 활동 몰입경험과 삶의 질의 관계에 대하여 살펴보자.
6. 능동적 여가활동으로서 사회체육과 삶의 질의 관계에 대하여 살펴보자.
7. 사회체육 활동 참여 각성수준과 삶의 질의 관계에 대하여 살펴보자.
8. 삶의 질과 관련하여 사회체육이 내포할 수 있는 역기능에 대하여 토의해 보자.
9. 미래사회에서 삶의 질 향상을 위한 사회체육의 과제를 알아보자.

참고문헌

고영복(1991). 『현대사회문제』. 서울: 사회문화연구소 출판부.

김경식(1996). 「대도시 노인의 생활체육 참여와 여가 만족 및 생활만족의 관계」. 석사학위논문. 서울대학교 대학원.

김광득(1990). 『현대여가론』. 서울: 백산출판사.

김기형 외(2003). 『국민생활체육참여실태조사』. 문화관광부.

김문겸(1993). 『여가의 사회학: 한국의 레저문화』. 서울: 도서출판 한울.

문화관광부(2006). 『국민생활체육활동참여실태조사』.

박수정(1995). 「청소년의 몰입형 여가경험이 여가기능, 여가권태, 여가만족에 미치는 영향」. 석사학위논문. 이화여자대학교 대학원.

윤이중(1996). 「직장인의 생활체육 참가가 삶의 질에 미치는 영향」. 박사학위논문. 서울대학교 대학원.

이성철(1996). 「노인의 사회체육 활동과 생활만족의 관계」. 박사학위논문. 서울대학교 대학원.

이종길(1992). 「사회체육 활동과 생활만족의 관계」. 박사학위논문. 서울대학교 대학원.

이종영(1992). 「스포츠와 삶의 질」. 한국스포츠사회학회. 『1992 한국스포츠사회학회 학술세미나 자료집』.

임번장(1993b). 「여가와 사회체육」. 『수영장』 제4호. 사단법인 한국수영장경영자협회.

임번장 외(1994). 『복지정책으로서의 문화와 체육의 접목방안』. 서울: 한국문화예술진흥원 문화발전연구소.

________(1995). 「한국인의 사회체육관에 관한 연구」. 『제33회 한국체육학회 학술발표회 자료집』.

정영린(1997). 「생활체육 참가와 여가만족의 관계」. 박사학위논문, 서울대학교 대학원.

조명한 · 김정오(1993). 「정보화와 삶의 질: 사회활동 및 개인심리」. 『사회과학과 정책연구』 15(3): 3-33.

조명한 · 김정오 · 권석만(1994). 「청소년의 삶의 질」. 『사회과학과 정책연구』 16(2): 61-94.

Beard, J. G., & Ragheb, M. G. (1980). Measuring leisure satisfaction. *Journal of Leisure Research,* 12(1): 20-33.

Bradburn, N. M. (1969). *The structure of psychological well-being.* Chicago: Aldine.

Brief, A. P., Butcher, A. H., George, J. M., & Link, K. E. (1993). Integrating bottom-up and top-down theories of subjective well-being: The case of health. *Journal of Personality and Social Psychology,* 64: 646-653.

Brooks, J. B., & Elliott, D. M. (1971). Prediction of psychological adjustment at age thirty from leisure time activities and satisfaction in childhood. *Human Development,* 14: 51-61.

Brown, B. A., & Frankel, B. G. (1993). Activity through the years: Leisure satisfaction, life satisfaction. *Sociology of Sport Journal,* 10: 1-17.

Campbell, A., Converse, P. E., & Rodgers, W. L. (1976). *The quality of American life.* New York: Russell Sage Foundation.

Cohen, E. (1991). Leisure-the last resort: A comment. In B. L. Driver, P. J. Brown, & G. L. Peterson(eds.). *Benefits of leisure.* Pennsylvania, PA: Venture Publishing.

Csikszentmihalyi, M. (1975). *Beyond boredom and anxiety.* San Francisco, CA: Jossey-Bass.

DeCarlo, T. J. (1974). Recreation participation patterns and successful aging. *Journal of Gerontology,* 29(4): 416-422.

Diener, E. (1984). Subjective well-being. *Psychological Bulletin,* 95(5): 42-575.

Duncan, O. D. (1969). *Toward social reporting: Next steps.* New York: Russell Sage Foundation.

Flanagan, J. C. (1978). A research approach to improving our quality of life. *American Psychology,* 33: 138-147.

Graney, M. J. (1975). Happiness and social participation in aging. *Journal of Gerontology,* 30: 701-706.

Greenbie, S. (1940). *Leisure for living.* New York: George W. Stewart.

Hankiss, E. (1978). Quality of life models. *Indicators of environmental quality and quality of life. UNESCO Reports and Papers in the Social Sciences,* No. 38.

Iso-Ahola, S. E. (1980). *The social psychology of leisure and recreation.* Dubuque, Iowa: Wm. C. Brown.

Keller, M. J. (1983). *The relationship between leisure and life satisfaction among older women.* Paper presented at the meeting of National Recreation and Park Association, Kansas City, MO.

Kornhauser, A. (1965). *Mental health of the industrial worker: A Detroit study.* New York: Wiley.

Maslow, A. H. (1954). *Motivation and personality.* New York: Harper and Row.

____________(1962). *Toward a psychology of being.* Princeton: D. Van Nostrand.

Okun, M. A. (1987). Life satisfaction. In G. L. Maddox(ed.). *Encyclopedia of aging*(pp. 339-401). New York: Springer.

Omodei, M. M., & Wearing, A. J. (1990). Need satisfaction and involvement in personal projects: Toward an integrative model of subjective well being. *Journal of Personality and Social Psychology,* 59: 762-769.

Palmore, E. B. (1968). The effects of aging on activities and attitudes. *Gerontologist,* 8: 259-263.

Peppers, L. G. (1973). Leisure activity and adjustment to the retirement process(Doctoral dissertation,

Oklahoma State University). *Dissertation Abstracts International,* 35(10): 6825A.(University Microfilms No. 75-8858).

Ragheb, M. G., & Griffith, C. A. (1982). The contribution of leisure participation and leisure satisfaction to life satisfaction of old persons. *Journal of Leisure Research,* 14(2): 295-306.

Renwick, P. A., & Lawler, E. E. (1978). What you really want from your job. *Psychology Today,* 11(May): 53-65.

Russell, R. V. (1987). The importance of recreation satisfaction and activity participation to life satisfaction of age-segregated retirees. *Journal of Leisure Research,* 19: 273-283.

Shaver, P., & Freedman, J. (1976). Happiness. *Psychology Today,* 10: 26-33.

Shin, D. C., & Chey, M. (1992). *The experience of democratization and quality of life among the Korean mass public.* Paper presented at The International Conference on the Patterns and Meaning of Democratization. The Institute of Social Sciences, Seoul National University, Nov. 20-21.

Shin, D. C., & Johnson, D. M. (1978). Avowed happiness as an overall assessment of the quality of life. *Social Indicators Research,* 5: 475-492.

Sneegas, J. J. (1986). Components of life satisfaction in middle and later life adults: Perceived social competence, leisure participation, and life satisfaction. *Journal of Leisure Research,* 18(4): 248-258.

Thorson, J. G. (1977). Sociological and leisure correlate of life satisfaction among retired men and women(Berkely, University of California). *Dissertation Abstracts International,* 38(8): 3963B.

Tinsley, H. E. A., & Tinsley, D. J. (1986). A theory of the attitude benefits and cause of leisure experiencee. *Leisure Science,* 8: 1-45.

Yankelovich, D. (1978). The New Psychological Contracts at Work. *Psychology Today,* 11: 46-50.

제15장 |

미래사회와 사회체육

미래사회는 정보에 바탕을 둔 지식기술이 기계기술과 함께 발달하는 후기산업사회로 이행될 것이며 국가의 경계나 의미가 축소되는 대신 세계체제 안에서 여러 사회 간의 상호의존성이 더욱 증진되고, 정보의 교환이 한층 가속화될 것으로 예견된다. 경제활동의 중심이 인적 및 전문적 서비스 부문으로 이전되고, 지식과 정보를 소유하고 있는 기술 · 전문직 계층이 급속히 성장하여 기술혁신, 정보통신발달, 컴퓨터보급 등에 의해 크게 영향을 받는 정보화사회로 전환될 전망이다.

산업화 과정에서 발생된 여러 형태의 공해환경과 수명연장에 따른 고령화문제는 미래사회의 인간생활 양식에 혁신적인 변화를 초래할 것으로 예상된다. 스포츠 또한 국가적 경계와 의미가 희박해지며, 국가 간의 상호의존성이 더욱 높아져 가는 범지구적 체제로 변모할 것이며, 사회체육은 개인의 신체적 · 정신적 · 사회적 발달을 촉진하고 급격한 사회변동에 슬기롭게 대처하며, 타인과 더불어 살아가는 공동체의식을 더욱 고양시키는 기제로 작용할 것이다.

이 장에서는 미래의 사회체육이 인류의 삶에 대한 기여를 확대할 수 있는 방향을 모색하기 위하여 후기산업사회의 구조적 특징과 문제점을 살펴보고, 이에 따른 사회체육의 변화 양상을 전망하고자 한다. 또한 정보화사회의 의미와 특징을 개괄함으로써 사회체육의 역할 및 변화를 전망하며 공해환경의 확산과 고령화사회에서의 사회체육 참가 및 활성화 방안에 대하여 고찰해 보고자 한다.

1. 미래사회와 스포츠

산업화와 도시화에 따른 생활수준의 향상과 여가시간의 증대는 일반대중에게 위락활동에 대한 욕구를 증대시켜 스포츠 참가가 보편화될 것이다. 미래의 스포츠는 과학기술에 기초한 기교스포츠와 인간본성에 바탕을 둔 자연스포츠의 두 형태로 양분될 전망이다.

1) 사회변동과 체육 및 스포츠

모든 사회는 어떠한 형태를 취하든 계속 변하고 있다. 가족, 정치, 경제, 교육, 문화, 종교, 그리고 사람들의 사고방식, 나아가서는 일상생활의 모습 속에서도 변화는 나타나고 있는데, 이는 하나의 사회질서가 또 다른 사회질서에 의해 대체되어 나아가는 과정을 뜻한다. 그리하여 모든 사회는 변화의 속도와 형태는 달리 하더라도 항상 변화하고 있고, 이는 누적적이며 지속적이라 할 수 있다. 인류의 역사를 통해 볼 때 사회는 꾸준히 변화해 왔으나 지난 몇 세기 동안의 변화는 대단히 급격한 것이었으며 이 속도는 최근 몇십 년간 더욱 가속화되어 왔다(김채윤 외, 1987).

사회변동은 일정한 시간적 간격을 두고 사회조직, 제도, 규범 체계, 가치관, 행동의 유형에서 일어나는 중요한 변화이다. 이러한 변화는 사회의 여러 부문에 침투되어 독자적인 고유 생활양식에 반영됨으로써 결국 하위 문화의 일부분으로 정착된다. 다시 말해서, 일부분의 사회변화는 광범위한 전체 사회의 각 영역에 영향을 미친 연후에 종국에 가서는 스포츠에도 충격을 가할 것이다. 어떤 변화는 스포츠계 내 · 외 양 측면에 동시적으로 영향을 끼치기도 하고, 다른 변화는 스포츠계 내에 우선 영향을 끼친 다음 전체 사회에 영향을 미칠 것이다. 한편, 어느 변화는 스포츠계 내에만 영향을 미치고 타 사회 영역에는 영향을 미치지 않기도 한다.

대부분의 사회변화, 특히 여가영역에서의 변화는 혁신적인 사회변동이라기보다는 하위 문화적 생활양식, 예를 들면, LG트윈스 야구팀의 T셔츠나 바지의 착용, 인라인스케이트나 스키 등에 일시적으로 매료되어 몰두하는 것을 가리킨다. 취미활동으로서의 여가는 그 장래의 전망이 매우 순환적이다. 그렇기 때문에 특정한 여가 및 레크리에이션의 양태, 형식, 혹은 인공적 가공물인 시설은 일시적으로 중요성을 띠게 되며 이는 대중의 흥분, 관심, 그리고 다양성에 대한 변함없는 추구의 상징적 표적이 된다. 때로는 일시적 유행과 스타일이 세대간을 교차해서 나타나기도 한다. 즉, 일시적 유행이나 오락이 어느 세대에서는 인기가 있는 반면 다음 세대에서는 외면당하다가 후에 다시 인기를 끌기도 한다는 것이다.

스케이트보드 타기는 이와 같은 일시적 유행의 순환적 본질을 잘 나타내 주고 있다. 스케이트보드 타기는 1964~1965년 사이에 인기를 끌다가 1966년경에 그 유행이 퇴조하였다. 그러나 1970년대에는 전에 비하여 소음이 적고, 빠르며, 한층 내구성이 강한 폴리우레탄 바퀴의 출현으로 다시 한번 미국과 유럽, 일본, 그리고 뉴질랜드에 열풍을 일으켰다. 그러다가 1980년대에 들어와서 유행은 완전히 다시 사라졌고 오직 1980년대 중반에 잠시 유행이 있었을 뿐이다.

어떤 경우에 있어서 사회와 스포츠의 변화는 거의 같은 시기에 같은 정도로 일어남으로써 서로의 변화를 강화하고 보완한다. 인종차별이나 성차별 폐지 운동에서 스포츠는 변화의 모델이 되어왔다. 평등한 스포츠 참가를 계기로 하여 소수민족이나 여성이 어느 정도 사회의 제도권 내로 통합되었다. 마찬가지로, 스포츠는 근로계층이 여가시간과 수입이 증대함에 따라 그들에게 폭넓은 삶의 기회를 제공하였다. 스포츠 행사의 시간 계획은 휴일과 기타 종교행사의 특성을 변화시켰다. 그리고, 스포츠는 주로 올림픽 경기를 통하여 민족주의를 조장하고 고양하는 데 일조하였다.

스포츠 내에서 일어나는 사회변화 가운데에는 문화생활의 여러 측면에 중요한 변화를 유도하는 것도 있다. 운동선수의 복장, 언어, 그리고 행동양식은 사회의 여러 부문에 확산되고 수용되어 가고 있다. 흔한 예가 학교 교정, 직장, 심지어는 교회에서까지 T셔츠나 운동화를 착용하는 따위이다. 최근에 이르러 스포츠는 과학기술이 고도로 발달하고 기업이 스포츠를 상품화하여 이윤추구의 대상으로 삼음으로써 기술적 · 구조적 측면에서 극적인 변화를 경험하고 있다. 그러한 변화의 몇몇 예를 들어 보면 다음과 같다(McPherson, Curtis, & Loy, 1989).

① 새로운 스포츠가 창안 또는 구안되었다(실내축구, 3종경기, 비치발리볼, 번지점프, 스노보드 등).
② 과학기술의 진보로 신소재 장비와 시설 및 용기구가 개발되어 운동 수행 수준을 고도로 향상시켰다(인공잔디, 합성 재료의 테니스 라켓 · 스키 등).
③ 새로운 스포츠 기술이 개발되었다(포스 베리 점프, 덩크 슛, 바나나 킥 등).
④ 새로운 경기 규칙이 창안되었다(24초 룰, 타이브레이크, 오프사이드, 선수교체 등).
⑤ 스포츠에 대한 유례 없는 사회운동이 전개되었다(조깅 붐, 체력증진운동, 생활체육운동).

2) 미래의 체육 및 스포츠

산업화와 도시화의 진전에 따른 국민생활 수준의 향상과 여가시간의 증대로 인하여 스포츠에 대한 대중의 관심이 고조됨에 따라 다양한 레저 및 스포츠 활동에 대한 자발적 참가가 대폭 증대될 전망이다. 또한 과학 · 기계문명의 발달로 인한 사회구조의 변화로 인간소외, 공동체의식 결여, 운동부족, 각종 스트레스 같은 병리현상이 현대사회의 큰 사회문제로 대두되고 있으며, 이는 앞으로 더욱 가속화될 것으로 전망된다. 따라서 이에 부수적으로 파생되는 여가시간의 소비문제와 인간이 당면하고 있는 사회병리 현상을 스포츠를 통해 해소시키는 문제가 미래체육의 과제로 등장하게 될 것이다.

오늘날 스포츠의 위기는 스포츠 특성을 변질시키는 사회적 가치의 거센 변화 추세에 기인한다. 인간의 생활양식에 변화를 가져오게 하는 사회적 가치 변화에 대한 적응은 우리가 소중히 여기고 있는 놀이나 게임, 스포츠를 시대에 뒤떨어지게 하고 부적절한 구시대적 산물로 변질시키고 있다. 특히, 지도자의 보수적 성향, 경제적 위기, 선수들의 약물복용 문제 등은 동시대인 오늘날의 사회적 가치를 반영하는 것으로서 미래 스포츠의 전망을 결코 낙관할 수 없게 하고 있다.

미래의 스포츠는 크게 두 가지 형태로 양분되어 발전할 것으로 전망되는데, 과학기술의 발달에 기초한 기교(技巧)스포츠와 인간과 환경 사이의 자연친화적 관계를 바탕으로 하여 창출되는 자연(自然)스포츠의 형태가 그것이다.

(1) 기교스포츠(techno-sport)

급격히 진전되어 가고 있는 산업화 사회에서 과학기술은 일상생활의 중요한 일부분이 되었으며 이는 미래에도 지속될 전망이다. 근래에 와서 과학기술은 사회의 모든 측면으로 계속 확산되어 가고 있으며, 특히 스포츠에서도 과학기술의 활용이 급격히 증대되어 과학기술은 참가자의 운동수행능력을 향상시키고 관중의 스포츠 참여를 증대하도록 유도하였으며 스포츠를 보다 즐거운 여가활동으로 향유하고 소비하도록 촉진하여 왔다.

미래의 스포츠의학은 의사나 트레이너가 부상을 효과적으로 치료할 수 있게 하고 참가자의 경기력 향상을 위한 조언과 지도를 가능하게 할 것이다. 스포츠 심리학자는 생체 피드백 기기를 이용하여 참가자가 경쟁 활동인 경기과정에서 받는 정서적 · 인지적 도전을 제어하도록 처방할 것이다. 이처럼 미래의 지도자와 참가자는 과학적인 훈련방법과 장비를 도입하게 될 것이며, 특히 참가자의 운동수행능력과 지구력을 증대시키기 위해 약물이나 혈액 등이 주입되기도 할 것이다.

한편 컴퓨터는 참가자의 잠재력을 분석 · 평가하고 정교하게 계산된 확률에 근거하여 복잡한 경기 계획의 수립 및 작전의 결정사항을 분석이 가능하도록 조력할 것이다. 따라서, 스포츠에 있어서 미래의 기술은 참가자로 하여금 초인적인 힘을 발휘할 수 있도록 화학적 혹은 기계적 방법을 동원할 것이며 참가자의 신체는 오로지 운동수행력의 향상만을 위해서 구사될 것이다. 심지어는 부상으로 인해 최고 기록에 대한 도전이 방해받지 않도록 상처 부위의 신경계통을 휴대용 충전 습포제로 임시 처치를 가하게 될 것이다. 이처럼 기교스포츠는 스포츠의 획기적인 발달을 가져오게 하는 반면, 역기능적 요소도 포함하고 있다. 즉, 운동수행능력 제고를 위해서 참가자의 인간적인 요소는 제거되어야 하며, 참가자를 기계와 동일하게 취급함으로써 인간이 갖고 있는 고유 잠재력이나 창조 능력은 파괴되는 것이다.

그러나 스포츠의 미래는 단순하게 기술적으로 어떻게 되리라고 결론을 내릴 수는 없다. 왜냐하면 과학기술과 스포츠의 결합은 참가자나 관중의 스포츠 참가의 결정적 요인을 파괴할 수도 있기 때문이다. 관중은 자신이 관람하고 있는 선수가 자신과 얼마나 유사한가에 중요한 관심을 갖고 있는데, 기교스포츠의 발전은 관중으로 하여금 선수와 동일시하는 것을 저해하거나 제한하기 때문이다.

이러한 기교스포츠는 사회체육에 참가하는 인구 가운데 기능 수준이 상위에 도달해 있는 일부 엘리트 선수 집단이 참가하는 스포츠 형태를 의미한다. 따라서 대부분 일상적인 사회체육에 참가하는 낮은 수준의 기능 보유자인 일반 참가자에 있어서 기교스포츠 참가에는 일정한 한계성을 지니게 될 것이다.

(2) 자연스포츠(eco-sport)

자연스포츠란 비조직적이고 자연발생적인 위락 형태의 스포츠로서 놀이적 행동이 중심이 되어 주로 야외에서 이루어지는 스포츠이다. 또한 일정한 규칙 없이 경쟁보다는 협동과 참가에 최고의 목적을 두고 개방적 · 유동적으로 행하여지는 스포츠이다. 이러한 자연스포츠는 현대사회의 인위적이고 물질만능적인 산업사회의 정형화된 생활양태에서 벗어나 구성원으로 하여금 자연과 접하게 함으로써 가치 혼란으로 인한 인간의 긴장감 및 소외감을 해소시켜 주는 기능을 갖고 있다. 자연스포츠의 유형은 자연환경과 밀접한 관련을 맺고 이루어지는 스포츠로서 행글라이딩, 윈드서핑, 스킨스쿠버다이빙, 스키, 인라인스케이트, 등산, 캠핑, 오리엔티어링, 자전거 타기, 하이킹 등이 이에 포함된다.

자연스포츠는 즉흥적인 행동을 강조하며 특히 행동의 구조는 규칙에 의해 계획된 것이라기보다는 돌발적인 것이 많다. 또한 많은 사람들이 동시에 참가할 수 있으며, 전문화되고 값비싼 장비를 필요로 하지도 않는다. 특히 자연스포츠 활동에는 기록이나 득점, 나아가서는 승자나 패자의 가름도 없다. 자연스포츠의 목적은 참가나 활동 그 자체의 내면적 보상에 있는 것이지 영광이나 보수와 같은 외면적 보상에 있는 것이 아니다.

그러나 자연스포츠는 기교스포츠보다 사람들에게 덜 매력적이고 유인력이 적을지 모른다. 왜냐하면, 대부분의 스포츠 참가자는 신체활동의 개인적인 참가를 즐기기도 하지만, 다른 사람의 능력이나 운동수행 수준을 자신의 것과 비교하는 데 더욱 큰 관심을 갖고 있기 때문이다. 즉, 현대사회의 지배적인 가치가 성취나 정상에 대한 도전을 최고의 덕목으로 삼고 있기 때문에 자연스포츠를 받아들이지 않을 경향성도 다분히 내재해 있다. 그럼에도 불구하고, 전 세계적으로 자연스포츠 참가 인구가 점차 늘어나고 있는 실정인 데 반하여, 관련 시설의 확보는 매우 부진한 상태이다. 자연스포츠의 활성화를 위해서는 공원, 호수, 바다, 산야, 창공 등의 자연 공간의 개발이나 확보가 중요한 과제이다(Figler, 1981).

2. 후기산업사회와 사회체육

미래사회를 지칭하는 개념으로 후기산업사회(post-industrial society)라는 용어가 광범위하게 사용되고 있다. 이와 같이 미래사회를 후기산업사회로 개념화함은 현대사회를 산업사회, 그리고 과거사회는 전산업사회(pre-industrial society)로 그 성격을 규정함을 의미한다. 스포츠는 현대산업사회에 이르러 비로소 발전된 현대인에게서 빼어 놓을 수 없는 생활의 일 영역이다. 특히 사회체육은 현대산업사회의 형성과 보조를 같이하여 발전되어 온 인간의 여가생활 영역에 속하는 활동이다. 따라서 후기산업사회로 대변되는 미래사회에 있어서 사회체육의 변화 및 발전은 후기산업사회가 현대산업사회나 과거 전산업사회와 단절된 사회체계가 아닌 연속성을 지니고 있는 사회라는 점에서 곧바로 현대사회의 변천과 맥락을 같이할 것이다. 후기산업사회에서는 현대산업사회에서 제기되고 있는 문제점이나 과제가 부분적으로 더욱 심화될 것으로 예견된다. 이와 함께 사회체육 또한 후기산업사회의 구조적 특징이 반영되어 그 역할 및 기능 그리고 내용에 있어서 다양한 변화가 수반될 것으로 예상된다.

1) 산업화의 개념

산업화는 이전의 농업경제로부터 산업경제로 전환되는 변화과정을 의미한다. 산업화는 경제구조의 변화만이 아니라 사회 내부의 다른 부문에서도 구조적 변화를 가져오는데 이는 관료화, 도시화, 고등교육의 보편화, 매스미디어의 발달 등이다(현승일, 1990).

첫째, 경제구조의 변화는 생산에 있어서 기계와 기술 그리고 과학에 의존하는 공장체제를 등장시킬 것이다. 이러한 생산양식에서는 대량 생산이 이루어지고 따라서 대량 소비가 뒤따를 것을 요구하게 된다. 또한 공장제 생산에 의한 상품의 질적 고급화를 추구함으로써, 개별 상품의 생산에 있어서 다른 산업과 복잡한 연계를 맺게 되고, 사회 전체에서 생산되는 상품의 종류도 다양하기 때문에 산업 연계를 복잡하게 하는 요인이 된다.

둘째, 산업화로 인하여 생산이 복잡한 연계 속에서 이루어지기 때문에 조직에 있어서 분업과 통합의 구조가 복잡해지고 확장되어 조직의 내부 구조가 관료화된다. 생산조직체뿐만 아니라, 정부 · 노조 · 학교 등도 복잡한 산업구조를 반영하여 분업과 통합의 연계가 복잡해져 대규모화, 관료화된다. 관료주의의 특징은 인간관계가 비인격적 · 사무적 · 피상적 관계로 변화되고 예비된 규정과 절차가 인간의 행동 유형을 지배하며 과업수행에서 기능적 효율성이 강조된다.

셋째, 산업화의 결과로서 농촌인구의 도시이주로 도시화가 촉진된다. 도시화로 인하여 인구의 이질성과 익명성이 높아져 인간의 삶이 도시성(urbanism)을 띠게 된다.

넷째, 산업화는 산업활동을 위한 기술과 지식을 요구할 뿐만 아니라, 교육 수준이 사회이동의 가능성을 증대시키는 요인으로 작용하기 때문에 많은 사람들이 고등교육을 원하고 받게 되어 고등교육이 보편화된다. 다시 말하여 산업사회 이후 급속히 발전하는 테크놀로지와 이와 더불어 야기되는 새로운 사회현상 및 문제점은 지식의 양을 폭발적으로 증가시켜, 교육 이수에 대한 압박을 증대시킨다. 그 결과 대량의 지식인이 배출된다.

다섯째, 전신, 전화, 컴퓨터, 영상, 팩시밀리, 워드 프로세서, 이동통신, 인터넷 등 정보 테크놀로지의 개혁에 따른 매스 미디어의 발달은 정보의 양을 폭증시켜 소위 정보의 홍수현상을 빚는다.

2) 후기산업사회의 의미

후기산업사회는 기술 · 경제적 질서와 직업체계(계층구조)를 구성요소로 하는 현대산업사회의 사회구조적 영역 내에서 발생하고 있는 변화를 중점적으로 조명하기 위하여 구성된 이념적 개념이다(Bell, 1973). 오늘날 선진 산업사회에 있어서 구조적 변화의 주된 원천은 기술과 지식의 성격 변화에 있다. 과학적 원리보다는 개별적 발명가들의 시행착오를 통한 경험적 지식을 바탕으로 혁신이 이루어지던 종래의 산업사회와 달리, 현대사회는 광범위하고 다양한 상황에 적용될 수 있도록 성문화된 이론적 지식이 기술혁신을 주도함으로써 과학과 기술의 발전이 가속화되며, 새로운 지적 기술(intellectual technology)이 출현하여 인간의 직관적 판단보다 훨씬 더 효율적이고 합리적인 문제해결의 방안을 제시하여 준다. 이와 같은 기술변화의 영향을 받아 출현하는 후기산업사회는 경제활동의 중심이 서비스(특히 인적 및 전문적 서비스) 부문으로 이전되고, 지식과 정보를 소유하고 있는 기술 · 전문직 계급(특히 과학자와 엔지니어)이 급속히 성장하여 엘리트 계층으로 부상한다(윤정로, 1991).

후기산업사회에서는 산업사회에서 2차산업(제조업)에 종사하던 노동력의 일부가 3차산업으로 이동함으로써 3차산업의 비중이 높아진다. 후기산업사회에서의 3차산업은 2차산업을 지원하는 정보, 조사연구, 보험, 위생 등이 주종을 이룬다. 따라서 새로운 지식층의 많은 수가 3차산업에 종사하게 된다.

산업사회에서는 제조공장을 통하여 생산활동이 이루어지나, 후기산업사회에서는 연구소와 대학에서 그와 같은 역할을 수행한다. 생산 등에 관한 중요한 결정은 경험 대신 미래를 예측하는 모의실험(simulation)을 통하여 내린다. 후기산업사회에서도 제조업이 여전히 중요하지만 제조나 생산력보다는 과학과 테크놀로지를 보다 강조한다는 점에서 산업사회와 차이가 난다.

3) 후기산업사회의 특성과 사회체육

후기산업사회와 관련된 논의는 이미 1960년대 말부터 나타나기 시작하였다. 1967년 Kahn과 Weiner는 그들의 저서 『서기 2000년』에서 산업사회의 가까운 장래에 후기산업사회와 그 문화가 출현할 것으로 예견하였다. 그들은 앞으로 다가올 새로운 유형의 사회에서는 생활수준이 현재의 수배에 달하게 되고 여가시간은 증가하며 서비스 지향 행동이 우세하게 될 것이며 문화는 점점 감각적 문화가 지배하게 될 것이라고 주장하였다(Kahn & Weiner, 1967).

후기산업사회가 지니는 특성과 사회체육의 관련성은 다음과 같다(Bell, 1973).

첫째, 후기산업사회의 경제는 산업사회 경제가 재화생산 중심이었음에 비하여 서비스생산 위주로 조직되고 운영되는 특징을 지닌다. 산업사회에서도 재화생산의 증가에 따라 판매, 수송 등 3차산업의 서비스 생산이 함께 증가하기는 하나, 후기산업사회에서는 4차, 5차산업, 즉 금융, 보험, 부동산, 보건, 연구, 교육, 통치, 레크리에이션, 의료, 분석, 디자인, 컴퓨터 프로그래밍 등과 같은 삶의 질과 관련된 지적 서비스 부문의 생산이 특히 두드러질 것으로 전망된다. 이러한 관점에서 볼 때, 사회체육은 건전한 체육활동을 통한 일반대중의 정신적 · 신체적 건강 추구를 기본이념으로 한다는 점에서 후기산업사회의 서비스 창출 요구에 부응하는 필수영역으로 간주된다. 즉, 후기산업사회에 있어서 사회체육은 일반대중에게 신체활동을 위한 서비스를 제공함으로써 삶의 가치 구현에 대한 욕구를 충족시켜 주는 기본조건이 될 뿐만 아니라, 보다 풍요로운 삶을 향유할 수 있는 바탕을 마련하여 주는 역할을 수행하게 될 것이다.

둘째, 후기산업사회에서는 중요한 직업군도 크게 변화하게 된다. 산업사회에서는 제조업의 반숙련 노동자와 기술자가 중요한 직업군이었으나, 후기산업사회에서는 사무직, 특히 전문직, 기술직, 과학자, 연구원, 엔지니어가 중요한 직업 집단으로 부상한다. 이와 같은 직업군의 변화는 필연적으로 신체활동 및 육체적 노동의 감소를 초래하게 되어 건강 및 체력 유지 수단으로서 사회체육 활동에 대한 필요성이 제고된다.

셋째, 후기산업사회에서는 사회조직의 기축원리로서 이론적 지식의 중요성이 강조된다. 부호화된 이론적 지식은 새로운 테크놀로지의 발달, 가치의 창출, 사회변동의 예측과 계획, 사회조직의 관리, 사회문제에 대한 최적 해결책의 탐색 등에서 핵심적인 역할을 수행한다. 그 결과 후기산업사회에서는 대학이나 연구기관의 지적제도가 기축제도로 정착된다. 따라서 후기산업사회를 '지식사회' (Drucker, 1978)라고 할 수 있다. 이러한 후기산업사회에서 예견되는 사회체육 또한 현대산업사회에 비하여 그 조직성 및 전문성이 한층 높아질 전망이어서 효율적이고 합리적인 사회체육 실천을 위한 전문적이고 과학적인 지식 및 이론의 축적이 불가피하게 된다. 특히, 후기산업사회에 적합한 사회체육의 행정 운영 · 정책수립이나 시설 확충 및 관리, 혹은 프로그램 개발을 위하여 대학이나 전문 연구기관에서는 사회체육 관련 학술활동 및 연구에 한층 적극적으로 개입하게 된다.

넷째, 후기산업사회에서는 정보가 가장 중요한 기술이 된다. 에너지를 중심으로 한 생산보다는 정보를 중심으로 한 지적 서비스 생산이 중요해진다. 따라서 정보 관련 산업의 발달이 두드러지며, 정보기술혁명이 사회의 변화와 발달을 주도하는 원동력이 된다. 후기산업사회에서는 사회체육 참가 인구, 사회체육 조직, 그리고 사회체육 행정 업무 등이 폭발적으로 증가하여 각종 자료와 정보가 광범위하고 방대해진다. 따라서 사회체육 분야에 있어서도 이와 같은 방대한 정보 및 자료를 종합적으로 수집, 정리, 보관할 수 있는 정보망, 즉 데이터베이스 구축 및 관리체제의 확립이 필요하게 된다.

이외에도 후기산업사회에서는 산업사회에서 나타나던 도시화 현상과는 달리 대도시 인구가 점차 교외로 분산되는 도시 공동화 현상이 나타나며, 인구증가율 역시 격감하게 된다(한상일 & Benjamin, 1982). 또한, 산업사회에서 추구하던 물질적 욕구 및 경제적 안정, 질서 유지의 중요성이 점차 약화되는 반면에 자아실현, 평등, 사회 심리적 욕구 등에 보다 큰 가치를 두게 된다(Inglehart, 1977). 후기산업사회에 있어서 사회체육은 정서적 인간관계의 상호작용 기회를 제공하여 주고, 소외감을 해소시켜 주기 때문에 소외의식을 느끼는 개인에 대하여 자아실현의 기회를 폭넓게 제공하여 준다. 또한, 사회체육은 활동의 장에서 지역주민이나 직장동료 간의 접촉을 통하여 인간관계를 개선할 수 있는 기회를 제공하여 줌으로써 건전사회 기풍의 진작 및 노사관계 개선에도 기여하게 된다.

이와 같은 특성을 지닌 후기산업사회의 사회체육에 대한 전망은 일반대중의 스포츠 참가유형에 영향을 미치는 변화에 주목한다. 사회체육의 발전은 미래에 있어서 점차 사람들이 그들의 자유시간을 이용하는 데 있어 신체활동 영역에 참가하는 인구가 증가한다는 사실을 기본 가정으로 하고 있다. 사회체육의 참가는 근본적으로 자연적 · 자발적, 그리고 놀이적 행동이 특징이다. 경기는 개방적이고, 유동적이며, 때로는 경기장 규격도 없고, 흔히 경기규칙도 없을 뿐만 아니라, 대개 기록판도 없으며, 어느 경우에는 우승, 준우승 또는 어떠한 계량적 승패의 결정 없이 이루어진다.

사회체육은 참가자가 주중에 직면하게 되는 복잡하고 고도로 구조화된 노동 또는 직업환경을 극복하는 수단을 제공하여 준다. 사회체육은 사람들에게 일로부터의 기분전환은 물론, 구조적 · 수동적 참가를 과도하게 강조하는 경향성이 농후한 전통적 여가활동에 일종의 대안을 제시하고 있다.

사회체육의 형태는 하이킹, 자전거 타기, 등산, 캠핑, 오리엔티어링, 발배구, 게이트볼, 윈드서핑, 수영에서부터 걷기, 뒷걸음치기, 조깅, 맨손체조, 에어로빅댄스에 이르기까지 매우 다양하여, 전통적으로 이어 오던 스포츠와는 특성이 전혀 다른 변형된 신체활동을 다수 포함할 것이다. 중요한 것은 자발적 행위가 강조되므로 행위의 구조는 계획되거나 지시적인 규칙에 의해 계도되는 것이 아니라 임기응변적이며 즉흥적이란 점이다.

후기산업사회에 있어서 사회체육의 두드러진 특성은 우선 창의성에 있다. 전통에 얽매이거나 구조적 · 관습적 배경을 무시하고 신체활동을 통한 풍요로운 삶의 경험을 추구하기 위하여 사람들은 끊임없이 새로운 경기나 활동의 메뉴를 다양하게 개발해 낼 것이다. 그리하여 과거 그 어느 시대보다도 인류는 다수의 경기종목이나 신체활동의 종류를 소유하게 될 것이다.

다음의 특성은 비전문성이다. 미래의 사회체육에 참가하는 참가자는 우수한 기능을 보유할 필요성이 전혀 없다. 왜냐하면, 활동의 목적이 신체활동 그 자체에 있기 때문에 신체적 능력의 수준은 고려되지 않고, 단지 기초적인 신체활동의 능력만이 요구되기 때문이다. 따라서 코치나 심판 또는 조직의 지도자마저 존재하지 않는다. 아울러 값비싸고 특수한 장비 또한 요구되지 않을 것이다.

그리고, 후기산업사회의 사회체육은 비조직성을 특징으로 한다. 규칙이 존재하지 않으며 승부를 겨루지 않기 때문에 경기장이 따로 마련될 필요가 없고, 인원수의 제한이 없고, 경계가 없으며, 스코어 기록도 없을 뿐 아니라, 심판 또한 존재하지 않는다. 아무 장소에서나 모인 사람들만으로 즉흥적으로 활동이 전개되고 종료된다. 이러한 활동에서는 각개인이 원하는 대로 시간에 구애받지 않고 하고 싶은 만큼 활동을 지속하도록 허용된다(Johnson, 1974).

4) 후기산업사회와 사회체육의 역할

사회체육의 발전은 후기산업사회의 진전과 그 맥을 같이한다. 즉, 후기산업사회에서 특징적으로 나타나는 과학기술의 발달과 생산공정의 기계화 및 자동화는 경제적 여유와 함께 여가시간의 증대를 가져와 일반대중으로 하여금 양적 팽창의 삶이 아니라 질적으로 향상된 삶을 누릴 수 있는 사회복지정책에 대한 요구를 수반한다. 이러한 관점에서 볼 때, 사회체육은 건전한 체육활동을 통한 모든 국민의 정신적 · 신체적 건강의 추구를 기본이념으로 한다는 점에서 경제발전 및 사회발전에 의하여 증대된 국민의 삶의 가치 구현에 대한 욕구를 충족시켜 줄 수 있는 기본조건이 될 뿐만 아니라, 이를 통하여 보다 풍요로운 삶을 향유할 수 있는 바탕을 마련하여 준다.

특히, 후기산업사회에 있어서 사회체육은 고도 산업사회의 각종 공해환경 아래에서 생활하고 있는 일반대중의 스트레스를 지속적인 신체활동을 통하여 말끔히 해소할 수 있는 기회를 제공함으로써 심신의 건강을 도모하고, 삶에 대한 의욕을 고취시켜 삶의 질을 제고하는 역할을 수행한다. 이렇게 사회체육은 모든 사람에게 균등한 스포츠 참가의 기회를 보장하고 복지화된 체육환경을 제공하기 때문에 후기산업사회의 진행과정에서 나타나는 각종 사회병리적 현상을 치유할 수 있는 문화적으로 용인된 신체적 여가활동 영역이다.

한편, 후기산업사회에서 예기되는 도시 인구의 분산과 생활양식의 변화는 사회체육에 대한 관심 및 참가욕구의 다양화를 수반함으로써 사회체육의 발전에 지대한 영향을 미친다. 사회체육 활동의 다양화 및 질적 향상에 대한 요구는 레저스포츠의 수요를 증가시키는 원인이 된다. 특히, 신체활동의 절대 부족 현상으로 인한 건강의 위협을 예방할 뿐만 아니라, 생산적이고 건전한 여가선용의 방편으로 레저스포츠의 수요가 현저하게 늘어남에 따라 레저 스포츠 산업이 새로운 형태의 서비스 산업으로 발달하게 되며, 상업체육 시설이 질적 · 양적으로 보완 · 확충되어 결과적으로 사회체육이 활성화되는 원동력이 된다.

또한, 사회체육은 도시화 사회에 살고 있는 현대인에게 보다 다양한 생활기회 및 생활양식을 제공함으로써 삶의 가치를 구현할 수 있는 수단을 제공한다. 사회체육은 협소하고 오염된 도시환경에서 살고 있는 일반대중에게 신체활동의 욕구를 충족시켜 줄 뿐만 아니라, 도시사회의 다양한 압력과 통제에서 벗어날 수 있는 기회를 부여함으로써 일반대중의 복리 증진에 대한 요구에 효과적으로 부응하는 역할을 수행한다.

결국, 후기산업사회에서 예견되는 사회체육의 구체적인 역할은 다음의 네 가지 측면에서 찾아볼 수 있다(임번장, 1993d).

첫째, 산업화의 진전으로 대량생산이 가능해지고 여가시간과 소비생활 수준이 증대됨에 따라 보다 다양해진 일반대중의 욕구를 충족시키고, 건전 여가활용의 기회를 제공해 준다는 점에서 사회체육 활동이 지니는 가치는 매우 크다. 여가시간의 건전한 활용은 미래사회의 발전 가능성을 가늠하여 주는 결정적인 요인이라는 점에서 사회체육 활동을 통한 여가선용은 노동의 재생산뿐만 아니라, 사회정책적 측면에서도 매우 중요하다.

둘째, 기계화와 자동화는 후기산업사회에서 생활하는 사회 구성원의 신체활동 감소와 더불어 건강과 체력의 감퇴를 가져온다. 신체적으로 건강하지 못한 사람은 자신에게 주어진 과업을 제대로 수행할 수 없을 뿐만 아니라, 항상 소극적인 태도로 사회생활에 임하게 된다. 그러나 사회체육 활동은 일반대중에게 신체활동의 기회를 제공하며, 건강 및 체력의 증진을 가져와 보다 적극적인 사회생활을 영위하게 해 준다.

셋째, 노동형태의 분업화와 전문화로 인한 단조로운 작업의 증가로 인해 후기산업사회의 구성원은 정신적 스트레스와 긴장에 시달릴 뿐만 아니라, 한층 심화된 인간소외 현상을 경험할 것으로 전망된다. 사회 구성원의 정신적 피로와 긴장, 고립감은 후기산업사회의 발전을 저해하는 주된 요인으로 작용하기 때문에 그에 대한 발산의 기회를 제공하는 것이 중요하다. 사회체육 활동은 사회 구성원이 경험하는 긴장과 갈등의 정서순화에 긍정적인 영향을 미침으로써 안정과 동기부여를 통해 의욕적으로 사회활동을 추구하게 한다.

넷째, 후기산업사회에서는 합리성과 전문성에 대한 지나친 강조로 인하여 일반대중은 정서적 기아에 시달리게 되며 그로 인해 보다 인간적인 대인관계를 갈구하게 된다. 또한 사회조직의 대규모화 및 전문화에 수반하여 공동체 내에서 생활하면서도 점점 더 희박해지는 인간관계에 대한 개선을 절실히 요구하게 된다. 사회체육 활동은 후기산업사회에서 양산될 수 있는 이기적이고 타산적인 이해관계를 극복할 수 있는 기회를 제공하며, 또한 참가자들이 자연스럽게 접촉할 수 있는 만남의 장을 제공하기 때문에 동료나 이웃 간의 인간적 유대를 강화시켜 줄 뿐만 아니라, 각종 사회병리적 현상의 예방 및 개선에도 긍정적 영향을 미친다.

3. 환경문제와 사회체육

후기산업사회에 있어서 가장 큰 사회문제로 예견되는 환경문제는 고도의 산업화로 인한 여러 형태의 공해 발생으로 인한 환경오염과 생태계 파괴가 그 원인이다. 사회체육 역시 환경오염 및 생태계 파괴와 부분적으로 관련되고 있을 뿐 아니라 더욱 그 영향이 커질 것으로 예견된다.

1) 환경오염의 원인

후기산업사회에서 예견되는 가장 공통적인 문제 중의 하나는 환경오염과 생태계 파괴이다. 인간은 생태계 속에서 가장 강력한 영향력을 행사하는 동시에 자기가 속한 자연적 · 물리적 환경으로부터 끊임없는 영향을 받게 된다. 즉, 인간은 자연환경, 인공환경, 사회환경과 끊임없이 상호작용하고 있으며 이러한 과정에서 대기오염, 수질오염, 토양오염과 같은 각종 공해가 발생하게 된다.

이와 같은 현상은 산업사회가 지니고 있고 있는 몇 가지 기본적인 논리 구조에 기인한다고 할 수 있다. 첫째는 산업사회가 물질적 욕구의 충족을 최우선의 목표로 추구한다는 점이다. 증폭되는 물질적 욕구의 충족을 위해서는 대량생산체제가 필수적이며 그것은 대규모의 자원과 에너지 사용을 전제로 한다. 둘째, 산업사회에서의 인간과 자연에 대한 관념은 대개 '자연에 도전하는 인간', '인간의 수탈적 이용 대상으로서의 자연' 개념에 기초하고 있다고 할 수 있다. 이는 자연자원의 경쟁적 이용을 부추겨 왔으며 결과적으로 자연에 대한 심각한 훼손을 초래하였다. 셋째, 산업사회가 산업화의 물질적 기초로 사용하고 있는 에너지(화석연료)는 대개 재생이 불가능하거나 환경과 생태계를 위협하는 공해 유발 요소라고 할 수 있다(홍덕률, 1991).

한편, 환경오염을 유발시키는 대표적인 사회적 요인으로는 산업발전을 들 수 있다. 급속한 산업발전과 함께 각종 산업기술이 도입, 개발되면서 투입되는 유도화합물의 사용량과 종류가 증가하고 있으며, 과거에 사용하지 않았던 신원료가 개발되면서 새로운 형태의 환경오염을 유발시키고 있다.

인구의 증가 또한 환경오염의 주요 원인으로 들 수 있다. 전체 인구 및 도시인구의 증가는 에너지나 수자원, 기타 자원의 소비를 증대시켜 다량의 폐기물을 배출시키는 원인이 된다. 도시산업의 입지조건과 관련하여 하천 상 · 중류에 도시 또는 산업지역이 위치하는 경우, 하수와 폐수가 배출되어 하천 수질을 오염시키고 하류의 수자원 이용에 막대한 손실을 초래한다. 또 임해도시나 임해공업단지에서 배출되는 하수, 폐수, 폐유, 폐기물은 해양을 오염시켜 수산업에 피해를 준다. 이외에도 환경오염의 원인이 되는 요인에는 환경오염에 대한 인식 부족 및 대책의 지연 그리고 산업공해 방지 기술 및 시설의 미비 등이 있다.

한편, 사회체육 또한 환경오염 및 생태계 파괴와 부분적으로 관련되어 있다. 사회체육 활동으로 인하여 발생하는 환경오염의 문제는 각종 체육시설의 무분별한 설치 및 확충으로 인한 산림 및 자연경관 훼손, 참가자의 인식부족으로 인한 환경 훼손, 각종 사회체육 시설에서 배출되는 오수 및 폐수로 인한 수질 및 토양오염 등을 들 수 있다.

2) 사회체육과 환경오염 예방

다가오는 후기산업사회에서 환경오염을 방지하고, 보다 쾌적한 생활공간을 조성하기 위해서는 사회 각 부문이 환경의 중요성을 인식하고 이를 보호하기 위한 노력을 경주하여야 할 것이다.

특히, 사회체육 영역에서 발생하고 있는 각종 환경오염 문제를 예방 및 방지하기 위해서는 무엇보다도 먼저 정부 전문기관의 주도하에 정확한 실태를 조사한 후 문제점을 도출하여 그에 따른 대책을 수립하여야 할 것이다. 이를 위해서는 환경부나 공해문제연구소 등 관련기관에서 정기적으로 사회체육 영역에서 발생하는 환경오염 실태를 파악하여 사전에 조치를 취하여야 할 것이다. 특히, 사회체육 시설의 설치 및 확충에 있어서 기존의 설치 기준령 및 환경보호법에 입각하여 부지를 선정하고 시설을 설치함으로써 부지확보 및 시설 확충을 위한 무분별한 산림 및 자연경관 훼손을 지양하여야 할 것이다. 무분별한 산림 및 자연경관의 훼손은 산사태 및 생태계 파괴를 초래한다는 점에서 환경오염의 유발은 물론 사회체육의 근본 목적에도 위배된다.

또한, 사회체육의 주시설이나 부대시설에서 유출되는 폐수 및 오수는 각종 토양 및 수질오염을 유발하는 원인이 되므로, 시설관리 책임자나 소유주는 환경보호 측면에서 반드시 정화처리할 수 있도록 폐수 정화시설을 갖추어야 할 것이다.

사회체육 활동 참가자는 환경보호의 중요성을 인식함으로써 자신이 참여하고 있는 활동지역의 환경보호에 적극적으로 동참하여야 한다. 보다 구체적으로는 사회체육 활동 지역의 자연경관 훼손이나 오물 및 쓰레기 투척 행동을 자제함으로써 보다 쾌적한 사회체육 환경 조성을 위해 노력하여야 한다.

4. 정보화 사회와 사회체육

미래사회에는 전자통신(tele-communication)에 의한 새로운 사회구조가 출현하여 정치, 경제, 사회, 문화, 스포츠 등 사회 각 부문에 있어서 교환활동의 방법, 지식을 창출하여 이용하는 방법, 그리고 직업이나 일의 성격 등에 결정적인 영향을 미칠 것으로 예견된다. 컴퓨터가 중심적인 역할을 하게 될 조직이나 정보 처리분야의 이러한 혁신은 후기산업사회가 발전됨으로써 실현 가능하다. 체육 및 스포츠의 분야 또한 예외는 아니어서 정보화 사회에서 특징적으로 나타나는 기술혁신, 정보 통신의 발달, 컴퓨터의 보급 등은 사회체육 전반에 크나큰 변화를 유도할 것으로 예견된다.

1) 정보화 사회의 의미

(1) 정보화 사회의 개념

정보화 사회는 대량 정보처리 능력을 지닌 컴퓨터나 첨단 전자제품에 의하여 주도되는 사회이다. 1950년대 컴퓨터의 등장 이후 속출되는 정보기술 개발은 기존의 사회를 새로운 사회로 변모시키게 하였다. 이전의 산업사회에서 새로운 정보화 사회로 접어드는 변화요인으로는 첫째, 인구팽창, 농촌의 급격한 도시화, 도시로의 인구이동, 둘째, 자발적인 사회운용의 활성화로 인한 일반 대중의 영향력 강화, 셋째, 후기산업사회의 출현 등을 들 수 있다(Bell, 1981).

정보화 사회를 규정하는 기준은 RITE(Research Institute of Telecommunication & Economics)의 기준과 'Johaka Index' 의 두 가지의 방법이 널리 사용되고 있다(원우현, 1984). RITE에서는 1970년 노동인구 중 50% 이상이 정보사회에 종사하여야 하고, 적령인구의 50% 이상이 대졸이어야 하며, 개인소득 4,000달러 이상인 경우에 정보화 사회로 정의한다. Johaka Index에서는 정보화 사회를 다음의 4개 범주와 10개 요소로 규정짓고 있다.

① 정보량: 1인당 전화 통화량(interpersonal communication의 측정), 100명당 신문 구독 수, 1,000명당 서적 발행 수, 인구밀도
② 미디어의 보급: 100명당 전화 대수, 100가구당 라디오 대수, 100가구당 TV세트 수
③ 정보행위의 질: 노동인구 중 서비스업 종사 인구비, 비적령 인구의 학생비
④ 정보비: 총지출 중 정보에 대한 지출

이러한 지표로 규정되어진 정보화 사회는 정보기술의 발전이 폭발적으로 이루어진다는 특징을 지니고 있다(기계기술사, 1985). 또 다른 특징으로는 컴퓨니케이션(compunication)을 들 수 있다(원우현, 1984). 이는 전자통신(tele-communication)과 텔레프로세싱(tele-processing)이 혼합된 개념이다. 즉, 컴퓨터 기술에 힘입어 정보의 공급기능 단계에서 보관기능 단계를 거쳐 정보의 배분기능을 망라한 거대한 정보교환제도가 형성되는 것을 의미한다.

일본의 미래학자인 Masuda(1981)는 인간의 생활 모습이나 삶의 목표 변화에 중점을 두고, 정보화 사회를 "인간이 고도의 지적 창조성을 가지고 보이지 않는 화폭에 미래를 그리면서 개인적으로 가치 있는 삶을 추구하는 사회"로 정의하고 있다. 그는 오늘날의 사회를 "후기산업사회로서의

정보화 사회"라고 규정함으로써 정보화 사회를 산업사회 이후에 나타나는 후기산업사회의 한 형태로 이해하고 있다.

이처럼 정보화 사회는 지식 및 정보의 창조, 응용, 배포가 사회적으로 중요시되는 사회이다. 이러한 사회에서는 인간의 두뇌활동을 대신하는 컴퓨터를 중심으로 하여 그 응용 기술인 프로그램, 즉 소프트웨어를 이용하여 각종 정보와 지식을 수집, 처리 분석하여 인간 생활에 이용함으로써 사회 전반의 능률과 생산성을 향상시키는 창조적인 지식산업이 중요한 산업의 위치를 차지하게 된다(차경수, 1986).

(2) 정보화 사회의 특성과 사회체육

정보기술은 사회적 하부구조(infra-structure)를 강화하고 전통적 산업분야를 재활성화하여 지식을 확대하고 문화를 풍요롭게 하는 강력한 도구이다. 미래 사회에서 예견되는 정보통신 기술의 혁명적인 변화는 사회변동의 폭과 성격에 큰 영향을 미칠 것으로 전망된다.

정보화 사회에서 예측할 수 있는 첫 번째 특징은 정보의 폭증(information explosion)이다(김경동, 1986). 정보의 폭증은 정보의 생산 면에서 양적인 팽창을 뜻하지만, 정보처리 및 통신 기술의 진보에 힘입어 유통과 소비에 있어서도 근본적인 변화가 예측된다. 사회체육 분야 또한 예외가 아니어서 체육활동과 관련된 각종 정보가 생산 · 창출될 전망이다. 체육 및 스포츠와 관련된 인쇄매체 및 전파매체의 보도량이 급증하고, 각종 체육시설의 이용에 대한 안내, 다양한 체육 전문 서적의 출간, 스포츠 행사 안내 및 홍보 등과 관련된 수많은 정보가 급격하게 증가하여 유통될 것이다. 이와 같은 사회체육 정보량과 종류의 폭증은 일반대중의 사회체육에 대한 선택 가능성을 잠재적으로 확대시켜 준다는 점에서 사회체육 발전에 긍정적으로 기여한다. 즉, 사회체육 정보의 증가는 개개 성원의 사회체육 활동과 관련된 자율적 선택의 범위를 확장시킴으로써, 수많은 대안 중에서 개개 참여자가 자신의 자아실현에 필요한 사회체육 정보를 선별하여 활동할 수 있는 가능성이 커짐을 의미한다. 그러나, 이와 같은 사회체육 정보의 폭증은 과다한 수량과 다양한 종류로 인하여 사회체육 참가자에게 오히려 선택의 부담을 주고 혼란을 자아낼 수 있으며, 보다 궁극적으로는 정보의 질적 저하를 초래할 수 있다는 점에서 사회체육 발전에 부정적 효과를 유발할 수 있다.

둘째, 인간의 생산활동과 관련하여 정보통신혁명은 일의 의미와 성격을 근본적으로 바꾸게 될 것이다. 공업사회에 있어서 노동과정을 중심으로 야기되는 인간소외의 특징은 생산의 수단인 기계와 생산과정 자체에 대한 인간의 통제가 약화된 데서 연유한다. 그러나 정보화 사회의 노동과정은 개개 근로자의 창의력과 자율적 통제를 가능케 하는 방향으로 변화된다. 생산과 유통 및 소비의 통합이 가능해지는 체제를 갖추게 됨으로써 모든 개개 성원은 자신의 취향에 따라 직업 자체는 물론 일하는 시간과 장소를 선택할 수 있고 자신의 생각대로 일을 처리하게 될 것이다. 정보화 사회에서 예견되는 일의 의미와 성격 변화, 그리고 노동과정에 있어서 자율성 신장은 사회체육 활동의 방법과 성격에도 영향을 미칠 것으로 전망된다. 노동과정의 변화는 근본적으로 여가 증대를 수반하게 되어 사회체육 수요 증가를 유도한다. 특히, 노동과정에 있어서 자율성 신장은 그동안 일과 후나 주말, 혹은 휴일에 주로 실행되어 왔던 사회체육 활동 참가 형태에서 벗어나 일과중이나 주중에도 참가할 수 있는 기회를 제공함으로써 사회체육 활동의 성격이나 형태를 크게 변화시킬 것으로 전망된다. 즉, 정보화 사회에서는 일반대중이 언제 어디서나 원하는 시간과 장소에서 자유롭게 참가할 수 있도록 각종 사회체육 정보 및 통신을 완전하게 개방하고 평준화시킴으로써 사회체육 활동 관련 각종 정보를 용이하게 이용할 수 있는 시설을 갖추게 될 것이다. 이와 함께 사회체육 정보를 참가자에게 지속적이고 다양하게 제공하며 사회체육 참가자의 요구를 흡족하게 충족시킬 수 있을 정도로 다양한 시설 및 프로그램이 확충 · 개발되어질 것이다.

셋째, 정보통신의 혁명은 인간의 삶의 양식과 질적 측면에서 변화를 초래할 것으로 기대된다. 특히, 삶의 가치 지향에 있어서 물량주의와 소유 중심의 문화에서 탈피하여 삶의 존재 양식 그 자체를 중시하는 정보 중심의 사조로 전환하게 될 것으로 전망된다(Lagos, 1981; 김경동 외, 1983; Kim & Lee, 1985). 이와 함께 의식주의 생활양식이 변하고 가족생활과 지역공동체 생활의 성격과 유형도 개인주의를 지향하게 될 것이다. 직업생활을 비롯한 모든 활동이 개인을 중심으로 하여 자율적으로 이루어질 수 있는 기술적 토대 마련이 가능할 뿐만 아니라, 가족생활도 개인 중심이 되며, 지역공동체의 인간관계도 이웃이라는 관념이 희박해지고 개인 중심으로 삶이 영위될 것이다. 이와 같은 변화는 사회체육 분야에 그대로 반영되어 사회체육 참가에 있어서 정보의 의존도가 훨씬 증가하게 된다는 점에서, 사회체육 관련 홍보체계의 확립과 보다 고도화된 정보관리체제가 도입될 것으로 전망된다. 이와 더불어 생활양식의 개인주의적 성향은 개인 종목 중심 사회체육 인구의 증대를 수반함으로써 사회체육 프로그램에 있어서 개인 종목의 비율이 크게 늘어날 것으로 예견된다. 정보화 사회에서 특징적으로 표출되는 이와 같은 개인주의적 성향은 사회를 원자화시킬 수 있다는 점에서, 공동체의식 및 인간성 회복의 차원에서 이를 개선할 수 있는 사회체육의 역할이 한층 더 요청된다(임번장, 1995a).

넷째, 정보사회에서는 인간의 지적 능력 내지 지적 활동에 대한 사회 각 분야의 의존도가 대단히 높아진다. 산업사회 역시 과학기술에 대한 의존도가 높은 사회였지만 이는 기본적으로 육체노동의 생산성에 의존한 시대였다. 따라서 산업사회의 기술개발은 육체노동의 생산성 향상에 주력하여 왔다. 반면 정보사회는 지식노동의 생산성 향상을 목표로 하는데 상품 생산의 영역이 지식 · 정보 · 교육 · 문화 · 스포츠 · 사회체육 등과 같이 무형의 상징적 상품을 포괄할수록 지식노동의 생산성 문제는 더욱 중요시된다. 따라서 정보사회에서의 사회체육은 장시간의 신체적 훈련을 강조하고, 경기 결과의 결정이 신체적 힘에 의존되어 왔던 산업사회와는 달리 경기의 결과와 과정이 정신적 힘인 정보나 지식에 의존하게 됨으로써 집약된 이론적 지식과 과학적 방법을 강조하게 된다. 체육 및 스포츠에 있어서 지식은 운동생리학이나 운동역학, 스포츠사회학, 스포츠심리학 같은 이론적 지식과 테니스나 수영 기능을 지도할 수 있는 실용적 지식, 그리고 실제 체육지도 현장에서 체득하는 현장경험 지식과 노하우 등 세 가지 유형이 있다. 정보화 사회에 있어서 사회체육 분야 지식노동의 생산성을 향상시키기 위해서는 이와 같은 세 가지 지식을 결합하여 실질적으로 활용할 수 있는 사회체육 지식이 중요시되고 강조된다.

다섯째, 경계의 이완이다. 근대산업사회는 기업 간, 사회 각 부문 간, 국가 간 경계가 비교적 견고한 사회로서 그 경계가 제도적으로 보장되는 것이 일반적이다. 그러나 정보사회에서는 모든 분야의 경계가 희박해진다. 지식정보의 시간 · 공간적 한계를 넘어선 교류와 활용이 경계의 폐쇄성을 깨트리기 때문이다. 사회체육 분야에서도 정보화를 매개로 하여 국경의 의미가 퇴색하고 돈과

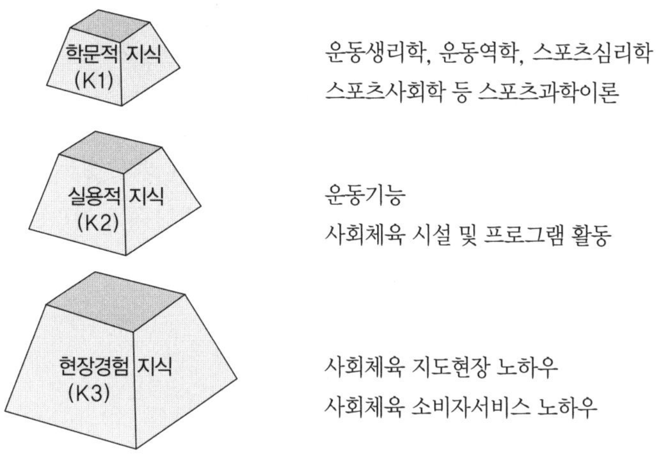

그림 15-1. 사회체육 지식의 구성 요소

사람, 물건과 사람이 자유롭게 이동한다.

여섯째, 시공간의 응축(time-space compression)이다. 사람들 사이의 상호작용을 직접적 · 대면적 상호작용과 간접적 · 추상적 상호작용으로 구분한다면, 전 산업사회는 전자가 압도적이었으나 근대산업사회에서는 후자가 우위를 차지하였다. 그러나 정보사회에 들어서서는 간접적 · 추상적 상호작용이 직접적 · 대면적 상호작용에 유사한 형태로 재전환되고 있다. 뿐만 아니라, 개인이나 집단 간의 교류가 전지구 차원(grobal level)으로 확산되어 맥루언이 지구촌(global village)이라고 표현했던 가정이 현실화되고 있다.

금세기의 기술혁명과 정보혁명 속에서 진행되고 있는 사회 각 부문에서의 과학기술의 발달, 특히 운수, 통신, 전자통신 분야에서의 첨단 기술발달은 사회체육 부문에도 직접적인 영향을 미침으로써 시간과 공간의 의미를 새롭게 부여하고 있다. 여기서 새로운 의미를 담당하는 기술이 이른바 공간-조정적 테크놀로지(space-adjusting technology)로서, 이는 사회체육의 공간적 거리의 비중이나 중요성을 무의미하게 만들고 있다. 이제 전 세계를 대상으로 하는 공식적 · 비공식적 스포츠 교류와 의사소통의 채널이 광범하고 활발해지면서 특정 개인 · 문화 · 국가가 체험하는 스포츠 세계가 좁아지게 될 것이다. 따라서 사회체육에서의 공간적 거리는 체육활동이 발생하는 현장 간의 연결이 보다 신속해지고 개선됨에 따라 축소된다. 이로 인해 공간적 거리는 그 의미가 상대적으로 약화되어 가고 있다. 오늘날 "내가 어디서 사회체육 활동을 하고 있는가"라는 절대적 위치(absolute location) 개념은 큰 의미를 부여받고 있지 못하다. 사회체육 시장과 사회 · 문화 · 국가가 점차로 서로 밀접하게 연관되어 가고 있는 오늘날에 있어서 보다 중요한 것은 "내가 다른 지역의 사회체육 활동과 연계되어 있는가, 연결되어 있다면 어느 정도 연결되어 있는가"이다. 즉, 절대적 측면에서의 거리가 아니라 시간적 측면에서 다른 장소에서 얼마나 떨어져 있는가 하는 상대적 위치(relative location)의 개념이 중요하게 될 것이다. 이는 사회체육에 관한 정보를 거래하는 데 드는 비용과 시간이 인간의 의사결정 과정에 있어서 장소와 장소 간의 절대적 거리보다도 중요한 역할을 하게 됨을 의미한다(박진경, 1999).

2) 정보화 사회의 사회체육

(1) 사회체육에 있어서 정보의 중요성

사회체육 활동에 있어서 관련 정보는 사회체육 참가자뿐만 아니라, 비참가자의 참여를 촉진시키는 중요한 요인이다. 더욱이, 특정 개인의 주거 지역으로부터 특정 사회체육 활동 장소까지의 거리가 사회체육 참가를 결정하는 중요한 요인이라는 사실이 다수의 연구결과에서 증명되고 있다(Beaman, 1974, 1976; Cesario, 1975; Cheung, 1972; Deacon, Pigman, & Deen, 1972; Freund & Wilson, 1974; Johnston & Elsner, 1972; Lentnek, Van Doren, & Trail, 1969; McKillop, 1975; O' Rourke, 1974; Wilkinson, 1973; Wolfe, 1972). 앞의 장에서 언급한 사회체육 시설, 프로그램 및 지도자에 대한 만족과 함께 참가 경비, 시간, 시설 이용료 및 입장료 또한 사회체육 참가에 큰 영향을 미친다. 이와 같은 사실은 개인이 지니고 있는 정보가 사회체육 참가 결정에 있어서 주요 요인임을 시사하여 주고 있다.

Mercer(1971)는 레크리에이션 행동에 있어서 인식의 역할에 관한 연구를 통하여, 레크리에이션 활동의 선호(가치관, 일반적 · 구체적 태도 및 기대)는 보유 정보에 기초한 의사결정과 함수관계에 있다고 지적하였다.

Barker(1968)는 자연에 대한 인식 및 수질오염도가 캐나다 토론토 지역 호반 산책자들의 이용자 평가 및 공간 선호도에 중요한 영향을 미치고 있다는 사실을 발견하였으며, Hecock(1966) 또한, 매사추세츠의 Cape Cod 해변의 질적 평가에 대한 연구에서 유사한 결과를 발견하였다. Bultena와 Taves(1961)는 야생지역의 이미지에 영향을 미치는 요인을 조사한 결과 해당 지역에 관한 특정 정보가 야생지역에 대한 개인의 이미지에 중요한 영향을 미치고 있다고 보고하였다. Mercer(1971)는 개인의 감성 지도(emotional map: 이미지)가 호주의 도시지역에 있어서 레크리에이션 행동에 영향을 미친다는 사실을 보고하고 있다.

기타의 많은 연구들이 야외 레크리에이션 활동 및 위치 평가에 영향을 미치는 요인으로서 보유 정보의 중요성을 지지하고 있다. Lime(1969)은 미네소타 주의 국립공원에서 캠핑하는 사람의 80%가 집을 떠나기 전에 특정 장소를 사전에 결정한다고 보고하고 있으며, Taylor와 Knudson(1973)은 미국의 중서부 8개 주에 있는 16개 공원에서 캠핑하는 사람의 94%가 이전에 방문한 경험이 있거나 지난 5년 간 방문한 경험이 있는 캠핑 지역을 선호하여 재방문하고 있음을 발견하였다. Taylor와 Knudson(1973)은 그들의 연구에서 캠핑자의 약 8%는 정보 부족으로 인하여 그들이 선호하는 캠프 지역을 방문하지 않고 있음을 지적하고 있다.

일부 연구에서도 보유 정보가 개인의 스포츠 및 야외 레크리에이션 참가에 영향을 미치는 중요한 요인임을 보여 주고 있다. 예컨대, 인성 특성을 연구하는 학자는 자아개념과 신체상(body image)이 스포츠 활동과 관련이 있음을 발견하였다(Albinson, 1971). 그리고 여러 연구자들이 이전

경험의 중요성을 주장하고 있는데, 특히 현재의 참가 결정 요인으로서 아동기의 경험이 현재의 기억에 즐거움을 주는 요인이라고 강조하고 있다(Burch, 1969; Burch & Wegner, 1967; Hendee, 1969).

이와 같이 사회체육 활동을 전개하는 데 있어서는 관련정보나 지식의 보유가 사회체육 활동의 참가, 과정 및 결과에 영향을 미치는 주요 요인임을 알 수 있다.

(2) 사회체육과 정보 매체

정보화 사회에서는 다양한 정보교환 기술이 개발되어 활발한 교류가 이루어질 것으로 전망되는데 사회체육과 관련된 정보교환 매체는 다음과 같다.

가. 케이블 텔레비전(cable television)

유선을 이용한 텔레비전 방영은 1940년대 후반 미국에서 처음 도입된 시스템이다. 케이블 시스템은 원래 원거리 난시청 지역 혹은 산과 같은 장애물 때문에 텔레비전 수신이 불가능한 지역에 안테나를 설치함으로써 시청자에게 보다 선명한 영상을 제공하기 위하여 고안된 것이다. 이러한 케이블 시스템은 사회체육 분야에 있어서 다양하게 활용될 수 있는데 가입자는 희망하는 채널을 선택하여 정보를 얻을 수 있으며 특히 연속적으로 방영하는 스포츠 관련 프로그램과 사회체육 관련 프로그램을 취사 선택하여 시청할 수 있다는 이점이 있다. 나아가 사회체육 전용 방송 프로그램을 계속적으로 시청할 수 있을 것이다.

나. 저출력 텔레비전(neighborhood television)

저출력(低出力) 텔레비전은 원래 텔레비전 방송국 운영자들이 난시청 문제를 해결하기 위하여 개발한 방송송출 방식으로서 약한 주파수를 중앙 텔레비전 방송국으로부터 수신받아 이를 다시 증폭하여 같은 채널로 송영하는 방식을 활용함으로써 시청자는 방송국이 바로 인근 지역으로 이전해 온 것처럼 선명한 화면을 시청할 수 있다. 저출력 텔레비전 방송국은 정규출력 텔레비전 방송국을 세우는 비용의 약 10분의 1 정도로 소규모 텔레비전 방송국에 변조장치를 가설하는 것이 가능하다는 점에서 변조장치를 자체 프로그램 제작에 이용할 수 있는 이점이 있다(Singleton, 1984).

앞으로 저출력 방송국 설립이 자유로워질 경우, 지역사회의 자체 텔레비전 뉴스나 프로그램뿐 아니라 지역사회의 사회체육 실태나 동호인 조직의 운영, 혹은 스포츠 경기 중계 등과 같은 사회체육 프로그램을 제공받음으로써 개인 자격이나 혹은 집단을 조직하여 원하는 사회체육 프로그램에 대한 방송을 요구함으로써 사회체육 발전에 많은 기여를 할 수 있게 된다.

다. 다지점 전파송신 서비스(multipoint distribution service)

다지점 전파송신 서비스는 주로 개인, 또는 투숙객에게 영화를 상영하려는 호텔 같은 가입자에게 수신자 지불 텔레비전(pay-televison)을 전송하는 데 이용되지만, 가입자가 잘 이용하지 않는 낮 시간에는 다른 소비자에게 여러 가지 정보를 제공한다. 다지점 전파송신 운영자는 시청자에게 별도의 요금을 부과하지 않는 대신, 프로그램 배급자에게 전송 시스템을 빌려 주는 임대료만으로 수익을 올린다(Singleton, 1984).

사회체육 분야에 있어서 다지점 전파송신의 활용은 기본적으로 이용자가 별도의 경제적 부담 없이 사회체육에 관한 정보를 이용할 수 있는 장점이 있다. 즉, 이용자는 자신의 컴퓨터를 안테나와 저주파 변조장치에 연결하여 다지점 전파송신의 사회체육 관련 자료를 제공받을 수 있으며, 각종 사회체육 자료 및 사진을 원하는 사람에게 보낼 수 있다. 또한 사회체육 단체나 기관에서도 다지점 전파송신 서비스를 이용하여 서류를 타 기관에 전송하거나 수신할 수 있다.

라. 직접위성방송(satellite broadcasting)

직접위성방송은 통신위성으로 신호를 보내서 다양한 형태의 텔레비전 프로그램을 국가 전역에 방송하는 시스템이다. 중개자를 배제시키고 직접 고객에게 자체 수신기를 공급하여 케이블 운영자나 지방 네트워크 관련자를 개입시키지 않고 운영될 수 있다(Singleton, 1984). 직접위성방송은 외국의 주요 스포츠 경기뿐만 아니라, 사회체육과 관련된 최신의 각종 정보 및 내용을 시차 없이 시청할 수 있는 이점이 있다.

우리나라의 경우에는 아직까지 자체 통신위성이 설치되어 있지 않고, 일회 방영 시 거액의 중계료가 소요되기 때문에 중요한 사회, 정치적 뉴스 또는 국제 스포츠 경기만을 방영하고 있으나, 앞으로 자체 통신위성이 설치되면 사회체육 관련 프로그램을 보다 많이 접할 수 있을 것으로 기대된다.

마. 비디오텍스트(video-text)와 텔레텍스트(tele-text)

비디오텍스트는 유선을 이용하여 TV 세트에 문자정보나 그림정보를 전달하는 장치라고 할 수 있다. 텔레텍스트는 텔레비전 주파수 형태로 TV 세트에 전달된다는 점에서 같은 종류의 정보 형태라 할 수 있으나 텔레비전 방송국에서만 전송이 가능하고 비디오텍스트는 거의 모든 용도에 사용된다는 점에서 차이가 있다.

우리나라에서는 1991년부터 TV방송국에서 문자정보 서비스를 제공함으로써 텔레텍스트 시스템이 운영되고 있으며, 비디오텍스트 시스템은 한국데이터통신과의 연계체제를 통하여 운영되고 있다.

텔레텍스트와 비디오텍스트는 다른 정보 시스템에 비하여 광범위한 사회체육 정보를 소비자가 이용할 수 있는 장점이 있다. 그러나 우리나라의 경우 아직까지 사회체육 정보 및 자료 관리 체계가 미흡하여 극히 제한된 정보의 이용만이 가능한 실정이다. 따라서 텔레텍스트나 비디오텍스트와 같은 시스템이 사회체육 분야에 효과적으로 이용될 수 있기 위해서는 보다 다양하고 광범위한 정보 및 자료를 수집, 정리, 보관함으로써 이용자의 다양한 요구를 충족시켜 줄 수 있어야 한다.

바. 퍼스널 컴퓨터(personal computer)

컴퓨터는 인간의 두뇌활동을 크게 연장하여 지금까지 단편적으로 존재하던 정보를 수집, 저장하고 정보와 정보 사이의 복잡한 관련성을 명석하게 분석할 수 있게 하였다. 이러한 변화는 정치, 사회, 문화, 의료는 물론 스포츠 분야 등 각 영역의 조직과 체제에 직접적으로 영향을 미치는 요인이 되었다.

오늘날 컴퓨터는 매우 다양한 기능을 수행하고 있으나 사회체육과 관련하여 다음과 같은 역할을 담당할 것이다.

첫째, 숫자를 기억하고 연산해 내는 컴퓨터의 기능은 각종 사회체육 단체나 기관의 장부정리나 회계 또는 사업계획 수립에 이상적 도구이다. 정부는 컴퓨터를 이용하여 사회체육 예산 계획 및 집행을 효율적 · 체계적으로 수행할 수 있으며 공공 및 민간 단체에서는 사회체육 시설관리 및 운영에 있어서 컴퓨터 관리체제를 도입할 것이다.

둘째, 퍼스널 컴퓨터는 숫자를 기억하듯이 모든 단어를 기록 저장할 수 있다. 사회체육과 관련된 정부기관 및 공공기관에서 흔히 쓰이는 소형 컴퓨터의 주요 기능은 문서처리 기능이다. 조사보고서, 이력서 및 기타 모든 문서를 기록 편집하며 필요에 따라 분류하여 쓸 수 있게 해 준다.

셋째, 컴퓨터를 이용한 연구는 최근까지만 해도 대형 컴퓨터를 설치할 능력이 있는 대학이나 기타 대규모 연구기관에서만 가능하였다. 그러나 이제는 누구든지 소형 컴퓨터를 이용하여 기초적인 운동기능에서부터 고도의 운동기능에 이르기까지 과학적인 연구가 가능하게 되었으며, 최근에 이르러서는 각종 컴퓨터를 이용한 스포츠 오락 프로그램이 개발됨에 따라 운동 규칙이나 기능의 학습도 이루어지고 있다.

넷째, 연결된 두 개의 컴퓨터는 서로가 보유하고 있는 정보를 교환하거나 공유할 수 있다. 변조장치(modem)나 전화연결장치로 컴퓨터를 전화수화기에 연결할 수 있는데, 변조장치는 컴퓨터 내부에서 생성되는 전자 신호를 고도의 전자음으로 바꾸어서 그 전자음이 전화선을 따라 전달되도록 유도해 준다. 이 연결장치를 이용하여 사회체육 동호인들은 서로의 컴퓨터 비디오 스크린을 통하여 의사소통을 할 수 있으며 사회체육 관련 정보를 교환할 수도 있다. 이와 같은 기능은 원거리에서 수행이 가능하며 사회체육 정보를 수록하고 있는 중앙 컴퓨터와 연결하여 원하는 자료를 얻을 수도 있다.

지금까지 논의된 퍼스널 컴퓨터의 용도는 컴퓨터 이용범위 가운데 극히 일부분에 불과하다. 따라서 사회체육 분야에 있어서 컴퓨터의 이용을 극대화하기 위해서는 보다 용이한 프로그램 제작 및 사회체육 관련 프로그램의 다양한 개발이 이루어져야 할 것이다.

사. 원거리 영상회의(teleconferencing)

발달된 텔레 커뮤니케이션 시스템은 사람들로 하여금 가정 혹은 직장에 가만히 앉아서 정해진 업무를 원활히 수행할 수 있게 해 준다. 원거리 영상회의(teleconferencing)와 텔레컴퓨팅(telecomputing)의 개발을 촉진시킨 주요 원인은 과거 유가인상으로 인하여 야기된 운송비용의 상승이라고 할 수 있다.

현재까지는 시설비와 운영비 및 송신비용이 여행비용보다 많이 들어 비경제적이기 때문에 원거리 영상회의실이 많이 설치되어 있지 않으나 비디오 장비의 가격이 계속해서 저렴해지고, 통신위성을 이용한 송신비용이 저렴해진다면 원거리 영상회의 이용이 증가될 것으로 전망된다. 원거리 영상회의는 사회체육 분야에서도 이용될 수 있는데, 예를 들면, IANOS 총회와 같이 국제적으로 중요한 사회체육 단체의 회의나 선진 사회체육 국가의 체육부장관과 사회체육 정책에 관해 대담할 경우, 굳이 많은 경비를 들여 가면서 초청을 하지 않아도 원거리 영상회의를 통하여 실현이 가능하다. 한편, 몇 초마다 정지사진을 전송하는 시스템을 활용하게 되면 송신비용을 크게 감소시킬 수 있는 방법이 있는데, 회의의 주된 목적이 단순한 활자나 자료를 검토하는 경우에는 적절하게 이용될 수 있다.

5. 고령화 사회와 사회체육

오늘날 우리 사회에서 노인층에 대한 관심이 점차 높아가고 있다. 노인복지가 정부의 주요 정책적 관심사로 등장하고 있고 노년인구에 대한 학문적 연구성과도 꾸준히 축적되어 왔다. 노년인구에 대한 관심을 촉발시킨 계기는 무엇보다도 노년인구의 증가에 있다고 볼 수 있다. 고령화 사회에 있어서 주된 관심 중의 하나는 노인의 건강유지 및 체력관리라 할 수 있다. 따라서 미래사회에 있어서 사회체육의 역할 및 기능 또한 이와 같은 사회적 요구에 부응하는 방향으로 전개되어야 할 것이다.

1) 고령화 추세에 대한 인구학적 개관

1960년대 이후 노인인구는 뚜렷한 증가세를 보여 왔으며 현대사회에 이르러 출생률의 감소와 평균수명의 증가는 인구의 고령화를 더욱 가속화하였다. 65세 이상의 노인 인구가 7%인 사회를 고령화 사회라 한다면 그 비율이 14% 이상인 사회를 고령사회(aged society)라고 한다.

학문적으로는 통상 노화(individual aging)와 인구의 고령화(population aging)를 구분하여 사용하는 것이 일반적이다. 이 중 인구의 고령화란 노년인구가 다른 연령층의 인구보다 빨리 증가하는 현상을 의미한다(Cowgill, 1974). 우리나라의 노년인구는 1970년대 이후 급격하게 증가하기 시작하여 65세 이상의 노년인구가 1997년 현재 전체 인구의 6.3%수준으로 1995년 일본(14.1%), 미국(12.6%), 캐나다(11.6%), 독일(15.2%) 등 선진국 수준에 비해 매우 낮지만, 2010년에는 10%, 2020년경에는 13%에 달할 전망이다(국제통계연감, 1998). 노년 인구가 상대적으로 빨리 증가하기 위해서는 평균수명이 연장되거나 혹은 출산율이 낮아져야 하는데, 20세기 이래 두드러지게 나타난 고령화 추세는 이와 같은 두 가지 조건을 충족하고 있다. 이러한 추세의 구조적 배경을 인구변천이론(popluation transition)에 입각하여 설명하면 다음과 같다.

인구변천이론이란 인류사회가 인류 출현 이후 지속된 고출산-고사망의 1단계에서, 산업화의 전개에 따라서 출산율은 높은 수준을 유지하되 의학 · 의술의 발전 결과 사망률은 급속하게 감소되는 2단계로, 그리고 사망률 감소에 뒤이어 출산율 역시 크게 감소되는 3단계를 거쳐서, 마지막으로 출산율과 사망률이 함께 낮은 수준에서 균형을 이루는 4단계로 이행된다는 이론이다. 이러한 네 단계 중에서 노년인구가 급격하게 증가하기 시작하는 단계는 세 번째 단계이다. 두 번째 단계에서의 사망률 감소는 모든 연령층에 영향을 미치지만 특히 영 · 유아기에 미치는 영향이 지대하므로 노년인구의 상대적 증가로 귀결되지는 않는다. 결국 사망률 감소에 뒤이은 출산율 감소가 인구 고령화를 초래하는 결정적 동인이 되는 것이다(Rosset, 1964; Myers, 1965).

인구의 고령화 추세는 선진 공업국에서만 나타나는 현상이 아니라 제3세계에도 점차 확산되어 가고 있는 후기산업사회의 공통적 현상이다. 다만 차이점은 그러한 징후가 언제 나타나며 어떠한 방식으로 전개되는가 하는 점이다. 고령화의 진전 정도에 따라 네 가지 유형의 국가군을 제시한 Myers(1965)에 의하면, 가장 먼저 고령화 사회의 징후를 보인 것은 프랑스와 스웨덴 등 선진 유럽 국가들로서 이미 19세기 말엽에 고령화가 시작되어 1900년경에는 65세 이상의 인구 비율이 8%선을 초과하였다(1995년 현재 프랑스 14.9%, 스웨덴 17.3%). 다음은 미국과 그리스 등으로 20세기에 접어들면서 노령인구가 증가하여 20세기 중반에 8%에 이르렀고(1995년 현재 미국 12.6%), 일본과 아르헨티나 등은 제2차 세계대전 후 고령화 추세를 보이다가 1975년경 8%선에 도달하였다(1995년 현재 일본 14.1%). 마지막으로 한국 등 개발도상국은 1970년대 이후 노령인구가 급증하여 곧 8%선에 이를 전망이다(1995년 현재 한국 6.3%). 1995년 현재 65세 이상 노년인구의 비율은 전 세계적으로 6.5%, 선진 공업국의 경우 13.5%, 그리고 후진국의 경우에는 4.7%로 밝혀지고 있는데, 2020년에는 그 비율이 8.8%, 18.2%, 7.0%로 각각 급상승할 것으로 전망되고 있다(통계청, 1996).

한편, 한국 사회에 있어서 고령화 추세에 대한 징후는 ① 타 연령집단에 비하여 노년인구의 규모 및 증가율의 상대적 증대, ② 전체 인구 중 노년인구 구성비의 증가, ③ 평균 연령의 증가, ④ 평균 수명(출생 시 기대여명)의 증가, ⑤ 고령화 지수 등 각종 지표의 변화에서 나타난다(윤종주,

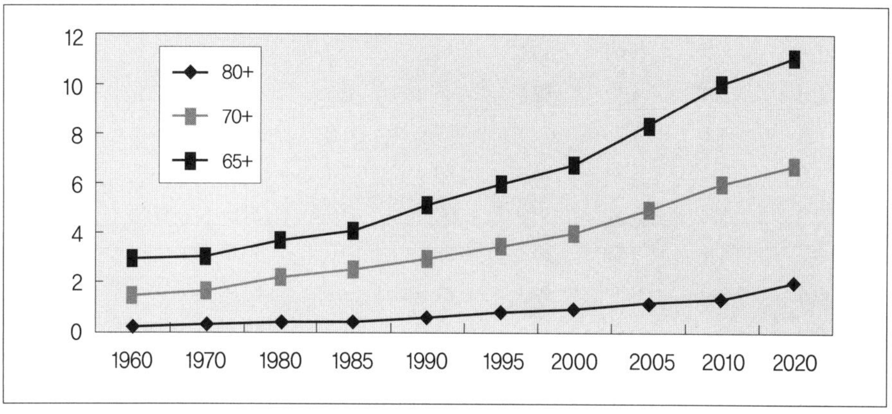

그림 15-2. 연령계층별 노령인구 구성비 추이

1985).

〈그림 15-2〉는 우리나라의 연령계층별 노령인구 구성비 추이를 나타낸 것이다. 노년인구의 연평균 증가율과 구성비율의 관점에서 보면 한국 사회는 1970년대부터 고령화를 경험하기 시작했다고 할 수 있다. 즉, 1960년대까지만 해도 65세 이상 노년인구의 비율은 3.3% 수준에 머물러 있었고, 노년인구의 연평균 증가율(2.4%)은 전국 인구 성장률과 거의 비슷한 수준에 불과하였다. 그러나 1970년대에 접어들면서부터 노년인구 증가율은 전국 인구 성장률을 크게 앞지르기 시작하였으며 양자간의 차이는 시간이 경과함에 따라 더욱 벌어지고 있다. 노년인구의 비율 역시 1970년 3.3%에서 1990년 4.7%, 2000년 6.3%로 증가하였으며, 2010년에는 10%선이 될 전망이다. 2025년경 후진국의 노년인구 비율이 평균 7.7%에 달할 것이라는 Myers의 전망에 견주어 볼 때, 한국 사회의 고령화 추세가 상대적으로 얼마나 급속하게 진행되고 있는가를 가늠할 수 있다.

노년인구의 비율과 함께 부양지수(dependency ratio), 고령화지수(index of aging) 역시 한국 사회의 고령화 추세를 단적으로 보여 주고 있다. 잠재적 생산 인구(15~64세)에 대한 잠재적 부

표 15-1. 한국 사회의 고령화 추세에 대한 각종 지표(1960~2020)

연도	전국인구	65세 이상		부양자 수(%)			고령화 지수(%)	평균 연령(세)	출생시 평균여명(세)	
	연평균 성장률 (지난 5년간)	연평균 증가율 (지난 5년간)	구성비(%)	전체	연소인구	노년인구			남	여
1960	–	–	3.3	86.0	79.9	6.1	7.7	23.4	51.1	57.3
1966	2.7	2.7	3.3	87.9	81.7	6.2	7.6	23.4	54.9	61.0
1970	1.9	2.0	3.3	83.3	77.2	6.1	7.8	24.0	57.2	64.1
1975	2.0	3.0	3.5	71.1	65.2	5.9	9.1	24.8	59.8	66.7
1980	1.5	3.7	3.9	60.5	54.3	6.2	11.4	26.2	62.7	69.1
1985	1.8	3.8	4.3	52.4	45.9	6.5	14.3	27.1	64.9	71.3
1990	1.0	3.1	4.7	44.1	37.3	6.8	18.2	28.3	67.1	73.6
1995	1.0	3.4	5.7	40.3	32.9	7.4	22.6	29.7	68.2	75.0
2000	0.9	4.4	6.3	38.9	30.0	8.9	29.6	31.0	69.3	76.2
2005	0.7	4.4	7.6	39.7	29.1	10.6	36.5	–	–	–
2010	0.4	3.0	8.7	39.1	27.0	12.1	44.8	–	–	–
2015	0.2	2.7	9.8	38.1	24.6	13.5	55.1	–	–	–
2020	0.1	3.2	11.4	38.7	22.9	15.8	69.1	–	–	–

출처: 윤종주(1988). 「우리나라 노년인구 성장추이 및 전망」. 『한국노년학』 제8집.

양 인구(1~14세, 65세 이상)의 비를 나타내는 부양지수 중 연소인구 부양비는 점차 하락하고 있는 반면, 노년인구 부양비는 1970년대부터 점차 증가하여 21세기 중반에는 연소인구 부양비에 근접할 전망이다. 한편, 15세 미만 연소인구에 대한 65세 이상 노년인구의 비율을 의미하는 고령화지수는 인구 구성 변화에 가장 민감한 지수로서 1960년에는 7.7에 불과하였으나 1985년에는 14.13으로 거의 두 배 가량 증가하였으며, 2000년에는 29.6, 2020년에는 69.1로 급격히 상승할 것으로 전망된다(박재홍, 1991). 실제로 1960년 7.7에 불과하였던 고령화지수가 1995년에는 25.2로 3배 이상 증가하였으며, 이 지수는 2000년에 29.6, 2020년에 69.1로 급격히 상승할 것으로 전망된다.

2) 미래사회 노인의 체육참가

모든 사회는 개인이 현재까지 살아온 물리적 인식만을 기준으로 한 역연령(chronological age: 曆年齡)과 사회가 개인의 역연령에 사회활동과 관련된 의미를 부여한 사회적 연령의 양대 구조를 지닌다. 역사적으로 볼 때, 초기의 연령구조는 일반적으로 유아기 · 아동기, 성인기 그리고 노년기 등 3단 체계(three-tiered system)로 구분되어 왔으나, 현대사회에서는 유아기, 아동기, 사춘기, 청소년기, 중년기, 초로기 및 노년기를 포함하는 7단계로 범주화하고 있다(McPherson, 1983).

연령은 지위의 점유 및 은퇴, 타인과의 상호작용, 그리고 특정 유형의 사회적 참여 자격 획득 등을 결정하는 중요한 기준으로 작용한다. 또한 특정 연령 계층에서 개인이 점유하는 위치(location, 예: 60세 이상)는 많은 영역에 있어서 개인의 행위, 태도 및 가치에 영향을 미치며 그에 따른 타인의 행동적 기대를 수반한다. 이와 같은 기대 중 일부는 제도화된 고정관념을 유도함으로써 연령계층 간의 차이를 고착화하고 확대시키는 작용을 한다. 특히, 개인이 타인과 사회의 기준에 따라 자신이 너무 늙었다거나 너무 어리다고 인식함으로써 특정 활동의 기회를 거부하거나 박탈당하기도 한다는 점에서 체육활동에 있어서도 연령차별주의(agism)의 심각성이 지적되고 있다.

연령에 대한 이와 같은 고정관념은 시간에 따라 변화하며 문화마다 혹은 한 문화 내에서도 다양하게 나타난다. 평균 수명이 오늘날보다 훨씬 짧았던 시대에는 40세만 되어도 노인으로 간주하고 '건강에 해롭다', '유치하다', 또는 '시간 낭비다' 라는 이유로 체육활동에 참가하는 행동을 장려하지 않거나 금기시하기까지 하였다. 즉, 당시의 체육활동은 평생체육으로 인식되지 못했을 뿐만 아니라, 놀이와 마찬가지로 아동이나 청소년, 성인 초기의 사람인 소위 젊은이를 위한 활동으로 인식되었고, 즐기기 위해서라기보다는 성장기의 신체발달을 위한 수단으로 간주되었다. 이러한 측면에서 고령화는 체육활동에서의 탈사회화를 부추기거나 체육활동 참가를 방해하는 주 요인으로 작용하여 왔음을 알 수 있다.

한편, McPherson, Curtis 그리고 Loy(1989)에 의하면, 상이한 생애의 단계에서 사람들은 체육활동을 포함한 다양한 사회영역에서 상이한 신체적 특질과 행동 유형을 보이는데, 이와 같은 차이는 다음과 같은 특성에서 기인한다고 한다.

① 고령화 효과(aging effect): 개인의 성숙에 따른 변화
② 무리 효과(cohort effect): 특정 사건의 영향에 의하여 특정 세대의 대부분 또는 모든 사람에게 독특하게 존재할 수 있는 행위의 변화
③ 기간 효과(period effect): 다른 세대에 비하여 특정 세대에 지대한 영향을 미치는 중요한 역사적 사건(예: 경제공항, 제2차 세계대전)의 영향

최근까지 스포츠는 성인 및 노인활동으로 인식되거나 장려되지 않았다. 역사적으로 특정 시기에는 모든 형태의 성인 여가활동이 불합리하며 시간낭비로 간주되기도 하였다. 그러나 오늘날의 노인은 이전 세대에 비하여 훨씬 많은 여가시간을 향유하고 있을 뿐만 아니라, 체육활동 참가가 건강유지의 중요한 수단이라는 사실을 인식하여 신체활동에 적극적으로 참가하기 시작하고 있다(Canada Fitness Survey, 1982; McPherson, 1983, 1984, 1986; Ostrow, 1981; Rudman, 1986).

3) 미래사회의 노인체육

미래사회에는 생활수준의 향상과 의학의 진보에 힘입어 인간의 평균수명이 연장되고 이에 따라 전체 인구 중 노인인구가 차지하는 비율이 상대적으로 높아질 전망이다. 따라서 미래 사회체육의 방향은 상당 부분 노인에 의하여 결정지어질 가능성이 매우 높다고 하겠다.

대부분의 사회에서 평균연령이 증가하고 수명이 연장되며 세계적으로 노인인구의 비율이 증가함에 따라, 접촉이나 근력, 상대편과의 승리 다툼, 심각한 부상의 위험이 덜한 사회체육 활동에 대한 관심이 높아질 것으로 전망된다. 노인은 기록이나 승리, 근력의 과시에 매력을 느끼지 않는 대신 체육활동을 사교활동으로 삼아 여가를 즐기는 데 관심을 기울인다. 따라서, 노인인구의 비중이

한층 증가하는 미래의 사회체육은 건강, 사교, 그리고 움직임의 즐거움을 강조하는 비경쟁적 체육활동 또는 경쟁적이라도 상당히 완화된 형식의 체육활동이 중심이 될 것이다. 예를 들어 골프는 신체적 운동을 포함하지만 비폭력적이고 승패가 중시되지 않으며 상이한 기술 수준의 사람들이 더불어 경쟁할 수 있도록 핸디캡 시스템이 도입되어 있다. 따라서 대중적 인기를 누리기에는 다소 지출이 많은 신체활동임에도 불구하고 노인과 젊은이, 남성과 여성, 부모와 자녀가 함께 골프를 즐길 수 있는 장점이 있다(Coakley, 1998).

노인이 가장 높은 관심을 보이고 있는 대상은 무엇보다도 건강에 대한 문제이며, 노인의 체육활동은 여가선용뿐만 아니라, 바로 이러한 건강의 유지 및 증진 측면에서 중시되어야 할 과제이다. 따라서 노년기의 체력관리와 건강을 위하여 적절한 체육활동과 레크리에이션의 중요성이 대두되고 있다. 특히 핵가족화되면서 노인층이 심각한 소외집단화되고 있는 추세에 따라 적절한 노인체육활동의 장려는 국민복지적 차원에서 매우 중요한 정책과제인 것이다(임번장 외, 1987).

노인은 집중력이 약하고 체력적으로 퇴행기에 접어들었기 때문에 활발한 대근활동에 자주 참가하기 어려운 신체적 · 심리적 · 사회적 조건을 지니고 있다. 그러나 노년기의 운동부족은 노화현상을 촉진시키고 각종 질병에 저항하는 능력을 저하시켜 질병에 감염되면 이로부터 회복하는 데 상당한 시간과 어려움이 따른다. 따라서 노년기의 체육활동은 무리하지 않은 범위 내에서 지속성을 유지하며 규칙적으로 참가하는 것이 바람직하다. 한편 노년기의 체육활동은 상대적으로 체력이 왕성한 장년기 체육활동과는 상이한 의미를 지니고 있다. 장년기에는 직업활동이 생활의 주가 되고 여가활동이 부수적인 위치를 차지하는 반면, 노년기에는 이와 반대로 여가활동이 생활의 주가 되는 것이다. 결국 노년기의 사회체육 활동은 삶의 보람을 자극하고 유지시켜 주는 생활의 중요한 수단이 된다.

현재 노인을 위한 체육정책은 사회적 관심으로부터 멀어져 있는 것이 사실이다. 시설 면에서 보더라도 경로당, 노인정 등의 시설은 대체로 협소하여 신체활동을 전개하기에는 부적합한 편이며, 최근 비교적 활발히 이루어지고 있는 노인학교에서의 신체활동도 이들을 지도할 전문적인 지도자가 배치되지 못하고 있기 때문에 소기의 목적을 달성하지 못하고 있는 실정이다. 또한 소수의 사회체육 기관에서 노인을 위한 레크리에이션 활동을 의욕적으로 지도하고 있으나 극히 일부 계층에만 제한되어 있을 뿐, 사회 전반에 걸쳐 조직적인 체육활동은 거의 이루어지지 못하고 있는 실정이다.

결국 미래사회에 있어서 노인의 신체활동을 보다 적극적으로 유도하고, 활성화시키기 위해서는 이용 가능한 시설의 확보와 지도자의 양성도 중요한 과제임에 틀림없으나, 이들의 체력과 흥미를 고려한 다양한 프로그램의 개발 및 보급이 무엇보다도 선행되어야 할 것이다.

| 요약 |

후기산업사회로 대변되는 미래사회에서는 다양한 레저 및 스포츠 활동에 대한 자발적 참가가 대폭 증가될 것으로 예견되며 여가시간의 소비와 사회병리현상의 해소가 사회체육의 주요 과제로 대두될 것이다. 사회체육은 사람들에게 노동으로부터의 기분전환은 물론, 구조적 · 수동적 참가를 강조하는 이제까지의 전통적 여가활동에 일종의 대안을 제시함으로써 참가자가 직면하고 있는 복잡하고, 고도로 구조화된 노동 또는 직업환경을 극복하는 수단을 제공하게 될 것이다.

미래사회에 있어서 사회체육의 발전은 점차 사람들이 그들의 자유시간을 이용함에 있어 신체활동 영역에 참가하는 인구가 증가한다는 사실을 기본 가정으로 하며 이러한 참가는 자연적 · 자발적, 그리고 놀이적 행동을 특징으로 한다. 이러한 특징에 의하여 미래의 사회체육은 인간과 환경 사이의 자연 친화적 관계를 바탕으로 창출되는 자연스포츠(eco-sport)가 주축을 이룰 것으로 전망되는데 자연스포츠는 그 목적이 참가나 활동 그 자체인 내면적 보상에 있으며 돌발적인 행동 구조를 지닌다.

미래사회는 정보화 · 고령화사회로 특징지을 수 있으며 환경문제가 주요 쟁점화할 것으로 예견된다. 정보화 사회는 대량 정보처리 능력을 지닌 컴퓨터가 주도하는 정보혁명으로 형성된 사회로서 그 특징인 기술 혁신, 정보통신의 발달, 컴퓨터의 보급 등에 의하여 사회체육 전반에 큰 변화를 유도할 것으로 예상된다. 사회체육 활동에 있어서 정보는 사회체육 참가자뿐만 아니라, 비참가자의 참가를 촉진하는 중요한 요인으로 작용할 것이다. 케이블 텔레비전, 저출력 텔레비전, 다지점 전파통신 서비스, 직접위성방송, 비디오텍스트와 텔레텍스트, 퍼스널 컴퓨터, 원거리 영상회의 등이 사회체육 관련 정보매체로 활용될 것이다.

후기산업사회에서 예견되는 가장 심각한 문제 가운데 하나인 환경오염 및 생태계 파괴 문제를 고려할 때 사회체육 분야에서도 현장활동과 관련하여 환경오염 방지나 쾌적한 생활공간 조성에 노력을 기울여야 할 것이다.

한편, 노년인구의 증가로 인한 고령화 사회의 도래로 그간 노인을 사회적 소외집단으로 인식하여 오던 시각에서 탈피하여 적극적 · 능동적으로 노인의 건강 유지 및 체력관리를 도모함으로써 노인체육이 활성화될 것이다. 이를 위해 이용 가능한 시설의 확보, 지도자 양성 그리고 이들의 체력과 흥미를 고려한 다양한 프로그램의 개발 및 보급이 요구된다.

| 주요 개념 |

고령화 사회	고령화 효과	기간 효과
기교 스포츠	다지점 전파송신 서비스	무리효과
부양지수	비디오텍스트	비전문성
비조직성	사회변동	사회병리적 현상
사회적 하부구조	시공간의 응축	실용적 지식
역연령	연령차별주의	인구변천이론
자연 스포츠	저출력 텔레비전	정보화 사회
직접위성방송	창의성	케이블 텔레비전
탈사회화	텔레텍스트	통상 노화
퍼스널 컴퓨터	학문적 지식	현장경험 지식
환경오염	후기산업사회	

| 연구 문제 |

1. 후기산업사회의 개념 및 특성에 대해 살펴보자.
2. 후기산업사회에 있어 사회체육의 역할에 대하여 알아보자.
3. 사회변동과 스포츠의 관계에 대해서 알아보자.
4. 미래 스포츠를 주도할 기교스포츠와 자연스포츠에 대해 살펴보자.
5. 환경오염의 원인과 사회체육에서의 환경오염 예방에 대해 알아보자.
6. 정보화 사회의 개념 및 정보화 사회의 특징과 사회체육의 관계에 대해 살펴보자.
7. 사회체육에 있어 정보 매체(일곱 가지)가 어떻게 활용될 수 있는지 알아보자.
8. 체육활동 참여에 대한 연령차별주의에 대해 알아보자.
9. 미래사회에서 노인체육의 방향을 고찰해 보자.

참고문헌

기계기술사(1985). 『정보화사회』. 월간 기계기술.

김경동 외(1983). 『현대사회학의 쟁점: 메타사회학적 접근』. 서울: 법문사.

김경동(1986). 「정보통신혁명의 사회적 함의」. 사회과학연구소 편. 『정보화사회: 도전과 대응』. 서울: 서울대학교출판부.

김채윤 외(1987). 『사회학개론』. 서울: 서울대학교출판부.

문화관광부(2006). 『국민체육참여실태조사』.

박재홍(1991). 「노인문제」. 고영복(편). 『현대사회문제』. 서울: 사회문화연구소.

박진경(1999). 「스포츠와 정보화」. 한국스포츠사회학회. 『제4차 한국스포츠사회학회 정기세미나 자료집: 스포츠와 제3밀레니엄』.

원우현(1984). 「정보화 사회의 특성과 정보 유통질서에 관한 고찰」. 『신문학보』 18호, 5-42.

윤정로(1991). 「현대사회와 그 미래적 전망」. 고영복(편). 『현대사회론』. 서울: 사회문화연구소.

윤종주(1985). 「노년화에 관한 인구학적 고찰」. 『한국 노년학』 제5집, 46-53.

______(1988). 「우리 나라 노년 인구의 성장추이 및 전망」. 『한국 노년학』 제8집, 7-18.

임번장(1993d). 「2000년대의 사회체육의 전망」. 서울 YMCA. 『서울 YMCA 창립 90주년기념 사회체육심포지엄 자료집』(pp. 4-19).

______(1995a). 「미래사회와 생활체육」. 『국민생활체육』 1995년 8월호(통권 제23호), pp. 10-15.

임번장 외(1987). 『사회체육진흥계획』. 학술진흥재단.

차경수(1986). 「컴퓨터의 보급과 교육개혁」. 사회과학연구소(편). 『정보화사회: 도전과 대응』. 서울: 서울대학교출판부.

통계청(1996). 『장래인구추계』.

한상일 · Benjamin, R.(1982). 「산업화, 후기산업화, 정치변동」. 『현대사회』 가을호, pp. 183-192.

현승일(1990). 『사회학』. 서울: 박영사.

홍덕률(1991). 「산업화와 현대사회」. 고영복(편). 『현대사회론』. 서울: 사회문화연구소.

Albinson, J. C. (1971). Life style of physically inactive college males. *Paper Presented at the International Symposium on the Sociology of Sport*, Wateroo, Ontario, Canada.

Barker, M. L. (1968, August). The perception of water quality as a factor in common attitudes and space preferences in outdoor recreation. *Paper presented at the Annual Meeting of the Association of American Geographers*, Washington DC.

Beaman, J. (1974). Distance and the"reaction" to distance as a function of distance. *Journal of Leisure Research*, 6(3): 220-231.

_________(1976). Corrections regarding the impedance of distance functions for several g(d) functions. *Journal of Leisure Research*, 8(1): 49-52.

Bell, D. (1973). *The coming of post-industrial society: A venture in social forecasting.* New York: Basic Books.

______ (1981). The social framework of the information society. In T. Forester(ed.). *The microelectronics revolution.* Cambridge, MA: The MIT Press.

Bultena, G., & Taves, M. J. (1961). Changing wilderness images and forestry policy. *Journal of Forestry*, 59: 167-171.

Burch, W. R. (1969). The social circles of leisure: Competing explanation. *Journal of Leisure Research*, 1(2): 125-147.

Burch, W. R., & Wegner, W. D. (1967). The social characteristics of participants in three styles camping. U.S. Forest Service Research Paper PNW48.

Canada Fitness Survey (1982). *Fitness and aging. Ottawa: Government of Canada.*

Cesario, F. J. (1975). A new method for analyzing outdoor recreation trip data. *Journal of Leisure Research*, 7(3): 200-215.

Cheung, H. K. (1972). A day-use park visitation model. *Journal of Leisure Research*, 4(2): 139-156.

Coakley, J. J. (1998). *Sport in society: Issues and controversies*(6th ed.). Boston, MA: McGrow-Hill.

Cowgill, D. O. (1974). The aging of populations and societies. *The Annals*, 415.

Deacon, J. A., Pigman, J. G., & Deen, R. C. (1972). Travel to outdoor recreation areas in Kentucky. *Journal of Leisure Research*, 4(4): 312-331.

Drucker, P. F. (1978). *The age of discontinuity: guidelines to our changing society.* New York: Harper and Row.

Figler, S. K. (1981). *Sport and play in American life.* Philadelphia, PA: Saunders College Publishing.

Freund, R. J., & Wilson, R. R. (1974) An example of gravity model to estimate recreation travel. *Journal of Leisure Research*, 6(3): 241-256.

Hecock, R. (1966). *Public beach recreation opportunities and patterns of consumption on Cape Cod.* Unpublished Doctroal Dissertation, Clark University, Worcester, MA.

Hendee, J. (1969). Rural-urban differences reflected in outdoor recreation participation. *Journal of*

Leisure Research, 1(4): 333-341.

Inglehart, R. (1977). *The silent revolution.* Princeton University Press.

Johnson, W. O. (1974). From here to 2000. In A. Yiannakis, T. D. Mclntype, M. J. Melnick, D. P. Hart(eds.). Sport Sociology: Contempory Themes. Dubuque, IA. Kendal/Hunt.

Johnston, W. E., & Elsner, G. H. (1972). Variability in use among ski areas: A statistical study of the California market region. *Journal of Leisure Research,* 4(1): 43-49.

Kahn, H., & Weiner, A. (1967). *The Year 2000: A framework for speculation on the next twenty-three Years.* New York: Macmillan.

Kim, K. D., & Lee, O. J. (1985). Middleclass perceptions of economic development and external relations in Korea. *Journal of East and West Studies,* 14(2).

Lagos, G. (1981). The revolution of being: A preferred world model. In H. Munoz(ed.). *From dependency to development* (pp. 123-160). Boulder, CO: Westview.

Lentnek, B., Van Doren, C. S., & Trail, J. R. (1969). Spatial behavior in recreational boating. *Journal of Leisure Research,* 1(2): 103-124.

Lime, D. (1969). *A spatial analysis of auto-camping in the Superior National Forest of Minnesota: Models of campground selection behavior.* Unpublished Doctroal Dissertation. University of Pittsburge, PA.

Masuda, Y. (1981). *The information society as post-industrial society.* Tyoko: Institute for the Information Society.

McKillop, W. (1975). Wilderness use in California: A quantitative analysis. *Journal of Leisure Research,* 7(3): 165-178.

McPherson, B. D. (1983). *Aging as a social process: An introduction to individual and popluation aging.* Toronto: Butterworths.

_______________ (1984). sport participation across the life cycle: A review of the literature and suggestions for future research. *Sociology of Sport Journal,* 1.

_______________ (1986). *Sport and aging.* Champaign, IL: Human Kinetics.

McPherson, B. D., Curtis, J., & Loy, J. W.(1989). *Social significance of sport: An introduction to the sociology of sport.* Champaign, IL: Human Kinetics.

Mercer, D. C. (1971). The role of perception in the recreation experience: A review and discussion. *Journal of Leisure Research,* 3(4): 261-276.

Myers, G. C. (1965). Aging and worldwide popluation change. In R. H. Binstock and E. Shanas(eds.). *Handbook of aging and the social sicences* (2nd ed.). New York: Van Nostrand Reinhold.

O' Rourke, B. (1974). Travel in recreational experience: A literature review. *Journal of Leisure Research,* 6(2): 140-156.

Ostrow, A. C. (1981). Age role expectation and sex role expectation for selected sport activieties. *Research Quarterly for Exercise and Sport,* 52.

Rosset, E. (1964). Aging process of popluation. New York: Macmillan.

Rudman, W. J. (1986). Sport as a part of successful aging. *American Behavioral Scientist,* 29: 453-470.

Singleton, L. A. (1984). The new technologies. Masscom Science Research Associates. Smith, E. L., & Serfass, R. C.(eds.) (1981). *Exercise and aging: The scientific basis.* Hillside, NJ: Enslow.

Taylor, C. E., &, Knudson, D. M. (1973). Area preferences of Midwestern campers. *Journal of Leisure Research,* 5(1): 39-48.

Wilkinson, P. F. (1973). The use of models in predicting the consumption of outdoor recreation. *Journal of Leisure Research,* 5(3): 34-48.

Wolfe, R. I. (1972). The inertia model. *Journal of Leisure Research,* 4(1): 73-76.

ㅣ 참고문헌 목록 ㅣ

강남식(1991).「여성문제에 대한 과학적 이해」. 한국여성연구회 편.『여성학 강의』(pp. 11-38). 서울: 동녘, 3.

강대기(1991).『현대도시론』. 서울: 민음사.

강신복(1996).『체육교육과정』. 서울: 보경문화사.

강신복 외(2000).『국민생활체육참여실태조사』. 문화관광부.

강신욱(1991).「사회체육 프로그램의 개발원리」. 사회체육개론 편찬위원회(편).『사회체육개론』. 서울: 교학연구사.

건설교통부(2005).『건설교통통계연보』.

경제기획원(1980).『1980년 인구 및 주택센서스 보고서』.

계간 사회체육(1991).「세계의 사회체육: 중화민국」.『계간 사회체육』 봄호.

고영복(1991).『현대사회문제』. 서울: 사회문화연구소 출판부.

곽효문(1995).『복지정책론』. 서울: 제일법규.

구창모(1985).「사회계층에 따른 스포츠 선호도에 관한 연구」. 석사학위논문. 서울대학교 대학원.

구창모 · 김기홍(1994).「노인 사회체육의 전망과 과제: 여성 노인을 중심으로」.『서울대학교 체육연구소 논집』 15(2): 129-138.

국민생활체육협의회(1991).『건강한 삶, 즐거운 인생: 국민체력향상프로그램 성인 편』 서울: 태창문화사.

________________(1993).『국민생활체육 - 생활체육 프로그램 순회지도 사업운영지침서』. 서울: 중도출판사.

________________(1997a).『1997년도 사업실적보고서』.

________________(1997b).「IANOS와 APOSA」.『국민생활체육』 제31호.

________________(2004).『국민생활체육리포트』. 서울: 한성애드컴.

________________(2007). 국민생활체육협의회 [인터넷 자료](http://www.sportsnet.or.kr/contents/intro01.htm).

국민체육진흥공단(1999a).『21세기국민체육진흥의 동반자』.

______________(1999b).『국민체육진흥의 발자취』.

______________(2007). 국민체육진흥공단 [인터넷 자료](http://www.spsfo.co.kr).

국제산업정보연구소(1993).『스키장사업의 현황과 개발 방안』.

권용우 외(1998).『도시의 이해』. 서울: 박영사.

권윤방(1993). 「여성의 사회참여와 체육의 역할」. 한국여성체육학회. 『1993년도 여성체육학회 학술세미나 자료집: 여성의 사회참여와 의식 선진화를 위한 체육의 역할』(pp. 1-9).

기계기술사(1985). 「정보화사회」. 『월간 기계기술』.

김경동(1986). 「정보통신혁명의 사회적 함의」. 사회과학연구소 편. 『정보화사회: 도전과 대응』. 서울: 서울대학교출판부.

______(1988). 「사회 발전과 체육」. 서울대학교 사범대학 체육연구소. 『올림픽 이후의 한국 체육』. 서울: 프레스센터.

김경동 외(1983). 『현대사회학의 쟁점: 메타사회학적 접근』. 서울: 법문사.

김경동 · 안청시(1985). 『한국의 지방자치와 지역사회 발전』. 서울: 서울대학교출판부.

김경식(1996). 「대도시 노인의 생활체육 참여와 여가 만족 및 생활만족의 관계」. 석사학위논문. 서울대학교 대학원.

김광득(1990). 『현대여가론』. 서울: 백산출판사.

______(1995). 「복지사회 구현을 위한 여가정책」. 『후기산업사회에서의 여가 및 레크리에이션의 역할과 과제: 이화여자대학교 보건체육연구소 학술발표회 논문집』(pp. 13-51).

김기형 외(2003). 『국민생활체육활동참여실태조사』. 문화관광부.

김대환(1998). 『발전경제학』. 서울: 경문사.

김동훈(1986). 「지방자치와 주민참여의 활성화 방안」. 한국지방행정연구원. 『지방자치의 발전전략 세미나 자료집』.

김문겸(1993). 『여가의 사회학: 한국의 레저문화』. 서울 : 도서출판 한울.

김범식(1989). 「스포츠의 직접 참여가 직장인의 직무만족에 미치는 효과」. 『한국체육학회지』 28(1): 103-127.

김숙자(1994). 「여성복지와 생활체육」. 『1994년도 생활체육 학술세미나 논문집』(pp. 43-56).

김영주(1990). 「도시 노인의 스포츠활동 참여에 따른 생활만족도에 관한 연구」. 석사학위논문. 이화여자대학교 대학원.

김윤태 · 서정화 · 노종희(1984). 『교사와 교직사회』. 서울: 배영사.

김의수 외(1995). 『운동과 성인병』. 서울: 태근출판사.

김재철(1999). 「매력 있는 대한민국: 제도가 편하고 국토는 아름답고 인간은 자유로운 곳」. 『월간조선』 1999년 11월호 별책 단행본. 서울: 조선일보사.

김종철(1977). 『교육행정의 이론과 실재』. 서울: 교학사.

김채윤 외(1987). 『사회학개론』. 서울: 서울대학교출판부.

김현조 · 김석훈(1991). 『도시사회학』. 서울: 경진사.

김홍기(1995). 「스포츠센터 참가자의 운동욕구에 관한 연구」. 석사학위논문. 서울대학교 대학원.

남상하(1991). 『신경영 분석』. 서울: 형설출판사.

노사정위원회(1998). 『노사정위원회 활동자료』. 노사정위원회.

농림부(2007). [인터넷 자료](http://www.maf.go.kr/html/pds/pdsol-0.2htm).

______(2007). 농림업 주요통계.

대한체육회(1999). 대한체육회 [인터넷 자료](http://www.sports.or.kr/kocksc/ksc 2t.html).

로용구(1994). 「도시 노인의 스포츠 참여에 따른 생활만족도에 관한 연구」. 석사학위논문. 고려대학교 대학원.

류근림 · 유명재(1990). 「직업 유형별 여가활동 실태에 관한 연구」. 『경희대학교 한국체육과학연구소 논집』 제18집, 133-150.

문화공보위원회(1989). 『국민체육진흥법 중 개정법률안에 대한 심사보고서』.

문화관광부(1998a). 『국민체육진흥5개년계획』.

_________(1998b). 『심사평가시행계획』. 미간행인쇄물.

_________(1998c). 『체육진흥정책평가회자료』.

_________(2003). 『참여정부 국민체육진흥5개년계획』.

_________(2006a). 『국민생활체육참여실태조사』.

_________(2006b). 『체육백서』.

_________(2007). 문화관광부 [인터넷 자료](http://www.mct.go.kr).

문화체육부(1993). 『국민체육진흥5개년계획』.

_________(1994). 「호주의 체육」. 『체육정책자료: 호주 편』 2.

_________(1996a). 『삶의 질 세계화를 위한 생활체육활성화계획』.

_________(1996b). 『전국 등록 체육시설업 현황』.

_________(1996c). 『체육진흥정책평가회 자료』.

박동준(1991). 『현대 한국사회의 윤리적 쟁점』. 서울: 한국정신문화연구원.

박봉규(1986). 『환경과 인간』. 서울: 이화여자대학교출판부.

박수정(1995). 「청소년의 몰입형 여가경험이 여가기능, 여가권태, 여가만족에 미치는 영향」. 석사학위논문. 이화여자대학교 대학원.

박재홍(1991). 「노인문제」. 고영복(편). 『현대사회문제』. 서울: 사회문화연구소.

박정근(1994). 『체육행정 및 관리』. 서울: 21세기 교육사.

박진경(1999). 「스포츠와 정보화」. 한국스포츠사회학회. 『제4차 한국스포츠사회학회 정기세미나 자료집: 스포츠와 제3밀레니엄』.

박춘영(1991). 『소매점 창업과 사업성 분석』. 서울: 도서출판 스몰 비즈니스.

방지선(1997). 「여성의 생활체육 참여와 자아개념 및 신체상과의 관계」. 석사학위논문. 이화여자대학교 대학원.

배순훈(1998). 『지식 · 정보사회를 향한 정보화 추진방향』. 서강대 경제대학원 특강 자료.

법제처(1999). 체육시설의 설치 이용에 관한 법률 제5942호 [인터넷 자료](http://152.99. 1.35:8181/cgi-bin/g1).

변해심(1997). 「에어로빅스 운동 참여가 여성의 신체상에 미치는 영향」. 박사학위논문. 세종대학교 대학원.

비교체육학회(편)(1984). 『국제비교체육학』. 서울: 도서출판 나남.

산업연구원(1997). 『한국의 산업: 발전역사와 미래비전』. 서울: 한가람.

서울대학교 체육연구소(1990). 『직장체육활동참여실태 조사』.

서울시정개발연구원(1996). 『강남구민센터 건립 및 확충을 위한 연구』. 서울시정개발원 도시경영연구부.

서천범(1997). 『2000년대의 레저산업』. 서울: 기아경제연구소.

송해균(1984). 『농촌생활 개선지도론』. 서울: 서울대학교출판부.

숭실대학교 기독교사회연구소(1995). 『사회발전을 위한 지방자치』. 서울: 도서출판 한울.

신영삼(1993). 「스포츠센터 설립에 관한 개요」. 『건강백과』 4월호.

신영식(1988). 「현대생활에 있어서의 스트레스 관리」. 『숙대 논문집』 제28집.

신윤표(1990). 『인사행정관리학』. 영남대학교출판부.

______(1992). 『지역사회개발학』. 서울: 법지사.

안해균(1990). 『정책학원론』. 서울: 다산출판사.

안횡균 외(1994). 『국민체육활동실태조사』. 문화체육부.

양성아(1994). 「주부의 생활체육 참여가 사회관계에 미치는 영향」. 『한국스포츠사회학회지』 3: 87-105.

오명근 · 이종수(1992). 『사회학』. 서울: 민영사.

오범태(1991). 「우리나라 중소기업체 직장체육 실태조사에 관한 연구」. 석사학위논문. 명지대학교 대학원.

왕인근(1987). 『농촌사회학개론』. 서울: 박영사.

우재현(1983). 『현대기업복지론』. 서울: 경진사.

원영신(1993). 「노년사회학 이론을 활용한 노인체육의 방향」. 『한국여성체육학회지』 7: 122-130.

원우현(1984). 「정보화 사회의 특성과 정보 유통질서에 관한 고찰」. 『신문학보』 제18호, 5-42.

월간 모던골프(1995). 『골프회원권연감』.

월간 시민체육(1996). 「일본의 생활체육 현장」. 『월간 시민체육』 1월호.

월간체육(1989). 「국가체위: 중국체육 주도권 장악」. 『월간체육』 11월호.

윤근섭 · 김영기(1993). 『현대 사회학의 이해』. 서울: 형설출판사.

윤이중(1992). 「지역사회 개발과 연계한 사회체육의 활성화 방안」. 『한국체육학회지』 31(1).

______(1994). 「지역사회복지와 생활체육」. 한국스포츠사회학회. 『1994 생활체육 학술세미나 자료집』 (pp. 27-40).

______(1996). 「직장인의 생활체육 참가가 삶의 질에 미치는 영향」. 박사학위논문. 서울대학교 대학원.

윤인호(1989). 『장수를 위한 평생체육』. 서울: 교학연구사.

윤정로(1991). 「현대사회와 그 미래적 전망」. 고영복(편). 『현대사회론』. 서울: 사회문화연구소.

윤종주(1985). 「노년화에 관한 인구학적 고찰」. 『한국 노년학』 제5집, 46-53.

______(1988). 「우리 나라 노년 인구의 성장추이 및 전망」. 『한국 노년학』 제8집, 7-18.

이광훈(1997). 서울시 자전거이용시설 기본구상: 정비 5개년 계획. 서울시정개발원.

이기옥(1983). 「한국행정 효율화 방안 탐색: 지방자치시행 전략을 중심으로」. 한양대학교 사회과학대학. 『사회과학논총 제2집』.

이성철(1995). 「노인의 사회체육활동과 생활만족의 관계」. 『한국스포츠사회학회지』 4: 57-72.

______(1996). 「노인의 사회체육활동과 생활만족의 관계」. 박사학위논문. 서울대학교 대학원.

이영숙(1989). 「노인 건강을 위한 운동 프로그램 개발에 관한 연구」. 『한국여성체육학회지』 3: 41-77.

______(1992). 「에어로빅 운동의 새로운 방향 모색」. 한국에어로빅 건강과학협회. 『한국에어로빅 건강과학협회 창립 3주년 학술세미나 자료집』.

이영인(1994). 「스포츠에의 직접 참여가 주부의 생활만족도에 미치는 영향」. 한국체육학회. 『제32회 한국체육학회 학술발표회 자료집』.

이용식(1999). 「선진국의 생활체육정책 비교 연구」. 『서울대학교 체육연구소 논집』 20(1).

이종각(1987). 『현대사회와 레크리에이션』. 서울: 보경문화사.

이종길(1992). 「사회체육활동과 생활만족의 관계」. 박사학위논문. 서울대학교 대학원.

이종영(1992). 「스포츠와 삶의 질」. 한국스포츠사회학회. 『1992 한국스포츠사회학회 학술세미나 자료집』.

______(1993). 「스포츠와 삶의 질」. 한국스포츠사회학회. 『한국스포츠사회학회 세미나 자료집』.

이학동(1993). 『서울시 미시설운동장부지 활용방안 연구』. 서울시정개발원. 서울: 신광인쇄소.

이한규(1998). 「국민생활체육의 현주소와 사업 추진 방향」. 『국민생활체육진흥 학술세미나 자료집』(pp. 43-62).

이호대(1986). 「운동 참여에 따른 직무만족도의 관계 연구」. 석사학위논문. 서울대학교 대학원.

이후원(1993). 「여가활동 참여유형 및 이에 영향을 미치는 요인에 따른 생활만족도 연구: 서울 시내 주부를 중심으로」. 석사학위논문. 이화여자대학교 대학원.

임번장(1982a). 「체육진흥과 평생체육」. 『국민체육진흥세미나 자료집』(pp. 7-8). 한국체육학회.

______(1982b). 「평생체육의 의의」. 『방송통신대학보』 4월 12일자, 제330호 4면.

______(1985a). 「여성스포츠의 사회학적 접근」. 이화여자대학교 체육대학. 『이화여자대학교 체육대학창설 40주년 기념 학술세미나 자료집: 여성 스포츠 활성화 방안』.

______(1985b). 「직장인의 여가와 사회교육」. 한국지역사회후원회. 『제3차 사회교육 심포지엄: 여가와 사회교육』(pp. 40-45).

______(1986). 「학교체육과 사회체육」. 『사회체육소식』 창간호.

______(1987). 「'88 이후 한국 체육의 발전 방향」. 한국체육학회. 『제5회 국민체육진흥세미나 자료집』.

______(1989a). 「2000년대를 향한 국민생활체육진흥전략: 시설 및 재정 부문」. 한국체육학회. 2000년대를 향한 국민생활체육진흥 전략 심포지엄.

______(1989b). 『2000년대 체육의 역할』. 한국체육학회.

______(1990). 「생활체육을 통한 건전 청소년 육성방안」. 『월간 생활체육』 1990년 6월호, 56-59.

______(1991a). 「사회체육론」. 한국체육과학 연구원 생활체육지도자연수원(편). 『2급 사회(생활)체육지도자연수교재』.

______(1991b). 「지역사회체육진흥을 위한 투자전략」. 한국체육학회. 『제10회 국민체육진흥세미나 자료집』.

______(1991c). 「청소년과 놀이문화」. 『도시사회』, 1991년 가을호(통권 제2호). 한국도시사회정책연구소.

______(1991d). 「청소년의 여가활동에 있어서 스포츠의 가치」. 『스포츠과학』 제37호, 13-18.

______(1992a). 「사회체육과 레저스포츠」. 『YMCA 체육논단』. 미간행 인쇄물.

______(1992b). 「생활체육 프로그램 개발과 지도기법」. 『국민생활체육 상담원 중앙연수교재』. 국민생활체육협의회. 서울: 태근문화사.

______(1993a). 「생활체육의 활성화와 생산성 향상」. 한국체육학회. 제31회 체육주간기념 제12회 국민체육진흥세미나, 33-48.

______(1993b). 「여가와 사회체육」. 『수영장』 제4호. 사단법인 한국수영장경영자협회.

______(1993c). 「여성의 사회참여와 의식 선진화를 위한 생활체육의 역할」. 한국여성체육학회. 『한국여성체육학회 학술세미나 논문집』.

______(1993d). 「2000년대의 사회체육의 전망」. 서울 YMCA. 『서울 YMCA 창립 90주년기념 사회체육심

포지엄 자료집』(pp. 4-19).

______(1994a). 『스포츠사회학개론』. 서울: 동화문화사.

______(1994b). 「스포츠사회학과 사회체육의 관계」. 한국스포츠사회학회(편). 『한국스포츠사회학회 1993년도 세미나자료집』(pp. 427-434).

______(1994c). 「현대사회와 직장체육」. 국민생활체육협의회. 『직장생활체육』(pp. 9-51).

______(1995a). 「미래사회와 생활체육」. 『국민생활체육』 1995년 8월호(통권 제23호), pp. 10-15.

______(1995b). 「여가와 삶의 질」. 『후기산업사회에서의 여가 및 레크리에이션의 역할과 과제: 이화여자대학교 보건체육연구소 학술발표회 논문집』(pp. 53-74).

______(1995c). 「지방자치와 생활체육 진흥」. 국민생활체육협의회. 『1995 생활체육발전에 관한 세미나 자료집』(pp. 5-29).

______(1995d). 「지역사회발전을 위한 사회체육의 역할」. 경희대학교 사회체육연구소. 『제1회 경희대학교 사회체육연구소 학술세미나 자료집』(pp. 27-38).

______(1995e). 「한국의 'Sport for All' 정책」. 『한국스포츠사회학회보』 7: 1-9.

______(1996a). 「스칸디나비아반도의 국민체육」. 『한국스포츠사회학회보』 제9호. 한국스포츠사회학회.

______(1996b). 「스포츠의 상업주의적 속성」. 체력단련장경영자협회. 『체력단련』 9월호.

______(1996c). 「청소년문제와 생활체육」. 『국민생활체육』, 1996년 4월호(통권 제26호), 6-13.

______(1997a). 「레저스포츠 산업의 현황과 전망」. 『과학과 기술』 30(9).

______(1997b). 「지역사회체육 참여 활성화 방안」. 인천대학교 스포츠과학연구소. 『제2회 인천광역시 생활체육 진흥세미나: 지역생활체육 참여활성화 방안』(pp. 1-24).

______(1998a). 「생활체육 정책의 평가와 전망」. 서울대학교 체육연구소. 『21세기를 향한 체육의 발전 방향』(pp. 31-42).

______(1998b). 「선진국의 생활체육」. 『'98 체육행정공무원 전문교육』(pp. 7-26). 한국체육과학연구원.

______(1998c). 『스포츠사회학개론』. 서울: 동화문화사.

______(2004). 「청소년 체력저하 현상 극복을 위한 국가정책 과제」. 학교체육 정상화와 체육발전을 위한 정책간담회. 국회문화정책포럼(pp. 4-13).

임번장 외(1987). 『사회체육진흥계획』. 학술진흥재단.

______ (1990). 「생활체육 투자 우선순위에 관한 연구」. 『체육연구소논집』 11(2): 19-47.

______ (1993a). 「직장체육활동 효과에 관한 연구」. 『한국스포츠사회학회지』 제1권, 27-49.

______ (1993b). 『생활체육 홍보 전략수립 및 모형개발』. 문화체육부.

______ (1993c). 「근로자의 여가만족 및 직무만족과 생활만족의 관계」. 『서울대학교 체육연구소 논집』

14(1): 25-34.

_______ (1994). 『복지정책으로서의 문화와 체육의 접목방안』. 서울: 한국문화예술진흥원 문화발전연구소.

_______ (1995). 「한국인의 사회체육관에 관한 연구」. 한국체육학회. 『제33회 한국체육학회 학술발표회 자료집』.

_______ (1997). 『청소년 체육활동 욕구 및 실태조사』. 국민생활체육협의회.

_______ (1998). 『건강실천 100세 프로그램 개발 - 청소년 부문』. 국민생활체육협의회.

_______ (1999). 『생활체육으로서 민속 · 무예 · 뉴스포츠의 방향정립 및 발전방안』. 문화관광부.

임번장 · 김의수 · 신인식(1990). 『체육과학개론』. 한국방송통신대학.

임번장 · 정영린 · 고은하(1998). 「한국인의 스포츠 참여 양상: 성장과 변화」. 한국체육학회. 『제36회 한국체육학회 학술발표회 논문집』(pp. 204-212).

임종철(1988). 「경제 발전과 체육」. 서울대학교 사범대학 체육연구소. 『올림픽 이후의 한국 체육』. 서울: 프레스센터.

임주현(1987). 「지방자치실시를 전제로 한 사회체육 활성화 방안」. 한국사회체육진흥회. 『1987 사회체육 학술세미나 자료집』(pp. 74-92).

장인협 · 최성재(1987). 『노인복지학』. 서울: 서울대학교출판부.

장주호(1984). 「평생체육 실천을 위한 사회체육의 활성화 방안」. 한국체육학회. 『제22회 체육주간기념 제3회 국민체육진흥세미나 자료집』.

_____(1987). 「국민체육 진흥을 위한 사회체육의 활성화 방안」. 『한국여성체육학지』 창간호.

_____(1979). 『사회교육의 방향』. 서울: 정익사.

장하진(1991). 「한국 사회 구조와 여성문제」. 한국여성연구회 편. 『여성학 강의』(pp. 39-61). 서울: 동녘.

정성태 · 전태원(1994). 『운동생리학 실험』. 서울: 태근문화사

정세욱(1984). 『지방행정학』. 서울: 법문사.

정영린(1987). 「스포츠 참가와 청소년 비행의 관계에 대한 연구」. 석사학위논문. 서울대학교 대학원.

_____(1997). 「생활체육 참가와 여가만족의 관계」. 박사학위논문, 서울대학교 대학원.

정영애(1991). 「계급이론에 관한 여성학적 고찰」. 『여성학논집』 8: 205-224.

정희윤(1999). 「스포츠산업 육성방안」. 『스포츠 비즈니스』 5월호(통권 제12호).

조명한 · 김정오(1993). 「정보화와 삶의 질: 사회활동 및 개인심리」. 『사회과학과 정책연구』 15(3): 3-33.

조명한 · 김정오 · 권석만(1994). 「청소년의 삶의 질」. 『사회과학과 정책연구』 16(2): 61-94.

조선일보. 2001. 12. 19. 2면.

지방자치실무연구소(1995). 『한국의 지방자치』. 서울: 의암출판사.

진영수(1989). 「운동과 건강 및 질병」. 한국운동과학회. 『제1회 한국운동과학회 세미나 자료집』.

차경수(1986). 「컴퓨터의 보급과 교육개혁」. 사회과학연구소(편). 『정보화사회: 도전과 대응』. 서울: 서울대학교출판부.

차주은(1995). 「주부의 가족생활주기와 여가활동참여의 관계」. 석사학위논문. 서울대학교 대학원.

채서일(1995). 『마케팅』. 서울: 학현사.

체육과학연구원(2002). 『체육백서』.

________(2005). 『직장체육의 현황 및 경제적 효과 분석』.

________(2006a). [인터넷 자료](http://www.sports.re.kr).

________(2006b). 『한국의 체육지표』.

체육부(1984). 『세계 각국의 체육』. 서울: 서라벌인쇄(주).

____(1986). 『국민체육진흥장기계획』.

____(1987). 『체육지표설정을 위한 조사연구』.

____(1989). 『한국의 체육지표』.

____(1990a). 『국민 사회체육진흥 세부계획서』.

____(1990b). 『직장체육 현황조사』.

____(1990c). 『직장체육 활성화 방안』.

____(1990d). 『호돌이계획: 국민생활체육종합계획』.

체육청소년부(1990a). 『세계의 생활체육(Ⅰ)』. 서울: 범신사.

________(1990b). 『세계의 생활체육(Ⅱ): 유럽 편』. 서울: 범신사.

최문식(1993). 『스포츠센터 기획론』. 서울 : 태근문화사.

최문식 · 최관홍(1997). 『체육시설업 경영관리』. 서울: 도서출판 바탕.

최일섭(1985). 『지역사회복지론』. 서울: 서울대학교출판부.

최창호(1989). 『지역사회개발 행정론』. 서울: 삼영사.

____(1990). 『행정학개론』. 서울: 건국대학교출판부.

최현영(1993). 「시설 노인의 운동 참여와 생활만족의 관계」. 석사학위논문. 이화여자대학교 대학원.

통계청(1999). 『농업기본통계조사』.

____(2005a). 산업구조 변화추이. [인터넷자료](http://www.nso.go.kr).

____(2005b). [인터넷자료](http://www.kosis.kr).

____(2006). 「장래인구추계」.

한국개발연구원(1996). 『국민체육진흥공단 중 · 장기 발전구상』.

한국갤럽조사연구소(1984). 『한국 노인의 생활과 의식 구조』. 서울: 한국갤럽조사연구소.

한국골프장사업협회(2007). [인터넷자료](http://www.kgba.co.kr).

한국마사회(1997). 『연간백서』.

한국방송공사(1986). 『세계의 사회체육』. 한국방송공사.

한국산업사회연구회(1993). 『산업사회학강의』. 서울: 도서출판 한울.

한국산업은행(1997). 『2000년대 한국산업의 구조변화와 장기발전전략』.

한국스키장경영협회(2007). [인터넷자료](http://www.skiresort.or.kr).

한국유통조사연구소(1991). 『삼성라이온즈 스포츠센터 개발 타당성 검토』.

한국은행(1971). 『한국산업구조의 재편성』. 서울: 삼성인쇄주식회사.

한국체육과학연구원(1998a). 『선진국의 체육행정체계와 스포츠정책』. 서울: 동원사.

________________(1998b). 『한국스포츠산업육성방안연구』.

한국체육시설협회(1991). 『체육시설지침서』.

한상일 · Benjamin, R.(1982). 「산업화, 후기산업화, 정치변동」. 『현대사회』 가을호, pp. 183-192.

한성일(1983). 「직장체육이 작업능률에 미치는 실험적 연구」. 『한성일 교수 정년퇴임 기념논문집』.

한준상(1994). 『사회교육과 사회문제: 청소년 · 여성 · 노인 문제』. 서울: 청아출판사.

허현미(1996). 「공공스포츠시설의 서비스 질 척도개발과 측정치 특성분석」. 박사학위논문. 이화여자대학교 대학원.

현승일(1990). 『사회학』. 서울: 박영사.

현외성 외(1995). 『사회복지학의 이해』. 서울: 유풍출판사.

홍덕률(1991). 「산업화와 현대사회」. 고영복(편). 『현대사회론』. 서울: 사회문화연구소.

홍동식 외(1982). 『농촌사회학』. 서울: 법문사.

홍상우(1983). 「우리 나라 사회복지 수준의 실태와 그 개선 방향」. 『고려대학교 교육대학원 논문집』.

홍양자(1989). 「노인들의 건강관리를 위한 체육 프로그램에 관한 연구」. 『한국여성체육학회지』 3: 79-91.

홍영림(1997). 『한국인의 경제활동』. 서울: 신덕테크.

金崎良三(1984). 農村の生活とスポーツ. 粂野 豊編. 現代社會とスポーツ(pp. 184-196). 不昧堂出版.

淺見裕雄 等(1984). 體育, Sport 施設. 現代體育, Sport 大系, 第 12卷. 東京: 講談社.

Humm, M. (1995). 『페미니즘 이론 사전』(심정순 · 염경숙 역). 서울: 삼신각.

Adams, D. L. (1971). Correlates of satisfaction among the elderly. *Gerontology,* 11: 64-68.

Albinson, J. C. (1971). Life style of physically inactive college males. *Paper Presented at the International Symposium on the Sociology of Sport,* Wateroo, Ontario, Canada.

Alderman, R. B., & Wood, N. L. (1976). An analysis of incentive motivation in young Canadian athletes. *Canadian Journal of Applied Sport Sciences,* 1: 169-176.

Allport, G. W. (1937). *Personality - A psychological interpretation.* NY: Holt and Company.

Anderson, J. E. (1979). *Public policy marketing.* New York: Holt & Co.

__________ (1985). Management by design. *Athletic Business.* pp. 28-34.

Andrew, G. M., et al. (1981). Reason for dropout from exercise program in postcorconary patients. *Medicine and Science in Sports and Exercise,* 13: 164-164.

Angrist, S. S. (1967). Role constellations as a variable in women' s leisure activities. *Social Force,* 45(3): 423-431.

Argyle. M. (1972). *The social psychology of work.* Baltimore: Pengnim Books.

Badmin, P., Coombs, M., & Rayner, G. (1992). *Leisure operational management Vol. 1: Facilities.* Longman in Association with Institute of Leisure and Amenity Management.

Bakeman, R., & Helmreich, R. (1975). Cohesiveness and performance: Covariation and causality in an undersea environment. *Journal of Experimental Social Psychology.*

Barker, M. L. (1968, August). The perception of water quality as a factor in common attitudes and space preferences in outdoor recreation. *Paper presented at the annual meeting of the Association of American Geographers,* Washington DC.

Beaman, J. (1974). Distance and the "reaction" to distance as a function of distance. *Journal of Leisure Research,* 6(3): 220-231.

________ (1976). Corrections regarding the impedance of distance functions for several g(d) functions. *Journal of Leisure Research,* 8(1): 49-52.

Beard, J. G., & Ragheb, M. G. (1980). Measuring leisure satisfaction. *Journal of Leisure Research,* 12(1): 20-33.

Bell, D. (1973). *The coming of post-industrial society: A venture in social forecasting.* NY: Basic Books.

______ (1981). The social framework of the information society. In T. Forester(ed.). *The microelectronics revolution.* Cambridge, MA: The MIT Press.

Beverly L. S., & Matthew, C. R. (1978). *Physical education: An overview.* Reading, MA: Addison-Wesley.

Bouet, M. (1969). Integrational functions of sport in the light of research based on questionnaires. *International Review of Sport Sociology,* 4.

Bradburn, N. M. (1969). *The structure of psychological well-being.* Chicago: Aldine.

Brewer, V., Meyer, B. M., Keele, M. S., Upton, S. J., & Hagan, R. D. (1983). Role of exercise in prevention of involutional bone loss. *Medicine Science in Sports and Exercise,* 15: 445-449.

Brief, A. P., Butcher, A. H., George, J. M., & Link, K. E. (1993). Integrating bottom-up and top-down theories of subjective well-being: the case of health. *Journal of Personality and Social Psychology,* 64: 646-653.

Brigtbill, C. (1960). *The challenge of leisure.* Englewood Cliffs, NJ: Prentice-Hall.

Brockmann, D. (1969). Sport as an integrating factor in the countryside. *International Review of Sport Sociology,* 4.

Bronzan, R. T. (1974). New concepts in planning and funding athletic. *Physical education and recreation.* St. Paul, MN: Phoenix Intermedia.

Brooks, J. B., & Elliott, D. M. (1971). Prediction of psychological adjustment at age thirty from leisure time activities and satisfaction in childhood. *Human Development,* 14: 51-61.

Brown, B. A., & Frankel, B. G. (1993). Activity through the years: Leisure satisfaction, life satisfaction. *Sociology of Sport Journal,* 10: 1-17.

Brown, C., & Kim, H. S. (1978). *Social welfare problems* (p. 27).

Bucher, C. A. (1975). *Foundations of physical education.* St. Louis, MO: C. V. Mosby.

Bucher, C. A., & Bucher, R. D. (1974). *Recreation for today's society.* Englewood Cliffs, NJ: Prentice-Hall.

Bucher, C. A., Shivers, J. S., & Bucher, R. D. (1984). *Recreation for today's society* (2nd ed.). Englewood Cliffs, NJ: Prentice-Hall.

Bultena, G., & Taves, M. J. (1961). Changing wilderness images and forestry policy. *Journal of Forestry,* 59: 167-171.

Burch, W. R. (1969). The social circles of leisure: Competing explanation. *Journal of Leisure Research,* 1(2): 125-147.

Burch, W. R., & Wegner, W. D. (1967). The social characteristics of participants in three styles camping. *U.S. Forest Service Research Paper PNW48.*

Butler, E. W. (1976). *Urban sociology: A systematic approach.* New York: The Murray.

Butler, G. D. (1959). *Introduction to community recreation.* New York: McGraw Hill.

__________ (1967). *Introduction to community recreation.* New York: McGraw-Hill Book.

Caillois, R. (1955). *Man, play, and games* (M. Barash, Trans.). New York: The Free Press.

Campbell, A., Converse, P. E., & Rodgers, W. L. (1976). *The quality of American life.* New York: Russell Sage Foundation.

Canada Fitness Survey (1982). *Fitness and aging. Ottawa: Government of Canada.*

Cesario, F. J. (1975). A new method for analyzing outdoor recreation trip data. *Journal of Leisure Research,* 7(3): 200-215.

Cheung, H. K. (1972). A day-use park visitation model. *Journal of Leisure Research,* 4(2): 139-156.

Christopher, R. E., & Phyllis, M. F. (1985). *Leadership in recreation and leisure service organizations.* New York: John Wiley & Sons.

Coakley, J. J. (1986). *Sport in society: Issues and controversies.* St. Louis, MO: Times Mirror/Mosby College Publishing.

__________ (1998). *Sport in society: Issue and controversies* (6th ed.). Boston, MA: McGraw-Hill.

Cohen, E. (1991). Leisure-the last resort: A comment. In B. L. Driver, P. J. Brown, & G. L. Peterson(eds.). *Benefits of leisure.* Pennsylvania: Venture Publishing Inc.

Cowgill, D. O., & Holms, L. D. (1972). *Aging and modernization.* New York: Appleton-Century-Crofts.

Cowgill, D. O. (1974a). Aging and modernization: A revision of the theory. In J. A. Gubrium(ed.). *Later life.* Springfield, Il: Charles C. Thomas.

__________ (1974b). The aging of population and societies. *The Annals,* 415.

Cox, R. H. (1985). *Sport psychology.* Dubuque, IA: Wm. C. Brown.

Crompton, J. L. (1979). Recreation program have life cycles, too. *Parks & Recreation,* October, 52-57.

Csikszentmihalyi, M. (1975). *Beyond boredom and anxiety.* San Francisco, CA: Jossy-Bass.

Daniel, J. V.(1971). *Faculty Job Satisfaction in Physical Education and Athletics.* Doctoral dissertation, Univ of Illinois, Urbana Champaign, IL.

De Grazia, S. (1962). *Of Time, work and leisure.* New York: Twenties Century Fund.

Deacon, J. A., Pigman, J. G., & Deen, R. C. (1972). Travel to outdoor recreation areas in Kentucky. *Journal of Leisure Research,* 4(4): 312-331.

DeCarlo, T. J. (1974). Recreation participation patterns and successful aging. *Journal of Gerontology,* 29(4): 416-422.

Diener, E. (1984). *Subjective well-being. Psychological Bulletin,* 95(5): 42-575.

Dishman, R. K. (1982) Psychobiologic predicters of exercise behavior In J. G. Partington, T. Orlick, & J. H. Salmela(eds.). *Sport in perspective.* Ottawa: Coaching Association of Canada.

Dishman, R. K., Ickes, W., & Morgan, W. P. (1980). Self-motivation and adherence to habitual physical activity. *Journal of Applied Social Psychology*, 10: 115-132.

Doll-Tepper, G. (1990). Sport in rehabilitation and recreation. P. Oja & R. Telama(eds.). *Sport for All: Proceedings of the World Congress on Sport for All*(pp. 661-667), Tampere, Finland: Elsevier Science Publishers.

Drucker, P. F. (1978). *The age of discontinuity: guidelines to our changing society.* New York: Harper and Row.

Dumazedier, J. (1967). *Toward a society for leisure*(S. MaClure, Trans.). New York: The Free Press.

__________ (1973). Report to a symposium on sport and age. In O. Grupe, D. Kurz, & J. M. Teipel(eds.). *Sport in the modern world-change and problems*(pp. 198-199). New York: Springer-Verlag.

__________ (1974). *Sociology of leisure.* Amsterdam: Elsevier Scientific Publishing.

Duncan, O. D. (1969). *Toward social reporting: Next steps.* New York: Russell Sage Foundation.

Ebashi, S. (1987). *Trends in Sports: A Multinational Perspective.* Netherlands: Giordand Brund Culemborg.

Edginton, C. R., & Ford, P. M. (1985). *Leadership in recreation and leisure service organizations.* New York: John Wiley & Sons.

Edginton, C. R., Compton, D. M., & Hanson, C. J. (1980). *Recreation and leisure programming: A guide for the professional.* Philadelphia, PA: Saunders College/Holt, Rinehart and Winston.

Edginton, C. R., Jordan, D. J., DeGraaf, D. G., & Edginton, S. R. (1995). *Leisure and life satisfaction : Foundational perspectives.* Dubuque, IA: Wm. C. Brown.

Eitzen, D. S., & Zinn, M. B. (1992). *Social problems*(5th ed.). Boston, MA: Allyn and Bacon.

Eitzen, D. S. (1984). Teaching social problems: Implication of the objectivist-subjectivist debate. *Society for the Study of Social Problems Newsletter*, 16(Fall): 10-12.

__________ (1990). Social structure, value orientations and Sport for All. P. Oja & R. Telama(eds.). *Sport for All: Proceedings of the World Congress on Sport for All*(pp. 390-406), Tampere, Finland: Elsevier Science Publishers.

Eitzen, D. S., & Sage, G. H. (1978). *Sociology of American sport.* Dubuque, IA: Wm. C. Brown.

Epperson, A. (1977). *Private and commercial recreation.* New York: John Wiley & Sons.

Farrell, P., & Lundegren, H. M. (1978). *The process of recreation programming.* New York: John Wiley & Sons.

Figler, S. K. (1981). *Sport and play in American life.* Philadelphia, PA: Saunders College Publishing.

Finney, C. (1984). Further evidence: Employee recreation and increased performance. *Employee Services Management.* 27(8).

Flanagan, J. C. (1978). A research approach to improving our quality of life. *American Psychology,* 33: 138-147.

Flynn, R. B. (1993). *Facility planning for physical education, recreation, and athletics.* Reston, VA: American Alliance for Health, Physical Education, Recreation and Dance.

Fox, E. L., Bowers. R. W., & Foss. M. L. (1989). *The physiological basis of physical education and ahtletics* (p. 561). New York: Wm. C. Brown.

Freund, R. J., & Wilson, R. R. (1974). An example of gravity model to estimate recreation travel. *Journal of Leisure Research,* 6(3): 241-256.

Gettman, L. R., Pollock, M. L., & Ward, A. (1983). Adherence to unsupervised exercise. *Physician Sports Medicine,* 11(10): 56-66.

Glass, D. C., & Singer, J. E. (1972). *Urban stress.* New York: Academic Press.

Gould, D. R., & Landers, D. M. (1972). *Dangerous sport participation: A replication of Nisbett' s birth order findings.* Unpublished paper presented at the North American Society for Psychology in Sports and Physical Activity, Houston, TX.

Graney, M. J. (1975). Happiness and social participation in aging. *Journal of Gerontology,* 30: 701-706.

Greenbie, S. (1940). *Leisure for living.* New York: George W. Stewart.

Greendorfer, S. (1978). Socialization into sport. In C. A. Oglesby(ed.). *Women and sport: From myth to reality* (pp. 115-140). Philadelphia, PA: Lea & Febiger.

Grupp, E. A. (1975). Assembly line boredom and individual difference in recreation participation. *Journal of Leisure Research.* 7: 265-269.

Hall, M. A. (1973). *Women and physical recreation: A causal analysis.* Paper presented at the Women and Sport Symposium, University of Birmingham, Birmingham, England.

Hankiss, E. (1978). Quality of life models. *Indicators of environmental quality and quality of life: UNESCO reports and papers in the social sciences,* No. 38.

Hanson, M. G. (1977). *Coronary heart disease, exercise and motivation in middle aged male.* Doctoral dissertation, University of Wisconsin, WI.

Hastad, D. N., Segrave, J. O., Pangrazi, R., & Peterson, G. (1984). Youth sport participation and deviant behavior. *Sociology of Sport Journal,* 1: 366-373.

Hecock, R. (1966). *Public beach recreation opportunities and patterns of consumption on Cape Cod.* Unpublished Doctoral Dissertation, Clark University, Worcester, MA.

Heinila, K. (1989). The Sports club as a Social Organization in Finland. *International Review for the Sociology of Sport,* 24.

Hendee, J. (1969). Rural-urban differences reflected in outdoor recreation participation. *Journal of Leisure Research,* 1(4): 333-341.

Hobart, C. W. (1975) Active sports participation among the young, the middle aged and the elderly. *International Review of Sport Sociology,* 10(3-4): 27-44.

Holloszy, J. O. (1983). Exercise, health and aging: A need for more information. *Medicine Science in Sports and Exercise,* 15: 1-15.

Horton, P. B., Leslie, G. R., & Larson, R. F. (1991). *The sociology of social problems* (10th ed.). Englewood Cliffs, NJ: Prentice Hall.

Howard, D. R., & Crompton, J. L. (1980). *Financing, managing and marketing recreation and park resources.* Dubuque, IA: Wm. C. Brown.

Howe, Z. C., & Carpenter, G. M. (1985). *Programming leisure experiences.* Englewood Cliffs, NJ: Prentice-Hall.

Huizinga, J. (1949). *Homo ludens: A study of the play elements in culture.* London: Loutledge and Kegan Paul.

Hulin, C. L. (1969). Sources of variation in job and life satisfaction: The role of community and job-related variables. *Journal of Applied Psychology,* 53: 279-291.

Hutchinson, J. (1951). *Principles of recreation.* New York: Ronald Press.

Ibrahim, H. (1975). *Sport and society: An introduction to sociology of sport.* Long Beach, CA: Hwong Publishing.

Inglehart, R. (1977). *The silent revolution.* Princeton University Press.

Iris, B., & Barrett, G. V. (1972). Some relations between job and life satisfaction and job performances. *Journal of Applied Psychology,* 56: 301-304.

Iso-Ahola, S. E. (1980). *The social psychology of leisure and recreation.* Dubuque, Iowa: Wm. C. Brown.

Ivancevich, J. M., & Lyon, H. L. (1977). The shortened workweek: A field experiment, *Journal of Applied Psychology,* 62: 34-37.

Jackson, J. J. (1978). *Sport for All.* in B. Lowe, D. B. Kanin, & A. Strenk(eds.). *Sport and international relations.* Champaign, IL: Stripes.

Johnson, W. O. (1974). From here to 2000. In A. Yiannakis, T. D. Mclntyre, M. J. Melnick, D. P. Hart(eds.). *Sport Sociology: Contempory Themes.* Dubuque, IA: Kendal/Hunt.

Johnston, W. E., & Elsner, G. H. (1972). Variability in use among ski areas: A statistical study of the California market region. *Journal of Leisure Research,* 4(1): 43-49.

Kahn, H., & Weiner, A. (1967). *The Year 2000: A framework for speculation on the next twenty-three Years.* New York: Macmillan.

Kando, T. M. (1980). *Leisure and popular culture in transition.* St. Louis, MO: C. V. Mosby.

Kaplan, M. (1960). *Leisure in America.* New York: John Wiley & Sons.

________ (1972). *Implication for gerontology from a general theory of leisure.* Paper presented at the Third International Course: Leisure and the Third Age, Dubrovnik, Yugoslavia, May.

Katz, D. (1960). The functional approach to the study of attitude. *Public Opinion Quarterly,* 24: 163-204.

Keller, M. J. (1983). *The relationship between leisure and life satisfaction among older women.* Paper presented at the meeting of National Recreation and Park Association, Kansas City, MO.

Kelly, J. R. (1972). Work and leisure: A simplified paradigm. *Journal of Leisure Research,* 4(1): 56-65.

________ (1982). *Leisure.* Englewood Cliffs, NJ: Prentice-Hall.

________ (1982). Leisre in later life: Roles and identities. In N. Osgood(eds.). *Life after work: Retirement, leisure and the elderly* (pp. 268-292). New York: Praeger.

________ (1992). Leisure. In E. Borgotta(ed.). *Encyclopedia of Sociology* (pp. 1099-1107). New York: Macmillan.

Kelly, J. R., & Godbey, G. (1992). *The sociology of leisure.* Venture Publishing.

Kelly, J., Steinkamp, M., & Kelly, J. (1987). Later life satisfaction: Does leisure contribute? *Leisure Survices,* 9: 189-200.

Kendall, B., & Alyce, T. C. (1989). *The anthropology of sport.* MA: Bergin & Garvey.

Kenyon, G. S. (1968). A conceptual model for characterizing physical activity. *The Research Quarterly,* 39(1): 96-105.

Kenyon, G. S., & Grogg, T. M. (1970). *Contemporary psychology of sport.* Proceedings of the second International congress of Sport Psychology, Chicago, IL: The Athletic Institute.

Kenyon, G. S., & McPherson, B. D. (1978). The sport role socialization process in four industrialized countries. In F. Landry and W. Orban (ed.). *Sociology of sport*. Miami, FL: Symposium Specialists.

Kesler, L. (1979). Man created advertisings in sport' s own image. *Advertising Age*. August 27. 5-10.

Kim, K. D., & Lee, O. J. (1985). Middleclass perceptions of economic development and external relations in Korea. *Journal of East and West Studies,* 14(2).

Kornhauser, A. (1983). *Mental health of the industrial worker: A Detroit study*. New York: Plenum.

Kotler, P. (1980). *Marketing management* (4th ed.). Englewood Cliffs, NJ: Prentice-Hall.

Kraus, R. G. (1971). *Recreation and leisure in modern society*. New York: Appleton-Century-Crofts.

__________ (1977). *Recreation today: Program planning and leadership* (2nd ed.). Santa Monica. CA: Goodyear.

__________ (1978). *Recreation and leisure in modern society* (2nd ed.). Santa Monica, CA: Goodyear.

__________ (1985). *Recreation leadership today*. Glenview, IL: Scott, Foresman & Co.

Kraus, R. G., & Curtis J. E. (1982). *Creative management in recreation and parks*. St. Louis, MO: C. V. Mosby:

Krech, D., & Grutchfield, R. S. (1948). *Theory and problems of social psychology*. New York: McGraw-Hill.

Lagos, G. (1981). The revolution of being: A preferred world model. In H. Munoz(ed.). *From dependency to development* (pp. 123-160). Boulder, CO: Westview.

Landers, D. M. (1972). The effects of ordinal position and sibling' s sex on male sport participation. In A. Taylor & M. Howell(eds.). *Training: Scientific basis and application* (pp. 235-241). Springfield, IL: Charles C. Thomas.

__________ (1979). Birth order in the family and sport participation. In M. Krotee(ed.). *Dimensions of sport sociology* (pp. 140-167). West Point, NY: Leisure Press.

Lemon, B. W., Bengston, W. L., & Peterson, J. A. (1972). An exploration of the activity theory of aging: Activity types and life satisfaction among in movers to a retirement community. *Journal of Gerontology,* 27: 511-523.

Lentnek, B., Van Doren, C. S., & Trail, J. R. (1969). Spatial behavior in recreational boating. *Journal of Leisure Research,* 1(2): 103-124.

Leonard, W. M. (1980). *A sociological perspective of sport*. Minneapolis, MN: Burgess.

__________ (1988). *A sociological perspective of sport* (3rd ed.). Minneapolis, MN: Burgess.

Levine, M.(1987). *Making marketing research hustle: The essential sweat of attendance building and fund raising.* Paper presented at the Athletic Business Conference, Las Vegas.

Lewin, K., Lippitt, R., & White, R. K. (1989). Patterns of aggressive behavior in experimentally created social climate. *Journal of Social Psychology Bulletin,* 10, 10(30).

Lim, B. J., Koh, E. H., & Chung, Y. L. (1998). *Sport participation in Korea: Growth and Changes, 1985-1997.* Paper presented at the 14th International Sociology Association, Montreal, Canada.

Lime, D. (1969). *A spatial analysis of auto-camping in the Superior National Forest of Minnesota: Models of campground selection behavior.* Unpublished Doctroal Dissertation. University of Pittsburge, PA.

Locke, E. A. (1976) The nature and causes of job satisfaction. In M. D. Dunnette(ed.). *Handbook of industrial and organizational psychology.* Chicago, IL: Rand McNally College Publishing.

Lopata, L. (1968). The structure of time and the share of physical education in the case of industrial workers and cooperative farmers in the C.S.S.R. *International Review of Sport Sociology,* 3: 17-37.

Loy, J. W., McPherson, B. D., & Kenyon, G. S. (1978). *Sport and social system.* Reading, MA: Addison-Wesley.

Martin, J. E., & Dubbert, P. M. (1982). Exercise applications and promotion in behavioral medicine: Current status and future direction. *Journal of Consulting and Clinical Psychology,* 50: 1004-1017.

Maslow, A. H. (1943). A theory of human motivation. *Psychological Review,* 50: 370-396.

__________ (1954). *Motivation and personality.* New York: Harper and Row.

__________ (1962). *Toward a psychology of being.* Princeton: D. Van Nostrand.

Masuda, Y.(1981). *The information society as post-industrial society.* Tyoko: Institute for the Information Society.

Mayer, A., & Ruby, M. (1977). One firm' s family. *Newsweek,* 21: 82-84.

McGuire, W. J. (1969). The nature of attitudes and attitudes change. In G. Lindsey and E. Aronson(eds.). *The handbook of social research journal,* 8: 435-445.

McIntosh, P. (1979). *Fair play: Ethics in sport and physical education.* London: Heinemann.

__________ (1987). *Sport in society.* London: West London Press.

McIntosh, P., & Charlton, V. (1985). *The impact of Sport for All policy 1966-1984 and a way forward.* London: West London Institute of Higher Education, The Sports Council.

McKillop, W. (1975). Wilderness use in California: A quantitative analysis. *Journal of Leisure Research,* 7(3): 165-178.

McKinney, W. R., & Chandler, C. L. (1991). A comparative assessment of duties between full-time and part-time recreation leaders. *Journal of Park and Recreation Administration,* 9(1): 13-29.

McPherson, B. D. (1972). Socialization into the role of sport consumer: The construction and testing of a theory and causal model. Doctoral dissertation, University of Wisconsin, WI.

____________ (1983). *Aging as a social process: An introduction to individual and populational aging.* Toronto: Butterworths.

____________ (1984). Sport participation across the life cycle: A review of the literature and suggestions for future research. *Sociology of Sport Journal,* 1.

____________ (1986). *Sport and aging.* Champaign, IL: Human Kinetics.

____________ (1991). *Patterns of sport participation across the life cycle.* Paper presented at the seminar for Tokyo Branch of the Japan Society of Sociology of Sport.

McPherson, B. D., Curtis, J., & Loy, J. W. (1989). *Social significance of sport: An introduction to the sociology of sport.* Champaign, IL: Human Kinetics.

Mercer, D. C. (1971). The role of perception in the recreation experience: A review and discussion. *Journal of Leisure Research,* 3(4): 261-276.

Meyer, M. D., & Brightbill, C. K. (1975). *Community recreation.* Englewood Cliffs, NJ: Prentice-Hall.

Montgomery, B. (1995). Recreation and fitness facilities. *Planning, design and construction.* Champaign, IL: Sagamore.

Morgan, T. D. (1974). *An investigation of the factors influencing job satisfaction-dissatisfaction of physical education and athletic personnel in selected small liberal arts college.* Doctoral dissertation, University of Illinois at Urbana Champaign, IL.

Mueller, E., & Gurin, G. (1962). *Participation in Outdoor Recreation: Factors Affecting Demand among American Adults,* ORRRC Study Rep. 20, Washington.

Murphy, J. F. (1981). *Concepts of leisure* (2nd ed.). Englewood Cliffs, NJ: Prentice-Hall.

Mullin, B. J., Hardy, S., & Sutton, W. A. (1995). *Sport marketing.* Champaign, IL : Human Kinetics.

Myers, G. C. (1965). Aging and worldwide popluation change. In R. H. Binstock and E. Shanas(eds.). *Handbook of aging and the social sicences* (2nd ed.). New York: Van Nostrand Reinhold.

Nash, J. B. (1970). *Philosophy of recreation and leisure.* Dubuque, IA: Wm. C. Brown.

Neulinger, J. (1981). *The psychology of leisure* (2nd ed.). Springfield, IL: Charles C. Thomas.

Neumeyer, M. H., & Neumeyer, E. S. (1958). *Leisure and recreation.* New York: The Ronald Press.

Nicholson, A. M. (1976). *The literature on inservice teacher education:* An analytic review. Publish info Syracuse, NY: National Dissemination Center, Syracuse University.

Nisbett, R. E. (1968). Birth order and participation in dangerous sports. *Journal of Personality and Social Psychology,* 8(4): 351-353.

O' Rourke, B. (1974). Travel in recreational experience: A literature review. *Journal of Leisure Research,* 6(2): 140-156.

Okun, M. A. (1987). Life satisfaction. In G. L. Maddox(ed.). *Encyclopedia of aging* (pp. 339-401). New York: Springer.

Oldridge, N. B. (1979). Compliance of post-myocardinal infraction patients to exercise programs. *Medicine and Science in Sport and Exercise,* 11: 56-70.

Omodei, M. M., & Wearing, A. J. (1990). Need satisfaction and involvement in personal projects: Toward an integrative model of subjective well being. *Journal of Personality and Social Psychology,* 59: 762-769.

Ostrow, A. C. (1981). Age role expectation and sex role expectation for selected sport activieties. *Research Quarterly for Exercise and Sport,* 52.

Palm, J. (1990). Sport for All as a challenge of sport organizations in the 1990' s. P. Oja & R. Telama(eds.). *Sport for All: Proceedings of the World Congress on Sport for All* (pp. 509-515), Tampere, Finland: Elsevier Science Publishers.

Palmore, E. B. (1968). The effects of aging on activities and attitudes. *Gerontologist,* 8: 259-263.

Parker, S. R. (1971). *The future of work and leisure.* New York, NY: Praeser.

Peppers, L. G. (1973). Leisure activity and adjustment to the retirement process(Doctoral dissertation, Oklahoma State University). *Dissertation Abstracts International,* 35(10), 6825A.(University Microfilms No 75-8858).

Provus, M. (1971). *Discrepancy evaluation: For educational program improvement and assessment.* Berkley, CA: McCutchen.

Pudelkiewicz, E. (1970). Sociological problems of sports in housing estates. *International Review of Sport Sociology,* 5: 73-103.

Raab, E., & Selznick, G. J. (1959). *Major social problems* (pp. 3-5). New York: Harper & Row.

Ragheb, M. G., & Griffith, C. A. (1982). The contribution of leisure participation and leisure satisfaction to life satisfaction of old persons. *Journal of Leisure Research,* 14(2): 295-306.

Rapoport, R., & Rapoport, R. N. (1975). *Leisure and the family life cycle.* London: Routledge and Kegan Paul.

Reissman, L. (1964). *The urban process: Cities in industrial societies.* New York: Free Press.

Renwick, P. A., & Lawler, E. E. (1978). What you really want from your job. *Psychology Today,* 11(May): 53-65.

Reynolds. J., & Hormachea. M. (1976). *Public recreation administration.* Reston, VA: Reston Publishing Company.

Riddick, C. C., & Daniel, S. N. (1984). The relative contribution of leisure activities and other factors to the mental health of older women. *Journal of Leisure Research,* 16(2): 136-148.

Rigauer, B. (1981). *Sport and Work,* Trans. by Allen Guttmann. New York: Columbia University Press.

Riiskjar, S. (1984). *Participation in different forms of sport among the adult population: Toward new participation structures in sport.* Paper presented at the Olympic Scientific Congress, Eugene, OR.

Rijsdorp, K. (1960). *Sports als john-menseliijke activiteit [Sport as activity of youth].* Groningen, Netherlands: Wolters.

Robert, J. M., & Sutton-Smith, B. (1969). Child trainning and game involvement. *Sport, Culture, and Society.* New York: Macmillan.

Robinson, J. P. (1977). *How Americans use time: A social-psychological analysis of everyday behavior.* New York: Praeger.

Rosset, E. (1964). *Aging process of popluation.* New York: Macmillan.

Rossman. J. R. (1995). *Recreation programming: Desinging leisure experience* (2nd ed.). Sagamore Publishing.

Rubington, E., & Weinberg, M. S. (1977). *The study of social problems.* London: Oxford University Press.

Rudman, W. J. (1986). Sport as a part of successful aging. *American Behavioral Scientist,* 29: 453-470.

Russell, R. V. (1987). The importance of recreation satisfaction and activity participation to life satisfaction of age-segregated retirees. *Journal of Leisure Research,* 19: 273-283.

____________ (1990). Recreaton and quality of life in old age: A causal analysis. *Journal of Applied Gerontology,* 9(1): 77-90.

Schrank, R. (1978). How to relieve worker boredom. *Psycholory Today,* 79-80.

Segrave, J. O., & Hastad, D. N. (1984). Future directions in sport and juvenile delinquency research. *Quest,* 36: 37-47.

Seppanen, P. (1990). Values in Sport for All. P. Oja & R. Telama(eds.). *Sport for All: Proceedings of the World Congress on Sport for All* (pp. 21-32), Tampere, Finland: Elsevier Science Publishers.

Shaver, P., & Freedman, J. (1976). Happiness. *Psychology Today,* 10: 26-33.

Shepard, J. M., & Voss, H. L. (1978). *Social problems* (p. 1). New York: Macmillan.

Shephard, R. J. (1986). Physiological aspects of sport and physical activity in the middle and later years of life. In B. D. McPherson(ed.). *Sport and aging: The 1984 Olympic Scientific Congress Proceedings* Vol. 5 (pp. 221-232). Champaign, IL: Human Kinetics.

Shilbury, D. (1990). Managing corporate sport and the Australian sports system. *The ACHPER National Journal,* Spring, 9-12.

Shin, D. C., & Chey, M. (1992). *The experience of democratization and quality of life among the Korean mass public.* Paper presented at The International Conference on the Patterns and Meaning of Democratization. The Institute of Social Sciences, Seoul National University, Nov. 20-21.

Shin, D. C., & Johnson, D. M. (1978). Avowed happiness as an overall assessment of the quality of life. *Social Indicators Research,* 5: 475-492.

Shivers, J. S. (1981). *Leisure and recreation concepts: A critical analysis.* Boston, MA: Allyn and Bacon.

Simonson, P. (1984). Leisure-time: Fringe benefit or necessity? *Employee Services Management.* 26(10).

Singleton, L. A. (1984). The new technologies. Masscom Science Research Associates. Smith, E. L., & Serfass, R. C.(eds.) (1981). *Exercise and aging: The scientific basis.* Hillside, NJ: Enslow.

Smith, D. H., & Theberge, N. (1987). *Why people recreate: An overview of research* (pp. 25-54). Champaign, IL: Life Enhancement Publications.

Smith, E. L., & Serfass, R. C. (1981). *Exercise and aging: The scientific basis.* Hillside, NJ: Enslow.

Sneegas, J. J. (1986). Components of life satisfaction in middle and later life adults: Perceived social competence, leisure participation, and life satisfaction. *Journal of Leisure Research,* 18(4): 248-258.

Snyder, E. E., & Spreitzer, E. A. (1974). Orientations toward work and leisure as predictors of sport involvement. *Research Quarterly,* 45(4): 398-406.

Sonstroem, R. J. (1978). Physical education and attraction scale: Rationale and research. *Medicine and Science in Sport and Exercise,* 10: 97-102.

Spencer, H. (1896). *The principles of sociology.* London: Appleton.

Stensrud, C. (1988). In the workplace? *Employee Services Management.* 31(8).

Stevenson, C. L., & Nixon, J. E. (1987). A conceptual scheme of the social functions of sport. In A. Yiannakis, T. McIntyre, M. Melnick, & D. P. Hart(eds.). *Sport sociology: Contemporary themes*(2nd ed.)(pp. 19-20). Dubuque, IA: Kendal/Hunt.

Stone, G. P. (1957). *Some meanings of American sport.* Proceedings of the 60th annual meeting of the College Physical Education Association(pp. 5-16). Columbus, OH.

Taylor, C. E., & Knudson, D. M. (1973). Area preferences of Midwestern campers. *Journal of Leisure Research,* 5(1): 39-48.

The Council of Europe (1975). *European Sport for All Charter.* Strasbourg.

The Council of Europe (1980). *European Sport for All Charter.* Strasbourg.

Thorson, J. G. (1977). Sociological and leisure correlate of life satisfaction among retired men and women(Berkely, University of California). *Dissertation Abstracts International,* 38(8), 3963B.

Tinsley, H. E. A., & Tinsley, D. J. (1986). A theory of the attitude benefits and cause of leisure experiencee. *Leisure Science,* 8: 1-45.

Ueberroth, P., & Levin, R., & Quinn, A. (1985). *Made in America.* New York: Morrow.

Wankel, L. M., & Thompson, C. E. (1977). Motivating people to physically active: Self-persuasion versus balanced decision making. *Journal of Applied Social Psychology,* 7: 332-340.

Weiskopf, D. C. (1982). *Recreation and leisure: Improving the quality of life*(2nd ed.). Boston, MA: Allyn and Bacon.

Weyer, W. (1986). The role of sport for the quality of life in our changing societies. Paper presented at the *International Congress: Fundamentals of Sport for All, Germany.*

Weyle-Willett (1977). *Juifs en Alsace: culture, société, historie / Freddy Raphaël et Robert Weyl; Préface de Bernhard Blumenkranz; postface de Jacques Schwartz.* Toulouse: Privat.

Wilensky, H. (1960). Work, careers and social integration. *International Social Science Journal,* 4: 21.

Wilkinson, P. F. (1973). The use of models in predicting the consumption of outdoor recreation. *Journal of Leisure Research,* 5(3): 34-48.

William, F. S. (1976). *The lifetime sport-oriented physical education program.* Englewood Cliffs, NJ: Prentice-Hall.

Wippler, R. (1968). *Social determinaten het vrijetijdsgedrag [Social determinants of leisure behavior].* Groningen, Netherlands: Van Gorcum.

Wohl, A. (1969). Engagement in sports activity on the part of workers of large industrial establishments in People' s Poland. *International Review of Sport Sociology*, 4: 83-127.

Wolfe, R. I. (1972). The inertia model. *Journal of Leisure Research*, 4(1): 73-76.

Wyrick, W. (1974) Biophysical perspective. In E. Gerber, J. Felshin, P. Berlin, & W. Wyrick(eds.). *The American woman in sport* (pp. 401-529). Reading, MA: Addison-Wesley.

Yamaguchi, Y. (1988). *A study of adherence to a fitness club: A user' s perspective.* Seoul Olympic Scientific Congress Proceedings Vol. 1.

Yankelovich, D. (1978). The new psychological contracts at work. *Psychology Today*, 11: 46-50.

| 찾아보기 |

■ 인명

[L]

[M]

[N]

■ 주요어

[ㅇ]

▌Abstract ▌

An Introduction to Sport For All

Burn-Jang Lim

The social significance of Sport for All (SFA hereafter) phenomena now deserves interdisciplinary academic attention that embraces a variety of theories and perspectives from humanities, social sciences, natural sciences, and applied sciences. This book is designed to explain the complex array of SFA phenomena in it's 4 sections and 15 chapters.

Section 1 "Understanding Sport for All" focuses on the concepts and history of SFA to understand the nature and characteristics of SFA phenomena. SFA refers to voluntary physical activities for the general population to make use of their leisure time. SFA is considered as a typical leisure activity to enhance people's quality of life and welfare. This section deals with topics regarding SFA as a nation-wide social movement to help the public understand the nature of SFA by defining its concepts, values, functions, and roles, and to create a social environment in which SFA becomes part of everyday life.

Section 2 "The Spheres of Sport for All" addresses concepts, roles, characteristics, and strategies for development in each sector of SFA including community, worksite, and commercial sectors. It is expected that the development of each SFA area will benefit in many ways all the SFA parties including participants, instructors and managers, and government agencies. As the development of the SFA infrastructure continues, for example, not only the number of participants will increase, but also instructors and managers can grasp opportunities for enhancing their social and professional status and maximizing profits. It is pointed out, moreover, that the government can provide an effective chance to fulfill the nation's welfare policy by revitalizing each SFA sphere.

Section 3 "The Elements of Sport for All" explores concepts, roles, current status, problems and issues, and strategies for development in each element of SFA including facilities, programs, instructors, and administration and policy. While the elements of SFA generally include SFA facilities, programs, and instructors, a broader conceptual boundary of SFA should consider the importance of the SFA administration, organizations and policy. Empirical evidence suggests that the elements of SFA are one of the key variables to consider when it comes to the revitalization of SFA. It is necessary to build environmental conditions in which the elements of SFA function with optimal efficiency. This section highlights that the efficient administration of the SFA organizations and policies is also important in addition to the expansion of SFA facilities, the development and dissemination of SFA programs, and the training and arrangements of SFA instructors.

Section 4 "The Prospect of Sport for All" discusses the future of SFA in Korea. The section begins with discussing a range of social problems regarding the participation of women, youth, and the old in SFA. Then, it examines the relationship between SFA and the quality of life, and concludes with the anticipated status of SFA in the future. It is suggested, in particular, that the steady development of SFA can be secured by creating a proper social environment in which public efforts for resolving the relevant social problems accompanies the through understanding of global SFA trends and the continual exploration of the strategies for desirable SFA advancement.

임 번 장

서울대학교 사범대학 체육교육과
서울대학교 대학원 체육학과(체육학석사)
George Wiliams College(Leisure and Environmental Resources Administration, MS)
한양대학교 대학원 교육학과(교육학 박사)

현) 서울대학교 명예교수
단국대학교 석좌교수
대한민국학술원 회원
세계스포츠사회학회 명예 회원

■ 주요경력

서울대학교 교수
한국체육학회 회장 / 한국스포츠사회학회 회장
세계스포츠사회학회 부회장 / 세계스포츠사회학회 Bulletin 편집장
International Review for the Sociology of Sport, Editorial Board Member
미국 University of California, Berkeley 연구교수
국민체육진흥공단 체육과학연구원 원장
대한체육회 부회장
(재) 체육인재육성재단 이사장
대한민국체육상 연구부문(대통령상) 수상

■ 주요논문

2008년 2월 현재 국내외 학술지 100여 편
국내 학술대회 발표 40편, 국제 학술대회 발표 35편

■ 주요저서

체육사(공저, 문교부, 1973) / 수상경기(공저, 문교부. 1973)
수영(동화문화사, 1980) / 수영(동양문화사, 1982)
하키(공저, 동양문화사, 1982) / 체조(공저, 동양문화사, 1982)
사회체육개론(공저, 교학사, 1991) / 사회체육지도서(공저, 교학사, 1991)
스포츠사회학개론(동화문화사, 1994) / 스키(공저, 교학사, 1998)
사회체육개론(서울대학교 출판부, 2000)
여가와 삶(공저, 한국방송통신대학, 2002)
SKI & SNOWBOARD(공저, 도서출판 무지개사, 2004)

서울대학교 사범대학 교육연구재단 지원 저술연구도서 7

제2개정판

사회체육개론

펴낸곳 서울대학교출판문화원
펴낸이 성낙인
지은이 임번장

초판 1쇄 발행 2000년 3월 10일
초판 5쇄 발행 2003년 3월 20일
개정판 1쇄 발행 2004년 5월 10일
개정판 3쇄 발행 2007년 3월 20일
제2개정판 1쇄 발행 2008년 3월 10일
제2개정판 5쇄 발행 2014년 10월 20일

출판등록 제15-3호

주소 151-742 서울 관악구 관악로 1
대표전화 02-880-5252 **팩스** 02-888-4148
마케팅팀(주문상담) 02-889-4424, 02-880-7995
이메일 snubook@snu.ac.kr
홈페이지 www.snupress.com

ISBN 978－89－521－0882－1 93370